CURSO DE DIREITO
CONSTITUCIONAL

Durante o processo de edição desta obra, foram tomados todos os cuidados para assegurar a publicação de informações técnicas, precisas e atualizadas conforme lei, normas e regras de órgãos de classe aplicáveis à matéria, incluindo códigos de ética, bem como sobre práticas geralmente aceitas pela comunidade acadêmica e/ou técnica, segundo a experiência do autor da obra, pesquisa científica e dados existentes até a data da publicação. As linhas de pesquisa ou de argumentação do autor, assim como suas opiniões, não são necessariamente as da Editora, de modo que esta não pode ser responsabilizada por quaisquer erros ou omissões desta obra que sirvam de apoio à prática profissional do leitor.

Do mesmo modo, foram empregados todos os esforços para garantir a proteção dos direitos de autor envolvidos na obra, inclusive quanto às obras de terceiros e imagens e ilustrações aqui reproduzidas. Caso algum autor se sinta prejudicado, favor entrar em contato com a Editora.

Finalmente, cabe orientar o leitor que a citação de passagens da obra com o objetivo de debate ou exemplificação ou ainda a reprodução de pequenos trechos da obra para uso privado, sem intuito comercial e desde que não prejudique a normal exploração da obra, são, por um lado, permitidas pela Lei de Direitos Autorais, art. 46, incisos II e III. Por outro, a mesma Lei de Direitos Autorais, no art. 29, incisos I, VI e VII, proíbe a reprodução parcial ou integral desta obra, sem prévia autorização, para uso coletivo, bem como o compartilhamento indiscriminado de cópias não autorizadas, inclusive em grupos de grande audiência em redes sociais e aplicativos de mensagens instantâneas. Essa prática prejudica a normal exploração da obra pelo seu autor, ameaçando a edição técnica e universitária de livros científicos e didáticos e a produção de novas obras de qualquer autor.

Editora Manole

Luiz Alberto David Araujo
Vidal Serrano Nunes Júnior

CURSO DE DIREITO
CONSTITUCIONAL

23ª edição

Copyright © Editora Manole Ltda., 2021, por meio de contrato com os autores.

Produção editorial: Kátia Alves
Projeto gráfico: Departamento Editorial da Editora Manole
Diagramação: Estúdio Castellani
Capa: Ricardo Yoshiaki Nitta Rodrigues

CIP-BRASIL. CATALOGAÇÃO NA PUBLICAÇÃO
SINDICATO NACIONAL DOS EDITORES DE LIVROS, RJ

A69c
23. ed.

    Araujo, Luiz Alberto David, 1954-
    Curso de direito constitucional / Luiz Alberto David Araujo, Vidal Serrano Nunes Júnior. – 23. ed., rev. e atual. – Santana de Parnaíba [SP] : Manole, 2021.

    Inclui bibliografia e índice
    ISBN 9786555760033

    1. Direito constitucional – Brasil. I. Nunes Júnior, Vidal Serrano. II. Título.

21-68505   CDU: 342(81)

Camila Donis Hartmann – Bibliotecária – CRB-7/6472

Todos os direitos reservados.
Nenhuma parte deste livro poderá ser reproduzida,
por qualquer processo, sem a permissão expressa dos editores.
É proibida a reprodução por xerox.

A Editora Manole é filiada à ABDR – Associação Brasileira
de Direitos Reprográficos

23ª edição – 2021

Editora Manole Ltda.
Alameda América, 876 – Tamboré
Santana de Parnaíba
06543-315 – SP – Brasil
Tel. (11) 4196-6000
www.manole.com.br | https://atendimento.manole.com.br/

Impresso no Brasil
Printed in Brazil

Sobre os autores

LUIZ ALBERTO DAVID ARAUJO
Professor Titular de Direito Constitucional da PUC-SP.
Mestre, Doutor e Livre-docente em Direito Constitucional pela PUC-SP.
Ex-procurador do Estado de São Paulo.
Procurador Regional da República aposentado.
Membro Catedrático da Academia Brasileira de Direito Constitucional.
Parecerista em temas de Direito Constitucional.

VIDAL SERRANO NUNES JÚNIOR
Mestre, Doutor e Livre-docente em Direito Constitucional pela PUC-SP.
Professor dos cursos de Graduação e Pós-graduação da PUC-SP.
Conferencista e autor de diversos livros e artigos.
Diretor da Faculdade de Direito da PUC-SP.
Procurador de Justiça integrante do Conselho Superior do Ministério Público
de São Paulo.

Apresentação

Curso de Direito Constitucional alcança sua 23ª edição, repaginado, atualizado e com sua característica mais marcante aperfeiçoada: sua organização didática. Uma nova edição que marca a evolução da obra, agora publicada pela Editora Manole.

Este trabalho nasceu das reflexões dos autores em suas aulas de Direito Constitucional para as turmas de graduação da Faculdade de Direito da PUC-SP. Fixado nesse contexto, o livro foi concebido com o propósito de oferecer aos estudantes de Direito um guia seguro para sua formação. Não por menos, dois expoentes da Faculdade de Direito da PUC-SP são seus autores, os professores Luiz Alberto David Araujo e Vidal Serrano Nunes Júnior. O primeiro, professor titular de Direito Constitucional e chefe do Departamento de Direito Público, o segundo, Diretor da Faculdade de Direito.

A Editora Manole tem certeza, assim, de que está contribuindo de maneira decisiva para a formação de novos juristas com a publicação desse verdadeiro clássico do Direito Constitucional brasileiro.

Sumário

Apresentação vii

PARTE I
TEORIA DA CONSTITUIÇÃO

CAPÍTULO 1

Direito Constitucional 3

  Conceito 3

  Constitucionalismo 4

  Neoconstitucionalismo 5

CAPÍTULO 2

Constituição 8

  Conceito 8

    O sentido político 9

    O sentido sociológico 9

    O sentido formal 10

    O sentido jurídico 10

    A abertura constitucional 11

  Os tipos de Constituição 11

    A Constituição do Estado de Direito Liberal 11

    A Constituição do Estado de Direito Social 12

    A Constituição do Estado Socialista 13

  Constituição: suas classificações 13

    Quanto à origem 14

    Quanto à mutabilidade 14

    Quanto à forma 15

x Curso de Direito Constitucional

Quanto ao conteúdo	15
Quanto à sistemática	17
Quanto à ideologia	17
Elementos da Constituição	17
Poder Constituinte	18
Introdução	18
A titularidade do Poder Constituinte	19
As características do Poder Constituinte	20
O Poder Constituinte Derivado	20
O Poder Constituinte Decorrente	23
Princípio da simetria	25
A recepção, a repristinação e a desconstitucionalização no Direito Constitucional	26
A recepção	27
A repristinação	28
A desconstitucionalização	28
A eficácia das normas constitucionais	28
A classificação de José Afonso da Silva	29
A classificação de Celso Ribeiro Bastos e de Carlos Ayres Britto	33
A classificação de Maria Helena Diniz	34
O controle de constitucionalidade dos atos normativos	34
Introdução	34
O controle preventivo	37
O controle repressivo	39
O controle repressivo judicial	40
Formas de controle	41
A via difusa	42
O controle concentrado	47
Ação direta de inconstitucionalidade	54
Ação declaratória de constitucionalidade	69
Arguição de descumprimento de preceito fundamental	72
Preceito fundamental	73
Campo objetal	74
A subsidiariedade	76
O processo e o julgamento	77
O controle constitucional da omissão: ação direta de inconstitucionalidade por omissão e o mandado de injunção	78

O controle de constitucionalidade de âmbito estadual 88

Os princípios constitucionais 91

A interpretação constitucional 94

Hermenêutica e interpretação: especificação terminológica 94

Interpretação: conceito... 95

Interpretação: classificações 97

Alguns métodos de interpretação constitucional..................... 101

Métodos de interpretação constitucional.......................... 102

O método jurídico.. 102

O método tópico.. 103

O método hermenêutico-concretizador 104

Os princípios de interpretação constitucional 105

O princípio da supremacia da Constituição 106

O princípio da força normativa da Constituição 107

O princípio da unidade da Constituição 107

O princípio do efeito integrador............................... 108

O princípio da concordância prática, da harmonização ou da
cedência recíproca... 108

O princípio da máxima efetividade 108

O princípio da correção funcional 109

O princípio da coloquialidade................................. 110

O princípio da interpretação intrínseca........................ 110

O princípio da proporcionalidade 110

Breve histórico das constituições brasileiras....................... 111

A Constituição Política do Império do Brasil...................... 111

A Constituição da República dos Estados Unidos do Brasil de 1891 112

A Constituição da República dos Estados Unidos do Brasil de 1934 113

A Constituição dos Estados Unidos do Brasil de 1937 114

A Constituição da República dos Estados Unidos do Brasil de 1946 115

A Constituição de 1967 115

PARTE II
A ESTRUTURA DA CONSTITUIÇÃO E SEU PREÂMBULO

CAPÍTULO 1

A Estrutura da Constituição... 121

A organização da Constituição..................................... 121

xii Curso de Direito Constitucional

PARTE III
PRINCÍPIOS FUNDAMENTAIS DO ESTADO DEMOCRÁTICO DE DIREITO

CAPÍTULO 1

Princípios Fundamentais.. 125

Estado democrático e social de direito 125

Fundamentos do Estado brasileiro.................................. 127

O princípio republicano... 128

O princípio da separação de Poderes............................... 129

Os objetivos fundamentais da república 129

As relações internacionais 130

Os princípios regentes das relações internacionais 131

PARTE IV
DIREITOS E GARANTIAS FUNDAMENTAIS

CAPÍTULO 1

Direitos e Deveres Individuais e Coletivos 135

Conceitos básicos 135

Opção terminológica 135

Direitos e garantias... 137

Direitos fundamentais: conceito e classificações 138

O enfoque conteudístico 140

O enfoque jurídico positivo..................................... 141

O enfoque evolutivo cumulativo................................. 142

Características intrínsecas dos direitos fundamentais............... 145

Características extrínsecas dos direitos fundamentais 152

Direitos fundamentais dispersos na Constituição 153

Destinatários dos direitos fundamentais........................... 153

As garantias institucionais.. 154

Eficácia horizontal dos direitos fundamentais 155

Divisão dos direitos e garantias fundamentais no Texto Constitucional .. 156

Direitos fundamentais e tratados internacionais: noções introdutórias 156

A violação a direitos humanos e o incidente de deslocamento de foro.... 158

Os direitos individuais e coletivos 158

Princípio da isonomia 159

As ações afirmativas 163

Princípio da legalidade. 165

O princípio da estrita legalidade. 166

O princípio da reserva legal. 166

Direito à vida. 169

Proibição da tortura 170

Direito de opinião. 171

Direito de escusa de consciência. 172

Liberdade de crença religiosa 172

Direito de expressão. 173

Direito de informação 174

Direito de antena. 175

Direito de informação jornalística 176

Direito de resposta 178

Direito de informação pública 179

Direito de intimidade e direito de privacidade. 180

Sigilo bancário e fiscal 182

Direito à honra 183

Direito à imagem 184

Inviolabilidade de domicílio 186

Inviolabilidade das comunicações 188

Liberdade de profissão 191

Direito de locomoção. 192

Direito de reunião. 193

Direito de associação 195

Direito de propriedade. 197

Propriedade pública 198

Propriedade privada 198

Propriedade rural 199

Bem de família. 200

A usucapião constitucional 200

A usucapião especial coletiva 201

Propriedade intelectual 202

Defesa do consumidor 204

Direito de petição 204

Direito de certidão 205

Princípio da inafastabilidade da jurisdição. 207

Limites à retroatividade da lei. 208

xiv Curso de Direito Constitucional

Princípio do juiz natural 211
Princípio do devido processo legal. 212
Proibição de provas ilícitas 216
Princípio da presunção de inocência 216
Pressupostos constitucionais para a privação da liberdade. 217
A garantia constitucional do júri 218
Princípio da não extradição. 219
Proibição da prisão civil. 221
Remédios constitucionais 223
Mandado de segurança 223
Procedimento do mandado de segurança 229
Mandado de segurança coletivo 230
Habeas corpus 234
Mandado de injunção. 235
Habeas data 238
Ação popular 241
Direitos fundamentais, tratados internacionais e forma de incorporação ... 244

CAPÍTULO 2
Direitos Sociais 248
Introdução 248
Direitos sociais individuais 249
Direitos sociais coletivos 253
A liberdade de associação profissional ou sindical 253
Direito de greve. 255
Direito de representação 257

CAPÍTULO 3
Nacionalidade 258
Nacionalidade 258
Nacionalidade originária. 259
A nacionalidade originária na Constituição Federal 261
Nacionalidade adquirida 266
A nacionalidade adquirida na Constituição Federal 267
O português equiparado 269
Distinção entre brasileiros natos e naturalizados. 269
Perda da nacionalidade brasileira. 270

CAPÍTULO 4

Direitos Políticos e Partidos Políticos 271

Direitos políticos. 271

Direito de sufrágio 271

Natureza e conceito 271

Plebiscito, referendo e iniciativa popular 272

Características. 273

Direito de votar. 274

Direito de ser votado 274

As inelegibilidades 275

As inelegibilidades absolutas. 276

As inelegibilidades relativas. 276

A inelegibilidade garantidora da alternância do poder 277

A inelegibilidade por parentesco ou reflexa 278

Inelegibilidade – hipóteses complementares. 279

Sistemas eleitorais. 280

Perda e suspensão dos direitos políticos 283

O princípio da anualidade. 284

Partidos políticos 286

PARTE V
DIVISÃO ESPACIAL DO PODER

CAPÍTULO 1

Teoria Geral. 291

Introdução. 291

As formas de Estado. 292

Estado Unitário. 292

Estado Federal. 293

Repartição constitucional de competências e rendas. 294

Possibilidade de auto-organização por uma Constituição própria 297

Rigidez constitucional 298

Indissolubilidade do vínculo. 299

Participação da vontade das ordens parciais na elaboração da norma

geral. 299

Existência de um tribunal constitucional 300

Intervenção federal nos estados 301

xvi Curso de Direito Constitucional

CAPÍTULO 2

O Federalismo Brasileiro 303
  Introdução 303
  Requisitos caracterizadores do Estado Federal aplicados ao Direito
    Constitucional positivo brasileiro. 305
    Repartição constitucional de competências 305
    Repartição constitucional de rendas 312
    Constituições estaduais 312
    Rigidez constitucional 313
    Indissolubilidade do pacto federativo 313
    Representação pelo Senado Federal 313
    O Supremo Tribunal Federal como guardião da Constituição. 314
    Intervenção federal nos estados-membros 314

CAPÍTULO 3

A União 315
  Perfil constitucional 315
  Bens da União 315
    Terras devolutas 316
    Mar territorial 317
    Plataforma continental e zona econômica exclusiva 317
    Terrenos de marinha 318
  Competências da União. 319

CAPÍTULO 4

Os Estados Federados 323
  Autonomia. 323
    Capacidade de auto-organização 323
    Capacidade de autogoverno 325
    Capacidade de autoadministração 325
    Capacidade legislativa 326
  Bens dos estados-membros. 328
  Criação de estados-membros 328
  O Poder Executivo 329
  O Poder Legislativo 330
  O Poder Judiciário 331
  Regiões metropolitanas 331

Sumário xvii

CAPÍTULO 5

Os Municípios 333

Natureza jurídica 333

A criação dos municípios 334

A auto-organização 335

Competências 340

A fiscalização financeira do município 340

CAPÍTULO 6

O Distrito Federal e os Territórios 342

Distrito Federal 342

Territórios 343

CAPÍTULO 7

Intervenção 345

Intervenção federal 345

Intervenção estadual 348

PARTE VI
DIVISÃO ORGÂNICA DO PODER

CAPÍTULO 1

Teoria Geral 353

As funções do Estado 353

A independência e a harmonia entre os poderes 354

Funções típicas e atípicas 356

CAPÍTULO 2

Regimes de Governo 359

Formas de governo 359

Parlamentarismo 360

Presidencialismo 361

CAPÍTULO 3

O Poder Executivo 362

Chefia de Estado e chefia de governo 362

Funções do Poder Executivo 362

O Presidente da República 365

xviii Curso de Direito Constitucional

O Vice-Presidente... 366
Os Ministros de Estado 366
Conselho da República 367
Conselho de Defesa Nacional....................................... 367

CAPÍTULO 4
A Responsabilidade do Presidente da República e de outras Autoridades Federais (A Infração Político-Administrativa). 369
Introdução... 369
Conceito.. 369
Crimes de responsabilidade 370
As autoridades passíveis de *impeachment*............................ 370
Os crimes comuns do Presidente da República 371
A imunidade penal temporária.................................... 372

CAPÍTULO 5
Administração Pública 373
Introdução... 373
Princípios constitucionais da Administração Pública.................... 374
Princípio da legalidade... 374
Princípio da moralidade 375
Princípio da impessoalidade....................................... 377
Princípio da publicidade 380
Princípio da eficiência 380
Princípios constitucionais implícitos............................... 381
Agentes e cargos públicos 383
Igual acessibilidade aos cargos públicos 383
Contratos de gestão 386
Associação sindical.. 387
Direito de greve... 387
Pessoas com deficiência 387
Improbidade 388
Servidores públicos 388
Militares.. 390

Sumário xix

CAPÍTULO 6

O Poder Legislativo ... 392

Estrutura ... 392

Câmara dos Deputados ... 392

Senado Federal ... 393

Mesas Diretoras. ... 393

Comissões parlamentares ... 394

Funcionamento. ... 396

Garantias parlamentares ... 399

Processo legislativo ordinário. ... 404

Iniciativa. ... 404

Discussão ... 407

Deliberação ... 408

Sanção ou veto. ... 409

Promulgação ... 410

Publicação ... 410

As espécies normativas ... 411

Emenda constitucional. ... 411

Lei complementar. ... 413

Lei ordinária ... 413

Medida provisória. ... 414

Lei delegada. ... 417

Decreto legislativo. ... 418

Resolução. ... 420

A função fiscalizatória ... 420

CAPÍTULO 7

O Poder Judiciário ... 423

Jurisdição. ... 423

Estatuto da Magistratura ... 424

Garantias ... 425

Vedações. ... 429

Órgãos do Poder Judiciário. ... 429

Conselho Nacional de Justiça ... 430

Supremo Tribunal Federal. ... 432

Súmulas vinculantes. ... 434

Superior Tribunal de Justiça ... 436

xx Curso de Direito Constitucional

Tribunais regionais federais e juízes federais 438
Tribunais e juízes dos estados 440
Varas agrárias 440
Tribunais e juízes do trabalho 441
Tribunais e juízes eleitorais 443
Tribunais e juízes militares 444
Precatórios judiciais 446

CAPÍTULO 8
O Perfil Constitucional do Ministério Público 453
Termo 453
Origens históricas 453
O Ministério Público na Constituição de 1988 454
O Ministério Público de Contas 454
Princípios institucionais 456
Autonomia 457
Garantias e vedações 458
O princípio do promotor natural 459
O chefe do Ministério Público 460
Funções institucionais do Ministério Público 461
Conselho Nacional do Ministério Público 463

CAPÍTULO 9
A Advocacia 466
Disposições gerais 466

CAPÍTULO 10
Defensoria Pública 470

PARTE VII
A DEFESA DO ESTADO E DAS INSTITUIÇÕES DEMOCRÁTICAS
CAPÍTULO 1
O Estado de Defesa e o Estado de Sítio 475
Introdução 475
O estado de defesa 477
O estado de sítio 479
Disposições comuns 480

Sumário xxi

CAPÍTULO 2

Das Forças Armadas 481

Disposições gerais. 481

CAPÍTULO 3

Da Segurança Pública 483

Introdução 483

Polícias da União 484

Polícias estaduais 485

Guardas municipais 485

Segurança viária 486

Polícias penais 486

PARTE VIII
TRIBUTAÇÃO E ORÇAMENTO

CAPÍTULO 1

Sistema Constitucional Tributário 489

Os tributos e suas espécies. 489

Capacidade contributiva 491

Lei complementar. 492

Empréstimos compulsórios. 493

Contribuições sociais 494

CAPÍTULO 2

Das Limitações ao Poder de Tributar 495

Introdução 495

Princípio da legalidade. 495

Princípio da igualdade tributária 496

Princípio da irretroatividade da lei tributária. 497

Princípio da anterioridade. 497

Princípio da proibição de tributos com efeito confiscatório. 499

Princípio da proibição de limites ao tráfego de pessoas ou bens 499

Princípio da uniformidade 499

Princípio da não discriminação tributária, em razão da procedência ou
destino dos bens. 499

As imunidades tributárias 500

xxii Curso de Direito Constitucional

CAPÍTULO 3

Dos Impostos 501

Impostos da União 501

Impostos dos estados e do Distrito Federal 502

Impostos dos Municípios 502

CAPÍTULO 4

Repartição das Receitas Tributárias 503

Disposições gerais. 503

CAPÍTULO 5

Finanças e Orçamento 506

Normas gerais 506

Orçamento. 507

Orçamento anual. 507

As categorias de programação. 509

Princípios orçamentários 510

Lei de diretrizes orçamentárias. 513

Plano plurianual 513

Processo legislativo das leis orçamentárias 514

A Emenda Constitucional n. 95/2016 – o teto dos gastos públicos. 516

PARTE IX
ORDEM CONSTITUCIONAL ECONÔMICA

CAPÍTULO 1

A Ordem Econômica 521

A constitucionalização da economia 521

Fundamentos da ordem econômica. 522

Livre-iniciativa 522

Valor social do trabalho humano 524

Princípios da ordem econômica. 524

Soberania nacional 525

Propriedade privada e função social da propriedade 525

Livre concorrência 526

Defesa do consumidor 527

Defesa do meio ambiente. 527

Redução das desigualdades sociais e regionais. 528

Tratamento favorecido para as empresas de pequeno porte............ 528

Intervenção estatal na economia.................................... 528

O Estado como agente econômico................................. 529

O Estado como agente normativo e regulador da economia............ 531

A função de fiscalização... 531

A função de incentivo... 532

A função de planejamento....................................... 532

CAPÍTULO 2

Da Política Urbana... 534

CAPÍTULO 3

Da Política Agrícola e Fundiária e da Reforma Agrária.................... 536

Fundamentos da política agrícola e fundiária........................ 536

A função social da propriedade rural............................... 536

O planejamento agrícola... 538

A reforma agrária... 538

PARTE X
ORDEM CONSTITUCIONAL SOCIAL

CAPÍTULO 1

A Ordem Social.. 543

Princípios gerais.. 543

Seguridade social... 544

A Saúde... 546

O princípio do acesso universal e igualitário...................... 546

O Sistema Único de Saúde..................................... 547

O fornecimento de remédios.................................. 548

A Previdência Social... 549

A Assistência Social... 550

A educação na Constituição Federal............................... 550

A educação e sua organização jurídica............................ 551

Educação e princípios informativos.............................. 553

A iniciativa privada.. 557

Receitas vinculadas.. 557

Desporto... 558

xxiv Curso de Direito Constitucional

Direito à cultura 559
Patrimônio cultural e meio ambiente cultural 560
A proteção das pessoas com deficiência 563
O regramento da comunicação social 567
A proteção constitucional do meio ambiente 571
A proteção da família, da criança, do adolescente, do jovem e do idoso 576
A proteção constitucional dos índios 579

BIBLIOGRAFIA 583

ÍNDICE REMISSIVO 594

PARTE I
Teoria da Constituição

CAPÍTULO 1

Direito Constitucional

CONCEITO

O Direito Constitucional é a parte da ciência jurídica destinada ao estudo da Constituição, em suas diversas acepções ou classificações, debruçando-se, portanto, sobre aspectos como os elementos constitutivos do Estado, as relações orgânicas e espaciais de poder, a ordem econômica e os limites ao poder do Estado, em especial os direitos fundamentais.

Importante frisar que o conceito aportado leva em conta o caráter descritivo – de um objeto – que qualquer ramo do saber científico assume, sendo certo que, ao se conceituar Direito Constitucional, não deve o estudioso ficar restrito às normas positivadas na Constituição, eis que outras, embora materialmente constitucionais, podem ter passado despercebidas – deliberadamente ou não – ao constituinte.

Demais disso, um dos objetivos de quem empreende uma conceituação é permitir a formação de um juízo crítico a quem analisa a ordem estabelecida, verificando sua adequação ou insuficiência, inclusive para viabilizar a interação entre a doutrina e a realidade estudada, dando oportunidade a reflexões mais aprofundadas e quiçá a evoluções nas relações sociais.

O Direito Constitucional, portanto, atua em uma fronteira que separa as relações políticas das jurídicas, mostrando, inclusive, as influências recíprocas destas.

Como bem explana Cristina Queiroz (2009, p. 11), "o Direito Constitucional enquanto direito relativo à 'coisa pública' é 'direito político' ou, melhor, 'direito

Curso de Direito Constitucional

para o político". Interessa-lhe não a política como decisão, como resultado, antes como conjunto de regras prescritivas sobre o acontecer político".

Assim sendo, o Direito Constitucional não só se presta a demarcar o perfil do Estado, descrevendo suas fronteiras e prescrevendo seus conteúdos essenciais, como também formula normativamente o diálogo entre a política e o Direito, ditando a forma e estabelecendo mecanismos de controle recíprocos nos processos decisionais.

CONSTITUCIONALISMO

A expressão *constitucionalismo*, ao que se nos afigura, incorpora dois sentidos essenciais. Primeiro, o de movimento, o de organização de pessoas em torno de um ideal, de um objetivo. Segundo, o de Constituição. Parece-nos que é isso, constitucionalismo é o movimento político, jurídico e social, pautado pelo objetivo de criar um pensamento hegemônico segundo o qual todo Estado deve estar organizado com base em um documento fundante, chamado Constituição, cujo propósito essencial seria o de organizar o poder político, buscando garantir os direitos fundamentais e o caráter democrático de suas deliberações.

A história é pródiga em ebulições, movimentos, vaivéns etc. Assim, é difícil vislumbrar o momento exato de nascimento de um movimento. O que costuma acontecer é a identificação do período, ou da quadra histórica, em que o movimento, ou as ideias que o influenciaram, granjeou hegemonia.

Nesse sentido, o constitucionalismo está associado ao surgimento das duas primeiras constituições escritas, a americana e a francesa, cuja inspiração ideológica foi bem descrita por Oswaldo Aranha Bandeira de Mello (1980, p. 37):

> Os princípios filosóficos se enunciavam nos seguintes termos: – a comunidade política é originária de um contrato, o qual é fonte de autoridade; – há direitos naturais do homem anteriores à sociedade, e, pelo contrato social, esta se obriga a protegê-los e garanti-los contra qualquer arbítrio.

O século XVIII foi marcado por profundas transformações, que sedimentaram o fim das monarquias absolutistas e o alvorecer de um novo modelo, o Estado de Direito, em cuja gênese encontramos o constitucionalismo.

Note-se, contudo, que todas essas instituições e movimentos eram caracterizados por um objetivo garantístico, mesmo porque, naquele estágio da história,

Direito Constitucional 5

a lembrança absolutista era muito presente, fazendo com que diversas formulações teóricas fossem orientadas à superação do despotismo monárquico de então.

Só para lembrar: as teorias contratualistas (Maquiavel, Locke e Rousseau, dentre outros), a teoria orgânica do Poder (Montesquieu) e as declarações de direitos humanos (da França e da Virgínia/EUA).

Podemos concluir, assim, que o constitucionalismo é congênito à separação de Poderes e às declarações de direitos humanos, formando com eles o conjunto de ingredientes necessários ao Estado de Direito. Por isso, parece-nos acertada a afirmação de que os principais objetivos incorporados pelo constitucionalismo são:

- supremacia da lei (Constituição), havida esta como a expressão da vontade geral;
- limitação do Poder;
- proteção e asseguração dos direitos fundamentais do ser humano, em especial os correlacionados à liberdade.

O constitucionalismo pode, assim, ser traduzido como uma estratégia de limitação do poder político, quer buscando assegurar o princípio democrático, quer retirando do âmbito de disponibilidade da maioria política e social a tangibilidade dos direitos inerentes à noção de dignidade humana, em especial, quando atinentes à proteção de minorias.

NEOCONSTITUCIONALISMO

Após a Segunda Guerra Mundial, um movimento vagaroso, detectado sobretudo na jurisprudência das Cortes Constitucionais, foi dando um novo caráter às ordens jurídicas nacionais. Por esse movimento, as Constituições, outrora observadas como repositórios de divisão de competências e de definição de programas genéricos a entes públicos, foram sendo alçadas a um novo patamar, qual seja, o de documentos vinculantes dos poderes públicos, dotados de efetividade e de aplicabilidade inclusive em relação a particulares.

A Constituição, havida como um sistema de princípios e regras aberto aos influxos da realidade, passa a uma situação de *onipresença* na ordem jurídica, evocando um esforço constante dos tribunais para sua concretização. Concebe-se, assim, a chamada filtragem constitucional, segundo a qual todos os setores do ordenamento jurídico devem ser lidos e havidos de acordo com os princípios, regras e valores aportados à Constituição, fonte de legitimidade de todo o sistema jurídico.

Um dos precedentes mais significativos das Cortes europeias nessa direção foi o chamado "Caso Lüth", julgado em 1958 pelo Tribunal Constitucional Federal da Alemanha. Um produtor de cinema, Veit Harlan, que, em um passado recente, havia se envolvido com a divulgação de ideias nazistas, resolve, já no pós-guerra, produzir um filme sem qualquer conotação política. Erich Lüth, indignado, lidera um movimento de boicote ao filme antes mencionado, gerando, assim, uma demanda judicial, na qual o cineasta, juntamente com seus patrocinadores, reclama perdas e danos, com base em um raciocínio jurídico trivial: o Código Civil Alemão prescreve que aquele que causa prejuízo a outrem deve indenizá-lo.

O raciocínio triunfou em primeiro e segundo grau na Justiça alemã, rendendo oportunidade a uma irresignação direcionada ao Tribunal Constitucional, sob o argumento de que a campanha por ele liderada nada mais significou do que o exercício do direito de expressão, motivo pelo qual entendia que o pleito indenizatório era impertinente.

A Corte acolheu o recurso de Lüth, sob o fundamento essencial de que os princípios e valores constitucionais devem ser aplicados sobre toda a ordem jurídica e não só na relação entre Estado e cidadão, lançando um dos precedentes mais importantes para a configuração do movimento ora estudado.

Como se vê, sob a perspectiva do neoconstitucionalismo, as normas constitucionais possuem eficácia irradiante sobre todo o ordenamento jurídico. Os princípios assumem um valor extraordinário, granjeando densificação nas mais diversas situações jurídicas. Dentre eles, ostenta peculiar importância o princípio da dignidade humana, tomado como pedra angular de todo o sistema. Nesse sentido, afirma Eduardo Ribeiro Moreira (2008, p. 35):

> Se a limitação dos poderes é pressuposto do constitucionalismo clássico, para o neoconstitucionalismo, a disposição e a defesa de um catálogo de direitos fundamentais, conduzidos por princípios, são seus pressupostos. Todo o desenvolvimento, desde então, trouxe uma importante constatação: a teoria do direito já não é mais descritiva, e sim prática, real, útil, com uma concretude preocupada com a eficácia verificável exposta pela prática, isto é, a decidibilidade constitucional, entendida como o conjunto de técnicas de decisão em matéria constitucional e que norteiam a prática forense, como as decisões do STF.

O neoconstitucionalismo nasce, assim, marcado por uma primazia da aplicação direta da Constituição, orientada especialmente por princípios, e fundado em uma forte atividade judicial, que faz da efetividade dos direitos fundamentais sua principal razão de ser.

Inocêncio Mártires Coelho, em síntese feliz, caracteriza o neoconstitucionalismo a partir dos seguintes pontos: "a) mais Constituição do que leis; b) mais juízes do que legisladores; c) mais princípios do que regras; d) mais ponderação do que subsunção; e) mais concretização do que interpretação" (MENDES, COELHO & BRANCO, 2008, p. 127).

O neoconstitucionalismo adota, portanto, o caráter de mecanismo ou técnica de efetividade do texto constitucional, especialmente dos direitos fundamentais, o que naturalmente destaca a importância do Judiciário no contexto da relação com os demais Poderes.

CAPÍTULO 2
Constituição

CONCEITO

Em primeiro lugar, devemos enfrentar a problemática da definição do termo *constituição*. Sem ela, estaríamos trabalhando com conceitos variados, sem objetivos precisos, esmaecendo as fronteiras jurídicas que devem caracterizar a presente abordagem.

A palavra *constituição* apresenta sentido equívoco. Sua origem remonta ao verbo *constituir*, que tem o significado de "ser a base de; a parte essencial de; formar, compor" (CALDAS AULETE, 1958, p. 816), empregado em expressões triviais, como a *constituição* de uma cadeira ou a *constituição* de uma mesa.

Logo, é intuitivo que a palavra *constituição* traz em si uma ideia de estrutura, de como se organiza.

No entanto, pela leitura dos manuais de Direito Constitucional já podemos antever algumas dificuldades para a escolha de uma definição.

Para José Celso de Mello Filho (1986, p. 6-7), por exemplo, "Constituição é o *nomen juris* que se dá ao complexo de regras que dispõem sobre a organização do Estado, a origem e o exercício do Poder, a discriminação das competências estatais e a proclamação das liberdades públicas".

O referido autor (1986, p. 7), entretanto, aponta a existência de significados diferentes entre os termos *Constituição* e *Carta Constitucional*, sustentando que "Carta Constitucional deriva de um ato arbitrário e ilegítimo, de inspiração autoritária, que se traduz na outorga".

José Afonso da Silva (1989, p. 37), indicando a multiplicidade de sentidos da palavra *constituição*, elenca vários de seus significados, para, afinal, concluir:

> A *Constituição do Estado*, considerada sua lei fundamental, seria, então, a organização dos seus elementos essenciais; *um sistema de normas jurídicas, escritas ou costumeiras, que regula a forma do Estado, a forma de seu governo, o modo de aquisição e o exercício do poder, o estabelecimento de seus órgãos e os limites de sua ação.*

Há necessidade, portanto, de tentar separar juridicamente o conceito de *constituição*, porque o tema consente abordagem plúrima e sob diferentes ângulos.

Assim, vamos apresentar os diversos enfoques do termo para que possamos ter a clara ideia dessa pluralidade conceitual.

O sentido político

Num sentido político, Constituição é algo que emana de um ato de poder soberano, pois, no dizer de Carl Schmitt (1992, p. 46), "o que existe como magnitude política é, juridicamente, considerado digno de existir". Assim, esse ato de poder soberano, fazendo-se prevalecente, determinaria a estrutura mínima do Estado, ou seja, as regras que definem a titularidade do poder, a forma de seu exercício, os direitos individuais etc., dando lugar à Constituição, em sentido próprio. Outras regras, mesmo que constantes do documento político, não teriam a mesma importância, motivo pelo qual seriam genericamente denominadas "leis constitucionais".

O sentido sociológico

No sentido sociológico temos duas concepções de Constituição que nos parecem relevantes. Ferdinand Lassalle, em seu livro *O que é uma Constituição?*, aponta a necessidade de ela ser o reflexo das forças sociais que estruturam o poder, sob pena de encontrar-se apenas uma "folha de papel". Assim, se inexistir coincidência entre o documento escrito e as forças determinantes do poder, não estaremos diante de uma Constituição.

Também em uma abordagem que podemos chamar de sociológica, existe a concepção de Niklas Luhmann segundo a qual a Constituição seria uma espécie de acoplamento estrutural dos sistemas jurídico e político.

Para Luhmann, o que define um sistema é a delimitação entre ele e o ambiente, pois os elementos intrínsecos a cada sistema permitiriam uma redução de complexidade na comunicação, existindo uma seleção limitada de informações oriundas de outro sistema. Assim, a comunicação entre o Direito e a Política seria feita por meio de um acoplamento estrutural chamado Constituição.

O sentido formal

Aristóteles explica a Constituição de um Estado como o fim especial, o modo de ser de cada sociedade. Por isso, averba como objeto de qualquer Constituição a "organização das magistraturas, a distribuição dos poderes e as atribuições de soberania" (ARISTÓTELES, 1994).

No sentido formal (também jurídico), a Constituição é o conjunto de normas que se situa num plano hierarquicamente superior a outras normas. Dessa forma, pouco importa o conteúdo, mas a formalização (em posição hierárquica superior) desse conjunto de normas.

O sentido jurídico

Como se vê, diversos são os enfoques e diferentes são os sentidos atribuídos à Constituição enquanto instituto sociológico, político e mesmo jurídico.

O mais importante, entretanto, é buscar um conceito jurídico que, a um só tempo, consiga delimitar seu alcance e explicar seu conteúdo.

Para tanto, é fundamental que recuperemos algumas noções básicas. A primeira delas é a de que a Constituição é o documento básico de um Estado, vale dizer, é a sua constituição. Ajustada a esse enfoque, sua finalidade há de compreender, ao menos, a regulamentação dos elementos estruturantes do Estado, ou seja, território, governo, povo e finalidade.

Ao lado desses fatores constitutivos do Estado, é ingênita à noção de Constituição a fixação de limites que estabeleçam qual o âmbito de atuação do Estado e qual a esfera do domínio individual. Assim, qualquer Constituição deve abrigar as normas definidoras dos direitos fundamentais do indivíduo, sob pena de desfiguração de sua própria razão de existir.

Fixados esses parâmetros, podemos definir Constituição como a organização sistemática dos elementos constitutivos do Estado, através da qual se definem a forma e a estrutura deste, o sistema de governo, a divisão e o funcionamento dos poderes, o modelo econômico e os direitos, deveres e garantias fundamentais, sendo que qualquer outra matéria que for agregada a ela será considerada formalmente constitucional.

A abertura constitucional

O conceito apresentado não desqualifica a caracterização da Constituição como um sistema *aberto* de princípios e regras. A afirmação da Constituição como um sistema que contém regras e princípios advém da constatação de que as normas jurídicas (dever-ser) tanto podem frutificar de um princípio (comando dotado de um nível maior de generalidade que, abrigando valores essenciais do sistema no qual se insere, busca dar organicidade e harmonia de sentido às várias disposições que o compõem) como de uma regra (dispositivos voltados à regulação de situações determinadas, específicas). Já a chamada abertura constitucional defluiu da moderna hermenêutica, que preconiza a necessidade de que as normas, sobretudo as constitucionais, devam ser problematicamente interpretadas, ou seja, as disposições constitucionais devem ser analisadas à luz da realidade por elas regulada. Por isso, uma mesma norma constitucional aplicada, a realidades diferentes, pode assumir significados igualmente diferentes (ver, neste capítulo, a seção "A interpretação constitucional").

OS TIPOS DE CONSTITUIÇÃO

Fiando-nos na lição de José Joaquim Gomes Canotilho (1992, p. 76), entendemos que as constituições dos Estados contemporâneos podem ser agrupadas sob três distintos paradigmas: 1) o paradigma de Constituição de um Estado de Direito Liberal; 2) o paradigma de Constituição de um Estado de Direito Social; 3) o paradigma de Constituição de um Estado Socialista.

A Constituição do Estado de Direito Liberal

Este modelo de constituição foi criado a partir dos primeiros Estados liberais, nucleados na ideia de suficiência dos mecanismos de autorregulação econômicos e sociais, próprios do pensamento hegemônico à época do capitalismo embrionário, ideais estes que na recente história do mundo foram revivificados por meio do chamado *neoliberalismo*.

Neles, a Constituição deveria se restringir à normatização dos órgãos essenciais do poder, pensando fundamentalmente na limitação destes. Por isso, a necessidade de um rol de direitos de liberdade que assegurassem, dentre outras coisas, a propriedade privada, a livre-iniciativa e a autonomia da vontade (liberdade para contratar e vinculatividade do pacto).

Segundo Canotilho (1992, p. 77), este tipo de constituição teria os seguintes elementos essenciais:

- referência no Estado;
- arquétipo de Estado liberal caracterizado pelos princípios da subsidiariedade (intervenção estatal condicionada a uma insuficiência de mecanismos sociais de intervenção), do Estado mínimo e da neutralidade (abstenção estatal na ordem socioeconômica);
- racionalização e limitação do Poder;
- força normativa da Constituição traduzida pela pretensão de regulação dos órgãos públicos separadamente da sociedade;
- estrutura constitucional essencialmente *negativa*, vale dizer, consagrando limites ao poder do Estado;
- inteligência contextual da Constituição com base no momento histórico de sua existência caracterizado pelo modelo econômico-social burguês: autonomia privada, economia de mercado, valores fundamentais do individualismo possessivo (ideologia burguesa).

A Constituição do Estado de Direito Social

Este modelo constitucional seria derivado da consagração do Estado de bem-estar social. Nele, o papel do Estado sofre uma profunda ressignificação, deixando o caráter de mero garantidor das liberdades individuais para assumir um papel mais ativo, quer no que tange a uma presença normativo-reguladora na economia, quer no que se refere ao desempenho de uma função prestacional em matéria social.

Segundo Canotilho, as principais características desse modelo de constituição seriam os seguintes:

- o referente da Constituição é o Estado e a sociedade (constituição social);

- arquétipo de Estado social caracterizado pelos princípios do compromisso conformador ou constitutivo (intervenção estatal para assegurar formas mais dignas de existência social), da democratização da sociedade e do Estado de direito formal (limitação das medidas intervencionistas para salvaguardar as liberdades individuais);
- conciliação das garantias às liberdades individuais, próprias do Estado liberal, com as exigências do bem-estar social;
- estrutura constitucional conformadora da relação Estado-sociedade "através da imposição de fins e tarefas aos poderes públicos", bem como pela definição de direitos prestacionais;
- mensagem social, econômica e cultural, "através da formulação explícita dos fins e princípios, social e economicamente significativos, embora sem 'subversão' das estruturas econômicas capitalistas".

A Constituição do Estado Socialista

Este modelo de Constituição emerge com o surgimento dos primeiros Estados socialistas, cuja nota caracterizadora é a propriedade estatal de todos os meios de produção ao lado de uma economia centralmente planejada. O mercado e a livre-iniciativa saem, dando lugar ao planejamento estatal de todas as atividades econômicas. A experiência socialista revelou certo desdém das formações estatais pelos direitos de liberdade ao lado de uma ênfase grande na realização do preceito da igualdade.

As características principais deste modelo de Estado, ainda segundo Canotilho, seriam:

- referência no Estado e na sociedade;
- princípios do caráter classista do Estado, do Estado máximo e da não neutralidade (o Estado a serviço de transformações na ordem econômica e social);
- conformação socialista do poder do Estado;
- estrutura constitucional essencialmente positiva, consagrando fundamentalmente direitos econômicos, culturais e sociais.

CONSTITUIÇÃO: SUAS CLASSIFICAÇÕES

É importante notar que a forma e o conteúdo das diversas constituições tornaram operantes algumas classificações, que não possuem outra finalidade senão realçar características do texto constitucional segundo valores determinados, por exemplo, a origem, a mutabilidade, a forma e o conteúdo.

As classificações podem variar de autor para autor, dependendo, é evidente, do corte escolhido para a separação dos conceitos. De qualquer forma, podemos apresentá-las de acordo com o que segue.

Quanto à origem

Promulgada ou votada – aquela que é fruto de um processo democrático e elaborada por um Poder Constituinte exercido por uma Assembleia Constituinte. No Brasil, temos como exemplos as Constituições de 1891, 1934, 1946 e 1988.

Outorgada – a que é fruto do autoritarismo, geralmente imposta por um grupo ou pelo governante. São exemplos, no Brasil, a Constituição do Império de 1824, a de 1937 e a de 1967 (apesar de, quanto a esta, a doutrina apresentar alguma divergência). Estas, como já visto, seriam chamadas de Cartas Constitucionais por alguns autores (MELLO FILHO, 1986, p. 6-7). José Afonso da Silva (1989, p. 45) traz ainda as constituições "cesaristas", que são aquelas preparadas por um ditador, mas submetidas a um plebiscito para sua validação.

Quanto à mutabilidade

Flexível – a Constituição que não exige, para sua alteração, qualquer processo mais solene, tendo-se em vista o critério da lei ordinária.

Rígida – a Constituição que exige para sua alteração um critério mais solene e difícil do que o processo de elaboração da lei ordinária. Exemplo de Constituição rígida é a brasileira. Essa rigidez pode ser verificada pelo contraste entre o processo legislativo da lei ordinária e o da emenda constitucional. Enquanto aquela se submete às regras da iniciativa geral (art. 61 da CF) e à aprovação por maioria simples, a outra reclama iniciativa restrita (art. 60 da CF) e aprovação por maioria qualificada de três quintos. Vê-se, por esse e por outros aspectos, que é muito mais fácil aprovar uma lei ordinária do que uma emenda constitucional. Vale lembrar que, conforme a Emenda da Reforma do Poder Judiciário (EC n. 45/2004), os decretos legislativos aprovados em dois turnos, com *quorum* de três quintos, que tratem de Tratados Internacionais e Convenções de Direitos Humanos, serão equivalentes a emendas constitucionais. Assim, a

Constituição brasileira poderá ser modificada pelo processo regular da emenda e pelo processo especial do decreto legislativo, respeitados os dois turnos e o *quorum* da emenda para sua aprovação. Não significa, no entanto, com tal novidade, que a Constituição brasileira deixou de ser rígida. Apenas que um novo processo de constitucionalização foi incorporado, respeitadas, em linhas gerais, as dificuldades antes existentes para a emenda.

Semirrígida ou semiflexível – a Constituição que apresenta uma parte que exige mutação por processo mais difícil e solene do que o da lei ordinária (rígida) e outra parte sem tal exigência, podendo ser alterada pelo sistema previsto para a lei ordinária. Exemplo desse tipo é a Constituição do Império de 1824.

Há Constituições que têm um núcleo material imutável, vale dizer, que não pode ser alterado mesmo por emendas constitucionais, composto pelas chamadas cláusulas pétreas. Alguns autores entendem que esse núcleo material imutável traduziria um grau máximo de rigidez.[1]

Quanto à forma

Escrita ou dogmática – aquela que é representada por um texto completo e organizado, como a da maioria dos países. Podemos citar a Constituição Brasileira de 1988 e a Constituição da República Argentina, dentre outras.

Costumeira ou histórica – aquela que é formada a partir de textos esparsos, sendo sedimentada em costumes derivados das decisões, sempre tendo como fundamento os documentos históricos que serviram de base. Exemplo atual é a Constituição da Inglaterra.

Quanto ao conteúdo

Material – partindo do conceito político de Constituição, podemos identificar matérias tipicamente constitucionais. De acordo com tal doutrina, são normas materialmente constitucionais aquelas que identificam a forma e a estrutura do

---

[1] Cf. Temer (1993). Não pensamos assim. Rigidez é qualidade do que é alterável. No caso, rigidez é critério de classificação quanto à mutabilidade. Se há norma imutável, entendemos que não pode haver imutabilidade e rigidez. As cláusulas pétreas estariam fora do conceito de rigidez, servindo de objeto para outra classificação.

Estado, o sistema de governo, a divisão e o funcionamento dos Poderes, o modelo econômico e os direitos, deveres e garantias fundamentais. Assim, seriam materialmente constitucionais, dentre outros, os arts. 1º (que identifica o titular do Poder Constituinte), 2º (que enumera as funções do Estado, garantindo independência e harmonia) e 18 (que identifica as unidades autônomas da Federação).

Formal – as normas que são colocadas no Texto Constitucional, sem fazer parte da estrutura mínima e essencial de qualquer Estado, são denominadas normas formalmente constitucionais. O grupo delas, juntamente com as normas materialmente constitucionais (se existentes), formará a constituição em sentido formal, ou seja, o grupo de normas (materialmente constitucionais ou não) que ocupa uma posição hierarquicamente superior a outras normas. Portanto, encontraremos, na constituição formal, normas que, apesar de sua importância, poderiam ser dispensadas do conceito de estrutura mínima do Estado, como o art. 231 da Constituição Federal, que trata dos índios: "Art. 231. São reconhecidos aos índios sua organização social, costumes, línguas, crenças e tradições, e os direitos originários sobre as terras que tradicionalmente ocupam, competindo à União demarcá-las, proteger e fazer respeitar todos os seus bens".

Com efeito, em rápida leitura do dispositivo transcrito verifica-se que a norma, não obstante de grande importância, não é essencial à compreensão mínima do Estado brasileiro. Bem por isso é denominada formalmente constitucional, pois, embora assentada na Constituição, não responde a um chamado de identificação com seu núcleo essencial.

Todavia, é conveniente destacar que, para a análise constitucional brasileira, como alerta Michel Temer, tal distinção fica sem sentido, já que, como será visto adiante, para efeito de emenda constitucional, inexiste diferença entre norma material ou formalmente constitucional, ficando todas elas submetidas ao mesmo processo de reforma, sem distinção. Há, isso sim, normas que são imutáveis, mas não pela particularidade de serem material ou formalmente constitucionais, mas porque o constituinte entendeu petrificá-las. Logo, a distinção não tem interesse prático no ordenamento jurídico brasileiro.

Portanto, diante das classificações anteriores, podemos afirmar que a Constituição brasileira de 1988 é escrita, rígida, formal e promulgada.

Ainda podemos mencionar a classificação de Manoel Gonçalves Ferreira Filho (1995, p. 13), que traz a notícia de outros três tipos de Constituição:

Constituição-garantia – aquela que visa garantir a liberdade, limitando o poder.

Constituição-balanço – enquanto a Constituição-garantia defende limites ao poder do Estado, esta reflete um estágio do compromisso socialista. Assim, a cada novo degrau da evolução socialista, haveria um novo texto constitucional. O autor cita as Constituições soviéticas de 1924, 1936 e 1977.

Constituição-dirigente – aquela que traz um projeto de Estado, apresenta compromissos sociais e fornece meios para sua execução. A Constituição portuguesa de 1976, segundo o autor, tem tal característico.

Por fim, Pinto Ferreira, além das já citadas, ensina que as Constituições podem ser classificadas de acordo com a divisão a seguir.

Quanto à sistemática

Reduzida – quando é representada por um código único, sistematizado.

Variada – quando os textos estão espalhados em diversos diplomas legais.

Exemplos: a Constituição belga de 1830 ou a Constituição francesa de 1975.

Quanto à ideologia

Ortodoxa – aquela que é formada por uma só ideologia. Exemplos: as Constituições soviéticas de 1923, 1936 e 1977.

Eclética – quando informada por diversas ideologias conciliatórias. Exemplo: a Constituição brasileira de 1988.

ELEMENTOS DA CONSTITUIÇÃO

A Constituição, enquanto documento estruturante do Estado, tem natureza polifacética, já que sua finalidade só pode ser concretizada com a reunião de normas de conteúdo, origem e finalidade substancialmente diversos. Assim, conquanto representem um todo orgânico e sistemático, as normas constitucionais buscam a concretização dos mais diversificados valores. Essa dessemelhança entre os dispositivos constitucionais fez com que a doutrina buscasse classificá-los segundo sua finalidade regulamentar, passando a tratar dos elementos de uma Constituição.

J. H. Meirelles Teixeira (1991, p. 183-4) já apontava os elementos formativos de uma Constituição, traçando classificação e elencando quatro categorias de elementos constitucionais, a saber: os orgânicos, os limitativos, os programático-ideológicos e os formais ou de aplicabilidade. A classificação mais completa, porém, é a oferecida por José Afonso da Silva (1989, p. 43-4), que define os elementos de uma Constituição da seguinte forma:

a) *elementos orgânicos* – aqueles que regulam os Poderes do Estado, definindo a respectiva estrutura. Exemplos: Títulos III (Da Organização do Estado) e IV (Da Organização dos Poderes e do Sistema de Governo);

b) *elementos limitativos* – são, basicamente, as normas definidoras dos direitos e garantias fundamentais. Denominam-se *limitativos* porque seu objetivo regulamentar reside em restringir a atividade do Estado, traçando linhas divisórias entre seu âmbito de atuação e a esfera do indivíduo. Como exemplo, podemos citar as regras constantes do art. 5º da Constituição da República;

c) *elementos socioideológicos* – os que revelam o compromisso entre o Estado individual e o Estado social, desenhando o perfil ideológico daquele Estado. A ordem econômica e os direitos sociais são exemplos (respectivamente, arts. 170 e s., 6º e 7º da Lei Maior);

d) *elementos de estabilização constitucional* – destinados a garantir a paz social, recompondo o Estado à sua normalidade. Constituem instrumentos de defesa do Estado. São exemplos os arts. 34 a 36 (intervenção federal), 102, I, *a* (controle direto da constitucionalidade), 136 e 137 (estado de defesa e estado de sítio) etc.;

e) *elementos formais de aplicabilidade* – traçam regras referentes ao modo de aplicação das Constituições. Exemplos: preâmbulo, disposições transitórias e § 1º do art. 5º.

PODER CONSTITUINTE

Introdução

Já vimos, nas classificações das Constituições, que, quanto à origem, podem ser promulgadas ou outorgadas, de acordo com o processo de sua elaboração.

De qualquer forma, a elaboração de um novo Texto Constitucional é obra do Poder Constituinte.

A ideia de um poder que cria a Constituição nasceu, ao tempo da Revolução Francesa, com o pensamento jurídico de Emmanuel Sieyès, o abade de Chartres, num pequeno panfleto denominado *Que é o terceiro Estado?*

Nesse escorço, Sieyès (1973, *apud* BASTOS, 1992, p. 21) sustentou que a formação da sociedade política podia ser separada em três estágios distintos. O primeiro, caracterizado pela existência de indivíduos isolados, aos quais, entretanto, somente pela vontade de desejarem reunir-se, deveriam ser atribuídos os direitos de uma nação. O segundo, peculiarizado por uma espécie de democracia direta, na qual os indivíduos, reunidos, deliberariam sobre os assuntos de interesse comum. E o terceiro, em que a deliberação das questões de interesse comum seria delegada a representantes, escolhidos dentre os membros dessa sociedade. Nessa terceira fase, a instrumentalização da representação demandaria a estruturação de órgãos de governo, tornando necessária a existência de uma Constituição.

Sieyès posicionou a Constituição como documento criador do Estado e, por via de consequência, ponto inaugural do sistema jurídico. Destarte, o poder que cria a Constituição não encontra limites de qualquer espécie, senão no direito natural. Estabeleceu, assim, uma divisão linear entre o Poder Constituinte – que cria a Constituição – e o Poder Constituído – órgãos e funções criados pela Constituição. O Poder Constituinte seria ilimitado, autônomo e incondicionado. O Poder Constituído, contrariamente, restrito e condicionado.

O Poder Constituinte também foi objeto das elucubrações de Carl Schmitt (1992), que o concebia como fruto de uma decisão política fundamental e o entendia como a vontade política cuja força fosse capaz de adotar a concreta decisão sobre o modo e a forma do Estado, criando a Constituição.

Nesse sentido, salientava que uma Constituição não se apoia em uma norma cuja justiça seja seu fundamento de validade, mas em uma decisão política, surgida de um ser político, acerca do modo e da forma do próprio ser.

Na articulação das forças sociais, e não no direito natural ou em outro pressuposto de legitimidade, é que repousa o Poder Constituinte, para Carl Schmitt.

A titularidade do Poder Constituinte

A definição da titularidade do Poder Constituinte não está livre de controvérsias. Entretanto, acompanhando Pedro de Vega García (1995), quando se admite o princípio democrático da soberania popular não se tem dúvidas de que a titularidade do Poder Constituinte pertence ao povo.

Em que pese o acerto de tal afirmação, convém notar que, embora a titularidade do Poder Constituinte pertença ao povo, o seu exercício pode, muitas vezes, afastar-se do controle democrático. Por isso, costuma-se distinguir duas formas de exercício do Poder Constituinte: a) a revolução, caso em que o grupo revolucionário, que se tornou hegemônico, edita uma Constituição; e b) a Assembleia Constituinte, que, ainda, pode tomar o cuidado de submeter à vontade popular direta (plebiscito e *referendum*) as suas conclusões.

As características do Poder Constituinte

O ato de criação da Constituição é produto da manifestação do chamado Poder Constituinte Originário.

Como inaugura uma ordem jurídica, atribuem-se ao Poder Constituinte Originário algumas características que demarcariam seu perfil. Diz-se, por isso, que o Poder Constituinte Originário é:

a) *inicial* – inaugura uma nova ordem jurídica, revogando a Constituição anterior e os dispositivos infraconstitucionais anteriormente produzidos e incompatíveis com ela;

b) *autônomo* – só ao seu exercente cabe determinar sobre quais termos a nova Constituição será estruturada;

c) *ilimitado* – não se reportando à ordem jurídica anterior, compõe novo arcabouço jurídico, sem limites para a criação de sua obra;

d) *incondicionado* – não se submete a nenhum processo predeterminado para sua elaboração.

Tem natureza política e é um poder de fato, mas institui um diploma jurídico. Assim, o Poder Constituinte Originário é um poder político que impõe um poder jurídico: a Constituição.

O Poder Constituinte Derivado

Ao lado do Poder Constituinte Originário, temos o Poder Constituinte Derivado, Reformador ou Secundário. É que as Constituições, quando elaboradas, pretendem-se eternas, mas não imutáveis. Há que se prever, no Texto Constitucional, um processo para sua alteração. Nesse passo, surge o Poder Constituinte Secundário ou Derivado, ou, como pretende Michel Temer (1993, p. 35)[2] a competência reformadora.

Nesse sentido, em contraposição ao Poder Constituinte Originário, o Poder Constituinte Derivado apresenta os seguintes característicos:

a) *limitação* – a Constituição impõe limites à sua alteração, criando determinadas áreas imutáveis. São as cláusulas pétreas, que, em nosso sistema, encontram-se indicadas no art. 60, § 4º, da Constituição Federal;
b) *condicionalidade* – a modificação da Constituição deve obedecer ao processo determinado para sua alteração (processo de emenda). Assim, para que se possa modificar a Constituição, algumas formalidades devem ser cumpridas, condicionando o procedimento. Em nosso caso, a regra consiste na dificuldade maior da iniciativa (art. 60, I, II e III), no *quorum* elevado em relação à lei ordinária (§ 2º do art. 60), em dois turnos de votação (§ 2º do art. 60) e na impossibilidade de reapresentação de projeto de emenda na mesma sessão legislativa (§ 5º do art. 60), quando a lei ordinária pode ser reapresentada, desde que por pedido da maioria absoluta de qualquer das Casas (art. 67).

Diversamente do Poder Constituinte Originário, que é político, o Derivado é jurídico, pois apenas revela o exercício de uma competência reformadora.

Apesar de voltarmos ao assunto quando estudarmos as emendas à Constituição, desde logo impõe-se anunciar os limites ao Poder Constituinte Derivado:

a) *materiais* – são as matérias petrificadas pelo art. 60, § 4º, da Constituição da República, que, em seus incisos I a IV, torna imutáveis a forma federativa de Estado, o voto direto, secreto, universal e periódico, a separação dos Poderes e os direitos e garantias individuais;
b) *circunstanciais* – elenca determinadas circunstâncias em que não pode haver trâmite de emenda constitucional, justamente diante da necessidade de tranquilidade social. Estão presentes no § 1º do art. 60 (vigência de intervenção federal, estado de defesa ou estado de sítio);

---

[2] Afirma o autor que não se pode falar em Poder, mas em competência recebida do Texto Constitucional, com o que concordamos.

c) *procedimentais* – durante o processo de emenda, se esta for rejeitada ou tida como prejudicada, só poderá ser reapresentada na sessão legislativa seguinte.[3]

Além dos limites explícitos elencados, há alguns implícitos. Ocorre que, por decorrência do sistema, algumas mudanças constitucionais não podem ser toleradas, apesar de não estarem previstas de forma clara.

Se modificássemos o processo do art. 60 (previsto para alteração do Texto Constitucional), estaríamos mudando a vontade do Poder Constituinte Originário de tal maneira que a competência reformadora seria exercida de forma diferente da determinada pelo Poder Inicial.

Da mesma forma, se alterássemos o rol de matérias imutáveis previsto no § 4º do art. 60. Tudo isso sem falar dos princípios constitucionais (objetivos e fundamentos do Estado brasileiro, constantes, respectivamente, do art. 3º e dos incisos do art. 1º da CF), que são intocáveis por via de emenda.

Todos esses dispositivos, em que pese a ausência de indicação expressa, não podem ser alterados. São as chamadas *vedações implícitas*.

Falamos na forma ordinária de mudança constitucional, qual seja, a emenda. Em qualquer tempo, a competência reformadora (Poder Constituinte Derivado) poderia exercer sua tarefa (salvo, como já visto, diante das vedações circunstanciais e procedimentais). No entanto, o constituinte de 1988 tratou de estabelecer *uma forma de alteração constitucional extraordinária*, denominada *revisão*.

A revisão não se submete ao rigor do processo de emenda regular. Trata-se de hipótese constitucional prevista no art. 3º do Ato das Disposições Constitucionais Transitórias da Constituição da República, que estabelece: "A revisão constitucional será realizada após cinco anos, contados da promulgação da Constituição, pelo voto da maioria absoluta dos membros do Congresso Nacional, em sessão unicameral".

Desde logo verificam-se algumas diferenças entre o Poder Constituinte Derivado e o Revisional. Aquele não tem limitação temporal, deve observar o rito previsto no art. 60 da Carta da República e o seu exercente é o Congresso Nacional. Já o Poder Constituinte Revisional apresenta limitação temporal, pois só pode ser exercido uma vez, passados, no mínimo, cinco anos da promulgação. A oportunidade ficou a cargo do Congresso Nacional, que logo entendeu de proceder à revisão. O *quorum* de aprovação é mais fácil, ou seja, maioria absoluta,

---

[3] O conceito de sessão legislativa vem previsto no art. 57 da Constituição Federal (período anual entre 2 de fevereiro e 17 de julho e 1º de agosto e 22 de dezembro).

e o exercente do Poder Constituinte Revisional é o Congresso Nacional, mas em composição unicameral, o que facilita sensivelmente a aprovação de qualquer matéria.[4]

Pelo fato de o Congresso Nacional reunir-se em sessão unicameral, as emendas de revisão (de números 1 a 6) foram promulgadas pela Mesa do Congresso Nacional e não pelas Mesas da Câmara dos Deputados e do Senado Federal, como determina o § 3º do art. 60 da Constituição Federal.[5]

A revisão já ocorreu e já produziu seus efeitos (foram efetuadas 6 emendas). E, como o art. 3º do Ato das Disposições Constitucionais Transitórias falava em apenas uma revisão, não se pode mais utilizar a via revisional para mudança da Constituição. Assim, qualquer alteração só poderá ser feita pela via da emenda.

Há outra forma de mudança constitucional denominada "mutação constitucional". No caso, não há alteração formal do texto, mas apenas uma mudança do sentido da Constituição. O texto da norma continua o mesmo, sem que seja necessária qualquer mudança. O avanço da sociedade, as mudanças de determinado grupo, no entanto, fazem com que o tema sofra ajustes de sentido.

Essa modificação sem alteração do texto é o tema da mutação constitucional. Vamos nos utilizar de exemplos de fácil compreensão. A ideia de saúde vem sendo modificada constantemente. Determinados produtos podem fazer bem, podem fazer mal à saúde, sofrem restrições, são incentivados. O conteúdo dessa ideia de "saúde" sofre constantes modificações. O termo utilizado, no entanto, continua o mesmo, qual seja, "saúde". Pode ter havido mutação constitucional no conceito de saúde, permanecendo, o termo, em sua dicção originária.

O Poder Constituinte Decorrente

Ao lado do poder de rever a Constituição da República, seja por meio de emendas, seja pela via revisional, surge o chamado Poder Constituinte Decorrente, cuja missão reside na função de estruturar a organização das unidades componentes do Estado Federal.

---

[4] Havia corrente entendendo que o Poder Constituinte Revisional era ilimitado, o que não foi aceito pela maioria doutrinária. Outro grupo entendia que a revisão só ocorreria se vencedor o plebiscito sobre a Monarquia e o Parlamentarismo, previsto no art. 2º do Ato das Disposições Constitucionais Transitórias. Ambas as correntes não foram aceitas pela maioria da doutrina. As teses monárquica e parlamentarista foram derrotadas, e a revisão instalou-se da mesma forma, pautando-se pelos limites constitucionais do Poder Constituinte Derivado.

[5] Art. 60, § 3º: "A emenda à Constituição será promulgada pelas Mesas da Câmara dos Deputados e do Senado Federal, com o respectivo número de ordem".

24 Curso de Direito Constitucional

No dizer de Anna Candida da Cunha Ferraz (1979, p. 19), "tem o Poder Constituinte Decorrente um caráter de complementariedade em relação à Constituição; destina-se a perfazer a obra do Poder Constituinte Originário nos Estados Federais, para estabelecer a Constituição dos seus Estados componentes".

O Poder Constituinte Decorrente nasce com o pacto federativo, que apresenta como uma de suas peculiaridades a capacidade de auto-organização – por Constituições próprias – das unidades federadas. Esse poder de auto-organização, por meio de Constituições Estaduais, dá lugar ao Poder Constituinte Decorrente.

Nesse sentido, cumpre destacar que o Poder Constituinte Decorrente, como espécie do Poder Constituinte Derivado, apresenta as mesmas características deste, é dizer, a limitação e o condicionamento,[6] que se materializam pelo dever genérico de observância dos princípios contidos na Constituição Federal e pela atuação restrita no âmbito próprio da competência constitucionalmente reservada aos estados-membros.

Convém sublinhar que, por força do disposto no art. 11 do Ato das Disposições Constitucionais Transitórias da Constituição Federal, o exercício do Poder Constituinte Decorrente foi atribuído às Assembleias Legislativas, aspecto denotador de mais um condicionamento desse Poder.

Com o advento da Constituição de 1988, os municípios foram alçados à condição de componentes do Estado Federal, ensejando questionamentos quanto à existência de um Poder Constituinte Decorrente, de âmbito municipal, voltado para a criação das chamadas leis orgânicas.

O Poder Constituinte Decorrente, conferido aos estados-membros da Federação, não foi estendido aos municípios, como se constata de mera leitura do art. 29 do nosso Texto Maior. Enquanto aos estados foi conferida organização por Constituições, aos municípios cogitou-se de leis orgânicas, as quais, de sua vez, deveriam guardar fidelidade não só à Constituição da República, mas também à respectiva Constituição do estado, revelando-se assim que o mais alto documento normativo municipal não adviria de um Poder Constituinte, mas de mero órgão legislativo: a Câmara dos Vereadores.

---

[6] "O Ato das Disposições Constitucionais Transitórias, em seu art. 11, impôs aos Estados-membros, no exercício de seu poder constituinte, a estrita observância dos princípios consagrados na Carta da República. O poder constituinte decorrente, asseguradas as unidades da Federação, é, em essência, uma prerrogativa institucional juridicamente limitada pela normatividade subordinante emanada da Lei Fundamental" (STF, Medida Cautelar em ADI 568, Rel. Min. Celso de Mello, *JUIS*, n. 7, 1º trim. 1997; *RTJ*, *138(1)*:64).

Com efeito, a tônica do Poder Constituinte Derivado, do qual o Decorrente é espécie, reside no fato de derivar diretamente dos comandos instaurados pelo Poder Constituinte Originário. Ora, se as leis orgânicas devem obediência simultânea à Constituição Federal e à Constituição do respectivo estado, não possuem, de evidência, esse predicado. Daí, com razão, dentre outros, o pronunciamento do Tribunal de Justiça do Estado de São Paulo não reconhecendo a existência de Poder Constituinte na órbita dos municípios.[7] A Constituição Estadual deve respeitar os princípios fixados na Constituição Federal. A lei orgânica, por seu turno, obedecerá aos princípios estabelecidos na Constituição Federal e Estadual. Portanto, obedece a dois graus de imposição legislativa constitucional.

Art. 29. O Município reger-se-á por lei orgânica, votada em dois turnos, com o interstício mínimo de dez dias, e aprovada por dois terços dos membros da Câmara Municipal, que a promulgará, atendidos os princípios estabelecidos nesta Constituição, na Constituição do respectivo Estado e os seguintes preceitos: [...]

Princípio da simetria

O princípio da simetria, segundo consolidada formulação jurisprudencial, determina que os princípios magnos e os padrões estruturantes do Estado, segundo a disciplina da Constituição Federal, sejam, tanto quanto possível, objeto de reprodução simétrica nos textos das Constituições estaduais.

Exemplo dessa situação reside na regra de iniciativa reservada do Chefe do Poder Executivo Federal (Presidente da República), que deve ser aplicada, obrigatoriamente, no que couber, ao Chefe do Poder Executivo Estadual (Governador do Estado), por força do art. 61, § 1º, c/c o art. 25 da Lei Maior.[8]

---

[7] Cf. TJSP, ADI 20.894.0/5, Rel. Des. Luís de Macedo, j. 10.04.1995.
[8] STF, ADI 276, Rel. Min. Sepúlveda Pertence, *DJ*, 19 dez. 1997, p. 20, ementa: "I. Processo legislativo: modelo federal: iniciativa legislativa reservada: aplicabilidade, em termos, ao poder constituinte dos Estados-membros. 1. As regras básicas do processo legislativo federal são de absorção compulsória pelos Estados-membros em tudo aquilo que diga respeito – como ocorre às que enumeram casos de iniciativa legislativa reservada – ao princípio fundamental de independência e harmonia dos Poderes, como delineado na Constituição da República. 2. Essa orientação – malgrado circunscrita em princípio ao regime dos poderes constituídos do Estado-membro – é de aplicar-se em termos ao poder constituinte local, quando seu trato na Constituição estadual traduza fraude ou obstrução antecipada ao jogo, na legislação ordinária, das regras básicas do processo legislativo, a partir da área de iniciativa reservada do Executivo ou do Judiciário: é o que se dá quando se eleva ao nível constitucional do Estado-membro assuntos miúdos do regime jurídico dos servidores públicos, sem correspondência no modelo constitucional federal, a exemplo do que sucede na espécie com a disciplina de licença especial e particularmente do direito à sua conversão em dinheiro" (*JUIS*, n. 19).

Nesse mesmo parâmetro é a imposição, no processo legislativo estadual, da regra que veda emendas que aumentem a despesa em projetos de iniciativa exclusiva do Presidente da República, a teor do que estabelece o art. 63, I, da Constituição da República.[9]

Em idêntico caminho, a exigência de respeito aos princípios fixados na Constituição Federal, entre eles o da separação de Poderes (art. 2º da Lei Magna), faz com que o constituinte estadual não se afaste do *quorum* para rejeição de veto do Chefe do Poder Executivo, ou seja, maioria absoluta (art. 66, § 4º). Portanto, o constituinte estadual deverá, na elaboração do processo legislativo estadual, respeitar o *quorum* da maioria absoluta, sob pena de estar ferindo o princípio da separação de Poderes, aumentando ou diminuindo o papel do Chefe do Poder Executivo no plano estadual. O princípio da simetria traduz, assim, mais um limite ao Poder Constituinte Decorrente.

Essa imposição de regras se espraia para outros campos, por exemplo, na formação dos Tribunais de Contas dos Estados. Sempre que chamado a decidir, o Supremo Tribunal Federal acolheu o modelo federal, tolhendo a autonomia das entidades federadas para disciplinar o tema. O que se pode discutir é se o tema da simetria não tem servido para encobrir um forte centralismo federativo, amesquinhando competências que, em princípio, poderiam ser desempenhadas pelas unidades federadas.[10]

A RECEPÇÃO, A REPRISTINAÇÃO E A DESCONSTITUCIONALIZAÇÃO NO DIREITO CONSTITUCIONAL

Questão que adquire relevo, após o estudo do Poder Constituinte, diz respeito ao equacionamento jurídico de todos os atos normativos infraconstitucionais produzidos sob a égide da Constituição revogada.

A nova Constituição tem o condão de revogar a anterior. Isso significa que todas as normas infraconstitucionais produzidas sob a égide da antiga Constituição perdem sua validade?

---

[9] STF, ADI 805, Rel. Min. Sepúlveda Pertence, *DJ*, 12 mar. 1999, p. 47, ementa: "Processo legislativo: emenda de origem parlamentar, da qual decorreu aumento da despesa prevista, a projeto do Governador do Estado, em matéria reservada a iniciativa do Poder Executivo: inconstitucionalidade, visto serem de observância compulsória pelos Estados as regras básicas do processo legislativo da Constituição Federal – entre as quais as atinentes à reserva de iniciativa – dada a sua implicação com o princípio fundamental da separação e independência dos Poderes" (*JUIS*, n. 19).
[10] Cf. ADI n. 374, Rel. Min. Dias Toffoli; ADI 2117-MC, Rel. Maurício Corrêa e, dentre outras, ADI 3276, Rel. Min. Eros Grau.

A recepção

A superveniência de uma nova Constituição significa que o alicerce de legitimação de todo o sistema jurídico foi modificado. Essa alteração do cume da pirâmide não implica a revogação automática de toda legislação infraconstitucional. É que grande parte dessas normas se manterão compatíveis com a nova Constituição.

Destarte, ocorre um processo de ressignificação do direito infraconstitucional compatível com a nova Constituição.

É que, com a alteração das normas inaugurais do sistema, todas as leis vigentes e que permaneceram compatíveis com o texto atual vêm a ter novo fundamento de validade, que condicionam a sua interpretação e o seu significado a novos parâmetros.

Diz-se, desse modo, que foram recepcionadas pela nova Constituição. Em outras palavras, mais do que simplesmente recebidas, foram incorporadas ao novo parâmetro constitucional, com as necessárias adequações.

Exemplo da situação exposta é o Código Tributário Nacional, que, sob a égide da Constituição anterior, foi aprovado como lei ordinária. Pela regra do art. 146 da Constituição Federal de 1988, houve exigência de que as matérias tratadas pelo Código Tributário Nacional fossem reservadas à lei complementar.

A recepção do Código Tributário Nacional significa, de um lado, sua compatibilidade material com a atual Constituição e, de outro, sua adequação ao novo sistema, que lhe reservou espaço e *status* diferenciado, vale dizer, o de uma lei complementar, de tal modo que, como tal, a partir da nova Constituição, deverá ser considerado.

Importante destacar, dentro dessa linha de raciocínio, que a não recepção de uma norma infraconstitucional pela vigente Constituição traduz hipótese de revogação hierárquica, regrada pelo chamado direito intertemporal (lei posterior revoga a anterior com ela incompatível), não sendo admitido em nosso sistema a chamada inconstitucionalidade superveniente.

Dirimindo dúvidas, a lição de José Celso de Mello Filho, em aresto do Supremo Tribunal Federal:

A incompatibilidade vertical superveniente de atos do Poder Público, em face de um novo ordenamento constitucional, traduz hipótese de pura e simples revogação dessas espécies jurídicas, posto que lhe são hierarquicamente inferiores (STF, Medida Cautelar em ADI 129, *DJ*, 28 ago. 1992, p. 13450, *JUIS*, n. 7).

A repristinação

A repristinação apresenta importância exclusivamente teórica, visto que antigo e consolidado entendimento jurisprudencial e doutrinário nega aplicação ao instituto.

No prisma constitucional, ela significa a revalidação de norma revogada pela Constituição anterior, mas que viesse a apresentar compatibilidade com a atual.

Figure-se a hipótese de uma norma editada sob a égide da Constituição de 1946, que tenha sido revogada, por incompatibilidade, pela Constituição de 1967. Admitir a repristinação significaria que, caso essa norma fosse compatível com a atual Constituição, ela estaria automaticamente revalidada, o que, como se disse, não é possível, pois essa norma já desapareceu, não podendo, assim, ser ressuscitada sem previsão expressa.

A desconstitucionalização

Outro fenômeno que merece, ao menos, citação é a desconstitucionalização. Imaginemos a hipótese de uma norma constitucional existente na Constituição de 1967 que não tenha sido frontalmente contestada por nenhuma norma do texto de 1988. Poder-se-ia afirmar que a norma constitucional anterior teria vigência como lei ordinária no novo sistema constitucional (essa ocorrência recebe o nome de desconstitucionalização). Tal afirmativa não é correta, diante do nosso sistema constitucional, pois o primeiro e mais forte efeito de uma nova Constituição é revogar a anterior, revogação que ocorre de forma integral. Assim, todas as normas constitucionais anteriores seriam revogadas pela nova Constituição.

A EFICÁCIA DAS NORMAS CONSTITUCIONAIS

Em tema de eficácia das normas constitucionais, antes de qualquer apresentação, é conveniente estabelecer a correta acepção do que se chama de eficácia jurídica. É que a norma possui duas espécies de eficácia. A eficácia social, também denominada efetividade, que designa o fenômeno da concreta observância da norma no meio social que pretende regular, e a eficácia jurídica, que, no dizer de José Afonso da Silva (1998, p. 66):

> designa a qualidade de produzir, em maior ou menor grau, efeitos jurídicos, ao regular, desde logo, as situações, relações e comportamentos de que cogita; nesse sentido,

a eficácia diz respeito à aplicabilidade, exigibilidade ou executoriedade da norma, como possibilidade de sua aplicação jurídica. O alcance dos objetivos da norma constitui a efetividade. Esta é, portanto, a medida da extensão em que o objetivo é alcançado, relacionando-se ao produto final.

A eficácia jurídica das normas constitucionais conhece, por sua vez, dois níveis de manifestação: o sintático e o semântico. Aquele diz respeito às relações de coordenação e subordinação das normas constitucionais. Este, ao predicado que investe a norma da capacidade de gerar direito subjetivo ao respectivo titular. A norma constitucional, quando menos, possui eficácia sintática, gerando a inconstitucionalidade de todos os atos normativos infraconstitucionais incompatíveis com ela, condicionando a interpretação do direito infraconstitucional, revogando os atos normativos a ela anteriores e com ela incompatíveis e, por fim, servindo de limite para a interpretação das demais normas constitucionais que com ela venham a se chocar.

A doutrina apresenta diversas classificações quanto à eficácia jurídica, como será visto a seguir.

A classificação de José Afonso da Silva

Vamos reproduzir a classificação de José Afonso da Silva, citando outras,[11] a título de ilustração. O autor faz uma classificação das normas constitucionais quanto à sua eficácia. Vejamos.

Normas de eficácia plena. São aquelas que não necessitam de qualquer integração legislativa infraconstitucional. Produzem todos os seus efeitos de imediato. Podemos elencar, entre essas normas, as dos arts. 21, 22 e 24 da Constituição. Também são normas de eficácia plena, além de outras, os arts. 19 (imposições à União, aos estados, ao Distrito Federal e aos municípios), 20 (bens da União) e 28, todos da Constituição Federal. Versando o tema, José Afonso da Silva (1998, p. 101) define as normas de eficácia plena como "aquelas que, desde a entrada em vigor da Constituição, produzem, ou têm possibilidade de produzir, todos os efeitos essenciais, relativamente aos interesses, comportamentos e situações que o legislador constituinte, direta e normativamente, quis regular".

---

[11] Adotamos a classificação de José Afonso da Silva por se tratar da mais conhecida e aceita, inclusive, pelo Supremo Tribunal Federal, que julgou o Mandado de Injunção n. 438-2/GO, *DJU*, 16 ago. 1995, *RT*, 723:231-8.

São, portanto, normas fortes, quanto à sua eficácia, não podendo ser enfraquecidas quer pelo legislador ordinário, quer pela Administração Pública.[12]

Normas de eficácia contida. São as dotadas de eficácia prospectiva ou, em outras palavras, as que, à míngua de legislação infraconstitucional integradora, possuem eficácia total e imediata, porém, o advento legislativo faz com que seu campo de abrangência fique restrito, contido. Exemplo dessa situação é o inciso XIII do art. 5º da nossa *Lex Major*, que possui a seguinte redação: "XIII – é livre o exercício de qualquer trabalho, ofício ou profissão, atendidas as qualificações que a lei estabelecer".

Como se vê, à falta de lei ou leis que regulamentem o dispositivo, vige a regra geral de liberdade absoluta. O advento legislativo, indicando qualificações necessárias a essa ou aquela profissão, tem a aptidão de conter, restringir, o âmbito de eficácia da norma. Como complementação restritiva, surge, no caso, a Lei n. 8.906/94, que, em seu art. 8º, IV, determina que é requisito para a inscrição no quadro da Ordem dos Advogados do Brasil a aprovação no Exame da Ordem.[13]

Em resumo, são normas fortes, quanto à sua eficácia, mas que podem ser reduzidas pelo legislador infraconstitucional. José Afonso da Silva, em sua obra *Aplicabilidade das normas constitucionais*, afirma que a redução também pode ocorrer diante de um conceito vago, como "ordem pública", "bons costumes", "segurança nacional". A redução, nesse caso, será efetivada pela Administração Pública, ficando o eventual conflito a ser solucionado pelo Poder Judiciário.

O legislador infraconstitucional (ou o administrador público, como afirma o autor), no entanto, não recebe uma autorização ilimitada de redução do comando constitucional. Deve sempre preservar um conteúdo mínimo do direito, sob pena de estar descaracterizando a norma constitucional. A legislação restritiva (autorizada constitucionalmente) deve limitar-se ao conteúdo mínimo, sob pena de sufocar o direito garantido constitucionalmente.[14]

---

[12] O Supremo Tribunal Federal considerou de eficácia plena o art. 7º, XVIII, que reconheceu licença-maternidade, sem necessidade de qualquer fonte de custeio específica (cf. RE 220.613, Rel. Min. Ilmar Galvão). Também é de eficácia plena o art. 8º, IV, que trata da contribuição confederativa, obrigando-a, no entanto, apenas aos filiados à entidade sindical (RE 176.696-SP, Rel. Min. Celso de Mello, *RTJ*, *170*:648-50).

[13] Art. 8º Para inscrição como advogado é necessário: "[...] IV – aprovação em Exame de Ordem [...] § 1º O Exame de Ordem é regulamentado em provimento do Conselho Federal da OAB".

[14] Figure-se a hipótese absurda de o legislador infraconstitucional, ou mesmo o Conselho Federal da OAB, fixar o Exame da Ordem em dez fases anuais e eliminatórias. Nesse caso, o exercício profissional

São também de eficácia contida os arts. 5º, VIII, XXIV e XXV, 37, I, e 15, IV, entre outros.

Normas de eficácia limitada. O último grupo de normas é o de eficácia limitada. São aquelas que não produzem todos os seus efeitos de imediato, necessitando de um comportamento legislativo infraconstitucional ou da ação dos administradores para seu integral cumprimento.

As normas de eficácia limitada são, portanto, normas de eficácia fraca, podendo, no entanto, ser fortalecidas pelo legislador infraconstitucional e pelo administrador público. O Supremo Tribunal Federal entendeu que a regra dos juros reais máximos de 12% ao ano (art. 192, § 3º) necessita de conceituação pela legislação complementar prevista no *caput* do art. 192, tornando inviável a sua imediata aplicação, o que a caracteriza como norma de eficácia limitada.[15]

Para o referido autor, as normas de eficácia limitada dividem-se em dois grupos: normas constitucionais de princípio institutivo e normas constitucionais de princípio programático. Vejamos cada uma delas.

Normas constitucionais de princípio institutivo. São "normas de princípio institutivo, porquanto contêm esquemas gerais, um como que início de estruturação de instituições, órgãos ou entidades, pelo que também poderiam chamar-se normas de princípio orgânico ou organizativo" (SILVA, 1998, p. 122). Podemos apontar, como exemplo, o art. 224 da Constituição Federal, que prevê a criação de um Conselho. São também normas de eficácia limitada, instituidoras de princípio organizativo, o art. 33, o § 2º do art. 90, o art. 113 e o art. 161, I, entre outros.

Normas constitucionais de princípio programático. "Programáticas são normas constitucionais através das quais o constituinte, em vez de regular, direta e imediatamente, determinados interesses, limitou-se a traçar-lhes os princípios para serem cumpridos pelos seus órgãos (legislativos, executivos, jurisdicionais e administrativos), como programas das respectivas atividades, visando à realização

---

só poderia ser exercido depois de dez anos de término do curso de cinco anos. Evidentemente, o direito ao livre exercício profissional estaria sufocado pela legislação infraconstitucional.

[15] O dispositivo já foi revogado pela Emenda Constitucional n. 40. No entanto, a decisão pode servir de modelo para fixar o entendimento vigente no Supremo Tribunal Federal, que acabou amesquinhando o artigo da Constituição.

dos fins sociais do Estado."[16] São exemplos claros das normas constitucionais programáticas os arts. 205 (educação), 215 (cultura), 217 (desporto) e 227 (proteção da criança).[17,18]

As normas de eficácia limitada antes de sua complementação pela via integrativa infraconstitucional produzem os seguintes efeitos:

a) estabelecem um dever para o legislador ordinário;
b) condicionam a legislação futura, com a consequência de serem inconstitucionais as leis ou atos que as ferirem;
c) informam a concepção do Estado e da sociedade e inspiram sua ordenação jurídica, mediante a atribuição de fins sociais, proteção de valores da justiça social e revelação dos componentes do bem comum;
d) constituem sentido teleológico para a interpretação, integração e aplicação das normas jurídicas;
e) condicionam a atividade discricionária da Administração e do Judiciário;
f) criam situações jurídicas subjetivas de vantagem ou desvantagem.

Concluindo com o autor, podemos ainda afirmar que as normas de eficácia limitada revogam a legislação infraconstitucional preexistente que fira o programa proposto. O Supremo Tribunal Federal entendeu que, pela via de controle da ação direta de inconstitucionalidade, não é possível verificar se seria inconstitucional uma norma ordinária que tivesse descumprido um programa constitucional (extinguindo órgãos da saúde, p. ex.), pois, para tanto, haveria necessidade de confronto da norma impugnada com a legislação infraconstitucional existente, o que causaria um ferimento reflexo e não direto à Lei Maior. Não entendemos assim. O Supremo Tribunal Federal está deixando de utilizar, via ação direta de inconstitucionalidade, importantíssimo instrumento para controlar os preceitos constitucionais e seu cumprimento. Sob o fundamento do ferimento reflexo e não direto, a Corte formula uma política de abstenção em tema de grande importância, que exigiria participação forte e decidida do

---

[16] José Afonso da Silva (1998, p. 138), baseando-se em Meirelles Teixeira.
[17] O Supremo Tribunal Federal, ao julgar o Mandado de Injunção n. 438-2-GO (*RT*, *723*:231-8), entendeu que a norma constitucional do antiga 37, VII, é de eficácia limitada. Portanto, até que surja a lei complementar determinada pelo artigo, o direito de greve dos servidores públicos está inviabilizado.
[18] O Supremo Tribunal Federal entendeu que a antiga norma do inciso I (excluído pela EC n. 20) do art. 202 não se reveste de autoaplicabilidade, necessitando de interposição legislativa. No entanto, considerou de eficácia plena e autoaplicável a regra do mesmo artigo constante do § 1º (dispositivo modificado pela EC n. 20).

Pretório Excelso, ou seja, o controle das normas infraconstitucionais por descumprimento de programas previstos na Lei Maior.[19] Como dissemos, existem outras classificações pertinentes à eficácia e à aplicabilidade das normas constitucionais. Dessas, sobressaem com maior pujança as seguintes.

A classificação de Celso Ribeiro Bastos e de Carlos Ayres Britto

Celso Ribeiro Bastos e Carlos Ayres Britto, versando o tema, ofereceram a classificação a seguir exposta.

Normas de aplicação. São aquelas que estão aptas a produzir todos os seus efeitos. Dividem-se em:

a) *normas irregulamentáveis* – são as que incidem diretamente sobre os fatos regulados, impedindo qualquer regramento intercalar. São normas cuja matéria é insuscetível de tratamento, senão no nível constitucional. Exemplo: art. 2º da Constituição Federal, artigos que distribuem competência etc.;

b) *normas regulamentáveis* – os autores apontam determinadas normas que permitem apenas regulamentação, sem qualquer restrição do conteúdo constitucional. Tais normas receberiam da legislação infraconstitucional uma mais adequada regra de cumprimento. Importante frisar que não haveria amesquinhamento da regra constitucional, mas sua regulamentação. Não se trata de integração, mas de regulamentação;

c) *normas de integração* –

Têm por traço distintivo a abertura de espaço entre o seu desiderato e o efetivo desencadear dos seus efeitos. No seu interior, existe uma permanente tensão entre a predisposição para incidir e a efetiva concreção. Padecem de visceral imprecisão, ou deficiência instrumental, e se tornam, por si mesmas, inexequíveis, em toda a sua potencialidade. Daí por que se coloca, entre elas e a sua real aplicação, outra norma integradora de sentido, de modo a surgir uma unidade de conteúdo entre as duas espécies normativas (BASTOS & BRITTO, 1982, p. 48).

Os autores dividem as normas de integração em dois grupos: *normas completáveis* e *normas restringíveis*. O primeiro é formado por aquelas que exigem

---

[19] Cf. ADI 2.065-DF, Rel. Min. Moreira Alves, j. 17.02.2000, *Boletim Informativo STF*, n. 178.

uma legislação integrativa para a produção integral de seus efeitos. O segundo, as restringíveis, permite que o legislador infraconstitucional reduza o comando constitucional. Enquanto isso não ocorre, no entanto, as normas produzem todos os seus efeitos de forma total.

A classificação de Maria Helena Diniz

Maria Helena Diniz, em primorosa monografia (1989),[20] traçou inovadora classificação das normas constitucionais segundo a eficácia, definindo-as em quatro categorias. Vejamos.

Normas supereficazes ou com eficácia absoluta. São as dotadas de efeito paralisante de todas as legislações com elas incompatíveis, constituídas pelas chamadas normas pétreas.

Normas com eficácia plena. São aquelas que, por reunirem todos os predicados necessários à produção imediata dos efeitos previstos, não demandam legislação integradora para surtirem eficácia.

Normas com eficácia restringível. Correspondem às normas de eficácia contida, na classificação proposta por José Afonso da Silva.

Normas com eficácia relativa complementável ou dependente de complementação legislativa. São aquelas cuja capacidade de produção de efeitos reclama a intermediação de ato infraordenado. Podem revestir a forma de normas de princípio institutivo e programático. (Ver também, BASTOS & BRITTO, 1982; DINIZ, 1989; SILVA, 1998.)

O CONTROLE DE CONSTITUCIONALIDADE DOS ATOS NORMATIVOS

Introdução

O controle de constitucionalidade dos atos normativos constitui, sem nenhum favor, um dos mais importantes temas do Direito Constitucional contemporâneo.

---

[20] A autora classifica as normas constitucionais em "normas supereficazes ou com eficácia absoluta", "normas com eficácia plena", "normas com eficácia relativa restringível" e "normas com eficácia relativa complementável ou dependente de complementação legislativa". Estas últimas subdividem-se em normas de princípios institutivos e normas programáticas.

É que com o neoconstitucionalismo, com a constitucionalização do Direito, com a onipresença da Constituição e com noções como eficácia irradiante e filtragem constitucional, discute-se, cada vez mais, a constitucionalidade das normas, sob seus vários enfoques, tornando a matéria, assim, das mais relevantes para o estudo do Direito Constitucional.

Em primeiro lugar, uma separação conceitual. Jurisdição constitucional e controle de constitucionalidade não retratam uma mesma realidade. O termo jurisdição constitucional remete a todas as formas de aplicação da Constituição pelo Poder Judiciário, enquanto a expressão controle de constitucionalidade capta exclusivamente o juízo de congruência vertical entre a Constituição e uma lei ou ato normativo.

Sempre que se discorre sobre controle de constitucionalidade há uma referência obrigatória àquele que costuma ser apontado como seu primeiro precedente judicial: o caso "Marbury *vs.* Madison", julgado em 1803 pelo Supremo Tribunal Federal dos Estados Unidos (BARBOSA, 1893).

Nele – uma discussão judicial originária de uma disputa política relacionada à nomeação de William Marbury ao cargo de juiz de paz nos extertores do governo de John Adams –, sedimentou-se que a tarefa do Judiciário era a de aplicar as leis em sentido *lato*. Porém, constatando que a Constituição "é uma lei superior, soberana, irreformável por meios comuns", John Marshall, Presidente da Suprema Corte dos Estados Unidos da América, forjou a conclusão de que a missão do Judiciário, ao aplicar a lei, é a de assegurar a coerência do sistema, que, pautado pela preeminência da Constituição, indica a prevalência desta sobre qualquer outra lei ou ato normativo infraordenados. Logo, havendo incompatibilidade entre a Constituição e a lei, aplica-se aquela em detrimento desta.

A ideia fulcral extraída desse precedente e de outras incursões teóricas da mesma cepa é a de que, nos países que possuem Constituições rígidas – aquelas que preveem, para sua própria alteração, um procedimento legislativo mais gravoso do que o estipulado para as leis ordinárias –, institui-se uma espécie de pirâmide normativa.

Dessa maneira, todos os atos normativos infraconstitucionais devem, por princípio, guardar compatibilidade com a respectiva Constituição, decalcando, portanto, a noção de hierarquia na ordem jurídica.

Perfilhando o mesmo entendimento, aliás, o escólio de Jorge Miranda (1996, p. 37):

36 Curso de Direito Constitucional

Na verdade, o critério desta distinção – para o seu grande autor, James Bryce, a distinção principal a fazer entre todas as Constituições – está na posição ocupada pela Constituição perante as chamadas leis ordinárias. Se ela se coloca acima destas, num plano hierárquico superior, e encerra características próprias, considera-se rígida; ao invés, se se encontra ao nível das restantes leis, sem um poder ou uma forma que a suportem em especial, é flexível. Apenas as Constituições rígidas, e não também as Constituições flexíveis, são limitativas, porque ultrapassam as leis e prevalecem sobre as suas estatuições.

Assim sendo, a existência de uma Constituição rígida – e, portanto, soberana – cria uma relação piramidal entre esta e as demais normas do mesmo ordenamento jurídico, que com ela devem guardar relação de necessária lealdade.

Esse dever de compatibilidade vertical com a Carta Magna obedece, porém, a dois parâmetros: um formal e outro material.

O parâmetro formal diz respeito às regras constitucionais referentes ao processo legislativo, vale dizer, aos meios constitucionalmente aptos a introduzir normas no sistema jurídico. A inobservância dessas regras procedimentais gera a inconstitucionalidade formal ou nomodinâmica desse ato normativo.

É que a Constituição, como fonte de legitimidade de todo o sistema, tem como objetivo, dentre outros, o de estabelecer como as leis devem ser criadas. A inobservância desses meios constitucionalmente estatuídos reveste de nulidade, por aspectos formais, a legislação elaborada.

O parâmetro material refere-se ao conteúdo das normas constitucionais. Assim, o conteúdo de uma norma infraordenada não pode ser antagônico ao de sua matriz constitucional. Por exemplo, em nosso país, onde a Constituição prescreve o direito à vida, a cominação de pena de morte para o cometimento de um crime (salvo a hipótese constitucionalmente prevista na alínea *a* do inciso XLVII do art. 5º)[21] é, por evidente, inconstitucional. Essa é a chamada inconstitucionalidade material ou nomoestática.

Importante notar, nessa linha de raciocínio, que, uma vez flagrada a inconstitucionalidade de um ato normativo, deve ele ser reconhecido como nulo,[22]

---

[21] Art. 5º, XLVII: "não haverá penas: *a*) de morte, salvo em caso de guerra declarada, nos termos do art. 84, XIX".

[22] O art. 27 da Lei n. 9.868/99 permite, no entanto, o reconhecimento de certos efeitos, deixando ao Supremo Tribunal Federal, por *quorum* de dois terços, definir o momento da inconstitucionalidade. Esse procedimento é conhecido como modulação dos efeitos da inconstitucionalidade. "Art. 27. Ao declarar a inconstitucionalidade de lei ou ato normativo, e tendo em vista razões de segurança jurídica ou de excepcional interesse social, poderá o Supremo Tribunal Federal, por maioria de dois terços de seus

Constituição 37

impedindo-se a existência de contradição no sistema.[23] É evidente que em situações como esta, as possibilidades interpretativas são infinitas, gerando mecanismos de equacionamento que adiante serão estudados, por exemplo, a interpretação conforme a Constituição.

Bem por isso, a Constituição da República criou o controle de constitucionalidade dos atos normativos, cujo objetivo consiste, num primeiro momento, em instituir barreiras à introdução de normas inconstitucionais no cenário jurídico. Caso, no entanto, essas barreiras revelem-se ineficazes, estará armada uma segunda etapa do controle, na qual a meta passará a ser o reconhecimento da existência da norma inconstitucional no sistema.

O controle preventivo

O controle preventivo, isto é, o método pelo qual se previne a introdução de uma norma inconstitucional no ordenamento, ocorre antes ou durante o processo legislativo.

A ideia que subjaz a essa espécie de controle é de que, como a elaboração da norma envolve diversos agentes públicos, estes devem ter a preocupação de preservar a Constituição, ainda na fase de elaboração das leis, buscando impedir a existência de uma futura incongruência sistêmica.

Com base nesse parâmetro, inúmeras possibilidades podem ser descortinadas.

No próprio exercício da iniciativa legislativa, os detentores do poder de deflagrar o processo devem analisar a regularidade do projeto, compatibilizando-o com o Texto Constitucional.

Superada a fase de iniciativa, o projeto é submetido, em primeira mão, às Comissões Legislativas, em especial à Comissão de Constituição e Justiça, onde

---

membros, restringir os efeitos daquela declaração ou decidir que ela só tenha eficácia a partir de seu trânsito em julgado ou de outro momento que venha a ser fixado."

[23] Apesar de o Supremo Tribunal Federal reconhecer que ato normativo inconstitucional é inválido, como será visto adiante, este pode dar, excepcionalmente, efeitos *ex nunc* à decisão, para preservar situações já constituídas ou prestigiar o princípio da segurança jurídica. A regra, no entanto, é ofertar ao julgamento do controle concentrado efeitos *ex tunc*. A Lei n. 9.868/99, em seu art. 27, explicitou tal possibilidade, que vinha sendo aplicada pelo Supremo Tribunal Federal, exigindo, no entanto, maioria de dois terços para restringir os efeitos da declaração ou decidir que ela só tenha eficácia a partir de seu trânsito em julgado ou de outro momento que venha a ser fixado. Dessa maneira, apesar de inválido, o ato recebe validade pelo *quorum* qualificado de dois terços dos membros do Supremo Tribunal Federal, para permitir o aproveitamento, em homenagem à segurança jurídica. Os efeitos, portanto, com o *quorum* especial de dois terços poderão ser *ex nunc* ou a partir do momento escolhido pela decisão do Supremo.

o tema constitucionalidade volta a lume, podendo participar ainda da fase de discussão do projeto em plenário.

A Comissão de Constituição e Justiça,[24] entre outras finalidades,[25] deve verificar a adequação do projeto de lei ou de emenda constitucional à Constituição Federal, quer no que se refere aos aspectos formais do processo legislativo, quer no que diz respeito ao conteúdo desses projetos e sua harmonia com o Texto Maior.

O parecer dessa Comissão de Constituição e Justiça, no entanto, pode não ser terminativo.

O art. 54, I, do Regimento Interno da Câmara dos Deputados preconiza que o parecer da Comissão de Constituição e Justiça e de Redação será terminativo "quanto à constitucionalidade ou juridicidade da matéria". Porém, os arts. 132, § 2º, e 137, II, *b*, ambos igualmente pertencentes ao citado Regimento Interno, preveem a possibilidade de recurso para o plenário dessa deliberação. De igual modo o § 1º do art. 101 do Regimento Interno do Senado Federal, que dispõe da seguinte forma: "Quando a Comissão emitir parecer pela inconstitucionalidade e injuridicidade de qualquer proposição, será esta considerada rejeitada e arquivada definitivamente, por despacho do Presidente do Senado, salvo, não sendo unânime o parecer, recurso interposto nos termos do artigo 254".

A fase final do processo legislativo indica ao Presidente da República a possibilidade de duas condutas: a sanção ou o veto. Este, de sua vez, pode ter dois fundamentos, vale dizer, a contrariedade ao interesse público ou a inconstitucionalidade do projeto.[26] Nessa hipótese, o chefe do Poder Executivo, verificando a violação a um ou mais dispositivos da Constituição, obstaculiza a aprovação do projeto, devendo-se ressaltar, no entanto, que nossa Constituição atribui ao veto caráter relativo, permitindo, assim, que seja derrubado por deliberação da maioria absoluta do Poder Legislativo.

Tendo o projeto superado todos esses obstáculos e, dessa forma, caminhado para a promulgação e publicação, encerra-se a fase preventiva do controle de constitucionalidade, que, em princípio, não é jurisdicional.

O Supremo Tribunal Federal, no entanto, tem entendido que o controle preventivo pode excepcionalmente ocorrer pela via jurisdicional quando existe

---

[24] O art. 32, IV, do Regimento Interno da Câmara dos Deputados utiliza a expressão "Comissão de Constituição e Justiça e de Redação". O art. 72, n. 3, do Regimento Interno do Senado Federal emprega a denominação "Comissão de Constituição, Justiça e Cidadania".

[25] Ver art. 32, IV, do Regimento Interno da Câmara dos Deputados e art. 101 do Regimento Interno do Senado Federal.

[26] Cf. art. 66, § 1º, da Constituição da República.

Constituição 39

vedação na própria Constituição ao trâmite da espécie normativa. Cuida-se, em outras palavras, de um "direito-função" do parlamentar de participar de um processo legislativo juridicamente hígido. Assim, o § 4º do art. 60 da Constituição Federal veda a deliberação de emenda tendente a abolir os bens protegidos em seus incisos. Portanto, o Supremo Tribunal Federal entendeu que os parlamentares têm direito a não ver deliberada uma emenda que seja tendente a abolir os bens assegurados por cláusula pétrea. No caso, o que é vedada é a deliberação, momento do processo legislativo. A Mesa, portanto, estaria praticando uma ilegalidade se colocasse em pauta tal tema.[27] O controle, nesse caso, é pela via de exceção, em defesa de direito de parlamentar.

O próprio Supremo Tribunal Federal, em manifestação da lavra do Ministro Celso de Mello, sedimentou, no entanto, que

a superveniência da aprovação parlamentar do projeto de lei ou da proposta de emenda à Constituição implica a perda da legitimidade ativa dos membros do Congresso Nacional para o prosseguimento da ação mandamental, que não pode ser utilizada como sucedâneo da ação direta de inconstitucionalidade (MS n. 22.487-DF, *DJU*, 14.08.2001).

Podemos afirmar que as ocasiões mais eficazes do controle preventivo são o parecer da Comissão de Constituição e Justiça e o veto, sendo este, certamente, o momento de maior eficácia, porque exige, para sua derrubada, a maioria absoluta dos membros de cada Casa Legislativa.

O controle repressivo

O controle repressivo de constitucionalidade das leis e demais atos normativos, em regra, é exercido junto ao Poder Judiciário. A regra, contudo, não

---

[27] A decisão foi tomada no Mandado de Segurança n. 20.257-DF, assim ementada: "Mandado de segurança contra ato da Mesa do Congresso que admitiu a deliberação de proposta de emenda constitucional que a impetração alega ser tendente à abolição da república. Cabimento do mandado de segurança em hipóteses em que a vedação constitucional se dirige ao próprio processamento da lei ou da emenda, vedando a sua apresentação (como é o caso previsto no parágrafo único do artigo 57) ou a sua deliberação (como na espécie). Nesses casos, a inconstitucionalidade diz respeito ao próprio andamento do processo legislativo, isso porque a Constituição não quer – em face da gravidade dessas deliberações, se consumadas – que sequer se chegue à deliberação, proibindo-a taxativamente. A inconstitucionalidade, se ocorrente, já existe antes de o projeto ou de a proposta se transformar em lei ou em emenda constitucional, porque o próprio processamento já desrespeita, frontalmente, a Constituição" (*RTJ*, 99:1031-41). Recorde-se que os artigos citados são referentes ao Texto Constitucional anterior, pois o julgamento ocorreu em 1980.

é absoluta. É que o art. 49, V, da Constituição prescreve tratar-se de competência exclusiva do Congresso Nacional "sustar os atos normativos do Poder Executivo que exorbitem do poder regulamentar ou dos limites de delegação legislativa".

A leitura do dispositivo citado permite entrever situações em que o ato de sustação do Congresso Nacional implique controle repressivo de constitucionalidade, na medida em que ao se exorbitar do poder regulamentar ou dos limites de delegação legislativa poderá haver violação a disposições constitucionais.

Outra possibilidade é a recusa do Poder Executivo na aplicação de uma norma inconstitucional. Decorrência tanto do princípio da soberania da Constituição, como da previsão do art. 23, I, que afirma tratar-se de competência comum da União, dos Estados, do Distrito Federal e dos municípios zelar pela guarda da Constituição. Nesses casos, entende-se que o agente público que recusa a aplicação de uma norma a pretexto da sua inconstitucionalidade o faz por sua conta e risco, ou seja, caso, posteriormente, o Judiciário entenda a norma como constitucional, o responsável arcará com todos os ônus da ilegalidade cometida, exatamente para se restringir esse tipo de controle a situações teratológicas.

As hipóteses, como se vê, são excepcionais, pois, como regra, o controle repressivo percorre a via judicial.

O controle repressivo judicial

O controle repressivo de constitucionalidade das leis e demais atos normativos exercido junto ao Poder Judiciário é praticamente cognato ao constitucionalismo. Duas grandes matrizes teóricas foram desenvolvidas e influenciaram, isolada ou conjuntamente, a estruturação desses mecanismos de controle em diversos países do mundo: a estadunidense e a europeia/austríaca.

A matriz estadunidense foi aquela forjada por Marshall, no caso "Madison *vs.* Marbury", e que está escorada em dois grandes pressupostos: 1) a lei inconstitucional padece do vício de nulidade. É uma decorrência lógica e necessária do sistema. Se a Constituição é soberana, qualquer norma infraordenada que com ela não se compatibilize não pode ingressar validamente na ordem jurídica. Logo, o pronunciamento judicial, que reconhece a inconstitucionalidade, tem caráter declaratório e retroativo; 2) compete aos juízos e tribunais, no exercício regular da jurisdição, deixar de aplicar as leis inconstitucionais, reconhecendo a primazia da Constituição (*judicial review*). É bem de se ver que o sistema estadunidense, estruturado com base no *common law*, enfatiza a vinculação dos precedentes. Logo, o julgamento de um caso pode se traduzir em um precedente a ser observado nos julgamentos futuros. Assim, apesar de se tratar de controle difuso de constitucionalidade, o julgamento, não obstante endereçado às partes do processo, acaba por ter um efeito mais amplo.

A matriz europeia/austríaca teve em Kelsen seu grande arquiteto, por meio da Constituição da Áustria de 1920 e da reforma constitucional de 1929. O modelo kelseniano se apoia em dois grandes pressupostos: 1) a anulabilidade da norma inconstitucional, ou seja, o Judiciário, ao pronunciar a inconstitucionalidade de uma norma, assumiria o papel de "legislador negativo", expulsando-a da ordem jurídica. Logo, essa decisão judicial teria caráter desconstitutivo e efeitos *ex nunc*; 2) o controle de constitucionalidade deve ser exercido, de maneira concentrada, por uma Corte Constitucional.

Nesse sentido, o sempre preciso magistério de Luís Roberto Barroso (2015, p. 41):

> Para Kelsen, o controle de constitucionalidade não seria propriamente uma atividade judicial, mas uma função constitucional, que melhor se caracterizaria como atividade legislativa negativa. Idealizador do controle concentrado em um tribunal constitucional, considerava que a lei inconstitucional era válida até que uma decisão da corte viesse a pronunciar sua inconstitucionalidade. Antes disso, juízes e tribunais não poderiam deixar de aplicá-la. Após a decisão da corte constitucional, a lei seria retirada do mundo jurídico.

Essas matrizes constituem-se em grandes referências teóricas, mas que, evidentemente, ao inspirarem mecanismos de controle mundo afora, foram sendo adaptadas à realidade e às aspirações locais. Além disso, foram sendo buriladas e lapidadas por diversos outros autores, desenvolvendo uma cadeia evolutiva no âmago da qual foi construída a teoria do controle de constitucionalidade das leis e dos atos normativos.

Formas de controle

O Brasil, inicialmente, adotou a matriz estadunidense, permitindo exclusivamente o controle de constitucionalidade à vista de casos concretos. Porém, ao longo das sucessivas constituições, em especial da Emenda n. 16 à Constituição passada e da atual Constituição, o Brasil passou a adotar um modelo complexo, permeado tanto pelo controle difuso como pelo concentrado, abeberando-se em ambas as matrizes, além de incorporar institutos novos, parte criados originariamente no Brasil, parte de inspiração estrangeira.

Pode-se afirmar, assim, que, à luz da atual Constituição, o controle judicial de constitucionalidade processa-se por duas vias. Uma *difusa*, também chamada *indireta, de exceção* ou *de defesa*, que consiste basicamente na arguição de inconstitucionalidade de uma lei ou ato normativo dentro de um processo judicial comum. Outra *concentrada*, também denominada *direta* ou *de ação* ou ainda *de controle abstrato*, cujas características bem se resumem na existência de uma ação cujo propósito único e exclusivo seja a declaração de inconstitucionalidade de uma norma.

Convém destacar, a propósito, que o art. 97 da Constituição da República consolida regra geral, válida tanto para a via difusa como para a concentrada, pela qual os tribunais só podem declarar a inconstitucionalidade de uma lei ou de outro ato normativo pelo voto da maioria absoluta de seus membros ou do respectivo órgão especial. É o chamado princípio da reserva de plenário.

Note-se que o art. 97 refere-se exclusivamente a tribunais e assim o faz em homenagem ao princípio da colegialidade das decisões desses órgãos de revisão. Assim, um juiz de primeiro grau, no exercício do controle difuso de constitucionalidade, pode, *incidenter tantum*, pronunciar a inconstitucionalidade de uma norma. Já o tribunal para qual o recurso desta decisão seja endereçado não pode, por meio de um órgão fracionário, exercer o mesmo juízo, devendo, se for o caso, remeter a questão ao pleno ou ao respectivo órgão especial.

A via difusa

Nesta forma de controle, discute-se o caso concreto. Deve haver uma situação concreta na qual o interessado peça a prestação jurisdicional para escapar da incidência da norma. Os efeitos dessa decisão operam-se apenas entre as partes. Por tal razão, é conhecida como via de exceção, porque excepciona o interessado (dentre toda a comunidade) do cumprimento da regra.

A forma processual utilizada é a mais variada. Ação ordinária, embargos à execução, mandado de segurança, enfim, qualquer dos meios processuais colocados à disposição do indivíduo.

O interessado que pede a prestação jurisdicional não precisa estar no polo passivo da lide, podendo ser o autor da ação. Por tal razão, a expressão "via de defesa" significa que o interessado está defendendo-se dos efeitos de uma norma inconstitucional e não, obrigatoriamente, ocupando o polo passivo da ação. Defende direito seu (ou de seu grupo), que vem postado em uma norma inconstitucional.

O foro competente para discussão da medida é o ordinário. Assim, qualquer juiz poderá, diante do caso concreto, declarar a inconstitucionalidade da norma.

A decisão do Poder Judiciário para o caso concreto será sempre *incidenter tantum*, ou seja, pressuposto para a procedência ou improcedência da ação, que apreciará a tutela concreta do interesse. O juiz reconhece a inconstitucionalidade de determinada norma e, por via de consequência, julga o feito procedente ou improcedente. A declaração de inconstitucionalidade antecede o mérito da questão.

O debate da inconstitucionalidade pela via de exceção pode chegar até o Supremo Tribunal Federal, desde que a parte interessada assim faça, quer pela competência originária da Suprema Corte, quer pela via recursal adequada.

O Supremo Tribunal Federal, ao julgar a matéria, trata de reconhecer, ou não, a inconstitucionalidade do tema, fato que, por si, não determina a expulsão da norma do sistema, pois, no caso, a coisa julgada restringe-se às partes do processo em que a inconstitucionalidade foi arguida.

Entretanto, o Supremo Tribunal Federal deve comunicar a decisão ao Senado Federal, que, utilizando a competência do art. 52, X, da Constituição Federal, tem a faculdade de, por meio de resolução, suspender a execução da norma.[28]

Não há mais dúvida de que o Senado Federal exerce poder discricionário, podendo ou não suspender a execução da norma declarada inconstitucional por decisão definitiva do Supremo Tribunal Federal. O momento do exercício da competência do art. 52, X, é ato de política legislativa, ficando, portanto, ao crivo exclusivo do Senado. Não se trata de dar cumprimento à sentença do Supremo Tribunal Federal, que decidiu pela via de exceção. Na verdade, a decisão do Senado Federal é no sentido de estender a sentença do Supremo, pertinente à inconstitucionalidade (não à prestação de fundo do pleito – caso concreto), para todos. Os efeitos da resolução, portanto, são sempre a partir de sua edição, ou seja, *ex nunc*. O entendimento, contudo, não é pacífico.

Gilmar Ferreira Mendes (2004, p. 11-39) e Clemerson Merlin Clève (1995, p. 97) perfilham a conclusão de que a citada Resolução produziria efeitos *erga*

---

[28] O Regimento Interno do Supremo Tribunal Federal, elaborado em 1985, assim disciplina em seu art. 178: "Declarada, incidentalmente, a inconstitucionalidade, na forma prevista nos arts. 176 e 177, far-se-á a comunicação, logo após a decisão, à autoridade ou órgão interessado, bem como, depois do trânsito em julgado, ao Senado Federal, para os efeitos do art. 42, VII, da Constituição". Verifica-se que o artigo atual é o 52, X – competência privativa do Senado Federal para suspender a execução, no todo ou em parte, de decisão definitiva do Supremo.

44 Curso de Direito Constitucional

omnes e *ex tunc*. Quanto àquele efeito, não existe controvérsia. Preconizando como finalidade de tal Resolução a suspensão da eficácia da lei considerada inconstitucional por decisão do Supremo Tribunal Federal, é inegável que o art. 52, X, da Constituição Federal atribua a essa deliberação do Senado efeito *erga omnes*.

Afigura-se-nos, porém, sem menoscabo do pensamento dos ilustres constitucionalistas, que a deliberação da aludida Casa de Leis não seria retroeficaz, mas que, nesse sentido, possuiria exclusivamente efeito *ex nunc*.

Realmente, tal Resolução, na espécie, tem caráter discricionário, o que faz com que sua edição fique a depender do critério de oportunidade e conveniência do Senado Federal.

É incontroverso, por outro lado, que no âmago de qualquer ordenamento reside o objetivo de segurança das relações jurídicas.

Fincados nesse pressuposto, entendemos que o caráter discricionário dessa deliberação legislativa é incompatível com sua pretendida atribuição de retroeficácia.

Cuidando-se de ato discricionário, o Senado avalia a conveniência e a oportunidade da suspensão da eficácia do ato normativo tachado de inconstitucional pelo Supremo Tribunal Federal. Assim sendo, pode deixar de determinar, ou mesmo postergar, a seu exclusivo critério, a sua suspensão.

Sustentar a retroeficácia dessa deliberação implica afirmar que o Senado pode postergar o momento de edição da Resolução, para, em seguida, atribuir invalidade a todos os atos jurídicos praticados sob a égide dos atos normativos impugnados anteriores à edição desta, inclusive aqueles que vieram a lume no período em que o ato normativo submeteu-se ao juízo discricionário do Senado, que, dessa feita, prorrogaria a eficácia de uma norma, legitimando um sem-número de atos jurídicos, que preconcebia inválidos e, portanto, predestinados ao desfazimento.

Onde estaria a estabilidade das relações jurídicas?

A retroeficácia dessa deliberação só seria compatível com um pressuposto caráter vinculado da manifestação do Senado, que, então, passaria a funcionar como uma espécie de "executor de ordens" do Supremo Tribunal Federal, o que, por evidente, maltrataria o princípio da tripartição constitucional de funções.

A deliberação, assim, tem caráter discricionário. Logo, não pode ser dotada de retroeficácia.

Não fosse essa a linha correta de interpretação da Constituição, estaria descartada a pretensão finalística de segurança nas relações jurídicas, bem como o princípio da responsabilidade do Estado, visto que estar-se-ia atribuindo ao Senado o poder de postergar uma decisão, permissiva da produção de atos que seriam invalidados – num segundo momento – pela própria decisão postergada.

Se a Constituição Federal atribuiu discricionariedade à deliberação do Senado, quis, evidentemente, que este determinasse o momento a partir do qual a norma impugnada deixasse de gerar efeitos. Caso contrário, não haveria por que falar em discricionariedade, visto que a retroeficácia predetermina no termo *a quo* de vigência da norma a oportunidade em que esta deixaria de produzir efeitos válidos.

O objetivo da Resolução é pacificar as relações sociais abaladas por uma norma declarada inconstitucional, extraindo-se, ainda uma vez, que a decisão do Senado só produz efeitos a partir de sua publicação.

Regina Maria Macedo Nery Ferrari (1999, p. 152), versando o tema, tece o seguinte comentário:

> Ora, parece-nos claro, dentro de tal colocação de ideias, que só a partir dessa suspensão é que a lei perde a eficácia, o que nos leva a admitir o seu caráter constitutivo. A lei até tal momento existiu e, portanto, obrigou, criou direitos, deveres, com toda sua carga de obrigatoriedade, e só a partir do ato do Senado é que ela vai passar a não obrigar mais, já que, enquanto tal providência não se concretizar, pode o próprio Supremo, que decidiu sobre sua invalidade, alterar seu entendimento, conforme manifestação dos próprios ministros do Supremo, em voto proferido na decisão do Mandado de Segurança 16.512, de maio de 1966.

José Afonso da Silva (1989, p. 57) também concorda com o efeito *ex nunc* da decisão, pois afirma que a lei existia, revelou eficácia e produziu validamente seus efeitos, já que a decisão do Senado implica suspensão da eficácia do ato normativo e não sua revogação.

A decisão do Supremo Tribunal Federal, porque deferida em via de exceção, exige uma prestação jurisdicional concreta (devolução de um tributo pago indevidamente, não incidência de determinado tributo, determinação de certa alíquota etc.), dividida em duas partes: o reconhecimento da inconstitucionalidade (*incidenter tantum*) e, como consequência, a procedência ou improcedência da ação. O Senado Federal suspenderá apenas a execução da norma impugnada. Não poderá ordenar que o tributo seja também devolvido. Apenas determinará que a norma fique sem execução.

É conveniente repisar que, também no controle difuso, só se declara a inconstitucionalidade de uma norma pelo voto da maioria absoluta dos membros dos tribunais ou dos respectivos órgãos especiais. Essa regra vale tanto para o Supremo Tribunal Federal como para os demais tribunais, trazendo consequências práticas para a tramitação dos processos.

Isso significa que, no julgamento de um caso concreto, o juiz pode declinar a inconstitucionalidade de uma norma. Porém, caso o tema seja, em nível de recurso ou de competência originária, suscitado junto a um órgão fracionário (câmara ou turma), este deve avaliar a arguição, rejeitando-a ou não. Caso acolhida, ao invés de julgar a prejudicial de inconstitucionalidade, deve submeter a questão ao plenário do tribunal ou a seu órgão especial, onde houver. É o chamado Incidente de Inconstitucionalidade, que se encontra disciplinado pelos arts. 948 a 950 do Código de Processo Civil, *in verbis*:

> Art. 948. Arguida, em controle difuso, a inconstitucionalidade de lei ou de ato normativo do poder público, o relator, após ouvir o Ministério Público e as partes, submeterá a questão à turma ou à câmara à qual competir o conhecimento do processo.
>
> Art. 949. Se a arguição for:
>
> I – rejeitada, prosseguirá o julgamento;
>
> II – acolhida, a questão será submetida ao plenário do tribunal ou ao seu órgão especial, onde houver.
>
> Parágrafo único. Os órgãos fracionários dos tribunais não submeterão ao plenário ou ao órgão especial a arguição de inconstitucionalidade quando já houver pronunciamento destes ou do plenário do Supremo Tribunal Federal sobre a questão.
>
> Art. 950. Remetida cópia do acórdão a todos os juízes, o presidente do tribunal designará a sessão de julgamento.
>
> § 1º As pessoas jurídicas de direito público responsáveis pela edição do ato questionado poderão manifestar-se no incidente de inconstitucionalidade se assim o requererem, observados os prazos e as condições previstos no regimento interno do tribunal.
>
> § 2º A parte legitimada à propositura das ações previstas no art. 103 da Constituição Federal poderá manifestar-se, por escrito, sobre a questão constitucional objeto de apreciação, no prazo previsto pelo regimento interno, sendo-lhe assegurado o direito de apresentar memoriais ou de requerer a juntada de documentos.
>
> § 3º Considerando a relevância da matéria e a representatividade dos postulantes, o relator poderá admitir, por despacho irrecorrível, a manifestação de outros órgãos ou entidades.

Importante acentuar que a mera arguição de inconstitucionalidade não implica necessariamente a instauração do cogitado incidente, pois se o órgão fracionário reputar a norma constitucional, deve rejeitar a arguição e prosseguir no julgamento. Porém, entendendo pertinente a arguição, deve encaminhar a questão para a decisão do pleno do tribunal ou do respectivo órgão especial, que conhecerão exclusivamente do problema atinente à inconstitucionalidade suscitada. Logo, definida a questão constitucional, o processo voltará a tramitar junto ao órgão fracionário, que, adotando a definição sobre a constitucionalidade da norma já levada a efeito, julgará o caso concreto a ele submetido.

O parágrafo único do art. 949 transcrito anteriormente, em homenagem ao princípio da economia processual, prescreve que incidente não será suscitado quando houver um anterior pronunciamento do pleno do tribunal ou do respectivo órgão especial sobre a matéria, bem como se o tema já tenha sido objeto de decisão do plenário do Supremo Tribunal Federal, ainda que pela via de exceção.

Nas demais hipóteses, a instauração do incidente é necessária, devendo-se sublinhar, neste ponto, a Súmula Vinculante n. 10, assim formulada: "viola a cláusula de reserva de plenário (CF, artigo 97) a decisão de órgão fracionário de Tribunal que embora não declare expressamente a inconstitucionalidade de lei ou ato normativo do poder público, afasta sua incidência, no todo ou em parte".

A situação apontada, pelo parágrafo único do citado art. 949, acaba redundando em uma espécie de abstrativização de decisões emitidas em casos concretos. É que, como o tribunal, nesses casos, atem-se à apreciação da contradição entre a norma e a Constituição, é possível extrair-se um enunciado abstrato, aplicável a todas as demais situações similares. Assim, em obséquio ao princípio da economia processual, a decisão deve granjear aplicação pelos órgãos fracionários sem a necessidade de novo incidente.

Deve-se sublinhar, a pretexto de remate, que as regras atinentes ao incidente, especificamente o art. 950, § 3º, destacado anteriormente, prevê a possibilidade de intervenção do *amicus curiae*, a critério do relator do processo.

O controle concentrado

O controle concentrado de constitucionalidade processa-se por meio da ação direta de inconstitucionalidade, da ação declaratória de constitucionalidade e da arguição de descumprimento de preceito fundamental. As duas primeiras reguladas pela Lei n. 9.868/99. A última normatizada pela Lei n. 9.882/99. Por uma questão de apresentação cronológica do tema, vamos arrolar os característicos do controle da constitucionalidade, tendo em vista os instrumentos

48 Curso de Direito Constitucional

que já constavam do sistema e que já haviam sido operacionalizados pelo legislador infraconstitucional, ou seja, a ação direta de inconstitucionalidade e a arguição de descumprimento de preceito fundamental (ambas previstas pelo constituinte de 1988, mas apenas a primeira viabilizada pela utilização da legislação processual anterior; a lei que autorizaria o uso da arguição de descumprimento de preceito fundamental só surgiu em 1999, como veremos mais adiante). Assim, o texto de 1988 trazia a previsão de dois instrumentos: a ação direta de inconstitucionalidade (ADI) e a arguição de descumprimento de preceito fundamental. A primeira foi utilizada imediatamente, pois a legislação infraconstitucional que aparelhava o instrumento (Regimento Interno do Supremo Tribunal Federal) foi recebida pela Constituição de 1988. O segundo instrumento, a ação de arguição de descumprimento de preceito fundamental, tinha sua previsão no parágrafo único do art. 102 (posteriormente passado a § 1º pela EC n. 3/93), sem ter sido aparelhada pela legislação infraconstitucional.[29] Surge, posteriormente, através da Emenda Constitucional n. 3/93, a ação declaratória de constitucionalidade, que se serviu do mesmo arcabouço legislativo da ADI. Trouxe a novidade, como será visto adiante, do efeito vinculante para as suas decisões de mérito. Portanto, a partir de 1993, havia três instrumentos de controle concentrado previstos no Texto Constitucional: a ação direta de inconstitucionalidade, a ação declaratória de constitucionalidade, ambas operacionalizadas pela legislação infraconstitucional e, portanto, plenamente ativadas, e um instrumento ainda sem operacionalização, a arguição de descumprimento de preceito fundamental. Surge, por fim, uma nova legislação para a ação direta de inconstitucionalidade e para a ação declaratória de constitucionalidade (a Lei n. 9.868/99) e, em seguida, a Lei n. 9.882/99, que operacionalizou o instrumento até então sem regramento infraconstitucional, a arguição de descumprimento de preceito fundamental. Dessa forma, hoje temos a ação direta de inconstitucionalidade e a ação declaratória de constitucionalidade (esta criada por emenda, que previa seu efeito vinculante) disciplinadas pela Lei n. 9.868/99 e a arguição de descumprimento de preceito fundamental pela Lei n. 9.882/99. Esta breve digressão teve a finalidade de mostrar ao leitor a evolução, dentro do sistema de 1988, do controle concentrado da constitucionalidade. Como novo instrumento (a Lei n. 9.882/99) trouxe grandes inovações, muitas delas, a nosso ver, inconstitucionais.

---

[29] Art. 102, § 1º: "A arguição de descumprimento de preceito fundamental, decorrente desta Constituição, será apreciada pelo Supremo Tribunal Federal, na forma da lei".

Trataremos do controle concentrado tradicional, ou seja, referente à ação direta de inconstitucionalidade, e da ação declaratória de constitucionalidade para depois, em local distinto, cuidar do novo instrumento.

Passemos, em primeiro lugar, a aspectos gerais desses dois instrumentos de controle concentrado de constitucionalidade.

O primeiro ponto diz respeito à natureza abstrata desses mecanismos de controle. Por meio deles, o Supremo Tribunal Federal não visa auscultar interesses concretos, que tenham sido apropriados ao patrimônio de uma ou mais pessoas. Ao contrário, esses mecanismos objetivam a depuração de contradições abstratas entre a Constituição e as normas infraordenadas. Em outras palavras, apura-se a existência de conflitos em tese: a norma constitucional hipoteticamente considerada ante ao dispositivo infraconstitucional havido igualmente no plano hipotético.

A ideia fundamental desses mecanismos de controle é o de assegurar a soberania da Constituição e, ao mesmo tempo, resguardar o sistema de contradições. Uma disposição infraordenada não pode, em uma ordem jurídica piramidal, ser antitética a uma norma constitucional. O dever de coerência decorre da própria hierarquia normativa do sistema.

Nessa espécie de controle, trabalha-se com a lei em tese, sem que esteja aplicada à tutela de direitos subjetivos. Por isso, a necessidade de que a norma objeto do controle resguarde as características essenciais das leis e atos normativos, na sua acepção material, a saber: a generalidade e a abstração.[30]

Em outras palavras, o controle há de ter como objeto atos de conteúdo normativo, quer sejam eles veiculados por lei ou por outro instrumento, fato que, de logo, afasta do âmbito de incidência do controle concentrado as chamadas leis de efeito concreto, pois, não obstante, atos legislativos não possuem as características próprias de uma norma, quais sejam, a generalidade e a abstração, mas, ao contrário, já trazem em seu enunciado o resultado específico por elas ambicionado. Daí a denominação de leis de efeitos concretos.[31]

Confira-se, a propósito, o pronunciamento do Supremo Tribunal Federal, ementado da seguinte forma:

---

[30] Veremos, a seguir, que a Lei n. 9.882/99 prevê a arguição de descumprimento de preceito fundamental de ato do Poder Público, sem que seja ato normativo (art. 1º). Recordamos que trataremos da ação de arguição posteriormente.

[31] O Supremo Tribunal Federal entendeu que a lei estadual que altera os limites de determinado município tem caráter normativo e é passível de controle pela ação direta de inconstitucionalidade (ADI 1.262, Rel. Min. Sydney Sanches).

50 Curso de Direito Constitucional

Ação direta de inconstitucionalidade. Emenda congressional à proposta orçamentária do Poder Executivo. Ato concreto. Impossibilidade jurídica. A ação direta de inconstitucionalidade configura meio de preservação da integridade da ordem jurídica plasmada na Constituição vigente, atua como instrumento de ativação da jurisdição constitucional concentrada do Supremo Tribunal Federal e enseja a esta Corte, no controle em abstrato da norma jurídica, o desempenho de típica função política ou de governo. Objetos do controle concentrado, perante o Supremo Tribunal Federal, são as leis e os atos normativos emanados da União, dos Estados-membros e do Distrito Federal. No controle abstrato de normas, em cujo âmbito instauram-se relações processuais objetivas, visa-se a uma só finalidade: a tutela da ordem constitucional, sem vinculações quaisquer a situações jurídicas de caráter individual ou concreto. A ação direta de inconstitucionalidade não é sede adequada para o controle da validade jurídico-constitucional de atos concretos, destituídos de qualquer normatividade. Não se tipificam como normativos os atos estatais desvestidos de qualquer coeficiente de abstração, generalidade e impessoalidade. Precedentes do Supremo Tribunal Federal. A recusa do controle em tese da constitucionalidade de emenda congressional, consistente em mera transferência de recursos de uma dotação para outra, dentro da proposta orçamentária do governo federal, não traduz a impossibilidade de verificação de sua legitimidade pelo Poder Judiciário, sempre cabível pela via do controle incidental. Agravo regimental improvido (STF, AgRg em ADI 203, Rel. Min. Celso de Mello, j. 20.04.1990, *Informa*, n. 8, CD II; *JUIS*, n. 7).

No mesmo sentido, como já visto, o Supremo Tribunal Federal entendeu que não cabe ação direta de inconstitucionalidade de norma infraconstitucional preexistente ao texto em vigor. Na verdade, não seria o caso de análise da constitucionalidade, mas de recepção ou não. Assim, a ação não é conhecida, pois entende-se que a não recepção de uma norma traduz a sua revogação e não uma inconstitucionalidade superveniente.[32]

Nesse sentido, mesmo em outras hipóteses de revogação e ainda que uma ação direta de inconstitucionalidade já esteja em andamento, o Supremo Tribunal Federal decidiu que, "revogada a lei arguida de inconstitucional, a ação direta a ela relativa perde o seu objeto, independentemente da ocorrência de efeitos concretos que dela hajam decorrido" (ADI 221, Rel. Min. Moreira Alves, j. 29.03.1990,

---

[32] A Lei n. 9.882/99 permite, expressamente, que o ato infraconstitucional revogado (ou anterior à Constituição Federal) seja objeto de arguição de descumprimento de preceito fundamental, como será visto adiante.

JUIS, n. 7). Portanto, norma infraconstitucional criada a partir de 5 de outubro de 1988, mas revogada no decorrer do processo, não pode ser objeto de controle concentrado. O Supremo Tribunal Federal julga a ação direta de inconstitucionalidade pela sua carência superveniente. No caso de ajuizamento quando a norma já estivesse revogada, mesmo criada a partir da promulgação da Constituição, a Corte Suprema não conhece do processo.

Em resumo:

- ato normativo anterior à Constituição – não pode ser objeto de controle concentrado – o Supremo Tribunal Federal reconhece a carência da ação;[33]
- ato normativo posterior à Constituição, mas revogado antes do ajuizamento da ação – o Supremo Tribunal Federal reconhece a carência da ação;
- ato normativo posterior à Constituição, vigente quando do ajuizamento da ação, mas revogado no curso da ação – o Supremo Tribunal Federal reconhece a carência superveniente.

Importante mencionar que o controle abstrato não admite desistência[34] nem há prazo para o ajuizamento da ação. Da mesma forma, a causa de pedir é aberta, permitindo que a Suprema Corte entenda inconstitucional a norma por outros motivos distintos do que foi anunciado na inicial.

- a viabilidade do controle concentrado depende, assim, da reunião de diversos requisitos;
- existência de lei ou ato normativo dotados de generalidade e abstração;
- questionamento da compatibilidade da lei ou ato normativo com um dispositivo constitucional que lhe sirva de parâmetro;
- único foro competente: Supremo Tribunal Federal;[35]
- efeitos *erga omnes*, portanto, servindo para todos;
- meios processuais específicos para a fixação dos característicos acima: ação direta de inconstitucionalidade (ADI), ação declaratória de constitucionalidade (ADC) e arguição de descumprimento de preceito fundamental (ADPF);

---

[33] A Lei n. 9.882/99 permite, expressamente, que o ato infraconstitucional revogado (ou anterior à Constituição Federal) seja objeto de arguição de descumprimento de preceito fundamental, como será visto adiante.

[34] A Lei n. 9.868/99, em seus arts. 5º e 16, apenas ratificou a jurisprudência do Supremo Tribunal Federal que impedia a desistência nos processos de ação direta e ação declaratória de constitucionalidade.

[35] Falaremos, posteriormente, do controle da constitucionalidade do ato normativo estadual e municipal em face da Constituição Estadual. Nesse caso, o foro competente será o Tribunal de Justiça do Estado.

52 Curso de Direito Constitucional

- autores legitimados, constantes de rol exaustivo previsto na Constituição (art. 103).

Outro ponto importante relacionado com o controle de constitucionalidade, como um todo, mas que tem grande significado para o controle concentrado, diz respeito à natureza do vício de inconstitucionalidade e do provimento judicial que o enuncia.

Como apontamos alhures, o controle concentrado de constitucionalidade frutificou de uma concepção de Kelsen, que, ademais, enxergava o vício de inconstitucionalidade como de anulabilidade e, por conseguinte, o provimento judicial que o enuncia como de natureza desconstitutiva. A Corte, sob esse enfoque, atua como legisladora negativa.

O entendimento predominante, tanto na doutrina como na jurisprudência brasileiras, e ao qual nos filiamos, trilha, contudo, caminho diverso.

O vício de inconstitucionalidade é de nulidade. Qualquer lei ou ato que viole a Constituição é nula de pleno direito, não podendo, em linha de princípio, irradiar efeitos válidos na ordem jurídica.

A proposição, adotada por Marshall, no célebre caso "Marbury vs. Madison", reveste-se de inquestionável logicidade. Cuidando-se de uma Constituição rígida e soberana, não há como se negar o dever de congruência vertical para com ela de todas as demais normas do sistema por ela encimado.

Para melhor ilustrar, convém trazer a ponto, ainda uma vez, o primoroso magistério de Luís Roberto Barroso (2015, p. 38):

> A lógica do raciocínio é irrefutável. Se a Constituição é a lei suprema, admitir a aplicação de uma lei com ela incompatível é violar sua supremacia. Se uma lei inconstitucional puder reger dada situação e produzir efeitos regulares e válidos, isso representaria a negativa de vigência da Constituição naquele mesmo período, em relação àquela matéria. A teoria constitucional não poderia conviver com essa contradição sem sacrificar o postulado sobre o qual se assenta. Daí por que a inconstitucionalidade deve ser tida como uma forma de nulidade, conceito que denuncia o vício de origem e a impossibilidade de convalidação do ato.

Tal entendimento, além de majoritário na doutrina, nacional e estrangeira, alimenta a jurisprudência do nosso Supremo Tribunal Federal, que incorpora a teoria da nulidade das disposições inconstitucionais, não obstante, em caráter excepcional, admita o temperamento de tal formulação por meio da chamada modulação dos efeitos da decisão que declara a inconstitucionalidade de uma norma.

Nesse sentido, posicionamento do Supremo Tribunal Federal, por meio de pronunciamento do Ministro Ayres Britto:

A proposição nuclear, em sede de fiscalização de constitucionalidade, é a da nulidade das leis e demais atos do poder público, eventualmente contrários à normatividade constitucional. Todavia, situações há que demandam uma decisão judicial excepcional ou de efeitos limitados ou restritos, porque somente assim é que se preservam princípios constitucionais outros, também revestidos de superlativa importância sistêmica. Quando, no julgamento de mérito dessa ou daquela controvérsia, o STF deixa de se pronunciar acerca da eficácia temporal do julgado, é de se presumir que o Tribunal deu pela ausência de razões de segurança jurídica ou de interesse social (ADI 2.797-ED, Rel. p/ o ac. Min. Ayres Britto, j. 16.05.2012, *DJE* de 28.02.2013).

Caracterizado o vício de inconstitucionalidade como consubstanciador de uma nulidade, não há dúvidas de que a decisão de que o proclama possui necessariamente natureza declaratória, ou seja, não produz um quadro novo, não constitui uma nova situação, mas só declara o que preexiste, trazendo segurança jurídica para o sistema.

Essa natureza declaratória explica a eficácia retroativa, *ex tunc*, atribuída, em princípio a tal decisão, muito embora, como já apontado, possa a Corte, em caráter excepcional e para preservar outros valores do sistema, modular os efeitos da decisão, quer limitando-a no tempo, quer definindo condições para a retroação, quer preconizando efeitos a partir da decisão, *ex nunc*, quer ainda estabelecendo um ponto no futuro para início da eficácia da decisão.

Um terceiro ponto que deve ser apreciado diz respeito ao caráter objetivo das ações que desafiam o controle concentrado de constitucionalidade. Isso quer dizer que o processo das ações de controle concentrado não é marcado pela subjetividade comum às demais ações, as quais, de regra, veiculam pretensões subjetivas dos que as ajuízam e dos que as contestam. Nestas, existem partes que possuem interesses antagônicos que, à falta de composição espontânea, são apresentadas ao Judiciário.

Diferentemente, nas ações de controle concentrado não se discute interesse de uma ou mais pessoas, mas se expressa uma finalidade de tutela da ordem jurídica, de um objetivo, qual seja, a defesa da Constituição.

Como aponta Oswaldo Luiz Palu (2001, p. 192-3), nessas ações

54 Curso de Direito Constitucional

não há um interesse subjetivo particularizado, simplesmente tutela-se a ordem jurídica. Pode o Supremo Tribunal Federal dispensar as informações e levar a questão a julgamento com os elementos que tiver, e que vieram com a petição inicial, esta sim indispensável pelo princípio da inércia da jurisdição.

Diz-se, portanto, que se trata de um processo objetivo, daí as previsões, adiante mencionadas, de impossibilidade de desistência, de restrições à intervenção de terceiros interessados etc.

Podemos, assim, passar para a análise dos três instrumentos que servem de via de exercício para o controle concentrado.

Ação direta de inconstitucionalidade

A Constituição Federal, ao tratar da ação direta de inconstitucionalidade (ADI), aludiu, num primeiro momento, àquela cujo escopo básico consiste no pronunciamento de inconstitucionalidade de uma lei ou de um ato normativo.

Entretanto, permitiu o uso do mesmo instrumento com a finalidade de apuração da assim chamada inconstitucionalidade por omissão.

Ao mesmo tempo, na disciplina da intervenção federal nos estados-membros, acabou por viabilizar o pronunciamento de inconstitucionalidade pela via interventiva.

Desse modo, pode-se afirmar que a Constituição Federal acabou por organizar três espécies de ações de inconstitucionalidade: a genérica, a por omissão e a interventiva.

a) Ação direta de inconstitucionalidade genérica

A ação direta de inconstitucionalidade tem como objetivo fundamental o controle de constitucionalidade das leis e dos atos normativos federais e estaduais.

Como foi dito, o caráter objetivo de seu processo demarca que a ADI não cumpre a finalidade de analisar relações jurídicas concretas, mas o conflito abstrato entre a lei ou o ato normativo e a Constituição Federal.

Assim sendo, o objetivo da ação direta é resguardar a harmonia do ordenamento jurídico.

O órgão judiciário reconhece a inconstitucionalidade e a pronuncia, escoimando o sistema de uma contradição que, pungente em seu interior, conduzia a uma subversão da hierarquia das normas jurídicas, pois que, aplicando-se uma norma inconstitucional, nega-se, no caso específico, a supremacia da Constituição.

a.1) A parametricidade

Pode-se afirmar que a ação direta de inconstitucionalidade é a principal das ações de controle concentrado em nosso sistema, daí por que boa parte dos institutos do controle concentrado surgiram a partir de reflexões em torno dessa ação.

Uma das questões de grande importância é a Parametricidade, vale dizer, a identificação hipotética das normas que podem servir de parâmetro para o controle de constitucionalidade, já que, no conflito abstrato mediato pela ADI, há de se especificar qual a norma-parâmetro (um ou mais dispositivos constitucionais que se entende violados) e qual a norma-objeto (lei ou ato normativo federal ou estadual que se entende contrastante ao parâmetro antes mencionado).

O tema comporta ampla discussão, já que, sobretudo no campo dos direitos fundamentais, há um esforço para buscar identificação de materialidade constitucional fora do seu texto formal. Assim, a depender da posição esposada, tratados internacionais de direitos humanos, por exemplo, ainda que não aprovados sob o regime preconizado pelo art. 5º, § 3º, da Constituição Federal, poderiam traduzir um parâmetro de controle.

O Supremo Tribunal Federal, no entanto, adota o ponto de vista de que só há parametricidade na Constituição formal, ou seja, no conjunto de disposições incorporadas formalmente à Constituição, quer por obra do constituinte originário, quer por injunção do poder reformador. Nesse sentido, vale transcrever excerto de acórdão relatado pelo Ministro Celso de Mello:

> O Supremo Tribunal Federal, no desempenho de sua atividade jurisdicional, não está condicionado às razões de ordem jurídica invocadas como suporte da pretensão de inconstitucionalidade deduzida pelo autor da ação direta. Tal circunstância, no entanto, não suprime, à parte, o dever processual de motivar o pedido e de identificar, na Constituição, em obséquio ao princípio da especificação das normas, os dispositivos alegadamente violados pelo ato normativo que pretende impugnar. Impõe-se, ao autor, no processo de controle concentrado de constitucionalidade, sob pena de não conhecimento (total ou parcial) da ação direta, indicar as normas de referência – que, inscritas na Constituição da República, revestem-se, por isso mesmo, de parametricidade –, em ordem a viabilizar a aferição da conformidade vertical dos atos normativos infraconstitucionais (ADI 2213 MC/DF – Distrito Federal. Medida Cautelar na Ação Direta de Inconstitucionalidade. Rel. Min. Celso de Mello).

56 Curso de Direito Constitucional

Destarte, embora subsista uma discussão doutrinária a respeito do tema, há uma posição remansosa da jurisprudência nossa Corte Suprema, apontando que só existe parametricidade na Constituição formal.

Questão que aflora com base nesse posicionamento diz respeito aos tratados internacionais. Embora compartilhemos entendimento diverso (ver, neste livro, a Parte IV, Capítulo 1, seção "Direitos fundamentais, tratados internacionais e forma de incorporação"), o STF assentou a tese da supralegalidade dos tratados, indicando que estes, exceto quando aprovados sob o regime do art. 5º, § 3º, da Constituição Federal, na hierarquia das espécies normativas, devem ser alojados acima das leis e abaixo da Constituição, o que lhes retira parametricidade para efeito de controle de constitucionalidade e faz nascer a possibilidade de uma espécie de controle difuso de convencionalidade.

a.2) O campo material da ação direta de inconstitucionalidade

O art. 102, I, *a*, da Constituição afirma que o campo material da ação direta de inconstitucionalidade é a "lei ou ato normativo federal ou estadual".

Vejamos a extensão do controle. Logo de início, verificamos que o ato municipal não foi incluído no campo material da ação direta de inconstitucionalidade. Essa falta de previsão constitucional faz com que o ato municipal que fira a Constituição Federal fique, em princípio, sem controle direto, devendo ser discutido apenas pela via de exceção. Entende-se que essa omissão da Constituição foi proposital, expressando, portanto, um posicionamento jurídico do constituinte. Bem por isso, costuma-se designar esse fenômeno como "silêncio eloquente".[36]

Permanece a competência do Tribunal de Justiça para apreciar a ação direta de inconstitucionalidade do ato municipal que desatender a respectiva Constituição Estadual. Convém sublinhar, no entanto, que essa competência não abrange o controle de atos municipais em face da Constituição Federal, entendimento este escorado em decisão proferida pelo próprio Supremo Tribunal Federal (ADI 347-SP), suspendendo a eficácia do art. 74, XI, da Constituição do Estado de São Paulo, que continha essa previsão.

Digno de nota, contudo, que, embora seja proibido ao Tribunal de Justiça apreciar inconstitucionalidade de lei ou ato normativo municipal em face da Constituição Federal, o Supremo Tribunal Federal admite que, no âmbito estadual, a ação direta de inconstitucionalidade tenha como objeto uma lei ou ato

---

[36] No entanto, a matéria pode ser discutida, respeitadas outras exigências, pela arguição de descumprimento de preceito fundamental (Lei n. 9.882/99, art. 1º, I).

normativo municipal e como parâmetro uma norma da Constituição Estadual, ainda que esta norma seja mera reprodução de norma correlata da Constituição Federal.

Nesse caso, admite-se a possibilidade de recurso extraordinário, por força do art. 102, III, *a*, da Lei Maior, ensejando, dessa forma, que o ato normativo municipal chegue ao Supremo Tribunal Federal pela via direta. Este acaba recebendo o recurso extraordinário, o que não descaracteriza a via direta.

Destarte, acaba existindo, por meio do recurso extraordinário, a apreciação da inconstitucionalidade de lei ou ato normativo municipal em face da Constituição Federal, pois, repita-se, a norma constitucional estadual, na espécie, nada mais é do que uma repetição de dispositivo constitucional federal.

A propósito, a ementa do acórdão exarado no bojo da Reclamação n. 383 do Supremo Tribunal Federal:

> Reclamação com fundamento na preservação da competência do Supremo Tribunal Federal. Ação direta de inconstitucionalidade proposta perante Tribunal de Justiça na qual se impugna Lei Municipal sob alegação de ofensa a dispositivos constitucionais estaduais que reproduzem dispositivos constitucionais federais de observância obrigatória pelos Estados. Eficácia jurídica desses dispositivos constitucionais estaduais. Jurisdição constitucional dos Estados-membros. Admissão da propositura da ação direta de inconstitucionalidade perante o Tribunal de Justiça local, com possibilidade de recurso extraordinário se a interpretação da norma constitucional estadual, que reproduz a norma constitucional federal de observância obrigatória pelos Estados, contrariar o sentido e alcance desta. Reclamação conhecida, mas julgada improcedente (STF, Rel. Min. Moreira Alves, j. 06.11.1992, *DJU*, 21 maio 1993, p. 9765; *JUIS*, n. 7).

Em pronunciamentos mais recentes, o Supremo Tribunal Federal tem afirmado, ainda, que a norma constitucional estadual deve ser de reprodução obrigatória, caso em que fica franqueada a possibilidade da ação direta de inconstitucionalidade estadual, com possibilidade de interposição de Recurso Extraordinário ao Supremo Tribunal Federal, como se aufere da ementa de acórdão relatado pelo Ministro Dias Toffoli:

> EMENTA. Agravo regimental no recurso extraordinário. Representação de inconstitucionalidade da Lei Complementar n. 390/04 do Município de Jundiaí em face da Constituição Bandeirante. Ausência de norma de reprodução obrigatória. Necessidade

58 Curso de Direito Constitucional

de análise da legislação local. Incidência da Súmula n. 280/STF. Insuscetibilidade de modificação do acórdão recorrido nesse ponto. Fundamento suficiente à manutenção da conclusão adotada pela Corte de origem. Incidência da Súmula n. 283/ STF. Precedentes. 1. Para que seja admissível recurso extraordinário de ação direta de inconstitucionalidade processada no âmbito do Tribunal local é imprescindível que o parâmetro de controle normativo local corresponda à norma de repetição obrigatória da Constituição Federal. 2. Inadmissível, em recurso extraordinário, a análise da legislação local. Incidência da Súmula n. 280 do Supremo Tribunal Federal. 3. Existência de fundamento suficiente à manutenção do acórdão recorrido, insuscetível de análise no presente recurso extraordinário. Orientação da Súmula n. 283/STF. 4. Agravo regimental ao qual se nega provimento (RE 846088 Ag. Reg./SP – São Paulo. Ag. Reg. no RE, Rel. Min. Dias Toffoli. j. 30.06.2017).

Criou-se, por esse mecanismo, uma espécie de ação direta de inconstitucionalidade por elevação de alçada, já que, a partir desse entendimento, excepciona-se o silêncio eloquente e se permite ao STF, por elevação de alçada, apreciar, no plano abstrato, o contraste entre uma lei ou um ato normativo municipal e a Constituição Federal.

Deve-se sublinhar, contudo, que a ADI só pode ter como objeto leis e atos normativos que resguardem suas características intrínsecas, quais sejam, a abstração e a generalidade, pois são essas características que permitem o controle abstrato de constitucionalidade. Logo, atos concretos, leis de efeito concreto e similares estão, em linha de princípio, excluídos do âmbito da ADI.

Uma lei de efeito concreto, por exemplo, hospeda em seu interior a exaustiva previsão dos efeitos que vai irradiar. Por isso, o nome "efeito concreto". Ora, se ela se reporta a situações determinadas, específicas, aplicáveis muitas vezes só a uma situação, o controle de constitucionalidade não seria abstrato, mas concreto, donde a razão da afirmação levada a efeito no parágrafo anterior.

Clemerson M. Clève (1995, p. 133) assevera que para o controle não há necessidade de vigência, mas tão somente de promulgação e publicação do ato normativo em questão.

São controláveis, dentre outros:

- as emendas constitucionais;
- as leis delegadas;
- as medidas provisórias;

- os decretos legislativos e resoluções (incluindo-se os regimentos das Casas Legislativas, a aprovação dos tratados internacionais[37] etc.);[38]
- os regimentos internos dos tribunais;
- os atos normativos do Poder Executivo.[39,40]

Importante notar que para viabilidade do controle, a contradição entre a lei ou o ato normativo e a Constituição deve ser direta, ou seja, atos infralegais não devem, em princípio, se sujeitar ao controle de constitucionalidade. E o raciocínio é singelo: se o ato infralegal contraria a Constituição ou, em primeiro lugar, está contrariando a lei que lhe serve de alicerce – e neste caso teríamos um problema de legalidade e não de constitucionalidade – ou a lei que o estriba é inconstitucional e, neste caso, ela é que deve ser objeto da ADI.

a.3) Os autores legitimados para o ajuizamento da ação direta de inconstitucionalidade

A legitimação para a ação direta de inconstitucionalidade não obedece às regras processuais comuns às demais ações. É que a ação direta de inconstitucionalidade faz nascer uma relação processual singular, em que não existe polo passivo nem interesse de partes envolvidas. Na verdade, trata-se de um processo objetivo, que exterioriza o exclusivo propósito de defesa da Constituição. Bem por isso, o Supremo Tribunal Federal entendeu, na ADI 127-2-AL, que os legitimados constantes, dos incisos I ao VII do art. 103 da Carta Magna teriam capacidade postulatória, podendo ajuizar a ação sem a necessidade de representação de advogados.

---

[37] O reconhecimento da inconstitucionalidade do decreto legislativo que ratifica um tratado internacional não torna o ajuste internacional nulo, mas apenas exclui o Brasil de seu cumprimento, sujeitando-o, no entanto, às sanções internacionais decorrentes do descumprimento.

[38] Nem toda resolução ou decreto legislativo podem ser objeto de controle concentrado, já que podem não constituir atos normativos. Por exemplo, a resolução que autoriza o processo contra o Presidente da República, prevista no inciso I do art. 51 da Constituição, não está revestida de abstração e generalidade, o que impede o seu controle. Da mesma forma, a autorização para que o Presidente da República se ausente do País por mais de quinze dias, prevista no art. 49, III, não tem qualquer generalidade e abstração, constituindo, portanto, ato concreto e impossível de ser controlado pelo controle concentrado.

[39] Os regulamentos subordinados ou de execução não podem ser sujeitos ao controle de constitucionalidade porque estão ligados à lei e não à Constituição. Nesse sentido: Medida Cautelar em ADI 129, Rel. Min. Celso de Mello, j. 28.08.1992: "Regulamentos subordinados ou de execução supõem, para efeito de sua edição, pelo Poder Público, a existência de lei a que se achem vinculados. Falece-lhes, desse modo, a necessária autonomia jurídica para se qualificarem como atos normativos suscetíveis de controle abstrato da constitucionalidade".

[40] O Supremo Tribunal Federal tem reconhecido que a portaria, desde que estabeleça determinação em caráter genérico e abstrato, pode ser objeto de ação direta de inconstitucionalidade (Pleno, Medida Cautelar em ADI 1.088, Rel. Min. Francisco Rezek, *DJ*, 30 set. 1994, p. 26165; *JUIS*, n. 7).

60 Curso de Direito Constitucional

Como inexiste caso concreto, a Constituição tratou de elencar os legitimados para o ajuizamento da ação.

A Constituição Federal de 1988 aumentou o rol de legitimados, alargando a possibilidade de discussão e tornando mais democrática a utilização do controle.

Pelo sistema constitucional anterior, apenas o Procurador-Geral da República poderia ajuizar a ação. Recorde-se que ele era demissível *ad nutum*. Portanto, o controle direto era enfraquecido.

Pela atual Constituição, houve aumento dos autores e o fortalecimento da figura do Procurador-Geral da República, que é nomeado para um mandato de dois anos, permitida a recondução.

O Supremo Tribunal Federal tem entendido que alguns autores devem demonstrar interesse na discussão do tema da constitucionalidade, não bastando apenas o requerimento.

Não se deve confundir interesse com controle de caso concreto. Na via direta, o controle ocorre sempre com a lei em tese. É preciso, no entanto, demonstrar interesse, ou seja, uma relação de pertinência entre o pedido de inconstitucionalidade daquela lei e as finalidades institucionais do organismo. O Pretório Excelso chama tal interesse de *pertinência temática*.

Ao lado dos autores, vamos indicando se se trata de autor neutro (cuja legitimidade é reconhecida pelo STF sem qualquer demonstração de interesse – chamado universal por Clemerson M. Clève [1995, p. 122]) ou interessado (aquele que deverá demonstrar seu interesse no reconhecimento da inconstitucionalidade – chamado de especial pelo autor citado).

Vejamos, segundo o rol do art. 103 da Constituição, quem pode propor a ação de inconstitucionalidade:

- o Presidente da República (autor neutro ou universal);
- a Mesa do Senado Federal (autor neutro ou universal);
- a Mesa da Câmara dos Deputados (autor neutro ou universal);
- a Mesa da Assembleia Legislativa ou a Mesa da Câmara Legislativa do Distrito Federal[41]
- os Governadores dos estados e o Governador do Distrito Federal (autor interessado ou especial);

---

[41] Deve demonstrar interesse na discussão (reflexos tributários, interesse jurídico concreto de prejuízo para o estado, ferimento da ordem jurídica local etc.). O mesmo se exige para o governador de estado.

Constituição 61

- o Procurador-Geral da República (autor neutro ou universal);
- o Conselho Federal da Ordem dos Advogados do Brasil (autor neutro ou universal);
- os partidos políticos com representação no Congresso Nacional (autor neutro ou universal);[42]
- a confederação sindical ou a entidade de classe de âmbito nacional (autor interessado ou especial).

O Supremo Tribunal Federal tem entendido que somente as Confederações têm legitimidade (não as Federações, mesmo que de âmbito nacional). Tampouco admite controle feito pelas Centrais Sindicais ou mesmo Centrais de Trabalhadores.[43] Além disso, o Supremo Tribunal Federal entende que só se caracteriza como Confederação a moldada na forma do art. 535 da Consolidação das Leis do Trabalho, ou seja, a que tem na sua formação, no mínimo, três Federações.[44]

Da mesma forma, quanto às entidades de classe de âmbito nacional, exige o Pretório Excelso[45] que haja representação em pelo menos nove unidades da Federação, no que se baseou na Lei Orgânica dos Partidos Políticos.[46] O interesse em discussão deve ser de caráter profissional ou decorrente de atividade econômica e uniforme para todos os associados, conforme decidido

---

[42] A jurisprudência do Supremo Tribunal Federal vem sendo alterada em relação à possibilidade de prosseguimento do processo de ação direta de inconstitucionalidade quando o partido político, após tal ajuizamento, venha a perder a sua representação no Congresso Nacional. A evolução é positiva, revelando sensibilidade da Corte ao rever posição que amesquinhava a legitimidade do controle. Num primeiro momento, a Corte entendia que haveria carência superveniente, extinguindo-se o feito, diante da perda da representação no Congresso Nacional após o ajuizamento. Posteriormente, o Supremo Tribunal Federal decidiu que se o julgamento já teve seu início, o fato da perda da representação seria irrelevante, devendo o feito ter seguimento; por fim (ADI 2.159, Rel. p/ acórdão Min. Gilmar Mendes, 12.08.2004, por maioria) entendeu, o Supremo Tribunal Federal, que o momento adequado de verificar a representatividade do partido político no Congresso Nacional seria o ajuizamento da ação.

[43] STF, Pleno, ADI 335-6, Rel. Min. Néri da Silveira, Requerente: CUT, j. 24.09.1992 e publ. em 02.04.1993. No mesmo sentido, ADI 332-1, Rel. Min. Sepúlveda Pertence, e ADI 271-6, Rel. Min. Moreira Alves.

[44] Art. 535 da CLT: "As confederações organizar-se-ão com o mínimo de três federações e terão sede na Capital da República [...]".

[45] O STF decidiu que a Confederação Nacional dos Trabalhadores na Indústria (CNTI) poderia ajuizar ação direta de inconstitucionalidade contra ato do Governador do Estado de São Paulo que impõe limite à remuneração aos empregados e dirigentes das empresas públicas, sociedades de economia mista, fundações instituídas ou mantidas pelo Poder Público e das empresas controladas direta ou indiretamente pelo Estado. O STF justificou a pertinência temática pelo fato de que, dentre os trabalhadores nas figuras disciplinadas pelo decreto, poderia haver industriários, mantendo o interesse da autora-confederação (ADI 1.182-SP, Rel. Min. Sepúlveda Pertence, 06.12.2001, *Boletim Informativo STF*, n. 253).

[46] Cf. STF, ADI 108, Rel. Min. Celso de Mello, Ement., v. 01664-01, p. 17. *RTJ, 141*:3.

pelo Supremo Tribunal Federal. De outro lado, modificando jurisprudência anterior, que entendia que não poderia haver "associação de associações", o Supremo Tribunal Federal passou a admitir que entidades de classe sejam formadas por associações (cf. ADI 3.153, Rel. Min. Celso de Mello, Rel. p/ acórdão Min. Sepúlveda Pertence, 12.08.2004, por maioria). O Supremo não tem admitido a discussão, via associação de classe de âmbito nacional, por aquela que não representa toda a categoria, mas apenas parte dela, por exemplo, os Delegados de Polícia Federal. A associação é de âmbito nacional, mas os associados representam apenas parte dos Delegados de Polícia, que compreendem também os estaduais (cf. ADI 1.806-DF, Rel. Min. Maurício Corrêa, *RTJ*, *170*:446-53).

a.4) O processo da ação direta de inconstitucionalidade

Verificados quais são os entes legitimados para propor a ação direta de inconstitucionalidade, bem como qual o seu campo material, passemos ao estudo do processo por ela provocado.

Em primeiro lugar, convém repisar que esse processo possui natureza objetiva, cuja finalidade reside unicamente na defesa do Texto Constitucional. Por conseguinte, não existem partes interessadas com objetivos concretos, o que o faz singular em relação aos processos gerados pelas demais ações, de nítido colorido subjetivo.

Destarte, a ação direta de inconstitucionalidade não é o veículo adequado para a apuração de relações subjetivas ou a busca de provimentos concretos, eventualmente subjacentes ao tema da inconstitucionalidade.

Assim sendo, como já visto, dessa natureza objetiva do processo da ação direta de inconstitucionalidade decorrem as seguintes consequências processuais:

- inexiste lide;
- os legitimados não têm poder de disposição;
- não se admite desistência;
- não é possível a intervenção assistencial de terceiro interessado, mas a Lei n. 9.868/99, em seu art. 7º, § 2º, admitiu que o relator, considerando a relevância da matéria e a representatividade dos postulantes, poderá, por despacho irrecorrível, admitir a manifestação de outros órgãos ou entidades. É a chamada figura do amigo da Corte, ou *amicus curiae*, que comparece ao processo manifestando-se sobre o tema debatido na ADI;
- descabe ação rescisória;

Constituição 63

- o Judiciário não pode ampliar o objeto da ação, mas não está adstrito à sua fundamentação.

Postos à parte esses aspectos, verifiquemos o seu procedimento.

Existe previsão de medida cautelar, como se verifica da regra do art. 102, I, *p*, da Constituição Federal, regulamentada pelos arts. 10 a 12 da Lei n. 9.868/99. Com exceção dos períodos de recesso, a cautelar será concedida por decisão da maioria absoluta dos membros do tribunal, ouvindo-se, antes, no prazo de cinco dias, os órgãos ou as autoridades responsáveis pelo ato impugnado. Em caso de excepcional urgência, a oitiva dos produtores do ato impugnado pode ser dispensada. Poderão, ainda, ser ouvidos o Procurador-Geral da República e o Advogado-Geral da União, no prazo de três dias.

Em regra, a cautelar será concedida com efeito *ex nunc*. O tribunal, no entanto, pode dar-lhe efeito retroativo.

Concedida a medida liminar, torna-se aplicável a legislação anterior acaso existente, salvo expressa manifestação em sentido contrário. O Supremo Tribunal Federal pode entender que a aplicação da norma anterior causaria prejuízos a todos, gerando insegurança jurídica. Nesse caso, a Corte determina a não aplicação da norma, ficando a situação sem disciplina específica, ou seja, a norma impugnada não é aplicada por estar suspensa e a anterior por causar insegurança jurídica ou ser de aplicação inconveniente. Nesse caso, o Supremo explicita a situação, deixando claros os motivos de não aplicação da norma anterior.

O relator, por economia processual, diante da necessidade de relevância da matéria e de seu especial significado para a ordem social e a segurança jurídica, pode, ouvido o Advogado-Geral da União e o Procurador-Geral da República, propor ao Pleno do Supremo Tribunal Federal converter a cautelar em ação principal, julgando definitivamente o feito (art. 12 da Lei n. 9.868/99).

O relator pedirá informações aos órgãos ou às autoridades das quais emanou a lei ou o ato normativo impugnado, que terão o prazo de trinta dias para informá-lo.

Depois da manifestação do Advogado-Geral da União e do Procurador--Geral da República (este se manifesta mesmo que tenha sido o autor da ação), cada qual no prazo de quinze dias, o relator poderá, caso haja necessidade de esclarecimento de matéria ou circunstância de fato, requisitar informações adicionais, designar peritos ou comissão de peritos ou fixar data para, em audiência pública, ouvir depoimentos de pessoas com experiência e autoridade na matéria. Também pode o relator pedir informações aos Tribunais Superiores, aos

64 Curso de Direito Constitucional

tribunais federais e aos tribunais estaduais acerca da aplicação da norma impugnada no âmbito de sua jurisdição.

Uma vez proposta a ação, os responsáveis pela edição do ato serão notificados para prestar informações, onde, ao lado de um relato fatual, poderão desfiar os argumentos que houver em favor ou contra o acolhimento do pedido.[47] O Advogado-Geral da União deve ser citado para defender o ato impugnado. Nesse sentido, funcionará em posição vinculada à defesa da constitucionalidade do ato, devendo esgrimir os argumentos que tiver em favor da improcedência do pedido.

a.5) O julgamento da ação direta de inconstitucionalidade

Em primeiro lugar, cumpre consignar que o primeiro passo a ser dado na avaliação da inconstitucionalidade de uma lei ou ato normativo é a fixação do parâmetro de controle, ou seja, a identificação do dispositivo constitucional que servirá de elemento de contraste para exame da constitucionalidade do ato normativo impugnado.

Tão logo estabelecido parâmetro à norma constitucional, desde que superadas eventuais questões preliminares, passa-se ao julgamento do mérito da ação direta de inconstitucionalidade. Nesse sentido, a ação poderá, evidentemente, acolher, total ou parcialmente, o pedido ou ainda rejeitá-lo. De todo modo, o pronunciamento terá conteúdo declaratório do vício de inconstitucionalidade existente.

No ponto, convém repisar que o Judiciário, na avaliação da ação direta de inconstitucionalidade, não obedece aos mesmos parâmetros do Presidente da República no oferecimento do veto a projetos de lei. É que a ação direta consente procedência parcial para expungir do texto normativo impugnado só uma palavra, expressão ou frase – princípio da parcelaridade do controle concentrado, não ficando assim adstrita à declaração de nulidade do dispositivo (alínea, parágrafo etc.) integral.

Por outro lado, vezes a fio a inconstitucionalidade não se situa no texto normativo, mas em uma de suas hipóteses de aplicação, rendendo ensejo à chamada "declaração de inconstitucionalidade sem redução de texto".

Vislumbre-se a possibilidade de uma lei que majorasse a alíquota de um imposto – sujeito ao princípio da anterioridade – e que silenciasse quanto ao

---

[47] O Regimento Interno do Supremo Tribunal Federal, no § 2º do art. 169, não admite assistência no processo de controle concentrado.

momento de sua aplicação. Em desrespeito ao princípio da anterioridade, a pessoa de direito público pretende cobrar a majoração no mesmo exercício de sua criação.

Em uma das diversas hipóteses de aplicação da norma: a imposição da norma era, formal e materialmente, hígida. Onde, então, a inconstitucionalidade? Em uma das diversas hipóteses de aplicação da norma: a imposição da nova alíquota no mesmo ano de sua instituição. Nesse caso, não haveria sentido em "perder" o texto normativo, que, como se disse, a princípio, escoimado de vício.

Assim sendo, o eventual pronunciamento jurisdicional poderia resumir-se a declarar a inconstitucionalidade dessa específica hipótese de aplicação, sem suprimir, ou reduzir, o texto normativo impugnado.

Desse teor a lição de Gilmar Ferreira Mendes (1996, p. 265):

Não raro constata o Supremo Tribunal Federal a inconstitucionalidade da cobrança de tributo sem a observância do princípio da anterioridade (Constituição de 1946, art. 141, § 34; Constituição de 1967/69, art. 153, § 29; Constituição de 1988, art. 150, III, b). Dessarte, firmou-se orientação sumulada segundo a qual "é inconstitucional a cobrança de tributo que houver sido criado ou aumentado no mesmo exercício financeiro" (Súmula 67). Como se vê, essas decisões não levam, necessariamente, à cassação da lei, uma vez que ela poderá ser aplicada, sem nenhuma mácula, já no próximo exercício financeiro.

Em casos como este, assinala o autor, o tribunal limita-se "a considerar inconstitucional apenas determinada hipótese de aplicação da lei, sem proceder à alteração do seu programa normativo".

O tribunal, todavia, pode lançar mão de outra técnica de julgamento, qual seja, a chamada interpretação conforme. É que um dos raciocínios básicos de hermenêutica constitucional diz que a norma infraconstitucional deve ser interpretada no sentido da sua constitucionalidade, ou seja, deve-se presumir que o desejo do legislador infraconstitucional foi incrementar a vontade da Constituição, e não o contrário. Desse modo, quando perante interpretações distintas, o intérprete estaria vinculado a optar por aquela que concluísse pela constitucionalidade do ato normativo.

Nesse caminho, a Corte poderia declarar a constitucionalidade de uma norma, desde que lhe fosse atribuída determinada interpretação que a afeiçoasse, com efeito, à Constituição.

66 Curso de Direito Constitucional

Oportuna, no entanto, a advertência do Ministro Moreira Alves, no sentido de que

o princípio da interpretação conforme a Constituição (*Verfassungskonforme Auslegung*) é princípio que se situa no âmbito do controle da constitucionalidade, e não apenas simples regra de interpretação. A aplicação desse princípio sofre, porém, restrições, uma vez que, ao declarar a inconstitucionalidade de uma lei em tese, o STF – em sua função de Corte Constitucional – atua como legislador negativo, mas não tem o poder de agir como legislador positivo, para criar norma jurídica diversa da instituída pelo Poder Legislativo. Por isso, se a única interpretação possível para compatibilizar a norma com a Constituição contrariar o sentido inequívoco que o Poder Legislativo lhe pretendeu dar, não se pode aplicar o princípio da interpretação conforme a Constituição, que implicaria, em verdade, criação de norma jurídica, o que é privativo do legislador positivo (Representação de inconstitucionalidade n. 1.417-7-DF, j. 12.09.1987, *Ementário do STF*, v. 1497, p. 72; *JUIS*, n. 7).

Por força do art. 28 da Lei n. 9.868/99, a decisão que declarar a inconstitucionalidade ou a constitucionalidade, inclusive a interpretação conforme a Constituição e a declaração parcial de inconstitucionalidade sem redução de texto, tem eficácia contra todos e efeito vinculante em relação aos órgãos do Poder Judiciário e à Administração Pública federal, estadual e municipal.

Ocorre que os efeitos vinculantes da ação declaratória da constitucionalidade vieram a lume por força da Emenda Constitucional n. 3/93, reconhecida por constitucional pelo Supremo Tribunal Federal, apesar das críticas da doutrina. No entanto, a ação direta de inconstitucionalidade recebeu seu efeito vinculante por lei ordinária. Poderia esta dar efeito vinculante a uma decisão do Supremo Tribunal Federal, retirando poderes dos juízes singulares e de todos os tribunais do País? O reconhecimento do efeito vinculante, tanto na Ação Declaratória de Constitucionalidade como na Ação Direta de Inconstitucionalidade foi, no entanto, ratificado por emenda constitucional (Emenda Constitucional n. 45, que modificou o art. 102, § 1º). Assim, por força da reforma do Poder Judiciário, ambos os institutos, hoje, têm, em suas decisões, efeito vinculante.

A Lei n. 9.868/99 tratou, em seu art. 27, de permitir, pelo *quorum* de 2/3 dos membros do Supremo Tribunal Federal, fundando a decisão em razões de segurança jurídica ou de excepcional interesse social, que possa a Corte decidir com efeito *ex nunc* ou ainda a partir do momento em que achar necessária a produção dos efeitos. A regra, portanto, é *ex tunc*. Mas pode-se declarar com efeito *ex nunc* ou então a partir de determinado período, sempre pelo *quorum* de 2/3. Imaginemos uma hipótese de lei de criação de cargos públicos julgada inconstitucional depois de providos e depois de seus ocupantes entrarem em exercício. Foram praticados atos que seriam, pelo efeito *ex tunc*, julgados inexistentes e, portanto, nulos. Com a decisão de efeito apenas *ex nunc*, os atos praticados ficam validados e as verbas recebidas são mantidas – pois houve trabalho –, produzindo efeitos apenas a partir da decisão, com o reconhecimento da inexistência dos cargos públicos. Em resumo: os atos praticados e as verbas pagas foram válidos, mas os funcionários perderão seus cargos a partir do trânsito em julgado do acórdão.

O dispositivo reconhece, assim, o poder do Supremo Tribunal Federal de modulação dos efeitos na declaração de inconstitucionalidade. Assim, partindo do pressuposto de que o vício de inconstitucionalidade é um vício de nulidade, afirma-se que, no silêncio, a eficácia é retroativa até a origem (*ex tunc*). Contudo, caso queira dispor de maneira diferente, o Supremo pode fazê-lo, desde que a decisão conte com o beneplácito de 2/3 de seus membros.

Destarte, com base em dito poder de modulação, pode o Supremo Tribunal Federal:

- atribuir eficácia a partir do trânsito em julgado da decisão (*ex nunc*);
- atribuir eficácia retroativa, porém, limitando-a no tempo;
- restringir os efeitos da decisão (apontando, p. ex., que a declaração não atingirá o direito adquirido, a coisa julgada e o ato jurídico perfeito);
- atribuir eficácia a partir de um momento futuro.

a.6) Quadro dos principais passos do processo da ADI
Conforme as disposições da Lei n. 9.868/99, são os seguintes os passos do processo da ação direta de inconstitucionalidade:

- Petição inicial, ajuizada por um dos legitimados, que deve indicar: o dispositivo da lei ou do ato normativo impugnado e os fundamentos jurídicos do pedido em relação a cada uma das impugnações (I); e o pedido com suas especificações (II).
- A petição inicial, no caso de inépcia, ausência de fundamentação e manifesta improcedência, pode ser indeferida pelo relator. Dessa decisão cabe agravo ao plenário.

68 Curso de Direito Constitucional

- O relator, entendendo em termos a inicial, pedirá informações aos órgãos ou autoridades das quais emanou a lei ou ato normativo impugnado. Tratando-se de uma lei federal, por exemplo, os pedidos de informação devem ser dirigidos ao Congresso Nacional e à Presidência da República.

- Não se admite a intervenção de terceiros, embora a lei em comento tenha incorporado a figura do "amigo da Corte", possibilitando, portanto, que, à luz da relevância da matéria e da representatividade dos postulantes, pessoas ou entidades estranhas ao processo da ADI manifestem-se quanto ao tema nela debatido.

- Decorrido o prazo das informações, serão ouvidos, sucessivamente, o Advogado-Geral da União e o Procurador-Geral da República, que deverão manifestar-se, cada qual, no prazo de quinze dias.

- Havendo necessidade, o relator pode requisitar informações adicionais, determinar perícia ou designar audiência pública para ouvir pessoas com experiência e autoridade na matéria, bem como solicitar informações aos Tribunais Superiores, aos tribunais federais e aos tribunais estaduais acerca da aplicação da norma impugnada no âmbito de sua jurisdição.

- Essas diligências devem realizar-se no prazo de trinta dias, contado da solicitação do relator, muito embora se trate de prazo impróprio, cujo descumprimento não enseje qualquer nulidade na ação.

- Superadas tais diligências ou ante a desnecessidade delas, passa-se ao julgamento da ação.

- Deve-se sublinhar, mais uma vez, a possibilidade de medida cautelar na ação direta de inconstitucionalidade.

b) Ação direta de inconstitucionalidade por omissão

A Constituição Federal criou dois mecanismos de controle da omissão: a ação direta de inconstitucionalidade por omissão e o mandado de injunção, ambos analisados neste capítulo na seção "O controle repressivo judicial".

c) Ação direta de inconstitucionalidade interventiva

A intervenção federal, matéria tratada em capítulo próprio, pode, ao cabo de contas, vestir-se de ação direta de inconstitucionalidade interventiva.

Em capítulos à frente, versando o tema, apontamos que a intervenção federal nos estados, ou a estadual nos municípios, pode ser classificada em espontânea (quando o chefe do Executivo age de ofício) ou provocada (quando o chefe do Executivo age por instância de outro órgão).

Na última hipótese, a provocação pode ser materializada em uma solicitação do Poder Legislativo ou do Poder Executivo do Estado-membro, quando estes estiverem sofrendo algum tipo de coação, ou ainda em uma requisição do Poder Judiciário, caso em que, por se tratar de *requisição* e não de *solicitação*, entende-se que o chefe do Executivo está obrigado a decretar a intervenção.

Ocorre que, havendo violação a um dos princípios do inciso VII do art. 34 da Constituição Federal (os denominados princípios sensíveis), a requisição exsurgirá "de provimento, pelo Supremo Tribunal Federal, de representação do Procurador-Geral da República".

Acrescente-se que, nesse caso, o decreto de intervenção, dispensada a apreciação pelo Congresso Nacional ou pela Assembleia Legislativa, pode limitar-se a suspender a execução do ato impugnado, se essa medida bastar ao restabelecimento da normalidade.

Assim, em termos práticos, diante de um ato violador de um dos princípios sensíveis (art. 34, VII), o Procurador-Geral da República, único legitimado, formula uma representação (ação direta de inconstitucionalidade interventiva) ao Supremo Tribunal Federal, que, verificando a pertinência dela, requisita ao Presidente da República a intervenção no Estado-membro. O Presidente, constatando tratar-se de mero ato, edita o decreto interventivo suspendendo o ato impugnado. Com isso, alcança-se um pronunciamento de inconstitucionalidade por meio da intervenção federal nos estados ou por meio da intervenção estadual nos municípios.

Importante notar que o mecanismo não tem grande significação no atual sistema de controle de constitucionalidade, já que o papel que desempenha pode ser suprido, e com ganhos, por outros instrumentos mais modernos, como a ADI e a ADPF.

Todavia, há de enaltecer que a ação de inconstitucionalidade interventiva foi criada pela Constituição de 1934, ensejo em que a ordem jurídica brasileira não contemplava qualquer outro mecanismo de controle concentrado de constitucionalidade, já que a ADI foi introduzida no Brasil por uma alteração da Constituição de 1967/69, a Emenda Constitucional n. 16, de 26 de novembro de 1965.

Ação declaratória de constitucionalidade

A novidade foi trazida pela Emenda Constitucional n. 3/93.

A nova fórmula de controle direto foi objeto de diversas críticas pelos doutrinadores, que, em resumo, argumentavam que:

70 Curso de Direito Constitucional

- não havia necessidade de declarar a constitucionalidade, já que havia presunção de que os atos normativos eram constitucionais;
- não havia contraditório, já que o Advogado-Geral da União não era citado para defender o ato;
- o efeito vinculante para o Poder Judiciário causaria prejuízo à atividade jurisdicional e quebraria o princípio da independência desse Poder.

Os argumentos foram rechaçados pelo Supremo Tribunal Federal, que já conheceu da ação, enunciando sua legitimidade.

A ação de declaração de constitucionalidade (ADC), não obstante possua regime jurídico similar ao da ação direta de inconstitucionalidade e tenha sido tratada também pela Lei n. 9.868/99, apresenta algumas diferenças fundamentais em relação a ela. Seu campo material foi concebido para cuidar apenas de leis e atos normativos federais.

O rol dos autores foi ampliado pela Emenda Constitucional n. 45/2004. Além do Procurador-Geral da República, da Mesa do Senado Federal, da Mesa da Câmara dos Deputados e do Presidente da República, como originalmente concebida, passou para os mesmos autores da ação direta de inconstitucionalidade, constante do art. 103, onde encontraremos, como já visto, associações de classes de âmbito nacional, Conselho Federal da OAB etc. Houve, portanto, aumento da legitimidade ativa, com a Reforma do Poder Judiciário.

Para o ajuizamento da ação declaratória de constitucionalidade, há que se demonstrar uma controvérsia jurisprudencial a ensejar o pleito perante o Supremo Tribunal Federal. Por essa razão, o art. 14, III, da Lei n. 9.868/99 pede que a petição inicial indique a existência de controvérsia judicial relevante sobre a aplicação da disposição objeto da ação declaratória.

A lógica desse requisito é cristalina. A constitucionalidade da lei deve ser presumida. Assim sendo, não faria sentido a existência de uma ação declaratória de constitucionalidade se não houvesse dúvida relevante acerca da matéria. Logo, cabe ao autor demonstrar essa controvérsia e, ato seguinte, conclamar a Corte Suprema a um posicionamento pacificador, que uniformize as respostas judiciais com relação ao tema.

Não há citação do Advogado-Geral da União. A Lei n. 9.868/99 tratou de disciplinar o pedido de cautelar no art. 21, permitindo que o Supremo Tribunal Federal, por decisão da maioria absoluta de seus membros, defira pedido consistente na determinação de que os juízes e os tribunais suspendam o julgamento dos processos que envolvam a aplicação da lei ou do ato normativo objeto da

Constituição 71

ação até seu julgamento definitivo. A cautelar terá efeito durante cento e oitenta dias, quando perderá a sua eficácia.

Seus efeitos também são peculiares. Quando julgado definitivamente o mérito (o que se entende que pela procedência ou improcedência), a decisão tem efeito *erga omnes* e vinculante para os Poderes Judiciário e Executivo (§ 2º do art. 102 da CF).

Conforme já apontado, a decisão da ação declaratória de constitucionalidade tem efeito vinculante (assim como a ação direta de inconstitucionalidade), cabendo reclamação[48] em caso de seu desatendimento.

Relevante destacar que tanto a Lei n. 9.868/99 como a Emenda Constitucional n. 45 caminharam na mesma direção, ou seja, solidificaram a noção, já acolhida pela nossa jurisprudência, de que ADI e ADC são ações com sinal trocado: uma ADI julgada improcedente equivale a uma ADC julgada procedente e vice-versa.

Principais passos do processo da ADC

- Petição inicial, ajuizada por um dos legitimados para a ADC (art. 103 e incisos), que deve indicar: o dispositivo da lei ou do ato normativo questionado e os fundamentos jurídicos do pedido (I); o pedido com suas especificações (II); e a existência de controvérsia judicial relevante sobre a aplicação da disposição objeto da ação declaratória.
- A petição inicial pode ser liminarmente indeferida pelo relator em caso de inépcia, de falta de fundamentação ou de manifesta improcedência, sendo que de tal decisão cabe agravo.
- A ADC não admite desistência, tampouco intervenção de terceiros.
- O Procurador-Geral da República intervirá no processo, devendo pronunciar-se no prazo de quinze dias.
- Havendo necessidade, o relator poderá requisitar informações adicionais, designar perito ou comissão de peritos para que emita parecer sobre a questão ou fixar data para, em audiência pública, ouvir depoimentos de pessoas com experiência e autoridade na matéria, bem como solicitar informações aos Tribunais Superiores, aos tribunais federais e aos tribunais estaduais acerca da aplicação da norma questionada no âmbito de sua jurisdição.
- Superadas tais fases, deve-se passar ao julgamento.
- Cabe Medida Cautelar na ação declaratória, consistente na determinação de que os juízes e os Tribunais suspendam o julgamento dos processos que envolvam a aplicação da lei ou do ato normativo objeto da ação até seu julgamento definitivo, sendo que, publicada a decisão concessiva da cautelar, o Supremo Tribunal Federal deve proceder ao julgamento da ação no prazo de cento e oitenta dias, sob pena de perda da eficácia da liminar.

---

[48] Art. 156 do Regimento Interno do Supremo Tribunal Federal: "Caberá reclamação do Procurador-Geral da República, ou do interessado na causa, para preservar a competência do Tribunal ou garantir a autoridade das suas decisões".

72   Curso de Direito Constitucional

Arguição de descumprimento de preceito fundamental

Finalmente chegamos à matéria disciplinada pelo § 1º do art. 102 da Constituição Federal, tratada pela Lei n. 9.882/99, que, regulamentando a ADPF – arguição de descumprimento de preceito fundamental –, defere a legitimação aos mesmos autores da ação direta de inconstitucionalidade.

Importante notar que o dispositivo constitucional suprarreferido foi muito parcimonioso na abordagem da ADPF, uma vez que, positivado sob a forma de uma norma constitucional de efeito limitado, deixou deliberadamente ao crivo da legislação infraconstitucional a final formatação do instituto.

Por isso, antes da vigência da legislação citada, o STF, corretamente, entendia que o dispositivo constitucional no qual a ADPF estava enlastrada não possuía autoaplicabilidade, de tal forma o manejo do instituto só foi possível a partir da lei que o regulamentou.

A Constituição prevê uma única hipótese de ação, ou seja, a arguição de descumprimento de preceito fundamental. A lei mencionada, no entanto, trouxe dois instrumentos distintos, sendo que um não tem previsão constitucional. Vejamos.

Em seu art. 1º, assim disciplina:

> Art. 1º A arguição prevista no § 1º do art. 102 da Constituição Federal será proposta perante o Supremo Tribunal Federal, e terá por objeto evitar ou reparar lesão a preceito fundamental, resultante de ato do Poder Público.
>
> Parágrafo único. Caberá também arguição de descumprimento de preceito fundamental:
>
> I – quando for relevante o fundamento da controvérsia constitucional sobre lei ou ato normativo federal, estadual ou municipal, incluídos os anteriores à Constituição;
>
> II – (vetado).

Embora da leitura do dispositivo em comento não se possa depurar propósitos regrativos exatamente autônomos, é certo que a intenção do legislador, materializada no corpo da lei em comento, foi de criar dois institutos: a arguição direta (ou principal) e a incidental.

Esse objetivo de criação da ADPF incidental fica ainda mais claro ante a leitura do § 1º do art. 6º da cogitada lei de regência, que prescreve que

> se entender necessário, *poderá o relator ouvir as partes nos processos que ensejaram a arguição*, requisitar informações adicionais, designar perito ou comissão de

peritos para que emita parecer sobre a questão, ou ainda, fixar data para declarações, em audiência pública, de pessoas com experiência e autoridade na matéria [grifo nosso].

Não houvesse objetivo de construção da ADPF incidental não teria o excerto destacado anteriormente mencionado a oitiva das partes dos processos que ensejaram a arguição.

A arguição direta teria por objetivo "evitar ou reparar lesão a preceito fundamental, resultante de ato do Poder Público", enquanto a incidental teria como pano de fundo controvérsia constitucional relevante iniciada em um processo judicial qualquer. Nesta, como aponta Walter Claudius Rothenburg, "ocasiona-se uma verdadeira cisão entre a questão constitucional e as demais suscitadas pelas partes, subindo aquela diretamente à apreciação da Corte Constitucional".

Por ocasião da edição da Lei n. 9.882/99, houve uma intensa discussão acerca da constitucionalidade da ADPF incidenta escorada, em especial, nos argumentos de que a modalidade implicaria ferimento dos princípios do devido processo legal e do juiz natural, posicionamento este que entendemos pertinente, nada obstante a discussão tenha, a nosso aviso, perdido importância.

É que os requisitos da ADPF autônoma são menos numerosos. Nela cogita-se só na existência de violação a um preceito fundamental levado a efeito por um ato do poder público e, por evidente, que não outro meio apto à sanação da lesividade. Já a ADPF incidental pressuporia, para além destes, que o objeto fosse uma lei ou ato normativo (e não qualquer ato, revelando um campo objetal diminuído) e que houvesse demonstração de relevante controvérsia constitucional.

Como houve o veto à possibilidade de ajuizamento da ADPF incidental pelas partes do processo, a ADPF autônoma, de maior abrangência, com menos requisitos e com os mesmos legitimados, acabou por, em termos práticos, absorver a incidental, retirando-lhe importância prática e tornando a discussão sobre sua constitucionalidade desnecessária.

Preceito fundamental

A Constituição, assim também a Lei n. 9.882/99, não explicitou o que seja preceito fundamental, deixando tal tarefa a encargo dos intérpretes do texto.

Num raciocínio por exclusão, parece incontroverso que não se pode entender por preceito fundamental todo e qualquer dispositivo da Constituição.

74 Curso de Direito Constitucional

Fosse esse o espírito do art. 102, § 1º, da Constituição Federal, certamente faria referência expressa a esta, deixando de empregar a expressão em análise. Também não nos parece adequada uma interpretação reducionista, restringindo o conteúdo semântico de tal expressão aos princípios fundamentais, como, aliás, chegamos a entender no passado.

O que entender, então, por preceito fundamental?

O vocábulo fundamental dá a ideia de base, de alicerce ou, em suma, de fundamento.

Há de indagar, nessa linha de reflexão, quais são os fundamentos de uma Constituição. Os manuais, de modo geral, dão resposta pronta a tal indagação, indicando, inclusive, classificação das normas constitucionais (ver, neste livro, a Parte I, Capítulo 2, seção "A eficácia das normas constitucionais"), com relação ao seu conteúdo, em normas materialmente constitucionais e formalmente constitucionais.

São normas materialmente constitucionais aquelas tidas por imprescindíveis a uma Constituição, vale dizer, aquelas fundamentais à sua estruturação.

Destarte, a ideia que parece ter orientado o constituinte foi a de estabelecer como parâmetro dessa ação aqueles preceitos que fossem indispensáveis à configuração de uma Constituição enquanto tal, ou seja, as normas materialmente constitucionais, a saber:

- as que identificam a forma e a estrutura do Estado (p. ex., federalismo, princípio republicano etc.);
- o sistema de governo;
- a divisão e o funcionamento dos Poderes;
- os princípios fundamentais;
- os direitos fundamentais;
- a ordem econômica;
- a ordem social.

Campo objetal

A Lei n. 9.882/99 aponta que a ADPF pode ser manejada quando houver violação ou ameaça de violação a preceito fundamental decorrente de ato do Poder Público.

Como se vê, a expressão é sobremodo abrangente, absorvendo em seu espectro semântico atos oriundos do Poder Público oriundos de quaisquer de suas funções de Estado.

Poderíamos afirmar, assim, que estariam abrangidos pelo campo objetal da ADPF os seguintes atos:

a) **Atos administrativos, de caráter normativo, ou de efeito concreto.** Note--se que a lei, ao aludir a atos do Poder Público, não restringe o objeto da ADPF a atos de caráter normativo, mesmo porque pode-se vislumbrar atos do poder público, que impliquem lesão a preceitos fundamentais, e que possuam efeitos concretos. Vislumbre-se, por exemplo, uma determinação do Presidente da República para que as Forças Armadas interviessem em matéria de segurança pública, na órbita de determinado Estado-membro, sem que houvesse uma solicitação dos poderes constituídos, como prescreve o art. 142, *caput*, da Constituição Federal. O ato, tisnado por nulidade, teria caráter concreto e implicaria, sem dúvidas, a violação a diversos preceitos fundamentais (princípio federativo, autonomia estadual, harmonia entre os Poderes etc.).

b) **Leis federais, estaduais, distritais e municipais.** A ADPF pode ter por objeto leis de qualquer órbita da Federação, muito embora, é bem de se ver, tratando-se de leis federais, estaduais e distritais, em face do caráter subsidiário da ADPF, em regra, deverá ser utilizada a ADI. Todavia, em relação aos atos municipais, que, em princípio, não podem ser captados pela ADI, haveria a possibilidade de uma ADPF.

c) **Normas anteriores à Constituição.** Aspecto também novidadeiro da ADPF, e de grande relevância, em especial para o velamento do princípio da segurança jurídica, é a possibilidade de a ADPF ostentar como objeto uma lei anterior à Constituição. Embora não haja, nestes casos, uma crise de constitucionalidade propriamente dita, mas um problema de direito intertemporal, não são poucas as situações em que a discussão sobre a vigência de uma lei pode se arrastar por anos e sem uma solução uniforme. A título de exemplo, relembre-se a antiga Lei de Imprensa (Lei n. 5.250/67), cuja definição de vigência só foi alcançada com o julgamento da ADPF 130, que ocorreu em 30 de abril de 2009, mais de vinte anos após a promulgação da atual Constituição.

d) **Atos jurisdicionais.** Como dicção da lei não restringe, não cabe ao intérprete fazê-lo, sobretudo quando se cogita da proteção a direitos constitucionais. Assim, atos jurisdicionais, podem ser objeto da ADPF, desde que não haja um recurso adequado ou, havendo, que a situação de fato configurada não consiga ser restabelecida por meio deste. A propósito, parece oportuno transcrever o seguinte excerto da obra de Luís Roberto Barroso (2015, p. 355):

> Todavia, em casos gravíssimos de erro *in procedendo* e *in iudicando*, com ameaça ou lesão a preceito fundamental e havendo relevância da controvérsia constitucional, não sendo possível produzir o resultado constitucionalmente adequado pelos mecanismos do processo subjetivo, será possível cogitar do cabimento da ADPF. Gilmar Mendes faz referência a duas possibilidades, coligidas na experiência alemã: lesão a preceito decorrente de mera interpretação judicial e contrariedade à Constituição decorrente de decisão sem base legal (ou fundada em uma falsa base legal). De fato, a jurisprudência do STF firmou-se no sentido da possibilidade de impugnação de decisões judiciais por meio da ADPF, desde que não tenham transitado em julgado.

e) **Estado de coisas inconstitucional.** Originário da Corte Constitucional colombiana, o estado de coisas inconstitucional ocorre quando se constata a existência de violações constantes, sistemáticas e generalizadas a direitos fundamentais. No Brasil, houve reconhecimento expresso pelo STF do estado de coisas inconstitucional em relação ao sistema penitenciário, em 9 de setembro de 2015, no bojo da ADPF 347/DF, considerando as graves e sistemáticas violações a direitos fundamentais da população carcerária.

A subsidiariedade

A ADPF tem caráter subsidiário, ou seja, a utilização dessa via de controle concentrado tratará apenas de matérias residuais, de situações em que não haja outro meio eficaz de evitar a lesividade (art. 4º, § 1º, da Lei n. 9.882/99).

Importante destacar, como assinala o Ministro Celso de Mello, que

> a mera possibilidade de utilização de outros meios processuais, no entanto, não basta, só por si, para justificar a invocação do princípio em questão, pois, para que esse postulado possa legitimamente incidir, revelar-se-á essencial que os instrumentos disponíveis mostrem-se aptos a sanar, de modo eficaz e real, a situação de neutralidade que se busca neutralizar com o ajuizamento da ação constitucional de arguição de descumprimento de preceito fundamental (ADPF 17-AP (medida liminar), *Informativo STF*).

O processo e o julgamento

O art. 5º permite que o Supremo Tribunal Federal, por maioria absoluta de seus membros, defira medida liminar, desde que não haja extrema urgência, perigo de lesão grave, ou seja, período de recesso, quando poderá ser concedida pelo Ministro Relator, *ad referendum* do Pleno.

Da mesma forma que a liminar da ação declaratória de constitucionalidade, esse feito poderá consistir na determinação de que juízes e tribunais suspendam o andamento de processo ou os efeitos de decisões judiciais, ou de qualquer outra medida que apresente relação com a matéria objeto da arguição de descumprimento de preceito fundamental, salvo se decorrentes da coisa julgada (§ 3º do art. 5º).

A decisão somente será tomada se presentes dois terços dos Ministros do Supremo Tribunal Federal. Mas a lei não fala expressamente em *quorum* da decisão, que, entendemos, deva ser a maioria absoluta de seus membros, em respeito ao art. 97 da Constituição Federal.

Julgada a ação, far-se-á a comunicação às autoridades ou órgãos responsáveis pela prática dos atos questionados, fixando-se as condições e o modo de interpretação e aplicação do preceito fundamental.

Novamente, surge a observação (já feita anteriormente para a ação direta de inconstitucionalidade e o parágrafo único do art. 1º da Lei n. 9.868/99) de que a Constituição Federal não deu efeito vinculante à decisão da arguição de descumprimento de preceito fundamental. No entanto, por força do art. 10, § 3º, ela o possui. Portanto, novamente o legislador infraconstitucional ultrapassou o limite da disciplina para criar hipótese que retira do juiz a sua autonomia, obrigando-o a julgar conforme uma decisão do Supremo Tribunal Federal, sob pena de desobediência.

Da mesma forma que a Lei n. 9.868/99, que disciplinou igualmente a matéria para a ação direta de inconstitucionalidade e a ação declaratória de constitucionalidade, o art. 11 da Lei n. 9.882/99 tratou de permitir que, por dois terços dos membros do Supremo Tribunal Federal, a decisão na arguição de descumprimento de preceito fundamental tenha os efeitos a partir do seu trânsito em julgado ou de outro momento que venha a ser fixado. Assim, a regra é que tenha efeito *ex tunc*, podendo, no entanto, pelo *quorum* acima fixado, ter efeito *ex nunc* ou a partir do momento em que o Supremo determinar. Tal decisão deve ser fundada, no entanto, em razões de segurança jurídica ou de excepcional interesse social.

Curso de Direito Constitucional

Passos do processo de julgamento da ADPF

- Inicial, ajuizada por um dos legitimados (os mesmos da ADI), que, nos termos do art. 3º da Lei n. 9.882/99, deverá conter:
  "I – a indicação do preceito fundamental que se considera violado;
  II – a indicação do ato questionado;
  III – a prova da violação do preceito fundamental;
  IV – o pedido com suas especificações;
  V – se for o caso, a comprovação da existência de controvérsia judicial relevante sobre a aplicação do preceito fundamental que se considera violado."
- A petição inicial pode ser indeferida liminarmente, pelo relator, em caso de não cabimento de arguição de descumprimento de preceito fundamental, inépcia ou falta dos requisitos estabelecidos em lei, sendo que, de tal decisão, caberá agravo.
- Cabe medida liminar na arguição de descumprimento de preceito fundamental, por decisão da maioria absoluta dos membros do Supremo Tribunal Federal. Em caso de extrema urgência ou perigo de lesão grave, a liminar pode ser concedida pelo relator, sob o referendo do plenário. A liminar poderá consistir na determinação de que juízes e tribunais suspendam o andamento do processo ou os efeitos das decisões judiciais, ou de qualquer outra medida que apresente relação com a matéria objeto da arguição. A liminar poderá igualmente consistir, a depender do pleito principal, na antecipação da tutela pleiteada ou em outro provimento que assegure a efetividade do julgamento definitivo.
- Apreciado o pedido liminar, o relator solicitará informações aos responsáveis pela elaboração do ato, podendo determinar a requisição de informações adicionais, e a designação de perícia ou de audiência pública para oitiva de especialistas.
- Em seguida, o Supremo Tribunal Federal deve proceder ao julgamento da arguição, fixando as condições e o modo de interpretação e aplicação do preceito fundamental. A decisão terá efeito vinculante relativamente aos demais órgãos do Poder Público. Por dois terços de seus membros, o Supremo pode modular os efeitos da decisão.

O controle constitucional da omissão: ação direta de inconstitucionalidade por omissão e o mandado de injunção

O texto de 1988 criou uma nova forma de inconstitucionalidade: por omissão. Entende-se a omissão a partir do dever previsível dos Poderes e das autoridades de disciplinar determinada matéria. A omissão pode provir de qualquer dos Poderes.

Nesse sentido, afirma Clemerson Merlin Clève (1995, p. 42) que:

o dever constitucional de legislar tanto pode não ser satisfeito como pode sê-lo de modo integral ou de modo parcial. O cumprimento parcial e o não cumprimento do dever constitucional de legislar caracterizam, respectivamente, a inconstitucionalidade ou omissão parcial e total.

Constituição 79

No que se refere ao seu controle de constitucionalidade, a omissão recebe o mesmo tratamento da inconstitucionalidade por ação, de tal modo que seu controle direto se materializa por meio da ação direta de inconstitucionalidade.

Assim, para que se controle a omissão constitucional pela via de ação, deve-se servir do instrumento da ação direta de inconstitucionalidade.

Os autores, o foro competente (STF) e a forma do processo serão sempre os mesmos.[49] A diferença, no entanto, reside nos efeitos da decisão.

Na ação direta de inconstitucionalidade por ação, o ato é reconhecido como nulo.

No caso da omissão, como inexiste ato, o sistema coloca duas situações em caso de procedência da ação (reconhecimento, portanto, da omissão legislativa):

a) se o órgão for Poder, será dada ciência para que adote as providências necessárias;
b) se se tratar de autoridade administrativa, será determinado que tome a providência cabível no prazo de trinta dias.

É a regra do § 2º do art. 103:

§ 2º Declarada a inconstitucionalidade por omissão de medida para tornar efetiva norma constitucional, será dada ciência ao Poder competente para a adoção das providências necessárias e, em se tratando de órgão administrativo, para fazê-lo em trinta dias.

A omissão, mesmo de forma distinta, pode ser tratada pela via de defesa (ou de exceção).

O sistema constitucional colocou à disposição do indivíduo a garantia do mandado de injunção. Assim determina o art. 5º, em seu inciso LXXI: "LXXI – conceder-se-á mandado de injunção sempre que a falta de norma regulamentadora torne inviável o exercício dos direitos e liberdades constitucionais e das prerrogativas inerentes à nacionalidade, à soberania e à cidadania".

---

[49] Recordemos que o controle da omissão surgiu juntamente com o controle da ação (ADI). A ação declaratória (ADC) surgiu em 1993. Portanto, o controle da omissão segue as mesmas regras do controle da ação (ADI). A Emenda n. 3/93, que veiculou a ação declaratória de constitucionalidade, não fez qualquer menção ao controle da omissão, de forma que o seu controle continua sendo o original, ou seja, por meio da ação direta de inconstitucionalidade.

80 Curso de Direito Constitucional

Verifica-se, portanto, que o campo material do mandado de injunção é restrito. A omissão deve ser de tal forma que inviabilize o exercício dos direitos e liberdades constitucionais e das prerrogativas inerentes à nacionalidade, à soberania e à cidadania. Portanto, não se trata de atacar qualquer omissão, mas a que tenha as consequências acima anunciadas. A ADO possui, deste modo, um campo objetal mais amplo que o mandado de injunção.

Na verdade, a verificação de uma inconstitucionalidade por omissão traz um requisito adicional, qual seja, o transcurso de um prazo razoável. Isso porque as normas constitucionais, no que toca à sua eficácia, podem abraçar mais de uma forma de positivação, dentre outras, as de norma constitucional de eficácia limitada, reclamando, assim, a sua integração por disposições infraordenadas.

Imaginando-se a necessidade de uma lei federal, há que se ponderar a iniciativa de ela dever ser precedida de estudos, debates e, muitas vezes, de um "tempo de maturação" do tema. Depois disso, haverá a tramitação legislativa, com as emendas e discussões próprias desse trâmite.

Não se pode vislumbrar, assim, que, editada uma norma constitucional de eficácia limitada, a eventual providência legislativa seja materializada em poucos dias.

Destarte, para a caracterização da inconstitucionalidade por omissão, afigura-se necessários três requisitos:

- a existência de uma norma constitucional dependente de regulamentação;
- a ausência, total ou parcial, dessa regulamentação;
- o transcurso de prazo razoável.

Diante desses pressupostos, já se pode afirmar viável o manejo de uma ação direta de inconstitucionalidade por omissão.

Como afirmado anteriormente, a utilização do mandado de injunção reclama um requisito adicional, qual seja, "que a falta de norma regulamentadora torne inviável o exercício dos direitos e liberdades constitucionais e das prerrogativas inerentes à nacionalidade, à soberania e à cidadania". Analisemos, separadamente, cada um dos institutos.

a) Ação direta de inconstitucionalidade por omissão

A ADO encontra previsão constitucional no art. 103, § 2º, antes mencionado, o qual, por sua vez, foi objeto de regulamentação infraconstitucional por meio da Lei n. 12.063/2009, que acrescentou o Capítulo II-A à Lei n. 9.868/99, destinado a regular o seu processo e julgamento.

Nesse sentido, aponta a própria legislação que deve se aplicar ao procedimento da ADO as disposições da ADI, no que for pertinente. Há, no entanto, algumas diferenças. O primeiro ponto da ADO diz respeito à necessidade de a petição inicial indicar "a omissão inconstitucional total ou parcial quanto ao cumprimento de dever constitucional de legislar ou quanto à adoção de providência de índole administrativa".[50]

Outro aspecto diz respeito ao cabimento de medida cautelar, por deliberação da maioria absoluta, e que, nos termos do art. 12-F, § 1º, da lei antes mencionada, "poderá consistir na suspensão da aplicação da lei ou do ato normativo questionado, no caso de omissão parcial, bem como na suspensão de processos judiciais ou de procedimentos administrativos, ou ainda em outra providência a ser fixada pelo Tribunal".

Finalmente, no que toca ao julgamento, prescreve o art. 12-H, § 1º:

> Art. 12-H. Declarada a inconstitucionalidade por omissão, com observância do disposto no art. 22, será dada ciência ao Poder competente para a adoção das providências necessárias.
>
> § 1º Em caso de omissão imputável a órgão administrativo, as providências deverão ser adotadas no prazo de 30 (trinta) dias, ou em prazo razoável a ser estipulado excepcionalmente pelo Tribunal, tendo em vista as circunstâncias específicas do caso e o interesse público envolvido.

Outrora, o STF concebia o julgamento da ADO de uma maneira não concretista, limitando-se a comunicar a mora, sem, no entanto, cabalar outras consequências ou determinar outras medidas, das quais se pudesse depurar alguma efetividade do dispositivo constitucional que se entendeu violado por omissão.

Em posicionamentos mais recentes, parece que o STF caminha em outra, e mais acertada, direção. A propósito, confira-se a seguinte ementa de acórdão relatado pelo Ministro Gilmar Mendes:

> 1. Ação Direta de Inconstitucionalidade por Omissão. 2. Federalismo fiscal e partilha de recursos. 3. Desoneração das exportações e a Emenda Constitucional 42/2003. Medidas compensatórias. 4. Omissão inconstitucional. Violação do art. 91 do Ato das

---

[50]Cf. art. 12-B, inciso I, da Lei n. 9.868/99, com alterações da Lei n. 12.063/2009.

Disposições Constitucionais Transitórias (ADCT). Edição de lei complementar. 5. Ação julgada procedente para declarar a mora do Congresso Nacional quanto à edição da Lei Complementar prevista no art. 91 do ADCT, fixando o prazo de 12 meses para que seja sanada a omissão. Após esse prazo, caberá ao Tribunal de Contas da União, enquanto não for editada a lei complementar: a) fixar o valor do montante total a ser transferido anualmente aos Estados-membros e ao Distrito Federal, considerando os critérios dispostos no art. 91 do ADCT; b) calcular o valor das quotas a que cada um deles fará jus, considerando os entendimentos entre os Estados-membros e o Distrito Federal realizados no âmbito do Conselho Nacional de Política Fazendária – CONFAZ (ADO 25/DF – Distrito Federal. Rel. Min. Gilmar Mendes. j. 30.11.2016).

Ainda no que toca aos efeitos da decisão na ADO, dois pontos parecem relevantes. Primeiro, o de que, em existindo um conteúdo constitucional a ser necessariamente abrigado pela futura legislação regulamentar, pode o STF recomendar que a futura legislação incorpore essas previsões, recomendação destinada a evitar quer uma futura inconstitucionalidade comissiva, quer uma eventual futura inconstitucionalidade por omissão parcial. Segundo, o de que, quando o destinatário da decisão for um órgão administrativo, a decisão do STF assume caráter mandamental, ou seja, de cumprimento direto e imediato pela autoridade responsável.

b) Mandado de injunção

O mandado de injunção foi concebido na ordem jurídica brasileira a partir da Constituição de 1988, que, em seu art. 5º, inciso LXXI, prescreve que "conceder-se-á mandado de injunção sempre que a falta de norma regulamentadora torne inviável o exercício dos direitos e liberdades constitucionais e das prerrogativas inerentes à nacionalidade, à soberania e à cidadania".

O principal antecedente histórico do mandado de injunção foi o *writ of injunction* do Direito anglo-saxão, que, embora aplicado ao âmbito de relações privadas, tinha frequentemente como pano de fundo a falta de norma regulamentadora.

A propósito, a preleção de Paulo Roberto Barbosa Ramos e Diogo Diniz Lima:

> O mandado de injunção tem origem no Direito anglo-saxão, no qual foi criado o *writ of injunction*, que é instituto de típica aplicação no âmbito do Direito Privado e visa impedir a lesão a direito individual, ainda que em face da inexistência de norma regulamentadora. A *injunction* implica ao requerido a obrigação de fazer ou de não fazer decorrente do pedido formulado, tendo-se como parâmetro um juízo de equidade, que compensará a omissão do *Common Law* no trato da matéria. Nesse modelo

de Direito Comum, a existência do direito subjetivo implica a existência de ação apta a garantir-lhe a efetividade, fato consubstanciado no brocardo *"where there is no remedy, there is no right"*. No caso específico da injunção, desenvolveu-se um remédio que transcende a produção jurídica, transferindo-se ao magistrado o poder de inaugurar o sistema de precedentes para decisão do caso concreto (Mandado de injunção – origem e perspectivas. *Revista de Informação Legislativa*. https://www2.senado.leg.br/sf/bitstream/handle/id/242906/000926844.pdf?sequence=1).

Quer nos parecer, assim, que o instituto brasileiro não só abraçou a denominação do instituto estrangeiro, como ainda dele extraiu a sua ideia essencial, qual seja, a de viabilização de direitos ante a falta de norma regulamentadora.

Com efeito, um dos problemas detectados ao longo da vigência de nossa anterior Constituição, foi exatamente a identificação de direitos constitucionais, mas cuja implementação dependia de normas infraconstitucionais que, muitas vezes, não eram editadas, fazendo com que o dispositivo constitucional não viesse a granjear concreta aplicação. Nesse cenário, o constituinte brasileiro inseriu em nossa ordem jurídica o mandado de injunção, instrumento processual destinado à tutela de direitos subjetivos, de índole constitucional, cuja fruição se verifica obstada pela ausência, total ou parcial, de norma regulamentar, que, atualmente, encontra-se disciplinado pela Lei n. 13.300/2016.

Nesse sentido, aponta o art. 2º, parágrafo único, do acima citado diploma legal, que "considera-se parcial a regulamentação quando forem insuficientes as normas editadas pelo órgão legislador competente".

O órgão judiciário, assim, fica investido não só da possibilidade de apontar e suprir a falta de norma regulamentar, como também de avaliar a suficiência e adequação desta. A legitimação ativa para o mandado de injunção individual recai sobre as pessoas físicas e jurídicas que se reputam titulares de direitos subjetivos, de índole constitucional, que deixaram de granjear aplicação por falta, total ou parcial, de norma regulamentar.

O procedimento do mandado de injunção é singelo, similar ao do mandado de segurança, devendo seguir aos seguintes passos:

- petição inicial, que deverá obedecer aos requisitos da lei processual e vir acompanhada dos respectivos documentos;
- informações do impetrado, no prazo de dez dias a contar de sua notificação;
- parecer do Ministério Público, também no prazo de dez dias;
- sentença.

O art. 8º da Lei n. 13.300/2016 trouxe oportuna disciplina para a sentença concessiva do mandado de injunção, *in verbis*:

> Art. 8º Reconhecido o estado de mora legislativa, será deferida a injunção para:
> I – determinar prazo razoável para que o impetrado promova a edição da norma regulamentadora;
> II – estabelecer as condições em que se dará o exercício dos direitos, das liberdades ou das prerrogativas reclamados ou, se for o caso, as condições em que poderá o interessado promover ação própria visando a exercê-los, caso não seja suprida a mora legislativa no prazo determinado.
> Parágrafo único. Será dispensada a determinação a que se refere o inciso I do *caput* quando comprovado que o impetrado deixou de atender, em mandado de injunção anterior, ao prazo estabelecido para a edição da norma.

A opção legislativa foi a de adotar uma linha concretista do mandado de injunção, buscando dele extrair soluções concretas aos impetrantes. No mais, o dispositivo epigrafado só fez coro a pronunciamentos anteriores do STF, dos quais podemos destacar:

a)   O Supremo Tribunal Federal reconhece a mora e determina uma solução normativa a vigorar enquanto perdurar a omissão:

> Mandado de injunção. Garantia fundamental (CF, art. 5º, inciso LXXI). Direito de greve dos servidores públicos civis (CF, art. 37, inciso VII). Evolução do tema na jurisprudência do STF. Definição dos parâmetros de competência constitucional para apreciação no âmbito da Justiça Federal e da Justiça estadual até a edição da legislação específica pertinente, nos termos do art. 37, VII, da CF. Em observância aos ditames da segurança jurídica e à evolução jurisprudencial na interpretação da omissão legislativa sobre o direito de greve dos servidores públicos civis, fixação do prazo de 60 (sessenta) dias para que o Congresso Nacional legisle sobre a matéria. Mandado de injunção deferido para determinar a aplicação das Leis 7.701/1988 e 7.783/1989. Sinais de evolução da garantia fundamental do mandado de injunção na jurisprudência do STF. No julgamento do MI 107/DF, Rel. Min. Moreira Alves, *DJ* de 21-9-1990, o Plenário do STF consolidou entendimento que conferiu ao mandado de injunção os seguintes elementos operacionais: i) os direitos constitucionalmente garantidos por meio de mandado de injunção apresentam-se como direitos à expedição de um ato normativo, os quais, via de regra, não poderiam ser diretamente satisfeitos

Constituição 85

por meio de provimento jurisdicional do STF; ii) a decisão judicial que declara a existência de uma omissão inconstitucional constata, igualmente, a mora do órgão ou poder legiferante, insta-o a editar a norma requerida; iii) a omissão inconstitucional tanto pode referir-se a uma omissão total do legislador quanto a uma omissão parcial; iv) a decisão proferida em sede do controle abstrato de normas acerca da existência, ou não, de omissão é dotada de eficácia *erga omnes*, e não apresenta diferença significativa em relação a atos decisórios proferidos no contexto de mandado de injunção; v) o STF possui competência constitucional para, na ação de mandado de injunção, determinar a suspensão de processos administrativos ou judiciais, com o intuito de assegurar ao interessado a possibilidade de ser contemplado por norma mais benéfica, ou que lhe assegure o direito constitucional invocado; vi) por fim, esse plexo de poderes institucionais legitima que o STF determine a edição de outras medidas que garantam a posição do impetrante até a oportuna expedição de normas pelo legislador. Apesar dos avanços proporcionados por essa construção jurisprudencial inicial, o STF flexibilizou a interpretação constitucional primeiramente fixada para conferir uma compreensão mais abrangente à garantia fundamental do mandado de injunção. A partir de uma série de precedentes, o Tribunal passou a admitir soluções "normativas" para a decisão judicial como alternativa legítima de tornar a proteção judicial efetiva (CF, art. 5º, XXXV). Precedentes: MI 283, Rel. Min. Sepúlveda Pertence, *DJ* de 14-11-1991; MI 232/RJ, Rel. Min. Moreira Alves, *DJ* de 27-3-1992; MI 284, Rel. Min. Marco Aurélio, Rel. p/ o ac. Min. Celso de Mello, *DJ* de 26-6-1992; MI 543/DF, Rel. Min. Octavio Gallotti, *DJ* de 24-5-2002; MI 679/DF, Rel. Min. Celso de Mello, *DJ* de 17-12-2002; e MI 562/DF, Rel. Min. Ellen Gracie, *DJ* de 20-6-2003. [...] Em razão da evolução jurisprudencial sobre o tema da interpretação da omissão legislativa do direito de greve dos servidores públicos civis e em respeito aos ditames de segurança jurídica, fixa-se o prazo de 60 (sessenta) dias para que o Congresso Nacional legisle sobre a matéria. Mandado de injunção conhecido e, no mérito, deferido para, nos termos acima especificados, determinar a aplicação das Leis 7.701/1988 e 7.783/1989 aos conflitos e às ações judiciais que envolvam a interpretação do direito de greve dos servidores públicos civis. (MI 708, Rel. Min. Gilmar Mendes, julgamento em 25-10-2007, Plenário, *DJE* de 31-10-2008.) No mesmo sentido: MI 670, Rel. p/ o ac. Min. Gilmar Mendes, e MI 712, Rel. Min. Eros Grau, julgamento em 25-10-2007, Plenário, *DJE* de 31-10-2008.

b) **O Supremo Tribunal Federal concede prazo ao Congresso Nacional e determina que, decorrido este sem providência, o direito será colhido pelos interessados:**

Mandado de injunção. Legitimidade ativa da requerente para impetrar mandado de injunção por falta de regulamentação do disposto no parágrafo sétimo, do artigo 195 da Constituição Federal. Ocorrência, no caso, em face do artigo 59 do ADCT, de mora, por parte do Congresso, na regulamentação daquele preceito constitucional. Mandado de injunção conhecido, em parte, e, nessa parte, deferido, para declarar-se o estado de mora em que se encontra o Congresso Nacional, a fim de que, no prazo de seis meses, adote ele as providências legislativas que se impõem para o cumprimento da obrigação de legislar decorrente do artigo 195, parágrafo sétimo, da Constituição sob pena de, vencido esse prazo sem que essa obrigação se cumpra, passar o requerente a gozar da imunidade requerida (STF, Pleno, MI 232, Min. Moreira Alves, *DOU*, 27 mar. 1992, p. 3800).

c) Diante da omissão legislativa, o Supremo Tribunal Federal fixa prazo e, desatendido este, autoriza o pleito indenizatório contra a União Federal, ressalvando posição mais benéfica de legislação posterior:

[...] 4. Premissas de que resultam, na espécie, o deferimento do mandado de injunção para:

a) declarar em mora o legislador com relação a ordem de legislar contida no artigo 8º, parágrafo terceiro, do ADCT, comunicando-o ao Congresso Nacional e à Presidência da República;

b) assinar o prazo de 45 dias, mais 15 dias para sanção presidencial, a fim de que se ultime o processo legislativo da lei reclamada;

c) se ultrapassado o prazo acima, sem que esteja promulgada a lei, reconhecer ao impetrante a faculdade de obter, contra a União, pela via processual adequada, sentença líquida de condenação a reparação constitucional devida, pelas perdas e danos que se arbitrem;

d) declarar que, prolatada a condenação, a superveniência de lei não prejudicará a coisa julgada, que, entretanto, não impedirá o impetrante de obter os benefícios da lei posterior, nos pontos em que lhe for mais favorável (STF, MI 283, Rel. Min. Sepúlveda Pertence, j. 20.03.1991, *DOU*, 14 nov. 1991, p. 16355).

Nessa matéria, dois pontos inovadores da Lei n. 13.300/2016 devem ser sublinhados:

- o § 1º, do art. 9º, prescreve que "poderá ser conferida eficácia *ultra partes* ou *erga omnes* à decisão, quando isso for inerente ou indispensável ao exercício do direito, da liberdade ou da prerrogativa objeto da impetração".

É que os interesses difusos e coletivos, denominados essencialmente metaindividuais, constituem-se, em rigor, em formas de provimento jurisdicional, que, exatamente pela natureza intrinsecamente metaindividual, não comportam decisões que acolham isoladamente o pleito de um interessado, sendo inextrincável e automaticamente estendidos a todos os integrantes do grupo, categoria ou classe ou, no caso de interesses difusos, a toda a coletividade abstratamente considerada.

- outro aspecto diz respeito à previsão do § 2º, do indigitado artigo, que prevê que "transitada em julgado a decisão, seus efeitos poderão ser estendidos aos casos análogos por decisão monocrática do relator", que, de certo modo, traduz uma espécie de abstrativização da decisão individual e concreta.

Após a concessão da ordem, a norma regulamentadora superveniente produzirá efeitos *ex nunc* em relação aos beneficiados por decisão passada em julgado, exceto se a aplicação da norma superveniente lhes for mais favorável (art. 11).

A Lei n. 13.300/2016 regulamentou também o mandado de injunção coletivo – que, aliás, já era admitido pela jurisprudência pretérita do STF –, predispondo-o à tutela de direitos, liberdades e prerrogativas "pertencentes, indistintamente, a uma coletividade indeterminada de pessoas ou determinada por grupo, classe ou categoria" (art. 12, par. único).

O dispositivo é, *data venia*, claro ao posicionar no âmbito tutelar do mandado de injunção coletivo tanto os interesses difusos, como os coletivos em sentido estrito. Aliás, neste ponto, a Lei n. 13.300/2016 apropriou-se dos mesmos termos, para as espécies, da Lei n. 7.347/85 (Lei da Ação Civil Pública) e da Lei n. 8.078/90 (Código de Defesa do Consumidor).

Assim, parece-nos forçosa uma interpretação extensiva do art. 13, *caput*, do mencionado diploma legal, que limita a coisa julgada "às pessoas integrantes da coletividade, do grupo, da classe ou da categoria substituídos pelo impetrante", excluindo, portanto, a disciplina da coisa julgada na tutela de interesses difusos, que impõe uma coisa julgada *erga omnes*, já que aplicada a uma coletividade indeterminada de pessoas. A legitimidade para impetração do mandado de injunção coletivo foi disciplinada pelo art. 12, incisos I a IV, *in verbis*:

Art. 12. O mandado de injunção coletivo pode ser promovido:

I – pelo Ministério Público, quando a tutela requerida for especialmente relevante para a defesa da ordem jurídica, do regime democrático ou dos interesses sociais ou individuais indisponíveis;

88 Curso de Direito Constitucional

II – por partido político com representação no Congresso Nacional, para assegurar o exercício de direitos, liberdades e prerrogativas de seus integrantes ou relacionados com a finalidade partidária;

III – por organização sindical, entidade de classe ou associação legalmente constituída e em funcionamento há pelo menos 1 (um) ano, para assegurar o exercício de direitos, liberdades e prerrogativas em favor da totalidade ou de parte de seus membros ou associados, na forma de seus estatutos e desde que pertinentes a suas finalidades, dispensada, para tanto, autorização especial;

IV – pela Defensoria Pública, quando a tutela requerida for especialmente relevante para a promoção dos direitos humanos e a defesa dos direitos individuais e coletivos dos necessitados, na forma do inciso LXXIV do art. 5º da Constituição Federal.

Cuida-se da chamada legitimação autônoma, já que não postulam em interesse próprio e, no caso de interesses difusos, também não há titular de interesse determinado, por sua própria natureza.

O foro é o determinado pela Constituição Federal, podendo, conforme o caso, ser o Supremo Tribunal Federal (quando a autoridade responsável pela norma regulamentadora for o Presidente da República, o Congresso Nacional, a Câmara dos Deputados, o Senado Federal, o Tribunal de Contas da União, os tribunais superiores ou o próprio Supremo Tribunal Federal), como se depreende do art. 102, I, *q*. A competência passa para o Superior Tribunal de Justiça quando a autoridade responsável pela omissão for órgão, entidade ou autoridade federal, da administração direta ou indireta, excetuando-se, no entanto, os casos de competência do Supremo Tribunal Federal e dos órgãos da Justiça Militar, Justiça Eleitoral, Justiça do Trabalho e Justiça Federal. É a regra do art. 105, I, *h*.

O controle de constitucionalidade de âmbito estadual

O art. 125, § 2º, da Constituição da República atribuiu às Constituições Estaduais a competência para a instituição da ação direta de inconstitucionalidade de âmbito estadual.

Assim sendo, não é possível minudenciar a disciplina jurídica dessas ações, que pode variar de um estado para outro. Entretanto, alguns parâmetros foram estabelecidos na Constituição Federal. Em primeiro lugar, a competência da ação direta de inconstitucionalidade de âmbito estadual é do Tribunal de Justiça, cujas deliberações devem ajustar-se à regra do art. 97 da Carta Magna. A Carta Federal, embora não tenha indicado os legitimados para sua

Constituição 89

propositura, foi expressa ao vedar a legitimação de um único órgão. O campo material foi igualmente predefinido: as normas estaduais e municipais.

Importante notar, todavia, que o parâmetro de controle é a Constituição Estadual formal, ou seja, o conjunto de dispositivos abrigados pela Constituição do respectivo estado. Destarte, a crise de inconstitucionalidade apta a ensejar a ação direta de inconstitucionalidade estadual é aquela verificada pela incompatibilidade de norma estadual ou municipal com a Constituição do respectivo estado.

Nesse sentido, problemática que sobressai em importância é a da norma repetida, isto é, da norma da Constituição Estadual que reproduz dispositivo da Constituição da República. O tema, apesar de já tratado, merece ser repetido, diante de sua importância.

Durante muito tempo entendeu-se que haveria usurpação à competência do Supremo Tribunal Federal caso se admitisse o julgamento pelo Tribunal de Justiça de uma norma reproduzida da Constituição Federal, pois, em última análise, esta, cuja guarda foi outorgada ao Supremo Tribunal Federal, é que estaria sendo violada.

Tal entendimento, todavia, veio por terra ante o julgamento, pelo Supremo Tribunal Federal, da Reclamação n. 383-3-SP,[51] que assentou a pertinência do controle estadual, com base em norma repetida, ressalvando, porém, a possibilidade de interposição de recurso extraordinário.

Criou-se, como mencionamos alhures, uma espécie de ação direta de inconstitucionalidade por elevação de alçada, já que o STF, diante de uma ADI estadual, que adota como parâmetro uma norma constitucional estadual de repetição obrigatória, julgará um recurso extraordinário,[52] que, no entanto, lhe devolverá o conhecimento de um tema abstrato e concentrado de constitucionalidade de uma lei ou ato normativo estadual ou municipal frente à Constituição Federal.

---

[51] Ementa do v. acórdão da Reclamação n. 383-3-SP: "Reclamação com fundamento na preservação da competência do Supremo Tribunal Federal. Ação direta de inconstitucionalidade proposta perante Tribunal de Justiça na qual se impugna Lei Municipal sob alegação de ofensa a dispositivos constitucionais estaduais que reproduzem dispositivos constitucionais federais de observância obrigatória pelos Estados. Eficácia jurídica desses dispositivos constitucionais estaduais. Jurisdição constitucional dos Estados-membros. Admissão da propositura da ação direta de inconstitucionalidade perante o Tribunal de Justiça local, com possibilidade de recurso extraordinário se a interpretação da norma constitucional estadual, que reproduz a norma constitucional federal de observância obrigatória pelos Estados, contrariar o sentido e alcance desta. Reclamação conhecida, mas julgada improcedente" (STF, Pleno, Rel. Min. Moreira Alves, j. 11.06.1992, *DJU*, 21 maio 1993, p. 9765).

[52] O recurso extraordinário só é cabível em caso de norma repetida; nas demais hipóteses a decisão é irrecorrível.

90 Curso de Direito Constitucional

Para efeitos didáticos, é importante fazermos um quadro comparativo sobre os três instrumentos de controle concentrado.

	ADI Ação direta de inconstitucionalidade	ADC Ação declaratória de constitucionalidade	ADPF Arguição de descumprimento de preceito fundamental
Autores	Presidente da República, Procurador-Geral da República, Mesa do Senado, Mesa da Câmara, Mesa da Assembleia Legislativa ou da Câmara Legislativa, Governador de estado ou do Distrito Federal, Conselho Federal da OAB, Partido Político com representação no Congresso Nacional, entidade de classe de âmbito nacional e confederação sindical.	Os mesmos da ADI (art. 103 da CF).	Os mesmos da ADI (art. 2° da Lei n. 9.882/99 c/c art. 103 da CF).
Campo material	Lei ou ato normativo federal e lei ou ato normativo estadual (basta que haja alegação de inconstitucionalidade, sem necessidade de demonstração de relevância).	Apenas lei ou ato normativo federal (a petição inicial deve vir acompanhada de uma relevante controvérsia jurisprudencial a ensejar a declaratória).	Medida residual (só quando inexistente outro meio para sanar lesividade); proteção de preceito fundamental ferido por ato do Poder Público (não precisa ser normativo), de relevante controvérsia constitucional de lei federal, lei estadual, lei municipal, inclusive as anteriores a 5 de outubro de 1988.
Citação	Do Advogado-Geral da União para defender o ato impugnado.	Não há citação do Advogado-Geral da União para defender o ato impugnado.	Não há citação do Advogado-Geral da União.
Efeitos	Pelo art. 28, parágrafo único, da Lei n. 9.868/99 – *erga omnes* e vinculante.	Pela Constituição Federal, art. 102, § 2°, e pelo art. 28, parágrafo único, da Lei n. 9.868/99 – *erga omnes* e vinculante.	Vinculante e *erga omnes* (art. 10, § 3°, da Lei n. 9.882/99).

OS PRINCÍPIOS CONSTITUCIONAIS

Não podemos pretender estudar o Texto Constitucional positivo de qualquer Estado sem antes identificar os princípios que informaram tal documento. Os princípios são regras-mestras dentro do sistema positivo. Devem ser identificados dentro da Constituição de cada Estado as estruturas básicas, os fundamentos e os alicerces desse sistema. Fazendo isso estaremos identificando os princípios constitucionais. No dizer de Carlos Ari Sundfeld (1992, p. 137):

Os princípios são as ideias centrais de um sistema, ao qual dão sentido lógico, harmonioso, racional, permitindo a compreensão de seu modo de organizar-se. Tomando como exemplo de sistema certa guarnição militar, composta de soldados, suboficiais e oficiais, com facilidade descobrimos a ideia geral que explica seu funcionamento: "os subordinados devem cumprir as determinações dos superiores". Sem captar essa ideia, é totalmente impossível entender o que se passa dentro da guarnição, a maneira como funciona.

E, adiante: "A enunciação dos princípios de um sistema tem, portanto, uma primeira utilidade evidente: ajuda no ato de conhecimento".

Celso Ribeiro Bastos (1995, p. 143-4) apresenta a ideia de princípios constitucionais:

Os princípios constitucionais são aqueles que guardam os valores fundamentais da ordem jurídica. Isto só é possível na medida em que estes não objetivam regular situações específicas, mas sim desejam lançar a sua força sobre todo o mundo jurídico. Alcançam os princípios esta meta à proporção que perdem o seu caráter de precisão de conteúdo, isto é, conforme vão perdendo densidade semântica, eles ascendem a uma posição que lhes permite sobressair, pairando sobre uma área muito mais ampla do que uma norma estabelecedora de preceitos. Portanto, o que o princípio perde em carga normativa ganha como força valorativa a espraiar-se por cima de um sem-número de outras normas.

Os princípios, portanto, determinam a regra que deverá ser aplicada pelo intérprete, demonstrando um caminho a seguir. Podemos falar na existência de uma hierarquia interna valorativa dentro das normas constitucionais, ficando os princípios em um plano superior, exatamente pelo caráter de regra estrutural que apresentam.

Para Canotilho (1989, p. 82), citado por José Afonso da Silva, os princípios constitucionais são de duas ordens:

a) princípios político-constitucionais – constituídos por decisões políticas fundamentais concretizadas em normas conformadoras do sistema constitucional positivo (normas-princípios);
b) princípios jurídico-constitucionais – são princípios constitucionais gerais informadores da ordem jurídica nacional. Tratam, em regra, de princípios derivados dos princípios políticos constitucionais. São os princípios da igualdade, da constitucionalidade, do juiz natural, das garantias constitucionais do processo etc.

Cármen Lúcia Antunes Rocha (1994, p. 29-33) elenca os característicos dos princípios constitucionais:

a) generalidade – são genéricos, não se aplicando a qualquer situação concreta;
b) primariedade – são primários, deles decorrendo outros princípios;
c) dimensão axiológica – os princípios constitucionais trazem valores éticos que refletem uma doutrina, um posicionamento político, devendo sofrer alteração quando tais valores também se alterem.

É Jorge Miranda (1983, v. 2, p. 198) quem informa a importância dos princípios e sua carga valorativa para o intérprete:

> Os princípios não se colocam, pois, além ou acima do Direito (ou do próprio Direito positivo); também eles – numa visão ampla, superadora de concepções positivistas, literalistas e absolutizantes das fontes legais – fazem parte do complexo ordenamental. Não se contrapõem às normas, contrapõem-se tão somente aos preceitos; as normas jurídicas é que se dividem em normas-princípios e normas-disposições.
>
> Se assim se afigura em geral, muito mais tem de ser no âmbito do Direito Constitucional, tronco da ordem jurídica estadual, todo ele envolvido e penetrado pelos valores jurídicos fundamentais dominantes na comunidade e, sobretudo, tem de ser assim na consideração da Constituição material como núcleo de princípios e não tanto de preceitos ou disposições articuladas.

Menciona, ainda, o ilustre jurista:

A acção mediata dos princípios consiste, em primeiro lugar, em funcionarem como critérios de interpretação e de integração, pois são eles que dão a coerência geral do sistema. E, assim, o sentido exacto dos preceitos constitucionais tem de ser encontrado na conjugação com os princípios e a integração há de ser feita de tal sorte que se tornem explícitas ou explicitáveis as normas que o legislador constituinte não quis ou não pôde exprimir cabalmente.

Servem, depois, os princípios de elementos de construção e qualificação: os conceitos básicos de estruturação do sistema constitucional aparecem estreitamente conexos com os princípios ou através da prescrição de princípios (MIRANDA, 1983, v. 2 p. 199-200).

Walter Claudius Rothenburg (1999, p. 46) afirma:

Com efeito, essa a serventia dos princípios. Inclusive, nos casos em que o princípio constitucional é de alguma forma retomado por outras normas (mesmo que tênue e insuficientemente, reclamando ainda e sempre um melhor desenvolvimento) – sejam normas anteriores (recepção) ou posteriores ao advento da constituição –, há uma eficácia impeditiva de retrocesso, quer dizer, o princípio não admite que essa parca tradução seja substituída por outra que o desenvolva menos ainda, ou que seja simplesmente revogada. Um tal desenvolvimento mínimo, embora insuficiente, já está garantido: preservam-se os ganhos paulatinos.

Analisando os princípios constitucionais dentro do texto positivo brasileiro, Luís Roberto Barroso (1996, p. 147-50) elenca três ordens:

a) princípios *fundamentais* do Estado brasileiro, nominando: o republicano (art. 1º, *caput*), o federativo (art. 1º, *caput*), o do Estado democrático de direito (art. 1º, *caput*), o da separação de Poderes (art. 2º), o presidencialista (art. 76) e o da livre-iniciativa (art. 1º, IV). Afirma que são decisões políticas fundamentais do constituinte; b) princípios *gerais*, nominando, dentre outros: o da legalidade (art. 5º, II), o da liberdade (art. 5º, II, e diversos incisos do art. 5º, como IV, VI, IX, XIII, XIV, XV, XVI, XVII, etc.), o da isonomia (art. 5º, *caput* e inciso I), o da autonomia estadual e municipal (art. 18), o do acesso ao Judiciário (art. 5º, XXXV), o da segurança jurídica (art. 5º, XXXVI), o do juiz natural (art. 5º, XXXVII e LIII) e o do devido processo legal (art. 5º, LIV). Afirma que não estruturam politicamente o Estado, mas trazem regras de limitação dos Poderes, carregando mais valoração ética e menos decisão política;

c) princípios *setoriais* ou *especiais*, elencando, dentre os da Administração Pública, os seguintes: os da legalidade administrativa, impessoalidade, moralidade e publicidade, o do concurso público e o da prestação de contas; dentre os da organização dos Poderes: o majoritário, o proporcional, o da publicidade e da motivação das decisões judiciais e administrativas, o da independência e imparcialidade dos juízes e o da subordinação das Forças Armadas ao poder civil; dentre os da tributação e orçamento: os da capacidade contributiva, legalidade tributária, isonomia tributária, anterioridade da lei tributária, imunidade recíproca das pessoas jurídicas de direito público, anualidade orçamentária, universalidade do orçamento e exclusividade da matéria orçamentária; dentre os da ordem econômica: os da garantia da propriedade privada, da função social da propriedade, da livre concorrência, da defesa do consumidor e da defesa do meio ambiente; dentre os da ordem social: os da gratuidade do ensino público, da autonomia universitária e da autonomia desportiva.

Verificada a importância dos princípios, porque veiculam valores e tarefas para o intérprete, passemos à questão da interpretação constitucional.

A INTERPRETAÇÃO CONSTITUCIONAL[53]

Hermenêutica e interpretação: especificação terminológica

O primeiro passo para a abordagem do tema consiste numa distinção entre as expressões "hermenêutica" e "interpretação", para que possamos, antes de mais nada, estabelecer a relação conceitual entre os termos em pauta.

A expressão "interpretar" carrega a ideia de esclarecimento, de compreensão de conteúdo, de extrair de uma norma o seu sentido e o seu alcance.

Versando o tema, Karl Engisch (1988, p. 127) aduz que:

[...] a tarefa da interpretação é fornecer ao jurista o conteúdo e o alcance (extensão) dos conceitos jurídicos. A indicação do conteúdo é feita por meio duma definição, ou seja, pela indicação das conotações conceituais (espaço fechado é um espaço que...). A indicação do alcance (extensão) é feita pela apresentação de grupos de casos individuais que são de subordinar, quer dizer, subsumir, ao conceito jurídico.

---

[53] Texto de acordo com Serrano Nunes (2001).

A hermenêutica, diferentemente, tem por objeto a interpretação, ou, nas palavras de Carlos Maximiliano (1997, p. 1), "o estudo e a sistematização dos processos aplicáveis para determinar o sentido e o alcance das expressões do Direito".

Conclui-se, por conseguinte, que a hermenêutica é o ramo do conhecimento científico que estuda a interpretação.

Desse teor, aliás, a lição do precitado jurista:

> Do exposto ressalta o erro dos que pretendem substituir uma palavra pela outra; almejam, ao invés de Hermenêutica, Interpretação. Esta é a aplicação daquela; a primeira descobre e fixa os princípios que regem a segunda. A Hermenêutica é a teoria científica da arte de interpretar (MAXIMILIANO, 1997, p. 1).

Interpretação: conceito

A norma jurídica deve ser interpretada. Essa afirmação, se atualmente apresenta-se como consensual, já admitiu controvérsias.

O imperador Justiniano, no terceiro prefácio ao *Digesto*, proibiu comentários interpretativos a sua obra, cominando, inclusive, as penas do crime de falso àquele que desatendesse tal determinação (FRANÇA, 1999, p. 4).

Durante muito tempo, sustentou-se a validade do brocardo latino *in claris cessat interpretatio*, preconizando-se que a utilização da interpretação só seria necessária nas hipóteses em que a lei não fosse clara. Esse entendimento, no entanto, já foi superado.[54]

Como observa Tercio Sampaio Ferraz Jr. (1989, p. 231), "ao disciplinar a conduta humana, as normas jurídicas usam palavras, signos linguísticos que devem expressar o sentido daquilo que deve ser".

Prossegue o referido jurista, apontando que os signos linguísticos guardam a característica da mediatidade, pois se referem *"a algo distinto de si"* (FERRAZ, 1989, p. 233).

Assim sendo, parafraseando Sebastián Soler (1962, p. 72 e s.), é impossível a eliminação do processo de interpretação.

---

[54] Ressalte-se, no entanto, que o Professor Luiz Antonio Rizzatto Nunes (1996, p. 197), com inegável maestria, assentou: "O que ocorre, de fato, não é que *in claris cessat interpretatio*, mas sim que, quando a norma jurídica é clara, não há necessidade de interpretação, porque ela é pressuposta, firmada com condição *a priori* do mero ato de ler, porquanto está evidente na linguagem que se tornou natural".

A interpretação, desse modo, atua como um processo de mediação entre o conteúdo semântico de uma norma jurídica e a realidade, cabendo-lhe explicitar o conteúdo e o alcance da norma jurídica analisada. Calha transcrever, neste ponto, a advertência de Lenio Luiz Streck:

> Ora, um dispositivo terá ou não determinada eficácia a partir do processo de produção de sentido que exsurgirá do processo hermenêutico e que dependerá do jogo de forças que se travará no respectivo campo jurídico. Esse processo de produção do sentido agrega o processo de circulação e do consumo desse mesmo sentido no interior da comunidade jurídica.

Como se vê, é incontroverso que a aplicação da norma jurídica não prescinde da interpretação, pois, como bem anota Carlos Maximiliano (1997, p. 9), "tudo se interpreta; inclusive o silêncio".

Importante verificar, dentro dessa linha, que a interpretação tem como objeto uma formulação genérica e abstrata pretérita, que deve ser aplicada sobre situações atuais. O ato de interpretar, ademais, não se situa no vácuo, mas em uma sociedade determinada, sob condições econômicas, sociais e ideológicas específicas, além de impregnada de diversos valores.

O intérprete, sob os influxos de todos esses aspectos, carrega o ato de interpretar de um inexpugnável subjetivismo, valendo, no ponto, transcrever o seguinte excerto da obra de Christiano José de Andrade (1991, p. 29-30):

> Recebendo informações normativas e fáticas, o intérprete tem como objeto uma forma genérica e pretérita e situações atuais às quais deve adequar aquela. Demais disso, a interpretação está condicionada pelo subjetivismo do intérprete e pelas condições sociais em que este se desenvolve. Assim não pode existir interpretação definitiva. Além disso, a superveniência de fatos novos e valores determina que a interpretação deve ser forçosamente um fenômeno constante e sempre renovado.

Com efeito, Savigny, precursor do chamado método histórico evolutivo, pontuou que a norma jurídica deve ser interpretada segundo as condições sociais da época de sua aplicação. Por outras palavras, o sentido e o alcance da norma jurídica podem ser alterados não só por eventual modificação de sua estrutura fraseológica, mas também pela mudança da realidade social que objetiva regular. A interpretação deve ter presente a evolução histórica.

Nesse sentido, o ilustre jurista identificava quatro elementos básicos da interpretação: o gramatical, o lógico, o histórico e o sistemático. Estes, no entanto, não compunham técnicas ou métodos distintos de interpretação a serem empregados isoladamente. Ao contrário, constituiriam elementos concatenados de um único processo. A interpretação resultaria, assim, da articulação de parte ou de todos esses elementos.

As observações acima sinalizam a evidente possibilidade de classificação da interpretação em espécies distintas.

Interpretação: classificações

R. Limongi França (1999, p. 6-12) distingue três critérios classificatórios, identificando-os da seguinte forma:

a) quanto ao agente de interpretação;
b) quanto à natureza, ou, mais propriamente, com fundamento nos elementos da interpretação;
c) quanto à extensão.

O referido professor indica que, tendo como critério o agente, a interpretação pode ser pública ou privada. A primeira ocorre quando a interpretação for exarada por órgão público. A segunda, quando proveniente de particulares, especialmente de técnicos da matéria.

A tal formulação cumpre agregar que a interpretação, embora também comumente desempenhada por especialistas, constitui operação diuturna dos cidadãos de um modo geral. Pode-se citar, a pretexto de exemplo, os próprios fins coercitivos das normas penais, que muitas vezes inibem a prática de um crime, exatamente porque os indivíduos, cônscios (por interpretação) do caráter criminoso de uma conduta, deixam de realizá-la.

Logo, a interpretação por particulares não fica restrita aos especialistas em Direito, mas constitui operação comumente realizada por qualquer indivíduo.

Cabe destacar, nessa linha, a seguinte preleção de Inocêncio Mártires Coelho (1988, p. 26):

> Nessa visão, quanto mais aberto à participação social se mostrar o processo de interpretação e aplicação da Carta Política, mais consistentes e mais eficazes serão as decisões da jurisdição constitucional enquanto respostas hermenêuticas – temporalmente

adequadas – às perguntas da sociedade sobre o sentido, o alcance e a própria necessidade da sua Constituição.

O segundo critério classificatório apontado é aquele que adota como parâmetro a natureza, ou, mais especificamente, os elementos da interpretação, de onde surgem as seguintes espécies: a gramatical, a lógica, a histórica e a sistemática.

A interpretação gramatical é aquela que sobressai de uma análise fraseológica do texto legal, onde os aspectos linguísticos são pontuados, empreendendo-se à extração do sentido e alcance da norma segundo critérios semânticos e sintáticos, quer analisando cada palavra isoladamente, quer em coordenação com os demais vocábulos que integram a sentença.

A interpretação lógica, no dizer de R. Limongi França (1999, p. 9), vem expressa na máxima romana de Celso: "Conhecer as leis não é compreender as suas palavras, mas o seu alcance e a sua força".

Entende-se como lógica a interpretação que realça o sentido das sentenças, inclusive aquele que emana não só exclusivamente do texto legal analisado, mas também deste dentro das relações de coordenação e subordinação com os demais textos normativos, resgatando-se o *mens legislatoris*, vale dizer, o sentido normativo pretendido pelos autores da lei.

A interpretação histórica é aquela que tem olhos na evolução. Como ressalta Carlos Maximiliano (1997, p. 137):

> O que hoje vigora, abrolhou de germes existentes no passado; o Direito não se inventa; é um produto lento da evolução, adaptado ao meio; com acompanhar o desenvolvimento desta, descobrir a origem e as transformações históricas de um instituto, obtém-se alguma luz para compreender bem.

R. Limongi França classifica a interpretação histórica em próxima e remota. Esta dirigida às origens da lei – *origo legis* –, retomando as primeiras manifestações do instituto analisado. Aquela atinente à chamada *occasio legis*, que, segundo Carlos Maximiliano (1997, p. 148-9), pode assim ser definida:

> complexo de circunstâncias específicas atinentes ao objeto da norma, que constituíram o impulso exterior à emanação do texto; causas mediatas e imediatas, razão política e jurídica, fundamento dos dispositivos, necessidades que levaram a promulgá-los; fatos contemporâneos da elaboração; momento histórico, ambiente social, condições culturais e psicológicas sob as quais a lei surgiu e que diretamente contribuíram para a

promulgação; conjunto de motivos ocasionais que serviram de justificação ou pretexto para regular a hipótese; enfim o mal que se pretendeu corrigir e o modo pelo qual se projetou a remediá-lo, ou, melhor, as relações de fato que o legislador quis organizar juridicamente.

Por outro modo, busca-se a contextualização histórica da norma jurídica, quer com relação às suas origens mais antigas (por exemplo, institutos de onde tenha derivado), quer com relação ao momento histórico específico em que foi editada, resgatando-se aspectos como os valores sociais da época, fatos contemporâneos, finalidade que se pretendia momentaneamente atingir etc.

A interpretação sistemática, finalmente, é aquela empreendida à vista das relações de coordenação e subordinação da norma jurídica analisada com as demais normas integrantes do sistema, quer situada no mesmo patamar de hierarquia, quer situada em patamar superior.

Na verdade, o objetivo da interpretação sistemática é a análise da norma jurídica como parte do sistema. Assim, interpretar uma norma implica a interpretação do sistema, como um todo.

Calha, neste ponto, trazer à colação o conceito de sistema jurídico, bem oferecido por Juarez de Freitas (1998, p. 46):

> [...] uma rede axiológica e hierarquizada de princípios gerais e tópicos, de normas e de valores jurídicos cuja função é a de, evitando ou superando antinomias, dar cumprimento aos princípios e objetivos fundamentais do Estado Democrático de Direito, assim como se encontram consubstanciados, expressa ou implicitamente, na Constituição.

Como se vê, nesse raciocínio inicial podem-se extrair duas conclusões. A primeira, a de que cada norma jurídica, isoladamente observada, está em conexão constante e inafastável com todo o sistema. A segunda, a de que não se pode conceber o direito distante dos fatos sociais a cuja regulação se destina e onde encontra a sua razão de existir.

Tal entendimento, aliás, encontra respaldo na textual dicção do art. 5º da Lei de Introdução às normas do Direito Brasileiro, ao dispor que, "na aplicação da lei, o juiz atenderá aos fins sociais a que ela se dirige e às exigências do bem comum".

Nesse sentido, sustenta o precitado jurista que a exegese literal deveria ser identificada apenas como uma fase da interpretação sistemática, esta sim a que autenticamente deve desempenhar o objetivo de dimensionar o sentido e o alcance da norma jurídica.

No ponto, oportuno transcrever o conceito fornecido por Juarez de Freitas (1998, p. 60):

> [...] a interpretação sistemática deve ser definida como uma operação que consiste em atribuir a melhor significação, dentre várias possíveis, aos princípios, às normas e aos valores jurídicos, hierarquizando-os num todo aberto, fixando-lhes o alcance e superando antinomias, a partir da conformação teleológica, tendo em vista solucionar os casos concretos.

Tal entendimento, aliás, é desposado também por Carlos Maximiliano (1997, p. 128), alvitrando que a interpretação sistemática não é propriamente uma espécie, mas a própria interpretação, argumentando:

> O Direito objetivo não é um conglomerado caótico de preceitos; constitui vasta unidade, organismo regular, sistema, conjunto harmônico de normas coordenadas, em interdependência metódica, embora fixada cada uma no seu lugar próprio. De princípios jurídicos mais ou menos gerais deduzem corolários; uns e outros se condicionam e restringem reciprocamente, embora se desenvolvam de modo que constituam elementos autônomos operando em campos diversos.

Assim, como afirma o saudoso jurista, a verdade advém do contexto e não de um dispositivo isolado, por vezes defeituoso, truncado ou mal redigido.

O terceiro critério apontado classifica as espécies de interpretação quanto à extensão, donde aflora a interpretação declarativa, a extensiva e a restritiva.

A interpretação declarativa, também denominada especificadora, é aquela que nem amplia, nem restringe a norma interpretada. No dizer de R. Limongi França (1999, p. 11-2), "é aquela cujo enunciado coincide, na sua amplitude, com aquele que, à primeira vista, parece conter-se nas expressões do dispositivo".

A interpretação restritiva é aquela que imprime restrição ao sentido e ao alcance literalmente depurado da norma analisada. Porém, como bem observa Luiz Antonio Rizzatto Nunes (1996, p. 214), "o resultado, ainda que conhecido como restritivo, de fato, fixa o sentido e o alcance da norma jurídica, nos limites exatos em que ela deveria estar".

A interpretação extensiva, finalmente, é aquela que amplia o sentido original da norma jurídica analisada. Porém, ainda com fundamento na lição do precitado autor, quando se amplia o significado literal da norma, "está-se tratando de um método de preenchimento de lacunas, por falta de significado no texto

Constituição 101

normativo, capaz de fazer surgir um resultado satisfatório, pela utilização de regras de interpretação" (NUNES, 1996, p. 215).

Alguns métodos de interpretação constitucional

A interpretação constitucional, evidentemente, não inaugura setor próprio e autônomo da hermenêutica jurídica, antes, se coloca entre as espécies de interpretação existentes.

Desse modo, os princípios que gravitam em torno do tema não escapam às regras gerais e classificações analisadas, mas são submissos a tratamento particularizado, com a agregação de normas específicas, que foram construídas para dar cabo das especificidades desse campo do Direito.

Com efeito, a Constituição apresenta íntima ligação com a política, já que contém o traçado geral do Estado e dos direitos fundamentais dos indivíduos que se vinculam a ele. Portanto, há de ser considerado na realização da interpretação todo o contexto socioeconômico-político da sociedade estatal da época (ARAÚJO, 2000, p. 93).

Assim, a interpretação constitucional não despreza os princípios e as regras da interpretação geral do direito, mas cria, por assim dizer, um subsistema, que conta com particularidades que devem ser destacadas.

Desse teor, o ensinamento de Luís Roberto Barroso (1996, p. 98):

A interpretação constitucional serve-se de alguns princípios próprios e apresenta especificidades e complexidades que lhe são inerentes. Mas isso não a retira do âmbito da interpretação geral do direito, de cuja natureza e características partilha. Nem poderia ser diferente, à vista do princípio da unidade da ordem jurídica e do consequente caráter único de sua interpretação. Ademais, existe uma conexão inafastável entre a interpretação constitucional e a interpretação das leis, de vez que a jurisdição constitucional se realiza, em grande parte, pela verificação de compatibilidade entre a lei ordinária e as normas da Constituição.

Essa busca do significado dos enunciados constitucionais, se está reunida ao tronco da interpretação geral do Direito (ARAUJO, 2000, p. 93), não pode passar ao largo das peculiaridades que lhe são inerentes, que são identificadas, por Luís Roberto Barroso (1996, p. 101), nos seguintes aspectos: a) a superioridade hierárquica; b) a natureza da linguagem; c) o conteúdo específico; d) o caráter político.

Métodos de interpretação constitucional

É importante realçar que a interpretação é uma tarefa que deve ser desincumbida metodicamente, como pressuposto para a aplicação da norma jurídica. Como afirma J. J. Gomes Canotilho (1992, p. 215), "considerar a interpretação como tarefa significa, por conseguinte, que toda a norma é 'significativa', mas o significado não constitui um dado prévio; é, sim, resultado da tarefa interpretativa".

Essa tarefa, com efeito, é realizada através de um método ou de métodos. Alude-se à interpretação como um conjunto de métodos, que, embora partam de critérios distintos entre si, seriam reciprocamente complementares (CANOTILHO, 1992, p. 218).

Afigura-se-nos que três são os métodos que granjearam maior importância e aplicação na doutrina constitucional, a saber: o método jurídico, o método tópico e o método hermenêutico concretizante.

O método jurídico

O método jurídico, também denominado método clássico, parte do pressuposto de que a Constituição, para todos os efeitos, não deixa de ser uma lei, que, de igual modo, deva ser interpretada.

Logo, para a determinação do sentido e do alcance da norma constitucional, o exegeta deve lançar mão exatamente dos mesmos expedientes utilizados para interpretação de qualquer outra norma jurídica.

A exegese, no caso, busca a instrumentalização nos elementos interpretativos conhecidos: o gramatical, o sistemático, o teleológico, o histórico e o genético.

Em breve alusão ao método, J. J. Gomes Canotilho (1992, p. 219) assim o descreve:

> Para se captar o sentido da lei constitucional devem utilizar-se os cânones ou regras tradicionais da hermenêutica. O sentido das normas desvenda-se através da utilização como elementos interpretativos: (i) do elemento filológico (= literal, gramatical, textual); (ii) do elemento lógico (= elemento sistemático); (iii) do elemento histórico; (iiii) do elemento teleológico (= elemento racional); (iiiii) do elemento genético.

Em suma, o método jurídico não distingue a interpretação constitucional da interpretação geral do direito.

O método tópico

O método tópico, ou tópico-problemático, vertido ao campo do Direito Constitucional, salienta o caráter prático da interpretação, pois todos os postulados do sistema jurídico, incluídas as normas constitucionais, os métodos e demais elementos do sistema, estariam preordenados à solução de problemas concretos.

Paulo Bonavides (1991, p. 4-10), versando o tema, salienta que a Constituição, quando figura como objeto da interpretação, oferece aos intérpretes uma grande dificuldade de acomodação aos chamados métodos clássicos, pois sua tônica reside exatamente no fato de que, por sobre sua dimensão jurídica, paira, como já observado, outra mais abrangente, de natureza política.

Dentro desse mesmo parâmetro de raciocínio, sedimenta o ilustre professor da Faculdade de Direito da Universidade Federal do Ceará:

A Constituição representa pois o campo ideal de intervenção ou aplicação do método tópico em virtude de constituir na sociedade dinâmica uma "estrutura aberta" e tomar, pelos seus valores pluralistas, um certo teor de indeterminação. Dificilmente uma Constituição preenche aquela função de ordem e unidade, que faz possível o sistema se revelar compatível com o dedutivismo metodológico.

Diante desses obstáculos, só a tópica, como hermenêutica específica, estaria adequada metodologicamente a resolver dificuldades inerentes à Constituição nos seus fundamentos (BONAVIDES, 1991, p. 9).

O método tópico parte de alguns pressupostos inerentes à forma de interpretação por ele gerada, que poderiam ser identificados a partir dos seguintes aspectos: (i) pensar a partir do problema a cuja solução se persegue; (ii) transformar todos os elementos envoltos na aplicação da norma (o sistema, a norma, os métodos etc.) em pontos de partida (ou *topoi*); (iii) caráter aberto da Constituição e da interpretação; (iv) utilização de todos os métodos interpretativos, indiscriminadamente, na busca do consenso acerca da melhor forma de equacionamento do problema prático vertido.

O método, entretanto, não está livre de censuras. Paulo Bonavides (1991, p. 8) indica que, para alguns, a preocupação demasiada com a solução do problema isolado gera o risco de a interpretação menosprezar o princípio da congruência e da unidade intrínseca do sistema jurídico.

Censura mais ferrenha, porém, adveio da pena de J. J. Gomes Canotilho (1992, p. 220), para quem:

A concretização do texto constitucional a partir dos *topoi* merece sérias reticências. Além de poder conduzir a um casuísmo sem limites, a interpretação não deve partir do problema para a norma, mas desta para os problemas. A interpretação é uma atividade normativamente vinculada, constituindo a *constitutio scripta* um limite inelimínável (Hesse), que não admite o sacrifício da primazia da norma em prol da prioridade do problema (F. Müller).

O método hermenêutico-concretizador

O método hermenêutico-concretizador, tal qual delineado nos ensinamentos de J. J. Gomes Canotilho, parte da norma constitucional como elemento primário do processo de interpretação.

Imperioso ressaltar, neste ponto, que a expressão "norma constitucional" não está empregada com o significado de texto da norma, ou "letra da lei", mas como a conjunção do que se denomina programa normativo e domínio normativo.

Nesse sentido, o método hermenêutico concretizador apresenta como ponto inicial o texto normativo, de cuja interpretação resulta o primeiro componente da norma constitucional, qual seja, o programa normativo, definido por J. J. Gomes Canotilho (1992, p. 227) nos seguintes termos: "O programa normativo é o resultado de um processo parcial de concretização (inserido, por conseguinte, num processo global de concretização) assente fundamentalmente na *interpretação* do texto normativo".

O texto normativo, entretanto, não apresenta um significado autônomo, independente da realidade material a que se destina regular. Ao contrário, o sentido e o alcance da norma só são atingidos quando contrapostos aos dados de realidade que pretende regular.

No dizer do ilustre jurista português:

> O significado do texto aponta para um *referente*, para um universo material, cuja análise é fundamental num processo de concretização que aspira não apenas uma racionalidade formal (como o positivismo), mas também uma *racionalidade* material. Compreende-se, pois, que: (1) seja necessário delimitar um *domínio ou setor da norma* constituído por uma quantidade de determinados elementos de fato (dados reais); (2) os elementos do domínio da norma são de diferente natureza (jurídicos, econômicos, sociais, psicológicos, sociológicos) (CANOTILHO, 1992, p. 227).

O método hermenêutico-concretizador preconiza que o início do processo de interpretação consiste exatamente na mediação desses dois elementos da norma constitucional, vale dizer, importa que, a partir do programa normativo (conteúdo do texto normativo), se efetue uma operação de seleção dos fatos e dados de realidade que vão compor o domínio normativo, ao mesmo tempo em que da relação entre eles haverá de ser extraído um significado, que reenvia ao próprio significado de norma constitucional.

Desse modo, a norma constitucional sempre expressará uma medida de ordenação material, embora, neste ponto, ainda dotada de generalidade a abstração, visto que a meta concretizante não tenha sido finalmente atingida.

A concretização pretendida só é efetivada quando a medida de ordenação material é utilizada para a decisão de um caso jurídico, quer servindo de alicerce para a edição de uma regulamentação (legislativa ou administrativa), quer traduzindo-se no fundamento de uma sentença judicial, quer propiciando a edição de atos administrativos.

Calha transcrever, ainda uma vez, a lição de J. J. Gomes Canotilho (1992, p. 229):

> Uma norma jurídica adquire verdadeira normatividade quando com a "medida de ordenação" nela contida se decide um caso jurídico, ou seja, quando o processo de concretização se completa através de sua aplicação ao caso jurídico a decidir mediante: (1) a criação de uma disciplina regulamentadora (concretização legislativa, regulamentar, etc.); (2) através de uma sentença ou decisão judicial (concretização judicial); (3) através da prática de atos individuais pelas autoridades (concretização administrativa). Em qualquer dos casos, uma norma jurídica que era potencialmente normativa ganha uma *normatividade atual e imediata* através da sua "passagem" a *norma de decisão* que regula concreta e vinculativamente o caso carecido de solução normativa.

Diante desse quadro, constata-se que o método em análise distancia-se do chamado método tópico, porque, embora se oriente por um pensamento problematicamente orientado, nele existe o primado da norma constitucional sobre o problema e não o contrário.

Os princípios de interpretação constitucional

A doutrina constitucional, já há algum tempo, vem se debruçando sobre a formulação de princípios auxiliares da interpretação constitucional, buscando a identificação destes segundo critérios de relevância, funcionalidade e aplicabilidade no campo do Direito Constitucional. Vejamos cada um deles.

O princípio da supremacia da Constituição

O princípio da supremacia da Constituição, também denominado princípio da preeminência normativa, nada mais faz do que identificar a Constituição Federal como o plexo de normas de mais alta hierarquia no interior de nosso sistema normativo.

A Constituição, assim, é identificada como a fonte legitimadora de todo o ordenamento jurídico, decorrendo, de imediato, algumas consequências inarredáveis: (i) a revogação, dita hierárquica, de todas as normas anteriores que com ela se antagonizarem; (ii) a nulidade de todas as novas normas introduzidas no sistema que vierem a desrespeitar os seus preceitos; (iii) a imposição de que, dentre as interpretações hipoteticamente possíveis, só podem ser validamente esgrimidas aquelas conformes ao Texto Constitucional.

Importante destacar que a ideia de supremacia da Constituição Federal vem adscrita a dois conceitos basilares do Direito Constitucional: o de Poder Constituinte, ontologicamente separado do chamado poder constituído; e a distinção entre Constituições rígidas e flexíveis.

Convém transcrever, em abono dessa orientação, o primoroso ensinamento de Luís Roberto Barroso (1996, p. 150-1):

> O constitucionalismo moderno, como é sabido, surgiu no século XVIII, contemporâneo ao advento do Estado liberal. Foi ele um dos principais trunfos da burguesia no acerto de contas com a monarquia absoluta. De fato, naquela fase do desenvolvimento capitalista, o velho regime se tornara um empecilho ao casamento final – e, até aqui, indissolúvel – entre o poder econômico e o poder político, vale dizer, à conquista do Estado pela burguesia. Ora bem: a ideia de supremacia constitucional tem seu fundamento associado a dois relevantes conceitos elaborados naqueles primórdios da ciência constitucional: a distinção entre poder constituinte e poder constituído, e entre Constituições rígidas e flexíveis.

Sobremais, é oportuno decalcar que a ideia de supremacia da Constituição gera necessariamente a de omissão inconstitucional, desafiando tanto o controle concentrado (ação direta de inconstitucionalidade por omissão) como o difuso (mandado de injunção), como consequência necessária da premissa de que eventual vontade paralisante do legislador não possa, enquanto manifestação do poder constituído, tolher a eficácia de um dispositivo constitucional. Do mesmo modo, o princípio traz subjacente a proibição de interpretação da Constituição com fundamento em atos normativos a ela subalternos.

O princípio da força normativa da Constituição

O princípio, decorrência do anteriormente apontado, indica que, na solução dos problemas constitucionais, deve-se pautar a interpretação pela maior otimização possível dos preceitos constitucionais.

No dizer de J. J. Gomes Canotilho (1992, p. 235):"Consequentemente, deve dar-se primazia às soluções hermenêuticas que, compreendendo à historicidade das estruturas constitucionais, possibilitam a 'atualização' normativa, garantindo, do mesmo pé, a sua eficácia e permanência".

O princípio da unidade da Constituição

O princípio da unidade indica que a Constituição é um sistema integrado por diversas normas, reciprocamente implicadas, que, dessa feita, devem ser compreendidas na sua harmoniosa globalidade.

Como já realçado, por sobre o caráter jurídico da Constituição, paira um caráter político, expresso nas contradições das forças sociais que fizeram promulgar o texto original.

Desse contexto, evidentemente, emerge um documento inaugural do sistema marcado pelos reflexos dessas contradições, espelhando divergência e não raro ostentando institutos em aparente assincronia.

É impensável, no entanto, a unidade do ordenamento jurídico, sem que esta já pontilhe o seu documento inaugural e legitimador. Assim, exatamente em face das características acima indicadas, é que nasce a necessidade de uma interpretação unificadora.

Dentro desse parâmetro de raciocínio, é incogitável a conclusão, por exemplo, da existência de normas constitucionais originalmente inconstitucionais, visto que eventuais contradições não podem ser superadas com a eliminação de parcela dos dispositivos abrigados na Lei Maior.

O princípio da unidade alvitra exatamente o contrário. Partes de um todo, os dispositivos em aparente divergência só podem ser interpretados de maneira unificante, com a consequente superação prática de antinomias. A propósito do tema, Jorge Miranda (1983, p. 228) assim se manifesta:

> A Constituição deve ser tomada, a qualquer instante, como um todo, na busca de uma unidade e harmonia de sentido. O apelo ao elemento sistemático consiste aqui em procurar recíprocas implicações de preceitos e princípios em que aqueles fins se traduzem em situá-los e defini-los na sua inter-relacionação e em tentar, assim, chegar a uma idônea síntese globalizante, credível e dotada de energia normativa.

108 Curso de Direito Constitucional

Destarte, o princípio em pauta preconiza, em suma, que a Constituição deve ser interpretada de maneira globalizante, de modo a resguardá-la de eventuais antinomias.

O princípio do efeito integrador

Desdobramento do princípio da unidade, o princípio do efeito integrador sublima a aplicação de critérios que desincumbam a tarefa de efetivação da integração política e social e o reforço da unidade política.

Importante notar, entretanto, que o princípio não inclui no seu objeto uma concepção integracionista do Estado e da sociedade, indicadora de regimes autoritários, mas, como bem adverte J. J. Gomes Canotilho (1992, p. 233):

> Como *tópico* argumentativo, o princípio do efeito integrador não assenta numa concepção integracionista de Estado e da sociedade (conducente a reducionismos, autoritarismos e transpersonalismos políticos), antes arranca da conflitualidade constitucionalmente racionalizada para conduzir a soluções pluralisticamente integradoras.

O princípio da concordância prática, da harmonização ou da cedência recíproca

O princípio da concordância prática é aquele que, diante das situações de conflito ou concorrência, preconiza que o intérprete deve buscar uma função útil a cada um dos direitos em confronto, sem que a aplicação de um imprima a supressão de outro. Diz-se, no caso, que deve haver cedência recíproca, de parte a parte, para que se encontre um ponto de convivência entre esses direitos.

Cogitando-se de ponderação de valores em conflito, é evidente que a eventual interpretação não ficará livre de uma carga política, fato que, como observa J. J. Gomes Canotilho (1992, p. 234-5), fez com que alguns autores criassem um subprincípio de aplicação, preconizando o *in dubio pro libertate*.

O princípio da máxima efetividade

O princípio da máxima efetividade, também designado de princípio da eficiência, diz que o intérprete deve emprestar ao texto constitucional a intelecção que confira a maior eficiência possível. O princípio tem particular relevância em relação aos direitos fundamentais, que, dotados de comando de aplicabilidade imediata e de âmbito de incidência necessariamente prospectivo quando em colisão com outros valores da Constituição, devem ser realizados da maneira mais ampla dentre as materialmente palpáveis.

De igual modo, o princípio em pauta ganha saliência quando aplicado às chamadas normas programáticas. Se genericamente tais normas não podem ter aplicação integral no momento de sua edição pela ausência das necessárias condições regulamentares, é certo que o intérprete delas deve extrair a maior eficácia possível.

Convém transcrever, no ponto, a seguinte preleção de Manoel Jorge Silva Neto (1998, p. 183):

> Não obstante algumas normas de direito social encerrem um "programa" a ser cumprido pelo Estado, podemos concluir, à luz do princípio da máxima efetividade, ser concretamente exigível o cumprimento das linhas básicas de atuação da unidade política em termos de saúde, educação, previdência social, porque a cláusula compromissória não deve, jamais, se curvar ao império dos fatos econômicos ou mesmo políticos, por duas razões significativas:
>
> a) *nunca* se encontrará uma condição ótima para a realização do "querer" constituinte em termos de direito social;
>
> b) inobstante espelhe a Constituição fatores de ordem social, política e econômica, não se deve esquecer que é também um texto *jurídico* e retira, de si próprio – sem necessidade de recurso a outros elementos para sua legitimidade – a efetividade imprescindível à consecução de uma comunidade política "estável" e "justa".

O princípio da correção funcional

O princípio da correção funcional, também denominado princípio da justeza ou da conformidade funcional, preconiza que o órgão encarregado da interpretação não poderá, como resultado desta, imprimir alteração da repartição de competência constitucionalmente erigida. Logo, só poderá atuar dentro da zona de competências previamente demarcada. Trata-se, na verdade, de princípio conformador, cujo escopo reside na manutenção da harmonia entre os órgãos do Estado e na prevenção do arbítrio, pois que o exercício da aplicação da norma não há de frutificar da vontade unilateral da autoridade, mas do plexo de normas constitucionais que forjam a estruturação orgânica do Estado. Konrad Hesse (*apud* SILVA NETO, 1998, p. 183) alude ao princípio do seguinte modo:

> se a Constituição regula de uma determinada maneira o papel respectivo dos agentes das funções estatais, o órgão de interpretação deve manter-se na marca das funções a ele encaminhadas; dito órgão não deverá modificar a distribuição das funções através do modo e do resultado de dita interpretação.

O princípio da coloquialidade

A Constituição, enquanto documento jurídico inaugurador do sistema, situado no seu mais alto patamar hierárquico, vem pontuada, dentre outros, por seu caráter político. Serve à organização do Estado, ao tempo em que se constitui um instrumento da cidadania. É dirigida aos indivíduos e não propriamente aos iniciados em direito. Surge então a questão da convenção linguística a ser utilizada, a saber: aquela fundamentada no uso científico ou aquela ancorada no uso normal.

Tratando-se a Constituição de um conjunto sistêmico de normas, pontuado de aspectos políticos e voltado ao indivíduo, entende-se que os termos da Constituição Federal devem ser utilizados em seu significado idiomático, coloquial, sem tecnicidade.

O princípio da interpretação intrínseca

A busca do significado e alcance do texto constitucional não deve passar ao largo de seu caráter intrinsecamente jurídico. Desse modo, as conexões de sentido devem, em princípio, ser identificadas dentro do texto constitucional e não fora dele, com recursos a sistemas ou ordens extranormativas.

Lapidando dúvidas, a explanação de Canotilho e Vital Moreira (1991, p. 53):

> A não ser quando a Constituição autorize e até imponha – como acontece entre nós em relação à Declaração Universal de Direitos do Homem no caso de interpretação dos preceitos sobre os direitos fundamentais (art. 16º) –, a interpretação deve mover--se dentro dos parâmetros positivos das normas constitucionais. Só assim se conseguirá que a interpretação da Constituição continue a ser uma interpretação *jurídica* e não uma interpretação "espiritual", ancorada numa constelação de valores acima e fora da própria Constituição, que conduzem inevitavelmente ao trunfo do arbítrio subjetivo do intérprete.

O princípio da proporcionalidade

O princípio da proporcionalidade é aquele que orienta o intérprete na busca da justa medida de cada instituto jurídico. Objetiva a ponderação entre os meios utilizados e os fins perseguidos, indicando que a interpretação deve pautar o menor sacrifício ao cidadão ao escolher dentre os vários possíveis significados da norma.

Desse teor, a seguinte manifestação de Raquel Denize Stumm (1995, p. 81):

Constituição 111

O juízo de ponderação entre os pesos dos direitos e bens contrapostos deve ter uma medida que permita alcançar a melhor proporção entre os meios e os fins. Em outras palavras, "os meios legais restritivos e os fins obtidos" devem situar-se "numa justa medida", impedindo-se a adoção de medidas legais restritivas desproporcionadas, excessivas, em relação aos fins obtidos (CANOTILHO & MOREIRA, 1993, p. 152). Decorre da natureza dos comandos dos princípios válidos a otimização das possibilidades fáticas e jurídicas de uma determinada situação. Otimizar implica em relativizar as possibilidades jurídicas de um determinado princípio, tendo em vista o peso do princípio colidente num caso concreto. A decisão de um conflito exige, então, a ponderação a partir do momento em que ele se verificar (ALEXY, 1993, p. 112).

O princípio da proporcionalidade importa a aplicação razoável da norma, adequando-se, como dito, os meios aos fins perseguidos. Por isso, afigura-se que o princípio em pauta confunde-se com o da razoabilidade, podendo as expressões ser utilizadas em sinonímia.

BREVE HISTÓRICO DAS CONSTITUIÇÕES BRASILEIRAS

A Constituição Política do Império do Brasil

A Constituição Política do Império do Brasil foi outorgada em 25 de março de 1824. Estabeleceu um governo monárquico, hereditário, constitucional e representativo. Não adotou a separação tripartida do poder. Seguindo as ideias de Benjamin Constant, a Constituição do Império tinha um Poder Moderador, ao lado da divisão clássica. Assim, encontraremos o Poder Moderador, o Judiciário, o Executivo e o Legislativo.

O Poder Legislativo era exercido por uma assembleia geral, composta de duas câmaras: a dos deputados, eletiva e temporária, e a dos senadores, cujos membros eram vitalícios e nomeados pelo Imperador, dentre integrantes de uma lista tríplice enviada pela Província. A eleição era indireta e censitária.

O Poder Executivo era exercido pelos ministros de Estado, tendo como chefe o Imperador.

O Poder Judiciário era independente, mas o Imperador, como chefe do Poder Moderador, podia suspender os juízes.

O Poder Moderador podia destituir e nomear os ministros de Estado. Quanto ao Legislativo, podia dissolver a Câmara dos Deputados, e adiar a escolha e a convocação dos senadores.

As antigas capitanias foram transformadas em províncias. Eram subordinadas ao Poder Central, na pessoa de seu presidente e do chefe de polícia. Ambos eram escolhidos pelo Imperador.

Essa Constituição trouxe uma declaração de direitos individuais e garantias que, nos seus fundamentos, permaneceu nas Constituições que se seguiram.

A Constituição do Império era semirrígida, exigindo um critério mais difícil de alteração para as matérias relativas ao Estado (seu cerne e sua estrutura básica) e um critério mais simples para as normas formalmente constitucionais.

Foi o Texto Constitucional mais longo.

Marcado pelo centralismo administrativo e político, tendo como agente o Poder Moderador, o Estado brasileiro adotava a religião católica.

A Constituição da República dos Estados Unidos do Brasil de 1891

O Decreto n. 1, de 15 de novembro de 1889, instituiu a República e a Federação.

O Texto Constitucional promulgado em 24 de fevereiro de 1891 teve como traço característico o abandono da forma unitária, adotando-se, portanto, o Federalismo.

As províncias foram transformadas em estados e o município neutro, em Distrito Federal.

A união indissolúvel passou a ser consagrada, refletindo o evidente perigo de secessão.

Passaram os estados a ter competências próprias, com governo próprio, assumindo, portanto, a feição federalista.

O regime escolhido foi o representativo, com um Presidencialismo à moda norte-americana. Rompendo com a ideia do Poder Moderador, o País adotou a tripartição de Poderes.

O Poder Legislativo continuou com duas casas: a Câmara dos Deputados, composta por indivíduos recrutados em cada uma das unidades da Federação, buscando uma proporcionalidade, e os senadores, que eram representantes dos estados, em número de três por unidade federativa, com mandato de nove anos.

O Senado Federal era renovado a cada três anos, coincidindo com o mandato do deputado federal.

O Poder Judiciário fortaleceu-se, conferindo-se a seus membros a vitaliciedade e a irredutibilidade de vencimentos, e assumiu o controle dos atos legislativos e administrativos.

Na primeira eleição, o presidente da República foi eleito pelo sufrágio direto, demonstrando a extinção do voto censitário um grande avanço democrático. O prazo do mandato presidencial era de quatro anos.

O Supremo Tribunal Federal julgava o presidente da República nos crimes comuns e a Câmara autorizava, por dois terços de seus membros, o processo de crime de responsabilidade contra o presidente da República, que era julgado pelo Senado Federal.

Quanto à Declaração de Direitos, houve aprimoramento, extinguindo-se as penas de galés, de banimento judicial e de morte. O *habeas corpus*, previsto no Código Criminal de 1830, foi trazido para o Texto Constitucional, sendo utilizado de forma genérica, inclusive para hipóteses não específicas de cerceamento da liberdade física.

Instituiu-se a rigidez constitucional como regra.

O Estado abandonou a religião oficial. Como consequência, retirou o controle dos cemitérios da Igreja, passando-o aos municípios. Houve certo exagero no repúdio aos valores religiosos, proibindo-se o ensino religioso em escolas públicas e retirando-se os efeitos civis do casamento religioso.

Em 1926, uma reforma constitucional tratou de centralizar o poder, alterou as hipóteses de intervenção federal, modificou o processo legislativo e criou a Justiça Federal.

A Constituição da República dos Estados Unidos do Brasil de 1934

Promulgada em 16 de julho de 1934, essa Carta inseriu a democracia social, cujo grande paradigma era a Constituição de Weimar.

Manteve os princípios fundamentais formais, a saber: a República, a Federação, a divisão de Poderes, o presidencialismo e o regime representativo.

Ampliou consideravelmente os poderes da União, e enumerou alguns dos Estados, conferindo-lhes poderes remanescentes.

Discriminou as rendas tributárias entre União, estados e municípios, outorgando a estes base econômica em que se assentasse a autonomia garantida.

Estendeu aos ministros de Estado responsabilidade pessoal e solidária com o presidente da República. Obrigava os ministros a comparecer ao Congresso para prestar esclarecimentos ou pleitear medidas legislativas.

Rompeu com o bicameralismo rígido, uma vez que atribuiu o Poder Legislativo à Câmara dos Deputados, transformando o Senado Federal em órgão de colaboração desta.

Criou a Justiça Eleitoral, como órgão do Poder Judiciário. Admitiu o voto feminino.

A Justiça Militar também foi integrada ao Poder Judiciário.

Seu traço característico, no entanto, reside na declaração de direitos e garantias individuais, pois, ao lado dos direitos clássicos, inscreveu um título sobre a ordem econômica e social, sobre a família, a educação e a cultura, e normas de caráter programático, sob a influência da Constituição de Weimar.

Garantiu o mandado de segurança e a ação popular.

Amenizou a reação antirreligiosa da Constituição de 1891, facultando o ensino religioso nas escolas públicas, e permitindo efeitos civis ao casamento religioso.

A Constituição dos Estados Unidos do Brasil de 1937

Outorgada por Getúlio Vargas, em 10 de novembro de 1937, após ter sido dissolvida a Câmara dos Deputados e o Senado Federal, bem como revogada a Constituição de 1934. A nova Lei Maior foi inspirada no modelo fascista e, consequentemente, apresentava traço fortemente autoritário.

Fortaleceu o Poder Executivo, permitindo, entre outras providências, uma efetiva participação no processo legislativo, e reduziu o papel do Parlamento e as autonomias Estaduais.

Formalmente havia três Poderes, mas o Legislativo e o Judiciário tiveram suas funções esvaziadas. O Poder Executivo, na pessoa do Chefe Supremo do Estado, concentrava a maior parte dos Poderes.

No Poder Legislativo, o Senado dá lugar ao Conselho Federal. O presidente da República podia pôr o Poder Legislativo em recesso, quando, então, assumia todas as funções legislativas.

O Poder Judiciário também sofreu grave golpe. Se o Supremo Tribunal Federal declarasse a inconstitucionalidade de uma norma, o Congresso Nacional poderia rejeitar a decisão.

Quando do estado de emergência, o Poder Judiciário não poderia apreciar atos governamentais.

A Constituição deixou de tratar do princípio da irretroatividade das leis e da reserva legal, e não mencionou o mandado de segurança e a ação popular.

Estabeleceu a pena de morte para os crimes políticos e para os homicídios cometidos por motivo fútil e com extremos de perversidade.

O direito de manifestação do pensamento foi restringido, mediante censura prévia da imprensa, do teatro, do cinema e da radiodifusão.

A Carta Constitucional de 1937 foi modificada pela Lei Constitucional n. 9/45, que fixou data de eleição para a Constituinte.

A Constituição da República dos Estados Unidos do Brasil de 1946

Promulgada em 18 de setembro de 1946, trabalhou em sua elaboração com as ideias de 1891 e 1934.

Repudiou o Estado Totalitário veiculado pela Constituição de 1937, trazendo um modelo equilibrado e consagrador de Estado Democrático.

Retomou as ideias de democracia social de 1934.

O País voltou ao regime democrático, com eleições diretas para presidente da República, para um mandato de cinco anos.

O vice-presidente da República acumulava sua função com a de presidente do Senado.

O Senado Federal retornou, dentro de um bicameralismo do tipo federativo.

Restabeleceram-se o mandado de segurança, a ação popular e o controle da constitucionalidade dos atos normativos.

Assegurou-se de forma incondicionada o acesso ao Poder Judiciário.

Os partidos políticos foram trazidos para o Texto Constitucional.

Não havia penas de morte, de caráter perpétuo, de banimento ou de confisco.

A Constituição de 1946 procurou equilibrar, na ordem econômica, o princípio da livre-iniciativa com o princípio da justiça social.

O direito de greve foi agregado ao Texto Constitucional.

Até 1961, a Constituição sofreu apenas três emendas. No entanto, a partir desse ano, as diversas crises na vida institucional do País passaram a se refletir no campo normativo por meio de emendas.

Em 2 de setembro de 1961, por meio da Emenda n. 4, instituiu-se o sistema parlamentar de governo, que por sua vez foi alterado pela Emenda n. 6/63.

A Constituição de 1967

A crise no quadro político-institucional fez com que as Forças Armadas tomassem o poder em 1964. A nova ordem revolucionária manteve a Constituição de 1946, por força do Ato Institucional n. 1, com alterações.

O governo revolucionário militar queria um novo Texto Constitucional. A teoria da segurança nacional dominou o documento de 1967.

O poder foi centralizado, com a redução das competências estaduais e municipais. O Poder Legislativo e o Judiciário também tiveram suas competências diminuídas.

Quanto aos direitos individuais, sofreram duro golpe, pois havia a possibilidade de suspensão dos direitos políticos de forma exagerada.

A ordem econômica recebeu tratamento mais liberal. No entanto, a propriedade podia ser perdida, para fins de reforma agrária, com pagamento da indenização em títulos da dívida pública.

O Poder Executivo legislava por decreto-lei.

Diante de manifestações populares e estudantis, o governo revolucionário editou o Ato Institucional n. 5, em 13 de dezembro de 1968, documento marcado por um autoritarismo incomum e de difícil compatibilização com a Carta de 1967.

O Presidente da República podia fechar o Congresso Nacional, as Assembleias Estaduais e as Câmaras de Vereadores. Nessa hipótese, o Poder Executivo exerceria as atividades do órgão fechado.

O AI-5 recorria a medidas drásticas, autorizando a suspensão de direitos políticos de qualquer pessoa por dez anos, cassando mandatos parlamentares, e suspendendo as garantias da magistratura e dos funcionários públicos, como a estabilidade, por exemplo.

Proibiu-se o *habeas corpus* em matéria de crimes políticos contra a segurança nacional.

O Poder Judiciário não podia apreciar atos com fundamento no AI-5.

A Emenda n. 1/69, é considerada por muitos doutrinadores uma nova Constituição. Alterou de tal forma o sistema, sem qualquer respeito aos limites fixados pela Carta Magna – que já vinha sendo alterada por atos institucionais, baixados pela Junta Militar –, que é entendida como ato do Poder Constituinte Originário.

Vejamos: permitiu a criação de Tribunais de Contas Municipais em municípios com mais de 2 milhões de habitantes e renda tributária acima de 500 mil cruzeiros. Trouxe nova modalidade de perda do mandato parlamentar: procedimento atentatório às instituições vigentes. A escolha dos senadores apresentou alteração. A rejeição do decreto-lei não implicaria nulidade dos atos praticados.

O mandato presidencial passou a ser de cinco anos, vedada a reeleição.

Havia contencioso administrativo, exigindo-se que houvesse esgotamento da via administrativa para o ingresso em juízo.

Em abril de 1977 ocorreu a dissolução do Congresso Nacional, editando o Presidente da República, Ernesto Geisel, catorze emendas e seis decretos. Era o chamado Pacote de Abril. Suas principais medidas eram: redução do *quorum* para emenda à Constituição, que de dois terços foi alterado para maioria absoluta de cada uma das duas Casas; nomeação de senadores, pelas Assembleias Legislativas; prorrogação do mandato presidencial para seis anos e alteração da proporcionalidade de deputados no Congresso.

Em junho de 1978, foram baixadas outras disposições, denominadas Pacote de Junho. Estas compreendiam a revogação do Ato Institucional n. 5, bem como a suspensão das medidas que cassaram direitos políticos com base nesse ato. Restabeleceu-se a impossibilidade de suspensão do Congresso Nacional pelo Poder Executivo.

O período de ditadura militar estava terminando. Em 1985, foi eleito para a Presidência da República, um civil, Tancredo Neves, que faleceu antes de assumir o cargo, assumindo seu vice, José Sarney, que, cumprindo compromisso de campanha, convocou uma Assembleia Nacional Constituinte. Em 1988, em 5 de outubro, foi promulgada a atual Constituição.

PARTE II
A Estrutura da Constituição e seu Preâmbulo

CAPÍTULO 1

A Estrutura da Constituição

A ORGANIZAÇÃO DA CONSTITUIÇÃO

A Constituição da República Federativa do Brasil foi promulgada em 5 de outubro de 1988.

Trouxe, em contraposição ao texto anterior, de inspiração centralizadora, instrumentos novos, ligados ao controle da omissão constitucional, da proteção das informações pessoais, dentre outras novidades no campo dos direitos individuais.

O controle da constitucionalidade foi alargado com o aumento dos legitimados.

O decreto-lei foi substituído pela medida provisória e banido o decurso de prazo.

O novo texto é dividido da seguinte forma: um preâmbulo, nove títulos e, ao final, o Ato das Disposições Constitucionais Transitórias.

O preâmbulo, embora não seja considerado uma norma constitucional, indica alguns compromissos e ideais da Constituição Federal.

Assim, a finalidade é instituir um Estado democrático, assentado nos seguintes valores:

a) direitos sociais e individuais;
b) liberdade;
c) segurança;
d) bem-estar;

e) desenvolvimento;
f) igualdade e justiça.

Coloca os bens acima como valores supremos da sociedade fraterna, pluralista e sem preconceitos.

Toda a sociedade deve ser fundada na harmonia social e comprometida, na ordem interna e internacional, com a solução pacífica das controvérsias.

A promulgação deu-se sob a proteção de Deus, o que não significa que o Estado brasileiro seja religioso.

Os títulos apresentam-se da seguinte forma:

Título I	Dos Princípios Fundamentais	Arts. 1º a 4º
Título II	Dos Direitos e Garantias Fundamentais	Arts. 5º a 17
Título III	Da Organização do Estado	Arts. 18 a 43
Título IV	Da Organização dos Poderes	Arts. 44 a 135
Título V	Da Defesa do Estado e das Instituições Democráticas	Arts. 136 a 144
Título VI	Da Tributação e do Orçamento	Arts. 145 a 169
Título VII	Da Ordem Econômica e Financeira	Arts. 170 a 192
Título VIII	Da Ordem Social	Arts. 193 a 232
Título IX	Das Disposições Constitucionais Gerais	Arts. 233 a 250

O Ato das Disposições Constitucionais Transitórias compreende os arts. 1º a 114.

PARTE III
Princípios Fundamentais do Estado Democrático de Direito

CAPÍTULO 1

Princípios Fundamentais

ESTADO DEMOCRÁTICO E SOCIAL DE DIREITO

O art. 1º da nossa Constituição Federal afirma que a República Federativa do Brasil constitui-se em Estado Democrático de Direito e, por conseguinte, que a soberania da Constituição e a prevalência da lei vêm acompanhadas do ditame de que "Todo poder emana do povo, que o exerce por meio de representantes eleitos ou diretamente, nos termos desta Constituição", aclamado expressamente pelo parágrafo único do cogitado art. 1º.

Uma análise sistemática do Texto Constitucional faz ver, no entanto, que um grande número de dispositivos constitucionais palmilhou claramente o caminho do chamado Estado de bem-estar social.

Segundo essa ótica, a Constituição identificou como objetivos fundamentais da República, dentre outros, a construção de uma sociedade justa, a erradicação da pobreza e a redução das desigualdades sociais. Tais objetivos foram incorporados, ainda uma vez, pelas regras constitucionais da economia (arts. 170 e s.), que, por disposição textual, ficou jungida à valorização social do trabalho e à realização da justiça social. Além disso, a educação e a saúde deixaram de ser tratadas como programas de caráter indicativo, para integrar o rol de direitos fundamentais do cidadão.

Note-se que os direitos fundamentais, modernamente, já não são enfocados de modo exclusivo como espécie de direitos subjetivos, mas também com uma dimensão institucional.

126 Curso de Direito Constitucional

Com efeito, na medida em que um Estado passa a reconhecer e proteger direitos fundamentais, tais direitos passam a demarcar o perfil desse Estado, prenunciando a sua forma de ser e agir e de como ele se relaciona com os indivíduos que, na sua dimensão subjetiva, o integram.

Assim, além de objetivos sociais claros, a Constituição empalmou com grande pujança amplo catálogo de direitos sociais, cujo reconhecimento e proteção concorrem para demarcar o Estado desejado pelo constituinte.

Como se vê, a busca do bem-estar social permeia toda a Constituição Federal de 1988, de tal modo que esse aspecto não pode ser desconsiderado na tarefa de delimitar o perfil constitucional do Estado brasileiro.

Calha transcrever, nesse ponto, a seguinte manifestação de Agustín Gordillo (1977, p. 74):

> A diferença básica entre a concepção clássica do liberalismo e a do Bem-Estar é que, enquanto naquela se trata tão somente de colocar barreiras ao Estado, esquecendo--se de fixar-lhe também obrigações positivas, aqui, sem deixar de manter as barreiras, se lhe agregam finalidades e tarefas às quais antes não se sentia obrigado. A identidade básica entre Estado de Direito e Estado de Bem-Estar, por sua vez, reside em que o segundo toma e mantém do primeiro o respeito aos direitos individuais e é sobre esta base que constrói seus próprios princípios.

Destarte, parece inquestionável que a Constituição do Brasil institui um Estado Democrático Social de Direito.

Compartilhando desse ponto de vista, a lição de Carlos Ari Sundfeld (1992, p. 56-7), que agrega a identificação dos elementos conceituais do Estado Democrático Social de Direito:

a) criado e regulado por uma Constituição;
b) os agentes públicos fundamentais são eleitos e renovados periodicamente pelo povo e respondem pelo cumprimento de seus deveres;
c) o poder político é exercido, em parte diretamente pelo povo, em parte por órgãos estatais independentes e harmônicos, que controlam uns aos outros;
d) a lei produzida pelo Legislativo é necessariamente observada pelos demais Poderes;
e) os cidadãos, sendo titulares de direitos, inclusive políticos e sociais, podem opô-los ao próprio Estado;

f) o Estado tem o dever de atuar positivamente para gerar desenvolvimento e justiça social.

FUNDAMENTOS DO ESTADO BRASILEIRO

O art. 1º da Constituição Federal, ao lado de anunciar que estamos diante de um regime republicano do tipo federalista, enumerou os chamados fundamentos do Estado brasileiro, a saber:

- a soberania;
- a cidadania;
- a dignidade da pessoa humana;
- os valores sociais do trabalho e da livre-iniciativa;
- o pluralismo político.

A soberania, pedra de toque de toda a organização nacional, indica, de um lado, a supremacia do Estado brasileiro em relação a toda a ordem interna e, de outro lado, a sua independência no plano internacional, indicando-se, desse modo, sua não subordinação a países ou organismos estrangeiros.

A expressão *cidadania*, aqui indicada como fundamento da República, parece não se resumir à posse de direitos políticos, mas, em acepção diversa, parece galgar significado mais abrangente, nucleado na ideia, expressa por Hannah Arendt, do direito a ter direitos. Segue-se, nesse passo, que a ideia de cidadania vem intimamente entrelaçada com a de dignidade da pessoa humana.

Com efeito, a própria Declaração Universal dos Direitos do Homem indica que "todos os seres humanos nascem livres e iguais em dignidade e direito".

Nesse sentido, como leciona Laércio Dias de Moura (2002, p. 78-9), a noção de dignidade humana está atrelada à concepção de que

> cada ser humano tem, pois, um lugar na sociedade humana. Um lugar que lhe é garantido pelo direito, que é a força organizadora da sociedade. Como sujeito de direitos ele não pode ser excluído da sociedade e como sujeito de obrigações ele não pode prescindir de sua pertinência à sociedade, na qual é chamado a exercer um papel positivo.

A valorização social do trabalho e a livre-iniciativa, indicados igualmente como fundamentos de nossa ordem econômica pelo art. 170, indicam que não só o Brasil adota o sistema capitalista, calcado na liberdade de empreendimento, como que um dos papéis de regulação do sistema econômico atribuído ao Estado é o de valorizar o trabalho, promovendo, portanto, a sua proteção, quer em relação ao empregador, quer em relação a vicissitudes econômico-sociais.

O pluralismo político, finalmente, coloca, ainda uma vez, os valores democráticos como apanágio de nossa estrutura estatal. Assim, a pluralidade de ideologias e de partidos indica a solidificação de instituições, como a opinião pública livre e outras fundamentais à preservação da democracia.

O PRINCÍPIO REPUBLICANO

A adoção da República traduz, mais do que uma forma de governo, um princípio constitucional a conformar todo o nosso ordenamento jurídico.

Como ensina Geraldo Ataliba (1998, p. 65), "a simples menção ao termo *república* já evoca um universo de conceitos intimamente relacionados entre si, sugerindo a noção do princípio jurídico que a expressão quer designar".

Dessa forma, o princípio republicano é um dado essencial de nossa Constituição Federal, pontuando não só a forma de governo, como também a própria organização do Estado e o relacionamento deste com os cidadãos.

Bem por isso, com base nas lições do saudoso Geraldo Ataliba, o princípio republicano não constitui uma mera projeção programática, mas um princípio amplamente retratado ao longo do Texto Constitucional, cuja densificação pode ser apurada, ao menos, nos seguintes comandos:

- tripartição de funções;
- mandatos políticos e sua periodicidade;
- eletividade;
- alternância de poder;
- responsabilidade dos agentes públicos;
- *impeachment* do Presidente da República e demais autoridades apontadas no art. 52, incisos I e II;
- prestação de contas;
- publicidade dos atos e transparência administrativa;
- mecanismos fiscalizatórios, tais como a ação popular e a ação civil pública;
- proteção aos direitos fundamentais;
- proibição de regulamentos autônomos e submissão dos agentes públicos ao princípio da legalidade;

- proibição de "criar distinções entre brasileiros ou preferências entre si" (art. 19, III, da CF);
- previsibilidade dos atos estatais;
- legalidade da despesa e disponibilidade dos bens públicos condicionada à autorização legislativa específica.

O PRINCÍPIO DA SEPARAÇÃO DE PODERES

Dispõe o art. 2º da Constituição Federal que "são Poderes da União, independentes e harmônicos entre si, o Legislativo, o Executivo e o Judiciário".

A independência e a harmonia entre os Poderes do Estado indicam, como princípio, que cada um deles projeta uma esfera própria de atuação, cuja demarcação tem por fonte a própria norma constitucional.

Ademais, a Constituição apresenta outros desdobramentos que inquestionavelmente se apresentam como reflexos do princípio em pauta. Dentre eles, podemos citar as imunidades parlamentares, que, entre outras finalidades, asseguram a função fiscalizatória do Poder Legislativo.

No mesmo caminho, as prerrogativas funcionais dos membros do Poder Judiciário e do Ministério Público, como a vitaliciedade e a irredutibilidade de remuneração, ou mesmo a autonomia financeira dessas instituições, que objetivam imunizar seus integrantes de injunções externas incompatíveis com o exercício independente das respectivas funções, bem como a prerrogativa do Poder Legislativo de sustar os atos normativos do Poder Executivo que exorbitem do poder regulamentar ou dos limites de delegação legislativa (art. 49, V, da CF).

OS OBJETIVOS FUNDAMENTAIS DA REPÚBLICA

O art. 3º da Constituição Federal arrola os assim chamados objetivos fundamentais da República Federativa do Brasil, cujo propósito é o de aparelhar ideologicamente o Texto Constitucional, revelando que todo o conjunto ordenamental que irá se levantar nos dispositivos subsequentes se prende à realização de alguns objetivos básicos, que nada mais realizam do que a tradução da noção de justiça social.

Os objetivos fundamentais são:

- construir uma sociedade livre, justa e solidária (I);
- garantir o desenvolvimento nacional (II);

- erradicar a pobreza e a marginalização e reduzir as desigualdades sociais e regionais (III);
- promover o bem de todos, sem preconceitos de origem, raça, sexo, cor, idade e quaisquer outras formas de discriminação (IV).

AS RELAÇÕES INTERNACIONAIS

O art. 4º da Constituição Federal preocupou-se fundamentalmente com a definição dos princípios que devem orientar o Estado brasileiro nas suas relações internacionais.

Nesse ponto, cumpre sublinhar que o relacionamento do Estado brasileiro com países estrangeiros ou organismos internacionais constitui-se de atos identificadores da soberania do País no plano internacional.

Bem por isso, tal tarefa foi outorgada ao Chefe de Estado/Governo brasileiro, conforme o disposto no art. 84, incisos VII e VIII, da Constituição Federal.

O art. 84, inciso VIII, prescreve tratar-se de competência privativa do Presidente da República "celebrar tratados, convenções e atos internacionais, sujeitos a referendo do Congresso Nacional".

O art. 49, inciso I, por sua vez, tratando da competência do Congresso Nacional – no caso, exercida sem a sanção do Presidente da República –, indica que tais tratados, convenções e atos se submetem à prévia aprovação do Poder Legislativo.

Conclui-se, portanto, que a Constituição exigiu para a celebração de um tratado internacional[1] o concurso de vontades dos Poderes Executivo e Legislativo. Nesse sentido, todo tratado internacional deve ser previamente aprovado pelo Congresso Nacional, por um decreto legislativo.

Tal decreto legislativo, aprovando o tratado, não vincula o Presidente da República, que, em nome da soberania nacional, deve, segundo um critério discricionário, ratificar, ou não, o tratado.

A ratificação não é um ato de direito interno, mas internacional, na medida em que sedimenta a adesão do País ao tratado ratificado.

Após a ratificação, o tratado internacional deve ser promulgado por intermédio de um decreto (forma de ato administrativo) do Presidente da República.

---

[1] As expressões "convenções internacionais", "acordos internacionais" etc. são sinônimas de *tratados internacionais*.

Assim, no que tange ao direito interno, o tratado deve ser aprovado por decreto legislativo (Congresso Nacional, conforme art. 49, I) e promulgado por decreto (Presidente da República, conforme art. 84, VIII) (DALLARI, 2000; REZEK, 2002).

Os princípios regentes das relações internacionais

O art. 4º da Constituição Federal relaciona quais princípios devem orientar o Estado brasileiro nas suas relações internacionais, a saber:

I – independência nacional;
II – prevalência dos direitos humanos;
III – autodeterminação dos povos;
IV – não intervenção;
V – igualdade entre os Estados;
VI – defesa da paz;
VII – solução pacífica dos conflitos;
VIII – repúdio ao terrorismo e ao racismo;
IX – cooperação entre os povos para o progresso da humanidade;
X – concessão de asilo político.

Por fim, no parágrafo único do art. 4º, determina-se que o Estado brasileiro "buscará a integração econômica, política, social e cultural dos povos da América Latina, visando à formação de uma comunidade latino-americana de nações".

PARTE IV
Direitos e Garantias Fundamentais

CAPÍTULO 1

Direitos e Deveres Individuais e Coletivos

CONCEITOS BÁSICOS[1]

Opção terminológica

No curso das divagações propostas sobre a natureza, o conceito e as características dessa categoria jurídica a que denominamos Direitos Fundamentais, uma questão se antepõe: o porquê da opção terminológica por essa expressão, em detrimento de outras, que igualmente povoam a literatura jurídica, por exemplo, Liberdades Públicas, Direitos do Homem, Direitos Humanos ou Direitos Públicos Subjetivos (CANOTILHO, 1992, p. 529; SILVA, 1989, p. 176).

Antes de mais, cumpre estabelecer que qualquer opção terminológica deve guardar o objetivo de melhor refletir a relação de correspondência sígnica entre a expressão eleita e a realidade que por ela se pretende traduzir.

Fincado nesse pressuposto, deve-se ter em mente que essa opção só pode ser adequadamente realizada ante a delimitação do conjunto normativo que se pretende por ela exteriorizado.

A primeira dificuldade a ser enfrentada diz respeito exatamente à ampliação evolutiva dos direitos fundamentais. É que, se nos primórdios do período republicano, em que as preocupações com os direitos inerentes ao ser humano irromperam-se com maior pujança, essa categoria jurídica abarcava exclusivamente os chamados direitos individuais ou civis, marcados pela preocupação

---

[1] Cf. Serrano Nunes (2001).

de limitar a atividade estatal, criando, por assim dizer, direitos de resistência do indivíduo perante possíveis arbitrariedades do Poder Público, o fato é que o evolver das relações econômico-sociais trouxe ao cenário jurídico preocupações humanas redimensionadas, forjando um novo patamar de alforria do indivíduo, em que direitos sociais, culturais e econômicos, caracterizados não mais por uma ausência, mas pela presença do Estado em atividades prestacionais, acumularam-se aos já existentes direitos individuais ou civis. Posteriormente, um novo estágio de preocupações, derivado de aspectos como a evolução tecnológica, o subdesenvolvimento econômico e os conflitos internacionais, fez agregar aos direitos já reconhecidos outros de nova geração, denominados direitos de fraternidade ou de solidariedade.

Diante da delimitação da realidade jurídica que se pretende exprimir, cabe agora cotejá-la a cada uma das expressões assinaladas, exatamente para que se possa justificar a opção empreendida pela expressão *direitos fundamentais* como a que melhor reflete o significado indicado anteriormente.

A expressão *liberdades públicas* parece-nos restrita, pois que a noção de liberdade bem traduz a essência dos chamados direitos individuais, que, em última análise, bosquejam a preservação da liberdade do indivíduo ante atos de possível prepotência do Poder Público. Entretanto, ficam fora de sua abrangência os direitos a atividades prestacionais do Estado, ou ainda os direitos de solidariedade ou de fraternidade.

A denominação Direitos do Homem ou Direitos Humanos acumularam, ao longo da história, um significado próprio e distinto do que se pretende apontar. A locução indica predicados inerentes à natureza humana e, enquanto tais, independentes de um sistema jurídico específico, mas de uma dimensão ingênita e universalista.

Para o propósito de aplainar conceitos, convém transcrever a lição de J. J. Gomes Canotilho (1992, p. 529), assim escrita:

> As expressões "direitos do homem" e "direitos fundamentais" são frequentemente utilizadas como sinónimas. Segundo a sua origem e significado poderíamos distingui-las da seguinte maneira: *direitos do homem* são direitos válidos para todos os povos e em todos os tempos (dimensão jurisnaturalista-universalista); direitos fundamentais são os direitos do homem, jurídico-institucionalmente garantidos e limitados espácio-temporalmente. Os direitos do homem arrancariam da própria natureza humana e daí o seu carácter inviolável, intemporal e universal; os direitos fundamentais seriam os direitos objectivamente vigentes numa ordem jurídica concreta.

Já a expressão *direitos públicos subjetivos*, embora indique que sejam direitos intrínsecos ao indivíduo, limita sua abrangência às relações estabelecidas entre este e o Poder Público, deixando de agregar em seu significado os deveres coletivos ou propósito de limitação do poder econômico, encontradiços no conjunto normativo indigitado.

Logo, repete-se, o termo *direitos fundamentais* afigura-se como o único apto a exprimir a realidade jurídica precitada, pois que, cogitando-se de direitos, alude-se a posições subjetivas do indivíduo, reconhecidas em determinado sistema jurídico e, desta feita, passíveis de reivindicação judicial. O adjetivo "fundamentais" traduz, por outro ponto, a inerência desses direitos à condição humana, exteriorizando, por conseguinte, o acúmulo evolutivo dos níveis de alforria do ser humano.

Não é ocioso registrar, à guisa de arremate, que o termo também se mostra conveniente por razões de ordem prática: foi o adotado pelo nosso direito constitucional positivo.

Direitos e garantias

A Constituição fez uso das duas expressões. Referiu-se tanto a *direitos* como a *garantias fundamentais*. Embora árdua a tarefa, pois não são nítidas as diferenças entre os direitos e as garantias fundamentais, mesmo porque, em última instância, estas são direitos e estes são garantias constitucionais (DÓRIA, 1958, p. 57), consegue-se diferenciar uns dos outros.

Rui Barbosa (1978; *apud* SILVA, 1989, p. 183) foi um dos primeiros a abordar a questão. Disse que da leitura do Texto Constitucional poder-se-iam separar as disposições declaratórias, que estariam a imprimir existência legal aos direitos reconhecidos, das disposições assecuratórias, que atuariam na proteção desses direitos fundamentais, limitando o poder.

Enquanto os direitos teriam por nota de destaque o caráter declaratório ou enunciativo, as garantias estariam marcadas pelo seu caráter instrumental, vale dizer, seriam os meios voltados para a obtenção ou reparação dos direitos violados.

Não se devem confundir, no entanto, garantias fundamentais com remédios constitucionais. Não existe sinonímia entre as expressões. O que existe entre elas é uma relação de continência, pois as garantias abrangem não só os remédios constitucionais (*habeas corpus*, p. ex.) como as demais disposições assecuratórias da nossa lei fundamental.

Não raro, aliás, num mesmo dispositivo podem coexistir direitos e garantias fundamentais. Tomemos como exemplo o inciso X do art. 5º da Constituição: "X – São invioláveis a intimidade, a vida privada, a honra e a imagem das pessoas, *assegurado o direito a indenização pelo dano material ou moral decorrente de sua violação*" [grifo meu].

A primeira parte do dispositivo veicula os direitos fundamentais da intimidade, da privacidade, da honra e da imagem. A segunda parte, grifada, tem indiscutível caráter assecuratório, prescrevendo que, na hipótese de violação daqueles direitos, o indivíduo tem a garantia da reparação indenizatória.

José Afonso da Silva (1989, p. 184) faz advertência no sentido de que sejam evitados os equívocos de uma leitura apressada do Texto Constitucional. É que muitas vezes o constituinte, ao dispor sobre direitos, valeu-se da forma redacional própria para enunciar garantias, por exemplo, no inciso XXII do art. 5º, em que se lê: "É *garantido* o direito de propriedade".

Logo, para diferenciar *direitos* de *garantias*, a interpretação do Texto Constitucional deve ter em foco o conteúdo jurídico da norma, se declaratório ou assecuratório, e não a forma redacional empregada.

Direitos fundamentais: conceito e classificações[2]

Os direitos fundamentais constituem uma categoria jurídica, constitucionalmente erigida e vocacionada à proteção da dignidade humana em todas as dimensões. Dessarte, possuem natureza poliédrica, prestando-se ao resguardo do ser humano na sua liberdade (direitos e garantias individuais), nas suas necessidades (direitos econômicos, sociais e culturais) e na sua preservação (direitos à fraternidade e à solidariedade) (ARAUJO & SERRANO NUNES, 1998, p. 71-2).

Note-se, nesse aspecto, que os direitos fundamentais passam a assumir também uma dimensão institucional, na medida em que pontuam a forma de ser e atuar do Estado que os reconhece. Como cogitar de um Estado Democrático Social de Direito, se liberdades públicas e direitos sociais não são reconhecidos e protegidos. Assim sendo, porém, o Estado que os proclama e protege assume uma formatação específica, ditada pela pauta de direitos fundamentais que encampa.

Deste teor a lição de Antonio E. Perez Luño (1988, p. 25):

---

[2] A propósito, ver Serrano Nunes (2009).

En el horizonte del constitucionalismo actual los derechos fundamentales desempeñan, portanto, una doble función: en el plano subjetivo siguen actuando como garantías de la libertad individual, si bien a este papel clásico se aúna ahora la defensa de los aspectos sociales y coletivos de la subjetividad, mientras que en el objetivo han asumido una dimensión institucional a partir de la cual debe funcionalizarse para la consecución de los fines y valores constitucionalmente proclamados.

Nesse conceito, todavia, deve-se repisar a questão do precitado caráter polifacético dos direitos fundamentais.

Com efeito, essa natureza poliédrica, voltada à proteção da dignidade humana em suas diversas dimensões, rende homenagens a um quadro histórico, pautado por uma evolução do ordenamento jurídico, que, antepondo-se a agressões variadas à dignidade do ser humano (escravidão, tortura, imposições religiosas, miséria etc.), foi respondendo com a criação de novas instâncias de alforria do cidadão, com novos círculos de proteção, que, a toda evidência, em uma relação de interação e de tensão dialética, vieram a ressignificar o próprio quadro das relações econômicas e sociais.

Em outras palavras, esses níveis de proteção do indivíduo constituem produto de conquistas humanitárias que, passo a passo, foram sendo reconhecidas pelos ordenamentos jurídicos dos diversos países.

Essa dimensão autogenerativa dos direitos fundamentais impregna, sem dúvida alguma, o seu conteúdo. Eles não surgem das elucubrações dos legisladores, mas por estes são reconhecidos e constitucionalizados.

Elucidando a questão, J. J. Gomes Canotilho (1992, p. 508) versa o tema:

> [...] a positivação constitucional não significa que os direitos fundamentais deixem de ser elementos constitutivos da legitimidade autogenerativa (cfr., supra, Parte I, Cap. 4º), e, por conseguinte, elementos legitimativo-fundantes da própria ordem jurídico-constitucional positiva.

Diante desse panorama, afigura-se-nos que os direitos fundamentais podem ser estudados sob enfoques diversos, de que resultam variadas classificações.

Com efeito, quando observados sob o ângulo dos valores que protegem, forja-se uma classificação conteudística, em que os diversos direitos fundamentais serão alojados em categorias taxinômicas segundo a objetividade jurídica, do ponto de vista do valor maior protegido, que os peculiariza. Contemplados sob o vértice da positivação constitucional, pode-se empreender uma classificação que tome como base o enfoque jurídico positivo. Por fim, posto que fruto de um processo evolutivo cumulativo, segundo o qual foram forjadas gerações de direitos fundamentais, poder-se-ia prefigurar uma terceira classificação, que viesse a retratar esse processo.

Vejamos cada uma dessas classificações mencionadas.

O enfoque conteudístico

Sob o enfoque do conteúdo, os direitos fundamentais podem ser classificados segundo os valores específicos que estão destinados a proteger. Como já afirmado, existe um valor genérico que permeia a noção de direitos fundamentais, qual seja a proteção da dignidade humana em todas as suas dimensões. Essa proteção, exatamente por abordar as diversas dimensões ou faces da dignidade humana, pode ser segmentada segundo os valores específicos que venha a contemplar. Importante notar que essas faces, embora distintas entre si, permanecem entroncadas diante da finalidade comum que as une.

O enfoque conteudístico classifica aludidos direitos em três subcategorias, segundo a natureza dos valores protegidos por cada uma delas. Vejamos:

a) *Direitos fundamentais protetivos da liberdade*, também denominados direitos de resistência, são constituídos das chamadas cláusulas limitativas do Estado, voltadas a fixar os limites da atuação estatal diante das liberdades do indivíduo.[3]

b) *Direitos protetivos do indivíduo diante das necessidades materiais*, que são aqueles predispostos a medidas compensatórias das desigualdades sociais, objetivando, em última análise, propiciar vida digna a todos. Carlos Weis (1998, p. 304), discorrendo sobre o "Pacto Internacional dos Direitos Econômicos, Sociais e Culturais", teceu a seguinte preleção:

São direitos econômicos aqueles relacionados à produção, distribuição e consumo da riqueza, visando especialmente a disciplinar as relações trabalhistas, como os que preveem a liberdade de escolha do trabalho (art. 6º), condições justas e favoráveis, com uma especial atenção que atenda às necessidades básicas do trabalhador e sua família, sem distinção entre homens e mulheres quanto às condições e remuneração do trabalho, higiene e segurança, lazer e descanso e promoção por critério de tempo,

---

[3] Tremps (1994, p. 131) afirma: "*Los derechos de libertad se caracterizan porque su definición supone una delimitación negativa del ámbito de actuación del individuo; ello significa que, en cuanto limite, lo que impone básicamente es una actitud de abstención por parte, en especial, del poder público*".

trabalho e capacidade (art. 7º), fundar ou se associar a sindicato (que é, na verdade, um direito civil) e fazer greve (art. 8º), segurança social (art. 9º), proteção da família, das mães e das gestantes, vedação de mão de obra infantil e restrição do trabalho de crianças e adolescentes (art. 10).

Já os direitos sociais e culturais dizem respeito ao estabelecimento de um padrão de vida adequado, incluindo a instrução e a participação na vida cultural da comunidade, como preveem os artigos 11 a 15, destacando-se a proteção contra a fome, o direito à alimentação, vestimenta, moradia, educação, participação na vida cultural e desfrutar do progresso científico, etc.

Como observa o citado autor, os direitos sociais, econômicos e culturais têm dupla eficácia. De um lado, produzem subjetivamente os direitos por eles especificamente designados. Por outro lado, "são condição de verificação efetiva dos direitos civis e políticos".

c) *Direitos protetivos da preservação do ser humano*, também denominados direitos de solidariedade, voltados à preservação da espécie humana. Diz-se, no ponto, do direito à paz, do direito ao desenvolvimento dos países subdesenvolvidos, à comunicação social etc.

O enfoque jurídico positivo

A Constituição de 1988 empalmou em seu Título II o tema "Dos Direitos e Garantias Fundamentais", indicando expressamente o rol de institutos jurídicos que integram, no plano do direito positivo, essa categoria.

Importante verificar que o Texto Constitucional, ao disciplinar os direitos fundamentais, não abraçou corte metodológico específico, abrangendo, por vezes, num mesmo capítulo, direitos de natureza diferente.

Pode-se dizer, desse modo, que o enfoque do nosso direito constitucional positivo é peculiar, daí a especificação a seguir:

a) *direitos individuais*, assim entendidos como as cláusulas constitucionais destinadas à limitação do Estado. Sua finalidade é atribuir ao indivíduo direitos de liberdade, fruíveis e reivindicáveis individualmente;

b) *direitos coletivos*, entendidos como os transindividuais e indivisíveis de que são titulares pessoas indeterminadas ligadas por circunstâncias de fato (difusos) ou grupo, categoria ou classe de pessoas ligadas entre si ou com a parte contrária por uma relação jurídica base (coletivo em sentido estrito), ou ainda os provenientes de origem comum (individuais homogêneos, tidos como formalmente coletivos) (SERRANO NUNES & SERRANO, 2011). Pode-se entender que a expressão *direitos coletivos* alude ainda aos chamados direitos de exercício coletivo, a saber: os direitos de associação e reunião;

c) *direitos sociais*, que, a teor do que dispõe o art. 6º da Constituição Federal, são: "a educação, a saúde, o trabalho, a moradia, o lazer, a segurança, a previdência social, a proteção à maternidade e à infância, a assistência aos desamparados";

d) *direitos de nacionalidade*, entendidos como os derivados do vínculo jurídico-político, que relaciona um indivíduo a um país. Neste capítulo, regra-se a aquisição da nacionalidade primária e da secundária, as hipóteses de perda da nacionalidade etc.;

e) *direitos políticos*, que substanciam as normas reguladoras da intervenção popular no governo, envolvendo institutos como o direito de sufrágio, as inelegibilidades, os sistemas eleitorais e as hipóteses de perda e suspensão dos direitos políticos;

f) *partidos políticos*, cujas regras constitucionais de existência e funcionamento mereceram regulação destacada, onde são regrados aspectos como a liberdade de criação, fusão, incorporação e extinção de partidos políticos.

O enfoque evolutivo cumulativo

Os direitos fundamentais, como já enfatizado, constituíram um processo expansivo de acumulação de níveis de proteção de esferas da dignidade da pessoa humana.

Às preocupações com a tutela das liberdades sucederam-se institutos tutelares das necessidades materiais e, posteriormente, tutelares da preservação do gênero humano.

Quem melhor retratou esse processo foi o eminente constitucionalista Paulo Bonavides (1994, p. 516-7), que assim escreveu:

> Em rigor, o lema revolucionário do século XVIII, esculpido pelo gênio político francês, exprimiu em três princípios cardeais todo o conteúdo possível dos direitos fundamentais, profetizando até mesmo a sequência histórica de sua gradativa institucionalização: liberdade, igualdade e fraternidade.
>
> Com efeito, descoberta a forma da generalização e universalidade, restava doravante seguir os caminhos que consentissem inserir na ordem jurídica positiva de cada

ordenamento político os direitos e conteúdos materiais referentes àqueles postulados. Os direitos fundamentais passaram na ordem institucional a manifestar-se em três gerações sucessivas, que traduzem sem dúvida um processo cumulativo e qualitativo, o qual, segundo tudo faz prever, tem por bússola uma nova universalidade: a universalidade material e concreta, em substituição da universalidade abstrata e, de certo modo, metafísica daqueles direitos, contida no jusnaturalismo do século XVIII.

Por esse enfoque, os direitos fundamentais são classificados em gerações, que decalcam a existência de um processo evolutivo-cumulativo desses direitos. Diz-se da existência de uma evolução cumulativa porque o processo de positivação jurídica dos direitos fundamentais é denotado por um aumento progressivo de aspectos da dignidade humana que passaram a ser objeto de proteção. Logo, além da verificação da evolução do ordenamento jurídico, constatou-se um processo de acúmulo, visto que às antigas formas de proteção somaram-se outras positivadas sucessivamente ao longo dessa evolução. Existem três gerações[4] de direitos fundamentais, a saber:

a) Direitos fundamentais de primeira geração

Foi o primeiro patamar de alforria do ser humano reconhecido por uma Constituição. São direitos que surgiram com a ideia de Estado de Direito, submisso a uma Constituição. Longe da hegemonia de um soberano, cuja vontade era a lei, concebeu-se um Estado em que as funções do poder fossem atribuídas a órgãos distintos, impedindo a concentração de poderes e o arbítrio de uma ou de um grupo de pessoas. Congenitamente ao constitucionalismo, ao Estado de Direito, surgem esses direitos fundamentais de primeira geração, também denominados direitos civis, ou individuais, e políticos. São os direitos de defesa do indivíduo perante o Estado. Sua preocupação é a de definir uma área de domínio do Poder Público, simultaneamente a outra de domínio individual, na qual estaria forjado um território absolutamente inóspito a qualquer inserção estatal. Em regra, são integrados pelos direitos civis e políticos, dos quais são exemplo o direito à vida, à intimidade, à inviolabilidade de domicílio etc. Trata-se de direitos que representavam uma ideologia de afastamento do Estado das relações individuais e sociais. O Estado deveria ser apenas o guardião das liberdades, permanecendo longe de qualquer interferência no relacionamento social. São as chamadas "liberdades públicas negativas" ou "direitos negativos",

---

[4] Alguns autores preferem a expressão *dimensões*, em vez de *gerações*.

pois exigem do Estado um comportamento de abstenção. A Declaração dos Direitos do Homem e do Cidadão, de 1789, apresenta exemplos caricatos, como o direito de propriedade, sem qualquer limitação (ainda não havia a concepção do cumprimento da função social da propriedade).

b) Direitos fundamentais de segunda geração

Traduzem uma etapa de evolução na proteção da dignidade humana. Sua essência é a preocupação com as necessidades do ser humano. Se os direitos fundamentais de primeira geração tinham como preocupação a liberdade contra o arbítrio estatal, os de segunda geração partem de um patamar mais evoluído: o homem, liberto do jugo do Poder Público, reclama agora uma nova forma de proteção da sua dignidade, como seja, a satisfação das necessidades mínimas para que se tenha dignidade e sentido na vida humana. A posição inicial (Estado apenas como policial das liberdades negativas) recebe novo enfoque. Essa nova forma de alforria coloca o Estado em uma posição diametralmente oposta àquela em que foi posicionado com relação aos direitos fundamentais de primeira geração. Se o objetivo dos direitos aqui estudados é o de dotar o ser humano das condições materiais minimamente necessárias ao exercício de uma vida digna, o Estado, em vez de abster-se, deve se fazer presente, mediante prestações que venham a imunizar o ser humano de injunções dessas necessidades mínimas que possam tolher a dignidade de sua vida. Por isso, os direitos fundamentais de segunda geração são aqueles que exigem uma atividade prestacional do Estado, no sentido de buscar a superação das carências individuais e sociais. Por isso, em contraposição aos direitos fundamentais de primeira geração – chamados direitos negativos –, os direitos fundamentais de segunda geração costumam ser denominados direitos positivos, pois, como se disse, reclamam não a abstenção, mas a presença do Estado em ações voltadas à minoração dos problemas sociais. Também são chamados "direitos de crença", pois trazem a esperança de uma participação ativa do Estado. Constituem os direitos fundamentais de segunda geração os direitos sociais, os econômicos e os culturais, quer em sua perspectiva individual, quer em sua perspectiva coletiva.

c) Direitos fundamentais de terceira geração

Depois de preocupações em torno da liberdade e das necessidades humanas, surge uma nova convergência de direitos, volvida à essência do ser humano, sua razão de existir, ao destino da humanidade, pensando o ser humano enquanto gênero e não adstrito ao indivíduo ou mesmo a uma coletividade determinada.

A essência desses direitos encontra-se em sentimentos como a solidariedade e a fraternidade, constituindo mais uma conquista da humanidade no sentido de ampliar os horizontes de proteção e emancipação dos cidadãos.

Enfoca-se o ser humano relacional, em conjunção com o próximo, sem fronteiras físicas ou econômicas. O direito à paz no mundo, ao desenvolvimento econômico dos países, à preservação do ambiente, do patrimônio comum da humanidade e à comunicação integra o rol desses novos direitos (BONAVIDES, 1994, p. 523). Se a tecnologia e as novas formas de relacionamento social e econômico criaram outras formas de submissão do ser humano, cabe ao direito constituir meios para sua alforria.

Em síntese, podemos dizer que os direitos fundamentais estão articulados esquematicamente da seguinte forma:

Direitos Fundamentais[5] $\begin{cases} \text{1ª Geração (direitos individuais e políticos)} \\ \text{2ª Geração (direitos sociais, econômicos e} \\ \text{culturais)} \\ \text{3ª Geração (direito à paz, ao desenvolvimento} \\ \text{econômico, à comunicação etc.)} \end{cases}$

Importante salientar, a pretexto de remate, que alguns autores, como Paulo Bonavides, cogitam de uma quarta geração, traduzida em direitos à democracia, à informação e ao pluralismo (BONAVIDES, 1994, p. 525).

Características intrínsecas dos direitos fundamentais

Os direitos fundamentais constituem uma categoria[6] jurídica, ou seja, a denominação de um direito como fundamental traz consigo um rol de características que, ao mesmo tempo em que forjam um traço unificador desses direitos, fazem com que eles sejam reconhecíveis enquanto tais pela presença desses aspectos.

É imperiosa, dessarte, a enumeração dessas características, mesmo porque a partir delas torna-se possível a identificação de direitos fundamentais dispersos

---

[5] Estudando melhor o tema, passamos a entender equivocada a inserção dos direitos difusos ou coletivos em uma dessas categorias. É que a adjetivação de um direito como difuso ou coletivo só pode existir dentro de uma classificação que tome como pressuposto não a evolução, mas sim a forma de tutela jurisdicional, se individual ou metaindividual. Nesse caso, se difusa, coletiva ou individual homogênea.

[6] "[...] cada uma das classes em que se dividem as ideias ou termos. Cada uma das formas por que se deve apresentar as ideias; juízos" (Caldas Aulete, *Dicionário contemporâneo da língua portuguesa*).

146 Curso de Direito Constitucional

no Texto Constitucional, vale dizer, toda vez que um direito, ainda que alojado fora do Título II da Constituição Federal, reunir essas características será considerado fundamental e, desta feita, submisso ao mesmo regime jurídico. As características de um direito fundamental são as seguintes:

a) *Historicidade* – não existe consenso doutrinário em relação ao momento histórico em que as primeiras elucubrações em torno do tema passaram a ocupar as preocupações do Estado e da sociedade.

É certo, no entanto, que com o advento do Cristianismo, que preconizava o homem à imagem e à semelhança de Deus, consolidou-se definitivamente a ideia de que, semelhante ao Criador, o ser humano, por si, era dignitário de direitos mínimos, naturais, que lhe preservassem a essência humana, a autodeterminação etc.[7]

Após um período de "dormência" no decorrer da Idade Média, a questão dos direitos fundamentais voltou a ser suscitada, em escala crescente, por meio das declarações de direitos.

A primeira declaração foi a Magna Carta de 1215. Sucederam-se diversas outras, entre elas o *Bill of Rights*, as declarações de direitos norte-americanas, de 1776, dos Estados da Virgínia e da Pensilvânia.

Entretanto, a de maior pujança histórica foi a Declaração de Direitos do Homem e do Cidadão, de 1789, da França, a qual com maior fidedignidade, versou sobre o humanitarismo universalista que inspirava esse florescer dos Direitos Humanos.

Analisando o tema, elucida Paulo Bonavides (1994, p. 516):

Constatou-se então com irrecusável veracidade que as declarações antecedentes de ingleses e americanos podiam talvez ganhar em concretude, mas perdiam em espaço de abrangência, porquanto se dirigiam a uma camada social privilegiada (os barões feudais), quando muito a um povo ou a uma sociedade que se libertava politicamente, conforme era o caso das antigas colônias americanas, ao passo que a Declaração francesa de 1789 tinha por destinatário o gênero humano.

Em um processo que não teve propriamente um epílogo, pois ainda hoje diversas manifestações, mais ou menos genéricas, se sucedem, houve, como

---

[7] Embora o pensamento sofístico, durante a Antiguidade Clássica, tenha elaborado divagações ao derredor do princípio da igualdade, pode-se dizer que o pensamento dominante não colocava no seu rol de preocupações, o humanitarismo.

marco destacado, a Declaração Universal dos Direitos Humanos de 10 de dezembro de 1948, protagonizada pela ONU, na qual praticamente foi sacramentalizada a ideia de reconhecimento universal dos Direitos Humanos.

O que deve ser pinçado dessa explanação é que, ao longo desse processo, esses direitos humanos declarados universal e internacionalmente foram sendo objeto do chamado fenômeno da constitucionalização, ou seja, de declarações universais, passaram a integrar concretamente os ordenamentos jurídicos dos países, transformaram-se em normas jurídicas, geradoras de direitos subjetivos aos indivíduos e penetrando, até mesmo com maior rigor protetivo, as Constituições de diversos Estados.

Paolo Biscaretti de Ruffia (1984, p. 519), ferindo o tema, define historicamente esse fenômeno, indicando a Constituição belga de 1831 (Título II, arts. 4-24) como a que, em primeiro lugar, incorporou os enunciados das *Declarações de Direitos* como *Direitos Fundamentais* aportados em sua Constituição, auspiciando todas as Constituições liberais dos decênios seguintes.

O quadro desenhado revela, desta feita, o pronunciado caráter histórico que marca os direitos fundamentais, que, por outras palavras, "não surgiram do nada", mas foram resultado de um processo de conquistas de alforrias humanitárias, em que a proteção da dignidade humana prosseguia ganhando, a cada momento, tintas mais fortes.

b) *Autogeneratividade dos direitos fundamentais* – os direitos fundamentais estão incluídos entre os elementos fundantes das Constituições dos países. Em outras palavras, as Constituições, de um lado, instituem os direitos fundamentais, mas, por outro lado, elas só existem porque destinadas a incorporar esses direitos fundamentais, juntamente com os chamados elementos constitutivos do Estado (população, território, governo e finalidade).

Desse conteúdo, a lição de Pablo Lucas Murillo (1990, p. 17), professor da Universidade de Córdoba:

> *[...] no hay duda de que constituyen el núcleo del ordenamiento constitucional y, por tanto, del ordenamiento jurídico. El Estado como organización política jurídicamente organizada tiene su razón de ser en la realización de los derechos fundamentales.*

Destrinçando essa relação entre a razão, a Constituição e os direitos fundamentais, preleciona Carl Schmitt (1992, p. 169):

Por tener un concepto utilizable por la Ciencia es preciso dejar afirmado que en el Estado burgués de Derecho son derechos fundamentales sólo aquellos que pueden valer como anteriores e superiores al Estado, aquellos que el Estado, no es que otorgue con arreglo a sus leyes, sino que reconoce y protege como dados antes que él. [...]

Bem por isso, diz-se que os direitos fundamentais são autogenerativos, ou seja, a sua institucionalização em uma ordem jurídica determinada não desqualifica o momento anterior, de sua "jusnaturalização", ou os aspectos relacionados com a sua natureza de valores forjados a partir de conceitos como dignidade humana, igualdade, liberdade, fraternidade etc.

Tal entendimento, aliás, bem se expressa no ensinamento de J. J. Gomes Canotilho (1992, p. 508), para quem:

[...] a positivação constitucional não significa que os direitos fundamentais deixem de ser elementos constitutivos da legitimidade autogenerativa (cfr., supra, Parte I, Cap. 4º), e, por conseguinte, elementos legitimativo-fundantes da própria ordem jurídico-constitucional positiva.

Em arremate, lapida o ilustre constitucionalista português (1992, p. 508): "[...] a positivação jurídico-constitucional não 'dissolve' nem 'consome' quer o momento de 'jusnaturalização' quer as raízes fundantes dos direitos fundamentais".

c) *Universalidade* – os direitos fundamentais são universais, ou seja, sua razão de existir faz com que sejam destinados ao ser humano enquanto gênero. Dessarte, é incompatível com a natureza dos direitos fundamentais sua restrição a um grupo, categoria, classe ou estamento de pessoas.

É que o irromper das preocupações humanitárias despertou preocupações específicas com a dignidade humana em toda sua extensão. Afirmar os direitos fundamentais, portanto, é sublimar o valor do ser humano enquanto tal, independentemente de qualquer outra configuração, de caráter social, econômico, racial, de origem etc.

Em suma, os direitos fundamentais partem de um pressuposto humanitário que, conforme advertência de Carl Schmitt, é anterior e superior ao próprio Estado.

Logo, o conceito de ser humano que se resgata nos direitos fundamentais é o de *ser humano* na e por natureza. De fato, seu traço unificador é a condição humana por si. Daí a sua universalidade ingênita.

d) *Limitabilidade dos direitos fundamentais* – os direitos fundamentais, aliás em comunhão com os demais direitos, não são absolutos, mas limitáveis. Isso significa que, por vezes, o comando de sua aplicação concreta não pode resultar na aplicação da norma jurídica em toda sua extensão e alcance.

Esse empecilho para aplicação do comando oriundo de uma norma jurídica não é preestabelecido, ou, melhor esclarecendo, ditado no plano normativo, mas verificável em concreto diante do fenômeno denominado *colisão de direitos*.

Não se cogita aqui, com efeito, do conflito entre normas, pois que este não evidencia propriamente a característica da limitabilidade dos direitos fundamentais, mas sim o perfil de cada um dos direitos abrigados pelas normas conflitantes.

Desse modo, o citado fenômeno da colisão de direitos alude às circunstâncias concretas, aos conflitos fenomênicos, em que, por exemplo, dois indivíduos, titulares de direitos distintos, verificam o confronto entre suas posições subjetivas.

Vislumbre-se a hipótese de membros de um sindicato que estejam exercitando o direito fundamental de reunião, de forma itinerante (passeata), em uma congestionada via pública, por onde outros indivíduos pretendem exercer o também direito fundamental de locomoção (circulação sobre vias públicas).

Nesse caso, todos os envolvidos, sob a tutela constitucional, estão a exercer direitos fundamentais, os quais, no entanto, distintos entre si, passam, em determinado momento, a se antagonizar.

É essa colisão de posições subjetivas, todas igualmente amparadas pela Constituição, que dita a limitabilidade dos direitos fundamentais.

Merece transcrição, no ponto, a seguinte manifestação de Edilsom Pereira de Farias (1996, p. 93):

> Os direitos fundamentais são direitos heterogêneos, como evidencia a tipologia evidenciada. Por outro lado, o conteúdo dos direitos fundamentais é, muitas vezes, aberto e variável, apenas revelado no caso concreto e nas relações de direitos entre si ou nas relações destes com outros valores constitucionais (ou seja, posições jurídicas subjetivas fundamentais *prima facie*). Resulta, então, que é frequente, na prática, o choque de direitos fundamentais ou choque destes com outros bens jurídicos protegidos constitucionalmente. Tal fenômeno é o que a doutrina tecnicamente designa de direitos fundamentais.

A colisão dos direitos fundamentais pode suceder de duas maneiras: (1) o exercício de um direito fundamental colide com o exercício de outro direito fundamental (colisão entre os próprios direitos fundamentais); (2) o exercício de um direito fundamental colide com a necessidade de preservação de um bem coletivo ou do Estado protegido constitucionalmente (colisão entre direitos fundamentais e outros valores constitucionais).

Não fosse o raciocínio juridicamente mais acertado, o intérprete teria de chegar à conclusão de que o caráter absoluto de um dos direitos envolvidos aniquilaria o outro, negando vigência e eficácia a um dispositivo igualmente constitucional.

Tratando-se de um fenômeno verificável pelo antagonismo concreto de dois direitos, de titulares distintos, que circunstancialmente vieram a se chocar, é evidente que as situações de colisão permanecem ao desabrigo de anterior previsão constitucional regulamentar, de tal modo que solução do impasse só pode ser alvitrada no caso concreto.

Em outras palavras, essas chamadas "colisões" (CANOTILHO & MOREIRA, 1991, p. 135) de direitos são representadas por situações em que o concreto exercício de um direito fundamental implica a invasão da esfera de proteção de outro direito fundamental.

Nesse sentido, a proficiente explanação de José Carlos Vieira de Andrade (1987, p. 213): "Não o são na sua dimensão subjetiva, pois que os preceitos constitucionais não remetem para o arbítrio do titular a determinação do âmbito e do grau de satisfação do respectivo interesse".

Desse modo, caracterizada a colisão, cumpre ao exegeta conciliar os valores em confronto. Segundo esse raciocínio, a interpretação não poderá negar vigência e aplicabilidade a nenhum dos direitos em colisão, pois que sempre haverá uma esfera mínima para seu exercício legítimo.

Ademais, o sacrifício de parcela do significado semântico de um direito fundamental só pode ter a sua razão de ser depositada na necessidade de preservação de outro direito ou valor constitucional, de conformidade, aliás, com os ensinamentos do precitado mestre português.

Deste teor a preleção de Canotilho e Vital Moreira (1991, p. 223):

> No fundo, a problemática da restrição dos direitos fundamentais supõe sempre um conflito positivo de normas constitucionais, a saber, entre uma norma consagradora de certo direito fundamental e outra norma consagradora de outro direito ou de diferente

interesse constitucional. A regra de solução do conflito é da máxima observância dos direitos fundamentais envolvidos e da sua mínima restrição compatível com a salvaguarda adequada de outro direito fundamental ou outro interesse constitucional em causa. Por conseguinte, a restrição de direitos fundamentais implica necessariamente em uma relação de conciliação com outros direitos ou interesses constitucionais e exige necessariamente uma tarefa de ponderação ou de concordância prática dos direitos ou interesses em conflito. Não se pode falar em restrição de um determinado direito fundamental em abstrato, fora da sua relação com um concreto direito fundamental ou interesse fundamental diverso.

Como já afirmamos (NUNES, 2011), do exposto resultam duas conclusões: 1ª) os direitos fundamentais, porquanto desvestidos desse caráter absoluto, são limitáveis; 2ª) a limitabilidade não deve ser definida no plano normativo, mas no plano fenomênico, diante da colisão de dois direitos concretamente exercidos.

e) *Irrenunciabilidade* – os direitos fundamentais, visto que intrínsecos ao ser humano, são irrenunciáveis. Com efeito, as características já traçadas dos direitos fundamentais enunciam sua inerência ao ser humano. Esta condição, por si, torna-o dignitário de direitos fundamentais.

Assim sendo, afirma-se, por outro modo, que todos os indivíduos são dotados de um patamar mínimo de proteção, congênito à sua condição humana.

Logo, a esse patamar mínimo de proteção nem o próprio indivíduo pode renunciar, visto que a aderência desses direitos à condição humana faz com que a renúncia a eles traduza, em última análise, a renúncia da própria condição humana, que, por natureza, é irrealizável.

f) *Concorrência de direitos fundamentais* – tal caraterística revela que os direitos fundamentais são acumuláveis pelo indivíduo.

Essa afirmação tem lugar diante do fato de que uma única conduta pode encontrar proteção simultânea em duas ou mais normas constitucionais que abriguem direitos fundamentais.

É o que se vislumbra na conduta de quem, através de um meio de comunicação de massa, transmite uma notícia e, a seguir, exprime seu juízo de valor sobre ela.

O agente dessa conduta exerceu, a uma só vez, três direitos: o de comunicação, pelo uso do meio de comunicação de massa; o de informação, pela transmissão da notícia; e o de opinião, pela crítica esgrimida, prefigurando-se, desse modo, a citada concorrência de direitos fundamentais.

Deste teor o ensinamento de Canotilho e de Vital Moreira (1991, p. 138):

> Quer dizer: num mesmo titular podem acumular-se ou cruzar-se diversos direitos. Assim, por exemplo, o direito de expressão e informação (artigo 37º) está "acumulado" com a liberdade de imprensa (artigo 38º), com o direito de antena (artigo 40º), com o direito de reunião e manifestação (artigo 45º).

Segue-se, do exposto, que, verificada a concorrência de direitos fundamentais, o indivíduo terá em sua proteção a eficácia normativa de mais de um direito fundamental, sem que um necessariamente prevaleça sobre o outro.

Características extrínsecas dos direitos fundamentais

Os direitos fundamentais possuem, como acima demonstrado, características intrínsecas, por meio das quais se procede à identificação de um direito como fundamental.

Todavia, o Texto Constitucional também confere aos direitos fundamentais um regime jurídico peculiar de proteção, que distingue cada um deles, agora por aspectos extrínsecos, dos demais direitos fundamentais.

Esse regime poderia ser assim resumido:

I – rigidez constitucional, visto que suas normas, clausuladas na Constituição Federal, submetem-se a um processo mais gravoso de modificação, além de inocularem no sistema um dever de compatibilidade vertical de todas as normas infraconstitucionais;

II – direitos e garantias individuais clausulados em normas pétreas,[8] conforme o disposto no art. 60, § 4º, IV, da Constituição Federal, o que torna essa espécie de direitos fundamentais impermeável mesmo a eventuais reformas da Constituição;

III – indicação de aplicabilidade imediata de seus preceitos, consoante o disposto no art. 5º, § 1º, da Constituição Federal.

---

[8] Segundo o Professor Michel Temer (1989, p. 38): "São explícitas as que impedem a alteração da Federação; o voto direto, secreto, universal e periódico; a separação dos Poderes; *os direitos e garantias individuais*. Não se permite nem mesmo deliberação sobre proposta de emenda tendente a aboli-las".

Direitos fundamentais dispersos na Constituição

Ao apontarmos as características acima, constatamos que os direitos fundamentais não são só aqueles enumerados pelo Título II da nossa Constituição, mas todos os que contenham as características apontadas, integrando, ou não, a parte reservada aos direitos fundamentais no Texto Constitucional. O direito à saúde é exemplo típico. Trata-se de direito fundamental, que está explicitamente reconhecido no Título II da Constituição Federal, em seu art. 6º, como direito social. A interpretação sistemática, por seu lado, faz com que os direitos se espalhem pelo texto, de forma que o assegurado genericamente no art. 6º seja detalhado nos arts. 196 e 197. Um exemplo dessa situação é o direito à anterioridade tributária, que, apesar de constar do art. 150, III, *b*, na parte relativa às limitações do poder de tributar, por preencher todas as características acima enumeradas, tem natureza de direito fundamental, como, aliás, já declarou o Supremo Tribunal Federal, em julgamento de ação direta de inconstitucionalidade da Emenda Constitucional n. 3 (ADI n. 939). Na verdade, o Supremo consagrou o direito de propriedade, como garantido no art. 5º, XXII. Tratou, no entanto, de reconhecer que a norma transbordou os limites físicos do art. 5º, XXII, para espraiar-se no art. 150 da Lei Maior. O Supremo Tribunal Federal, ao julgar a Medida Cautelar em Ação Direta de Inconstitucionalidade n. 1.946, tendo como relator o Min. Sydney Sanches, entendeu que o art. 14 da Emenda Constitucional n. 20, que fixava os limites dos benefícios previdenciários, não se aplicava à licença-maternidade, prevista no art. 7º, XVIII, da Constituição Federal, por decorrência do princípio da igualdade, já que, se tal verba fosse imputada ao empregador, haveria ferimento do princípio da igualdade, previsto no art. 5º, I, e repetido, especificamente, no art. 7º, XXX. O princípio da igualdade, portanto, foi utilizado para entender que o benefício não poderia ser retirado do empregador, o que criaria desigualdade na contratação.[9]

Vale notar que a importância de qualificar direitos constitucionais como fundamentais reside no regime jurídico de proteção especial que a Constituição lhes outorgou (cf. NUNES, 2011; MIRANDA, 1983).

Destinatários dos direitos fundamentais

O art. 5º, *caput*, da Constituição da República garante expressamente aos brasileiros e estrangeiros residentes no País o exercício de todos os direitos e

---

[9]Decisão no *Boletim Informativo STF*, n. 147.

garantias fundamentais. Da redação desse dispositivo é que nasce a dúvida de quem são os destinatários da proteção constitucional: só os brasileiros e estrangeiros residentes ou todos os indivíduos (estrangeiros não residentes, apátridas etc.)? Os direitos fundamentais têm um forte sentido de proteção do ser humano, e mesmo o próprio *caput* do art. 5º faz advertência de que essa proteção realiza-se "sem distinção de qualquer natureza". Logo, a interpretação sistemática e finalística do Texto Constitucional não deixa dúvidas de que os direitos fundamentais destinam-se a todos os indivíduos, independentemente de sua nacionalidade ou situação no Brasil. Assim, um turista (estrangeiro não residente) que seja vítima de uma arbitrariedade policial, por evidente, poderá utilizar-se do *habeas corpus* para proteger o seu direito de locomoção.[10]

As garantias institucionais

Um conceito importante, que surgiu com maior pujança na segunda metade do século passado, é o de garantias institucionais. Em suma, enxerga-se na comunidade um conjunto de instituições tidas como fundamentais à vida em sociedade, as quais, portanto, reclamam uma proteção específica da Constituição e da ordem jurídica, como um todo. Calha transcrever, nesse sentido, a lição de Paulo Bonavides (1994, p. 492), para quem:

> A garantia institucional não pode deixar de ser a proteção que a Constituição confere a algumas instituições, cuja importância reconhece fundamental para a sociedade, bem como a certos direitos fundamentais providos de um componente institucional que os peculiariza.

Veja-se que o conceito exposto não faz das garantias institucionais antagonistas dos direitos fundamentais. Antes, entende-se que por meio delas é possível alcançar proteção mais adequada, e institucionalizada, dos direitos fundamentais.

Dentre outras instituições garantidas, podemos citar a opinião pública livre, a família, e a independência da Magistratura e do Ministério Público.

---

[10] Ficam excluídos os direitos que exigem traço característico próprio, como o de propor ação popular, já que deferido apenas a cidadão, portanto, brasileiro.

Eficácia horizontal dos direitos fundamentais

A eficácia horizontal dos direitos fundamentais diz respeito à aplicação dos direitos fundamentais no âmbito das relações entre particulares. A denominação, na verdade, diferencia a aplicação dos direitos fundamentais nas relações privadas da chamada eficácia vertical, vale dizer, que impõe o respeito e aplicação dos direitos fundamentais pelo Estado.

Assumindo a dignidade humana como objeto e razão de ser, os direitos fundamentais não podem ter a sua aplicação restrita a relações entre o Estado e os indivíduos, mas deve pontuar também as relações entre os particulares. É o que ocorre, por exemplo, quando se protege *ex vi constitutiones* a privacidade do empregado nas relações de trabalho. Discute-se se a aplicação dos direitos fundamentais nas relações privadas seria automática ou estaria a depender da mediação de leis, vale dizer, de "pontos de infiltração" no sistema (SILVA, 2011).

A nosso juízo, o comando de aplicação imediata contido no § 1º do art. 5º da Constituição da República aponta na direção de que, sempre que possível, os direitos fundamentais devem ser pronta e imediatamente aplicados.

Todavia, há disposições, como a contida no inciso XXXII, do citado art. 5º (o Estado promoverá, na forma da lei, a defesa do consumidor), em que a própria redação do dispositivo indica a necessidade de mediação legislativa, fazendo com que excepcionalmente haja a necessidade de uma lei mediadora.

Importante notar que o Brasil já cuidou de incorporar o primeiro instrumento internacional com *status* de emenda constitucional, a Convenção da ONU sobre os Direitos das Pessoas com Deficiência. Tal incorporação se deu pelo Decreto Legislativo n. 186/2008 e pelo Decreto de Promulgação n. 6.949/2009. E a Convenção já produz efeitos concretos, porque traz conceitos que já podem e devem ser aplicados, por exemplo, o conceito de pessoa com deficiência, em seu artigo primeiro:

> Pessoas com deficiência são aquelas que têm impedimentos de longo prazo de natureza física, mental, intelectual ou sensorial, os quais, em interação com diversas barreiras, podem obstruir sua participação plena e efetiva na sociedade em igualdades de condições com as demais pessoas.

Tal conceito, inovador, deixa para trás o conceito médico que antes estava em vigência. Portanto, a aplicação pura e simples de fatores médicos para definição do conceito deve ser afastada, especialmente diante do viés ambiental trazido pela norma. E, como tem *status* de emenda, revogou, de imediato, toda a legislação anterior contrária a ela. Vigente o novo conceito, há que adaptar a legislação ordinária ao modelo.

Portanto, a incorporação de documentos internacionais, na forma do parágrafo terceiro, não é apenas uma mera simbologia de reconhecimento dos direitos. Produzem efeitos concretos e devem, desde logo, na medida de sua eficácia, serem aplicados sem qualquer delonga. As definições, por exemplo, constantes do artigo segundo da referida Convenção, são aplicáveis e revogam eventual outro conceito normativo anterior. É a aplicação concreta e imediata de efeitos diante da normatividade especial desse instrumento. A própria terminologia, "pessoas com deficiência", adotada internacionalmente e constante da Convenção, já altera a Constituição Federal, que, à época de sua elaboração, teria utilizado "pessoa portadora de deficiência", termo que hoje estaria superado. Assim, diante da modificação pelo texto que tem *status* de emenda, entendemos que o correto seria fazer constar dos textos constitucionais a nova expressão. Se tem *status* de emenda, teria modificado a expressão anterior.

Divisão dos direitos e garantias fundamentais no Texto Constitucional

Os direitos e garantias fundamentais elencados no Título II da Constituição Federal apresentam a seguinte divisão: Capítulo I (Dos Direitos e Deveres Individuais e Coletivos); Capítulo II (Dos Direitos Sociais); Capítulo III (Da Nacionalidade); Capítulo IV (Dos Direitos Políticos) e Capítulo V (Dos Partidos Políticos).

Assim, pode-se afirmar que a expressão *direitos e garantias fundamentais* é gênero de que, dentre outras, os capítulos anunciados são as espécies. Como já vimos, há algumas não elencadas de forma expressa no Título II, que funcionam como desdobramentos de regras genéricas previstas pelo constituinte. São transbordamentos físicos dos comandos fixados naquele título.

Direitos fundamentais e tratados internacionais: noções introdutórias

Um tema sempre palpitante na doutrina constitucional diz respeito ao *status* com que os tratados internacionais de direitos humanos são recepcionados na nossa ordem jurídica. Cabe salientar, nesse sentido, que, até o advento da Emenda Constitucional n. 45, o único dispositivo que abordava expressamente o tema era o § 2º, do art. 5º, de nossa Constituição, que prescreve que "os direitos e garantias expressos nesta Constituição não excluem outros decorrentes do regime e dos princípios por ela adotados, ou dos tratados internacionais em que a República Federativa do Brasil seja parte".

A dicção do dispositivo indicava que os direitos aportados em tratados internacionais dos quais o Brasil fosse parte deveriam ser recepcionados com *status* de norma constitucional. Todavia, o Supremo Tribunal Federal acabou trilhando caminho diverso, segundo o qual tais tratados não deveriam granjear tratamento diferente dos demais, de tal modo a reputar que permaneciam com natureza infraconstitucional, desfrutando, singelamente, do *status* próprio da espécie normativa por meio da qual eram invariavelmente internalizados, o decreto legislativo, que por sua vez compartilha o mesmo nível hierárquico das leis ordinárias.

A Emenda Constitucional n. 45, entretanto, fez inserir na Constituição o § 3º, do mesmo art. 5º, com a previsão de que "os tratados e convenções internacionais sobre direitos humanos que forem aprovadas, em cada Casa do Congresso Nacional, em dois turnos, por três quintos dos votos dos respectivos membros, serão equivalentes às emendas constitucionais".

Ao mesmo tempo, o Supremo Tribunal Federal passou a sufragar a tese de que os tratados internacionais subscritos pelo Brasil desfrutariam de caráter supralegal, situando-se, portanto, acima da legislação ordinária, embora sob a Constituição.

Como bem demarcado pelo Ministro Ayres Britto,

o caráter especial desses diplomas internacionais sobre direitos humanos lhes reserva lugar específico no ordenamento jurídico, estando abaixo da Constituição, porém acima da legislação interna. O *status* normativo supralegal dos tratados internacionais de direitos humanos subscritos pelo Brasil torna inaplicável a legislação infraconstitucional com ele conflitante, seja ela anterior ou posterior ao ato de adesão.

A tese, no entanto, não nos seduz. Parece-nos que o raciocínio inicialmente trilhado ainda esteja inçado de acertos, pois a Emenda Constitucional n. 45 teve o claro objetivo de aumentar a proteção dos direitos humanos na ordem interna. Logo, não faria sentido a exegese do novel § 3º que concluísse por uma involução nesse tema.

Assim sendo, quer nos parecer, em análise sistemática do Texto Constitucional, que atualmente existe uma cláusula de abertura material, a contida no § 2º, apontando que os direitos humanos reconhecidos por tratados internacionais, aprovados sem o *quorum* especial do § 3º, devem desfrutar do *status* de norma constitucional, desde que tenham, efetivamente, "substância de direitos humanos", vale dizer, prestem-se à proteção da dignidade humana. Paralelamente, existe uma cláusula de abertura formal, a adotada pelo § 3º, que preconiza a possibilidade de o Congresso Nacional atribuir ao decreto legislativo de incorporação de um tratado de direitos humanos, um processo legislativo praticamente igual ao de uma emenda constitucional, caso em que passaria a deste *status* desfrutar.

A violação a direitos humanos e o incidente de deslocamento de foro

Uma das grandes inovações produzidas pela Emenda Constitucional n. 45, a assim chamada Reforma do Poder Judiciário, é o incidente de deslocamento de foro, regulado pelo art. 109, § 5º, da Constituição, que tem a seguinte redação:

> § 5º Nas hipóteses de grave violação de direitos humanos, o Procurador-Geral da República, com a finalidade de assegurar o cumprimento de obrigações decorrentes de tratados internacionais de direitos humanos dos quais o Brasil seja parte, poderá suscitar, perante o Superior Tribunal de Justiça, em qualquer fase do inquérito ou processo, incidente de deslocamento de competência para a Justiça Federal.

O dispositivo alude à grave violação dos direitos humanos, que, nesse ponto, devem ser interpretados ampliativamente, ou seja, por todo e qualquer direito previsto nos tratados e convenções internacionais que tratam do tema, incluídas questões atinentes aos direitos econômicos e sociais, à infância e juventude e ao meio ambiente.

A nosso aviso, contudo, a norma nasceu para aplicação excepcional, em que é clara e indiscutível a incúria dos órgãos estaduais.

Com efeito, a intervenção de uma esfera da Federação em outra, ainda que em nível Judiciário, não pode estar desapegada dos princípios enclausurados nos arts. 34 e seguintes da Constituição, que demarcam textualmente o caráter excepcional dessa espécie de medida.

OS DIREITOS INDIVIDUAIS E COLETIVOS

Ao anunciar na cabeça do art. 5º a garantia dos direitos individuais e coletivos, o constituinte tratou de esclarecer que ficariam protegidas a vida, a liberdade, a igualdade, a segurança e a propriedade, nos termos lá especificados nos seus incisos.

Dessa forma, reconhece-se a garantia da igualdade de imediato: "Todos são iguais perante a lei [...]".

Vamos, portanto, iniciar a apresentação dos direitos fundamentais com o direito à igualdade (isonomia).

Princípio da isonomia

A expressão "isonomia" vem do grego *iso* (igual) mais *nomos* (lei), pretendendo expressar a ideia de igualdade de todos perante a lei. O princípio, embora referido desde 500 a.c., por Clístenes, pai da Democracia grega, ganhou pujança a partir da noção de Estado de Direito, de certo modo cognata à Revolução Francesa. Rompendo com as monarquias absolutistas e adotando a República como forma de governo, os então novéis Estados republicanos preconizavam o fim dos privilégios nobiliárquicos e da vocação hereditária do poder. Tinham, assim, o princípio da isonomia como pedra angular.

A propósito, confira-se o teor dos arts. 1º e 6º da Declaração de Direitos do Homem e do Cidadão:

> Art. 1º Os homens nascem e são livres e iguais em direitos. As destinações sociais só podem fundamentar-se na utilidade comum.
>
> [...]
>
> Art. 6º A lei é a expressão da vontade geral. Todos os cidadãos têm o direito de concorrer, pessoalmente ou através de mandatários, para a sua formação. Ela deve ser a mesma para todos, seja para proteger, seja para punir. Todos os cidadãos são iguais a seus olhos e igualmente admissíveis a todas as dignidades, lugares e empregos públicos, segundo a sua capacidade e sem outra distinção que não seja a das suas virtudes e dos seus talentos.

A cláusula da igualdade (*equal protection*) constou também da XIV Emenda à Constituição dos EUA, revelando, ainda uma vez, que o postulado da igualdade granjeou reconhecimento mundial enquanto direito inerente à ideia de liberdade, além de derivar diretamente da noção de dignidade humana.

Com efeito, na formulação de Kant, dignidade pode ser apontada como o predicado que faz do ser humano o único ser dotado de valor não relativo. Em outras palavras, o ser humano deve ser enfocado como um fim em si, não podendo ter o seu valor mitigado diante de nenhuma outra circunstância, bem ou valor. Logo, todos os seres humanos são iguais em dignidade.

Nessa perspectiva, parece claro que o postulado da dignidade implica o da igualdade. A propósito, a lição de Canotilho e Vital Moreira (1984, p. 126):

A base do princípio da igualdade é a igual dignidade social de todos os cidadãos (n. 1) – que, aliás, não é mais do que um corolário da igual dignidade humana de todas as pessoas (cfr. Art. 1º) –, cujo sentido imediato consiste na proclamação da idêntica "validade cívica" de todos os cidadãos, independentemente de sua inserção económica, social, cultural e política, proibindo desde logo formas de tratamento ou de consideração social discriminatórias. O princípio da igualdade é, assim não apenas um princípio de disciplina das relações entre o cidadão e o Estado (ou equiparadas) mas também uma regra de estatuto social dos cidadãos, um princípio de conformação social e de qualificação da posição de cada cidadão na coletividade.

O princípio da igualdade, assim, não pode ser reduzido a um comando destinado ao aplicador da lei. Antes, tem por direcionamento o Estado e a sociedade. Tem em mira o Estado representado por suas várias funções e órgãos (Executivo, Legislativo, Judiciário, Ministério Público etc.) e os indivíduos que, nas relações privadas, não podem adotar condutas incompatíveis com o princípio examinado.

O Legislativo deve abrigar o princípio na elaboração das leis, vez que seria inconcebível que a própria lei contivesse disposições que se chocassem com a cláusula igualitária. Neste ponto, o que não raro se percebe é a existência de leis que, concedendo direitos ou vantagens, deixam de acolher em seus ditames um conjunto de pessoas que se encontra em situação idêntica. Entendemos que uma interpretação conforme a Constituição, ajustando o comando legal ao princípio da isonomia, indicaria a necessidade de extensão dos benefícios àqueles que escapuliram da previsão legal. Não é permitido ao legislador criar distinções sem razões lógicas que as justifiquem.

O Executivo, a quem incumbe aplicar a lei de ofício, deve assegurar que todos tenham o mesmo tratamento perante a lei. A Administração Pública não pode criar distinções ou impor discriminações na relação com os administrados. Vislumbrando uma lei que invista um agente público de discricionariedade, esta, por evidente, não pode ser exercida de modo a impor critérios diferentes para situações iguais. Em última análise, aplica-se à espécie o comando do art. 19, III, de nossa Constituição, que proíbe a União, os estados, o Distrito Federal e os municípios de "criar distinções entre brasileiros ou preferências entre si".

O Judiciário encontra-se sob o manto do princípio da igualdade na sua relação com os jurisdicionados, quer assegurando isonomia às partes, quer viabilizando o acesso de todos à jurisdição, quer ainda aplicando igualitariamente a lei aos casos controvertidos.

Entre particulares, o princípio da isonomia irradia imediatamente efeitos em vários sentidos: igualdade entre o homem e a mulher, inclusive na sociedade conjugal (art. 226, § 5º, da Constituição); nas relações de trabalho; proibindo e, por vezes, criminalizando discriminações; protegendo vulneráveis (relações de consumo etc.).

Assim, o que desde logo se pode perceber é que a antiga e conhecida máxima aristotélica, segundo a qual deve haver tratamento *igual aos iguais e desigual aos desiguais, na medida dessa desigualdade*, apesar de correta, não concretiza explicação adequada quanto ao sentido e ao alcance do princípio da isonomia, porque a grande dificuldade reside exatamente em determinar, em cada caso concreto, quem são os iguais, quem são os desiguais e qual a medida dessa desigualdade.

Nesse sentido, seguindo as indicações fornecidas pelo primoroso trabalho de Celso Antônio Bandeira de Mello (2017), vejamos, resumidamente, quais os passos que devem ser seguidos para que se possa, em situações concretas, verificar a implementação, ou não, do princípio em causa.

Em primeiro lugar, deve-se ter presente que a função da lei consiste exatamente em discriminar situações, pois só dessa forma procedendo é que pode vir a regulamentá-las. Assim, quando estabelece a maioridade civil aos dezoito, discrimina os menores, sem, no entanto, incorrer em qualquer inconstitucionalidade.

A constatação da existência de discriminações, por conseguinte, não é suficiente para a definição de respeito ou de ofensa ao princípio da isonomia, pois, como se viu, em determinadas situações a discriminação empreendida, longe de contraditar, realiza o preceito constitucional em estudo. Deve-se, então, em um segundo momento, pesquisar-se a existência de nexo de pertinência lógica entre o fator de discriminação e a diferença de regime jurídico com base nele estabelecida.

Finalmente, há de se constatar que a existência desse nexo de pertinência lógica foi verificada segundo valores abrigados pela própria Constituição.

O princípio da isonomia ver-se-á implementado, então, quando reconhecidos e harmonizados os seguintes elementos:

a) fator adotado como critério discriminatório;
b) correlação lógica entre o fator discriminatório e o tratamento jurídico atribuído em face da desigualdade apontada;

162 Curso de Direito Constitucional

c) afinidade entre a correlação apontada no item anterior e os valores protegidos pelo nosso ordenamento constitucional.

Dessa maneira, nenhum elemento, em si, poderá ser tido como válido ou inválido para a verificação da isonomia.

A exigência de altura mínima de 1,5 m para inscrição em concurso de advogado da Prefeitura, por exemplo, é claramente inconstitucional, pois o fator discriminatório adotado em nada se ajusta ao tratamento jurídico atribuído em face da desigualdade entre os que têm altura maior ou menor. O mesmo critério, contudo, é absolutamente afinado com a isonomia se adotado em concurso para ingresso na carreira policial. Aqui, o porte físico é essencial ao bom desempenho das funções. Logo, não implica qualquer inconstitucionalidade.

A propósito, o Supremo Tribunal Federal, em julgamento de recurso extraordinário, entendeu que a exigência de altura mínima de 1,60 m para o concurso de agente policial, no Estado do Mato Grosso, era inteiramente constitucional, visto que pertinente o requisito de certa compleição física. A mesma Corte, apreciando exigência similar para o concurso de escrivão de polícia do mesmo estado, concluiu pela inconstitucionalidade do requisito em face do caráter burocrático da função a ser desempenhada.

Há diversos dispositivos constitucionais que, de uma forma ou de outra, dão corpo ao princípio da igualdade na Constituição.

A propósito de exemplo: no campo das relações internacionais (art. 4º, V), quando garante a igualdade dos Estados; no plano das relações de trabalho (art. 7º, XXX, XXXI, XXXII e XXXIV), quando veda a discriminação de contratação, de salário ou mesmo do tipo de trabalhador; na esfera da organização política (art. 19, III), proibindo a criação de distinção entre brasileiros; no campo da Administração Pública (art. 37, I), garantindo a igualdade de acesso aos cargos públicos; na órbita da sociedade conjugal, quando assegura a igualdade entre homens e mulheres (art. 226, § 5º) etc.

Nesse sentido, veja-se que o Supremo Tribunal Federal, julgando a Ação Direta de Inconstitucionalidade n. 1.072, assinalou:

> Ementa: Direito constitucional e administrativo. Concurso público. Princípio da isonomia. Provas de capacitação física e investigação social.
>
> Ação direta de inconstitucionalidade o art. 1º da Lei n. 1.629, de 23.3.1990, do Estado do Rio de Janeiro, na parte em que, dando nova redação ao art. 10 da Lei n. 699, de 14.12.1983, lhe acrescentou o parágrafo 6.

Medida cautelar. 1. Se se admite – como faz o dispositivo impugnado – que integrantes do quadro permanente da polícia civil possam concorrer para quaisquer outros cargos do mesmo quadro, ainda que de atribuições inteiramente diversas, independentemente de sujeição às respectivas provas de capacitação física e de investigação social, estarão eles em posição de acentuada vantagem, em relação aos concorrentes que ainda não ocupam cargos do quadro. 2. Pode estar caracterizada, nesse ponto, uma quebra ao princípio da igualdade (isonomia), que deve ser observado entre todos os concorrentes. 3. Atendidos os pressupostos da plausibilidade jurídica da ação (*fumus boni iuris*) e do risco de grave dano, pela demora do processo (*periculum in mora*), defere o tribunal medida cautelar para suspender a eficácia do dispositivo impugnado até o julgamento final da ação (Rel. Min. Sydney Sanches, j. 29.09.1994, *Ementário do STF*, v. 1765-01, p. 136; *JUIS*, n. 7).

Dessa forma, além de estar garantido na regra genérica do *caput* do art. 5º, o princípio da igualdade permeia todo o Texto Constitucional, indicando, quer com relação ao trabalho e às pessoas de direito público interno, quer ainda quanto à política externa e à Administração Pública, dentre outras situações, que o princípio deve ser seguido.[11,12,13]

As ações afirmativas

Ações afirmativas podem ser definidas como as

medidas especiais e temporárias, tomadas pelo Estado e/ou pela iniciativa privada, espontânea ou compulsoriamente, com o objetivo de eliminar desigualdades historicamente acumuladas, garantindo a igualdade de oportunidade e tratamento, bem

---

[11] Súmula n. 683 do STF: "O limite de idade para a inscrição em concurso público só se legitima em face do art. 7º, XXX, da Constituição, quando possa ser justificado pela natureza das atribuições do cargo a ser preenchido".

[12] Cf. AI 830.011-AgR, Rel. Min. Luiz Fux, j. 26.06.2012, Primeira Turma, *DJE* de 14.08.2012: "É inconstitucional a atribuição supervalorizada de pontos, na prova de títulos em concurso público para o cargo de notário, pelo exercício anterior de atividade cartorária em detrimento de outras atividades jurídicas. Todavia, o princípio constitucional da isonomia é atendido pela atribuição proporcional de pontos aos candidatos exercentes de atividade notarial e de outras atividades jurídicas, revelando-se inconstitucional a decisão que determina a extirpação total de pontos referentes aos títulos obtidos pelo exercício daquela atividade". [13] "Concurso público. Prova de esforço físico. Caso a caso, há de perquirir-se a sintonia da exigência, no que implica fator de tratamento diferenciado com a função a ser exercida. Não se tem como constitucional a exigência de prova física desproporcional à habilitação ao cargo de auxiliar médico-legista, porquanto a atuação deste, embora física, não se faz no campo da força bruta, mas a partir de técnica específica." (AI 851.587-AgR, Rel. Min. Marco Aurélio, j. 19.06.2012, Primeira Turma, *DJE* de 01.08.2012.) *Vide*: RE 150.455, Rel. Min. Marco Aurélio, j. 15.12.1998, Segunda Turma, *DJ* de 07.05.1999.

como de compensar perdas provocadas pela discriminação e marginalização, por motivos raciais, étnicos, religiosos, de gênero e outros.[14]

Na disciplina do princípio da igualdade, o constituinte tratou de proteger certos grupos que, a seu entender, mereciam tratamento diverso. Enfocando-os a partir de uma realidade histórica de marginalização social ou de hipossuficiência decorrente de outros fatores, cuidou de estabelecer medidas de compensação, buscando concretizar, ao menos em parte, uma igualdade de oportunidades com os demais indivíduos, que não sofreram as mesmas espécies de restrições.[15] São as chamadas ações afirmativas.

Nesse sentido, a disciplina constitucional da posse indígena (art. 231, § 2º), o trabalho da mulher (art. 7º, XX), a reserva de mercado de cargos públicos para as pessoas portadoras de deficiência (art. 37, VIII) e outras tantas regras.

Em tais hipóteses, o constituinte furtou do intérprete a tarefa de verificar a correlação lógica entre o elemento diferencial e a distinção de regime jurídico, mas se deu pressa em definir que nesses casos deve haver discriminações positivas com o fim específico de proteger determinado grupo de pessoas.

É evidente, contudo, que inúmeros outros grupos formadores da sociedade brasileira também foram objeto de um injustificável processo de marginalização social, por exemplo, a população negra.

Nesses casos, cabe, pois, à lei ordinária a criação de políticas de ação afirmativa. Importante notar que as ações afirmativas não se resumem às chamadas *quotas*, mas devem abranger um conjunto organizado de medidas orientado a promover a completa integração social daquele grupo marginalizado.

São medidas temporárias, de caráter excepcional, que, em última análise, objetivam antecipar consequências de um incontornável processo de evolução civilizatória. Todavia, não devem ter prazo certo, mas sim objetivos a atingir, de tal forma que, só com o atingimento destes, é que devem deixar de existir.

Por tais razões, o Supremo Tribunal Federal reconheceu adequado o percentual reservado de quotas para grupos étnico-culturais. As decisões do Supremo Tribunal Federal refletem o reconhecimento da necessária igualdade e,

---

[14] Grupo de Trabalho Interministerial – GTI População Negra.

[15] No julgamento da ADI 903-MG, o STF, em acórdão relatado pelo Min. José Celso de Mello Filho, assentou: "O legislador constituinte, atento à necessidade de resguardar os direitos e os interesses das pessoas portadoras de deficiência, assegurando-lhes a melhoria de sua condição individual, social e econômica – na linha inaugurada, no regime anterior, pela EC 12/78 –, *criou mecanismos compensatórios* destinados a ensejar a superação das desvantagens decorrentes dessas limitações de ordem pessoal" (*RTJ*, 166(2):406, g. n.).

para tanto, há que permitir a inclusão social de determinados grupos, facilitando o seu acesso. Como se disse acima, são medidas temporárias, mas necessárias para a busca da igualdade.[16]

Princípio da legalidade

Lei, em uma definição trivial, é todo comando genérico e abstrato que, aprovado pelo Poder Legislativo, inova o ordenamento jurídico, disciplinando, em nível imediatamente infraconstitucional, relações entre particulares e atividades públicas.

Esse comando genérico e abstrato pode assumir três formas: obrigação, proibição ou permissão. A norma jurídica, assim, ou obriga, ou proíbe, ou permite. Não existe uma quarta possibilidade.

A observação é importante porque o inciso II do art. 5º da Constituição da República incorporou o princípio da legalidade, prescrevendo que ninguém pode ser compelido a fazer ou deixar de fazer alguma coisa senão em virtude de lei.

Com isso, a mensagem constitucional foi clara: os comandos de proibição (*deixar de fazer*) e de obrigação (*fazer*) só podem ser veiculados por meio de uma lei. À falta desta, o comportamento está permitido. Convém destacar, no entanto, que a lei pode adquirir a forma permissiva, vale dizer, exteriorizando uma faculdade ao indivíduo. Logo, a permissão é o único comando que pode derivar tanto de uma lei como da ausência desta.

Nesse sentido, Celso Ribeiro Bastos (1989, p. 23) aponta que

o princípio da legalidade mais se aproxima de uma garantia constitucional do que de um direito individual, já que ele não tutela, especificamente, um bem da vida, mas assegura, ao particular, a prerrogativa de repelir as injunções que lhe sejam impostas por uma outra via que não seja a da lei.

Ao lado desse objetivo de garantia do indivíduo, o princípio da legalidade também obedece ao propósito de alcançar segurança jurídica, pois as leis, de modo geral, acabam por sustentar, de forma relativamente duradoura, as bases jurídicas em que se assentam as relações sociais.

Destarte, além de garantia individual, o princípio da legalidade também pode ser considerado uma garantia institucional de estabilidade das relações jurídicas.

---

[16] Cf. ADPF n. 186, Relator Min. Ricardo Lewandowiski, j. 26.04.2012.

O princípio da estrita legalidade

O princípio da legalidade foi incorporado expressamente pelo art. 37, *caput*, da Constituição Federal, remetendo a administração direta e indireta de qualquer dos Poderes da União, dos estados, do Distrito Federal e dos municípios à sua observância.

Nesse ponto, o comando de legalidade assume feição distinta: o administrador só pode fazer o que for autorizado pela lei. Trata-se de um desdobramento necessário do princípio da legalidade aduzido no inciso II do art. 5º. A submissão da administração à estrita legalidade garante que o indivíduo não será compelido a fazer ou a deixar de fazer alguma coisa por força de um ato administrativo, mas exclusivamente em virtude de lei.

Observe-se que não se cuida de um princípio distinto, mas de forma diferenciada de relacionamento do mesmo princípio da legalidade com a Administração Pública. Para que haja respeito ao direito fundamental à legalidade, a Administração não pode agir segundo o critério de seus agentes, coagindo particulares com fundamento meramente na vontade do agente público. Logo, toda a sua atuação deve ficar adstrita aos termos da lei de regência da conduta administrativa específica, sob pena de subversão da legalidade e, em última instância, do próprio Estado de Direito.

Desse teor, a magistral preleção de Maria Sylvia Zanella Di Pietro (1999, p. 67):

> Este princípio, juntamente com o de controle da Administração pelo Poder Judiciário, nasceu com o Estado de Direito e constitui uma das principais garantias de respeito aos direitos individuais. Isto porque a lei, ao mesmo tempo em que os define, estabelece também os limites da atuação administrativa que tenha por objeto a restrição ao exercício de tais direitos em benefício da coletividade.
>
> É aqui que melhor se enquadra aquela ideia de que, na relação administrativa, a vontade da Administração Pública é a que decorre da lei.

O princípio da reserva legal

O princípio em pauta tem por objetivo indicar que algumas matérias, por estarem reservadas ao trato da lei em sentido formal, não podem ser disciplinadas por medida provisória ou lei delegada, exigindo, assim, a prévia aprovação pelo Poder Legislativo.

É que os instrumentos equiparados à lei, sobretudo as Medidas Provisórias, são adotados unilateralmente pelo Presidente da República, sem a necessidade de prévia chancela do Congresso Nacional.

Em muitos temas, o trânsito regular do projeto, permitindo maior discussão, conhecimento público e aprofundamento, constitui uma verdadeira garantia contra arbitrariedades do Estado. Esta a razão de ser do princípio.

O entendimento doutrinário era praticamente uniforme ao apontar a impossibilidade de se veicular matéria relativa à definição de tipos penais e à cominação de penas através de medidas provisórias. A precariedade dessa espécie normativa, que pode ser rejeitada pelo Congresso Nacional, perdendo seus efeitos desde sua edição (§ 3º do art. 62 da CF), não se compatibiliza com a proteção da liberdade de locomoção do indivíduo. Sob esse fundamento, a Emenda Constitucional n. 32 cuidou de arrolar matérias que não poderiam ser objeto de medida provisória. Encontraremos no inciso I do § 1º do art. 62 matérias relativas a nacionalidade, cidadania, direitos políticos, partidos políticos e direito eleitoral; direito penal, processual penal e processual civil; organização do Poder Judiciário e do Ministério Público, a carreira e a garantia de seus membros; planos plurianuais, diretrizes orçamentárias, orçamento e créditos adicionais, e suplementares, ressalvado o previsto no art. 167, § 3º, além de matéria que vise a detenção ou sequestro de bens, de poupança popular ou qualquer outro ativo financeiro; a reservada lei complementar e a já disciplinada em projeto de lei aprovado pelo Congresso Nacional e pendente de sanção ou veto do Presidente da República. Como veremos adiante, esse núcleo é quase o mesmo daquele constante do art. 68, § 1º, ou seja, matérias que não podem ser objeto de lei delegada. Verifique-se, no entanto, que no artigo referente à lei delegada (art. 68 da CF) há menção expressa dos direitos individuais, o que não ocorre na nova redação do art. 62. A doutrina concordava com a extensão das regras do § 1º do art. 68 (impossibilidade de delegação de determinadas matérias) para a medida provisória. Com a Emenda Constitucional n. 32, as matérias vedadas ficaram aclaradas, abrindo caminho, infelizmente, para uma interpretação jurisprudencial que já se vinha consolidando, qual seja, de que seria possível veicular matéria de direitos individuais por medida provisória (salvo os temas expressamente mencionados). Houve, portanto, uma pouco sutil troca entre o entendimento da doutrina – que concordava com a extensão das regras da indelegabilidade (art. 68, § 1º) para a medida provisória com a vedação expressa do § 1º do art. 62, visto que trocamos a expressão "direitos individuais" –, que continua sendo objeto de proibição de delegação, conforme o inciso II do § 1º do art. 68, pela expressão "direito penal, direito processual penal e direito processual civil", além de "que vise a detenção ou sequestro de bens, de poupança popular ou qualquer outro ativo financeiro".

Assim, antes da Emenda n. 32 havia um consenso em se estender os conteúdos proibidos à lei delegada (art. 68, § 1º) para a medida provisória. A Emenda n. 32, no entanto, trouxe vedação específica no art. 62, § 1º. Tais vedações, no entanto, não contemplam a expressão "direitos individuais", o que faz com que tenhamos perdido com a alteração constitucional. Dos direitos individuais, apenas alguns (os constantes dos conteúdos do direito penal, direito processual penal e direito processual civil, e o sequestro de bens) estão a salvo da medida provisória. Por exceção, os demais poderiam ser veiculados por essa espécie legislativa. Não entendemos que essa interpretação literal deva prevalecer. Realmente, houve manifestação do Poder Constituinte Derivado, que alterou o processo legislativo da medida provisória e disciplinou as suas matérias. No entanto, a interpretação mais adequada deve ser aquela conforme a Constituição, ou seja, aquela que venha a prestigiar os valores normativos albergados pelo constituinte originário. A pergunta que se deve fazer é a seguinte: poderia, o Poder Constituinte Derivado, retirar competência exclusiva do Poder Legislativo, passando para o campo excepcional do Poder Executivo, sem que fosse ferida a regra do princípio da separação de Poderes? Entendemos que não. Na verdade, apesar de não constar expressamente como matéria vedada à edição de medida provisória, os direitos individuais encontram vedação implícita para veiculação dessa espécie normativa. É que há regra de indelegabilidade no texto, valor prestigiado pelo § 4º do art. 60, além de princípio fundamental no art. 2º da Lei Maior. Ora, se permitirmos que matéria anteriormente reservada à exclusividade do Poder Legislativo seja disciplinada pela excepcional situação da medida provisória, iremos alterar a ideia constitucional originária. A melhor interpretação é aquela que entende que os temas do art. 68, § 1º, continuam a reger as vedações para utilização de medida provisória, quando forem mais exigentes que as regras do próprio art. 62. Assim, o art. 62, em seu § 1º, traria um mínimo de conteúdo proibido, sendo complementado por uma interpretação sistemática. E há matérias que não estão constando do § 1º do art. 62 e que, certamente, não podem ser objeto de medida provisória, como os temas do art. 49 (competência exclusiva do Congresso Nacional) e art. 51 (competência privativa da Câmara). Sendo assim, comporta perfeitamente a nosso ver (apesar de, infelizmente, prevermos que o Supremo Tribunal Federal não tende a aceitar tal posição) a interpretação, conforme a Constituição, no sentido de que a matéria de direitos individuais não pode ser veiculada por medida provisória.

Importante notar, finalmente, que, apesar do sólido entendimento doutrinário em sentido contrário, o Supremo Tribunal Federal, ao apreciar medida

Direitos e Deveres Individuais e Coletivos 169

cautelar em ação direta de inconstitucionalidade, entendeu que as relações tributárias não reclamam o mesmo nível de segurança jurídica que o direito penal.

Desse modo, manifestou-se no sentido de que a medida provisória poderia criar tributo, desde que respeitadas as outras garantias tributárias, já que, por mandamento constitucional, teria força de lei e, ademais, constituiria um mecanismo substitutivo do decreto-lei, o qual, dentre outras finalidades, tratava de matéria tributária.[17,18]

A decisão da Corte Suprema abriu caminho para que a Emenda Constitucional n. 32 expressamente reconhecesse a medida provisória como meio hábil para a criação e majoração de impostos (§ 2º do art. 62).[19]

Direito à vida

A Constituição assegurou o direito à vida. Em outras palavras, o Texto Constitucional proibiu a adoção de qualquer mecanismo que, em última análise, resulte na solução não espontânea do processo vital.

Desse modo, algumas conclusões afiguram-se inexoráveis. Em primeiro lugar, a impossibilidade jurídica de institucionalização da pena de morte.

Nesse sentido, a dicção do art. 5º, XLVII, *a*, da Constituição Federal é literal: "XLVII – não haverá penas: *a*) de morte, salvo em caso de guerra declarada, nos termos do art. 84, XIX".

Ao lado desse aspecto, releva observar que outras formas de interrupção do processo vital estão igualmente proibidas pelo Texto Constitucional, dentre elas a eutanásia e o aborto.

A primeira tem lugar em situação de agonia. Mesmo em fase terminal, o indivíduo – ou alguém por ele – não pode dispor da própria vida, fato que, de evidência, coloca a eutanásia em situação de antagonia ao precitado direito à vida.

Veja-se, por outro lado, que o aborto também se vê alcançado pelo espectro regrativo da norma constitucional em comento. É que a vida, iniciada com a concepção, não pode sofrer solução de continuidade não espontânea, fazendo com

---

[17] Cf. ADI 1.005-1-DF. Medida liminar. Rel. Min. Moreira Alves.

[18] O art. 55 da Constituição revogada dispunha que "o Presidente da República, em casos de urgência ou de interesse público relevante, e desde que não haja aumento de despesa, poderá expedir decretos-leis sobre as seguintes matérias: [...] II – finanças públicas, *inclusive normas tributárias*".

[19] O § 2º do art. 62 afirma: "Medida provisória que implique instituição ou majoração de impostos, exceto os previstos nos arts. 153, I, II, IV, V, e 154, II, só produzirá efeitos no exercício financeiro seguinte se houver sido convertida em lei até o último dia daquele em que foi editada".

que o direito a ela também se estenda ao nascituro. Logo, mesmo uma emenda constitucional não poderia legitimar o aborto em nosso sistema jurídico fora das duas hipóteses já admitidas, sabido que é o disposto no art. 60, § 4º, IV, da Constituição da República, que petrificou os chamados direitos individuais.[20]

Proibição da tortura

O art. 5º, III, da Constituição prescreve que ninguém será submetido a tortura ou a tratamento desumano e degradante.

Na verdade, o dispositivo veicula proibição constitucional à prática da tortura. De forma genérica, pode-se afirmar que esta ou o "tratamento desumano e degradante" refletem a mesma realidade.

Por outras palavras, o constituinte preocupou-se em assegurar a higidez física e mental dos indivíduos, proibindo, sob qualquer pretexto, a prática da tortura, considerada pelo inciso LXIII do mesmo art. 5º crime inafiançável e insuscetível de graça ou anistia.

Nesse sentido, o art. 1º da Lei n. 9.455/97, definiu tortura da seguinte forma:

Art. 1º Constitui crime de tortura:

I – constranger alguém com emprego de violência ou grave ameaça, causando-lhe sofrimento físico ou mental:

a) com o fim de obter informação, declaração ou confissão da vítima ou de terceira pessoa;

b) para provocar ação ou omissão de natureza criminosa;

c) em razão de discriminação racial ou religiosa;

II – submeter alguém, sob sua guarda, poder ou autoridade, com emprego de violência ou grave ameaça, a intenso sofrimento físico ou mental, como forma de aplicar castigo pessoal ou medida de caráter preventivo.

Pena – reclusão, de 2 (dois) a 8 (oito) anos.

Como se vê, essa lei cuidou de dar aplicabilidade integral aos comandos constitucionais acima arrolados, tipificando adequadamente o crime de tortura e os seus derivados e prescrevendo as respectivas penas.

O dispositivo vem reforçado no art. 5º da Constituição, quando, em seu inciso XLIX, garante ao preso o direito à sua integridade física e moral.

---

[20] A posição expendida neste parágrafo e no precedente é exclusiva de Vidal Serrano Nunes Jr.

Direito de opinião

O art. 5º, IV, do Texto Constitucional reconhece a todos os cidadãos o direito de livre manifestação do pensamento. Na verdade, o ser humano, através dos processos internos de reflexão, formula juízos de valor. Estes exteriorizam nada mais do que a opinião de seu emitente. Assim, a regra constitucional, ao consagrar a livre manifestação do pensamento, imprime existência jurídica ao chamado direito de opinião.

Importante notar, no entanto, que a mera locução normativa não produz a proteção adequada do direito de opinião. Nesse sentido, é crucial fixar que, ao abrigá-lo, o dispositivo constitucional fixou um regime jurídico adequado à proteção da finalidade perseguida pela Constituição: a liberdade de manifestação do pensamento.

O direito de opinião viceja o reconhecimento de dois valores que lhe são imanentes: o valor-exigência e o valor-indiferença.

Celso Ribeiro Bastos (1989, p. 41), com a costumeira proficiência, teceu os seguintes comentários:

> Colliard sistematiza de maneira extremamente interessante a matéria atinente à liberdade de pensamento. Depois de colocar em evidência tratar-se de uma liberdade variável, logo constata que esta variabilidade surge sobre dois planos completamente diferentes. No primeiro, ela diz respeito ao sentido da liberdade. No segundo, concerne à sua própria extensão.
>
> Comecemos por examinar o sentido da liberdade de opinião.
>
> Esta liberdade apresenta dois aspectos quanto ao seu valor: o primeiro é chamado "valor da indiferença". Nesse caso, a liberdade em pauta significa que a opinião não deve ser tomada em consideração. Confunde-se, nessa hipótese, com a noção de neutralidade, como ocorre do ângulo religioso com o estado laico.
>
> Contrariamente, a liberdade de opinião pode significar que o fato de ter-se uma opinião implica o seu respeito. A liberdade aqui tem valor de exigência.

O regime jurídico acima indicado encontra reforço em outros dispositivos constitucionais. Dentre eles, vale a pena citar o art. 37, *caput*, da Constituição Federal, que, ao indicar o princípio da impessoalidade à Administração Pública, solidifica a noção de neutralidade do Poder Público diante da opinião, proibindo, portanto, perseguições ou privilégios que levem em conta as convicções individuais.

Direito de escusa de consciência

Como desdobramento do direito de opinião, especificamente nas circunstâncias em que a liberdade de opinião significa a exigência de seu respeito por parte do Estado, surge o direito de escusa de consciência, que foi objeto de disposição expressa pelo art. 5º, VIII, da Constituição da República.

Dispõe o cogitado dispositivo constitucional que, "ninguém será privado de direitos por motivo de crença religiosa ou de convicção filosófica ou política, salvo se as invocar para eximir-se de obrigação legal a todos imposta e recusar-se a cumprir prestação alternativa, fixada em lei".

Destarte, o direito de escusa de consciência pode ser definido como o direito de exigir do Estado a eximência de uma obrigação legal a todos imposta e que seja incompatível com as convicções pessoais do indivíduo, desde que se cumpra obrigação alternativa fixada em lei.

Esse direito pode ser evocado, por exemplo, no chamado alistamento militar obrigatório: se alguém, por força de opiniões políticas, filosóficas ou religiosas, sentir-se incompatibilizado com o serviço militar, pode deixar de cumpri-lo, desde que satisfaça obrigação alternativa fixada em lei.[21]

Importante sublinhar que a ausência dessa lei regulamentar da prestação alternativa não inviabiliza o imediato exercício do direito de escusa de consciência, pois, como afirma José Afonso da Silva (1998, p. 105), o dispositivo constitucional em pauta inclui-se no rol das chamadas normas constitucionais de eficácia contida.

Liberdade de crença religiosa

A liberdade religiosa veio assegurada, basicamente, pelo art. 5º, VI, da Constituição da República, que dispõe acerca da inviolabilidade da liberdade de crença e garante o exercício dos cultos religiosos e a proteção de locais de culto e de suas liturgias.

Completam o arcabouço constitucional de proteção da liberdade de crença os incisos VII e VIII do mesmo art. 5º; e os arts. 19, I, 150, VI, *b*, e 210, § 1º.

Os incisos VII e VIII do art. 5º asseguram, respectivamente, a prestação de assistência religiosa nas entidades civis e militares de internação coletiva e o direito de escusa de consciência fundado em razões de crença religiosa. O art. 19, I, proíbe a União, os estados, o Distrito Federal e os municípios de estabelecerem

---

[21] A Lei n. 8.239/91 regulamenta o serviço civil alternativo ao militar obrigatório.

Direitos e Deveres Individuais e Coletivos 173

"cultos religiosos ou igrejas, subvencioná-los, embaraçar-lhes o funcionamento ou manter com eles ou com seus representantes relações de dependência ou aliança, ressalvada, na forma da lei, a colaboração de interesse público". O art. 150, VI, *b*, prescreve a imunidade tributária dos templos de qualquer culto. E o art. 210, § 1º, dispõe que "o ensino religioso, de matrícula facultativa, constituirá disciplina dos horários normais das escolas públicas de ensino fundamental".

Do conjunto de dispositivos indicados depura-se que a liberdade de religião carrega em seu interior alguns elementos conceituais, que definem o seu regime jurídico, com base nos seguintes pontos:

- liberdade de fé e de confissão religiosa;
- direito ao exercício de qualquer religião (liberdade de culto);
- liberdade de associação religiosa;[22]
- dever de neutralidade do Estado, que não só deve possuir caráter laico como também não pode favorecer, financiar ou embaraçar o exercício de qualquer religião;
- ensino religioso de caráter facultativo.

Direito de expressão

O pensamento humano é pluriforme. Em outras palavras, pode manifestar-se por meio de juízos de valor (opinião) ou da sublimação das formas em si, sem se preocupar com o eventual conteúdo valorativo destas. É o que pode ocorrer em manifestações como a música, a pintura, o teatro, a fotografia etc.

Dessas outras variações da manifestação humana é que cuida o direito de expressão. Em outras palavras, ele tem como objeto as situações em que a expressão, mais do que um meio, é um fim em si própria, o que equivale a dizer que são formas, variações, da manifestação humana.

A peculiaridade do direito de expressão reside na ausência de juízo de valor, pois, segundo Husserl, "a sua produtividade se exaure no exprimir e na forma, que sobrevém nova com ele".[23]

Tais observações têm por finalidade estabelecer que, enquanto a opinião diz respeito a um juízo conceitual, uma afirmação do pensamento, a expressão consiste na sublimação da forma das sensações humanas, ou seja, nas situações em

---

[22] Cf. Hesse (1998, p. 298).
[23] "Expressão", in Nicola Abbagnano. Dicionário de filosofia. São Paulo: Mestre Jou, 1963. p. 398.

que o indivíduo manifesta seus sentimentos ou sua criatividade, independentemente da formulação de convicções, juízos de valor ou conceitos.

É evidente que uma pintura artística pode carregar um juízo crítico. Neste caso, haverá, na espécie, a concorrência de dois direitos fundamentais: a opinião e a expressão.

O direito de expressão tem fundamento básico no art. 5º, IX, da Constituição Federal.

Direito de informação

O direito de informação envolve o direito de passar, receber e buscar informações; por isso, afirma-se que ele assume três feições: o direito de informar, de se informar e de ser informado.

Canotilho e Vital Moreira (1993, p. 225) indicam, com maestria, o significado desses níveis do direito de informação:

> O primeiro consiste, desde logo, na liberdade de transmitir ou comunicar informações a outrem, de as difundir sem impedimento, mas pode também revestir uma forma positiva, enquanto direito a meios para informar. O direito de se informar consiste designadamente na liberdade de recolha de informação, de procura de fontes de informação, isto é, no direito de não ser impedido de se informar; é a versão positiva do direito de se informar, consistindo num direito a ser mantido adequada e verdadeiramente informado [...]

O direito de informar, ou de passar informações, tem um sentido constitucional de liberdade para informar. Em outras palavras, trata-se de um direito fundamental de primeira geração, cuja preocupação consiste em impedir que o Poder Público crie embaraços ao livre fluxo das informações. Assim, o indivíduo possui liberdade para informar.

Desse teor é a dicção literal do art. 220, *caput*, da Constituição, no qual, às expressas, admite-se que a informação, sob qualquer forma, processo ou veículo, não poderá sofrer qualquer espécie de restrição.

O direito de se informar traduz igualmente uma limitação estatal diante da esfera individual.

O indivíduo tem a permissão constitucional de pesquisar, de buscar informações, sem sofrer interferências do Poder Público, salvo as matérias sigilosas, nos termos do art. 5º, XXXIII, parte final.

Dentro do tema, o art. 5º, XIV, da Constituição Federal assegura aos profissionais da informação o direito ao sigilo das fontes.

Além do mais, tratando-se de informação relativa ao próprio indivíduo interessado, constante de bancos de dados ou cadastros públicos ou de caráter público, existe um meio de acesso privilegiado à informação, o *habeas data*, que, nos termos do inciso LXXII do art. 5º da Constituição, assegura não só o conhecimento dessa espécie de informações como o direito de corrigi-las em caso de erronia.

O direito de ser informado, compreendido como o direito de receber informações, não pode ser entendido sem algumas restrições exegéticas. É que só se pode investir alguém no direito de receber informações quando simultaneamente atribui-se a outrem o dever de informar. Nessa matéria, a Constituição Federal foi terminante ao atribuir exclusivamente ao Poder Público (arts. 5º, XXXIII, e 37, *caput*) o dever de informar. Assim sendo, pode-se concluir que o direito de ser informado assume dois sentidos. Primeiro, o direito de receber as informações veiculadas sem interferência estatal, numa interface com o direito de informar. Segundo, o direito de ser mantido constantemente informado sobre os negócios e atividades públicas.

Direito de antena

A expressão "direito de antena" remete ao direito constitucional português, que a emprega com o sentido do direito a meios para veiculação de informações. Em outras palavras, o direito de antena traduz o direito a espaço gratuito nos meios de comunicação para a propagação de ideias, doutrinas etc.

Nesse sentido, para melhor elucidar, afigura-se adequada a transcrição do art. 40 da Constituição da República Portuguesa, que disciplina a espécie, *verbis*:

> Art. 40º (Direitos de antena, de resposta e de réplica política)
> 1. Os partidos políticos e as organizações sindicais, profissionais e representativas das atividades econômicas têm direito, de acordo com a sua representatividade e segundo critérios objetivos, a definir por lei, a tempos de antena no serviço público de rádio e de televisão.
> 2. Os partidos políticos representados na Assembleia da República e que não façam parte do governo têm direito, nos termos da lei, a tempos de antena no serviço de rádio e de televisão, a ratear de acordo com a sua representatividade, bem como o direito de resposta ou de réplica política às declarações políticas do Governo, de duração e relevo iguais aos dos tempos de antena e das declarações do Governo.

3. Nos períodos eleitorais os concorrentes têm direito a tempos de antena, regulares e equitativos, nas estações emissoras de rádio e televisão de âmbito nacional e regional, nos termos da lei.

De se indagar, nessa linha de raciocínio, se a Constituição brasileira empalmou direito similar.

Entendemos que sim. Embora de maneira muito mais restrita, o tempo no rádio e na televisão assegurado pelo art. 17, § 3º, da Constituição Federal tem nítido colorido de direito de antena, pois o seu objetivo precípuo consiste em garantir aos partidos políticos espaços nos meios de comunicação social, como já assinalado.

Direito de informação jornalística[24]

O art. 220, § 1º, da Constituição Federal dispõe que "nenhuma lei conterá dispositivo que possa constituir embaraço à plena liberdade de informação jornalística em qualquer veículo de comunicação social, observado o disposto no art. 5º, IV, V, X, XIII e XIV".

A liberdade de informação jornalística é por assim dizer a herdeira primogênita da antiga liberdade de imprensa.

A existência de uma opinião pública livre é um dos primeiros pressupostos de democracia de um país. Só é possível cogitar de opinião pública livre onde existe liberdade de informação jornalística. Por isso, entende-se que esta, mais do que um direito, é uma garantia institucional da democracia.

Diz-se, assim, que o direito à liberdade de informação jornalística é um direito preferencial em relação aos demais. Isso, contudo, não indica a ausência de limites.

Para bem plasmar-se o regime jurídico da liberdade de informação jornalística, é fundamental que depuremos analiticamente o seu conteúdo.

Nesse sentido, a informação jornalística é composta pela notícia e pela crítica. Aquela traduz a divulgação de um fato cujo conhecimento tenha importância para o indivíduo na sociedade em que vive. A crítica designa a opinião, o juízo de valor, que recai sobre a notícia.

Com isso, o que se quer salientar é que o direito de informação jornalística, apesar de mais forte, reclama a satisfação desses requisitos. Em outras palavras,

---

[24]Cf. Serrano Nunes (2011).

a liberdade de informar só existe diante de fatos cujo conhecimento seja importante para que o indivíduo possa participar do mundo em que vive.

Por esse raciocínio, quer-se precisar que, versando sobre fato importante, a informação jornalística prefere aos demais direitos da personalidade. Assim sendo, o veículo ou o jornalista não podem ser onerados pelo exercício regular de um direito. Porém, versando sobre fatos sem importância, no mais das vezes relacionados com aspectos íntimos da vida de um artista ou de pessoa de vida pública, não há que se falar em direito à liberdade de informação jornalística, pois, a bem do rigor, a informação não teria qualquer caráter jornalístico.

Bem a propósito, veja-se o seguinte pronunciamento do antigo Tribunal de Alçada Criminal do Estado de São Paulo, na pena do eminente magistrado Pedro Gagliardi:

> No cotejo entre o direito à honra e o direito de informar, temos que este último prepondera sobre o primeiro. Porém, para que isto ocorra, necessário verificar se a informação é verídica e o informe ofensivo à honra alheia inevitável para a perfeita compreensão da mensagem [...]
>
> Nesse contexto, que é onde se insere o problema proposto à nossa solução, temos as seguintes regras:
>
> 1ª – o direito à informação é mais forte do que o direito à honra;
>
> 2ª – para que o exercício do direito à informação, em detrimento da honra alheia, se manifeste legitimamente, é necessário o atendimento de dois pressupostos: a – a informação deve ser verdadeira; b – a informação deve ser inevitável para passar a mensagem (Ac. 110, *RJDTACrimSP*, *17*:206-9).

A esses requisitos apontados indicaríamos mais um: o fato deve relacionar--se a aspecto marcante da vida social e a invasão ao âmbito de proteção de um dos direitos da personalidade, consequência inexorável da divulgação da notícia, sem prejuízo, de uma forma ou de outra, do contraditório na informação social por meio do direito de resposta.

A liberdade de informação, no entanto, também encontra limites. A notícia, mesmo verdadeira, não deve ser veiculada de forma insidiosa e abusiva, entregando-lhe contornos de escândalo.

Nesse sentido, a decisão do Tribunal de Justiça do Rio de Janeiro, assim ementada: "Dano moral – Indenização – Órgão da imprensa que, publicando notícia verdadeira, o faz de forma insidiosa e abusiva, dando-lhe contornos de escândalo – Inadmissibilidade – Verba devida (*RT*, *743*:381)".

Direito de resposta[25]

A Constituição Federal, no art. 5º, V, assegura "o direito de resposta, proporcional ao agravo, além da indenização pelo dano material, moral ou à imagem".

Como se vê, o Texto Constitucional contém fórmula ampla, garantindo o direito de resposta não só em caso de ofensa à honra da pessoa, mas em qualquer situação de agravo.

Bem por isso, parece que a razão está com Vital Moreira (1994, p. 23), que, tratando do tema, assevera: "Todavia, bem vistas as coisas, o direito de resposta não constitui um limite da liberdade de opinião e de crítica, antes estabelece um *direito ao contraditório* por parte da pessoa visada, permitindo desse modo o contraste de opiniões".

Veja-se, nesse sentido, que o art. 5º, V, da Constituição Federal é claro: assegura o direito de resposta, independentemente da natureza do agravo.

No ponto, oportuno transcrever o seguinte excerto da obra de Marc Carrilo (1993, p. 66): "*En este sentido, la rectificación es, en sí misma, un complemento a la garantía de opinión pública libre. Es una vía más para comunicar y recibir información*".

Na direção dos raciocínios traçados, é fácil constatar que o direito de resposta, ante o tratamento constitucional que recebeu, implica, a um só tempo, o direito de retificação de notícias incorretas e simultaneamente uma espécie de direito de réplica, em cujo seio se concretiza um contraditório na informação social.

O direito de resposta, acentua Jean Rivero:

> sanciona o direito de cada um a não ver a sua personalidade travestida ou o seu pensamento mal entendido, substitui o diálogo aberto ao solilóquio do jornalista, sublinha enfim que a liberdade de imprensa não se confunde com o imperialismo dos que a fazem mas antes que ela tem por finalidade última a informação ao público e que a livre comunicação das ideias e das opiniões não é monopólio dos senhores dos jornais, mas um direito reconhecido a todos (*apud* MOREIRA, 1994, p. 27).

De ver-se que a norma constitucional em estudo tem eficácia plena, independendo de legislação infraconstitucional[26] para gerar direito subjetivo aos indivíduos agravados por qualquer informação jornalística.

---

[25] A Lei 13.188/2015 traz a disciplina infraconstitucional da matéria.

[26] A disciplina do direito de resposta é encontrada nos arts. 29 e s. da Lei n. 5.250/67.

Acompanhando esse raciocínio, a manifestação do Tribunal Regional Federal da 3ª Região, em acórdão ementado da seguinte forma:

Ementa: Penal. Constitucional. Direito de resposta. Norma constitucional de eficácia plena.

– A Constituição Federal, no título que trata dos direitos e garantias fundamentais, assegura o direito de resposta, proporcional ao agravo.

– As limitações ao exercício do direito de resposta, previstas no art. 29 da Lei 5.250/67 (Lei de Imprensa), são incompatíveis com a norma constitucional e, pois, inaplicáveis.

III – Recurso a que se dá parcial provimento (TRF, 3ª Reg., ACrim 93.03.109696-SP, Rel. Juiz Souza Pires, j. 05.09.1995, *DJ*, 11 out. 1995, p. 69484, in *A Constituição na visão dos Tribunais*, TRF da 1ª Reg., Gabinete da Revista, Saraiva, 1997, v. 1, p. 27).

O constituinte garantiu, diante da violação, a reparação do dano moral, material e à imagem. Não se trata, com a inclusão do dano à imagem, da criação de um novo tipo de dano, mas apenas da facilitação do processo de reparação, quando, para a comprovação do dano à imagem, bastaria a demonstração da lesão, ficando a extensão do prejuízo a ser fixada por arbitramento do juiz. No caso do dano material, deverá haver demonstração da redução patrimonial (ou do que se deixou de ganhar); no caso do dano à imagem, bastaria a comprovação da lesão à imagem, permitindo, assim, com a fixação judicial por arbitramento, maior efetividade do comando constitucional.

Não podemos perder de vista que a violação, no caso, teria sido instrumentalizada pela mídia, revelando a desproporção entre o ofendido e o ofensor. Não se trata de relação igualitária, pois o poder dos meios de comunicação foi reconhecido pelo constituinte, que garantiu a proteção do dano material, moral e à imagem. Ou seja, a imagem foi objeto de tutela independente, permitindo uma forma mais fácil de liquidação do dano, diante da fragilidade do ofendido e do poder do ofensor. A regra, neste caso, é que a imagem protegida seria a decorrente do conceito social ou imagem-atributo, como será explicitado adiante.

Direito de informação pública

O direito de ser informado possui caráter bilateral, pois só se pode afirmá-lo quando o mesmo ordenamento atribua a determinada pessoa ou organismo o dever de informar.

A Constituição Federal não atribui a nenhum organismo privado, de caráter informativo ou não, o dever de prestar informações.

Esse dever fica restrito aos organismos públicos, pois, conforme o disposto no art. 5º, XXXIII, da Constituição da República, os indivíduos têm o direito de "receber dos órgãos públicos informações de seu interesse particular, ou de interesse coletivo ou geral [...]", donde se conclui que o Poder Público tem a obrigação de manter o cidadão constante e integralmente informado, municiando-lhe com todas as informações acerca das atividades públicas.

O entendimento encontra apoio na lição de Celso Antônio Bandeira de Mello (1995, p. 68), para quem:

> Consagra-se nisto o dever administrativo de manter plena transparência em seus comportamentos. Não pode haver em um Estado Democrático de Direito, no qual o poder reside no povo (artigo 1º, parágrafo único, da Constituição), ocultamento aos administrados dos assuntos que a todos interessam e muito menos em relação aos sujeitos individualmente afetados por alguma medida.
>
> Tal princípio está previsto expressamente no artigo 37, *caput*, da Lei Magna, ademais de contemplado em manifestações específicas do direito à informação sobre os assuntos públicos, quer pelo cidadão, pelo só fato de sê-lo, quer por alguém que seja pessoalmente interessado. É o que se lê no artigo 5º, XXXIII (direito à informação) e XXXIV, *b*, este último para o caso específico de certidão para defesa de direitos e esclarecimento de situações de interesse pessoal.

Segue-se que o indivíduo tem direito de receber informações sobre a atividade pública, quer por força do art. 5º, XXXIII, quer por injunção do *caput* do art. 37 da Constituição da República.

Direito de intimidade e direito de privacidade

O art. 5º, X, da Constituição da República prescreveu aos indivíduos os direitos de intimidade, privacidade, imagem e honra. Os dois primeiros serão analisados conjuntamente neste tópico, porque uma das questões a serem enfrentadas diz respeito à relação conceitual que se estabelece entre eles, é dizer: possuem o mesmo significado? Constituem um único instituto, repetidos, por meio de expressões diferentes, no Texto Constitucional?[27]

---

[27] A propósito, ver Cavero (1993) e O'Callaghan (1991).

Decididamente, o Texto Constitucional, ao empregar as expressões *intimidade* e *privacidade*, quis outorgar ao indivíduo duas diferentes formas de proteção.

Com efeito, a vida social do indivíduo divide-se em duas esferas: a pública e a privada. Por privacidade, de conseguinte, devem-se entender os níveis de relacionamento social que o indivíduo habitualmente mantém oculto ao público em geral, dentre eles: a vida familiar, as aventuras amorosas, o lazer e os segredos dos negócios. Assim, dentro dessa esfera teríamos demarcado o território próprio da privacidade, formado por relações marcadas pela confidencialidade.

Entretanto, como se disse, no território da privacidade é que se desenvolvem, por exemplo, as relações conjugais, as relações entre pai e filho, irmãos, namorados etc., que são peculiarizadas exatamente pela interpessoalidade. Assim, havendo mais de uma pessoa envolvida, existe, por evidente, espaço para violação de direitos, e é nessa porção dos relacionamentos sociais – a chamada "tirania da vida privada" – que ganha importância o conceito de intimidade.

A privacidade resguarda o indivíduo da publicidade. Entretanto, qual seria a proteção jurídica individual em face de abusos cometidos dentro da esfera privada? Exatamente o direito de intimidade.

Em resumo, a conclusão que se extrai do Texto Constitucional é que a vida social dos indivíduos não possui somente dois espaços, o público e o privado, pois neste se opera nova subdivisão, entre a intimidade e a privacidade propriamente dita.

Poderíamos ilustrar a vida social como um grande círculo, dentro do qual um menor, o da privacidade, em cujo interior seria aposto um ainda mais constrito e impenetrável, o da intimidade.

Assim, o conceito de intimidade tem valor exatamente quando oposto ao de privacidade, pois, se se cogita da tirania da vida privada, aduz-se exatamente à tirania da violação da intimidade, por exemplo, o pai que devassa o diário da filha adolescente ou viola o sigilo das suas comunicações.

Podemos vislumbrar, assim, dois diferentes conceitos. Um, de privacidade, onde se fixa a noção das relações interindividuais que, como as nucleadas na família, devem permanecer ocultas ao público. Outro, de intimidade, onde se fixa uma divisão linear entre o "eu" e os "outros", de forma a criar um espaço que o titular deseja manter impenetrável mesmo aos mais próximos. Assim, o direito de intimidade tem importância e significação jurídica na proteção do indivíduo exatamente para defendê-lo de lesões a direitos dentro da interpessoalidade da vida privada.

Os exemplos poderão elucidar as diferenças. As relações bancárias de um indivíduo estão dentro do círculo da privacidade. Da mesma forma, seus relacionamentos profissionais, assim como o rol de seus clientes. Por outro lado, os segredos pessoais, as dúvidas existenciais, a orientação sexual compõem o universo da intimidade.

O constituinte, portanto, pretendeu tratar tanto da intimidade quanto da privacidade. Garantiu os dois bens, indicando que há diferenças entre eles. Elas se espraiam em outros bens que veremos a seguir, como o sigilo das comunicações, a inviolabilidade de domicílio, o segredo de justiça no processo etc.

Sigilo bancário e fiscal

Os sigilos bancário e fiscal não foram objeto de proteção autônoma por nenhum dispositivo constitucional, cuidando-se, na verdade, de um desdobramento necessário do direito de privacidade.[28]

O art. 192, *caput*, da Constituição Federal reserva à lei complementar a regulamentação do Sistema Financeiro Nacional, inscrevendo nessa reserva a matéria pertinente ao sigilo bancário. Atualmente, o sigilo bancário é objeto de regulação pela Lei Complementar n. 105/2001.

Referido diploma, com efeito, dispõe que o sigilo bancário pode ser quebrado por determinação judicial (art. 3º), por determinação de uma Comissão Parlamentar de Inquérito (art. 4º) ou por agentes fiscais tributários (art. 6º), afora a possibilidade de a administração tributária da União, segundo regulamentação do Poder Executivo Federal quanto à periodicidade e limites de valor, receber informações bancárias (art. 5º).

Como já assentado, embora desdobramento da privacidade, não é, como os demais direitos fundamentais, absoluto, cedendo passo, assim, aos imperativos do interesse público. Destarte, a possibilidade, em tese, de quebra do sigilo bancário não ofende a Constituição da República.

---

[28] STF, RE 219.780, Rel. Min. Carlos Velloso, *DJ*, 10 set. 1999, p. 23, *JUIS*, n. 19, ementa: "Constitucional. Sigilo bancário: quebra. Administradora de cartões de crédito. CF, art. 5º, X.
I – Se é certo que o sigilo bancário, que é espécie de direito à privacidade, que a Constituição protege no art. 5º, X, não é um direito absoluto, que deve ceder diante do interesse público, do interesse social e do interesse da Justiça, certo é, também, que ele há de ceder na forma e com observância de procedimento estabelecido em lei e com respeito ao princípio da razoabilidade. No caso, a questão foi posta, pela recorrente, sob o ponto de vista puramente constitucional, certo, entretanto, que a disposição constitucional é garantidora do direito, estando as exceções na norma infraconstitucional.
II – RE não conhecido."

Desse cenário, entretanto, emerge incontroverso que essa quebra pode ser determinada pelo Poder Judiciário e por uma CPI, que, nos termos do art. 58, § 3º, possui poderes de investigação próprios das autoridades judiciais. A mesma conclusão não pode ser oferecida em relação aos agentes fazendários, ou quaisquer outros do Poder Executivo. É que, situado nas dobras do direito de privacidade, o sigilo bancário coloca-se no rol dos chamados direitos civis ou individuais, cuja razão de existir consiste exatamente em opor limites à atuação do Estado perante a esfera individual.

Desse modo, admitir-se que uma exceção à regra do sigilo tenha fundamento em um mandamento do Poder Executivo peleja contra a própria essência do direito de privacidade, cujo objetivo inicial foi exatamente o de afastar o indivíduo de injunções dessa natureza.

Logo, só o Poder Judiciário ou uma CPI, ou ainda o Ministério Público – desde que dentro de suas atribuições constitucionais (por exemplo, a proteção do patrimônio público) –, podem determinar a quebra do sigilo.

O mesmo raciocínio pode ser desenvolvido em relação ao sigilo fiscal, que, além de contemplado pelo direito de privacidade, foi objeto de específica proteção pelo art. 198 do Código Tributário Nacional.

Não se trata, por evidente, de um direito absoluto. Logo, cede passo ao interesse público, expresso, inclusive, pela necessidade de obtenção de dados pela Justiça.

Direito à honra

O conceito de honra tem sido objeto de ampla variação semântica, mas não implica, porém, modificação no âmbito de sua proteção jurídica. Em outras palavras, uma coisa é a honra, outra o direito à honra. É que, se o conceito de honra protege a dignidade, essa proteção conceitual não sofreu modificações; o que pode variar, segundo as condições de tempo e lugar, é o conceito de dignidade. Essa variação do conceito de honra – e não do direito à honra – deve sempre ser tomada em conta pelo intérprete da Constituição.

Segundo Adriano de Cupis (1961, p. 111-2), deve-se entender por honra:

> tanto o valor moral íntimo do homem como a estima dos outros, ou a consideração social, o bom nome ou a boa fama, como, enfim, o sentimento, ou consciência da própria dignidade pessoal [...] a dignidade pessoal refletida na consideração dos outros e no sentimento da própria pessoa.

Por essa explanação, podemos perceber que o direito à honra pode ser colocado dentro de duas situações: a proteção da honra objetiva e a da honra subjetiva.

A honra subjetiva pode ser sintetizada no sentimento de autoestima do indivíduo, vale dizer, o sentimento que possui a respeito de si próprio, de seus atributos físicos, morais e intelectuais.

A honra objetiva parte do parâmetro do conceito social que o indivíduo possui.

Direito à imagem[29]

O direito à imagem possui duas variações. Essas variações são decorrência da interpretação e da máxima efetivação do Texto Constitucional. Há, na verdade, duas imagens protegidas, com consequências jurídicas distintas. Não se pode imaginar a tutela de um mesmo bem, especialmente porque tal bem terá tratamento diferente, caso seja enfocado de uma maneira, quer de outra. De um lado, esse direito à imagem deve ser entendido como o direito relativo à reprodução gráfica (retrato, desenho, fotografia, filmagem etc.) da figura humana. Trata-se aqui da reprodução física do indivíduo. Este foi o primeiro conceito de imagem e a primeira ideia tratada pelos estudiosos. Lembre-se que a captação da imagem se dava pelos pintores (antes do advento da fotografia). Assim, o desenho, a fala e a pintura eram os veículos de reprodução da imagem. No caso da fala, por meio de descrição do indivíduo. É a visão tradicional do conceito de imagem. De outro, porém, a imagem assume a característica do conjunto de atributos cultivados pelo indivíduo e reconhecidos pelo conjunto social. Chamemos a primeira de imagem-retrato e a segunda de imagem-atributo. Essa segunda imagem seria algo mais recente, com um entendimento mais moderno do conceito de imagem.

A imagem, assim, tem duas colorações: a de retrato físico da pessoa e a de "retrato social" do indivíduo, ou seja, a forma como o indivíduo esculpiu sua imagem perante a sociedade. Exemplo dessa situação é do cantor de rock que deseja ser visto como rebelde. Essa imagem de rebeldia pode ter sido propositadamente desenhada ao longo dos anos, e também é objeto da proteção constitucional.

O direito à imagem (imagem-retrato) garante também o direito às partes do corpo, desde que identificáveis. Vozes famosas e narizes conhecidos do cinema recebem a proteção do direito à imagem.

---

[29] Cf. Araujo (1996).

Quando se fala em imagem-retrato, deve-se ter em conta sempre a imagem dentro de seu contexto correto. Não se pode, servindo-se da imagem de determinada pessoa, alterar seu contexto de forma a usá-la com outro cenário. A imagem está protegida, mas o cenário é outro, podendo, portanto, desfigurar a situação enquadrada. Dessa forma, a proteção da imagem estende-se ao contexto em que ela é incluída. Há direito, portanto, a uma identificação do contexto da imagem, de maneira que não haja distorções e deslocamentos, desvirtuando a imagem (pelo seu contexto).

Como decorrência do direito à imagem, temos o direito à identidade. O indivíduo tem direito à sua imagem como forma de sua identidade. A correlação entre imagem e identidade é direito do cidadão, que pode, portanto, utilizar-se de sua imagem ao lado de seu nome.

Também é derivativo do direito à imagem, o direito à integridade da imagem, o que faz com que se indenize o dano estético.

A propósito, o Texto Constitucional tratou de elencar, como formas de proteção da violação da privacidade, intimidade, imagem e honra, a indenização por dano material e moral, consistindo este em uma forma de proteção da integridade moral, bem protegido como extensão do direito à vida.

Podemos afirmar que a proteção da imagem-retrato está no art. 5º, X, enquanto a imagem-atributo vem protegida no art. 5º, V, da Constituição.

Quando falamos em imagem-atributo é perfeitamente possível a proteção da pessoa jurídica, quer através da marca, quer do produto. Uma empresa que desenvolveu um bem, com determinados característicos, reconhecidos no mundo do marketing como integrantes de seu patrimônio, não pode permitir uma lesão sem o ressarcimento dos danos causados. Limitar o direito à imagem à pessoa física seria restringir a proteção constitucional. Empresas têm direito à indenização, quando têm violada a sua imagem. E isso tanto pode ser na imagem-retrato, quando seus símbolos e suas marcas são atacados injustamente ou na imagem-atributo, quando há um dano à imagem da empresa, ao seu conceito de mercado.

Muitas vezes, a empresa emprega verba publicitária altíssima para "formatar" o produto, e este tem um arranhão em sua imagem-atributo por uma notícia equivocada ou uma informação falsa da concorrência. Nesse caso, o agente violador deverá responder por danos materiais e danos à imagem do produto. Vamos visualizar a hipótese de uma autuação de um produto, com a notícia de que ele não atendeu às exigências legais. Em seguida, verifica-se que tal autuação foi descuidada em seu procedimento e equivocada, o que causou dano à imagem do produto, que perdeu credibilidade com seus consumidores. Os fatos são equivocados e o produto estava perfeitamente dentro das exigências legais. No caso, teria havido dano à imagem da empresa e ao produto, que sofreram diminuição em sua credibilidade. O fundamento constitucional alberga também essa possibilidade, dando direito de indenização por lesão à imagem da empresa e do produto.

Já tratamos do tema do dano à imagem, por decorrência dos meios de imprensa, quando do direito de resposta (ver, neste capítulo, a seção "Direito de resposta").

Inviolabilidade de domicílio

Existem várias definições de domicílio. Uma delas, a do Código Civil, fala da residência com ânimo definitivo. Outra, também de natureza cível, aduz o centro das ocupações habituais do indivíduo. Entretanto, o dispositivo constitucional que protege o domicílio – o art. 5º, XI – parece ter uma preocupação mais ampla: proteger a intimidade e a privacidade dos indivíduos. Logo, o domicílio, para efeito da proteção constitucional, deve ser considerado uma projeção espacial da privacidade e da intimidade. Assim, mesmo a residência ocasional, como a casa de praia, é considerada domicílio, enquanto ocupada por seus titulares.

Nesse sentido, a advertência de Dinorá Adelaide Musetti Grotti (1993, p. 76):

Se o aspecto principal de sua caracterização é o da exclusividade da ocupação, todo lugar privativo, ocupado por alguém, com direito próprio e de maneira exclusiva, mesmo sem caráter definitivo ou habitual, também é protegido pelo princípio.

Ocupa-se o lugar, que pode ser a própria residência ou de outrem, seja ela fixa ao solo, estabelecimento rodante ou casa flutuante; ou

aposento de habitação coletiva, em pensões, hotéis, casas de pousada, e, tratando-se de local não acessível ao público em geral, está caracterizado o domicílio, constitucionalmente falando.

Portanto, apesar de estarmos na área de liberdade específica, a de inviolabilidade do domicílio, a proteção não pode deixar de estar ligada ao direito à intimidade e à privacidade. Assim sendo, mesmo a residência ocasional, a unidade de habitação coletiva, ou o local de exercício profissional não acessível ao público, devem ser considerados domicílios para fins constitucionais,[30] o que,

---

[30] Cf. AP 307, Rel. Ilmar Galvão, j. 13.12.1994, *DJ*, 13 out. 1995, p. 34247, *JUIS*, n. 7.

à evidência, veda que agentes da Administração (Polícia, Receita Federal), fora das hipóteses taxativas enunciadas no Texto Constitucional (ordem judicial, flagrante delito etc.), venham a violar, por exemplo, um escritório de advocacia ou um consultório médico, para apreender documentos.

A norma constitucional fixou a regra "a casa é asilo inviolável do indivíduo", porém não de forma absoluta, pois a ela agregou algumas exceções, a saber:

a) *flagrante delito* – o conceito de flagrância advém da perseguição, ou seja, cometido o crime, a situação de flagrância persiste enquanto houver perseguição ao agente (dia/noite);

b) *desastre* – qualquer evento de grandes proporções (catástrofe, inundação etc.) (dia/noite);

c) *prestar socorro* – requer o preenchimento de dois requisitos, nomeadamente o de a pessoa efetivamente necessitar do socorro e não ter possibilidade de manifestar por meios próprios o pedido de ajuda (dia/noite);

d) *durante o dia, por ordem judicial* – durante o dia, o domicílio pode ser invadido por ordem judicial. A Constituição reservou ao juiz a faculdade de analisar a relevância dos motivos da busca domiciliar, inovando em relação à passada, que outorgava à lei a disciplina das buscas domiciliares. Assim, parece induvidosa a revogação parcial do art. 241 do Código de Processo Penal, quando prescreve a possibilidade de a autoridade policial realizar pessoalmente a busca domiciliar, sem a anterior expedição do mandado.

A dúvida que remanesce diz respeito ao conceito do que seja dia e noite. Ao lado das situações de penumbra, parece certo que o critério da iluminação solar é o melhor desfecho para a questão. Enquanto houver iluminação solar, é dia, independentemente do horário. Sem esta, teremos a noite.

Para efeitos de interpretação constitucional, a palavra "dia" encontra antônimo em noite, sendo esta objeto de proteção maior do constituinte. O "dia", assim, ficaria "desprotegido" e a noite, mais protegida. O constituinte, na verdade, traçou um limite para o legislador infraconstitucional que pretendesse conceituar dia e noite, no sentido de que a ideia de "dia" não ultrapasse doze horas, de forma que o período protegido (noite) mantenha, no mínimo, também doze horas.

O limite do legislador infraconstitucional vem determinado pela logicidade e isonomia dos antônimos. Por esse raciocínio, o "dia" poderia ser definido como um período de menos de doze horas, pois, nesta hipótese, estaríamos protegendo mais a noite, momento em que há garantia constitucional.

188 Curso de Direito Constitucional

Não estaria, dessa maneira, havendo violação da proteção constitucional pelo legislador infraconstitucional. A fixação, respeitado o parâmetro constitucional exigido, ficaria a cargo do legislador infraconstitucional ou mesmo do entendimento jurisprudencial, que, no caso, deveria apenas se limitar ao princípio da razoabilidade na análise da fixação.

Exceções à inviolabilidade do domicílio
$\begin{cases} \text{Desastre (dia/noite)} \\ \text{Prestar socorro (dia/noite)} \\ \text{Flagrante delito (dia/noite)} \\ \text{Ordem judicial (dia)} \end{cases}$

Inviolabilidade das comunicações

O inciso XII do art. 5º da Constituição da República protege o sigilo das comunicações pessoais, nomeadamente da correspondência, das comunicações telegráficas, de dados (inclusive pela informática) e das comunicações telefônicas. Na verdade, estamos diante, novamente, da proteção do direito a privacidade e intimidade. Ao proteger o sigilo de comunicações, o constituinte teve em mente a tutela do direito de se comunicar sem que houvesse qualquer interferência, preservando, em última análise, o direito do indivíduo em relação à sua privacidade e intimidade.

A norma é bifronte: de um lado, estabelece que essas comunicações não podem ter o seu sigilo violado. Proíbe, por exemplo, a escuta clandestina de uma ligação telefônica ou a violação de uma carta. De outro, prescreve o dever de sigilo profissional àqueles que, por ofício ou profissão, tenham contato com a comunicação, por exemplo, o operador de telégrafo.

O sigilo das comunicações só envolve o teor destas, ou seja, o diálogo, a troca de informações. Os demais aspectos, como os dados registrados do telefone (p. ex., com quem a pessoa conversou na semana anterior), de fluxo da comunicação etc. são matérias que se situam na órbita de proteção da privacidade e não propriamente no sigilo das comunicações.

Exceção explícita à regra da inviolabilidade de correspondência diz respeito à interceptação das comunicações telefônicas. Com efeito, o art. 5º, XII, da Constituição Federal previu a possibilidade de quebra do sigilo de correspondência mediante a concorrência de quatro requisitos:

- cuidar-se de comunicação telefônica;

Direitos e Deveres Individuais e Coletivos 189

- ser o propósito da violação a produção de provas para um inquérito policial ou um processo penal;
- existência de prévia ordem judicial;
- existência de uma lei que estabeleça as hipóteses em que a violação possa ocorrer.

A lei referida no último dos requisitos alinhados já foi editada, encontrando-se em vigência sob o n. 9.296/96. A finalidade dessa lei consiste exatamente em decalcar o caráter excepcional da quebra do sigilo das comunicações telefônicas. Bem por isso, indicou o cabimento da quebra em casos de crimes apenados com reclusão, ainda assim ante a presença de razoáveis indícios de autoria, em situações em que se evidencie a essencialidade desse meio de prova.

Veja-se, no ponto, que a Constituição Federal, ao tratar do tema, cercou-o de cuidados, exigindo não só a reserva legal, mas também a jurisdicional. Assim, esses requisitos de relevância do crime investigado, necessidade do meio de prova especial e de indícios razoáveis de autoria devem ser submetidos ao prudente arbítrio judicial, que, na dúvida quanto à presença de um deles, deve optar pela medida menos onerosa à esfera individual (dentro da perspectiva de máxima efetividade dos direitos fundamentais), indeferindo o pedido.

Veja-se, nesse sentido, que a interceptação das comunicações telefônicas, sempre levada a efeito por agentes do Poder Público, não pode ser confundida com a chamada gravação clandestina, situação em que uma das partes da comunicação, sem o conhecimento da outra, grava a conversa entre elas. No caso, segundo entendimento do Supremo Tribunal Federal, estar-se-ia diante de prova ilícita, mas por ofensa à intimidade, ou à privacidade. Confira-se, a propósito, excerto de ementa de julgamento de nossa Corte Suprema:

> Inadmissibilidade, como prova, de laudos de degravação de conversa telefônica e de registros contidos na memória de microcomputador, obtidos por meios ilícitos (art. 5º, LVI, da Constituição Federal); no primeiro caso, por se tratar de gravação realizada por um dos interlocutores, sem conhecimento do outro, havendo a degravação sido feita com inobservância do princípio do contraditório, e utilizada com violação à privacidade alheia (art. 5º, X, da CF); e, no segundo caso, por estar-se diante de microcomputador que, além de ter sido apreendido com violação de domicílio, teve a memória nele contida sido degravada ao arrepio da garantia da inviolabilidade da intimidade das pessoas (art. 5º, X e XI, da CF). (AP 307, Rel. Min. Ilmar Galvão, j. 13.12.1994, *DJ*, 13 out. 1995, p. 34247, Ement., v. 01804-11, p. 2104, *JUIS*, n. 7).

Não obstante nossa concordância com o posicionamento acima indicado, entendemos que a gravação clandestina não seria inconstitucional quando, no caso concreto, se revelasse como o único meio adequado à demonstração da existência material de um crime que tivesse como vítima o agente da gravação. Exemplo dessa situação é a de uma ameaça, ou de uma extorsão, concretizada por telefone. A preservação da posição subjetiva da vítima de um desses crimes deve, no caso, sobrepor-se ao direito à intimidade do agente do delito, legitimando assim a gravação, mesmo porque, no caso, não haveria estímulos a respostas esperadas pelo autor da gravação, nem assim qualquer possibilidade de embuste por parte deste, que só obraria na defesa de sua posição subjetiva, inclusive no que pertine a sua incolumidade física e psíquica.

Ademais, na vigência do estado de defesa ou do estado de sítio, o direito à inviolabilidade das comunicações pode ser restringido (arts. 136, § 1º, *b* e *c*, e 139, III).

Nessa seara, questão que ganha relevância é a da propriedade da correspondência epistolar. A carta pertence ao remetente, sendo que essa propriedade estende-se até o momento em que chegar às mãos do destinatário. Aquele que a detiver, licitamente, pode utilizá-la como prova judicial. Porém, sua publicização depende da vontade de ambos os envolvidos: remetente e destinatário. Seguindo a mesma diretriz, a preleção de José Celso de Mello Filho (1986, p. 441):

> Remetente e destinatário são os sujeitos da relação jurídica que se aperfeiçoa pela entrega da carta missiva. O remetente tem o poder de disposição sobre a carta enquanto esta não for entregue ao seu destinatário. Este, por sua vez, torna-se proprietário da carta desde o momento que a recebe. Como regra geral, as cartas missivas não podem ser publicadas sem permissão dos seus autores, mas podem ser juntas como documentos em autos judiciais.

Caso de conflito de direitos surge na análise da intimidade e privacidade da criança, especialmente em relação ao sigilo de correspondência. O responsável poderá violar a correspondência do menor? O bem "intimidade" deve ser analisado de acordo com o art. 227 da Constituição Federal. Inegável que a criança tem direito à intimidade e à privacidade, como visto acima. A regra é a da proteção. No entanto, caso os pais tenham suspeita firme de que a correspondência vem servindo de meio para colocar a criança em risco, devem atuar no sentido do comando do art. 227, protegendo a criança e sobrepondo tal direito ao da sua intimidade e privacidade.

Do mesmo jaez, a problemática da interceptação da correspondência pela administração penitenciária. O Supremo Tribunal Federal[31] entendeu que o art. 41, parágrafo único, da Lei de Execuções Penais é constitucional quando autoriza a restrição ou mesmo a suspensão, mediante ato motivado do diretor do estabelecimento, do direito de contato do reeducando com o mundo exterior mediante correspondência escrita ou outro meio de informação.

Por fim, deve-se considerar que a quebra do sigilo telefônico apresenta-se com dois significados.

O primeiro, já tratado, indica a interceptação das comunicações telefônicas, que só pode ser determinada judicialmente, com observância dos demais requisitos descritos.

O segundo, mais usual, revela a diligência em que se requisita informação sobre eventuais contatos telefônicos mantidos por determinada pessoa. Neste caso, não há invasão da comunicação propriamente dita (o conteúdo da conversa), mas da privacidade alheia, o que torna mais elásticas as possibilidades de sua determinação. Envolvendo de maneira singela violação da privacidade, estamos que a diligência pode ser determinada judicialmente, pelo Ministério Público, no exercício de suas missões constitucionais (defesa do patrimônio público etc.) ou mesmo por uma CPI (Comissão Parlamentar de Inquérito).

Liberdade de profissão

O inciso XIII do art. 5º da Constituição da República prescreve a liberdade de qualquer ofício, trabalho ou profissão. A finalidade do dispositivo é indisfarçável: proibir o Poder Público de criar normas ou critérios que levem o indivíduo a exercer ofício ou profissão em desacordo com sua vontade.

Como se vê, cuida-se de um típico direito de liberdade do cidadão. A norma, fixando uma limitação da atividade do Estado, demarca um território impenetrável da vida individual e, dessa forma, fixa o direito à autodeterminação do indivíduo na escolha de sua profissão.

O dispositivo, porém, foi erigido sob os moldes de uma regra de eficácia contida, permitindo que lei infraconstitucional venha a limitá-la, criando requisitos e qualificações para o exercício de determinadas profissões. Logo, enquanto não existir lei acerca dessa ou daquela profissão, a permissão constitucional tem alcance amplo.

---

[31] *RT, 709*:418, Rel. Min. Celso de Mello.

Entretanto, caso seja editada uma lei regulamentando determinada profissão, o indivíduo que queira exercer tal atividade fica adstrito à observância das qualificações profissionais que o diploma vier a estabelecer. O Exame da Ordem dos Advogados do Brasil (previsto no § 1º do art. 8º da Lei n. 8.906/94) é exemplo claro de limitação ao exercício profissional, tendo como base a qualificação.

Direito de locomoção

O direito de locomoção é um direito de resistência em face do Estado, vale dizer, é o direito que o indivíduo tem de ir, vir, ficar ou permanecer, sem que por essas condutas seja molestado pelo Poder Público. Na verdade, o direito de locomoção tutela a liberdade em sentido estrito, ou seja, a prerrogativa que o indivíduo tem de não ser preso, ou detido, arbitrariamente.

Diz o inciso XV do art. 5º da Constituição Federal, que "é livre a locomoção no território nacional em tempo de paz, podendo qualquer pessoa, nos termos da lei, nele entrar, permanecer ou dele sair com seus bens".

Fixa, assim, o cogitado dispositivo constitucional cláusula de liberdade ampla que só encontra reparos em disposições, de caráter restritivo, da própria Constituição Federal.

Esta, com efeito, traz exclusivamente duas exceções: a prisão em flagrante e a determinada por ordem judicial (art. 5º, LXI).

Destarte, mecanismos como a chamada "detenção para averiguação" estão claramente colocados no território da inconstitucionalidade.

Com relação à busca pessoal, destacamos a seguinte decisão do Supremo Tribunal Federal, extraída do *Informativo STF*, n. 250, HC 81.305-GO, Rel. Min. Ilmar Galvão, j. 13.11.2001:

Busca Pessoal: Ausência de Fundada Suspeita
Por ausência de justa causa, a Turma deferiu *habeas corpus* para determinar o arquivamento do termo circunstanciado de ocorrência por meio do qual se autuara o paciente pela prática do crime de desobediência (CP, art. 330), em razão de o mesmo haver se recusado a ser revistado por policial militar quando chegava à sua casa. Considerou-se que a motivação policial para a revista – consistente no fato de o paciente trajar "blusão" passível de encobrir algum tipo de arma – não seria apta, por si só, a justificar a fundada suspeita de porte ilegal de arma, porquanto baseada em critérios subjetivos e discricionários (CPP, art. 244: "A busca pessoal independerá de mandado, no caso de prisão ou quando houver fundada suspeita de que a pessoa esteja na posse de arma proibida [...]").

O direito de locomoção, por outro lado, implica o direito de circulação, que, segundo José Afonso da Silva (1989, p. 232), pode ser definido como a "faculdade de deslocar-se de um ponto a outro através de uma via pública ou afetada ao uso público". A dicção é clara no sentido de que os bens de uso comum do povo (ruas, logradouros, praias) não podem ser objeto de restrições estatais ou mesmo particulares. Assim, a administração não pode coibir a passagem por uma rua, ou particulares não podem restringir o acesso a uma praia ou limitar a circulação por uma rua pública. Deve-se ressalvar, no entanto, que a administração pode exercer atividade ordenadora do trânsito, quer criando proibições de estacionamento, quer limitando o fluxo de automóveis em determinadas vias. Assim, é lícito àquela proibir o fluxo de automóveis em certas vias, por determinado período, ou interditar o fluxo de outras, por exemplo, caminhões. As restrições, porém, devem revestir-se de caráter genérico (apanhar a todos que se encontrem em determinada situação), provir da Administração Pública e possuir caráter ordenador.

Direito de reunião

O direito de reunião pode ser definido como o direito de exercício coletivo, que, envolvendo a coligação momentânea e consciente de duas ou mais pessoas, de forma estática (um comício, p. ex.) ou itinerante (uma passeata, p. ex.), tem por finalidade a realização de propósito comum e inerente à sua razão de ser.

Diz-se que se trata de direito de exercício coletivo porque, embora individual, o direito de reunião só pode ser exercitado por duas ou mais pessoas em conjunto.

Nesse sentido, percebe-se que a proteção constitucional não tem em mira simples agregação ocasional de pessoas; antes, tem por propósito proteger um direito de ação coletiva, em que os indivíduos afluem conscientemente, à vista de objetivos determinados.

Desse teor a advertência de Canotilho e Vital Moreira (1984, p. 253): "Para haver reunião em sentido constitucional não basta que algumas pessoas se encontrem juntas. A reunião exige, desde logo, consciência e vontade de reunião, pelo que se distingue do simples e fortuito encontro (na rua, no cinema, numa exposição, etc.)".

Assim, a caracterização da reunião, para efeitos constitucionais, reclama a presença cumulativa de sete requisitos:

194 Curso de Direito Constitucional

a) participação de duas ou mais pessoas;
b) caráter temporário;
c) consciência e vontade dos participantes;
d) objetivo próprio e imanente à razão de ser da reunião (CANOTILHO & MO-REIRA (1984, p. 253);
e) finalidade lícita, nela incluído o caráter pacífico;
f) ausência de armas, nas reuniões de caráter público;
g) comunicação à autoridade competente, em caso de utilização de espaços públicos.

Com efeito, não se pode cogitar de reunião com menos de duas pessoas. O caráter temporário é da essência da reunião, pois "o liame que se estabelece entre seus integrantes não sobrevive à própria reunião" (BASTOS, 1989, p. 91), e nisso reside uma das principais diferenças entre o direito de reunião e o de associação. A consciência e a vontade, como afirma Canotilho, são fundamentais para diferenciá-la de uma reunião ocasional de pessoas, atraídas, por exemplo, por um acidente ou por um espetáculo teatral. O objetivo próprio e imanente à razão de ser da reunião revela que o ajuntamento tem um propósito próprio, uma razão de ser em si, diferenciando-o de um agrupamento de pessoas que, por exemplo, trabalhem juntas. O propósito pacífico é uma exigência expressa do dispositivo de proteção (art. 5º, XVI, da CR), e a licitude de fins, uma exigência implícita na finalidade de segurança jurídica de qualquer ordenamento jurídico. Por fim, as reuniões podem ter caráter público ou privado, isto é, ser abertas à adesão de qualquer pessoa, realizando-se em local aberto ao público, ou, contrariamente, realizar-se em local fechado, com a adesão restrita a pessoas determinadas. Tratando-se de reunião de caráter público, é proibido o porte de armas. De igual modo, cuidando-se de reunião de caráter público, é necessária a comunicação da autoridade competente, para que sejam tomadas as providências necessárias, por exemplo, ordenação do tráfego, policiamento local etc. A comunicação tem outra finalidade: tornar preventa a reunião designada. Caso haja uma sobreposição de reuniões conflitantes (e frustradoras entre si), prevalece a que primeiro comunicou à autoridade.

A verificação desses requisitos implica o respeito ao regime jurídico do direito de reunião, que pode ser decomposto da seguinte forma:

a) direito de se reunir, independentemente de autorização anterior;
b) direito de proteção do Estado contra qualquer perturbação ilegal da reunião;

c) direito de utilização de espaços públicos, caso em que pode haver duas exigências: prévio aviso à autoridade competente e que a reunião não venha a frustrar outra anteriormente marcada para o mesmo horário e para o mesmo local.

Tal entendimento, aliás, ajusta-se perfeitamente à lição de Celso Bastos (1989, p. 92), para quem:

> Quanto ao conteúdo em si do direito, ele comporta os seguintes direitos: em primeiro lugar, a própria faculdade ou liberdade de reunir-se com outrem sem qualquer impedimento e sem necessidade de autorização prévia. Inclui também a prerrogativa de não ser turbado no exercício deste direito. O Estado, de resto, deverá zelar para que a reunião não sofra ataques ou ofensas de terceiros. Inclui, outrossim, o direito de utilização de lugares com as únicas limitações decorrentes de outros direitos fundamentais colidentes.

À vista do exposto, conclui-se que, caracterizada a reunião, o indivíduo investe-se no direito de reunião, cujo regime jurídico implica as prerrogativas acima apontadas.

É sempre bom sublinhar que a reunião não precisa realizar-se em local determinado, mas pode adquirir caráter itinerante (passeatas etc.). Nesse caso, à evidência, o regime jurídico acima destacado não se desfigura, nem mesmo se modifica, aplicando-se a tais situações as mesmas regras de reuniões realizadas em espaços públicos determinados.

Direito de associação

Direito de associação é o direito de exercício coletivo que, dotado de caráter permanente, envolve a coligação voluntária de duas ou mais pessoas, com vistas à realização de objetivo comum, sob direção unificante (MIRANDA, 1968, p. 569).

Assim, podemos enunciar os seguintes elementos conceituais do direito de associação:

a) plurissubjetividade (duas ou mais pessoas);
b) base estatutária (SILVA, 1989, p. 259);
c) permanência;
d) fins comuns e lícitos;
e) direção unificante.

Não é possível a existência jurídica de associação de indivíduos com menos de duas pessoas, pois a plurissubjetividade é ingênita a ela. A base contratual tem lugar à vista da voluntariedade da adesão à associação e ao seu teor estatutário, deliberado autonomamente por seus membros. A associação, embora não precise ser perpétua, deve ter caráter permanente, e nisso reside uma das suas principais diferenças com a reunião. A licitude de fins, antes de tudo, é uma exigência do sistema, mas também vem expressamente inscrita no inciso XVII do art. 5º da Constituição da República. Veja-se, nessa linha, que a ilicitude proscrita pode advir de norma de qualquer natureza, penal ou não. Por fim, a direção unificante é que dá o tom de comunhão de propósitos dos associados, sendo, desta forma, elemento igualmente marcante do direito de associação.

José Celso de Mello Filho (1986, p. 476), comentando a Constituição revogada, advertiu que a proteção constitucional estende-se a todas as espécies de associação, mesmo aquelas revestidas de propósitos comerciais. São suas palavras:

> O direito de associação, por isso mesmo, se erige em instrumento de ação multiforme, podendo revestir-se de caráter empresarial, cultural, filantrópico, sindical, político. A regra constitucional protege as associações, inclusive as sociedades, da atuação eventualmente arbitrária do legislador e do administrador.

Logo, é indeclinável que o propósito do artigo é a proteção de qualquer forma associativa, mesmo aquelas de caráter empresarial. Vale advertir, no entanto, que a proteção atinge os indivíduos – pessoas físicas –, não figurando entre os propósitos da norma constitucional a proteção da associação de pessoas jurídicas, que encontram no direito infraconstitucional e em outros dispositivos constitucionais o amparo jurídico para essas formas associativas.

O regime jurídico do direito de associação pode ser traduzido por meio de suas feições positiva e negativa. Dentro da positiva, podemos enumerar os seguintes aspectos:

a) direito do indivíduo de constituir uma associação;
b) direito dos associados de dissolver a associação;
c) direito do indivíduo de, respeitados os termos do estatuto, filiar-se a uma associação já constituída;
d) direito de se desfiliar da associação quando bem entender.

Dentro da feição negativa, podemos destacar os seguintes elementos:

a) direito à autonomia estatutária;
b) direito à não interferência do Estado: vedação dirigida tanto ao administrador como ao legislador, tornando-lhes defesa qualquer forma de regulamentação que venha a interferir na vida das associações;
c) direito de só se ver compulsoriamente dissolvida mediante sentença transitada em julgado.

A Constituição proíbe expressamente qualquer associação de caráter paramilitar. A dicção do dispositivo é clara e estreme de dúvidas, salvo no que se refere ao significado da expressão *paramilitar*.

Nesse sentido, entendemos que a melhor solução é aquela apontada por Celso Ribeiro Bastos (1989, p. 99), segundo o qual associações de caráter militar são aquelas, "não importa se com armas ou sem, que se destinem ao adestramento de seus membros no manejo desses utensílios bélicos".

Por fim, a Constituição atribuiu às associações a representação judicial ou extrajudicial de seus filiados, desde que expressamente autorizada. Quando se tratar de associação impetrante de mandado de segurança coletivo, o Supremo Tribunal Federal entendeu ser caso de representação, dispensando-se a autorização específica.[32] No entanto, quando se tratar de associação utilizando-se de outro meio que não o mandado de segurança coletivo, há de apresentar autorização específica para o tema ajuizado, constante de autorização individual do associado ou mesmo de assembleia, com manifestação expressa dos associados que autorizaram o pleito.[33]

Direito de propriedade

Genericamente podemos definir propriedade como o direito subjetivo que assegura ao indivíduo o monopólio da exploração de um bem e de fazer valer esta faculdade contra todos que eventualmente queiram a ela se opor (BASTOS, 1989, p. 117).

A definição, dada sua generalidade, não retira a validade da manifestação de José Afonso da Silva (1989, p. 262), no sentido de que, tamanha a variação do instituto, é mais acertado cogitar-se de *propriedades* e não de um instituto único.

---

[32] MS 22.132-RJ, Rel. Min. Carlos Velloso, *RTJ*, *166*:166.
[33] STF, 1ª T., RE 233.297-DF, Rel. Min. Octávio Gallotti, ação ordinária ajuizada por entidade associativa para a obtenção de reajuste de vencimentos de seus filiados. Legitimidade ativa condicionada à autorização específica dos associados (CF, art. 5º, XXI), *RTJ*, *169*:1087 e s.

198 Curso de Direito Constitucional

Com efeito, no Texto Constitucional encontramos diversos dispositivos que tratam do tema: arts. 5º, XXII a XXVI, 170, II e III, 176, 182 a 186 e 191. Nesses dispositivos encontramos institutos marcados por regimes jurídicos nitidamente diferenciados, fazendo com que essas propriedades sejam observadas separadamente.

Propriedade pública

No dizer de Diogenes Gasparini (1989, p. 337), é aquela titularizada por uma entidade de direito público, submetida a um regime de direito público e instituída em favor do interesse público. A propriedade pública é categorizada, conforme a classificação geral dos bens públicos, segundo sua destinação, ou seja, propriedades públicas de uso comum do povo, de uso especial e dominicais. A propriedade pública apresenta regime jurídico peculiar: a) sua disponibilidade só pode ser exercitada mediante autorização legislativa; b) é impenhorável, por consequência do art. 100 da Constituição da República, que estabelece que as execuções contra a Fazenda Pública processam-se por precatórios judiciais; c) não é passível de usucapião.

Terras devolutas – são de propriedade pública e não afetadas ao uso comum ou especial. Segundo Celso Antônio Bandeira de Mello (1995, p. 525),

> com a descoberta do País, todo o território passou a integrar o domínio da Coroa portuguesa. Destas terras, largos tratos foram trespassados aos colonizadores, mediante as chamadas concessões de sesmarias e cartas de data, com a obrigação de medi-las, demarcá-las e cultivá-las (quando então lhes adviria a confirmação, o que, aliás, raras vezes sucedeu), sob pena de "comisso", isto é, de reversão delas à Coroa, caso fossem descumpridas as sobreditas obrigações. Tanto as terras que foram trespassadas, como as que caíram em comisso, se não ingressaram no domínio privado por algum título legítimo e não receberam destinação pública, constituem as terras devolutas. Com a independência do País passaram a integrar o domínio imobiliário do Estado brasileiro.

Propriedade privada

Segundo Orlando Gomes (1985, p. 15), a propriedade é "a soma de todos os direitos possíveis que pertencem ao proprietário sobre sua coisa, quais os da *posse, uso, gozo* e *livre disposição*". A propriedade, assim, constituiria um direito real pleno, na medida em que reúne todas essas faculdades. O desmembramento dos direitos inerentes à propriedade gera outros distintos do de propriedade, como o direito real de uso, o direito de usufruto etc.

Função social[34] – a Constituição da República estabeleceu que a propriedade deve cumprir sua função social e delimitou expressamente o que por isso deve-se entender. Segundo o art. 182, § 2º, cumpre sua função social a *propriedade urbana* que satisfizer as exigências fundamentais de ordenação da cidade expressas no plano diretor.

No mesmo sentido, atende à sua função social a *propriedade rural* que simultaneamente tiver aproveitamento e utilização adequada dos recursos naturais, preservar o meio ambiente, observar as disposições de regulamentação do trabalho e tiver exploração que favoreça o bem-estar dos proprietários e dos trabalhadores.

Em ambos os casos, o não cumprimento da função social gerará sanções previstas no próprio Texto Constitucional.

Propriedade urbana – é aquela que se compreende dentro do perímetro urbano, que é definido por lei municipal. Essa lei, contudo, por força do art. 32, § 1º, do Código Tributário Nacional, deve observar, como requisito mínimo, pelo menos dois dos seguintes itens:

I – meio-fio ou calçamento, com canalização de águas pluviais;

II – abastecimento de água;

III – sistemas de esgotos sanitários;

IV – rede de iluminação pública, com ou sem posteamento para distribuição domiciliar;

V – escola primária ou posto de saúde a uma distância máxima de 3 (três) quilômetros do imóvel considerado.

Assim, observando-se ao menos dois desses itens, a lei municipal poderá taxar de urbana determinada propriedade, impondo-lhe a tributação correspondente.

Propriedade rural

O conceito de propriedade rural é dado por exclusão, ou seja, a que não se inclui entre as áreas urbanas ou urbanizáveis deve ser considerada rural. Nesse sentido, o art. 184 da Constituição da República estabelece que o imóvel rural

---

[34] Sobre o tema, ver Zancaner (2003).

que não esteja cumprindo sua função social pode ser desapropriado para fins de reforma agrária, efetuando-se o pagamento mediante títulos da dívida agrária, resgatáveis em até vinte anos, a partir do segundo ano de sua emissão. É a chamada desapropriação-sanção ou desapropriação-pena.

Bem de família

O art. 5º, XXVI, da Constituição da República define que "a pequena propriedade rural, assim definida em lei, desde que trabalhada pela família, não será objeto de penhora para pagamento de débitos decorrentes de sua atividade produtiva, dispondo a lei sobre os meios para financiar o seu desenvolvimento".

O dispositivo retro institui o chamado bem de família constitucional.

Entretanto, no plano infraconstitucional, existem duas formas mais abrangentes de "bem de família".

A primeira delas, preconizada pelo art. 1.711 do Código Civil, permite que os cônjuges ou a entidade familiar, mediante escritura pública, institua bem de família desde que não ultrapasse um terço do patrimônio líquido existente ao tempo da instituição.

A segunda forma infraconstitucional de bem de família é aquela definida pela Lei n. 8.009/90, que, sem qualquer requisito formal (escritura etc.), estabelece que o imóvel do casal ou da entidade familiar é impenhorável, salvo exceções previstas em lei. Essa impenhorabilidade, conquanto independa de qualquer formalidade, sofre várias exceções, indicadas pelo art. 3º da referida Lei n. 8.009/90.

A usucapião constitucional

A Constituição Federal, atenta à dificuldade de regularização de propriedades, tratou da usucapião.

Assim, criou duas hipóteses de usucapião. Como a instituição do direito surgiu em 5 de outubro de 1988, é a partir dessa data que o prazo pode ser contado para o exercício do direito.

A primeira hipótese é de imóvel urbano, prevista no art. 183:

> Art. 183. Aquele que possuir como sua área urbana de até duzentos e cinquenta metros quadrados, por cinco anos, ininterruptamente e sem oposição, utilizando-a para sua moradia ou de sua família, adquirir-lhe-á o domínio, desde que não seja proprietário de outro imóvel urbano ou rural.

São requisitos para a usucapião urbano constitucional:

Direitos e Deveres Individuais e Coletivos 201

a) o usucapiente possuir área urbana como sua por mais de cinco anos ininterruptos sem oposição;
b) a área ter até 250 m²;
c) utilizá-la para sua moradia ou de sua família;
d) não ser o usucapiente proprietário de outro imóvel rural ou urbano;
e) o direito ser reconhecido apenas uma vez;
f) o título ser entregue ao homem, à mulher ou a ambos, sem preocupação com o estado civil (proteção da união estável e da igualdade de direitos entre homem e mulher no casamento);
g) não depender de comprovação de boa-fé ou de justo título.

A segunda hipótese é de imóvel rural, nos termos do art. 191:

> Art. 191. Aquele que, não sendo proprietário de imóvel rural ou urbano, possua como seu, por cinco anos ininterruptos, sem oposição, área de terra, em zona rural, não superior a cinquenta hectares, tornando-a produtiva por seu trabalho ou de sua família, tendo nela sua moradia, adquirir-lhe-á a propriedade.

São requisitos para a usucapião rural constitucional:

a) o usucapiente possuir área de terra em zona rural como sua por mais de cinco anos ininterruptos sem oposição;
b) a área ter até 50 ha;
c) torná-la produtiva por seu trabalho ou de sua família;
d) não ser proprietário de outro imóvel rural ou urbano;
e) não depender tampouco de comprovação de boa-fé ou de justo título, como visto acima.

A usucapião especial coletiva

Questão que há muito atormentava a sociedade e os aplicadores da lei era a de como viabilizar o reconhecimento dos efeitos jurídicos da posse em áreas ocupadas pela população de baixa renda, em que não fosse possível a especificação do terreno ocupado por cada possuidor (favelas, por exemplo).

Dando curso às previsões constitucionais acima citadas, a Lei n. 10.257/2001, o chamado Estatuto das Cidades, disciplinou a usucapião especial coletiva, dispondo que:

202 Curso de Direito Constitucional

Art, 10. Os núcleos urbanos informais existentes sem oposição há mais de cinco anos e cuja área total dividida pelo número de possuidores seja inferior a duzentos e cinquenta metros quadrados por possuidor são suscetíveis de serem usucapidos coletivamente, desde que os possuidores não sejam proprietários de outro imóvel urbano ou rural.

§ 1º O possuidor pode, para o fim de contar o prazo exigido por este artigo, acrescentar sua posse à de seu antecessor, contanto que ambas sejam contínuas.

§ 2º A usucapião especial coletiva de imóvel urbano será declarada pelo juiz, mediante sentença, a qual servirá de título para registro no cartório de registro de imóveis.

§ 3º Na sentença, o juiz atribuirá igual fração ideal de terreno a cada possuidor, independentemente da dimensão do terreno que cada um ocupe, salvo hipótese de acordo escrito entre os condôminos, estabelecendo frações ideais diferenciadas.

§ 4º O condomínio especial constituído é indivisível, não sendo passível de extinção, salvo deliberação favorável tomada por, no mínimo, 2/3 (dois terços) dos condôminos, no caso de execução de urbanização posterior à constituição do condomínio.

§ 5º As deliberações relativas à administração do condomínio especial serão tomadas por maioria de votos dos condôminos presentes, obrigando também os demais, discordantes ou ausentes.[35]

Importante salientar que o art. 11 da indigitada lei prescreve que, na pendência da usucapião especial urbana, "ficarão sobrestadas quaisquer outras ações, petitórias ou possessórias, que venham a ser propostas relativamente ao imóvel usucapiendo".

Como se vê, o escopo da legislação foi o de priorizar o direito de moradia, em atenção, aliás, a um dos objetivos fundamentais da República Federativa do Brasil, a saber, "erradicar a pobreza e a marginalização e reduzir as desigualdades sociais e regionais".

Propriedade intelectual

Segundo Isabel Vaz (1993, p. 413),

sob a denominação "propriedade intelectual", agrupam-se duas grandes categorias de bens, dando origem a direitos resultantes da atividade intelectual, com reflexos no domínio industrial, científico, literário ou artístico. Na primeira categoria, chamada

---

[35] Redação dada pela Lei n. 13.465/2017.

"propriedade industrial", incluem-se direitos relativos a invenções, marcas de fábrica ou de comércio, dentre outros. A segunda, sob o título de "direitos do autor" e correlatos, engloba as obras literárias científicas, musicais, artísticas, filmes, fonogramas e demais criações semelhantes.

O inciso XXVII do art. 5º da Constituição Federal consagra que "aos autores pertence o direito exclusivo de utilização, publicação ou reprodução de suas obras, transmissível aos herdeiros pelo tempo que a lei fixar".

O inciso XXVIII do mesmo dispositivo assegura a proteção às participações individuais nas obras coletivas, bem como o direito dos autores, por si ou por meio das respectivas representações sindicais ou associativas, de fiscalizar as obras que criarem ou de que participarem.

O que se verifica é que, por intermédio desses dois dispositivos, a Carta Federal abrigou os chamados direitos do autor, que conferem ao respectivo titular direitos morais e patrimoniais sobre a obra produzida.

Segundo João da Gama Cerqueira (1982, p. 51-2), "os direitos morais do autor manifestam-se pela prerrogativa de ser reconhecido como autor da obra, ter seu nome a ela relacionado, impedir a sua modificação, alterá-la em nova edição e o de retirá-la de circulação".

Os direitos patrimoniais do autor manifestam-se pela prerrogativa de utilizar, fruir e dispor, com exclusão de todos os demais, da obra intelectual.

A propriedade industrial envolve o chamado privilégio de invenção, as marcas de indústria ou de comércio e de nome de empresas.

Cuidando do tema, o art. 5º, XXIX, da Constituição Federal prescreve que

a lei assegurará aos autores de inventos industriais privilégio temporário para sua utilização, bem como proteção às criações industriais, à propriedade das marcas, aos nomes de empresas e a outros signos distintivos, tendo em vista o interesse social e o desenvolvimento tecnológico e econômico do País.

A invenção é a ideia nova, antes nunca pensada, editada, aplicada ou utilizada. Desse teor o seguinte excerto da alentada monografia de Isabel Vaz (1993, p. 413):

A maioria das legislações referentes às invenções preveem que uma ideia, para gozar de proteção legal, ou ser patenteável, deve ser "nova" no sentido de nada permitir pensar tenha ela já sido publicada ou utilizada publicamente. Ademais, ela não deve "ser evidente", quer dizer, não vir ao espírito de todo especialista do domínio industrial ao qual ela se aplica, se estivesse encarregado de encontrar uma solução para o problema que ela se propõe a resolver. Além disso, ela deve ser imediatamente "aplicável na indústria", quer dizer, poder ser objeto de uma fabricação ou outra utilização industrial.

A propriedade da invenção industrial materializa-se nas chamadas patentes, que atribuem ao autor o domínio do invento pelo período de vinte anos.[36] As marcas de indústria ou comércio têm a finalidade de relacionar o produto ao seu fabricante ou ao seu distribuidor. Nesse sentido, as empresas possuem nomes ou sinais que igualmente estão protegidos pelo Texto Constitucional.

Defesa do consumidor[37]

A Constituição Federal erigiu a defesa do consumidor, simultaneamente, à condição de direito fundamental e princípio da ordem econômica.

A locução "defesa" é plena em significação, indicando que o Estado, por meio de todos os seus órgãos e funções, deve partir do pressuposto de que o consumidor é a parte vulnerável das relações de consumo, reclamando, portanto, uma intervenção protetiva, quer no sentido de garantir um sistema legal de proteção, quer no de criar organismos que impeçam ou reprimam lesões aos consumidores. Concretizando a vontade constitucional foi editado o Código de Defesa do Consumidor, a Lei n. 8.078/90, que consolida os princípios e as regras que orientam tal província do Direito.

Importante salientar, por outro giro, que a identificação da defesa do consumidor como direito fundamental atribui-lhe o *status* de cláusula pétrea, impedindo modificações por futuras emendas constitucionais e, o quanto mais, por leis infraconstitucionais. Assim sendo, parece incontroverso que as garantias conquistadas não são passíveis de retrocesso, sob pena de inconstitucionalidade da nova legislação.

Direito de petição

A Constituição assegura o direito de petição, isentando-o do pagamento de taxas. O direito de petição pode ser exercido "em defesa de direitos ou contra ilegalidade ou abuso de poder". Nesse sentido, pode assumir uma índole

---

[36] Ver Lei n. 9.279/96, que regula direitos e obrigações relativos à propriedade industrial.
[37] Sobre o tema, ver Serrano Nunes e Serrano (2014).

individual ou coletiva. Ao aduzir a "defesa de direitos", o Texto Constitucional não fez restrições. Antes, empregou locução genérica, que certamente acoberta a tutela de todas as espécies de direitos, quer de índole individual, quer coletiva.

Assim, o direito de petição pode ser exercitado, por exemplo, para denunciar uma atividade poluente, como o não tratamento dos esgotos domésticos pelo Poder Público, ou ainda para demonstrar um abuso contra direito individual, como a invasão do domicílio por policiais sem a aquiescência do morador.

Demais disso, o dispositivo empresta ao direito de petição uma finalidade de proteção da ordem jurídica, atribuindo-lhe a finalidade de defesa contra ilegalidade ou abuso de poder. Este revela um desvio das finalidades legais de um ato administrativo.

A locução "ilegalidade", de sua vez, parece dotada de conteúdo generalizador, é dizer, agasalha tanto a hipótese de ilegalidade *stricto sensu* como qualquer forma de contrariedade a normas jurídicas, por exemplo, às normas constitucionais.

Destarte, não é demasiado afirmar que o direito de petição também serve de instrumento de participação individual na vida política do Estado, pois por meio dele podem-se exercitar prerrogativas próprias da cidadania.

Gomes Canotilho e Vital Moreira (1984, p. 280), comentando dispositivo semelhante da Constituição da República portuguesa, apontam que o exercício do direito de petição possui caráter essencialmente informal, sem que preexistam fórmulas obrigatórias, fato, contudo, que não dispensa, ao menos, a forma escrita e a identificação do peticionante.

Direito de certidão

A cláusula constante da alínea *b* do inciso XXXIV do art. 5º da Constituição da República confere o direito de "obtenção de certidões em repartições públicas, para defesa de direitos e esclarecimento de situações de interesse pessoal".

O direito de certidão tem endereço certo: as repartições públicas. E aqui inexistem restrições. Por repartição pública deve-se entender qualquer organismo do Poder Público, inclusive as delegacias de polícia, os órgãos do Poder Judiciário, as secretarias do Ministério Público e as Mesas do Poder Legislativo.

Por outro lado, a textura constitucional indica que a certidão pode tanto referir-se a direitos individuais como a coletivos, fato que não desqualifica a necessidade de demonstração de interesse legítimo na obtenção da certidão. Logo, ter-se-ia por inadmissível um pedido de certidão do endereço residencial de um funcionário público se contra ele o requerente não possuísse qualquer demanda.

Dessa forma, o pedido de certidão deve sempre ser fundamentado para que a autoridade possa avaliar a pertinência do pedido com uma das razões constitucionais que o fundamentam. Assim, para a verificação desse nexo de pertinência entre o pedido formulado e as finalidades prestigiadas pelo Texto Constitucional, deve o interessado destacar quais os motivos que o levaram à formulação do pedido. No que tange à forma, Hely Lopes Meirelles (1996, p. 175-6) assinala que:

> Certidões administrativas são cópias ou fotocópias fiéis e autenticadas de atos ou fatos constantes de processo, livro ou documento que se encontre nas repartições públicas. Podem ser de inteiro teor, ou resumidas, desde que expressem fielmente o que se contém no original de onde foram extraídas. Em tais atos o Poder Público não manifesta sua vontade, limitando-se a trasladar para o documento a ser fornecido ao interessado o que consta de seus arquivos. As certidões administrativas, desde que autenticadas, possuem o mesmo valor probante do original, como documentos públicos que são (CC [1916], art. 136, III; CPC [1973], arts. 364 e 365, III).

Uma vez registrado o pedido, a repartição competente tem quinze dias para o fornecimento da certidão (Lei n. 9.051/95). Esvaído o prazo, ou denegada ilegalmente a certidão, o remédio judicial adequado é o mandado de segurança.

Segundo José Celso de Mello Filho (1986, p. 488-9), em comentário à Constituição revogada, o sigilo administrativo restringe o fornecimento de certidões. Entretanto, esse sigilo, por injunção do inciso XXXIII do art. 5º da Lei Maior, há de ser imprescindível à segurança do Estado e da sociedade.

A segurança do Estado vê-se ameaçada basicamente por informações de caráter bélico. A sociedade, porém, deve ser resguardada de situações que causem pânico.

Destarte, parece que a exegese do Decreto Federal n. 7.845/2012, que instituiu o Regulamento para a Salvaguarda de Assuntos Sigilosos, deve ajustar-se a esse novo comando constitucional.

Princípio da inafastabilidade da jurisdição

Sob a dicção de que "a lei não excluirá da apreciação do Poder Judiciário lesão ou ameaça a direito", a Constituição da República empalmou o princípio da inafastabilidade da jurisdição,[38] que, em síntese, de um lado, outorga ao Poder Judiciário o monopólio da jurisdição e, de outro, faculta ao indivíduo o direito de ação, ou seja, o direito de provocação daquele.

Enrico Tullio Liebman (2005, p. 7) define jurisdição como "a atividade dos órgãos do Estado destinada a formular e atuar praticamente a regra jurídica concreta que, segundo o direito vigente, disciplina determinada situação jurídica". Por força do indigitado dispositivo constitucional, no Brasil essa atividade é privativa do Poder Judiciário, único órgão apto a formular decisões dotadas da força da coisa julgada.

Convém destacar, nesse aspecto, que a mensagem normativa foi clara ao colocar sob o manto da atividade jurisdicional tanto a lesão como a ameaça a direito. Ajustando esse enfoque normativo ao princípio de hermenêutica constitucional, que preconiza que "quando a Constituição quer um fim fornece os meios", concluímos que o dispositivo constitucional citado, ao proteger a *ameaça a direito*, dotou o Poder Judiciário de um poder geral de cautela, ou seja, mesmo à míngua de disposição infraconstitucional expressa, deve-se presumir o poder de concessão de medidas liminares ou cautelares como forma de resguardo do indivíduo das ameaças a direitos.

Importante ressaltar, nesse específico, que o art. 217, §§ 1º e 2º, prescreve que o Poder Judiciário "só admitirá ações relativas à disciplina e às competições desportivas após esgotarem-se as instâncias da justiça desportiva, reguladas em lei", sendo que "a justiça desportiva terá o prazo máximo de sessenta dias, contados da instauração do processo, para proferir decisão final".

Por fim, nada impede que a lei venha a criar contenciosos administrativos. O percurso administrativo, no entanto, não é obrigatório, sendo facultado apenas ao administrado, que, em caso de não interesse, poderá socorrer-se imediatamente do Poder Judiciário.[39,40]

---

[38] São, dentre outras, expressões sinônimas: princípio da proteção judiciária, princípio do livre acesso ao Poder Judiciário, princípio do controle jurisdicional e princípio da ubiquidade da justiça.

[39] STF – Súmula Vinculante n. 21: "É inconstitucional a exigência de depósito ou arrolamento prévios de dinheiro ou bens para admissibilidade de recurso administrativo".

[40] STF – Súmula Vinculante n. 28: "É inconstitucional a exigência de depósito prévio como requisito de admissibilidade de ação judicial na qual se pretenda discutir a exigibilidade de crédito tributário".

O Supremo Tribunal Federal entendeu que, na esfera administrativa, para infrações trabalhistas, poderia ser exigido o depósito da multa para o oferecimento do recurso administrativo.[41]

Questão interessante decidiu o Supremo Tribunal Federal acerca da desnecessidade de reapreciação da decisão por um Tribunal Superior, quando havia competência originária de um Tribunal Estadual, como princípio constitucional. O Pacto de São José (Convenção Americana de Direitos Humanos) introduziu garantias judiciais e de proteção judicial, especificamente no art. 8º, n. 2, *h* (direito de recorrer da sentença para um juiz ou Tribunal Superior), e no art. 25, n. 1 (toda pessoa tem direito a um recurso simples e rápido ou a qualquer outro recurso efetivo). E determinou que todos têm direito a um recurso (no mínimo).

No entanto, o Pretório Excelso entendeu, quando da análise de julgamento de matéria apreciada originalmente por Tribunal de Justiça, por força de competência originária, a desnecessidade de apreciação, como recurso, da matéria decidida pelo tribunal de origem. Assim, não haveria recurso, salvo as hipóteses próprias de recurso especial ou extraordinário. Quando o julgamento é feito originariamente pelo Tribunal de Justiça, pressupõe-se cumprida a garantia do reexame por um corpo mais experiente de juízes. Portanto, não haveria afastamento do Poder Judiciário, que analisou a questão, ficando prejudicado o recurso singelo, por já ter sido proferida a decisão por colegiado originário.[42]

Limites à retroatividade da lei

Entre os direitos fundamentais, a Constituição busca assegurar a estabilidade das relações jurídicas, proibindo a retroeficácia da lei em face do direito adquirido, do ato jurídico perfeito e da coisa julgada.[43]

A compostura jurídica do instituto encontra-se bem delimitada pelo art. 6º da Lei de Introdução às normas do Direito Brasileiro, que tem a seguinte redação:

> Art. 6º A Lei em vigor terá efeito imediato e geral, respeitados o ato jurídico perfeito, o direito adquirido e a coisa julgada.

---

[41] Cf. STF, 2ª T., RE 230.994-TO, Rel. Min. Maurício Corrêa.

[42] RHC 79.785-RJ, Rel. Min. Sepúlveda Pertence, *Boletim Informativo STF*, n. 187.

[43] STF – Súmula Vinculante n. 1 – "Ofende a garantia constitucional do ato jurídico perfeito a decisão que, sem ponderar as circunstâncias do caso concreto, desconsidera a validez e a eficácia de acordo constante de termo de adesão instituído pela Lei Complementar n. 110/2001".

§ 1º Reputa-se ato jurídico perfeito o já consumado segundo a lei vigente ao tempo em que se efetuou.

§ 2º Consideram-se adquiridos assim os direitos que o seu titular, ou alguém por ele, possa exercer, como aqueles cujo começo do exercício tenha termo pré-fixo, ou condição preestabelecida inalterável, a arbítrio de outrem.

§ 3º Chama-se coisa julgada ou caso julgado a decisão judicial de que já não caiba recurso.

Como se vê, em princípio, a lei tem eficácia imediata e ultra-ativa, passando a regular os atos e fatos jurídicos a partir de sua edição. Todavia, não existe uma proibição absoluta à retroeficácia. Respeitando o ato jurídico perfeito, a coisa julgada e o direito adquirido, a lei pode ter efeito retroativo, o qual, contudo, em face de seu caráter excepcional, deve vir textualmente declarado. O Supremo Tribunal Federal tem entendido que a lei de caráter interpretativo pode ser aplicada retroativamente, desde que não traga comportamento mais gravoso do Estado para com o indivíduo, por exemplo, em matéria tributária ou com o cerceamento patrimonial ou ainda molestando a segurança jurídica. A lei, que normalmente deve ser aplicada para adiante, poderá ter efeito excepcional retroativo sem prejudicar os bens acima anunciados.[44]

Há um ponto de vista doutrinário que, a partir de uma compreensão literal do art. 5º, inciso XXXVI (a lei não prejudicará o ato jurídico perfeito, o direito adquirido e a coisa julgada), sustenta que essa proteção da estabilidade das relações jurídicas teria como destinatário exclusivo o legislador infraconstitucional. Dentre outros, o posicionamento de José Celso de Mello Filho (1986, p. 431), tomado ainda sob as luzes da antiga Constituição de 1967:

A incidência imediata das normas constitucionais, todas elas revestidas de eficácia derrogatória das regras e dos atos dotados de positividade jurídica inferior, *não permite* que se invoque *contra elas* qualquer situação juridicamente consolidada. Assim, o ato jurídico perfeito, a coisa julgada e o direito adquirido, embora imunes à ação legislativa ordinária, que não poderá afetá-los, mostram-se irrelevantes em face da inquestionável supremacia formal e material das regras constitucionais.

Nosso ponto de vista, no entanto, caminha em sentido contrário. Compreendemos que a expressão "lei" encartada no referido inciso XXXVI possui

---

[44] STF, Medida Cautelar em ADI 605-DF, Rel. Min. Celso de Mello, j. 23.10.1991, *DJ*, 05.03.1993.

um sentido amplo, abrangendo todas as espécies normativas, inclusive as emendas constitucionais.

É de conhecimento trivial que o rol de direitos contidos no art. 5º da Constituição Federal foi petrificado expressamente pelo art. 60, § 4º, I, também de nossa Lei Maior. Logo, adotando-se a premissa de que o termo "lei" foi utilizado em sentido amplo, mesmo uma emenda constitucional não poderia violar o ato jurídico perfeito, o direito adquirido e a coisa julgada, sob pena de inconstitucionalidade.

Deve-se sublinhar, entretanto, que entre normas constitucionais – aqui tomadas como aquelas que constem originariamente da Constituição, bem como aquelas que tenham sido introduzidas validamente no âmbito constitucional – não existe relação de hierarquia. Assim, é perfeitamente possível que uma disposição frutificada do poder constituinte originário tenha criado uma exceção ao princípio ora debatido, como, aliás, parece ter ocorrido no caso do art. 231, § 6º, da Constituição.

Embora o tema ainda seja controverso, entendemos que as normas de ordem pública, sobretudo as de caráter econômico, devem ser aplicadas imediatamente, inclusive em relação aos efeitos futuros dos contratos passados.

Tal ponto de vista se debruça na ideia de que tais normas não podem ser costeadas pelos contratantes, pois não raro impõe uma ampla ressignificação nos pressupostos de fato das relações contratuais travadas. É o que ocorre, por exemplo, com os planos econômicos que impõem um novo padrão monetário.

A propósito, confira-se o seguinte posicionamento do Supremo Tribunal Federal:

TABLITA. PLANO COLLOR II. REGRA DE DEFLAÇÃO DA MP 294/91 (L. 8.177/91). PRINCÍPIOS DO DIREITO ADQUIRIDO, DO ATO JURÍDICO PERFEITO E DA COISA JULGADA. ALTERAÇÃO DE PADRÃO MONETÁRIO. 1. No julgamento do RE 141.190, o plenário do STF entendeu que o fator de deflação veio a preservar o equilíbrio econômico-financeiro inicial dos contratos, diante da súbita interrupção do processo inflacionário. A manutenção dos contratos então vigentes – que traziam embutida a tendência inflacionária – importaria em ganhos irreais, desiguais e incompatíveis com o pacto firmado entre as partes antes da alteração radical do ambiente monetário e econômico. 2. Também por isso se confirmou a tese de que normas de ordem pública que instituem novo padrão monetário têm aplicação imediata em relação aos contratos em curso como forma de reequilibrar a relação jurídica antes estabelecida. 3. O Plano Collor II também representou mudança de padrão monetário e alteração profunda dos rumos econômicos do país e, por isso, a esse plano econômico também se aplica a jurisprudência assentada no julgamento do RE 141.190. Negado provimento ao recurso.[45]

Princípio do juiz natural

O princípio do juiz natural encontra em nossa Carta Magna dois dispositivos de tutela, os incisos XXXVII e LIII do art. 5º, que se encontram redigidos da seguinte forma: "XXXVII – não haverá juízo ou tribunal de exceção; [...] LIII – ninguém será processado nem sentenciado senão pela autoridade competente".

Os dispositivos transcritos consagram o princípio do juiz natural, também denominado princípio do juiz legal. O conteúdo jurídico do princípio pode ser resumido na inarredável necessidade de predeterminação do juízo competente, quer para o processo, quer para o julgamento, proibindo-se qualquer forma de designação de tribunais ou juízos para casos determinados.

Na verdade, o princípio em estudo é um desdobramento da regra da igualdade. Nesse sentido, Pontes de Miranda (1968, p. 225-6) aponta que a "proibição dos tribunais de exceção representa, no direito constitucional contemporâneo, *garantia constitucional*: é direito ao juízo legal comum", indicando vedação à discriminação de pessoas ou casos para efeito de submissão a juízo ou tribunal que não o recorrente por todos os indivíduos.

O respeito ao princípio implica a observância dos seguintes requisitos:

a) só podem ter função jurisdicional os integrados ao Poder Judiciário;
b) existência de critérios que permitam a determinabilidade do juízo ou tribunal competente;
c) observância estrita das normas regimentais de distribuição do processo.

A garantia constitucional tem dois destinatários: o cidadão, que deve submeter-se ao juízo aleatório do Estado, sem procurar romper a regra da livre distribuição, e o Estado, que não pode definir o juiz para determinado cidadão ou caso.

---

[45] RE 167987 / RJ – Rio de Janeiro. Rel. Min. Marco Aurélio. Relator p/acórdão: Min. Nelson Jobim.

212 Curso de Direito Constitucional

O princípio, contudo, não veda a existência de juízos especializados, desde que guardado o caráter generalizador da norma que os criar, que só ofenderá o princípio em estudo no caso de, por via transversa, buscar a submissão de situações ou pessoas predeterminadas à competência desses novos órgãos.

Nesse sentido, mesmo o disposto no art. 126, *caput*, da Constituição Federal, que preconiza que, "para dirimir conflitos fundiários, o Tribunal de Justiça designará juízes de entrância especial, com competência exclusiva para questões agrárias", não constitui exceção à regra, uma vez que a designação desses juízes deverá ser efetivada com observância das regras acima arroladas.

Princípio do devido processo legal

O princípio do devido processo legal, abrigado pelo art. 5º, LIV, da Constituição da República, deita raízes na longínqua Carta Magna Libertatum, de João Sem Terra, editada em 1215, na Inglaterra. Nela, afirma-se que as supressões de direitos só poderiam se dar por um julgamento realizado por "seus iguais" e segundo a "lei da terra".

A partir desse início fecundo, o instituto granjeou previsão em vários documentos, em especial no assim chamado *Bill of Rigths* estadunidense, designação costumeiramente atribuída às dez primeiras emendas à Constituição dos Estados Unidos, aprovadas, em conjunto, quatro anos após a promulgação da Constituição de Filadélfia e que se destinavam a regular os direitos fundamentais dos cidadãos do Estado Federal que acabara de ser criado.

A Emenda n. 5 incorporou, ao lado de outros pontos, o princípio do devido processo legal. Em tradução livre:

> Ninguém será detido para responder por crime capital, ou outro crime infamante, salvo por denúncia ou acusação perante um Grande Júri, exceto em se tratando de casos que, em tempo de guerra ou de perigo público, ocorram nas forças de terra ou mar, ou na milícia, durante serviço ativo; ninguém poderá pelo mesmo crime ser duas vezes ameaçado em sua vida ou saúde; nem ser obrigado em qualquer processo criminal a servir de testemunha contra si mesmo; nem ser privado da vida, liberdade, ou bens, sem o devido processo legal; nem a propriedade privada poderá ser expropriada para uso público, sem justa indenização.

Posteriormente, com o fim da Guerra da Secessão, foram aprovadas três emendas, as de números 13, 14 e 15. A de número 13 destinava-se a colocar na

Constituição a abolição da escravatura e a de número 14 consignou, mais uma vez, o princípio ora estudado. Numa tradução livre:

Todas as pessoas nascidas ou naturalizadas nos Estados Unidos, e sujeitas à sua jurisdição, são cidadãos dos Estados Unidos e do Estado onde tiver residência. Nenhum Estado poderá fazer ou executar leis restringindo os privilégios ou as imunidades dos cidadãos dos Estados Unidos; nem poderá privar qualquer pessoa de sua vida, liberdade, ou bens sem o devido processo legal, ou negar a qualquer pessoa sob sua jurisdição a igual proteção das leis.

Apoiadas nessas previsões, a doutrina e a jurisprudência estadunidense passaram a consolidar inúmeras reflexões sobre o instituto, que, deste modo, deixou de ser considerado exclusivamente uma garantia de cunho processual para assumir também uma feição substantiva.

Carlos Roberto Siqueira Castro (2005, p. 45), em magnífico trabalho sobre o tema, aporta:

O abandono da visão estritamente processualista da cogitada garantia constitucional (*procedural due process*) e o início da fase "substantiva" na evolução desse instituto (*substantive due process*) retrata a entrada em cena do Judiciário como árbitro autorizado e final das relações do governo com a sociedade civil, revelando seu papel de protagonista e igualmente "substantivo" no seio das instituições governativas.

A partir dessa construção, o princípio do devido processo legal passou a abranger duas feições: uma estritamente processual e outra chamada substantiva.

No Brasil, embora constituições pregressas tenham previsto garantias inerentes ao devido processo legal, este só granjeou menção expressa com a atual Constituição, que, no inciso LIV, de seu art. 5º, prescreve que "ninguém será privado da liberdade ou de seus bens sem o devido processo legal".

Já existem precedentes judiciais, inclusive em nossa mais alta Corte, abordando o devido processo legal substantivo. Não obstante, o instituto é, em regra, tratado em sua acepção estritamente processual, o que se explica basicamente pelas diferenças estruturais entre a Constituição brasileira e a estadunidense. Esta, dotada de nítido caráter principiológico, reclama a mediação de cláusulas gerais que acomodem ditames aqui acolhidos por inúmeras disposições específicas.

Convém sublinhar, nesse sentido, que embora a cláusula do devido processo legal esteja expressamente acomodada no referido inciso LIV, as disposições subsequentes dela constituem desdobramento.[46] Para Nelson Nery Júnior (1995, p. 27):

> bastaria a norma constitucional haver adotado o princípio do *due process of law* para que daí decorressem todas as consequências processuais que garantiriam aos litigantes o direito a um processo e uma sentença justa. É, por assim dizer, gênero do qual todos os demais princípios constitucionais do processo são espécies.

Em rigor, o devido processo legal traduziria, segundo Nery (1995), um princípio-mãe, que implicaria a observância estrita das seguintes regras:

a) direito a prévia citação para conhecimento do teor da acusação;
b) direito a um juiz imparcial;
c) direito ao arrolamento de testemunhas e à elaboração de reperguntas;
d) direito ao contraditório (contrariar provas inclusive);
e) direito à defesa técnica;[47]
f) direito à igualdade entre acusação e defesa;
g) direito de não ser acusado ou processado com base em provas ilícitas;[48]
h) privilégio contra a autoincriminação.

Oportuna a observação de que, por força do inciso LV, do precitado art. 5º, tais garantias devem existir não só em processos judiciais, como também nos administrativos, não obstante tenha o Supremo Tribunal Federal, por meio da Súmula Vinculante n. 5, pacificado que "a falta de defesa técnica por advogado no processo administrativo disciplinar não ofende a Constituição".

Já o devido processo legal substantivo constituiria uma espécie de projeção do princípio da razoabilidade, investida do objetivo de nortear a relação entre o Estado e o indivíduo.

---

[46] "LV – aos litigantes, em processo judicial ou administrativo, e aos acusados em geral são assegurados o contraditório e ampla defesa, com os meios e recursos a ela inerentes; LVI – são inadmissíveis, no processo, as provas obtidas por meios ilícitos; LVII – ninguém será considerado culpado até o trânsito em julgado de sentença penal condenatória".

[47] STF – Súmula Vinculante n. 14: "É direito do defensor, no interesse do representado, ter acesso amplo aos elementos de prova que, já documentados em procedimento investigatório realizado por órgão com competência de polícia judiciária, digam respeito ao exercício do direito de defesa".

[48] Uma prova ilícita não compromete a validade de outras que dela não sejam dependentes (STF, RHC 74.807, Rel. Min. Maurício Corrêa, *DJ*, 20.06.1997, *JUIS*, n. 19).

Nos EUA, desde seu nascedouro, sua finalidade essencial foi a de servir de parâmetro para o chamado *judicial review*, vale dizer, o controle de constitucionalidade dos atos emanados do Poder Legislativo.

No direito pátrio, o princípio não granjeou igual prestígio, em primeiro lugar, porque o citado comando de razoabilidade foi entendido como caudatário do princípio da igualdade, em segundo, porque nossa Constituição, de caráter analítico, foi permeada de regras expressas de proteção dos cidadãos.

Todavia, o princípio, cada vez mais, vem integrando decisões do Supremo Tribunal Federal. A propósito, confira-se o seguinte excerto da lavra do Ministro Joaquim Barbosa:

> Alegada violação do direito fundamental ao livre acesso ao Poder Judiciário (art. 5º, XXXV, da Constituição), na medida em que as normas impedem o contribuinte de ir a juízo discutir a validade do crédito tributário. Caracterização de sanções políticas, isto é, de normas enviesadas a constranger o contribuinte, por vias oblíquas, ao recolhimento do crédito tributário. 3. Esta Corte tem historicamente confirmado e garantido a proibição constitucional às sanções políticas, invocando, para tanto, o direito ao exercício de atividades econômicas e profissionais lícitas (art. 170, par. ún., da Constituição), a violação do devido processo legal substantivo (falta de proporcionalidade e razoabilidade de medidas gravosas que se predispõem a substituir os mecanismos de cobrança de créditos tributários) e a violação do devido processo legal manifestado no direito de acesso aos órgãos do Executivo ou do Judiciário tanto para controle da validade dos créditos tributários, cuja inadimplência pretensamente justifica a nefasta penalidade, quanto para controle do próprio ato que culmina na restrição. É inequívoco, contudo, que a orientação firmada pelo Supremo Tribunal Federal não serve de escusa ao deliberado e temerário desrespeito à legislação tributária. Não há que se falar em sanção política se as restrições à prática de atividade econômica objetivam combater estruturas empresariais que têm na inadimplência tributária sistemática e consciente sua maior vantagem concorrencial. Para ser tida como inconstitucional, a restrição ao exercício de atividade econômica deve ser desproporcional e não razoável (STF, ADI 173/DF, Rel. Min. Joaquim Barbosa).

O que nos parece mais importante, na verdade, é a sedimentação de que a lei pode ter a sua constitucionalidade avaliada ao crivo da razoabilidade e da proporcionalidade, controle este que tanto pode ter fundamento no princípio em causa, como no princípio da igualdade.

Proibição de provas ilícitas

O art. 5º, LVI, reputou "inadmissíveis, no processo, as provas obtidas por meios ilícitos". A ilicitude de uma prova decorre da forma de sua obtenção ou do momento – ilícito – de sua introdução no processo. No primeiro caso, denomina-se a prova de materialmente ilícita. No segundo, de formalmente ilícita, ou ilegítima.

Nesse sentido, Celso de Mello ensina que o espectro semântico do cogitado dispositivo constitucional indica que

> ninguém pode ser denunciado, processado ou condenado com fundamento em provas ilícitas, eis que a atividade persecutória do Poder Público, também nesse domínio, está necessariamente subordinada à estrita observância de parâmetros de caráter ético-jurídico cuja transgressão só pode importar, no contexto emergente de nosso sistema normativo, na absoluta ineficácia dos meios probatórios produzidos pelo Estado. Impõe-se registrar, até mesmo como fator de expressiva conquista dos direitos instituídos em favor daqueles que sofrem a ação persecutória do Estado, a inquestionável hostilidade do ordenamento constitucional brasileiro às provas ilegítimas e às provas ilícitas. A Constituição da República, por isso mesmo, tornou inadmissíveis, no processo, as provas inquinadas de ilegitimidade ou de ilicitude (RE 251445, Rel. Min. Celso de Mello).

Essa regra constitucional, tal qual as demais, não é absoluta, pois sempre haverá de se esmaecer ante a concreta colisão com outras regras e princípios constantes da própria Constituição.

Desse modo, acredita-se que a regra constitucional deve ser temperada sob os parâmetros do princípio da proporcionalidade, que traduz a justa medida dos institutos jurídicos, ou, por outra maneira, a proibição do excesso.

Tal entendimento encontra figuração perfeita na prova ilícita que inocenta o réu em processo penal, demonstrando, de forma cabal, não ter sido ele o autor do crime. A regra de proibição da prova ilícita, neste caso, poderia ser erigida para concretizar a condenação de alguém sabidamente inocente? Esse, claramente, não é o objetivo do dispositivo constitucional, criado para assegurar decisões justas e não, por óbvio, para dar esteio à condenação de inocentes.

Princípio da presunção de inocência

O princípio da presunção de inocência tem fundamento na máxima de que ninguém será considerado culpado até que se prove o contrário.

A bem do rigor, a *mens constitutiones* foi atribuir ao autor da ação penal – de regra, o Ministério Público – o ônus de provar a existência do fato criminoso e a sua autoria. À falta de demonstração probatória desses elementos, a ação penal deve ser julgada improcedente, senão com outro fundamento, com base na insuficiência de provas. Logo, em matéria penal, é incogitável a adoção de institutos como a inversão do ônus da prova ou outros que forcejem pela presunção de culpa e não o contrário.

O Supremo Tribunal Federal entendeu constitucional a expressão "desde que o acusado não esteja sendo processado", constante do art. 89 da Lei n. 9.099/95, na parte em que veda a suspensão condicional do processo quando o réu responda a outra ação penal. Dessa maneira, a presunção de inocência encontra uma interpretação restritiva pelo Pretório Excelso, especialmente porque ainda não há sequer condenação pendente de recurso, mas apenas processo.[49]

O Supremo Tribunal Federal seguiu em sua tendência de cercear o princípio da presunção de inocência. Em julgado recente, estabelecendo o tema 925 de repercussão geral constitucional, a Corte entendeu que pode se dar execução provisória, mesmo quando não há trânsito em julgado da decisão, bastando, para tanto, julgado em grau recursal.[50]

Pressupostos constitucionais para a privação da liberdade[51,52]

Ao lado das regras relativas ao devido processo legal e à presunção de inocência, o Texto Constitucional sedimentou garantias individuais pertinentes à privação da liberdade. Em primeiro lugar, deve-se ter presente que a regra é a da liberdade, de tal modo que os permissivos relativos à privação da liberdade têm natureza excepcional, reclamando assim interpretação restritiva.

---

[49] RHC 79.460-SP, Rel. p/ ac. Min. Nelson Jobim, j. 16.12.1999, *Boletim Informativo STF*, n. 175.

[50] Tema 925 – Possibilidade de a execução provisória de acórdão penal condenatório proferido em grau recursal, ainda que sujeito a recurso especial ou extraordinário, comprometer o princípio constitucional da **presunção** de **inocência** afirmado pelo art. 5º, LVII, da Constituição da República.

[51] STF – Súmula Vinculante n. 11: "Só é lícito o uso de algemas em casos de resistência e de fundado receio de fuga ou de perigo à integridade física própria ou alheia, por parte do preso ou de terceiros, justificada a excepcionalidade por escrito, sob pena de responsabilidade disciplinar, civil e penal do agente ou da autoridade e de nulidade da prisão ou do ato processual a que se refere, sem prejuízo da responsabilidade civil do Estado".

[52] STF – Súmula Vinculante n. 26: "Para efeito de progressão de regime no cumprimento de pena por crime hediondo, ou equiparado, o juízo da execução observará a inconstitucionalidade do art. 2º da Lei n. 8.072, de 25 de julho de 1990, sem prejuízo de avaliar se o condenado preenche, ou não, os requisitos objetivos e subjetivos do benefício, podendo determinar, para tal fim, de modo fundamentado, a realização de exame criminológico".

Nesse sentido, o Texto Constitucional estabeleceu duas hipóteses permissivas da privação da liberdade: a prisão em flagrante delito e a ordem judicial fundamentada, salvo nos casos de transgressão militar ou crime propriamente militar, definidos em lei.

Existem três espécies de flagrante: o próprio, o impróprio e o presumido. O primeiro tem lugar quando o agente é surpreendido cometendo a infração penal ou tendo acabado de concretizá-la. O impróprio ocorre quando o agente é perseguido, logo após, pela autoridade, pelo ofendido ou por terceiro, em situação que faça presumir ser o autor da infração. O presumido encontra caracterização na situação em que o agente é encontrado, logo depois, com instrumentos, armas, objetos ou papéis que façam presumir ser ele o autor da infração penal.[53]

De qualquer forma, efetivada a prisão em flagrante, o auto respectivo deve ser encaminhado ao juiz competente, que a relaxará em caso de ilegalidade.

A ordem judicial deve ser fundamentada, de tal modo, que o juiz, ao decretar a prisão, deve enumerar os elementos de convicção que determinaram sua decisão. Existe, porém, um balizamento constitucional para a ordem judicial, pois o inciso LXVI do art. 5º prescreve que "ninguém será levado à prisão ou nela mantido, quando a lei admitir a liberdade provisória, com ou sem fiança".

Logo, a concessão de liberdade provisória depende da ausência de requisitos para a prisão preventiva.

Após o trânsito em julgado de decisão condenatória, só poderão ser aplicadas, de forma individualizada, as seguintes penas:

a) privação ou restrição da liberdade, vedada a prisão perpétua;
b) perda de bens;
c) multa;
d) prestação social alternativa;
e) suspensão ou interdição de direitos.

A garantia constitucional do júri

O art. 5º, XXXVIII, de nossa *Lex Major* reconhece a instituição do júri enquanto simultaneamente direito e garantia fundamental do indivíduo. Trata-se, portanto, de condição para a privação da liberdade individual, ou seja, para determinados crimes, o acusado tem direito ao julgamento pelo júri.

---

[53] Cf. art. 302 do Código de Processo Penal.

Essas duas faces do júri, ou seja, direito e garantia fundamental, no entanto, não impedem a conclusão de que o instituto foi alçado ao patamar constitucional basicamente enquanto garantia fundamental de que a pessoa que tenha praticado um crime doloso contra a vida só possa vir a ser condenada por um veredicto emanado do Tribunal Popular.

No ponto, a Constituição Federal, ao reconhecer o Tribunal do Júri como órgão especial do Poder Judiciário, enumerou seus princípios básicos, a saber:

a) plenitude de defesa;
b) sigilo das votações;
c) soberania dos veredictos;
d) competência mínima para julgar os crimes dolosos contra a vida.

Entretanto, ao lado da sua manifesta natureza de garantia da liberdade individual, o júri, como bem observa Guilherme de Souza Nucci (1999), em alentada incursão sobre o tema, "pode ser visto como um direito do cidadão de participação na administração de justiça do país". Cuida-se de um espaço peculiar para o exercício da cidadania, pois, no júri, o Poder Judiciário compartilha seu poder de decisão com os cidadãos, que, como jurados, constituem o Conselho de Sentença, responsável pela emissão de um veredicto soberano.

Desta feita, ao lado de seu caráter de garantia constitucional da liberdade individual, o júri se apresenta também como um direito de participação dos cidadãos no Poder Judiciário.

Princípio da não extradição

A extradição foi abordada em nosso Texto Constitucional em duas passagens: nos incisos LI e LII do art. 5º, que têm a seguinte redação:

> LI – nenhum brasileiro será extraditado, salvo o naturalizado, em caso de crime comum, praticado antes da naturalização, ou de comprovado envolvimento em tráfico ilícito de entorpecentes e drogas afins, na forma da lei;
>
> LII – não será concedida extradição de estrangeiro por crime político ou de opinião.

A extradição tem lugar nas situações em que o estrangeiro, ou excepcionalmente o brasileiro naturalizado, comete crime no exterior. Nesse caso, com fundamento em tratado ou compromisso de reciprocidade, o respectivo país pode pedir a extradição do indivíduo ao Estado brasileiro, que, por decisão do Supremo Tribunal Federal, poderá acolher, ou não, o pedido. Denomina-se ativa a extradição quando solicitada pelo Brasil e passiva quando o Estado brasileiro é o destinatário da solicitação proveniente de país estrangeiro.

Em relação aos brasileiros, o Texto Constitucional assentou o princípio da não extradição, que encontra uma única exceção, a qual ainda viceja dois requisitos:

a) que o brasileiro seja naturalizado ou português equiparado;
b) que se trate de crime comum, anterior à naturalização, ou de comprovado envolvimento com o tráfico internacional de entorpecentes.

No que diz respeito aos estrangeiros, o Texto Constitucional indicou exclusivamente vedações, proibindo que sua extradição tenha como fundamento crime político ou de opinião.

A locução "crime político ou de opinião" é vaga e, visto que integrante do rol de direitos fundamentais, deve ter interpretação ampliativa, de tal modo que, caso o delito de alguma forma tenha conexão com questões de caráter político, religioso ou filosófico, o Estado brasileiro estará impedido de conceder a extradição.

Dentro do balizamento constitucional acima traçado, importa verificar a presença de outros requisitos fundamentais para a concessão da extradição, dentre eles os seguintes:

a) existência de tratado internacional ou compromisso de reciprocidade;
b) pronunciamento condenatório definitivo ou ordem de prisão operante no país solicitante;
c) dupla incriminação, ou seja, o fato deve ser considerado criminoso simultaneamente no Brasil e no país solicitante;
d) comutação de eventual pena de morte;
e) não se tratar de crime político ou de opinião;
f) julgamento pelo STF.

Importante destacar que o julgamento do STF tem caráter autorizativo, de verificação dos requisitos, devendo a extradição, como ato de soberania, ser determinada pelo Presidente da República.

Convém abordar ainda três outros institutos pertinentes ao tema: a expulsão, a deportação e o banimento.

A expulsão, distintamente da extradição, é um ato unilateral, isto é, o Estado, ante a existência de atividade nociva ao interesse nacional, à segurança nacional ou à ordem política e social, determina a expulsão de estrangeiro que aqui esteja. Nesse sentido, a expulsão só pode recair sobre estrangeiro, sendo processada administrativamente, cabendo a decisão terminativa ao Presidente da República.

A deportação tem lugar em situações em que o estrangeiro adentre território brasileiro ou nele permaneça irregularmente. Nesse caso, porquanto inatendidos os requisitos de permanência, o estrangeiro deve retirar-se do País. Não o fazendo, será deportado à sua nação de origem ou procedência. O banimento constituiria uma espécie de expulsão de brasileiros, medida esta proibida expressamente pela alínea *d*, XLVII, do art. 5º de nossa Constituição.

Proibição da prisão civil

A ideia do Texto Constitucional foi restringir a pena de prisão apenas às hipóteses em que o agente infrinja uma norma penal prévia e especificamente descrita.

Nesse sentido, o inciso LXVII, do art. 5º abriu duas exceções ao princípio traçado, dispondo que: "LXVII – não haverá prisão civil por dívida, salvo a do responsável pelo inadimplemento voluntário e inescusável de obrigação alimentícia e do depositário infiel".

A primeira hipótese trata do inadimplemento de obrigação alimentícia, gerado pelo propósito consciente e deliberado do devedor de recusar pagamento à prestação alimentar. Veja-se que a hipótese não abarca o inadimplemento involuntário, é dizer, produto de circunstâncias impeditivas do pagamento, por exemplo, eventual desemprego do respectivo devedor, mas só em situações em que o não pagamento resulte da vontade do titular.

A segunda hipótese diz respeito à situação de depositário infiel. Nesse sentido, o depositário pode receber o bem em depósito em função de uma decisão judicial ou em virtude de um acordo de vontades. Tem por obrigação o depósito fiel do bem. Descumprindo-a, incide na exceção traçada, podendo ter sua prisão decretada como meio de coação para que deposite o bem reclamado.

Questão que avulta em importância é a pertinente ao depositário infiel em alienação fiduciária. Com efeito, como observa Antonio Carlos Malheiros, na alienação fiduciária "o devedor não recebe o bem de terceiro em depósito. Ele o adquire. Não se trata de coisa alheia, mas dele próprio" (I TACSP, Ap. 665.943-0, Rel. Juiz Antonio Carlos Malheiros).

Assim sendo, não se cuida de depositário infiel, sendo defeso à lei alargar uma exceção constitucional – que, desta feita, deve merecer interpretação restritiva – para abarcar situações assemelhadas, mas que não realizam o núcleo da hipótese constitucional versada.

Em reforço, é de se lembrar que o Código de Defesa do Consumidor proíbe a cobrança vexatória, que exponha o consumidor à irrisão. Se ao fornecedor é defesa a cobrança vexatória, quanto mais pretender o aprisionamento do devedor, mercê de dívida oriunda de um financiamento.

O tema, no passado, foi polêmico, mas hoje parece ter encontrado pacificação na jurisprudência. Isso se deveu, em primeiro lugar, ao reconhecimento, pelo Supremo Tribunal Federal, do caráter supralegal dos tratados e convenções a que o Brasil tenha aderido. Ora, o Pacto de São José da Costa Rica proíbe a prisão do depositário infiel[54] e, posto seu caráter supralegal, impede que a legislação infraconstitucional veicule previsão desta natureza.

Oportuna, nesse sentido, a transcrição de ementa de acórdão do Supremo Tribunal Federal sobre o tema:

PRISÃO CIVIL DO DEPOSITÁRIO INFIEL EM FACE DOS TRATADOS INTERNACIONAIS DE DIREITOS HUMANOS. INTERPRETAÇÃO DA PARTE FINAL DO INCISO LXVII DO ART. 50 DA CONSTITUIÇÃO BRASILEIRA DE 1988. POSIÇÃO HIERÁRQUICO-NORMATIVA DOS TRATADOS INTERNACIONAIS DE DIREITOS HUMANOS NO ORDENAMENTO JURÍDICO BRASILEIRO. Desde a adesão do Brasil, sem qualquer reserva, ao Pacto Internacional dos Direitos Civis e Políticos (art. 11) e à Convenção Americana sobre Direitos Humanos – *Pacto de San José da Costa Rica* (art. 7º), ambos no ano de 1992, não há mais base legal para prisão civil do depositário infiel, pois o caráter especial desses diplomas internacionais sobre direitos humanos lhes reserva lugar específico no ordenamento jurídico, estando abaixo da Constituição, porém acima da legislação interna. O *status* normativo supralegal dos tratados internacionais de direitos humanos subscritos pelo Brasil torna inaplicável a legislação infraconstitucional com ele conflitante, seja ela anterior ou posterior ao ato de adesão. Assim ocorreu com o art. 1.287 do Código Civil de 1916 e com o Decreto-Lei n. 911/69, assim como em relação ao art. 652 do Novo Código Civil (Lei n. 10.406/2002). ALIENAÇÃO FIDUCIÁRIA EM GARANTIA. DECRETO-LEI N. 911/69. EQUIPARAÇÃO DO DEVEDOR-FIDUCIANTE AO DEPOSITÁRIO. PRISÃO CIVIL DO

---

[54] Cf artigo 7º, parágrafo 7º, da Convenção Americana sobre Direitos Humanos – Pacto de São José da Costa Rica.

DEVEDOR-FIDUCIANTE EM FACE DO PRINCÍPIO DA PROPORCIONALIDADE. A prisão civil do devedor-fiduciante no âmbito do contrato de alienação fiduciária em garantia viola o princípio da proporcionalidade, visto que: a) o ordenamento jurídico prevê outros meios processuais-executórios postos à disposição do credor-fiduciário para a garantia do crédito, de forma que a prisão civil, como medida extrema de coerção do devedor inadimplente, não passa no exame da proporcionalidade como proibição de excesso, em sua tríplice configuração: adequação, necessidade e proporcionalidade em sentido estrito; e b) o Decreto-Lei n. 911/69, ao instituir uma ficção jurídica, equiparando o devedor-fiduciante ao depositário, para todos os efeitos previstos nas leis civis e penais, criou uma figura atípica de depósito, transbordando os limites do conteúdo semântico da expressão "depositário infiel" insculpida no art. 5º, inciso LXVII, da Constituição e, dessa forma, desfigurando o instituto do depósito em sua conformação constitucional, o que perfaz a violação ao princípio da reserva legal proporcional. RECURSO EXTRAORDINÁRIO CONHECIDO E NÃO PROVIDO (RE 349703/RS. Recurso extraordinário. Rel. Min. Carlos Britto. j. 03.12.2008. Órgão Julgador: Tribunal Pleno).

O próprio Supremo Tribunal Federal editou a Súmula Vinculante n. 25, dispondo que: "é ilícita a prisão civil de depositário infiel, qualquer que seja a modalidade do depósito".

Também o Superior Tribunal de Justiça, em julgamento de recurso repetitivo, acabou por abraçar o mesmo entendimento, esclarecendo que a impossibilidade de prisão do depositário infiel abrange tanto a alienação fiduciária como o depósito judicial e, para aplainar dúvidas, editou a Súmula 419, afirmando que "descabe a prisão civil do depositário judicial infiel".

REMÉDIOS CONSTITUCIONAIS

Mandado de segurança

Mandado de segurança é ação, de índole constitucional, colocada à disposição do indivíduo para a salvaguarda de direito líquido e certo coibido por ilegalidade ou abuso de poder, levados a efeito por autoridade pública ou agente de pessoa jurídica no exercício de atribuições do Poder Público. Sua origem pode ser encontrada no juízo de amparo mexicano. Foi introduzido no plano constitucional em 1934, suprimido em 1937 e retomado em 1946, permanecendo até hoje.

224 Curso de Direito Constitucional

O mandado de segurança é, assim, uma ação constitucional, de rito abreviado, cujo objetivo é a invalidação de atos de autoridade ou a supressão de efeitos de omissões administrativas capazes de lesar direito líquido e certo.

Na atual Constituição, o mandado de segurança foi disciplinado pelo art. 5º, LXIX, redigido da seguinte forma:

> LXIX – conceder-se-á mandado de segurança para proteger direito líquido e certo, não amparado por *habeas corpus* ou *habeas data*, quando o responsável pela ilegalidade ou abuso de poder for autoridade pública ou agente de pessoa jurídica no exercício de atribuições do Poder Público.

A análise do dispositivo transcrito indica que o mandado de segurança possui quatro elementos conceituais básicos, a saber:

- direito líquido e certo;
- não amparado por *habeas corpus* ou *habeas data*;
- ilegalidade ou abuso de poder;
- autoridade pública ou agente de pessoa jurídica no exercício de atribuições próprias do Poder Público.

Vejamos cada um desses elementos conceituais.

Direito líquido e certo. A expressão em causa, quando objeto de interpretação apressada, pode induzir o operador do Texto Constitucional a erro. É que, à primeira vista, parece que a expressão deseja fixar a ideia de que o mandado de segurança só deve veicular direitos incontestáveis, conduzindo, nesse ponto, à noção equivocada de que, não havendo direito incontestável, seria o caso de decretar a carência da ação.

É evidente que tal interpretação não se compagina com o nosso sistema jurídico, em que a Constituição assegura a todos o direito de ação. Nesta, deve a parte apresentar o fato e o juiz aplicar o direito, o que, por si, já indica a falta de plausibilidade da interpretação acima desfiada. Afastada tal hipótese, como então entender a expressão "direito líquido e certo"?

A expressão em estudo indica que o mandado de segurança deve veicular direitos que estejam amparados em fatos que sejam líquidos quanto à sua existência e certos quanto à sua extensão. Em outras palavras, só se pode pensar em mandado de segurança quando toda prova necessária ao processo consista em documentos. Havendo necessidade de dilação probatória, não se pode mais cogitar do mandado de segurança.

Destarte, direito líquido e certo indica exclusivamente a necessidade de a ação estar amparada em provas documentais.

Constatando-se a necessidade de produção probatória de natureza diversa, a ação torna-se inviável, devendo o julgador declarar seu autor carecedor da ação, por falta de interesse de agir, na modalidade inadequação da via processual. Nesse sentido, o autorizado magistério de Celso Agrícola Barbi (1977, p. 85):

> o conceito de direito líquido e certo é tipicamente processual, pois atende ao modo de ser do direito subjetivo *no processo*: a circunstância de um direito subjetivo realmente existir não lhe dá a caracterização da liquidez e certeza; esta só lhe é atribuída se os fatos em que se fundar puderem ser provados de forma incontestável, certa, no *processo*. E isto normalmente só se dá quando a prova for documental, pois esta é adequada a uma demonstração imediata e segura dos fatos.

O ponto fundamental da questão resume-se no fato de que o mandado de segurança deve estar assentado em direito comprovado de plano, exclusivamente, portanto, por meio de provas documentais.

Pode-se figurar, por evidente, eventual dificuldade na obtenção dessas provas. Por isso, o § 1º do art. 6º da Lei n. 12.016/2009 prescreve que o autor pode substituir a juntada dos documentos por um pedido para que o juiz os requisite da repartição ou autoridade que os detenha.

Não amparado por habeas corpus *ou* habeas data. Além de comprovável exclusivamente com base em documentos, a plausibilidade do mandado de segurança depende ainda de o direito não se incluir no rol daqueles que estejam amparados por *habeas data* ou *habeas corpus*.

A exegese constitucional indica que o caminho mais adequado a ser palmilhado é o do raciocínio por exclusão. O *habeas corpus* tutela a liberdade de locomoção, o *habeas data*, o direito de acesso e de retificação de informações de caráter pessoal. O mandado de segurança tutela, portanto, todos os demais direitos que satisfaçam os requisitos da liquidez e da certeza e que provenham de ato de autoridade ou de agente de pessoa jurídica no exercício de atribuições do Poder Público. Percebe-se, com efeito, que o campo objetal do mandado de segurança é muito mais amplo, envolvendo qualquer direito que satisfaça os requisitos apontados. Ao contrário do *habeas corpus* e do *habeas data*, que se prestam a finalidades bem demarcadas.

Não é ocioso notar que frequentemente uma única conduta pode estar protegida por mais de um direito fundamental. Um deles, em tese, protegido pelo *habeas corpus* ou *habeas data* e outro, pelo mandado de segurança. Nesse caso, deve-se dar preferência ao mandado de segurança, remédio mais amplo, que não encontra no seu campo objetal as restrições encontradas pelos outros remédios.

Figure-se um pedido de certidão para esclarecimento de situação de interesse pessoal. O interessado quer o acesso à informação, mas também deseja a certidão, o documento. Nesse caso, havendo concorrência de dois direitos, um, isoladamente, protegido pelo *habeas data*, outro, pelo mandado de segurança; este deve ser o remédio utilizado.

Ilegalidade ou abuso de poder. Ao cogitar de ilegalidade ou abuso de poder, praticados por autoridade pública ou agente de pessoa jurídica no exercício de atribuições públicas, o dispositivo constitucional deixa claro, em primeiro lugar, que o mandado de segurança deve sempre ter por objeto um ato do Poder Público.

Com efeito, o propósito do Texto Constitucional foi o de erigir os atos do Poder Público, dotados de concreção (ato administrativo, leis de efeito concreto etc.), como objeto do mandado de segurança.

Além disso, apontou que o ato deve ser ilegal ou praticado com abuso de poder. Uma primeira nota acerca do tema: tomada em sentido amplo, a expressão "ilegalidade", como sinônima de ofensa à legislação, de maneira geral, abrange o abuso de poder que, sem dúvida, também significa ofensa à lei. Numa significação mais restrita, porém, os termos não se confundem.

Valemo-nos, neste ponto, do primoroso magistério de Michel Temer (1993, p. 179), para quem:

> O mandado de segurança é conferido aos indivíduos para que eles se defendam de atos ilegais ou praticados com abuso de poder. Portanto, tanto os atos vinculados quanto os atos discricionários são atacáveis por mandado de segurança, porque a Constituição e a lei ordinária, ao aludirem à ilegalidade, estão se reportando ao ato vinculado, e ao se referirem a abuso de poder estão se reportando ao ato discricionário.

Na organização inicial do Estado, não se vislumbrava a partição de funções. O detentor do poder enfeixava todas as funções deste, não permitindo muitas vezes a especificação da natureza do ato praticado. A determinação de prisão,

Direitos e Deveres Individuais e Coletivos 227

sem que houvesse processo anterior, por exemplo, implicava simultaneamente o exercício, sem critério, do que hoje seria realizado pelas três funções do Estado. Entendia-se o fato como criminoso (o que hoje só pode ser feito por lei). Determinava-se a prisão (o que reclama julgamento). Executava-se a prisão (o que se tem por função do Poder Executivo).

Com a sedimentação da noção de que o Estado deve ser organizado à luz da divisão orgânica do poder, o que passou a viabilizar maior clareza, ou especificação, das funções do poder, houve igual possibilidade de especificar o tipo de ato que cada uma das funções do poder produz.

A função jurisdicional produz o julgamento com o dom da coisa julgada. A função legislativa produz a lei, o ato normativo que inova originariamente o ordenamento jurídico. A função executiva produz o ato administrativo que, nesse passo, há de ser entendido como aquele destinado a dar executoriedade à lei e, portanto, desenvolvendo-se em nível imediatamente infralegal.

Há de se perquirir, contudo, como se estabelece o relacionamento entre a lei (em sentido amplo) e o ato administrativo com base nela produzido.

A lei, antevendo a realização do ato, estabelece a chamada competência vinculada, apontando de forma precisa e fechada como o ato deve-se realizar. A lei, nesse caso, não deixa margem ao aplicador, indicando quais requisitos deve observar e o que deve fazer. Desse modo, caso o aplicador da lei não observe um dos seus requisitos ou realize o ato contrariando suas determinações, comete ilegalidade em sentido estrito, pois a lei, de forma terminante, veiculou uma determinação que foi desrespeitada. Em outras oportunidades, a lei veicula a chamada competência administrativa discricionária. Nas palavras de Celso Antonio Bandeira de Mello (1995, p. 247), discricionariedade pode ser definida como

a margem de liberdade conferida pela lei ao administrador a fim de que este cumpra o dever de integrar com sua vontade ou juízo a norma jurídica, diante do caso concreto, segundo critérios subjetivos próprios, a fim de dar satisfação aos objetivos consagrados no sistema legal.

Nesta hipótese, como visto, existe liberdade à luz de uma finalidade. Caso o administrador usurpe de tal liberdade para realizar ato estranho aos propósitos da lei, comete o chamado abuso de poder.

Autoridade pública ou agente de pessoa jurídica no exercício de atribuições próprias do Poder Público. O mandado de segurança deve ser impetrado contra ato de autoridade pública. A definição de quem seja a autoridade impetrada, contudo, nem sempre é fácil de ser realizada. Pensando-se na organização administrativa do Estado, existem autoridades que editam atos normativos, que dão e que executam ordens. Frequentemente, em um ato a ser impugnado, verifica-se a interveniência de autoridades das três espécies. Quem deve assumir o papel de autoridade coatora?

O entendimento doutrinário, já há muito sedimentado, aponta que autoridade coatora não é o agente que normatiza, nem o que executa, mas o que ordena.

Nesse sentido, as palavras de Hely Lopes Meirelles (1996, p. 25):

> Ato de autoridade é toda manifestação ou omissão do Poder Público ou de seus delegados, no desempenho de suas funções ou a pretexto de exercê-las. Por autoridade entende-se a pessoa física investida no poder de decisão dentro da esfera de competência que lhe é atribuída pela norma legal.
>
> Deve-se distinguir autoridade pública do simples agente público. Aquela detém, na ordem hierárquica, poder de decisão e é competente para praticar atos administrativos decisórios, os quais, se ilegais ou abusivos, são suscetíveis de impugnação por mandado de segurança quando forem direito líquido e certo.

Como se vê, a identificação da autoridade coatora depende da verificação de quem tenha competência decisória no caso concreto.

Finalmente, o mandado de segurança também pode ser impetrado contra agente de pessoa jurídica no exercício de atribuições do Poder Público. Para que a hipótese se aperfeiçoe são necessários dois requisitos. Em primeiro lugar, deve existir uma transferência de atribuições do Poder Público para o particular, por meio de concessão, permissão etc. Em segundo lugar, o ato arrostado deve ter sido praticado no efetivo exercício dessas funções públicas.

Com efeito, o particular ao receber a delegação da função pública não se desinveste de sua condição de ente privado. Nessa medida, estará, por vezes, a praticar atos privados e, por vezes, a praticar atos sob a tutela do direito público. Naquelas situações, o mandado de segurança seria incogitável, enquanto nestas, presentes os demais requisitos, seria o remédio adequado.

Nesse sentido, fazendo coro a remansoso entendimento jurisprudencial, o § 1º do art. 1º da nova Lei n. 12.016/2009 aponta que estão equiparados às autoridades os representantes ou órgãos de partidos políticos e os administradores de entidades autárquicas, bem como os dirigentes de pessoas jurídicas ou as

Direitos e Deveres Individuais e Coletivos **229**

pessoas naturais no exercício de atribuições do poder público, somente no que disser respeito a essas atribuições.

Além disso, o § 2º do mesmo dispositivo esclarece a inadequação do *mandamus* contra os atos de gestão comercial praticados pelos administradores de empresas públicas, de sociedade de economia mista e de concessionárias de serviço público.

Procedimento do mandado de segurança

Numa rápida e despretensiosa abordagem, passemos a verificar o procedimento do mandado de segurança.

1. O mandado de segurança pode ser impetrado por qualquer pessoa física ou jurídica, bem como por entes despersonalizados mas dotados de capacidade processual, como as universalidades reconhecidas em lei (p. ex., massas falidas e espólios) e os órgãos públicos dotados de capacidade processual (p. ex., Mesas do Poder Legislativo). A inicial deve vir instruída com os documentos comprobatórios do pedido ou conter pedido para que o juiz os requisite da repartição pública ou autoridade que os detenha.

2. No mandado de segurança, cabe medida liminar, que tem natureza de antecipação de tutela. Dessa decisão, cabe agravo de instrumento. Além disso, em caso de prejuízo à ordem, saúde, segurança e economia pública, a pessoa jurídica de direito público interessada pode requerer ao presidente do Tribunal a suspensão da exigibilidade da medida.[55]

3. A autoridade coatora, notificada, tem dez dias para prestar informações. Pode o ente público ou concessionário interessado pedir habilitação na qualidade de assistente da autoridade coatora. Segundo o brilhante ensinamento de Lúcia Valle Figueiredo (1996, p. 19), a pessoa jurídica que deverá suportar os encargos da decisão deve ser considerada o sujeito passivo da ação.

4. Em seguida, os autos devem ser remetidos ao Ministério Público, que, desvinculado de quaisquer dos interesses deduzidos no processo (parte pública autônoma), tem cinco dias para dar seu parecer.

5. Com a manifestação referida, os autos serão remetidos ao juiz, que terá cinco dias para julgar, embora se trate de prazo impróprio. A decisão é de caráter

---

[55] Conforme o art. 7º, III, da Lei n. 12.016/2009, o juiz concederá a liminar, suspendendo o ato atacado, sempre que houver fundamento relevante e do ato impugnado puder resultar a ineficácia da medida, caso seja finalmente deferida, sendo facultado exigir do impetrante caução, fiança ou depósito, com o objetivo de assegurar o ressarcimento à pessoa jurídica.

230 Curso de Direito Constitucional

mandamental, ou seja, de execução direta e imediata, sob pena de desobediência e adoção de outras medidas legais cabíveis. Caso a ordem seja concedida, haverá duplo grau obrigatório. Às partes e à autoridade coatora é facultada a interposição de apelação, que, em princípio, deve ser recebida só no efeito devolutivo, muito embora seja possível o recebimento nos dois efeitos.[56]

Mandado de segurança coletivo

O mandado de segurança coletivo, inovação introduzida em nosso ordenamento jurídico pela Carta de 1988, no inciso LXX do art. 5º, foi objeto de econômica regração constitucional. É que esse único dispositivo de regência limitou-se a indicar os entes legitimados à sua impetração, deixando de discriminar outros pressupostos para seu cabimento.

Dessa realidade jurídica surge a conclusão de que o mandado de segurança coletivo deve ser tratado como espécie do gênero. O instituto do mandado de segurança, assim, pode assumir duas feições: a individual e a coletiva.

Logo, as regras do remédio individual são inteiramente aplicáveis ao remédio coletivo, salvo na matéria expressamente tratada pelo inciso LXX do art. 5º da Constituição Federal. Assim, os conceitos de ilegalidade e abuso de poder, direito líquido e certo e campo residual do mandado de segurança individual devem ser estendidos ao mandado de segurança coletivo, agregando-se, no mais, os aspectos específicos relacionados ao seu objeto coletivo e às regras de legitimação textualmente dispostas no supracitado dispositivo constitucional.

Confira-se, a propósito, o seguinte pronunciamento do Supremo Tribunal Federal:

> *Ementa: Mandado de segurança coletivo – Decreto n. 646/92 do Presidente da República – Investidura nas funções de despachante aduaneiro e de ajudante de despachante aduaneiro – Impetração contra ato em tese – Inadmissibilidade – Incidência da Súmula 266/STF – Mandado de segurança não conhecido –* Os princípios básicos que regem o mandado de segurança individual informam e condicionam, no plano jurídico-processual, a utilização do *writ* mandamental coletivo. Atos em tese acham-se pré-excluídos do âmbito de atuação e incidência do mandado de segurança, aplicando-se, em consequência, às ações mandamentais de caráter coletivo, a Súmula 266/STF.

---

[56] A propósito ver Serrano Nunes e Sciorilli (2009).

– Qualifica-se como ato em tese o Decreto, que, editado pelo Presidente da República, dispõe sobre situações gerais, abstratas e impessoais. Contra esse ato presidencial, revestido de elevado coeficiente de generalidade abstrata, não se revela cabível o mandado de segurança, individual ou coletivo. – O remédio do mandado de segurança não é sucedâneo da ação direta de inconstitucionalidade. Precedente (MS 21.615, Rel. Celso de Mello, *DJ*, 13.03.1998, p. 4, Ement., v. 1902-01, p. 123, *Informa*, n. 15).

Fincados nesse pressuposto de raciocínio, temos que o estudo do tema reclama exclusivamente a investigação do dispositivo de regência, redigido da seguinte forma:

LXX – o mandado de segurança coletivo pode ser impetrado por: *a*) partido político com representação no Congresso Nacional; *b*) organização sindical, entidade de classe ou associação legalmente constituída e em funcionamento há pelo menos um ano, em defesa dos interesses de seus membros ou associados.

A via coletiva, como anotado, inova a individual basicamente em dois aspectos: a legitimação ativa e o objeto. Em outras palavras, a questão central resume-se à indagação de quem pode impetrar o mandado de segurança coletivo, dentro de que circunstâncias e na defesa de que espécies de direitos.

Entendemos, em primeiro lugar, que a legitimação dessas entidades é extraordinária, operando-se na espécie a chamada substituição processual, aplicando-se ao instituto, na definição dos limites da coisa julgada, as mesmas regras de regência da ação civil pública. De igual modo, a locução "mandado de segurança coletivo" indica que o instrumento constitucional deveria servir à defesa de qualquer direito coletivo, em sentido amplo, vale dizer, direitos difusos, coletivos em sentido próprio e direitos individuais homogêneos, sem qualquer espécie de restrição.

Seguindo essa linha de entendimento, os entes legitimados poderiam ajuizar o *writ* coletivo na defesa de qualquer direito difuso, coletivo em sentido estrito ou individual homogêneo, independentemente de qualquer juízo de pertinência temática entre o direito veiculado e as finalidades institucionais do ente, desde que, na hipótese de impetração pelos legitimados indicados pela alínea *b*, houvesse necessidade de preservação de posições subjetivas de seus associados.

Pronunciamento relativamente recente do Supremo Tribunal Federal, embora sem alcançar a dimensão acima pretendida, parece caminhar para tal solução, assentando que o objeto do mandado de segurança coletivo poderá ser um direito dos associados, independentemente de guardar vínculo com os fins próprios da entidade, exigindo-se, entretanto, que esse direito ou interesse esteja compreendido na titularidade dos associados e que exista ele em razão das atividades exercidas pelos associados, não se exigindo, todavia, que esse direito ou interesse seja peculiar, próprio, da classe (STF, Pleno, RE 181.438/SP, Rel. Min. Carlos Velloso, j. 28.06.1996, v. u.).

Entretanto, não existe entendimento uniforme da jurisprudência, pois que diversos pronunciamentos jurisprudenciais ainda vêm optando por dimensionar o instituto de forma restritiva, indicando, em regra, a necessidade de uma pertinência entre o direito veiculado no *writ* coletivo e as finalidades institucionais da entidade impetrante.

Importante destacar, nesse sentido, que, embora de maneira questionável – a nosso juízo, inconstitucional –, o parágrafo único do art. 21 da antes mencionada Lei n. 12.016/2009 optou por incorporar esse posicionamento mais restritivo, *in verbis*:

Parágrafo único. Os direitos protegidos pelo mandado de segurança coletivo podem ser: I – coletivos, assim entendidos, para efeito desta Lei, os transindividuais, de natureza indivisível, de que seja titular grupo ou categoria de pessoas ligadas entre si ou com a parte contrária por uma relação jurídica básica; II – individuais homogêneos, assim entendidos, para efeito desta Lei, os decorrentes de origem comum e da atividade ou situação específica da totalidade ou de parte dos associados ou membros do impetrante.

A vingar o entendimento consubstanciado em tal dispositivo quer nos parecer que o mandado de segurança coletivo será objeto de um inadequado amesquinhamento de seu objeto, ficando descaracterizado, em parte, como instrumento de tutela de interesses metaindividuais.

Analisemos, não obstante, a situação de cada um dos legitimados, que, a nosso ver, não se modificou com o advento da nova legislação mencionada.

Com relação aos partidos políticos, cumpre, antes de mais, ressalvar que a interpretação literal do dispositivo de regência enuncia a necessidade de que a agremiação partidária conte, ao menos, com um deputado federal ou com um senador, uma vez que exigida representação do Congresso Nacional.

A jurisprudência do Supremo Tribunal Federal considerou a legitimação do partido político impetrante de mandado de segurança coletivo de forma

Direitos e Deveres Individuais e Coletivos 233

assemelhada à legitimação da ação direta de inconstitucionalidade, ou seja, não há necessidade de discussão apenas de tema de seus filiados, podendo ser impetrante em tema de direitos difusos ou coletivos. A legitimação, portanto, é ampla e não restrita (cf. RE 196.184/AM, Rel. Min. Ellen Gracie).

No que tange às organizações sindicais, entidades de classe e associações legalmente constituídas e em funcionamento há pelo menos um ano, entende-se que, havendo substituição processual, não é necessária autorização específica, bastando a estatutária.[57] Digno de registro, no entanto, que, embora não seja necessária a prova do credenciamento à entidade, a ação deve vir acompanhada da relação de associados para a delimitação pessoal da sentença.

Do mesmo modo, parcela do entendimento jurisprudencial tem-se mantido renitente no sentido de exigir uma relação de pertinência entre o direito a ser defendido e as finalidades institucionais da entidade, requisito cuja ausência estaria a subtrair legitimidade do ente para impetração do *mandamus* coletivo.

Veja-se, a propósito, a seguinte ementa do Supremo Tribunal Federal:

> *Ementa: Mandado de segurança coletivo – Legitimação – Natureza do interesse.* O interesse exigido para a impetração de mandado de segurança coletivo há de ter ligação com o objeto da entidade sindical e, portanto, com o interesse jurídico desta, o que se configura quando em jogo a contribuição social sobre o lucro das pessoas jurídicas prevista na Lei n. 7.689/88. Na espécie, a controvérsia está relacionada com a própria atividade desenvolvida pelas empresas, o lucro obtido e a incidência linear, considerada toda a categoria, da contribuição social. Portanto, se as atribuições do sindicato se fazem em prol daqueles que congrega, forçoso é concluir pela existência do indispensável nexo (RE n. 157.234, Rel. Min. Marco Aurélio, j. 12.06.1995, *DJ*, 22 set. 1995, p. 30608, Ement., v. 1801-07, p. 1345).

Ademais, nossa Corte Suprema assentou também que o *writ* coletivo só pode tutelar interesses de caráter jurídico e não interesses de outra natureza, pois,

> o mandado de segurança coletivo – que constitui, ao lado do *writ* individual, mera espécie da ação mandamental instituída pela Constituição de 1934 – destina-se, em sua precípua função jurídico-processual, a viabilizar a tutela jurisdicional de direito líquido e certo não amparável pelos remédios constitucionais do "habeas corpus" e

---

[57] RE 182.543, Rel. Min. Carlos Velloso, j. 29.11.1994, *DJ*, 7 abr. 1995, Ement., v. 1782-10, p. 2121, *Informa*, n. 15.

do "habeas data". Simples interesses, que não configurem direitos, não legitimam a válida utilização do mandado de segurança coletivo (DF, TP, Rel. Min. Celso de Mello, *DJ*, 27 out. 1995, p. 36331, Ement., v. 1805-02, p. 201).

Habeas corpus

O *habeas corpus* nasceu na Inglaterra, no ano de 1215. A Magna Carta, editada por João Sem Terra, por pressões da nobreza, veio a assegurar aos indivíduos algumas garantias, dentre as quais a de que o detido deveria, junto com o caso, ser levado ao tribunal competente. Esse sentido original, contudo, foi sofrendo alterações, até que se chegou à fórmula que lhe desenha os contornos de remédio protetor da liberdade de locomoção (*Habeas Corpus Amendment Act* – 1679).

No sistema jurídico nacional, o instituto tomou assento, num primeiro momento, com a edição do Código de Processo Criminal do Império, de 29 de novembro de 1832 (art. 340), vindo, com a Carta de 1891 (art. 72, § 22), a galgar o patamar constitucional.

A ausência de remédio específico para amparar a constrição de direitos que não acarretassem empecilhos à locomoção, assim como a fórmula abrangente que a redação do dispositivo da Carta de 1891 emprestou-lhe, deu lugar na doutrina à ideia de que o instituto protegia qualquer lesão a direito determinada por ilegalidade ou abuso de poder. Bem por isso, acredita-se, a Emenda Constitucional de 1926 plasmou seus contornos atuais, vale dizer, de remédio constitucional voltado para a tutela do direito de locomoção.

No interregno entre aquela emenda e a criação do mandado de segurança, à míngua de remédio específico, Rui Barbosa chegou a desenvolver a teoria da reintegração de posse em direitos pessoais, que perdeu seu objeto com a instituição da precitada ação mandamental.

O *habeas corpus* tem natureza de ação constitucional, como bem anotou José Afonso da Silva (1989, p. 424). Na verdade, consiste em um meio de acesso especial ao Poder Judiciário, garantindo a celeridade necessária à defesa contra formas ilegais de constrangimento do direito de locomoção. Nesse sentido, Pedro Henrique Demercian e Jorge Assaf Maluly (1995, p. 19) anotam que,

> como instrumento tutelar da liberdade individual de locomoção (direito de ir, vir e permanecer) – e por isso mesmo de caráter restritivo – o *habeas corpus* é remédio jurídico constitucional destinado a prevenir e reprimir ameaça, violência ou coação àquela forma de liberdade pública, por ilegalidade ou abuso de poder.

Desta feita, pode ter caráter liberatório (quando a constrição do direito de locomoção já se consumou) ou preventivo (quando está na iminência de se consumar), hipótese em que o amparo específico do direito de locomoção concretiza-se com o salvo-conduto.

Cuidando-se de ação tutelar da locomoção, o *habeas corpus*, do ponto de vista processual, não demanda a observância de qualquer formalidade. Prescinde, assim, da observância estrita dos requisitos da inicial, da existência de capacidade postulatória etc.

Pode ser interposto por qualquer do povo, em favor de qualquer um que esteja em situação de constrangimento da sua liberdade de locomoção. O autor do *habeas corpus* recebe a denominação processual de *impetrante*, o indivíduo em favor de quem se impetra, *paciente*, e o pretenso autor da ilegalidade ou abuso de poder, *autoridade coatora* ou *impetrado*.

Por fim, a ordem não pode ser impetrada sob a vigência do estado de sítio ou em face de punições disciplinares.

Mandado de injunção

As normas constitucionais, à vista dos respectivos níveis eficaciais, foram classificadas por José Afonso da Silva em normas de eficácia plena, contida e limitada. Estas, segundo o autor, apresentariam, como nota de saliência, exatamente a necessidade de legislação integradora para que viessem a atingir a plenitude eficacial, passando a gerar direitos subjetivos a seus destinatários.

Nesse sentido, o mandado de injunção guarda a finalidade de suprir a omissão do legislador infraconstitucional na edição dessas normas pela via de exceção (ou de defesa).

Com efeito, o inciso LXXI do art. 5º da Constituição da República tem contornos claros ao apontar o cabimento da medida toda vez que "a falta de norma regulamentadora torne inviável o exercício dos direitos e liberdades constitucionais e das prerrogativas inerentes à nacionalidade, à soberania e à cidadania". Afinado com esse entendimento, o conceito oferecido por Sérgio Reginaldo Bacha (1998, p. 45), segundo o qual o

> mandado de injunção é o meio constitucional posto à disposição de quem se considerar prejudicado pela falta de norma regulamentadora que torne inviável o exercício dos direitos e liberdades constitucionais e das prerrogativas inerentes à nacionalidade, à soberania e à cidadania.

Pode-se afirmar que o mandado de injunção é um meio de controle difuso da inconstitucionalidade por omissão, pois, por meio dele, num caso concreto, qualquer um pode despertar a atuação do Poder Judiciário para suprir a inércia do legislador infraconstitucional.

A competência para julgamento do mandado de injunção é definida a partir do art. 102, I, *q*, da própria Carta Federal, que estabelece:

> Art. 102. Compete ao Supremo Tribunal Federal, precipuamente, a guarda da Constituição, cabendo-lhe:
>
> I – processar e julgar, originariamente:
>
> [...]
>
> *q*) o mandado de injunção, quando a elaboração de norma regulamentadora for atribuição do Presidente da República, do Congresso Nacional, da Câmara dos Deputados, do Senado Federal, das Mesas de uma dessas Casas Legislativas, do Tribunal de Contas da União, de um dos Tribunais Superiores, ou do próprio Supremo Tribunal Federal;

E também vem consagrado pelo art. 105, I, *h*:

> Art. 105. Compete ao Superior Tribunal de Justiça:
>
> I – processar e julgar, originariamente:
>
> [...]
>
> *h*) o mandado de injunção, quando a elaboração da norma regulamentadora for atribuição de órgão, entidade ou autoridade federal, da administração direta ou indireta, excetuados os casos de competência do Supremo Tribunal Federal e dos órgãos da Justiça Militar, da Justiça Eleitoral, da Justiça do Trabalho e da Justiça Federal;

Uma primeira linha de interpretação pugnou no sentido de que o objeto do mandado de injunção seria reclamar do Poder Judiciário a regulamentação concreta do dispositivo constitucional, que teria validade até o advento da legislação regulamentadora.

O Supremo Tribunal Federal, no entanto, entendeu diversamente, sustentando que o objeto do mandado de injunção guardaria uma certa similitude com a ação direta de inconstitucionalidade por omissão.

Assim, seu acolhimento geraria a ciência do poder competente para a adoção das medidas necessárias e, em se tratando de órgão administrativo, para fazê-lo em trinta dias.

Esse entendimento ficou superado pelo advento da Lei n. 13.330/2016, que, regulando o processo e julgamento do mandado de injunção, preconiza que o julgamento deva se revestir de outras características, como apontamos neste livro na Parte I, Capítulo 2, seção "O controle constitucional da omissão: ação direta de inconstitucionalidade por omissão e o mandado de injunção", a que remetemos o leitor para melhor compreensão do tema.

Importante consignar que o campo material do mandado de injunção é restrito. A omissão deve ser de tal forma que inviabilize o exercício dos direitos e liberdades constitucionais e das prerrogativas inerentes à nacionalidade, à soberania e à cidadania. Portanto, não se trata de atacar qualquer omissão, mas a que tenha as consequências anunciadas anteriormente.

O mandado de injunção deve ser impetrado pelo interessado, pessoa física ou jurídica.

O Supremo Tribunal Federal já tinha admitido, por analogia, o mandado de injunção coletivo quando impetrado por sindicato.[58,59] Agora, o tema foi expressamente disciplinado pela Lei n. 13.330/2016 (ver, neste livro, a Parte I, Capítulo 2, seção "O controle constitucional da omissão: ação direta de inconstitucionalidade por omissão e o mandado de injunção").

O Supremo Tribunal Federal também entendeu que não é possível constar do polo passivo do mandado de injunção, litisconsórcio envolvendo pessoa privada, já que a tarefa de elaborar a norma regulamentadora só poderia ser exercida pelas pessoas com competência para tanto.[60]

O Supremo Tribunal Federal entendeu que, nos casos de iniciativa reservada do Presidente da República, o sujeito passivo da injunção é o Chefe do Poder Executivo e não o Congresso Nacional. O responsável pelo encaminhamento da norma, no caso da iniciativa da norma, é quem deve responder pela injunção, na hipótese de processo legislativo ordinário ou complementar.[61] O mesmo ocorre no processo legislativo estadual, em que o Governador do estado receberá competência reservada.

---

[58] "I – Mandado de injunção coletivo: admissibilidade, por aplicação analógica do artigo 5º, LXX, da Constituição; legitimidade, no caso, de entidade sindical de pequenas e médias empresas, as quais, notoriamente, dependentes do crédito bancário, têm interesse comum na eficácia do artigo 192, parágrafo terceiro, da Constituição, que fixou limites aos juros reais" (STF, Pleno, MI 361, Rel. Min. Néri da Silveira, j. 08.04.1994, *DJ*, 17 jun. 1994, p. 15707).

[59] STF, Pleno, Questão de Ordem em Mandado de Injunção n. 107, Rel. Min. Moreira Alves, j. 23.11.1989, *DJ*, 21 set. 1990, p. 9782.

[60] STF, Pleno, Agravo Regimental em Mandado de Injunção n. 335, Rel. Min. Celso de Mello, j. 08.09.1991, *DJ*, 17 jun. 1994, p. 15720.

[61] Cf. STF, 2ª T., RE 161.342-SE, Rel. Min. Néri da Silveira, j. 05.04.1994.

Habeas data[62]

O *habeas data* ingressou em nosso ordenamento jurídico com a Carta de 1988. Segundo Ekmekdjian e Pizzolo, seu nome foi formado pela utilização de parcela da expressão designadora do antigo instituto do *habeas corpus* e do vocábulo *data*, substantivo plural (no latim e no inglês) da palavra *dado*.

Nesse sentido, o *habeas data* tem duas finalidades. A primeira é criar um canal judicial de acesso a informações constantes sobre a própria pessoa em registros ou bancos de dados de caráter público.

Veja-se que esses bancos de dados não são necessariamente os constantes dos órgãos de informação ou dos cadastros policiais, mas qualquer um, mesmo que privado, desde que possua caráter público, como, o cadastro do SPC (Serviço de Proteção ao Crédito).

Nesse sentido, o parágrafo único do art. 1º da Lei n. 9.507/97, prescreve: "considera-se de caráter público todo registro ou banco de dados contendo informações que sejam ou que possam ser transmitidas a terceiros ou que não sejam de uso privativo do órgão ou entidade produtora ou depositária das informações".

Assim sendo, existem duas espécies de bancos de dados: os organizados pelo Poder Público e os que, organizados por particular, possuem informações terceirizáveis, chamados assim de bancos de dados de caráter público.

Franqueado o acesso às informações, temos a segunda finalidade do instituto: a correção de informações inexatas ou ilegais, a complementação do registro e a anotação de pendência judicial ou administrativa sobre dados verdadeiros constantes do banco de dados.

Desse teor, a preleção dos supracitados professores argentinos:

> *La acción de* habeas data *se define con el derecho que asiste a toda persona – identificada o identificable – a solicitar judicialmente la exhibición de los registros – públicos o privados – en los cuales estan incluídos sus datos personales o lo de su grupo familiar, para tomar conocimiento de sua exactitud; a requerir la rectificación, la supresión de datos inexactos u obsoletos o que impliquen discriminación (v. gr., la confesión religiosa; si el registro no tiene por objeto constatar tal situación). Esta herramienta tiende a proteger a la persona contra calificaciones sospechosas incluídas en registros*

---

[62] O *habeas data* encontra-se regulamentado pela Lei n. 9.507/97.

(especialmente estatales, aunque también pueden serlo privados), que – asín darle derecho de contradecirlas – pueden llegar a prejudicarle de cualquier modo (PIZZOLO & EKMEKDJIAN, 1996, p. 1-2).

Assim sendo, o direito de retificação existe mesmo em face de eventual informação verdadeira, desde que esta implique violação à lei ou à Constituição. Figure-se a possibilidade de uma informação que, conquanto verdadeira, viole a intimidade do respectivo titular, por abordar aspectos pertinentes à sua orientação sexual. Evidente que não poderá constar do respectivo cadastro, ensejando ao indivíduo o direito de retificação, veiculável através do *habeas data.*

O mesmo raciocínio deve ser utilizado para o direito de complementação do registro. Vislumbre-se a existência de uma informação obsoleta, ou desatualizada, por exemplo, as respeitantes à formação profissional do indivíduo. Nesse caso, a informação desatualizada poderia ensejar grande prejuízo profissional. A exigência dessa complementação está abraçada igualmente pelo *habeas data.*

Compartilhando esse entendimento, a seguinte manifestação do Supremo Tribunal Federal:

Ementa: *Habeas data* – Natureza jurídica – Regime do poder visível como pressuposto da ordem democrática – A jurisdição constitucional das liberdades – Serviço Nacional de Informações (SNI) – Acesso não recusado aos registros estatais – Ausência do interesse de agir – Recurso improvido. A Carta Federal, ao proclamar os direitos e deveres individuais e coletivos, enunciou preceitos básicos, cuja compreensão é essencial à caracterização da ordem democrática como um regime do poder visível. O modelo político-jurídico, plasmado na nova ordem constitucional, rejeita o poder que oculta e o poder que se oculta. Com essa vedação, pretendeu o constituinte tornar efetivamente legítima, em face dos destinatários do poder, a prática das instituições do Estado. O *habeas data* configura remédio jurídico-processual, de natureza constitucional, que se destina a garantir, em favor da pessoa interessada, o exercício de pretensão jurídica discernível em seu tríplice aspecto: (a) direito de acesso aos registros; (b) direito de retificação dos registros; e (c) direito de complementação dos registros. Trata-se de relevante instrumento de ativação da jurisdição constitucional das liberdades, a qual representa, no plano institucional, a mais expressiva reação jurídica do Estado às situações que lesem, efetiva ou potencialmente, os direitos fundamentais da pessoa,

240 Curso de Direito Constitucional

quaisquer que sejam as dimensões em que estes se projetem. O acesso ao *habeas data* pressupõe, dentre outras condições de admissibilidade, a existência do interesse de agir. Ausente o interesse legitimador da ação, torna-se inviável o exercício desse remédio constitucional. A prova do anterior indeferimento do pedido de informação de dados pessoais, ou da omissão em atendê-lo, constitui requisito indispensável para que se concretize o interesse de agir no *habeas data*. Sem que se configure situação prévia de pretensão resistida, há carência da ação constitucional do *habeas data* (STF, RHD 22, Rel. Min. Celso de Mello, j. 19.09.1991, *DJ*, 1º set. 1995, p. 27378; *JUIS*, n. 7).

Desse modo, sobretudo em face da Lei n. 9.507/97, parece inobtuso que o instituto do *habeas data* possua duas finalidades ontologicamente distintas e materialmente separadas, quais sejam, o acesso à informação e o direito de retificação.

Veja-se que, denegado o acesso à informação por meio de pedido dirigido ao titular do registro, surgiria a condição da ação para a impetração da ordem dentro da primeira finalidade. Obtido o êxito pretendido, surgiria nova realidade. Novo pedido deveria ser dirigido ao titular do órgão informativo e, ante eventual denegação, novo *habeas data* haveria de ser impetrado, agora com o objetivo de realizar o direito de retificação dentro das especificações apontadas.

As duas finalidades do *habeas data* são, portanto, independentes e autônomas. Alguém pode pretender obter seus dados pessoais. Nesse caso, deverá comprovar a negativa do titular do banco de dados ou o decurso do prazo para que este venha a prestá-los.[63] Ou, se já de posse dos elementos, quer por tê-los obtido por via administrativa, quer por via judicial, poderá servir-se da segunda finalidade do *habeas data*, ou seja, a retificação dos dados ou a sua eliminação, ou ainda a anotação sobre pendência existente.

Nesses casos, igualmente, o impetrante deverá fazer prova de que o titular do banco de dados recusou-se à anotação ou à retificação espontânea dos dados, quer por expressa negativa, quer por omissão no prazo assinalado.

O quadro esquemático do *habeas data* poderia ser assim figurado:

---

[63] Ver Lei n. 9.507/97.

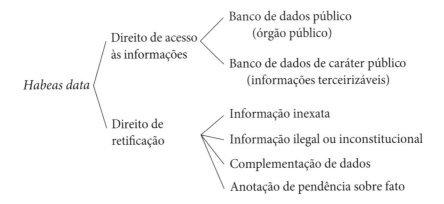

A propósito de remate, convém destacar que, por vezes, algumas das informações anotadas não são passíveis de ter a sua verossimilhança comprovada em juízo, mercê do grau de subjetividade de que estão dotadas. Nesse caso, parece que, regra geral, deve prevalecer a informação proposta pelo impetrante. É que o indivíduo, em sede de cadastro de dados, possui o direito à autodeterminação informativa. Logo, tudo o que não é claramente verdadeiro, mas passível de avaliação meramente subjetiva, está no âmbito de autodeterminação individual.

Ação popular

A ação popular tem como origem remota o Direito romano. Apesar de a sociedade de então sequer possuir plenamente delineada a noção de Estado, não era de estranhar a existência desse instituto, cujo objetivo final residia na proteção da *res publica*. Como anota Rodolfo de Camargo Mancuso (1993, p. 27), na sociedade gentílica, "a relação entre o cidadão e a *res publica* era calcada no sentimento de que esta última *pertencia* em algum modo a cada um dos cidadãos romanos".

O instituto, adormecido no direito intermédio, refloresceu no direito moderno, resgatando alguns de seus característicos iniciais. Ingressou em nosso plano constitucional em 1934, foi retirado em 1937, e retornou em 1946, permanecendo até hoje.

Segundo o art. 5º, LXXIII, da Constituição da República, a ação popular tem lugar quando constatadas lesões ao patrimônio público, à moralidade administrativa, ao meio ambiente e ao patrimônio histórico e cultural.

Vejamos a dicção constitucional do referido inciso LXXIII:

LXXIII – qualquer cidadão é parte legítima para propor ação popular que vise a anular ato lesivo ao patrimônio público ou de entidade de que o Estado participe, à moralidade administrativa, ao meio ambiente e ao patrimônio histórico e cultural, ficando o autor, salvo comprovada má-fé, isento de custas judiciais e do ônus da sucumbência.

O texto sedimenta alguns conceitos.

Em primeiro lugar, aponta no sentido de que a ação popular, como instrumento de proteção do patrimônio público, tem alicerce na noção de lesividade, ou seja, demonstrada a diminuição ilegal do patrimônio público, teremos razão bastante para o ajuizamento da ação. O ato deve ser lesivo e ilegal. Este era o entendimento genérico que definia o perfil da ação popular antes de 1988.

Por outro lado, no entanto, a moralidade administrativa foi alçada ao patamar de causa autônoma de proteção pela via da ação popular. Em outras palavras, mesmo à míngua de lesão patrimonial, comprovada a ofensa à moralidade administrativa, teremos motivo para a propositura da ação. Veja-se que nesse caso a mera ofensa a dispositivo constitucional pode ensejar, independentemente de lesão, o ajuizamento da ação popular.

A hipótese bem se explica no exemplo sugerido por Mário Sérgio de Albuquerque Schirmer e João Pedro Gebran Neto:

> Alguns administradores, com o objetivo de fugir à ação popular, obtinham gratuitamente, junto aos órgãos de comunicação, a veiculação das publicidades de cunho promocional, fazendo com que o ato não causasse nenhuma lesão ao patrimônio público e, portanto, estivesse fora do alcance da ação popular, mesmo sendo um ato imoral e ilegal. Agora, com o novo texto constitucional, tal artifício tornou-se inócuo, pois a ação popular também alcança aqueles atos que ferem a moralidade administrativa, independentemente de causarem ou não lesão ao patrimônio público.[64]

Aliás, veiculando matéria afeta à proteção do patrimônio público e social, a ação popular revela-se um instrumento de participação direta do cidadão nos negócios públicos. Assim, diferentemente do que outrora se sustentou, o

---

[64] Mário Sérgio de Albuquerque Schirmer e João Pedro Gebran Neto. A ação popular e a ação civil pública em face da Constituição Federal de 1988, *apud* Mancuso (1993, p. 90).

Direitos e Deveres Individuais e Coletivos 243

autor popular não milita como substituto processual. Antes, veicula por meio dessa ação direito próprio, determinado pela titularidade subjetiva da prerrogativa constitucional de ter o patrimônio público, ao qual o administrado está relacionado, gerido de forma honesta. O desrespeito a esse preceito provoca lesão de caráter individual, legitimando o cidadão à propositura da ação popular.

Veja-se, por fim, que a cláusula constitucional é ampla, pois a ação popular também se volta para a defesa do meio ambiente e do patrimônio histórico. Estes institutos são estudados em capítulos próprios (ver, neste livro, a Parte X, Capítulo 1, seção "A proteção constitucional do meio ambiente").

Como se trata de instrumento de defesa do patrimônio público, em suas diversas formas, a Lei n. 4.717/65, que disciplina a ação popular, elencou característicos próprios da ação que visam à busca da sentença, necessária para a ratificação do comportamento do administrado ou de sua anulação. Assim:

a) o autor popular pode requerer certidões e informações para o ajuizamento da ação, indicando a finalidade (art. 1º, § 4º), que devem ser fornecidas em quinze dias, só podendo ser usadas para a finalidade da ação popular (art. 1º, § 5º); o não atendimento, salvo motivo justificado, implica pena de desobediência do administrador (art. 8º);

b) a ação pode ser proposta desacompanhada de documentos, caso sejam negadas as certidões (art. 1º, § 7º);

c) há a possibilidade de liminar (art. 5º, § 4º);

d) ajuizamento contra a pessoa de direito público ou de direito privado e as entidades referidas no art. 1º, contra as autoridades, funcionários ou administradores que houverem autorizado, aprovado, ratificado ou praticado o ato impugnado ou que, por omissas, tiverem dado oportunidade à lesão, e contra os beneficiários diretos dele (art. 6º);

e) a pessoa de direito público ou de direito privado cujo ato foi impugnado pode deixar de contestá-lo, e mesmo atuar ao lado do autor, quando tal fato for útil ao interesse público (art. 6º, § 3º);

f) o Ministério Público deve apressar as provas, tomar as providências penais e cíveis, sendo vedado assumir a defesa do ato impugnado ou de seus autores (art. 6º, § 4º);

g) qualquer cidadão pode habilitar-se como litisconsorte ou assistente do autor popular;

244 Curso de Direito Constitucional

h) citação, a critério do autor, por edital, cuja publicação será gratuita e com prazo máximo de três dias da entrega na repartição competente (art. 7º, II);

i) integração de qualquer beneficiário ou autor do ato depois de iniciado o processo e antes da sentença, facultando a contestação e a produção de provas (art. 7º, III);

j) a sentença deve ser proferida até quinze dias do recebimento dos autos pelo juiz depois da audiência de instrução e julgamento. Caso assim não faça, o juiz ficará privado da lista de merecimento por dois anos e perderá tantos dias quantos foram o atraso na lista de antiguidade, salvo se comprovar motivo justificado, que deverá constar dos autos e ser apreciado pelo órgão disciplinar competente (art. 7º, VI);

k) caso haja desistência do autor (a lei fala também em absolvição de instância), serão publicados editais, ficando assegurado a qualquer cidadão ou mesmo ao Ministério Público dar seguimento ao processo (art. 9º);

l) procedente a ação, sem que seja promovida a execução, no prazo de sessenta dias, o Ministério Público deverá fazê-lo, sob pena de falta grave, no prazo de trinta dias (art. 16);

m) sentença julgada improcedente por falta de provas permite que qualquer cidadão promova novamente a mesma ação (art. 18);

n) as sentenças de improcedência ou de carência terão duplo grau de jurisdição obrigatório (art. 19).

Tais traços evidenciam o cunho de ação coletiva da ação popular. Pelos dispositivos mencionados, verifica-se que há um sistema infraconstitucional, consubstanciado na Lei n. 4.717/65, que busca o resultado do processo, como forma de garantir o comportamento imputado de lesivo ou mesmo de convalidá-lo como correto.

A busca, portanto, da decisão na ação popular é garantia constitucional, como visto pelos dispositivos processuais mencionados.

DIREITOS FUNDAMENTAIS, TRATADOS INTERNACIONAIS E FORMA DE INCORPORAÇÃO[65]

O § 2º do art. 5º da Constituição Federal reza que: "Os direitos e garantias expressos nesta Constituição não excluem outros decorrentes do regime e dos

---

[65] Esta seção é de autoria exclusiva de Luiz Alberto David Araujo.

princípios por ela adotados, ou dos tratados internacionais em que a República Federativa do Brasil seja parte".

O § 3º, do mesmo art. 5º, introduzido pela Emenda Constitucional n. 45, estabelece que "os tratados e convenções internacionais sobre direitos humanos que forem aprovados, em cada Casa do Congresso Nacional, em dois turnos, por três quintos dos votos dos respectivos membros, serão equivalentes às emendas constitucionais".

Quer nos parecer que o Texto Constitucional atualmente veicule duas distintas cláusulas de abertura do rol de direitos fundamentais. Uma cláusula material, versada pelo § 2º do art. 5º, que recepciona como constitucionais os direitos compatíveis com o regime e os princípios por ela adotados, bem como os existentes em tratados internacionais em que o Brasil seja parte. E uma cláusula de abertura formal, permitindo que o Congresso Nacional constitucionalize formalmente os tratados e convenções sobre direitos humanos, mediante aprovação, em cada Casa do Congresso Nacional, em dois turnos, por três quintos dos votos dos parlamentares da Câmara dos Deputados e do Senado Federal.

O Supremo Tribunal Federal, no entanto, já se posicionou sobre a questão dos tratados internacionais na ordem interna, adotando uma tese que contradita a ideia de existência de uma cláusula de abertura material no § 2º do art. 5º. O Supremo Tribunal Federal, na verdade, adotou a teoria da supralegalidade dos tratados internacionais, entendendo, portanto, que, na pirâmide jurídica, estariam abaixo da Constituição, mas acima das demais leis. Logo, se submetem à Constituição, mas subordinam a legislação infraconstitucional. A propósito:

DIREITO PROCESSUAL. *HABEAS CORPUS*. PRISÃO CIVIL DO DEPOSITÁRIO INFIEL. PACTO DE SÃO JOSÉ DA COSTA RICA. ALTERAÇÃO DE ORIENTAÇÃO DA JURISPRUDÊNCIA DO STF. CONCESSÃO DA ORDEM. 1. A matéria em julgamento neste *habeas corpus* envolve a temática da (in)admissibilidade da prisão civil do depositário infiel no ordenamento jurídico brasileiro no período posterior ao ingresso do Pacto de São José da Costa Rica no direito nacional. 2. O julgamento impugnado via o presente *habeas corpus* encampou orientação jurisprudencial pacificada, inclusive no STF, no sentido da existência de depósito irregular de bens fungíveis, seja por origem voluntária (contratual) ou por fonte judicial (decisão que nomeia depositário de bens penhorados). Esta Corte já considerou que "o depositário de bens penhorados, ainda que fungíveis, responde pela guarda e se sujeita a ação de depósito" (HC n. 73.058/SP, Rel. Min. Maurício Corrêa, 2ª Turma, *DJ* 10.05.1996).

Neste mesmo sentido: HC 71.097/ PR, Rel. Min. Sydney Sanches, 1ª Turma, *DJ* 29.03.1996). 3. Há o caráter especial do Pacto Internacional dos Direitos Civis Políticos (art. 11) e da Convenção Americana sobre Direitos Humanos – Pacto de São José da Costa Rica (art. 7º, 7), ratificados, sem reserva, pelo Brasil, no ano de 1992. A esses diplomas internacionais sobre direitos humanos é reservado o lugar específico no ordenamento jurídico, estando abaixo da Constituição, porém acima da legislação interna. O *status* normativo supralegal dos tratados internacionais de direitos humanos subscritos pelo Brasil, torna inaplicável a legislação infraconstitucional com ele conflitante, seja ela anterior ou posterior ao ato de ratificação. 4. Na atualidade a única hipótese de prisão civil, no Direito brasileiro, é a do devedor de alimentos. O art. 5º, § 2º, da Carta Magna, expressamente estabeleceu que os direitos e garantias expressos no *caput* do mesmo dispositivo não excluem outros decorrentes do regime dos princípios por ela adotados, ou dos tratados internacionais em que a República Federativa do Brasil seja parte. O Pacto de São José da Costa Rica, entendido como um tratado internacional em matéria de direitos humanos, expressamente, só admite, no seu bojo, a possibilidade de prisão civil do devedor de alimentos e, consequentemente, não admite mais a possibilidade de prisão civil do depositário infiel. 5. *Habeas corpus* concedido (HC 88240/SP – São Paulo. *Habeas corpus*. Rel. Min. Ellen Gracie. j. 07.10.2008).

Assim, é possível entender que há dois tipos de tratamento dos tratados internacionais e convenções que veiculem direitos humanos, segundo a atual jurisprudência do Supremo Tribunal Federal. A primeira, para os tratados aprovados por decreto legislativo regular (maioria simples), que atribui aos tratados *status* supralegal. A segunda, preconizada pelo atual § 3º do art. 5º, que atribui aos tratados *status* constitucional, desde que obedecido o rito de aprovação mais rigoroso (dois turnos e três quintos).

O Decreto Legislativo n. 186/2008 foi o primeiro instrumento a introduzir um Tratado de Direitos Humanos com equivalência de emenda constitucional. Trata-se da aprovação da Convenção sobre os Direitos das Pessoas com *Deficiência* e de seu Protocolo Facultativo, assinados em Nova York, em 30 de março de 2007.

A nosso ver, os tratados aprovados na forma do § 3º do art. 5º não dependem da promulgação do Presidente da República, dada inclusive a similaridade de seu processo legislativo com a da emenda constitucional.

Pouco a pouco, o Poder Judiciário é chamado para analisar o novo *status* da Convenção da ONU sobre os Direitos das Pessoas com Deficiência (até o momento, como dito, o único instrumento aprovado na forma do § 3º, do art. 5º). Em decisão bastante recente, o Supremo Tribunal Federal, reconhecendo a importância e o *status* normativo da referida Convenção, apreciou o pedido de declaração de inconstitucionalidade do Estatuto da Pessoa com Deficiência (Lei n. 13.146/2015), reconhecendo que a lei ordinária tinha fundamento na mencionada Convenção e não poderia ser interpretada de forma destacada da Constituição Federal. A fundamentação da decisão do Supremo Tribunal Federal foi no sentido de que a norma tinha fundamento convencional e, por conta disso, deveria ser interpretada com a forma da Constituição, declarando o dispositivo constitucional.[66]

---

[66] Cf. ADI 5357, Rel. Min. Edson Fachin, in http://www.stf.jus.br/portal/jurisprudencia/listarJurisprudencia.asp?s1=%285357%2ENUME%2E+OU+5357%2EACMS%2E%29&base=baseAc ordaos&url=http://tinyurl.com/hghv2pv.

CAPÍTULO 2

Direitos Sociais[1]

INTRODUÇÃO

O Capítulo II do Título II da Constituição Federal, que arrola os chamados direitos sociais, pode ser dividido em três partes. Na primeira, há a indicação genérica dos direitos sociais; na segunda, estão enumerados os direitos individuais dos trabalhadores urbanos, rurais e domésticos; e, na terceira, estão disciplinados os direitos coletivos desses trabalhadores.

Vale lembrar, nessa linha de reflexão, que os direitos sociais, como os direitos fundamentais de segunda geração, são aqueles que reclamam do Estado um papel prestacional, de minoração das desigualdades sociais.

Nesse sentido, o art. 6º do Texto Constitucional[2], embora ainda de forma genérica, faz alusão expressa aos direitos sociais: a educação, a saúde, a alimentação, o trabalho, a moradia, o transporte, o lazer, a segurança, a previdência social, a proteção à maternidade e à infância, e a assistência aos desamparados. Ressalte-se que o direito à moradia foi acrescido pela Emenda Constitucional n. 26/2000, colocando-a como direito social explícito. Portanto, a inclusão de tal bem permitirá ao intérprete, nas questões da proteção da moradia, tratar do tema, agora, revestido da ótica constitucional, valorado pelo art. 6º. Houve a vontade expressa do constituinte reformador de arrolar a moradia como

---

[1] A propósito, ver Serrano Nunes (2009).
[2] Modificado pela Emenda Constitucional n. 90/2015, art. 6º. "São direitos sociais a educação, a saúde, a alimentação, o trabalho, a moradia, o transporte, o lazer, a segurança, a previdência social, a proteção à maternidade e à infância, a assistência aos desamparados, na forma desta Constituição".

direito social, dando-lhe destaque, o que exigirá dos Poderes Públicos maiores cuidados com o tema, pois mais do que nunca a sua atuação estará moldada pelo caráter programático da norma. A inclusão teve destaque especialmente para o intérprete, que poderá valorar a conduta do Poder Público a partir do cumprimento das metas constantes do art. 6º, dentre elas, a moradia.

A alusão é significativa porque, como se acudiu na parte introdutória do capítulo anterior, os direitos fundamentais, incluídos os sociais, não estão exaustivamente enumerados no Título II de nossa Magna Carta, existindo, portanto, direitos sociais dispersos ao longo de todo o seu texto. Exemplos destes podem ser encontrados em seu Título VIII, "Da Ordem Social".

DIREITOS SOCIAIS INDIVIDUAIS

A Constituição Federal houve-se com maior detença na enumeração dos direitos individuais e coletivos dos trabalhadores urbanos, rurais e domésticos.

O art. 3º da Consolidação das Leis do Trabalho define como trabalhador urbano "toda pessoa física que prestar serviços de natureza não eventual a empregador, sob a dependência deste e mediante salário".

Comentando o dispositivo retrotranscrito, Pedro Paulo Teixeira Manus (1987, p. 37) assevera que "é o empregado sempre pessoa física, que presta serviços subordinados ao empregador, sendo tais serviços contínuos e não eventuais e tendo sempre a prestação de serviços de caráter oneroso".

Destaca-se, nesse sentido, que a exata definição de trabalhador urbano viceja ainda um raciocínio por exclusão, é dizer, além da observância dos pressupostos indicados anteriormente, o trabalho não deve ter natureza agropastoril, pois se trata da principal nota de distinção dos trabalhadores rurais.

A respeito do tema, vale transcrever a seguinte ementa do Tribunal Superior do Trabalho:

Ementa: Vínculo empregatício – Natureza – Cenibra. A Cenibra teve definido o seu enquadramento sindical inserido na categoria da indústria de extração de madeira ou de lenha, do quinto grupo das indústrias extrativas, da Confederação Nacional das Indústrias, nos exatos termos do quadro anexo a que se refere o artigo quinhentos e setenta e sete, da CLT. Consequentemente, sendo a categoria profissional fixada tendo em vista a atividade preponderante da empresa, sendo esta vinculada à indústria extrativa vegetal, os seus empregados são trabalhadores industriários (TST, RRev., ac. 1.565, j. 20.03.1996, *Informa*, n. 8, CD II).

A definição de trabalhador rural em muito se assemelha à de urbano, com a peculiaridade da destinação de seu trabalho. Trabalhador rural é aquele que presta serviços relacionados à lavoura e à pecuária. Desse teor, a advertência de Pedro Paulo Teixeira Manus (1987, p. 39):

> Temos, assim, os traços característicos do empregado rural, que, como vimos, em quase tudo se assemelha ao empregado urbano, exceção feita ao local de prestação de serviços e, por consequência, a destinação de seu trabalho. Enquanto o empregado urbano trabalha ligado à indústria, ao comércio, aos serviços, o empregado rural desenvolve suas atribuições vinculado à lavoura e à pecuária.

É conveniente frisar que é perfeitamente possível a existência de trabalhador urbano que preste serviço na zona rural, bem como de trabalhador rural que exerça sua atividade dentro do perímetro urbano. É o que ocorre com o trabalhador urbano que presta serviço em indústria localizada na zona rural (p. ex., um laticínio) ou com o trabalhador rural que, nos arredores de uma grande cidade, presta serviços de cultivo de hortaliças.

Desse teor, a ver manifestação do Tribunal Superior do Trabalho, ementada da seguinte forma:

> Trabalhador rural. O trabalho executado em área rural, de forma braçal e ao ar livre, sem qualquer transformação do produto *in natura*, acarreta em consequência o enquadramento do obreiro como rurícola, e, não, urbano (TST, SDI, 3ª Reg., 1ª T., RRev. 118.397, j. 24.11.1994, *DJ*, 16 dez. 1994, p. 35057; *Informa*, n. 8, CD II).

Apesar da diferença conceitual entre trabalhador urbano e rural, a Carta de 1988 cuidou de equalizar o tratamento jurídico. Havia uma diferença, pois o tratamento prescricional era distinto entre o rural e o urbano, situação harmonizada pela Emenda Constitucional n. 28/2000, que modificou o inciso XXIX do art. 7º, que passou a vigorar com a seguinte redação: "XXIX – ação, quanto aos créditos resultantes das relações de trabalho, com prazo prescricional de cinco anos para os trabalhadores urbanos e rurais, até o limite de dois anos após a extinção do contrato de trabalho".

Como consequência da igualdade, foi revogada, pela mesma emenda, a possibilidade de comprovação pelo empregador dos direitos dos rurícolas, de cinco em cinco anos, como facultava o art. 233.

No mais, os direitos sociais são atribuídos, em igualdade, aos trabalhadores rurais e urbanos, sendo certo, no entanto, que o rol de direitos constante do art. 7º do Texto Constitucional não é exauriente dos direitos trabalhistas, pois o *caput* do dispositivo é literal ao consignar a existência daqueles, "além de outros que visem à melhoria de sua condição social". Logo, a normativização infraconstitucional pode ampliar esse rol de direitos, embora, de evidência, não tenha o condão de reduzi-los.

Vem a ponto, neste passo, a transcrição literal do cogitado dispositivo:

Art. 7º São direitos dos trabalhadores urbanos e rurais, além de outros que visem à melhoria de sua condição social:

I – relação de emprego protegida contra despedida arbitrária ou sem justa causa, nos termos de lei complementar, que preverá indenização compensatória, dentre outros direitos;

II – seguro-desemprego, em caso de desemprego involuntário;

III – fundo de garantia do tempo de serviço;

IV – salário mínimo, fixado em lei, nacionalmente unificado, capaz de atender a suas necessidades vitais básicas e às de sua família com moradia, alimentação, educação, saúde, lazer, vestuário, higiene, transporte e previdência social, com reajustes periódicos que lhe preservem o poder aquisitivo, sendo vedada sua vinculação para qualquer fim;

V – piso salarial proporcional à extensão e à complexidade do trabalho;

VI – irredutibilidade do salário, salvo o disposto em convenção ou acordo coletivo;

VII – garantia de salário, nunca inferior ao mínimo, para os que percebem remuneração variável;

VIII – décimo terceiro salário com base na remuneração integral ou no valor da aposentadoria;

IX – remuneração do trabalho noturno superior à do diurno;

X – proteção do salário na forma da lei, constituindo crime sua retenção dolosa;

XI – participação nos lucros, ou resultados, desvinculada da remuneração, e, excepcionalmente, participação na gestão da empresa, conforme definido em lei;

XII – salário-família pago em razão do dependente do trabalhador de baixa renda nos termos da lei;

XIII – duração do trabalho normal não superior a oito horas diárias e quarenta e quatro semanais, facultada a compensação de horários e a redução de jornada, mediante acordo ou convenção coletiva de trabalho;

XIV – jornada de seis horas para o trabalho realizado em turnos ininterruptos de revezamento, salvo negociação coletiva;

252 Curso de Direito Constitucional

XV – repouso semanal remunerado, preferencialmente aos domingos;

XVI – remuneração do serviço extraordinário superior, no mínimo, em cinquenta por cento à do normal;

XVII – gozo de férias anuais remuneradas com, pelo menos, um terço a mais do que o salário normal;

XVIII – licença à gestante, sem prejuízo do emprego e do salário, com a duração de cento e vinte dias;[3,4]

XIX – licença-paternidade, nos termos fixados em lei;

XX – proteção do mercado de trabalho da mulher, mediante incentivos específicos, nos termos da lei;

XXI – aviso-prévio proporcional ao tempo de serviço, sendo no mínimo de trinta dias, nos termos da lei;

XXII – redução dos riscos inerentes ao trabalho, por meio de normas de saúde, higiene e segurança;

XXIII – adicional de remuneração para as atividades penosas, insalubres ou perigosas, na forma da lei;

XXIV – aposentadoria;

XXV – assistência gratuita aos filhos e dependentes desde o nascimento até cinco anos de idade em creches e pré-escolas;

XXVI – reconhecimento das convenções e acordos coletivos de trabalho;

XXVII – proteção em face de automação, na forma da lei;

XXVIII – seguro contra acidentes de trabalho, a cargo do empregador, sem excluir a indenização a que este está obrigado, quando incorrer em dolo ou culpa;

XXIX – ação, quanto a créditos resultantes das relações de trabalho, com prazo prescricional de cinco anos para os trabalhadores urbanos e rurais, até o limite de dois anos após a extinção do contrato de trabalho [...];

XXX – proibição de diferença de salários, de exercício de funções e de critério de admissão por motivo de sexo, idade, cor ou estado civil;

XXXI – proibição de qualquer discriminação no tocante a salário e critérios de admissão do trabalhador portador de deficiência;

XXXII – proibição de distinção entre trabalho manual, técnico e intelectual ou entre os profissionais respectivos;

---

[3] O Supremo Tribunal Federal reconheceu como de eficácia plena a norma do art. 7º, XVIII, da Constituição Federal, cabendo o pagamento ao empregador, à conta da Previdência Social, independentemente da definição da fonte de custeio (cf. RE 220.613-SP, *Boletim Informativo STF*, n. 191).

[4] O Supremo Tribunal Federal entendeu que não se defere licença-maternidade para as mães adotivas, decisão que provoca espanto, pois tal entendimento fere o direito à proteção da família, criando distinção triste entre a maternidade natural e a adotiva (cf. RE 167.807-RS, Rel. Min. Octávio Gallotti, j. 30.05.2000).

XXXIII – proibição de trabalho noturno, perigoso ou insalubre a menores de dezoito e de qualquer trabalho a menores de dezesseis anos, salvo na condição de aprendiz, a partir de quatorze anos;

XXXIV – igualdade de direitos entre o trabalhador com vínculo empregatício permanente e o trabalhador avulso.

Verifica-se que o constituinte repetiu o princípio da igualdade, reforçando o comando já apresentado no art. 5º. Impediu a discriminação na contratação, quer no momento da admissão, quer na estipulação do salário, quer ainda em relação ao trabalhador avulso ou com vínculo empregatício permanente.

Trata-se de norma já constante, que vem com objetivo específico, didático, mostrando a impossibilidade de discriminação.

Por fim, a Constituição criou regime jurídico peculiar para o trabalhador doméstico.

Este, no dizer de Amauri Mascaro Nascimento (1984, p. 335), "é aquele que presta serviços continuados e subordinados para pessoa ou família, no âmbito residencial desta".

Nesse sentido, a Carta Magna não ofereceu aos trabalhadores domésticos exatamente o mesmo regime jurídico dos trabalhadores urbanos e rurais, muito embora a situação dos trabalhadores domésticos tenha recebido acentuada evolução em sua proteção com a Emenda Constitucional n. 72/2013, que, dando nova redação ao art. 7º, parágrafo único, da Constituição Federal, assegurou

> à categoria dos trabalhadores domésticos os direitos previstos nos incisos IV, VI, VII, VIII, X, XIII, XV, XVI, XVII, XVIII, XIX, XXI, XXII, XXIV, XXVI, XXX, XXXI e XXXIII e, atendidas as condições estabelecidas em lei e observada a simplificação do cumprimento das obrigações tributárias, principais e acessórias, decorrentes da relação de trabalho e suas peculiaridades, os previstos nos incisos I, II, III, IX, XII, XXV e XXVIII, bem como a sua integração à previdência social.

DIREITOS SOCIAIS COLETIVOS

A liberdade de associação profissional ou sindical

A liberdade de associação profissional ou sindical constitui desdobramento do direito de associação, sendo que, com exceção de algumas peculiaridades, aplica-se aos sindicatos e associações profissionais o mesmo regime jurídico do direito de associação.

Como bem observa José Afonso da Silva (1989, p. 291), tanto a associação profissional como a sindical são de índole profissional. A diferença está em que a associação sindical foi constitucionalmente contemplada com uma série de poderes especiais, que lhe demarcam um regime jurídico próprio, com prerrogativas próprias, que são distintas das demais associações, mesmo as chamadas profissionais.[5,6]

O regime jurídico do direito à liberdade de associação sindical envolve duas faces. Uma, relativa aos direitos do trabalhador em relação ao sindicato. Outra, pertinente aos direitos e prerrogativas do próprio sindicato, enquanto pessoa jurídica e órgão de representação.

No que tange ao trabalhador, a liberdade de associação sindical envolve as seguintes prerrogativas:

a) direito de criação de sindicatos, vedada a de mais de uma organização sindical na mesma base territorial, que será definida pelos trabalhadores ou empregadores interessados, não podendo ser inferior à área de um município;
b) direito de filiação a um sindicato;
c) direito de desfiliação.

Vertido sob a ótica do sindicato, enquanto pessoa jurídica e órgão de representação, o regime jurídico da liberdade de associação sindical está demarcado pelos seguintes aspectos:

a) direito à autonomia estatutária;
b) direito à não intervenção do Poder Público em sua direção e em suas atividades, exigido, no entanto, o registro no órgão competente;
c) direito à substituição processual, pois aos sindicatos cabe a defesa dos interesses individuais e coletivos da categoria;

---

[5] O STF entendeu que o art. 522 da CLT, que estabelece número de dirigentes sindicais, foi recebido pela Constituição Federal, art. 8º, I (RE 193.345-SC, Rel. Min. Carlos Velloso, *Boletim Informativo STF*, n. 151).
[6] O STF entendeu que a formalidade prevista no art. 543, § 5º, da CLT – ciência do empregador da candidatura do empregado – não é incompatível com o inciso VIII do art. 8º da Constituição Federal (RE 224.667-MG, Rel. Min. Marco Aurélio, *Boletim Informativo STF*, n. 151).

d) direito à estabilidade, a partir do registro da candidatura, e até um ano após o final do mandato dos empregados sindicalizados eleitos para cargo de direção ou de representação sindical;

e) obrigatoriedade de participação dos sindicatos nas negociações coletivas do trabalho.

Direito de greve

Conceitualmente é o direito dos trabalhadores de, mediante a paralisação do trabalho, defender interesses por eles próprios definidos como relevantes.

Nesse sentido, o direito de greve consiste na proteção de interesses, de qualquer natureza, e na reivindicação de direitos por meio de uma ação coletiva, afinada a uma mesma finalidade dos trabalhadores envolvidos, que, para tanto, utilizam-se da paralisação do trabalho como mecanismo básico de pressão contra o patronato.

Vige, nesse sentido, o princípio de que, na medida em que a Constituição assegurou o direito de greve, compete aos trabalhadores "decidir sobre a oportunidade de exercê-lo e sobre os interesses que devam por meio dele defender". (CF, art. 9º)

No ponto, vale transcrever excerto da primorosa preleção de Canotilho e Vital Moreira (1984, p. 309):

A caracterização constitucional do direito à greve como um dos "direitos e garantias" significa, entre outras coisas: (a) um direito subjectivo negativo, não podendo os trabalhadores ser proibidos ou impedidos de fazer greve, nem podendo ser compelidos a pôr-lhe termo; (b) eficácia externa imediata, em relação a entidades privadas, não constituindo o exercício do direito de greve qualquer violação do contrato de trabalho, nem podendo as mesmas entidades neutralizar ou aniquilar praticamente esse direito; (c) eficácia imediata, no sentido de directa aplicabilidade, não podendo o exercício deste direito depender da existência de qualquer lei concretizadora.

Problema de destacada importância reside na definição dos limites do direito de greve. Os §§ 1º e 2º do indigitado art. 9º assentam o alicerce constitucional do tema, preconizando a reserva de lei para a definição dos serviços ou atividades essenciais, bem como para o atendimento das necessidades inadiáveis da comunidade. No mesmo sentido, o precitado § 2º pressagia que "os abusos cometidos sujeitam os responsáveis às penas da lei".

A questão deve ser abordada sob duplo enfoque. Em primeiro lugar, cogita-se da ilegalidade da greve, é dizer, quando esta, por suas características ingênitas, ofende o conjunto de valores aportados no nosso sistema constitucional. Em segundo lugar, há que se tratar da ilicitude ou dos abusos cometidos durante ela, temário do § 2º do art. 9º.

Em matéria de ilegalidade da greve, cumpre distinguir que o Texto Constitucional subtraiu à alçada do Poder Legislativo a enumeração de hipóteses em que ela seria a solução indicada para o fim das controvérsias sobre os interesses por ela defendidos. A dicção do *caput* do art. 9º é clara ao indicar competir aos próprios trabalhadores a oportunidade do exercício do direito de greve, bem como "os interesses que devam por meio dele defender".

Assim, a elaboração legislativa há de ficar adstrita à enumeração dos serviços e atividades essenciais, bem como à forma de como, em greve, devem ser atendidas as necessidades inadiáveis da sociedade.

Fora desse parâmetro, não é possível, sob pena de inconstitucionalidade, a existência de lei restritiva, ou mesmo "regulamentadora", do direito de greve.

Logo, só se pode cogitar de limites ao direito de greve quando este se coloca em face de outro direito constitucional. Ocorrendo a chamada colisão de direitos constitucionais, um direito haverá de limitar o outro, dentro do princípio da cedência recíproca.

Entretanto, malgrada a clareza do Texto Constitucional, existem precedentes jurisprudenciais em sentido contrário. Confira-se:

> O direito de greve constitucionalmente assegurado e previsto no artigo nono da carta magna encontra seus limites e definições regulados na lei sete mil setecentos e oitenta e três de oitenta e nove. Uma vez verificado o descumprimento dos artigos quarto e décimo primeiro da supracitada norma legal, configura-se a abusividade do movimento paredista, sendo indevido o pagamento dos dias de paralisação (TST, SDC, RODC 176.958, Rel. Min. Valdir Righeto, j. 05.02.1996, *DJ*, 22 mar. 1996, p. 8405; *Informa*, n. 8, CD II).

Questão diferenciada, no entanto, diz respeito aos eventuais abusos cometidos durante o exercício do direito de greve. É que, conquanto em paralisação, os trabalhadores estão sujeitos, à evidência, ao conjunto de normas jurídicas garantidoras da estabilidade social e da ordem pública. Assim, eventual desrespeito às leis penais e civis sujeita individualmente o infrator às penas cominadas pelo seu comportamento indevido.

Direito de representação

Nas empresas que contêm mais de duzentos empregados, é assegurada, pelo art. 11 da Constituição Federal, a eleição de um representante deles com a finalidade exclusiva de promover-lhes o entendimento direto com os empregadores.

No mesmo sentido, a Constituição Federal assegura a participação dos trabalhadores e empregadores nos colegiados dos órgãos públicos em que seus interesses profissionais ou previdenciários sejam objeto de discussão e deliberação.

CAPÍTULO 3

Nacionalidade

NACIONALIDADE

Nacionalidade constitui tema materialmente constitucional, pois, além de expressar um direito fundamental – contemplado, aliás, pela Declaração dos Direitos do Homem de 1948 (art. 11) e pela Convenção Americana de Direitos Humanos (art. 20) –, identifica o chamado elemento subjetivo do Estado,[1] a saber, o povo.

Nesse sentido, encarece registrar que esta dimensão subjetiva do Estado se faz pela designação daqueles que desfrutem da condição de nacional, independentemente de onde estejam, em dado momento, radicados, se dentro ou fora do país, reservando-se, pois, a expressão *população* para designar todos aqueles que estejam residindo no território de um determinado Estado, independentemente de sua nacionalidade.

Tal distinção foi bem delimitada por José Francisco Rezek (2002, p. 170), para quem:

> População do Estado soberano é o conjunto das pessoas instaladas em caráter permanente sobre seu território: uma vasta maioria de súditos locais, e um contingente minoritário – em número proporcional variável, conforme o país – de estrangeiros residentes. Importante lembrar que a *dimensão pessoal* do Estado soberano (seu elemento constitutivo, ao lado do território e do governo) não é a respectiva população,

---

[1] Elementos constitutivos do Estado: povo, governo e território. Para alguns, também a finalidade, radicada no interesse comum.

mas a *comunidade nacional*, ou seja, o conjunto de seus súditos, incluindo aqueles, minoritários, que se tenham estabelecido no exterior. Sobre os estrangeiros residentes o Estado exerce inúmeras competências inerentes à sua *jurisdição territorial*. Sobre seus súditos distantes o Estado exerce *jurisdição pessoal*, fundada no vínculo de nacionalidade, e independente do território onde se encontrem.

Nacionalidade, assim, pode ser conceituada como o vínculo jurídico-político que relaciona uma pessoa a um país.[2] Existem duas espécies de nacionalidade: a originária (também chamada primária, por nascimento ou atribuída) e a adquirida (também chamada secundária, por naturalização ou por opção). Nacionalidade primária, ou originária, é aquela que o indivíduo adquire por força do nascimento. Portanto, o vínculo jurídico estabelecido emana de uma atribuição unilateral do Estado, fazendo com que o indivíduo adquira a qualidade de nacional junto àquele, independentemente de sua vontade. Nacionalidade secundária, ou adquirida, diferentemente, é aquela que provém de uma manifestação híbrida, ou seja, de um lado, o indivíduo, apátrida ou estrangeiro, que solicita ou opta por essa nova nacionalidade e, de outro, o Estado, que assente nessa escolha, formalizando a naturalização.

Como aponta Francisco Xavier da Silva Guimarães "a nacionalidade, como vínculo jurídico-político que une o indivíduo ao Estado, resulta de emanação de soberania, sendo originariamente atribuída e, secundariamente, concedida, a teor da competente legislação".

Vejamos cada uma das espécies de nacionalidade.

NACIONALIDADE ORIGINÁRIA

Alicerçado em pressupostos teóricos, de regra emanados do Direito Internacional e, portanto, ainda sem foco no direito constitucional positivo, temos que nacionalidade originária é aquela unilateralmente atribuída pelo Estado por ocasião do nascimento.

Note-se, neste ponto, que, em decorrência do conceito de soberania, inerente à noção de Estado, cada qual desfruta da prerrogativa de designar aqueles que serão tidos, a partir do nascimento, como nacionais originários.

---

[2] A expressão *cidadania* apresenta diversas acepções, dentre as mais importantes, uma que identifica a posse de direitos políticos e outra, na feliz alusão de Hannah Arendt, como "o direito a ter direitos". Porém, não é incomum a utilização desta expressão em sinonímia com o termo *nacionalidade*.

Nesta fórmula é que se expressa o conhecido princípio da atribuição estatal da nacionalidade originária, que preconiza, em outras palavras, a prerrogativa de cada Estado reconhecer unilateralmente os que devem possuir o *status* de nacional originário. Na extensa pletora de disposições acerca do tema, em que cada país adota critérios próprios e distintos entre si, a atribuição unilateral da condição de nacional originário possibilita o surgimento de dois fenômenos: o do apátrida, também chamado heimatlo, e o da dupla nacionalidade.

Com efeito, se cada Estado, no regular exercício de sua soberania, identifica quem são os seus nacionais, é facilmente dedutível que uma mesma pessoa possa ser reconhecida como nacional originária por dois distintos países, como também que possa não ser identificada como originária de país algum, gerando, pois, a indesejada situação de apátrida.

Tratando-se, pois, de um direito humano, reconhecido, como tal, pelo art. 11 da Declaração de 1948 da Organização das Nações Unidas, busca-se uma concertação internacional para evitar tal situação. Conveniente sublinhar que o Brasil aderiu à Convenção Americana de Direitos Humanos – o chamado Pacto de São José da Costa Rica, cujo art. 20 preconiza o direito à nacionalidade, como também determina que as pessoas nascidas nos países subscritores da convenção devem reconhecer como originários todos aqueles que nasçam em seu território e que não possuam o direito a outra nacionalidade.

Ainda nesse caminho, importante destacar que a polinacionalidade, quando decorrente do reconhecimento da nacionalidade originária por parte de mais de um país, também não pode ser coibida. Expressão da soberania de cada Estado, a atribuição de nacionalidade originária não passa pela manifestação de vontade da pessoa, que, colhida pelo espectro de normas cogentes de mais de um país, ver-se-á reconhecida como nacional originária por todos eles, sem que possa validamente declinar de uma delas.

Igualmente destituído de sentido se vislumbrar que um Estado possa interferir na soberania de outro, restringindo-lhe a prerrogativa de identificar quem são seus nacionais originários.

Trata-se, como dito, de desdobramento lógico e necessário do conceito de soberania, conforme, aliás, o ensinamento de Pontes de Miranda (1968, p. 368):

> Os Estados podem dizer quais são os seus nacionais. Só eles o podem fazer, e não podem dizer que os seus nacionais não o são de outros Estados. É-lhes lícito estatuir que se perca a nacionalidade de outro Estado antes de adquirir a sua, porém, não que a aquisição da sua implique a perda da nacionalidade de outro Estado.

Essa atribuição unilateral de nacionalidade originária costuma ser empreendida com base em dois critérios, que podem ser adotados isoladamente ou em conjunto, vale dizer, os critérios territorial (*jus solis*) e sanguíneo (*jus sanguinis*). O primeiro, também denominado critério da territorialidade, condiciona a aquisição da nacionalidade ao nascimento no território do respectivo Estado. O segundo preestabelece a nacionalidade à vista da ascendência, ou seja, aqueles que forem filhos de nacionais assim também serão considerados.

A nacionalidade originária na Constituição Federal

Feitas tais considerações genéricas, passemos à análise da Constituição brasileira, que trata do tema, basicamente, no Capítulo III, de seu Título II.

Em primeiro lugar, é induvidoso que o direito à nacionalidade esteja situado no marco dos direitos fundamentais, uma vez que, sob um ponto de vista topológico, tem suas disposições acomodadas no Título II, expressamente designado como "Dos Direitos e Garantias Fundamentais", e, sob uma perspectiva ontológica, induvidosamente tem por escopo proteger a dignidade humana.

A Constituição brasileira, ao menos até o advento da Emenda Constitucional n. 54, empalmava o chamado critério territorial mitigado, pois, embora contivesse disposições orientadas por ambos os critérios, havia uma nítida prevalência deste. Tal situação, a nosso juízo, foi alterada pela mencionada modificação constitucional, cuja tônica foi elastecer sobremaneira a possibilidade de atribuição de nacionalidade originária aos filhos de brasileiros nascidos no exterior, de tal modo que, presentemente, seja mais adequado se cogitar de um critério misto.

A nacionalidade originária foi tratada pelo inciso I do art. 12 de nossa Constituição, que se houve claramente com o objetivo de esgotar o tratamento do tema, vigendo, neste ponto, uma espécie de reserva constitucional, uma vez que aprioristicamente rejeitada qualquer interveniência de legislação ordinária sobre a matéria.

Passemos, pois, à análise de cada uma das hipóteses arroladas no inciso I do art. 12 da Constituição Federal:

a) *São brasileiros natos* "os nascidos na República Federativa do Brasil, ainda que de pais estrangeiros, desde que estes não estejam a serviço de seu país; [...]".

O dispositivo veicula, com caráter de regra geral, o critério territorial, indicando, desse modo, que todos os que venham a nascer no Brasil, ainda que de pais estrangeiros, são brasileiros.

Segundo Hildebrando Accioly (1986, p. 187), o território é

constituído pela porção da superfície do globo terráqueo sobre o qual o Estado exerce habitualmente uma denominação exclusiva, isto é, os direitos de soberania. Essa porção abrange a superfície do solo (terras e águas), o subsolo e coluna de ar sobre a dita superfície.

Queremos crer ainda que o dispositivo em exame, ao fazer referência ao território brasileiro, quis englobar também o mar territorial e conceitos adjacentes, como os de aeronaves e embarcações brasileiras de guerra, embarcações mercantis em alto-mar ou em trânsito em mar territorial estrangeiro e aeronaves comerciais em espaço aéreo sobre o alto-mar ou em trânsito em espaço aéreo estrangeiro.

Assim sendo, o nascimento em território brasileiro constitui-se em fato gerador da atribuição da qualidade de brasileiro nato, mesmo que o nascido seja filho de pai e mãe estrangeiros.

Nesse ponto, é relevante notar que a própria alínea *a* já traz a primeira exceção ao critério territorial, negando a nacionalidade brasileira àqueles que, embora nascidos no Brasil, sejam filhos de pai e mãe estrangeiros que aqui estejam a serviço do respectivo país.

É evidente que a expressão "a serviço de seu país" indica que o serviço deve ser prestado a Estado estrangeiro, não se aplicando a exceção, portanto, aos nascidos daqueles que aqui estejam a serviço de entidade privada estrangeira.[3]

Cuidando-se de um direito fundamental, qualquer exceção deve merecer interpretação restritiva. Logo, havendo um dos pais que seja brasileiro, não importa se nato ou naturalizado, ou, ainda que estrangeiro, que aqui esteja a serviço privado, o filho será considerado brasileiro, mesmo porque para que a exceção se aperfeiçoe é necessário que os pais (pai e mãe) sejam estrangeiros e que ambos estejam a serviço do país de origem.

Elucidativa, no entanto, a advertência de José Francisco Rezek: "Reputam-se a serviço de nação estrangeira ambos os componentes do casal, ainda que apenas um detenha cargo, na medida em que o outro nada mais faça do que acompanhá-lo".

---

[3] Guimarães (1995, p. 23): "O termo constitucional *serviço* abrange não só funções diplomáticas e consulares, como, também, missões oficiais, serviço público em geral, sejam de natureza federal, estadual e municipal".

b) São brasileiros natos "os nascidos no estrangeiro, de pai ou mãe brasileira, desde que qualquer destes esteja a serviço da República Federativa do Brasil; [...]".

A segunda disposição constitucional acerca da nacionalidade originária adota o critério sanguíneo, embora sob condição, qual seja, a de que o nascido no estrangeiro seja filho de pai ou mãe brasileira, que lá esteja a serviço da República Federativa do Brasil.

Como apontado, ao critério sanguíneo deve ser somada a condição funcional, vale dizer, o serviço prestado a qualquer ente federativo brasileiro, pois ao aludir à República Federativa, a Constituição não restringiu a condição a serviço prestado à União, logo, inclui-se no espectro de tal disposição o serviço prestado a qualquer ente federativo do Brasil.

O dispositivo incorpora o critério sanguíneo condicionado, pois, independentemente de qualquer outro aspecto, atribui a nacionalidade originária àquele que, nascido em outro país, seja filho de pai ou de mãe brasileiros (ambos ou apenas um), sob a condição de que o genitor brasileiro lá esteja a serviço da República Federativa do Brasil.

Não é suficiente, assim, o vínculo de descendência, sendo necessário, adicionalmente, a condição expressa de que a presença no estrangeiro tenha sido motivada por serviço prestado à República Federativa do Brasil.

Duas observações, neste ensejo, parecem pertinentes. Primeira, a de que deve entender por serviço prestado à República Federativa do Brasil também os que realizados a organizações internacionais em que o Brasil tenha assento oficialmente, por exemplo, a ONU. Segunda, a de que o nascimento em tal situação engendra, por si, a condição de nato, com prescindência de qualquer requisito formal.

c) São brasileiros natos "os nascidos no estrangeiro, de pai brasileiro ou de mãe brasileira, desde que [...] venham a residir na República Federativa do Brasil e optem, em qualquer tempo, [...] pela nacionalidade brasileira; [...]".

Trata-se da assim chamada nacionalidade potestativa.

Em primeiro lugar, cumpre consignar que o dispositivo constitucional em apreço teve a sua redação alterada pela Emenda Constitucional de Revisão n. 3/94.

O texto original apresentava-se com a seguinte redação:

> *c)* os nascidos no estrangeiro, de pai brasileiro ou mãe brasileira, desde que sejam registrados em repartição brasileira competente, ou venham a residir na República Federativa do Brasil antes da maioridade e, alcançada esta, optem em qualquer tempo pela nacionalidade brasileira.

O texto originário de 1988 já foi modificado duas vezes. A redação original afirmava que seriam brasileiros natos aqueles nascidos no estrangeiro, filho de pai ou mãe brasileira, desde que:

a) fossem registrados em repartição brasileira competente;
b) viessem a residir no Brasil antes da maioridade;
c) optassem, atingida a maioridade, pela nacionalidade brasileira.

A Emenda de Revisão n. 3/94 modificou o dispositivo para eliminar a necessidade de residência no Brasil antes da maioridade. No entanto, não falava no registro em repartição competente.

Assim, seriam brasileiros natos aqueles que, nascidos no estrangeiro, filhos de pai ou mãe brasileira:

a) viessem a residir no Brasil;
b) optassem, a qualquer tempo, pela nacionalidade brasileira.

Com a Emenda Constitucional n. 54/2007, a Constituição Brasileira pretendeu resolver a questão dos registros dos brasileiros nas repartições competentes.

A Constituição, com a emenda de revisão, não falava em registro nas repartições competentes, o que impedia que os brasileiros obtivessem seus documentos com valor de nacionalidade. Dessa forma, com a referida Emenda Constitucional n. 54, os requisitos passaram a ser os seguintes, mantida a mesma regra (filho de pai ou mãe brasileiro nascido no exterior):

a) se forem registrados em repartição competente;
b) se residirem no Brasil;
c) e, em qualquer caso, optem, atingida a maioridade, pela nacionalidade brasileira.

Assim, pelo novo Texto Constitucional, resolveu-se a polêmica de se permitir que a opção só ocorra com a maioridade. Como direito personalíssimo, tal opção só poderia mesmo ser feita quando atingida a maioridade do brasileiro. O quadro atual, portanto, aperfeiçoa a regra modificada pela revisão constitucional, criando duas situações alternativas e o implemento de uma condição.

Deve o indivíduo ser filho de brasileiro ou de brasileira (e que não esteja a serviço de seu país), estar registrado em repartição competente ou residir no

Brasil e, em qualquer caso, optar, atingida a maioridade, pela nacionalidade brasileira. Esse processo se desenvolve na Justiça Federal, competente para o tema.

Destarte, para que se aperfeiçoe a hipótese em apreço, deve haver:

- nascimento no exterior, de pai ou de mãe brasileiros, que lá não estejam a serviço do Estado brasileiro;
- registro em repartição competente no exterior ou residência no Brasil;
- e, em qualquer caso: opção pela nacionalidade definitiva brasileira, atingida a maioridade.

Devido às divergências existentes entre a Emenda de Revisão e a Emenda Constitucional n. 54, esta trouxe o art. 95 do Ato das Disposições Constitucionais Transitórias, para dizer que:

> Art. 95. Os nascidos no estrangeiro entre 7 de junho de 1994 e a data da promulgação desta Emenda Constitucional, filhos de pai brasileiro ou mãe brasileira, poderão ser registrados em repartição diplomática ou consular brasileira competente ou em ofício de registro, se vierem a residir na República Federativa do Brasil.

Assim, ficou assegurado o direito ao registro em repartição competente para aqueles que não tinham o direito assegurado no período de vigência da emenda de revisão, regularizando a situação dos estrangeiros que vivem no exterior.

É fundamental observar, entretanto, que essa possibilidade foi alargada, pois, atualmente, a residência e a opção podem ser realizadas a qualquer tempo, independentemente de qualquer critério etário.

Segue-se, do exposto, que o dispositivo investe aqueles que a ele se adéquam em um direito potestativo de fixar residência no País e, independentemente de qualquer condição, de optar pela nacionalidade brasileira.

É de indagar, nesse aspecto, se a opção pode ser realizada durante a menoridade.

Entende-se que não.

Com o nascimento, lavrado o respectivo termo, este deve ser transcrito na repartição competente, servindo, pois, como opção provisória, a ser confirmada por ocasião da maioridade.

Tal se deve fundamentalmente ao fato de a opção tratar-se de ato personalíssimo, que, dessa forma, deve ser exercido pessoalmente pelo interessado, uma vez alcançada a maioridade civil.

A propósito, o seguinte aresto do Superior Tribunal de Justiça, relatado pelo eminente Ministro Cesar Asfor Rocha:

> Compete à Justiça Federal a apreciação de pedido de transcrição do termo de nascimento de menor nascida no estrangeiro, filha de mãe brasileira que não estava a serviço do Brasil, por consubstanciar opção provisória de nacionalidade a ser ratificada após alcançada a maioridade (artigos 12, I, *c* e 109, X, da Constituição) (*DJU*, 17 nov. 1997, *LEXSTJ, 103*:36).

Destarte, para que aperfeiçoe a hipótese em apreço, deve haver o concurso dos seguintes fatores:

- nascimento no exterior, de pai ou de mãe brasileiros, que lá não estejam a serviço do Estado brasileiro;
- fixação de residência no Brasil, servindo a transcrição do termo de nascimento em repartição brasileira, como opção provisória;
- alcançada a maioridade, opção confirmativa.

Deve-se ressaltar, a pretexto de remate, que as três hipóteses atributivas da qualidade de brasileiro nato exaurem a disciplina do tema, pois, em relação à nacionalidade originária, não deixou a Constituição margem para qualquer disposição infraconstitucional.

NACIONALIDADE ADQUIRIDA

A segunda espécie de nacionalidade, a adquirida, é aquela que frutifica da manifestação de vontade do interessado e da aquiescência do Estado que é destinatário desta manifestação.

Em outras palavras, a naturalização guarda como característica principal o fato de advir da vontade das partes envolvidas: a pessoa, que deve formular um pleito nesse sentido, e o Estado que, discricionariamente, deve aquiescê-lo.

Exatamente por isso, nas teorizações oriundas do Direito Internacional, aponta-se a existência de dois princípios que devem orientar o tema: o princípio da inconstrangibilidade e o princípio da optabilidade.

O primeiro aponta que não deva existir constrangimento para que uma pessoa mude de nacionalidade, enquanto o segundo preordena que se deva assegurar o direito de a pessoa optar, vale dizer, mudar de nacionalidade.

Assim sendo, o que os princípios, que se complementam, buscam assegurar é o que, em sede de naturalização, a manifestação de vontade das pessoas seja realizada de forma totalmente livre.

Outrora, inclusive no Brasil, por ocasião da instauração da República, procedeu-se a uma chamada naturalização tácita, segundo a qual os portugueses, em qualquer situação, e os demais estrangeiros, quando tivessem filhos brasileiros, teriam um prazo para se manifestar, findo o qual já seriam havidos como naturalizados.

Essa naturalização, chamada implícita, adotou uma espécie de *opção negativa*, que, modernamente, afigura-se incompatível com princípios referidos anteriormente, que consagram a ideia de liberdade integral e irrestrita em manifestações de vontade desta natureza.

A nacionalidade adquirida na Constituição Federal

Ao lado da nacionalidade originária, cujos contornos essenciais já foram enunciados, a Constituição brasileira, no inciso II de seu art. 12, disciplinou a aquisição da nacionalidade adquirida, ou por naturalização.

Em relação a tal forma de aquisição da nacionalidade, o constituinte trilhou caminho diverso, criando duas espécies de naturalização: a ordinária e a extraordinária.

No primeiro caso, o primeiro passo foi o de atribuir ao legislador ordinário a definição dos requisitos necessários para tanto, ressalvando, porém, que aos originários de países de língua portuguesa só seriam exigíveis dois requisitos: residência ininterrupta por um ano e idoneidade moral.

A Lei n. 13.445/2017, a chamada Lei da Migração, em seu art. 64, regula a naturalização ordinária, indicando requisitos como residência ininterrupta por quatro anos imediatamente anteriores ao pedido, meios de prover a própria subsistência e da família e habilitação para ler e escrever o português.

Ao lado das hipóteses criadas por lei, a própria Constituição se deu pressa e definiu que, em relação a estrangeiros oriundos de países de língua portuguesa, só dois requisitos seriam os exigíveis, sendo, pois, vedado ao legislador o acréscimo de outros.

Importante salientar que, nos casos de naturalização ordinária, o cumprimento dos requisitos legais ou constitucionais não vincula a autoridade brasileira, que permanece com discricionariedade para avaliar a conveniência e oportunidade do deferimento do pedido.

268 Curso de Direito Constitucional

Desse teor, a propósito, a lição de Celso de Mello (1986, p. 146):

A concessão de naturalização é faculdade exclusiva do Poder Executivo. A satisfação das condições, exigências e requisitos legais não assegura ao estrangeiro direito à naturalização. A outorga de nacionalidade brasileira secundária a um estrangeiro constitui manifestação da soberania nacional. A concessão da naturalização é uma faculdade discricionária do Poder Executivo federal. Não há direito público subjetivo à naturalização.

A outra hipótese de naturalização, versada pela alínea *b* do citado inciso II, costuma ser designada como naturalização extraordinária ou quinzenária. Nela, a Constituição adotou uma forma redacional mais terminante, taxativa, predispondo o intérprete a concluir não só pela existência de requisitos diferentes, como também de um regime jurídico diverso.

Com efeito, dispõe a Constituição que se deve conceder naturalização aos estrangeiros, de qualquer nacionalidade, que residam ininterruptamente no país há mais de quinze anos e que não tenham condenação criminal, desde que formulem requerimento nesse sentido.

Note-se que o dispositivo constitucional adotou requisitos objetivos: residência ininterrupta e ausência de condenação criminal.

A seguir, condiciona a aquisição da nacionalidade a um requerimento do interessado.

Em relação ao prazo de residência ininterrupta, convém transcrever a seguinte ementa de acórdão do Supremo Tribunal Federal: "Naturalização. A ausência temporária não significa que a residência não foi contínua, pois há que distinguir entre residência contínua e permanência contínua".

Destarte, nesta situação excepcional, entendemos que o estrangeiro, demonstrando cumpridos os requisitos, passa a ter o direito subjetivo à naturalização, vinculando, portanto, o futuro edito administrativo que porá termo ao processo.

Em todas as situações, porém, o pedido de naturalização deve ser feito administrativamente, junto ao Ministério da Justiça, deflagrando procedimento ao cabo do qual será emitida uma portaria de naturalização, com base na qual será emitido o certificado de naturalização, o qual, em sessão solene, será entregue ao naturalizando pelo juiz federal da cidade em que estiver residindo, momento este que marca o início da nacionalidade adquirida.

Nacionalidade 269

O português equiparado

Dispõe o § 1º do art. 12 da CF: "Aos portugueses com residência permanente no País, se houver reciprocidade em favor dos brasileiros, serão atribuídos os direitos inerentes ao brasileiro, salvo os casos previstos nesta Constituição". O texto do dispositivo não deixa dúvidas: não se trata de hipótese de naturalização. O português equiparado continua português, estrangeiro, sendo-lhe, no entanto, conferido os direitos de um brasileiro, exceto os casos previstos na Constituição.

A reciprocidade mencionada no dispositivo encontra-se regulamentada pelo estatuto da igualdade, objeto da Convenção firmada em 7 de setembro de 1971, aprovada pelo Congresso Nacional mediante o Decreto Legislativo n. 82/71, promulgado pelo Decreto Presidencial n. 70.391/72 e regulamentado pelo Decreto n. 70.436/72.

A maior parte dos autores indica que o regime jurídico do português equiparado é igual ao dos brasileiros naturalizados. Estamos, no entanto, em revisão do tema, que a conclusão pode ser precipitada.

Com efeito, a cláusula excepciona todos os casos previstos na Constituição, que cogita, por exemplo, da expulsão, do serviço militar e de outras exceções que não são comuns aos brasileiros naturalizados.

Logo, a expressão constitucional (*direitos inerentes ao brasileiro, salvo os casos previstos nesta Constituição*) deve, *data venia*, ser interpretada de forma estrita, sem a extensão costumeiramente pretendida.

Do mesmo sentir, a lição de José Francisco Rezek (2002, p. 183):

> Não é certo, pois, que a situação do português admitido no regime da igualdade seja idêntica à do brasileiro naturalizado. Ao contrário deste último, não pode aqui prestar o serviço militar, encontrando-se ademais sujeito à expulsão, e mesmo à extradição, quando requerida pelo governo de Portugal.

DISTINÇÃO ENTRE BRASILEIROS NATOS E NATURALIZADOS

No ordenamento jurídico brasileiro, só a Constituição da República pode estabelecer distinções de tratamento entre o brasileiro nato e o naturalizado. É o que preconiza o § 2º do seu art. 12.

Nesse sentido, a nossa Constituição estabeleceu as seguintes distinções:

a) só o brasileiro naturalizado pode ser extraditado, ainda assim em caso de crime comum, cometido anteriormente à naturalização, ou de comprovado envolvimento com tráfico de entorpecentes (art. 5º, LI);

b) são privativos dos brasileiros natos os cargos de Presidente e Vice-Presidente da República, Presidente da Câmara dos Deputados, Presidente do Senado Federal, Ministro do STF, da carreira diplomática, oficial das Forças Armadas e Ministro de Estado da Defesa (art. 12, § 3º, alterado pela EC n. 23/99);

c) só o brasileiro naturalizado pode perder a nacionalidade por desenvolvimento de atividade nociva ao interesse nacional (art. 12, § 4º, I);

d) é privativa de brasileiro nato a composição do Conselho da República, quando se refere a cidadãos (art. 89, VII);

e) as empresas jornalísticas e de radiodifusão sonora e de sons e imagens são de propriedade privativa de brasileiros natos ou naturalizados há mais de dez anos (art. 222, *caput*).

Perda da nacionalidade brasileira

Por fim, a Constituição regula os casos de perda da nacionalidade brasileira, que pode ter dois fundamentos: o cancelamento judicial da naturalização, em virtude de atividade nociva ao interesse nacional, e a aquisição de outra nacionalidade.

Com relação à segunda hipótese, a Constituição traça duas exceções. A primeira respeitante à atribuição de nacionalidade originária pela lei de outro país. É uma decorrência do princípio da atribuição estatal da nacionalidade. Cuidando-se de atribuição unilateral de um Estado, o indivíduo não faz opção, mas se vê apanhado por uma situação jurídica – que lhe confere a qualidade de nacional de outro Estado –, não podendo, assim, ser prejudicado por fato alheio à sua vontade. A segunda refere-se à imposição de naturalização pela lei estrangeira, como condição de permanência no respectivo território ou para o exercício de direitos civis.

CAPÍTULO 4

Direitos Políticos e Partidos Políticos

DIREITOS POLÍTICOS

Os direitos políticos, ou de cidadania, resumem o conjunto de direitos que regulam a forma de intervenção popular no governo. Em outras palavras, são aqueles formados pelo conjunto de preceitos constitucionais que proporcionam ao cidadão sua participação na vida pública do País, realizando, em última análise, o disposto no parágrafo único do art. 1º da Constituição Federal, que prescreve que "todo o poder emana do povo, que o exerce por meio de representantes eleitos ou diretamente, nos termos desta Constituição".

Assim sendo, os direitos políticos compreendem os institutos constitucionais relativos ao direito de sufrágio, aos sistemas eleitorais, às hipóteses de perda e suspensão dos direitos políticos e às regras de inelegibilidade.

DIREITO DE SUFRÁGIO

Natureza e conceito

O direito de sufrágio não é mero direito individual, pois seu conteúdo, que predica o cidadão a participar da vida política do Estado, transforma-o em um verdadeiro instrumento do regime democrático, que, por princípio, só pode realizar-se pela manifestação dos cidadãos na vida do Estado. Bem por isso, o sufrágio constitui simultaneamente um direito e um dever.

Desse teor, aliás, é o ensinamento de Pontes de Miranda (1968, p. 560):

O direito de sufrágio posto que não seja mero reflexo das regras jurídicas constitucionais, como já se pretendeu, não é só direito individual no sentido em que o é o *habeas corpus* e o mandado de segurança, pela colocação que se lhes deu na Constituição. É função pública, função de instrumentação do povo: donde ser direito e dever.

Veja-se que, reforçando esse caráter de dever, o sufrágio, no nosso regime constitucional, é obrigatório para os maiores de dezoito anos, sendo facultativo só para os analfabetos, para os maiores de setenta e para os maiores de dezesseis e menores de dezoito anos.

Saliente-se, no entanto, que, mesmo que adotado o caráter facultativo do sufrágio, sua natureza de direito-dever não estaria desfigurada. É que a eventual abstenção traduziria uma das condutas hipoteticamente previstas, revelando o posicionamento político do titular. Assim, como observa Luis Lopes Guerra (1994, p. 301), a não obrigatoriedade do sufrágio não impede que votar constitua também um empreendimento imprescindível para o funcionamento do Estado democrático, representando, portanto, um dever para os cidadãos, embora não possa ser exigido individualmente. Em outras palavras, o sufrágio genericamente é inescusável, pois é impensável a existência de um regime democrático sem soberania popular. Entretanto, isso não impede que, a título individual, o sufrágio seja escusado. Trata-se de uma opção do constituinte, o que, repita-se, não foi o que ocorreu em nosso sistema constitucional.

O direito de sufrágio, assim, pode ser considerado o direito-dever, de índole constitucional, que o cidadão possui de participar da vida política do Estado, seja diretamente (iniciativa popular, referendo, plebiscito) (ver MELO, 2001), seja por meio dos mecanismos de representação (elegendo ou sendo eleito).

Plebiscito, referendo e iniciativa popular

O art. 14, I a III, prescreve que a soberania popular será exercida diretamente mediante o plebiscito, o referendo e a iniciativa popular.

A Lei n. 9.709/98, regulamentando os citados dispositivos constitucionais, indica, em seu art. 2°, que plebiscito e referendo "são consultas formuladas ao povo para que delibere sobre matéria de acentuada relevância, de natureza constitucional, legislativa ou administrativa".

Nesse sentido, esclarece o cogitado diploma legal que o plebiscito é convocado com anterioridade ao ato, conclamando o povo para aprová-lo ou rejeitá-lo pelo voto. O referendo, diferentemente, é convocado com posterioridade, de

Direitos Políticos e Partidos Políticos 273

tal modo que a manifestação popular pelo voto cumprirá a função de ratificar ou rejeitar o ato legislativo ou administrativo já editado.

A iniciativa popular encontra-se disciplinada pelo art. 13 da Lei n. 9.709/98, que estabelece como requisitos para essa forma de deflagração do processo legislativo a apresentação de projeto de lei subscrito por, no mínimo, 1% do eleitorado nacional, distribuído por pelo menos cinco estados, com não menos de 0,3% dos eleitores de cada um deles.

Características

A primeira das características do direito de sufrágio é a universalidade, ou seja, sua extensão a todos os cidadãos que atendam às condições, indicadas genérica e abstratamente no Texto Constitucional, relativas à nacionalidade, à capacidade, à idade e ao alistamento eleitoral.[1] De outro modo, a existência de requisitos não desqualifica seu caráter universal, desde que as condições e os impedimentos sejam prévia, genérica e abstratamente definidos, possibilitando uma aplicação comum a todos os cidadãos. Ademais, o sufrágio é igualitário, valendo a máxima "um homem, um voto". A Carta de 1988, embora reconheça o sufrágio igualitário, admitiu expressamente uma exceção, no art. 45, § 1º, pois, ao estabelecer números mínimos e máximos de deputados federais por Estados-membros, acabou por emprestar aos eleitores de Estados-membros menores uma representatividade maior que a dos eleitores de outros com maior número, de tal modo que, nas eleições parlamentares proporcionais federais, embora cada eleitor possua um voto, este tem pesos diferenciados, tratando-se, portanto, de uma forma indireta de burlar a igualdade do sufrágio.

A situação agrava-se mais quando se observa que foi estabelecido o número fixo de quatro deputados federais por Território Federal, sem qualquer vinculação com a população local (art. 45, § 2º). A regra fica acentuadamente desfigurada quando, depois de manifestado o Poder Legislativo, pela Câmara dos Deputados, há que se referendar a matéria de lei. Nesse caso, os processos são marcantemente distintos. A vontade popular, por meio do Poder Legislativo, é manifestada sob certas regras, enquanto, quando da vontade popular direta, tal regramento é deixado de lado, para que haja a manifestação popular, respeitada a universalidade (um homem, um voto).

---

[1] Silva (1989) fala em requisitos de fundo – idade, capacidade e nacionalidade – e de forma – alistamento eleitoral.

274 Curso de Direito Constitucional

Trata-se de crítica ao sistema constitucional, que, no entanto, por comportar regra soberana do Estado brasileiro, deve ser obedecido e seguido.

O direito de sufrágio, enquanto gênero, absorve tanto o direito de votar como o de ser votado.

Direito de votar

Como bem anota José Afonso da Silva, as palavras "sufrágio" e "voto" são empregadas costumeiramente como sinônimas, embora a confusão não tenha razão de ser. É que sufrágio é diferente de voto, que, de sua vez, é diferente de escrutínio. Sufrágio é o direito de votar e de ser votado. Voto é o ato pelo qual se exercita esse direito, e escrutínio é a forma do voto (público ou secreto).

Questão de fundamental importância diz respeito à titularidade do direito de votar (sufrágio ativo). Nesse sentido, dentro das condições apontadas linhas atrás, a titularidade do direito de votar formaliza-se pelo alistamento eleitoral, que, assim como o voto, é obrigatório aos maiores de dezoito anos e facultativo aos maiores de dezesseis e menores de dezoito, aos analfabetos e aos maiores de setenta anos.

O voto, em nosso regime constitucional, é livre, direto, secreto e personalíssimo. A liberdade do voto deriva da possibilidade de escolha de um dos candidatos, ou mesmo de nenhum deles (voto em branco ou nulo), sendo que as eleições são diretas, quer dizer, o cidadão vota diretamente no candidato ao cargo público colocado em disputa, sem que exista a intermediação de um Colégio Eleitoral. No mesmo caminho, o voto é secreto, ou seja, não é dado publicamente, assegurando-se ao cidadão o direito de manter em sigilo a sua opção. Cuida-se, por fim, de ato personalíssimo, ou seja, que deve ser exercido pessoalmente pelo titular, sendo vedado o voto por meio de procurador.

Direito de ser votado

O direito de ser votado, ou o sufrágio passivo, traduz o direito que o cidadão tem de, satisfeitas as condições necessárias e livre dos impedimentos constitucionais, apresentar-se como candidato a um cargo eletivo.

O art. 14, § 3º, enumera quais são as condições de elegibilidade, a saber:

I – a nacionalidade brasileira;
II – o pleno exercício dos direitos políticos;

III – o alistamento eleitoral;

IV – o domicílio eleitoral na circunscrição;

V – a filiação partidária;

VI – a idade mínima de:

a) trinta e cinco anos para Presidente e Vice-Presidente da República e Senador;

b) trinta anos para Governador e Vice-Governador de Estado e do Distrito Federal;

c) vinte e um anos para Deputado Federal, Deputado Estadual ou Distrital, Prefeito, Vice-Prefeito e juiz de paz;

d) dezoito anos para vereador.

Nesse sentido, como bem observa Luis Lopes Guerra (1994, p. 306-7), o direito de sufrágio passivo, embora implique o de se apresentar como candidato a cargos eletivos e simultaneamente ter o direito à proclamação de sua eleição, com a efetiva posse no cargo, quando vitorioso no certame eleitoral, não se esvai nesses direitos.

É que as regras pertinentes ao sufrágio passivo devem ter conexão com o direito de sufrágio ativo, isto é, com o direito de votar.

Assim sendo, o sufrágio passivo, refletindo igualmente o direito à representação dos eleitores, implica o direito do eleito de permanecer no cargo durante o prazo do mandato, sendo que as causas de perda deste, embora regulamentadas pelas instâncias ordinárias, devem ter previsão constitucional, como ocorre nos arts. 37, § 4º, 52, parágrafo único, 55, 85 e 86, todos da Constituição Federal.

Uma segunda consequência, ainda com base nas lições do precitado professor, compreende o direito às prerrogativas inerentes ao exercício do mandato. Assim, uns representantes não podem colocar-se em situação de superioridade em relação a outros, de tal forma que o debate legislativo, por exemplo, deve assegurar o direito de manifestação das minorias parlamentares, bem como o uso de todos os dispositivos regimentais em igualdade com a maioria parlamentar.

AS INELEGIBILIDADES

O Texto Constitucional criou uma série de circunstâncias impeditivas do exercício do sufrágio passivo, denominando-as inelegibilidades.

Vale destacar, no ponto, excerto da preleção de Pedro Henrique Távora Niess (1994, p. 5):

A inelegibilidade consiste no obstáculo posto pela Constituição Federal ou por lei complementar ao exercício da cidadania passiva, por certas pessoas, em razão de sua condição ou em face de certas circunstâncias. É a negação do direito de ser representante do povo no Poder.

Esmiuçando essa noção temos que a elegibilidade é pressuposto do exercício regular do mandato político, a inelegibilidade é a barreira intransponível que desautoriza essa prática, com relação a um, alguns ou todos os cargos cujos preenchimentos dependam de eleição.

Denominam-se absolutas as inelegibilidades que impedem o indivíduo do exercício do sufrágio passivo em relação a todos os cargos eletivos, e relativas as que impedem o acesso a um ou a alguns cargos eletivos.

As inelegibilidades absolutas

A Constituição Federal declarou inelegíveis para todos os cargos os inalistáveis[2] e os analfabetos. Uma das questões cruciais, nesse ponto, consiste em indagar se a Justiça Eleitoral pode avaliar o nível de alfabetização do candidato por ocasião da apresentação da candidatura.

Em primeiro lugar, não nos parece fácil delimitar em que momento preciso a pessoa possa ser considerada alfabetizada. Qual o critério? Assinatura? Domínio de um vocabulário mínimo?

Embora não seja possível identificar um critério absoluto, certo é que, cuidando-se de restrição a um direito fundamental, tanto do indivíduo de se apresentar candidato quanto dos eleitores de eventualmente elegê-lo, qualquer avaliação deve ser pautada no caráter excepcional da inelegibilidade, devendo, portanto, ficar limitada a casos extremos, ainda assim avaliados por ocasião do alistamento eleitoral e não da apresentação das candidaturas.

As inelegibilidades relativas

O sistema das inelegibilidades relativas é ditado, em parte, por normas constitucionais e, em outra, por disciplina de lei complementar, como se infere do art. 14, § 9º, da Constituição Federal.

---

[2] Art. 14, § 2º: "Não podem alistar-se como eleitores os estrangeiros e, durante o período do serviço militar obrigatório, os conscritos".

Desse modo, podemos enumerar as inelegibilidades relativas da seguinte forma:

A inelegibilidade garantidora da alternância do poder

Tal inelegibilidade, também denominada inelegibilidade funcional, configura desdobramento necessário do princípio republicano, na medida em que, proibindo o terceiro mandato consecutivo aos chefes de Poder Executivo, garante a alternância do poder, uma das pedras de toque do princípio citado.

O art. 14, § 5º, apresenta-se com a seguinte redação: "O Presidente da República, os Governadores de Estado e do Distrito Federal, os Prefeitos e quem os houver sucedido ou substituído no curso dos mandatos poderão ser reeleitos para um único período subsequente".

Veda-se, com efeito, o terceiro mandato consecutivo, embora algumas dúvidas despontem da leitura do dispositivo.

Em primeiro lugar, é importante destacar que, malgrado não haja alusão específica, é inquestionável que aquele que tenha ocupado, por dois mandatos consecutivos, a chefia do Poder Executivo, não pode, por evidente, candidatar-se a vice na eleição subsequente, pois, vislumbrando eventual renúncia ou vacância do cargo por qualquer outro motivo, teríamos o terceiro mandato consecutivo, afrontando-se, portanto, com o comando emergente de interpretação finalística do dispositivo em apreço.

Outra questão importante, e mais intrincada, consiste no fato de que o terceiro mandato consecutivo ficou proibido não só aos chefes de Poder Executivo, como também àqueles que os houvessem substituído ou sucedido no curso dos respectivos mandatos.

O Vice-Presidente, o Vice-Governador e o Vice-Prefeito têm por missão ordinária a substituição dos respectivos titulares. Assim, segundo uma compreensão literal do dispositivo, estaria sempre impedido de concorrer aquele titular que permanecesse no cargo por dois mandatos ou, o que é pior, para que não se forjasse o pressuposto para aplicação da regra de inelegibilidade, teria sempre que sonegar ao mister básico do cargo que ocupa: a substituição do titular.

Quer nos parecer, dessa forma, que a chave que abre as portas para a correta interpretação do tema está na expressão "não poderão ser *reeleitos*".

Só pode ser reeleito aquele que ocupa o cargo cuja recondução pretende. Logo, não havendo sucessão no curso do mandato, nada impediria quer a eleição quer a reeleição do Vice-Presidente, do Vice-Governador e do Vice-Prefeito.

Nesse sentido, afirma o § 6º do mesmo art. 14 que, "para concorrerem a outros cargos, o Presidente da República, os Governadores de Estado e do Distrito Federal e os Prefeitos devem renunciar aos respectivos mandatos até seis meses antes do pleito". A necessidade de renúncia, sob pena de ver-se configurado fato gerador de inelegibilidade por motivos funcionais, é textual em relação ao propósito de concorrência a outros cargos.

O entendimento pretoriano, por outro modo, indica que, no caso de reeleição, não haveria necessidade de renúncia, pois, além de não existir menção expressa, a Emenda Constitucional n. 16, ao permitir a reeleição, dando nova redação ao transcrito § 5º, teria incorporado o princípio da continuidade administrativa. Se os eleitores, na reeleição, irão aprovar, ou não, a continuidade, não haveria por que se obrigar à renúncia no prazo enunciado.

Estamos que esta não é a melhor interpretação.

Com efeito, a previsão de renúncia exclusivamente para outros cargos deu-se à conta da antiga redação do § 5º, que não permitia a reeleição. Todavia, o significado do dispositivo em questão, que nos parece ainda hoje incorporado ao Texto Constitucional, é a proteção da regularidade do pleito e do erário público.

Assim, se entendeu o constituinte que tais valores seriam preponderantes para a disputa de outros mandatos, não vislumbramos razões de ordem lógica que dessem consistência a esse tratamento diferenciado hoje empreendido.

A inelegibilidade por parentesco ou reflexa

A inelegibilidade em questão está disciplinada pelo § 7º do art. 14, indicando:

> São inelegíveis, no território de jurisdição do titular, o cônjuge e os parentes consanguíneos ou afins, até o segundo grau ou por adoção, do Presidente da República, de Governador de Estado ou Território, do Distrito Federal, de Prefeito ou de quem os haja substituído dentro dos seis meses anteriores ao pleito, salvo se já titular de mandato eletivo e candidato à reeleição.

Pretende o dispositivo impedir o nepotismo eleitoral, situação em que a conquista do mandato seria obtida com base em relação de parentesco, quer em virtude da utilização da administração pública em favor de um parente candidato, quer por transferência de prestígio do governante a este seu sucessor.[3]

---

[3] STF – Súmula Vinculante n. 18: "A dissolução da sociedade ou do vínculo conjugal, no curso do mandato, não afasta a inelegibilidade prevista no § 7º do artigo 14 da Constituição Federal".

Demais disso, da interpretação do dispositivo em pauta surgem as seguintes conclusões:

a) território de jurisdição do Prefeito é o do respectivo município. Logo, seus parentes consanguíneos ou afins, até segundo grau ou por adoção, estariam inelegíveis para os cargos de Vereador, Prefeito e Vice-Prefeito;

b) território de jurisdição do Governador é o do respectivo estado. Assim, seus parentes consanguíneos ou afins, até segundo grau ou por adoção, estariam inelegíveis para os cargos de Vereador, Prefeito e Vice-Prefeito de cidades do estado, bem como para os cargos de Deputado Estadual, Federal, Senador, Governador e Vice-Governador;

c) território de jurisdição do Presidente da República é o do País. Logo, seus parentes consanguíneos ou afins, até segundo grau ou por adoção, estariam inelegíveis para os cargos de Vereador, Prefeito e Vice-Prefeito de todas as cidades do País, bem como para os cargos de Deputado Estadual, Federal, Senador, Governador e Vice-Governador, de todos os estados do País (e do DF) e para os cargos de Presidente e Vice-Presidente da República;

d) importante destacar que a inelegibilidade em pauta se estabelece com base no mandato conferido aos chefes de Poder Executivo, pois o prazo de seis meses que antecede o pleito só é aplicável àqueles que os substituem;[4]

e) excepciona-se da inelegibilidade em pauta aqueles que já sejam titulares de mandato eletivo e pleiteiem a recondução.

Inelegibilidade – hipóteses complementares

Dispõe o art. 14, § 9º:

Lei complementar estabelecerá outros casos de inelegibilidade e os prazos de sua cessação, a fim de proteger a probidade administrativa, a moralidade para o exercício do mandato, considerada a vida pregressa do candidato, e a normalidade e legitimidade das eleições contra a influência do poder econômico ou o abuso do exercício de função, cargo ou emprego na administração direta ou indireta.

A Lei Complementar n. 64/90 é que disciplina tais hipóteses, sendo importante destacar a aprovação da Lei Complementar n. 135/2010, a chamada Lei

---

[4] Súmula n. 6 do TSE: "São inelegíveis para o cargo de chefe do Executivo o cônjuge e os parentes, indicados no § 7º do art. 14 da Constituição Federal, do titular do mandato, salvo se este, reelegível, tenha falecido, renunciado ou se afastado definitivamente do cargo até seis meses antes do pleito".

da Ficha Limpa, criando novas causas de inelegibilidade, dentre elas, condenações por órgãos colegiados, ainda que sem trânsito em julgado, suscitando discussão sobre sua constitucionalidade ante suposta afronta ao princípio da presunção de inocência.

Em primeiro lugar, o princípio da presunção da inocência tem nítida feição penal, como, aliás, expresso no art. 5º, LVII, da Constituição Federal, que prevê que "ninguém será considerado culpado até o trânsito em julgado de sentença penal condenatória".

As inelegibilidades, na verdade, constituem condições negativas para o exercício dos direitos políticos, tendo por escopo básico a proteção das eleições e sobretudo das relações de representação oriundas do mandato político.

O foco, assim, não é o candidato, mas a sociedade, que por meio de um instrumento legítimo (uma lei complementar) indica quais condições devam ser observadas para o exercício do mandato.

Parece-nos clara, assim, a constitucionalidade da nova legislação, que, no mais, nada mais faz do que observar a letra da Constituição, que determina que, a fim de proteger a probidade administrativa e a moralidade para o exercício do mandato, deva ser "considerada a vida pregressa do candidato".

Importante ressaltar, nesse ponto, que o mandato eletivo poderá ser impugnado ante a Justiça Eleitoral no prazo de quinze dias da diplomação, instruída a ação com provas de abuso do poder econômico, corrupção ou fraude, conforme a dicção literal do art. 14, § 10, da Constituição Federal.[5,6]

SISTEMAS ELEITORAIS

Os sistemas eleitorais designam o conjunto de institutos e procedimentos voltados para a regulamentação das eleições e da representação político-popular em um Estado.

---

[5] Ver Lei Complementar n. 64/90, com a redação que lhe foi dada pela Lei Complementar n. 81/94.
[6] Nesse sentido, confira-se a seguinte ementa: "Eleitoral. Ex-Prefeito. Candidato a Deputado Federal. Impugnação. Inelegibilidade fundada na sua vida pregressa e na rejeição de suas contas. Art. 14, § 9º, da Constituição Federal: norma dependente de integração legislativa. O acórdão recorrido, ao atribuir efeito elisivo da inelegibilidade à ação anulatória da decisão que rejeitou as contas do candidato, ex-prefeito, assentou sua interpretação em lei complementar, sem conotação de ordem constitucional que propiciasse o extraordinário. O art. 14, § 9º, da Constituição Federal, na redação que resultou da Emenda Revisional n. 4, não cria hipótese de inelegibilidade por falta de probidade e moralidade administrativa constatada pelo exame da vida pregressa do candidato, mas determina que lei complementar o faça, integrando o regime de inelegibilidades da ordem constitucional. O acórdão recorrido, longe de contrariar regra de hermenêutica, limitou-se a revelar e definir o exato sentido da norma constitucional. Agravo improvido" (Ag. 332, Rel. Min. Ilmar Galvão, *Ementário do STF*, v. 1796-11).

Nesse sentido, os sistemas eleitorais podem ser majoritários, proporcionais ou mistos.

O sistema majoritário é aquele que faz com que a designação do titular do mandato eletivo recaia sobre o candidato que tenha alcançado a maioria dos votos. Nesse sentido, a apuração dessa maioria pode processar-se de forma simples ou absoluta.

No sistema majoritário por maioria absoluta, exige-se que o candidato mais votado alcance o número inteiro imediatamente superior à metade do total dos votos válidos, não se computando os em branco e os nulos. Caso o mais votado não alcance essa maioria, realizar-se-á um segundo turno entre os dois candidatos mais votados, vencendo o que obtiver a maioria dos votos. É o sistema atualmente empregado nas eleições para Presidente da República, Governadores dos estados e do Distrito Federal e para Prefeitos de municípios com mais de 200 mil eleitores.

No sistema majoritário por maioria relativa apura-se o vencedor do certame de forma simples, é dizer, o que alcançar a maior soma de votos estará eleito para o cargo pleiteado. Esse sistema é o adotado nas eleições para o Senado.

O sistema proporcional adota parâmetros distintos. Em primeiro lugar, deve-se buscar o chamado quociente eleitoral, que é o resultado da soma de todos os votos válidos (dados a uma legenda, a um candidato ou em branco), dividido pelo número de vagas disponíveis na Casa Legislativa (Câmara dos Deputados, Assembleia Legislativa ou Câmara dos Vereadores).

Em segundo lugar, identifica-se o quociente partidário, vale dizer, o produto da divisão da soma dos votos de cada partido (ou coligação), neles incluídos os votos nos respectivos candidatos e na legenda, pelo quociente eleitoral, atribuindo-se a cada partido ou legenda o número proporcional de vagas, sendo que os candidatos que individualmente receberam o maior número de votos, dentro da proporção cabente ao respectivo partido ou coligação, serão os diplomados.

A seguir, procede-se à distribuição das sobras, que, no Brasil, realiza-se pelo método da maior média, nos termos preconizados pelo art. 109 do Código Eleitoral, que tem a seguinte redação (dada pela Lei n. 13.165/2015):

Art. 109. Os lugares não preenchidos com a aplicação dos quocientes partidários e em razão da exigência de votação nominal mínima a que se refere o art. 108 serão distribuídos de acordo com as seguintes regras:

I – dividir-se-á o número de votos válidos atribuídos a cada partido ou coligação pelo número de lugares definido para o partido pelo cálculo do quociente partidário do art. 107, mais um, cabendo ao partido ou coligação que apresentar a maior média um dos lugares a preencher, desde que tenha candidato que atenda à exigência de votação nominal mínima;

II – repetir-se-á a operação para cada um dos lugares a preencher;

III – quando não houver mais partidos ou coligações com candidatos que atendam às duas exigências do inciso I, as cadeiras serão distribuídas aos partidos que apresentem as maiores médias.

§ 1º O preenchimento dos lugares com que cada partido ou coligação for contemplado far-se-á segundo a ordem de votação recebida por seus candidatos.

§ 2º Poderão concorrer à distribuição dos lugares todos os partidos e coligações que participaram do pleito.

Desta forma computam-se os votos dos partidos ou coligações: dividem-se os votos pelo quociente eleitoral (número de votos gerais dividido pelo número de cadeiras). O número obtido será o número de cadeiras que cada partido (ou coligação) receberá. Serão eleitos os mais votados de cada partido. Os restos são determinados como acima: acresce-se o número "1" ao número de cadeiras recebido por partido e divide-se o resultado (número de cadeiras mais um pelos votos recebidos). Cada operação vale 1 cadeira. Da regra só participará o partido que atingir, no mínimo, o quociente eleitoral, ou seja, ganhar, no mínimo, 1 cadeira. Vejamos: havia 1.000 votos, 10 cadeiras e 5 partidos políticos. Assim foram distribuídos os votos:

Partido A: 290
Partido B: 310
Partido C: 200
Partido D: 150
Partido E: 50
Total: 1.000 votos.

O quociente eleitoral (número de votos dividido pelo número de cadeiras) era 100. Assim, o partido A recebeu 2 cadeiras, elegendo os seus 2 deputados mais votados. O partido B recebeu 3 cadeiras, elegendo os seus 3 deputados mais votados. O partido C recebeu 2 cadeiras. O partido D, 1 cadeira. O partido E não atingiu o quociente eleitoral e, sendo assim, não elegeu deputados.

Foram distribuídas, portanto, 8 cadeiras. Faltam atribuir mais 2.

O art. 109 deve ser aplicado. Vejamos o quadro, com o acréscimo do número "1" sobre as cadeiras recebidas:

Partido A – recebeu 290 votos e 2 cadeiras: 2 + 1 = 3
290/3 = 96,66
Partido B – recebeu 310 votos e 3 cadeiras: 3 + 1 = 4
310/4 = 77,5
Partido C – recebeu 200 e 2 cadeiras: 2 + 1 = 3
200/3 = 66,66
Partido D – recebeu 150 e 1 cadeira: 1 + 1 = 2
150/2 = 75
Partido E – recebeu 50 votos e nenhuma cadeira.
Não participa do cálculo dos restos.

Sendo assim, a primeira cadeira ficou para o partido A, que passa a ter 3 cadeiras.

Aplicando-se os restos outra vez, verifica-se que a última cadeira ficará para o partido B, que apresentou o maior resto.

PERDA E SUSPENSÃO DOS DIREITOS POLÍTICOS

O art. 15 da Constituição Federal proíbe a cassação dos direitos políticos, estipulando, porém, hipóteses de perda e suspensão destes. O que distingue a perda da suspensão dos direitos políticos é, por evidente, o caráter transitório desta. Nesse sentido, o Texto Constitucional agasalha duas hipóteses de perda dos direitos políticos e três de suspensão. Analisemos primeiro as hipóteses de perda.

Cancelamento da naturalização por sentença transitada em julgado. Na verdade, a hipótese versada enseja a perda dos direitos políticos por via indireta. É que a nacionalidade brasileira é requisito para o exercício dos direitos políticos e, portanto, para o alistamento eleitoral. Cancelada a naturalização (que só pode ocorrer em virtude de crime cometido anteriormente à naturalização ou de comprovado envolvimento com o tráfico internacional de entorpecentes), o indivíduo retorna à condição de estrangeiro, não podendo, assim como os demais sob a mesma situação, reclamar direitos pertinentes à cidadania brasileira. Esse cancelamento deve processar-se por sentença judicial.

284 Curso de Direito Constitucional

Recusa de cumprimento de obrigação a todos imposta. O art. 5º, VIII, da Constituição Federal assegura a liberdade de convicção e de crença, salvo se invocadas para efeito de se eximir de obrigação geral a todos imposta e recusar-se ao cumprimento de obrigação alternativa fixada em lei. A recusa ao cumprimento de obrigações da espécie, bem assim de obrigações alternativas legalmente fixadas, gera a perda dos direitos políticos. Com efeito, o indivíduo possui o direito à escusa de consciência, mas deve, neste caso, cumprir a obrigação alternativa, sob pena de perda dos direitos políticos.

Ao lado das hipóteses de perda, a Constituição, como se disse, disciplinou três hipóteses de suspensão dos direitos políticos, ou seja, casos de interdição provisória dos direitos políticos, de tal modo que, cessados os efeitos do ato que gerou a suspensão, de regra, cessa igualmente a interdição dos direitos.Vejamos.

Condenação criminal transitada em julgado. A condenação criminal passada em julgado gera a suspensão dos direitos políticos enquanto perdurarem seus efeitos. Assim, tão logo seja extinta a punibilidade do agente, quer pelo exaurimento da pena, quer pelas demais formas preconizadas pelo art. 107 do Código Penal, cessa igualmente a suspensão dos direitos políticos.

Incapacidade civil absoluta. A incapacidade civil de que se trata é a superveniente. Só pode haver suspensão daquilo que já se possui. Assim, a incapacidade civil absoluta que gera a suspensão dos direitos políticos é aquela declarada por sentença (processo de interdição), mercê de incapacidade mental superveniente.

Improbidade administrativa. O dispositivo se refere à condenação judicial por ato de improbidade administrativa. Nesse sentido, o § 4º do art. 37 da Constituição Federal tem dicção clara no sentido de que "os atos de improbidade administrativa importarão a suspensão dos direitos políticos, a perda da função pública, a indisponibilidade dos bens e o ressarcimento ao erário, na forma e gradação previstas em lei, sem prejuízo da ação penal cabível".[7]

O PRINCÍPIO DA ANUALIDADE

Houve por bem o art. 16 do Texto Constitucional estabelecer o princípio da anualidade eleitoral, prescrevendo que "a lei que alterar o processo eleitoral

---

[7] Cf. Lei de Improbidade Administrativa n. 8.429/92.

entrará em vigor na data de sua publicação, não se aplicando à eleição que ocorra até 1 (um) ano da data de sua vigência".

O objetivo do dispositivo é claro, auspiciando evitar a mudança repentina das normas eleitorais, ao sabor das conveniências de momento.

Assim, a finalidade do cogitado dispositivo é de estabelecer um requisito adicional relativamente à segurança jurídica. Além de limitar a retroatividade, nos termos do art. 5º, XXXVI, a Constituição, nesse caso, exige um *plus*, ou seja, que só entre em vigor depois de um ano de sua publicação.

Importante notar que muitas vezes os tribunais eleitorais, mediante instruções ou resoluções, podem sedimentar interpretações dotadas de caráter normativo, muitas vezes modificando a normatização de uma eleição, sem que houvesse mutação da legislação de regência.

Não se nega, é evidente, que toda norma deva ser interpretada e que, a toda evidência, nada impede mudanças na interpretação.

Parece-nos, malgrado sem escoro em qualquer precedente jurisprudencial, que, sendo dotada de caráter normativo, a nova interpretação, em homenagem ao princípio da segurança jurídica, também deve respeitar o referido princípio da anualidade.

De acordo com essa diretriz, aliás, o art. 2º, XIII, da Lei n. 9.784/99, que disciplina os processos administrativos da União, dispõe que:

Art. 2º A Administração Pública obedecerá, dentre outros, aos princípios da legalidade, finalidade, motivação, razoabilidade, proporcionalidade, moralidade, ampla defesa, contraditório, segurança jurídica, interesse público e eficiência.

[...]

XIII – interpretação de norma administrativa de forma que melhor garanta o atendimento do fim público a que se dirige, vedada aplicação retroativa de nova interpretação.

Comentando o dispositivo transcrito, Maria Sylvia Zanella Di Pietro (1999, p. 85) aponta:

O princípio se justifica pelo fato de ser comum, na esfera administrativa, haver mudança de interpretação de determinadas normas legais, com a consequente mudança de orientação, em caráter normativo, afetando situações já reconhecidas e consolidadas na vigência de orientação anterior. Essa possibilidade de mudança de orientação é inevitável, porém gera insegurança jurídica, pois os interessados nunca sabem quando a sua situação será passível de contestação pela própria Administração Pública. Daí a regra que veda a aplicação retroativa.

Em matéria de direito eleitoral, a segurança jurídica é mais rigorosa, preconizando não só a vedação de aplicação retroativa, como a anualidade, o que, a nosso ver, deve ser observado também no que se refere a novas interpretações dotadas de caráter normativo, em matéria eleitoral.

PARTIDOS POLÍTICOS

Os partidos políticos devem ser constituídos ao modo das associações civis, operando-se seu subsequente registro junto ao Tribunal Superior Eleitoral. Nesse sentido, deve-se salientar que vige em nosso sistema constitucional a liberdade de criação de partidos, devendo-se observar, contudo, algumas limitações de caráter quantitativo e qualitativo. Em nível quantitativo, o único aspecto a ser observado é o de que os partidos devem possuir caráter nacional. Em nível qualitativo, estão vinculados ao respeito das seguintes premissas: o princípio democrático, o pluripartidarismo e a não utilização de organizações paramilitares.

De se ressaltar, no entanto, que, embora pessoas privadas, os partidos políticos exercem parcela da autoridade pública, pois lhes foi atribuído o monopólio das candidaturas e da iniciativa para a sustação de processo criminal contra Senador ou Deputado (art. 53, § 3º).

A afirmação tem relevância sobretudo para alicerçar a conclusão de que, desse modo, os atos de seus dirigentes são passíveis de impugnação pela via mandamental.

Desse teor a lição de Pinto Ferreira (1992):

> Contudo os partidos exercem uma parcela da autoridade pública, pois ninguém pode ser votado ou exercer o direito de elegibilidade se não estiver regularmente inscrito em um partido político. De outro lado os partidos têm o monopólio legal das candidaturas. Eles praticam assim atos de delegação da autoridade pública. Assim sendo, caberia a possibilidade de mandado de segurança contra atos de seus dirigentes partidários, pois os partidos políticos exercem funções constitucionais.

Ademais, os partidos possuem liberdade estatutária. Em outras palavras, a Constituição repele qualquer injunção estatal, mesmo por meio de leis, na organização dos partidos. Assim, estes possuem autodeterminação, podendo dispor sobre as questões internas como melhor lhes aprouver. Vale ressaltar, dentro dessa linha, que o estatuto deverá cuidar das matérias atinentes à disciplina e à fidelidade partidária. Logo, a desobediência às normas e orientações partidárias será sancionada segundo o que dispuser o estatuto de cada partido.

Cumpre acrescentar que a Emenda Constitucional n. 52 permitiu que as coligações eleitorais fossem feitas de forma livre, sem obrigatoriedade de vinculação entre as candidaturas em âmbito nacional, estadual, distrital ou municipal. Se, de um lado, a medida facilita o arranjo político nacional, de outro, tem como reflexo o enfraquecimento de uma política partidária de caráter programático.

Posteriormente, a Emenda Constitucional n. 97/2017, dando nova redação ao § 1º, do art. 17, proibiu coligações eleitorais em eleições proporcionais e estabeleceu a chamada cláusula de barreira, por meio de alterações no § 3º e da instituição do § 5º do art. 17 antes mencionado, *in verbis*:

§ 3º Somente terão direito a recursos do fundo partidário e acesso gratuito ao rádio e à televisão, na forma da lei, os partidos políticos que alternativamente:

I – obtiverem, nas eleições para a Câmara dos Deputados, no mínimo, 3% (três por cento) dos votos válidos, distribuídos em pelo menos um terço das unidades da Federação, com um mínimo de 2% (dois por cento) dos votos válidos em cada uma delas; ou

II – tiverem elegido pelo menos quinze Deputados Federais distribuídos em pelo menos um terço das unidades da Federação.

[...]

§ 5º Ao eleito por partido que não preencher os requisitos previstos no § 3º deste artigo é assegurado o mandato e facultada a filiação, sem perda do mandato, a outro partido que os tenha atingido, não sendo essa filiação considerada para fins de distribuição dos recursos do fundo partidário e de acesso gratuito ao tempo de rádio e de televisão.

PARTE V

Divisão Espacial do Poder

CAPÍTULO 1

Teoria Geral

INTRODUÇÃO

O processo de organização e estruturação dos Estados responde pela existência de configurações institucionais polifacéticas, estabelecidas sob três distintos regimes jurídicos: as formas de Estado, as formas de governo e os sistemas de governo.

As formas de Estado são definidas a partir do critério territorial, tomando como referência a existência e o conteúdo do regime de descentralização político-administrativa de cada Estado, indicando, por este modo, a existência de um Estado Unitário ou Federal.

As formas de governo[1] dizem respeito ao modo pelo qual o poder se organiza e se distribui entre governantes e governados, modulando sobretudo o nível de intervenção da população no governo. Assim é que, basicamente, configuram-se, como formas de governo, a República e a Monarquia. Aquela é peculiarizada pela periodicidade dos mandatos, responsabilidade de seus governantes, conceito de coisa pública e eletividade dos governantes. A Monarquia, diferentemente, é marcada pelo trato vitalício e hereditário na indicação de seus dirigentes.

Os sistemas de governo, finalmente, indicam a forma e o conteúdo da divisão orgânica do poder, que, desta feita, sofre variações segundo o sistema escolhido: o presidencialista ou o parlamentarista.

---

[1] Forma de governo é o termo mais recorrente na doutrina, embora, por envolver questões relativas ao trato da coisa pública, o mais correto fosse forma institucional de Estado, como anota José Afonso da Silva (1989).

AS FORMAS DE ESTADO

As formas de Estado referem-se à projeção do poder dentro da esfera territorial, tomando como critério a existência, a intensidade e o conteúdo de descentralização político-administrativa de cada um.

À vista desses elementos diferenciais é que o Estado, quanto à sua forma, pode ser classificado em Federal ou Unitário.

É bom esclarecer, no entanto, que essa divisão dual das formas de Estado, embora seja a mais recorrente, não é consensual. Apontam-se (ALMEIDA, 1991, p. 27) outras, por exemplo, o Estado Regional, que constitui uma forma intermediária entre o Unitário e o Federal, no qual se dotam de autonomia entes regionais. Ao lado dos Estados Regionais, existem ainda formas inominadas, que agrupam característicos dos modelos formais conhecidos.

A propósito, Pablo Pérez Tremps *et al.* (1994, p. 302), comentando a Constituição espanhola, afirma:

> *la estructura territorial del Estado no encaja en ninguna de las categorías tradicionales del Derecho Público, categorías que, por otra parte, tampoco responden a unos modelos perfectamente delimitados y que, en consecuencia, inducen a menudo a confusión. El modelo español utiliza técnicas tanto del federalismo tradicional como del Estado Regional.*

Esquematicamente, poder-se-ia cogitar da seguinte classificação:

$$
\text{Formas de Estado} \left\{ \begin{array}{l} \text{Federal} \\ \text{Unitário} \\ \text{Regional} \end{array} \right.
$$

Estado Unitário

A despeito da divergência existente, estudemos as formas tradicionais do Estado.

Estado Unitário é o caracterizado pela centralização política, no qual existe um único polo constitucionalmente capacitado a produzir, com autonomia, normas jurídicas. O Estado Unitário admite a existência de entidades descentralizadas, desde que não possuam autonomia, agindo por delegação do órgão central, que chama a si o monopólio da capacidade política.

Para Michel Temer (1975, p. 3),

no Estado Unitário há um único centro de irradiação legislativa que se espraia por todo um dado território. Nele não se cogita da possibilidade da divisão da ordem jurídica de acordo com uma divisão de negócios por circunscrições territoriais. Ao contrário, a ordem é una, global, abrangente de todas as relações humanas que ocorrerem na área onde atua a soberania do Estado.

Em outras palavras, no Estado Unitário não existem ordens parcelares, voltadas para o exercício autônomo de competência legislativa constitucionalmente definida, mas uma única ordem à qual se reporta todo o ordenamento colhido pelo poder soberano do respectivo Estado.

Estado Federal

O Estado Federal tem raízes na experiência histórica dos Estados Unidos da América. Com a transformação das colônias inglesas em Estados soberanos, tentou-se, em um primeiro momento, a criação de uma Confederação, que ficou materializada por um tratado interestadual,[2] a que se denominava "Artigos de Confederação", aprovado em 1777 pelo Congresso Continental (HUBERMAN, 1982, p. 72).

Esse ajuste, porém, revelou-se inadequado à realização dos propósitos políticos, econômicos e sociais dos Estados confederados, dando lugar a inquietações, que culminaram com a realização da chamada Convenção de Filadélfia, onde, em 1787, 105 delegados dos 12 Estados que se haviam feito representar – Rodhe Island recusou mandar representantes – lançaram as bases do Estado Federal norte-americano (HAMILTON *et al.*, 1984, p. 12).

Uma das primeiras preocupações dos convencionais era estabelecer um novo patamar de relacionamento entre os Estados, permitindo uma direção unificante, sem que com isso ficassem desfiguradas a independência e a individualidade de cada um deles.

Bem por isso, o pacto federativo norte-americano implicou, de logo, a abdicação da soberania que era inata a cada um dos Estados. Promoveu-se, no dizer de Del Vecchio, um "suicídio de Estados",[3] possibilitando, assim, que eles,

---

[2] Entenda-se internacional.
[3] *Apud* Almeida (1991).

agora sem soberania, mas dotados somente de autonomia,[4] passassem a integrar um novo e único Estado: o Estado Federal.

Pode-se, portanto, afirmar que na ideia de federalismo reside um conteúdo fortemente autonomista, remanescente da soberania que cada um dos Estados confederados perdeu para que se pudesse criar o Estado Federal. Talvez seja esse seu característico mais marcante, ou seja, a autonomia assegurada às vontades parciais – chamadas de províncias, estados, cantões etc. – e o Poder Central.

Esse modelo norte-americano original de relacionamento entre as vontades parciais e a vontade central sofreu grandes alterações com a evolução histórica do federalismo. É que o modelo norte-americano, quando aplicado à realidade institucional de cada país, interagiu com fatores políticos, sociais, econômicos e culturais autóctones, ensejando, nas respectivas constituições, a adoção de particularidades a cada um desses estados.

Não obstante, é perfeitamente possível a elaboração de um quadro de característicos comuns das diversas Federações, donde se pode falar na existência de um modelo básico de Estado Federal.

O Estado Federal nasce do vínculo de partes autônomas, de vontades parciais. Com essa associação de partes autônomas nascem simultaneamente uma entidade central, corporificadora do vínculo federativo, e diversas entidades representativas das vontades parcelares. Todas essas entidades são dotadas de autonomia e possuem o mesmo patamar hierárquico no bojo da Federação. Essa observação preliminar necessária advertirá que reside nesse relacionamento entre vontades parciais e vontade central o cerne do Estado Federal. Tanto a manutenção dessa autonomia como o exercício dela serão objeto do acordo federalista, que, ao menos, deve vir vazado nas cláusulas a seguir expostas.

Repartição constitucional de competências e rendas

A associação federativa de entes parcelares autônomos só pode existir dentro de uma repartição constitucional de competências. Com efeito, só a Constituição, corporificando a soberania do Estado, é que pode traçar o âmbito autonômico de cada um dos entes federados.

---

[4]Segundo Almeida (1991, p. 28), autonomia significa a "capacidade de autodeterminação dentro do círculo de competências traçado pelo poder soberano, que lhes garante auto-organização, autogoverno, autolegislação e autoadministração, exercitáveis sem subordinação hierárquica dos Poderes estaduais aos Poderes da União".

Muito se discute sobre quais seriam as competências de cada ordem de poder na esfera do Estado Federal. Que poderes seriam da União (entendida esta como ordem central) e quais ficariam reservados às ordens parciais (estados--membros)?

Ao comentar a Constituição de 1891, Carlos Maximiliano (1918, p. 135), citando Tucker, especialmente sob o aspecto do critério da repartição de competências entre as duas esferas, assim se manifestou:

> Para compreender bem o espírito da lei fundamental e applica-la com acerto, observe-se a benefica philosophia de Jefferson a qual prefere que não seja feito pelo governo geral o que as autoridades locaes são competentes para realizar; nem por qualquer poder governamental o que os indivíduos por si proprios são capazes de conseguir.

Na sua gênese, o federalismo continha um pacto implícito, segundo o qual ficariam reservadas às vontades parciais tudo o que não explicitamente indicado como de alçada da vontade central.

Essa repartição de competências, em regra, vem sendo observada pelos Estados Federais, apesar de algumas divergências em relação ao critério ou grau de descentralização. Sobre o tema, Celso Bastos (1992, p. 289) ensina:

> É curioso notar como certas características fundamentais da federação não se alteram com o tempo e continuam até hoje a refletir fielmente as preocupações com que se houveram os constituintes da Filadélfia. Assim, a repartição de competências, estabelecida em 1787 pelo recurso à técnica de competências enunciadas e competências remanescentes, permanece até hoje um elemento indispensável à federação, embora nem todas as federações adotem as mesmas técnicas de partilha de competências, nem o façam segundo as mesmas dosagens.

Esse critério de repartição de competências, até hoje o mais conhecido e aceito (poderes implícitos), tem-se completado com outras tantas formas de reparti-las. Apenas para ilustração, os poderes podem vir repartidos de ordem inversa à mencionada (poderes dos estados-membros explicitados e os da União remanescentes). Ao lado desse critério, podemos encontrar as competências concorrentes, em que as normas gerais ficam por conta de uma das esferas de poder (a União), e as particulares, para as ordens parciais. Podemos ainda apontar, apenas para mencionar, as competências comuns, em que são deferidas a todas as ordens as mesmas tarefas, devendo funcionar a execução dentro de um regime de cooperação entre elas.

A doutrina tem-se preocupado com o fato de, na divisão de competências entre as duas ordens federais, existir um desequilíbrio entre as rendas.

Trata-se de problema que está intimamente ligado ao da repartição constitucional de competências, qual seja, a questão da repartição constitucional de rendas. Muitas vezes, a Carta Magna defere aos entes federados tarefas consubstanciadas nas mais variadas competências. São encargos que devem ficar sob a responsabilidade dos estados-membros. A entrega de tais tarefas deve vir acompanhada de renda suficiente para que os estados-membros possam desempenhar os encargos recebidos. O mesmo ocorre com a União. Se tem encargos, deve ter renda própria.

Dessa maneira, verifica-se a necessidade de um equilíbrio entre tarefas e rendas, de forma que não basta estarmos diante de uma repartição constitucional de competências (encargos) sem o devido acompanhamento do suporte financeiro (por via de arrecadação ou repasse de verbas) para a consecução dos objetivos fixados na Lei Maior.

Por esse fato, impõe-se, ao lado da repartição constitucional de competências, anotar a necessidade de que os estados ou mesmo a União tenham rendas próprias consagradas na Constituição Federal, pelos motivos anteriormente expostos.

A questão já era motivo de preocupação, dentre nós, como menciona Herculano de Freitas (1965, p. 93), ao comentar a Constituição de 1891:

> Dispõe o art. 5º: "Incumbe a cada Estado prover, a expensas próprias, às necessidades de seu govêrno e administração; a União, porém, prestará socorros ao Estado que, em caso de calamidade pública, os solicitar".
>
> É natural. Desde que a Constituição investiu os Estados de uma personalidade autonômica, dando-lhes a também de organização, deu-lhes implicitamente (aliás também expressamente, como vereis depois), o poder de angariar os recursos indispensáveis para a sua vida e seu desenvolvimento.
>
> Os Estados têm, numa esfera limitada que a Constituição Federal traçou, o poder de taxação; êles podem procurar, em contribuições obrigatórias, os meios de que precisam para a sua vida e o seu desenvolvimento.

Manoel Gonçalves Ferreira Filho (1994, p. 44) concorda com tal preocupação, assegurando recursos para quem tem competência:

a existência real da autonomia depende da previsão de recursos, suficientes e não sujeitos a condições, para que os Estados possam desempenhar suas atribuições. Claro que tais recursos hão de ser correlativos à extensão dessas atribuições. Se insuficientes ou sujeitos a condições, a autonomia dos Estados-membros só existirá no papel em que estiver escrita a Constituição. Daí o chamado problema da repartição de rendas.

A repartição de competências entre as vontades do Estado, como elemento caracterizador da descentralização política, não vem, contudo, despida de qualquer formalidade.

Ela deve ter sede constitucional, tornando-se parte de sua essência. Não se pode pensar em uma divisão de competências que não esteja estampada no Texto Constitucional, já que, como visto, nesse ponto reside talvez a tônica mais original do Estado Federal.

Fixada em legislação ordinária, a alteração seria de fácil operacionalidade, tornando o pacto federativo totalmente flácido, quebrando, portanto, o ajuste sobre o qual se assenta a ideia federalista. Hauriou (1966, p. 143) endossa que o pacto federalista deve estar ajustado em uma Constituição.

Podemos, por enquanto, afirmar que o Estado Federal tem autonomia, que é revelada por meio de uma repartição constitucional de competências como forma de manter o equilíbrio e o pacto federativo.

Pode-se, portanto, afirmar que o primeiro requisito de existência da Federação é a repartição constitucional de competências e rendas.

Possibilidade de auto-organização por uma Constituição própria

Um segundo requisito deve ser apontado, qual seja, a possibilidade de auto-organização por meio de Constituições próprias.

Veja-se que não se trata exclusivamente de auto-organização, mas auto-organização mediante um documento constitucional próprio a cada esfera federativa. Em outras palavras, de uma Constituição Estadual produto da manifestação do Poder Constituinte Decorrente.

Dessa forma, a cada vontade parcial fica garantida a liberdade de auto-organização, desde que respeitados certos princípios indicados na Carta Federal.

É incogitável a existência de núcleos autônomos, associados por um vínculo constitucional, sem que cada qual, respeitadas as balizas da Carta Magna, pudesse exercer um mínimo de autodeterminação em matéria organizativa.

298 Curso de Direito Constitucional

Os sistemas positivos escolhem vários critérios para delimitar a capacidade auto-organizativa dos estados-membros, quer fixando limites explícitos, quer apenas mencionando limites implícitos, princípios a serem seguidos pelo Poder Constituinte Decorrente.

O balizamento da auto-organização pela Constituição não pode ser a ponto de impedir que o estado-membro tenha um mínimo de autonomia, revelada diante da possibilidade de ter autoridades próprias, escolhidas pelo povo local, Poder Legislativo competente para elaborar suas normas, e, por fim, um Poder Judiciário encarregado de dizer o direito em matéria estadual.

Assim, a auto-organização pressupõe uma tripartição das funções do Estado, que poderá disciplinar o exercício dos poderes, respeitados, sempre, os limites constantes da Constituição.

O estado-membro, portanto, tem Poder Executivo próprio, com competências específicas, escolhido livremente pelo povo local.

Além de autoridades eleitas, a ordem parcial possui um Poder Legislativo, que poderá elaborar normas sobre as competências que lhe foram atribuídas pela Constituição Federal.

Por fim, o estado-membro tem um Poder Judiciário, competente para dizer o direito em última instância sobre as matérias de sua competência.

Podemos, diante do exposto, afirmar que a auto-organização passa pela criação e disciplina de um Poder Executivo, com governantes eleitos, um Poder Legislativo, escolhido pelo povo, para legislar sobre as competências próprias, e, por fim, um Poder Judiciário, com jurisdição para dizer o direito sobre matéria pertinente às competências do Estado.

É Michel Temer (1993, p. 84) quem demonstra a importância das autoridades locais: "Os Estados têm governo próprio. Possuem órgãos de governo – Legislativo, Executivo e Judiciário – próprios. São autoridades que decidem a respeito de assuntos locais sem nenhuma ingerência de autoridades externas".

Rigidez constitucional

Ao lado dos característicos já apontados, há que se anotar que o ajuste federalista tem como base uma Constituição. Enquanto uma Confederação tem em um tratado seu instrumento jurídico de criação, o Estado Federal tem sua sede em uma Constituição.

Não basta que exista uma Constituição. Ela deve ser escrita e rígida, de forma que evite a mudança de critérios fixados pelo pacto inaugural do Estado Federativo pelos meios ordinários de alteração legislativa.

Entende Michel Temer (1993, p. 61) que essa rigidez deve chegar ao seu grau máximo, de modo a clausular o pacto federativo em uma cláusula pétrea, impedindo que o exercente da competência reformadora venha a abolir o sistema federalista.[5]

Indissolubilidade do vínculo

Outro característico do Estado Federal está em sua indissolubilidade. Enquanto a Confederação, formada por estados soberanos, permite a saída de qualquer de seus membros, a Federação traz pacto indissolúvel entre seus elementos constituintes.

A união que envolve os entes federais é indissolúvel, de modo que a nenhum deles se confere o direito de secessão.

Sampaio Dória (1958, p. 479) já advertia para as distinções existentes entre Confederação e Federação, ressaltando o caráter de indissolubilidade desta:

A soberania, sendo, como é, poder supremo, comporta o direito de secessão, e, pois, o desmembramento da pátria comum, ou da União, a grado dos estados associados. A autonomia, não. Na Federação, os estados-membros são autônomos, jamais soberanos.

Participação da vontade das ordens parciais na elaboração da norma geral

O vínculo federativo apresenta como um de seus requisitos a participação da vontade das ordens parciais na elaboração da norma geral. Dessa forma, articula-se necessariamente um Poder Legislativo bicameral, em que, ao lado da Casa representativa da vontade popular, composta de representantes do povo dos estados, há uma outra, representativa da vontade das unidades federadas, denominada Senado Federal.

Vale lembrar, nesse aspecto, que, na sua gênese norte-americana, o Senado Federal era composto por autênticos embaixadores dos estados-membros, os quais eram eleitos indiretamente pelos legisladores estaduais. A ideia, como se

---

[5] Entendemos rigidez constitucional como a possibilidade de alteração da Constituição por um processo especial e mais difícil do que o de elaboração da lei ordinária. Rigidez está ligada à ideia de possibilidade de alteração. A sua impossibilidade (cláusula pétrea) escapa do campo conceitual da rigidez. Utilizaremos, no entanto, por razões didáticas, seguindo o autor citado, a expressão "rigidez" para revelar um processo gradual de dificuldade de mutação constitucional, processo este que chega a seu grau máximo, consistente na impossibilidade de sua alteração, impondo a cláusula federal como pétrea.

disse, era de que o senador se prestasse à finalidade predeterminada de defesa dos interesses estaduais.

Diante da isonomia que os estados-membros devem manter em relação ao poder central e entre eles mesmos, cada um deve ter o mesmo número de senadores.

A representação das vontades parciais, dessa forma, deve manter perfeito equilíbrio, sob pena de quebra do princípio isonômico existente entre as unidades federadas.

Georges Burdeau (1988, p. 54) assinala a participação das vontades parciais na vontade geral como característico do federalismo: "O princípio da participação: os Estados-membros participam na formação das decisões do Estado Federal. Há, notadamente, em todos os Estados Federais uma segunda câmara, onde têm assento os representantes dos Estados-membros".

Existência de um tribunal constitucional

Em sequência, é importante falar da necessidade de existência de um órgão que controle a repartição de competências, mantendo o pacto federalista. Trata-se de um órgão do Poder Judiciário encarregado de dizer o direito em caso de dúvida sobre o exercício das competências ou mesmo em caso de ferimento da forma federativa.

Nas palavras de Bobbio, há necessidade de um órgão neutro para a manutenção do pacto federativo:

> Sendo que o modelo federal exerce uma verdadeira divisão de poder soberano de base territorial, o equilíbrio constitucional não pode se manter sem a primazia da Constituição em todos os seus poderes. Com efeito, a autonomia desse modelo se traduz no fato de que o poder de decidir concretamente, em caso de conflito, quais sejam os limites que as duas ordens de poderes soberanos não podem ultrapassar, não pertence nem ao poder central (como acontece no Estado unitário, onde as coletividades territoriais menores usufruem de uma autonomia delegada) nem aos Estados federados (como acontece no sistema confederativo), que não limita a soberania absoluta dos Estados. Esse poder pertence a uma autoridade neutra, os tribunais, aos quais é conferido o poder de revisão constitucional das leis. Eles baseiam sua autonomia no equilíbrio entre o poder central e os poderes periféricos e podem desempenhar eficazmente suas funções com a condição de que nenhuma das duas ordens de poderes conflitantes prevaleça de modo decisivo. Para dar força às decisões judiciárias proveem ora os Estados federados, ora o Governo central, que

as sustentam todas as vezes que convergem com os respectivos interesses. Portanto, somente em virtude das próprias decisões o Poder Judiciário é capaz de restabelecer o equilíbrio entre os Poderes, definido pela Constituição.[6]

Deve, portanto, estar presente no Estado Federal um órgão que dirima qualquer dúvida relativa à distribuição de competências, fazendo cumprir, a partir de sua interpretação, o pacto federalista.

O órgão neutro, que não deve pertencer a nenhuma das ordens, cuida de, fundado em suas garantias, dizer o direito em relação às controvérsias constitucionais, interpretando o texto da Lei Maior. Trata-se, no dizer de Calderón (1943, p. 139), "de um Poder Judiciário Federal como intérprete definitivo da Constituição Federal".

Para Schwartz (1966, p. 64), a Corte Suprema traça linha demarcatória entre os campos federal e estadual no federalismo dualista.

Intervenção federal nos estados

Além de todos os característicos apresentados, o Estado Federal deve conter um dispositivo de segurança, necessário à sua sobrevivência. Esse dispositivo constitui, na realidade, uma forma de mantença do federalismo diante de graves ameaças.

Trata-se da intervenção federal. Por meio desta, a União, em nome dos demais estados-membros, intervém em um ou alguns estados onde se verifiquem graves violações dos princípios federativos.

Assim, apesar de a União Federal constituir-se como agente do processo interventivo, trata-se de mero instrumento da vontade do conjunto federativo, que se sente lesado com a situação existente. É forma extrema, mas necessária para que se evite a desagregação do Estado Federal.

Dessa forma, cumpridas certas formalidades, é decretada a intervenção federal no estado-membro onde está ocorrendo a situação anômala.

Cessados os motivos que ensejaram a intervenção, deve ser ela imediatamente suspensa.

Celso Bastos (1992, p. 267) ensina: "A intervenção federal consiste no afastamento temporário pela União das prerrogativas totais ou parciais próprias da autonomia dos Estados, prevalecendo a vontade do ente interventor".

---

[6] "Federalismo", in Bobbio *et al.* (2008, p. 481).

Para que o Estado Federal, portanto, defenda-se de eventual situação excepcional que possa causar-lhe a perda de um estado-membro ou o exercício de alguns direitos expressamente anunciados na Constituição como ensejadores da intervenção, pode a União Federal decretá-la, havendo, nessa hipótese, a prevalência da vontade federal (representando todas as vontades parciais) contra a parcial, em que esteja ocorrendo a situação anômala.

CAPÍTULO 2

O Federalismo Brasileiro

INTRODUÇÃO

Já vimos que o Estado Federal pressupõe duas ordens jurídicas: a ordem central, deferida à União, e as ordens parciais autônomas, os estados-membros. O federalismo brasileiro, no entanto, traz um característico diferente, pois encampa a ideia do município. A doutrina diverge, porém, quanto à inclusão dessa figura no rol das entidades federativas.

Para José Afonso da Silva (1989, p. 409), por exemplo, o município integra a Federação, mas não é parte essencial desta. E argumenta, em resumo:

a) se os Municípios desaparecessem, a Federação continuaria a existir;
b) a Federação não é a união de Municípios, mas de Estados;
c) quem decreta a intervenção nos Municípios é o Estado (e não a União, salvo nos Municípios dos Territórios), demonstrando que a Federação é composta por duas ordens apenas;
d) por fim, a criação de Municípios depende de lei estadual (CF, art. 18, § 4º), critério diferente da criação dos Estados-membros.

Não obstante os argumentos do ilustre constitucionalista, entendemos o município como ente integrante da Federação, tal qual a União, os estados e o Distrito Federal.

Com efeito, o município recebe competências próprias, tem autonomia e pode auto-organizar-se por meio de lei orgânica. De todos os característicos comuns do federalismo, o município só não possui a faculdade de fazer-se representar junto ao Senado Federal, mas tal traço não pode afastá-lo da integração federativa. Assim, inegavelmente o Brasil é uma República Federativa, composta pela união indissolúvel de estados, municípios e Distrito Federal, conforme a expressa dicção do art. 1º da Constituição Federal.[1]

Nesse sentido, vale lembrar que o art. 18 de nossa Magna Carta, além de reiterar o art. 1º, foi mais específico, apontando que a "organização político-administrativa da República Federativa do Brasil compreende a União, os Estados, o Distrito Federal e os Municípios, todos autônomos, nos termos desta Constituição".

Da interpretação dos dois dispositivos citados resulta dupla conclusão.

A primeira é que, de logo, fica afastada qualquer ilação tendente a considerar o Brasil uma Confederação. Com efeito, aos entes federativos foi outorgada autonomia, reservando-se a soberania exclusivamente ao Estado Federal, a qual, aliás, foi erigida à condição de fundamento da República Federativa (art. 1º, I).

De outro lado, a unidade do País encontra-se definida em várias passagens do Texto Constitucional. Em primeiro lugar, cabe à União representar o País junto aos Estados estrangeiros e participar de organizações internacionais (art. 21, I). A língua portuguesa é o idioma oficial para todo o País (art. 13, *caput*). O território brasileiro, para efeitos internacionais, é único (art. 12, I, *a*). A nacionalidade também toma como critério referente a unidade nacional (art. 12), pois não existem nacionalidades estaduais (FERREIRA FILHO, 1994, p. 49; ALMEIDA, 1991, p. 30). Existem tribunais cujo poder jurisdicional se espraia por todo o território nacional (Supremo Tribunal Federal, Superior Tribunal de Justiça, Superior Tribunal Militar, Tribunal Superior Eleitoral e Tribunal Superior do Trabalho). A União, em nome da Federação, pode intervir nos estados. E, por fim, o ordenamento jurídico de todo o País tem, em última análise, a Constituição da República como fonte de legitimidade e validade.

Ao lado dos aspectos demarcatórios da unidade nacional – o que, repita-se, afasta a existência de uma Confederação –, nossa Constituição agraciou a União, os estados, o Distrito Federal e os municípios com autonomia, fixando ainda a existência de uma entidade central: a União.

---

[1] Reza o art. 1º da Constituição: "A República Federativa do Brasil, formada pela união indissolúvel dos Estados e Municípios e do Distrito Federal, constitui-se em Estado Democrático de Direito e tem como fundamentos: [...]".

Dessa maneira, restou prefigurada a intenção constitucional de formatar o Estado brasileiro sob as vestes do federalismo, o que, a toda evidência, ficou ratificado pela presença dos sete requisitos comuns já apontados no capítulo anterior.

REQUISITOS CARACTERIZADORES DO ESTADO FEDERAL APLICADOS AO DIREITO CONSTITUCIONAL POSITIVO BRASILEIRO

Repartição constitucional de competências

O federalismo brasileiro reúne em seu interior quatro entidades federativas – a União, os estados, o Distrito Federal e os municípios –, todas dotadas de autonomia, assim entendida a capacidade de autodeterminação dentro de um rol de competências constitucionalmente definidas (ALMEIDA, 1991, p. 28).

Diante desse quadro, surge a questão de como equacionar a autonomia de todas essas entidades federativas.

A Constituição Federal optou por um sistema complexo, reunindo critérios horizontal e vertical para a partilha de competências, contemplando ainda hipótese de delegação de competência pela União aos estados-membros (FERREIRA FILHO, 1994, p. 50; ALMEIDA, 1991, p. 79).

O critério horizontal foi adotado na definição de competências privativas, ou exclusivas, de cada esfera federativa. Nesse sentido, a Carta Magna optou pela enumeração das competências federais e municipais, reservando aos estados-membros as remanescentes.

Convém transcrever, neste ponto, a lição de Manoel Gonçalves Ferreira Filho (1994, p. 51):

> Essa partilha dá-se por duas técnicas principais: uma, a da reserva de matérias à União ou aos Estados, daí competências reservadas ou exclusivas da União ou dos Estados. Neste caso, somente quem recebeu a competência pode dispor sobre a matéria, com exclusão de qualquer outro. Daí, por exemplo, o poder constituído da União não poder invadir a esfera de competência dos Estados, sob pena de inconstitucionalidade. Esta técnica é chamada de repartição horizontal, porque separa competências como se separasse setores no horizonte governamental.

Com efeito, a formação do Estado Federal brasileiro não obedeceu ao mesmo processo de formação do Estado Federal norte-americano. Enquanto este nasceu da agregação de estados soberanos, o Estado brasileiro nasceu da segregação de um Estado Unitário. O Império mantinha um Estado centralizado e unitário. Com a Proclamação da República, institui-se um Estado descentralizado, exigindo do poder central distribuição das competências que acumulava. Portanto, os processos foram inversos. Não obstante, o modelo federal brasileiro estruturou-se sob a mesma técnica de repartição de competências privativas, enumerando as pertencentes à União e aos municípios e reservando aos estados-membros as remanescentes.

Dessa maneira, cada uma das esferas federativas possui um rol próprio de competências, que, salvo hipótese de delegação, deve exercer com exclusão das demais. Assim, basicamente, as competências privativas[2] da União estão enumeradas nos arts. 21 e 22, as municipais encontram-se arroladas no art. 30 e as estaduais, no art. 25, todos da Constituição Federal.[3]

Convém notar, no entanto, que, cogitando de competências, a Constituição Federal não se refere exclusivamente às de natureza legislativa. Vai além, preestabelecendo hipóteses de competência material, ou administrativa, em que, na verdade, o que se atribui ao Poder Público é o poder-dever de realizações de índole político-administrativa, e não a capacidade legiferante. E a Constituição foi expressa nesse sentido. No art. 22 falou expressamente que "compete privativamente à União *legislar* sobre [...]", enquanto, por exemplo, nos arts. 21 e 23 omitiu o verbo "legislar", o que, ainda uma vez, evidencia a atribuição de competência de índole material.

Na Constituição Federal, entretanto, coabitam dois critérios de repartição de competências. Ao lado do critério horizontal acima explicitado, existe o vertical. Por intermédio deste é que se estabelecem as competências que podem ser simultaneamente exercidas por mais de um ente federativo.

No critério denominado vertical, a Constituição Federal atribui o trato da mesma matéria a mais de um ente federativo, ora especificando o nível de intervenção de cada ente (competências concorrentes próprias), ora admitindo que todos os entes exerçam indistintamente a competência que se lhes foi simultaneamente atribuída (competências comuns e competências concorrentes impróprias).

---

[2] José Afonso da Silva enxerga no rol do art. 21 da Constituição Federal competências exclusivas, que possuiriam a peculiaridade da indelegabilidade, resguardando a denominação de privativas para as competências do art. 22, sob o argumento de que estas seriam delegáveis (SILVA, 1989, p. 455).

[3] STF – Súmula Vinculante n. 2: "É inconstitucional a lei ou ato normativo estadual ou distrital que disponha sobre sistemas de consórcios e sorteios, inclusive bingos e loterias".

As competências materiais que pertencem simultaneamente a mais de um ente federativo recebem o nome de competências comuns, cumulativas ou paralelas, e estão previstas no art. 23 da Constituição. São elas: zelar pela guarda da Constituição, das leis e das instituições democráticas e conservar o patrimônio público (inciso I); cuidar da saúde e assistência pública, da proteção e garantia das pessoas portadoras de deficiência (inciso II); proteger os documentos, as obras e outros bens de valor histórico, artístico e cultural, os monumentos, as paisagens naturais notáveis e os sítios arqueológicos (inciso III); impedir a evasão, a destruição e a descaracterização de obras de arte e de outros bens de valor histórico, artístico ou cultural (inciso IV); proporcionar os meios de acesso à cultura, à educação, à ciência, à tecnologia, à pesquisa e à inovação (inciso V); proteger o meio ambiente e combater a poluição em qualquer de suas formas (inciso VI); preservar as florestas, a fauna e a flora (inciso VII); fomentar a produção agropecuária e organizar o abastecimento alimentar (inciso VIII); promover programas de construção de moradias e a melhoria das condições habitacionais e de saneamento básico (inciso IX); combater as causas da pobreza e os fatores de marginalização, promovendo a integração social dos setores desfavorecidos (inciso X); registrar, acompanhar e fiscalizar as concessões de direitos de pesquisa e exploração de recursos hídricos e minerais em seus territórios (inciso XI); estabelecer e implantar política de educação para a segurança do trânsito (inciso XII).

Vale ressaltar que o parágrafo único do art. 23 da Constituição Federal preconiza que leis complementares[4] devem fixar normas para a cooperação entre a União e os estados, o Distrito Federal e os municípios, tendo em vista o equilíbrio do desenvolvimento e do bem-estar em âmbito nacional.

Ao lado das competências comuns, mas ainda dentro do critério vertical de distribuição, existem as concorrentes, designação própria das competências legislativas simultaneamente atribuídas a mais de um ente federativo.

Aqui, com efeito, cogita-se exclusivamente de competência de caráter legislativo, que a Constituição atribuiu a mais de um ente federativo.

As competências concorrentes podem ser classificadas em próprias e impróprias. Aquelas são assim designadas por indicação expressa do Texto Constitucional (art. 24), que preconiza o exercício simultâneo e limitado de

---

[4] A Emenda Constitucional n. 53 acrescentou o plural, pretendendo dizer que podem ser adotadas várias leis complementares e não apenas uma só. De qualquer forma, já entendíamos, com o texto anterior, que poderia haver várias leis complementares dispondo sobre o tema (e não apenas uma).

competências por mais de uma das ordens federativas.[5] Estas, diferentemente, não são expressamente previstas na Constituição, mas encontram-se implícitas na definição das competências comuns. Em outras palavras, as competências concorrentes impróprias só têm lugar ante a necessidade de se dar alicerce legislativo para o exercício de uma competência comum, por exemplo, aquela indicada no art. 23, VI, da Constituição da República ("proteger o meio ambiente e combater a poluição em qualquer de suas formas").

Cada uma das espécies de competência concorrente obedece a regime jurídico peculiar. O das competências concorrentes próprias está disciplinado no art. 24, §§ 1º e 2º, da Lei Maior, que, em suma, indica à União a prerrogativa de edição de normas gerais, resguardando aos estados-membros sua suplementação. Fica reservada, implicitamente, ao estado-membro a competência sobre a norma especial. Assim, a União elabora a norma geral e o estado-membro, a especial, podendo este estabelecer norma geral diante da ausência do exercício da competência pela União. Logo, a competência chamada suplementar do estado-membro revela-se pela possibilidade de complementar a legislação federal; ao lado desta, permanece a possibilidade de legislar sobre norma geral, em virtude da omissão da União Federal, quando ocorrer.

Nesse sentido, cumpre desde logo verificar que o art. 30, II, da Constituição Federal atribui aos municípios competência para "suplementar a legislação federal e a estadual no que couber". Assim sendo, parece claro que a divisão das competências concorrentes próprias ocorre em três níveis: no federal, onde foi conferido à União o poder de edição de normas gerais; no estadual, em que foi outorgada competência suplementar aos estados-membros; e no municipal, onde os municípios ficaram encarregados da suplementação das normas gerais e estaduais em nível local todas as vezes em que este interesse ficar evidenciado.

As competências concorrentes próprias estão disciplinadas, basicamente, no art. 24 da Constituição da República, que declara competir à União, aos estados-membros e ao Distrito Federal legislar concorrentemente sobre: direito tributário, financeiro, penitenciário, econômico e urbanístico (inciso I); orçamento (inciso II); juntas comerciais (inciso III); custas dos serviços forenses (inciso IV); produção e consumo (inciso V); florestas, caça, pesca, fauna, conservação da natureza, defesa do solo e dos recursos naturais, proteção do meio ambiente e controle da poluição (inciso VI); proteção ao patrimônio histórico,

---

[5] Almeida (1991, p. 150) oferece classificação a partir de indicação de competências legislativas concorrentes primárias e secundárias.

O Federalismo Brasileiro 309

cultural, artístico, turístico e paisagístico (inciso VII); responsabilidade por dano ao meio ambiente, ao consumidor, a bens e direitos de valor artístico, estético, histórico, turístico e paisagístico (inciso VIII); educação, cultura, ensino, desporto, ciência, tecnologia, pesquisa, desenvolvimento e inovação (inciso IX); criação, funcionamento e processo do juizado de pequenas causas (inciso X); procedimento em matéria processual (inciso XI); previdência social, proteção e defesa da saúde (inciso XII); assistência jurídica e defensoria pública (inciso XIII); proteção e integração social das pessoas portadoras de deficiência (inciso XIV); proteção à infância e à juventude (inciso XV); organização, garantias, direitos e deveres das polícias civis (inciso XVI).

Esse rol, no entanto, não é taxativo, pois outros dispositivos constitucionais também estabelecem competências concorrentes próprias. O art. 61, § 1º, II, *d*, da Constituição Federal, por exemplo, dispõe competir ao Presidente da República a iniciativa de lei sobre normas gerais do Ministério Público dos Estados. Ao lado dessa lei federal (Lei Orgânica Nacional do Ministério Público), fixadora de normas gerais atinentes ao Ministério Público dos estados-membros, há de ser editada, em cada um destes, uma lei complementar (Lei Orgânica do Ministério Público do Estado), em que os comandos gerais serão especificados em atendimento às peculiaridades estaduais.

Ocorre lembrar que, nas hipóteses de competências concorrentes próprias, a ausência da norma federal não impede o exercício da legislação estadual plena. Ou seja, como há necessidade de uma norma geral para suportar a especialidade da outra (que é de competência do Estado), o art. 24, § 3º, abre a possibilidade de o estado-membro preparar uma norma geral (que se aplicará apenas para o seu território), norma geral esta que servirá de suporte para o texto especial, nos termos do art. 24. O § 3º do art. 24, portanto, autoriza o estado-membro, para atender às suas peculiaridades, a legislar sobre normas gerais, em caso de não legislação federal.

De outro lado, a necessidade de implementação das competências materiais faz nascer as concorrentes impróprias, cujo regime jurídico indica a inexistência de limites a cada uma das ordens federativas, ou seja, cada uma delas pode legislar de maneira integral sobre as mesmas matérias. A situação regulamentada, de sua vez, ficará submetida ao espectro regrativo das leis de todas as ordens da Federação.[6]

---

[6] O Supremo Tribunal Federal reconheceu a existência das competências legislativas concorrentes impróprias ao deferir aos estados e aos municípios, para regulamentar as competências comuns do art. 23, V,

Veja-se, a pretexto de ilustração, as competências comuns de proteção ao meio ambiente e preservação de florestas (incisos VI e VII do art. 23 da CF). Figure-se a hipótese de que, no exercício dessas competências comuns, leis federais, estaduais e municipais disponham sobre uma faixa de proteção florestal da Mata Atlântica.

Nesse exemplo, a lei federal estabeleceria a proteção da vegetação nativa a partir de 100 m do nível do mar, a lei estadual, a partir de 140 m e a municipal, a partir de 70 m. Qual delas deveria ser aplicada? Sem dúvida nenhuma, as três. Assim, a vegetação estaria protegida a partir de 70 m do nível do mar, pois a observância da legislação mais rigorosa implicaria automaticamente a dos demais comandos normativos.

Destarte, cuidando-se de competência concorrente imprópria, as três ordens federativas exercem competência ilimitada, sem que uma se superponha à outra. De todo o modo, os três comandos normativos são de observância obrigatória.

Importante notar, dentro dessa linha de reflexão, que existem outras classificações possíveis, dentre as quais, a título de acréscimo, apontamos as seguintes:

I – quanto à forma ou ao processo de sua distribuição:

a) enumerada ou expressa – quando estabelecida de modo explícito, direto (CF, arts. 21 e 22);
b) reservada ou remanescente e residual. Reservada ou remanescente é a não expressamente deferida, após a enumeração da competência de outro ente (art. 25, § 1º), enquanto a residual é a que resta depois de enumeradas todas (art. 154, I);
c) implícita ou resultante (ou inerente ou decorrente) – quando decorre razoavelmente de sua competência, sem lhe estar deferida. José Afonso da Silva aponta a lacuna na Constituição de 1891, que não tratava da expulsão de estrangeiros, sendo deferida pelo Supremo Tribunal Federal à União Federal (SILVA, 1989, p. 455 e s.);

---

a possibilidade de disciplinar critérios próprios para a contratação de professores, respeitados os mínimos exigidos pela Lei Federal n. 5.692/71, alterada pela Lei Federal n. 7.044/82, que determina licenciatura de primeiro grau, obtida em curso de curta duração. No caso, a lei municipal havia exigido licenciatura plena, cuidando de cumprir a regra do art. 23, V, e tratando de disciplinar matéria de competência privativa da União (art. 22, XXIV) (2ª T., RE 179.285-RJ, Rel. Min. Marco Aurélio, *RTJ, 170*:660-2).

II – quanto ao conteúdo: econômica, social, político-administrativa, financeira, tributária e internacional;

III – quanto à extensão:

a) exclusiva – quando é atribuída a uma entidade com exclusão das demais (art. 21);
b) privativa – quando enumerada como própria de uma entidade, com possibilidade, no entanto, de delegação ou de competência suplementar (art. 22 e seu parágrafo único);
c) comum, cumulativa ou paralela – todos exercem conjuntamente (art. 23);
d) concorrente – a competência é repartida, mas a Constituição traz regras próprias para sua distribuição: a União traça regras gerais; o estado-membro pode suplementar e legislar sobre o restante. Inexistindo lei federal, o estado-membro pode legislar plenamente. Surgindo aquela, a lei estadual incompatível com a norma geral tem sua eficácia suspensa (art. 24 e seus parágrafos);

IV – quanto à origem:

a) originária – quando o ente recebe diretamente a competência da Constituição;
b) delegada – quando a entidade recebe de outra (art. 22, parágrafo único).

Por último, convém salientar que o art. 19 da Constituição Federal fixa competências negativas, ou, por outras palavras, vedações à atuação das ordens federativas. Assim é que tanto a União como os estados, o Distrito Federal e os municípios não podem estabelecer cultos religiosos ou igrejas, bem como com eles manter qualquer relação de subvenção ou dependência. Na mesma linha, às ordens federativas também é defeso negar fé aos documentos públicos ou criar distinções entre brasileiros ou preferências entre si.[7]

Dentro dessa linha de pensamento, podemos formular, esquematicamente, o seguinte quadro de competências federativas.

---

[7] "Art. 19. É vedado à União, aos Estados, ao Distrito Federal e aos Municípios: I – estabelecer cultos religiosos ou igrejas, subvencioná-los, embaraçar-lhes o funcionamento ou manter com eles ou seus representantes relações de dependência ou aliança, ressalvada, na forma da lei, a colaboração de interesse público; II – recusar fé aos documentos públicos; III – criar distinções entre brasileiros ou preferências entre si."

Repartição constitucional de rendas

A repartição constitucional de rendas é requisito inerente ao Estado Federal, pois, repartindo-se as competências entre os entes federativos, é imperioso que a Constituição lhes propicie os meios econômicos adequados à realização dessas competências.

Nesse sentido, a Constituição Federal, em seu Título VI, cuidou da tributação e do orçamento, indicando, em primeiro lugar, a capacidade de todos os entes federativos para instituir impostos, taxas e contribuições de melhoria, passando, em seguida, a discriminar os impostos referentes a cada uma das ordens federativas (arts. 153 a 156), estabelecendo, ainda, um sistema de repartição das receitas tributárias (arts. 157 a 162), em que, em síntese, foi criado um mecanismo de cooperação financeira entre as ordens federais.

Do exposto, resulta claro, portanto, que, em paralelo a uma repartição constitucional de competências, o constituinte, em obediência à forma federal do Estado brasileiro, forjou uma repartição constitucional de rendas.

Constituições estaduais

O art. 25 da Constituição da República, em harmonia com o art. 11, *caput*, do respectivo Ato das Disposições Constitucionais Transitórias, conferiu aos estados-membros poder de auto-organização por meio de Constituições Estaduais, assegurando às vontades parciais autodeterminação em matéria organizativa.

Essa autodeterminação, contudo, não é absoluta, uma vez que as Constituições Estaduais estão limitadas pela compulsória observância dos princípios estabelecidos na Carta Federal.

Assim sendo, os princípios estruturantes da Carta Republicana, por exemplo, aqueles pertinentes à organização dos Poderes e ao processo legislativo, devem ser simetricamente observados pelas ordens estaduais. As regras de iniciativa, portanto, devem ser deferidas, com pequenas adaptações, ao Chefe do Poder Executivo Estadual, assim como a impossibilidade de emendas que aumentem a despesa em projetos de iniciativa reservada do Poder Executivo (art. 63, I) e o *quorum* para rejeição do veto.

De se observar, ainda, que o art. 29, *caput*, da Constituição da República, c/c o art. 11, parágrafo único, do Ato das Disposições Constitucionais Transitórias, preconiza a existência de leis orgânicas municipais, às quais foi reservada a função de documento básico do respectivo município. Vale lembrar, no entanto, que as leis orgânicas não constituem produto de uma elaboração constituinte, mas mera manifestação do Poder Legislativo local (ver, neste livro, a Parte I, Capítulo 2, seção "O Poder Constituinte Decorrente").

Rigidez constitucional

O pacto federativo deve sempre estar alicerçado em uma Constituição rígida. É que seria impensável a existência de autonomia e, em especial, de repartição de competências, se estas não viessem escritas em uma Constituição rígida.

Com efeito, se a mera elaboração legislativa da ordem central fosse capaz de modificar as competências ou de retirar a autonomia das ordens federativas, não se poderia falar, com propriedade, em Federação, pois o pacto a ela subjacente estaria de tal modo fragilizado que, a qualquer momento, poderia ser violado por vontade da ordem central.

A nossa Constituição é rígida, pois, a teor do que dispõe o art. 60, seu processo de modificação é mais rígido e solene do que os previstos para a modificação das leis infraconstitucionais.

Ademais, a forma federativa do Estado ganhou proteção especial, visto que, nos termos do inciso I do § 4º do citado art. 60, foi erigida à condição de cláusula pétrea, furtando-se, portanto, a qualquer possibilidade de modificação, mesmo que por emenda constitucional.

Indissolubilidade do pacto federativo

O pacto federativo brasileiro é indissolúvel. Em outras palavras, não se admite às unidades federadas o direito de secessão. A indissolubilidade da Federação brasileira encontra amparo no art. 1º, *caput*, da Constituição Federal e vem garantida por seu art. 34, I, que coloca como um dos motivos para a intervenção federal a tentativa de quebra dessa indissolubilidade.

Representação pelo Senado Federal

As vontades parciais fazem-se representar na elaboração da vontade geral através do Senado Federal, que é o órgão de representação dos estados-membros no Congresso Nacional. Bem por isso, sua formação é paritária, cabendo a cada unidade federada a eleição de três senadores, os quais devem ser eleitos pelo princípio majoritário (maioria simples), para um mandato de oito anos. Convém sublinhar que a representação de cada estado e do Distrito Federal será renovada de quatro em quatro anos, alternadamente, por um e dois terços.

O Supremo Tribunal Federal como guardião da Constituição

A Constituição Federal erigiu o Supremo Tribunal Federal à condição de guardião da Constituição para zelar, em especial, pelo cumprimento da repartição de competências. Para tanto, reservou-lhe poder para a dicção final sobre a constitucionalidade das leis, quer através do controle difuso, quer através do controle concentrado de constitucionalidade dos atos normativos.

Intervenção federal nos estados-membros

Em casos extremos, a União Federal pode decretar a intervenção federal nos estados-membros, possibilidade esta garantida pelo art. 34 da Constituição da República. Nesse caso, a União foi colocada na condição de mero instrumento da Federação. Em outras palavras, a Federação brasileira, através da União, é que intervém nos estados-membros. Trata-se de instituto de caráter excepcional, cuja existência se justifica exatamente pela necessidade de mecanismo apto a impedir a desagregação da Federação.

CAPÍTULO 3

A União

PERFIL CONSTITUCIONAL

Com a reunião dos estados-membros em derredor de um pacto federativo surge a necessidade de uma ordem central que venha a corporificar este e as competências que, em homenagem a ele, não devem pertencer a cada um dos entes federados, mas à ordem central. Só assim ficará caracterizada a existência de um único Estado, de um só País, dotado de soberania e fundamentado em uma Constituição. Essa ordem central é a União Federal. Como vimos, ela é parte do Estado Federal, não se confundindo com ele. Surge da reunião das vontades parciais.

Essa razão de existir, como bem observou Michel Temer (1993, p. 77), faz da União uma figura de duas faces, que tanto "age em nome próprio como em nome da Federação. Ora se manifesta por si, como pessoa jurídica de capacidade política, ora em nome do Estado Federal".

A União age em nome de toda a Federação quando, no plano internacional, representa o País, ou, no plano interno, intervém em um estado-membro. Outras vezes, porém, a União age por si, como nas situações em que organiza a Justiça Federal, realiza uma obra pública ou organiza o serviço público federal.

BENS DA UNIÃO

Ao tratar da União, a Constituição Federal, em primeiro lugar, cuidou de indicar, no seu art. 20, quais os bens que lhe pertencem. A enumeração destes

Curso de Direito Constitucional

surtiu dois efeitos. O primeiro, de incluir esses bens no domínio público. Com efeito, cogitando que os recursos minerais, inclusive os do subsolo, pertencem à União, a Constituição Federal, em outras palavras, acabou por excluí-los do domínio privado, mais especificamente do detentor do direito de propriedade da área de superfície. O segundo efeito foi o de separar os bens da União em relação às demais ordens federativas.

A União, de acordo com o art. 20 da Constituição da República, possui os seguintes bens: os que atualmente lhe pertencem e os que lhe vierem a ser atribuídos (inciso I); as terras devolutas indispensáveis à defesa das fronteiras, das fortificações e construções militares, das vias federais de comunicação e à preservação ambiental, definidas em lei (inciso II); os lagos, rios e quaisquer correntes de água em terrenos de seu domínio ou que banhem mais de um Estado, sirvam de limites com outros países ou estendam-se a território estrangeiro ou dele provenham, bem como os terrenos marginais e as praias fluviais (inciso III); as ilhas fluviais e lacustres nas zonas limítrofes com outros países; as praias marítimas, as ilhas oceânicas e as costeiras, excluídas, destas, as que contenham a sede de municípios, exceto aquelas áreas afetadas ao serviço público e a unidade ambiental federal, e as referidas no art. 26, II[1] (inciso IV); os recursos naturais da plataforma continental e da zona econômica exclusiva (inciso V); o mar territorial (inciso VI); os terrenos de marinha e seus acrescidos (inciso VII); os potenciais de energia hidráulica (inciso VIII); os recursos minerais, inclusive os do subsolo (inciso IX); as cavidades naturais subterrâneas e os sítios arqueológicos e pré-históricos (inciso X); as terras tradicionalmente ocupadas pelos índios (inciso XI).[2]

Falemos de alguns bens.

Terras devolutas

As terras devolutas, no dizer de Celso Antônio Bandeira de Mello (1995, p. 525), possuem a seguinte origem:

> com a descoberta do País, todo o território passou a integrar o domínio da Coroa portuguesa. Destas terras, largos tratos foram trespassados aos colonizadores, mediante as chamadas concessões de sesmarias e cartas de data, com a obrigação de medi-las,

---

[1] Conforme Emenda Constitucional n. 46.
[2] O STF entendeu que a competência para julgar crimes cometidos contra a destruição de árvores nativas da Mata Atlântica é estadual, apesar de ser considerada patrimônio nacional (§ 4º, do art. 225, da Constituição Federal. RE 300.244-SC. Rel. Ministro Moreira Alves, *DOU* 20.11.2001).

demarcá-las e cultivá-las (quando então lhes adviria a confirmação, o que, aliás, raras vezes sucedeu), sob pena de "comisso", isto é, de reversão delas à Coroa, caso fossem descumpridas as sobreditas obrigações. Tanto as terras que foram trespassadas, como as que caíram em comisso, se não ingressaram no domínio privado por algum título legítimo e não receberam destinação pública, constituem as terras devolutas. Com a independência do País passaram a integrar o domínio imobiliário do Estado brasileiro.

Importante sublinhar, nesse sentido, que as terras devolutas não são destinadas ao uso comum ou especial, podendo, assim, ser incluídas na classe dos bens dominicais, e que pertencem à União exclusivamente as terras devolutas indispensáveis à defesa das fronteiras, das fortificações e construções militares, das vias federais de comunicação e à preservação ambiental, remanescendo as demais dentro da órbita patrimonial dos estados-membros.

Vale lembrar que, por força do § 2º do art. 20 da Constituição Federal, a faixa de fronteira corresponde à área de 150 km de largura, que corre paralela à linha divisória do território nacional.

Nesse sentido, o Supremo Tribunal Federal, na Súmula n. 477, já assentou que: "As concessões de terras devolutas situadas na faixa de fronteira, feitas pelos Estados, autorizam, apenas, o uso, permanecendo o domínio com a União, ainda que se mantenha inerte ou tolerante, em relação aos possuidores".

Mar territorial

É a zona oceânica contígua à costa brasileira submetida à soberania nacional. O mar territorial brasileiro possui uma extensão de 12 milhas marítimas, nelas incluídos o subsolo e o espaço aéreo correspondente, nos termos da Lei n. 8.617/93.

O mar territorial brasileiro é protegido pela denominada *zona contígua*, que compreende uma faixa que se estende de 12 a 24 milhas marítimas, onde podem ser adotadas medidas fiscalizatórias aptas a evitar infrações às leis e aos regulamentos aduaneiros, fiscais, de imigração ou sanitários, no seu território ou no seu mar territorial.

Plataforma continental e zona econômica exclusiva

A plataforma continental brasileira é constituída pelo leito e pelo subsolo das áreas submarinas que se estendem além de seu mar territorial até uma distância

318 Curso de Direito Constitucional

de 200 milhas marítimas das linhas de base, a partir das quais se mede a largura do mar territorial, nos casos em que o bordo exterior da margem continental não atinja essa distância.

A zona econômica exclusiva compreende uma faixa que se estende de 12 a 200 milhas marítimas, contadas a partir das linhas de base que servem para medir a largura do mar territorial.

A soberania brasileira, na sua plataforma continental, fica restrita à exploração e aproveitamento de seus recursos naturais e, na zona econômica exclusiva, à exploração, aproveitamento, conservação e gestão dos recursos naturais, vivos ou não vivos, e utilização da zona para fins econômicos. Em ambas possui ainda o direito de regulamentar a investigação científica marinha, a proteção e preservação do meio marinho, bem como a construção, a operação e o uso de todos os tipos de ilhas artificiais, instalações e estruturas.[3]

Terrenos de marinha

São aqueles que, banhados pelas águas do mar ou dos rios navegáveis, em sua foz, vão até uma distância de 33 m para a parte da terra, contados desde o ponto em que chega o preamar médio.

Segundo Hely Lopes Meirelles (1996, p. 465),

> a utilização dos terrenos de marinha, inclusive para edificações, depende de autorização federal, mas, tratando-se de áreas urbanas ou urbanizáveis, as construções e atividades civis nelas realizadas ficam sujeitas a regulamentação e a tributação municipais, como as demais realizações particulares. A reserva dominial da União visa, unicamente, a fins de defesa nacional, sem restringir a competência estadual e municipal no ordenamento territorial e urbanístico dos terrenos de marinha, quando utilizados por particulares para fins civis.

Nesse sentido, versando o tema competência judiciária, o pronunciamento do Supremo Tribunal Federal, ementado da seguinte forma:

> Justiça Federal. Competência. Ação entre particulares. Constituição, art. 125, I. Interesse federal. Terrenos de marinha. Se a ré, em exceção de incompetência, alega que há interesse federal na causa, não se desloca, desde logo, o feito, da Justiça Estadual

---

[3] Cf. Lei n. 8.617/93.

para a Justiça Federal. É necessário citar, por primeiro, a União ou a autarquia federal, que a ré tenha por interessada na demanda, o que se fará no juízo estadual. Citada a entidade federal, se esta manifestar seu interesse e pedir a intervenção no feito, só então os autos devem ser remetidos ao juízo federal, competente para reconhecer, ou não, a legitimidade do interesse da União ou autarquia federal na causa. Ofensa ao art. 125, I, da Constituição. Recurso conhecido e provido, para que, no juízo estadual de origem, se proceda à citação da entidade federal, como acima se indicou (STF, RE 102.601, Rel. Min. Néri da Silveira, *Ementário do STF*, v. 1390-03, p. 491; *JUIS*, n. 7).

COMPETÊNCIAS DA UNIÃO

A União, como se disse, possui competências privativas, comuns e concorrentes. Estas já foram analisadas (ver, neste livro, a Parte V Capítulo 2, seção "Repartição constitucional de competências"). Quanto às competências privativas da União, são de natureza material e legislativa. As de natureza material são as enumeradas no art. 21 de nossa Lei Maior: manter relações com Estados estrangeiros e participar de organizações internacionais (inciso I); declarar a guerra e celebrar a paz (inciso II); assegurar a defesa nacional (inciso III); permitir, nos casos previstos em lei complementar, que forças estrangeiras transitem pelo território nacional ou nele permaneçam temporariamente (inciso IV); decretar o estado de sítio, o estado de defesa e a intervenção federal (inciso V); autorizar e fiscalizar a produção e o comércio de material bélico (inciso VI); emitir moeda (inciso VII); administrar as reservas cambiais do País e fiscalizar as operações de natureza financeira, especialmente as de crédito, câmbio e capitalização, bem como as de seguros e de previdência privada (inciso VIII); elaborar e executar planos nacionais e regionais de ordenação do território e de desenvolvimento econômico e social (inciso IX); manter o serviço postal e o correio aéreo nacional (inciso X); explorar, diretamente ou mediante autorização, concessão ou permissão, os serviços de telecomunicações, nos termos da lei, que disporá sobre a organização dos serviços, a criação de um órgão regulador e outros aspectos institucionais (inciso XI); explorar, diretamente ou mediante autorização, concessão ou permissão: *a)* os serviços de radiodifusão sonora e de sons e imagens; *b)* os serviços e instalações de energia elétrica e o aproveitamento energético dos cursos de água, em articulação com os estados onde se situam os potenciais hidroenergéticos; *c)* a navegação aérea, aeroespacial e a infraestrutura aeroportuária; *d)* os serviços de transporte ferroviário e

320 Curso de Direito Constitucional

aquaviário entre portos brasileiros e fronteiras nacionais ou que transponham os limites de estado ou Território; *e)* os serviços de transporte rodoviário interestadual e internacional de passageiros; *f)* os portos marítimos, fluviais e lacustres (inciso XII); organizar e manter o Poder Judiciário, o Ministério Público do Distrito Federal e dos Territórios e a Defensoria Pública dos Territórios (inciso XIII); organizar e manter a polícia civil, a polícia penal, a polícia militar e o corpo de bombeiros militar do Distrito Federal, bem como prestar assistência financeira ao Distrito Federal para a execução de serviços públicos, por meio de fundo próprio (inciso XIV); organizar e manter os serviços oficiais de estatística, geografia, geologia e cartografia de âmbito nacional (inciso XV); exercer a classificação, para efeito indicativo, de diversões públicas e de programas de rádio e televisão (inciso XVI); conceder anistia (inciso XVII); planejar e promover a defesa permanente contra as calamidades públicas, especialmente as secas e as inundações (inciso XVIII); instituir sistema nacional de gerenciamento de recursos hídricos e definir critérios de outorga de direitos de seu uso (inciso XIX); instituir diretrizes para o desenvolvimento urbano, inclusive habitação, saneamento básico e transportes urbanos (inciso XX); estabelecer princípios e diretrizes para o sistema nacional de viação (inciso XXI); executar os serviços de polícia marítima, aeroportuária e de fronteiras (inciso XXII); explorar os serviços e instalações nucleares de qualquer natureza e exercer monopólio estatal sobre a pesquisa, a lavra, o enriquecimento e o reprocessamento, a industrialização e o comércio de minérios nucleares e seus derivados, atendidos determinados princípios e condições (inciso XXIII); organizar, manter e executar a inspeção do trabalho (inciso XXIV); estabelecer as áreas e as condições para o exercício da atividade de garimpagem, em forma associativa (inciso XXV).

A Constituição deixa claro que ficam autorizadas, sob o regime de permissão, a comercialização e a utilização de radioisótopos para a pesquisa e usos médicos, agrícolas e industriais, além de, sob o mesmo regime, ficarem autorizadas a produção e a utilização de radioisótopos de meia-vida igual ou inferior a duas horas.[4]

As competências de natureza legislativa estão definidas no art. 22 da Constituição Federal, que outorga à União competência para legislar sobre: direito civil, comercial, penal, processual, eleitoral, agrário, marítimo, aeronáutico, espacial e do trabalho (inciso I); desapropriação (inciso II); requisições civis e militares, em caso de iminente perigo e em tempo de guerra (inciso III); águas,

---

[4] Dispositivo acrescido pela Emenda Constitucional n. 49/2006.

energia, informática, telecomunicações e radiodifusão (inciso IV); serviço postal (inciso V); sistema monetário e de medidas, títulos e garantias dos metais (inciso VI); política de crédito, câmbio, seguros e transferência de valores (inciso VII); comércio exterior e interestadual (inciso VIII); diretrizes da política nacional de transportes (inciso IX); regime dos portos, navegação lacustre, fluvial, marítima, aérea e aeroespacial (inciso X); trânsito e transporte (inciso XI); jazidas, minas, outros recursos minerais e metalurgia (inciso XII); nacionalidade, cidadania e naturalização (inciso XIII); populações indígenas (inciso XIV); emigração e imigração, entrada, extradição e expulsão de estrangeiros (inciso XV); organização do sistema nacional de emprego e condições para o exercício de profissões (inciso XVI); organização judiciária, do Ministério Público do Distrito Federal e dos Territórios e da Defensoria Pública dos Territórios, bem como organização administrativa destes (inciso XVII); sistema estatístico, cartográfico e de geologia nacionais (inciso XVIII); sistemas de poupança, captação e garantia da poupança popular (inciso XIX); sistemas de consórcios e sorteios (inciso XX); normas gerais de organização, efetivos, material bélico, garantias, convocação, mobilização, inatividades e pensões das polícias militares e dos corpos de bombeiros militares (inciso XXI); competência da polícia federal e das polícias rodoviária e ferroviária federais (inciso XXII); seguridade social (inciso XXIII); diretrizes e bases da educação nacional (inciso XXIV); registros públicos (inciso XXV); atividades nucleares de qualquer natureza (inciso XXVI); normas gerais de licitação e contratação, em todas as modalidades, para as administrações públicas diretas, autárquicas e fundacionais da União, Estados, Distrito Federal e Municípios, obediente o disposto no art. 37, XXI, e para as empresas públicas e sociedades de economia mista, nos termos do art. 173, § 1º, III (inciso XXVII); defesas territorial, aeroespacial, marítima, civil e mobilização nacional (inciso XXVIII); propaganda comercial (inciso XXIX).

Oportuno renovar que as competências legislativas da União, a teor do que dispõe o parágrafo único do art. 22 da Carta Magna, são passíveis de delegação aos estados-membros, mediante lei complementar autorizativa.[5]

Acolhendo pleito das organizações de direitos humanos, a Emenda Constitucional n. 45/2004 cuidou de permitir o deslocamento da competência regular estadual para a federal (para o Superior Tribunal de Justiça, art. 109) a pedido do Procurador-Geral da República, com apreciação do Poder Judiciário,

---

[5] O Supremo Tribunal Federal entendeu que é competência privativa da União Federal a legislação sobre película de filme solar sobre os vidros dos veículos (ADI 1.704, Rel. Min. Marco Aurélio).

em caso de grave violação dos direitos humanos e com a finalidade de assegurar o cumprimento de obrigações decorrentes de tratados internacionais de direitos humanos dos quais o Brasil seja parte.

Assim, dispõe o § 5º do art. 109:

> § 5º Nas hipóteses de grave violação de direitos humanos, o Procurador-Geral da República, com a finalidade de assegurar o cumprimento de obrigações decorrentes de tratados internacionais de direitos humanos dos quais o Brasil seja parte, poderá suscitar, perante o Superior Tribunal de Justiça, em qualquer fase do inquérito ou processo, incidente de deslocamento de competência para a Justiça Federal.

CAPÍTULO 4

Os Estados Federados

AUTONOMIA

Os estados-membros são dotados de autonomia, que, assentada no art. 25 da Constituição Federal, é inerente à estrutura federativa do Estado brasileiro, como já demonstrado. Urge, portanto, demonstrar quais as implicações jurídicas dessa autonomia dos estados-membros dentro da unidade nacional.

Abordando a questão da autonomia dos estados-membros, Anna Candida da Cunha Ferraz (1979, p. 54) afirma que

> quatro aspectos essenciais caracterizam-na: a capacidade de auto-organização, a capacidade de autogoverno, a capacidade de autolegislação e a capacidade de autoadministração. A inexistência de qualquer desses elementos é suficiente para desfigurar a unidade federada como tal.

Capacidade de auto-organização

A capacidade de auto-organização pode ser traduzida pela existência de Constituições Estaduais, que formam o cerne da estrutura jurídica das unidades federadas, nelas inserindo-se toda a estrutura organizacional dos estados-membros.

Assim, desde questões relativas aos órgãos e entidades públicas até matérias atinentes ao regime jurídico dos servidores públicos devem estar dispostas na respectiva Constituição Estadual.

A força que gera as Constituições Estaduais é o chamado *Poder Constituinte Decorrente*, e uma das principais indagações relacionadas a elas reside na determinação dos limites desse poder. Em outras palavras, embora seja expresso que a Constituição Estadual deve obedecer aos princípios e preceitos da Constituição Federal, não é isenta de controvérsias a indicação clara dos limites normativos a que a Carta Estadual deve submeter-se.

Assim, como Anna Candida da Cunha Ferraz (1979, p. 134), entendemos que a Carta Estadual deve obedecer aos seguintes limites:

a) princípios, explícitos ou não, que retratem o sistema constitucional do País, como o princípio republicano, a eletividade, a tripartição de Poderes, inclusive em relação ao processo legislativo, direitos fundamentais etc.;

b) princípios relativos à Federação que se estendam aos estados-membros, a exemplo de questões relativas à repartição de rendas, impostos estaduais, autonomia municipal etc.;

c) preceitos específica e diretamente destinados aos estados-membros, tais quais os atinentes à organização do Poder Judiciário e do Ministério Público estaduais, instituição de regiões metropolitanas etc.

No Brasil, o Poder Constituinte Decorrente, que institucionalizou nos respectivos estados-membros a primeira Carta Estadual, foi exercido pela Assembleia Legislativa existente em 5 de outubro de 1988. É o que se depreende do art. 11 do Ato das Disposições Constitucionais Transitórias: "Art. 11. Cada Assembleia Legislativa, com poderes constituintes, elaborará a Constituição do Estado, no prazo de um ano, contado da promulgação da Constituição Federal, obedecidos os princípios desta".

Nesse sentido, o Supremo Tribunal Federal tem entendido que, quanto ao processo legislativo, o estado-membro deve transcrever a regra da iniciativa reservada do art. 61, § 1º, assim como deve obedecer, da mesma forma, à norma do art. 63, ou ainda ao *quorum* de rejeição do veto (maioria absoluta – art. 66, § 4º, da CF).

O Supremo Tribunal Federal entendeu também que a iniciativa reservada do Presidente da República (art. 61, § 1º) deve ser repetida na Constituição Estadual, garantindo ao Governador do estado as mesmas competências. No processo legislativo (art. 63, I – impossibilidade de oferecimento de emendas que aumentem a despesa), o entendimento foi o mesmo, assim também com relação às questões de iniciativa do Presidente do Tribunal de Justiça. Veja-se, a propósito, o seguinte aresto do Supremo Tribunal Federal:

Tribunal de Justiça. Composição. Aumento de desembargadores pela Assembleia Constituinte Estadual independente de iniciativa do Judiciário. Inconstitucionalidade. É inconstitucional o aumento do número de desembargadores sem proposta do Tribunal de Justiça. A regra, que decorre do princípio da independência e harmonia entre os Poderes, é tradicional no direito republicano e aplica-se tanto à legislatura ordinária, como à constituinte estadual, em razão do que prescreve a Constituição Federal, art. 96, II, *b* e *d* (STF, ADI 157, Rel. Min. Paulo Brossard, j. 06.12.1989, *Ementário do STF*, v. 1522-05; *JUIS*, n. 7).

Com efeito, tais preceitos são inerentes ao nosso sistema constitucional, de tal modo que, nesse específico, as Cartas Estaduais devem guardar simetria com as disposições da Constituição da República, pois estas, imanentes às opções adotadas pelo constituinte originário na definição de nosso sistema constitucional, mais que limites, são de observância compulsória pelas Cartas Estaduais. Devemos lembrar que, pela Emenda Constitucional n. 16/97, ficou assegurado aos Governadores dos estados e do Distrito Federal (juntamente com o Presidente da República e os Prefeitos Municipais) o direito de concorrer à reeleição para um único período subsequente ao mandato.[1]

Capacidade de autogoverno

A capacidade de autogoverno revela-se pela prerrogativa de os estados elegerem os respectivos governantes, de possuírem autoridades próprias, as quais, de sua vez, não se subordinam às autoridades da ordem central. Nesse sentido, veja-se que o art. 28, *caput*, da Constituição Federal indica a eletividade do Governador e do Vice-Governador, bem como os respectivos mandatos. Importante salientar, no entanto, que a Administração Pública Estadual é constituída por organismos e agentes dos três Poderes organizados em âmbito estadual.

Capacidade de autoadministração

Traduz o âmbito autonômico que confere ao estado-membro prerrogativa para gerir os próprios órgãos e serviços públicos, sem interferência da ordem

---

[1] O Supremo Tribunal Federal também entendeu que a composição do Tribunal de Contas dos Estados deve seguir o modelo federal previsto no art. 75, de forma que qualquer criação que desatenda o regramento desse artigo da Constituição Federal será inconstitucional (cf. medida cautelar em ADI 2.167-RR, Rel. Min. Marco Aurélio, j. 01.06.2000, *Boletim Informativo STF*, n. 191).

central. Assim, por exemplo, uma lei federal pode dispor sobre direito do trabalho, bem como sobre o regime dos servidores públicos da União, mas em nenhuma hipótese poderia versar sobre o regime jurídico dos servidores estaduais, pois trata-se de matéria inserida dentro da capacidade de autoadministração do estado-membro.

A propósito, confira-se o seguinte pronunciamento do Supremo Tribunal Federal:

> Constitucional. Ação direta. Liminar. Remuneração. Servidores públicos estaduais. Vinculação. Salário mínimo profissional. Jornada de trabalho.
>
> A vinculação, na Constituição Estadual, da remuneração e da jornada de servidores estaduais e a disciplina que se estabelece, em lei federal, para profissionais congêneres, para os quais se estipula piso salarial correspondente a determinada quantia de salários mínimos, torna relevante a alegação de inconstitucionalidade, em face do princípio da autonomia dos Estados-membros, bem como das regras que se referem à iniciativa reservada do Poder Executivo para certas matérias e à inadmissibilidade de vinculação e reajustamento automático de remuneração no âmbito do Poder Público (arts. 25, 61, § 1º, II, *a* e *c*, e 37, XIII, da CF). Precedentes (Medida cautelar em ADI 1.064, Rel. Ilmar Galvão, j. 06.08.1994, *DJ*, 9 set. 1997; *JUIS*, n. 7).

Capacidade legislativa

É expressa pelas competências legislativas atribuídas aos estados-membros. Nesse sentido, a Constituição fez uso do critério das competências remanescentes, ou seja, pertencem aos estados-membros as competências legislativas que não foram listadas como específicas da União. Além disso, atribuíram-se às unidades federadas competências concorrentes e supletivas. Aquelas, quando à União outorga-se a competência para edição de normas gerais, reservando-se aos estados-membros capacidade de especificação delas no âmbito regional. As supletivas são exercidas quando a União não edita as normas gerais, cabendo aos estados-membros suprir essa lacuna. Por fim, os estados-membros podem legislar sobre matérias próprias da União, desde que autorizados por lei complementar (CF, art. 22, parágrafo único).

Como já vimos, o estado-membro pode legislar concorrentemente, especificando a legislação federal ou exercendo competência supletiva, sobre os seguintes temas:

I – direito:

a) direito tributário, financeiro, penitenciário, econômico e urbanístico;
b) criação, funcionamento e processo do juizado de pequenas causas (denominados pela Lei n. 9.099/95 juizados especiais);
c) procedimentos em matéria processual;
d) custas dos serviços forenses;
e) assistência jurídica e defensoria pública.

II – meio ambiente, consumidor, patrimônio histórico e cultural e sua defesa e preservação:

a) florestas, caça, pesca, fauna, conservação da natureza, defesa do solo e dos recursos naturais, proteção do meio ambiente e controle da poluição;
b) proteção ao patrimônio histórico, cultural, artístico e paisagístico;
c) responsabilidade por dano ao meio ambiente, ao consumidor, a bens e direitos de valor artístico, estético, histórico, turístico e paisagístico.

III – educação, cultura, previdência, saúde e proteção a pessoa portadora de deficiência (caráter social):

a) educação, cultura, ensino e desporto, ciência, tecnologia, pesquisa, desenvolvimento e inovação;
b) previdência social, proteção e defesa da saúde;
c) proteção e integração das pessoas portadoras de deficiência;
d) proteção à infância e à juventude.

IV – diversos:

a) orçamento e juntas comerciais;
b) produção e consumo;
c) organização, garantias, direitos e deveres das polícias civis.

Os estados-membros também possuem competências materiais expressas, como se verifica dos §§ 2º e 3º do art. 25 da Lei Maior:

§ 2º Cabe aos Estados explorar diretamente, ou mediante concessão, os serviços locais de gás canalizado, na forma da lei, vedada a edição de medida provisória para a sua regulamentação.

§ 3º Os Estados poderão, mediante lei complementar, instituir regiões metropolitanas, aglomerações urbanas e microrregiões, constituídas por agrupamentos de Municípios limítrofes, para integrar a organização, o planejamento e a execução de funções públicas de interesse comum.

BENS DOS ESTADOS-MEMBROS

Os bens dos estados-membros, discriminados no art. 26 da Constituição Federal, são os seguintes: as águas superficiais ou subterrâneas, fluentes, emergentes e em depósito, ressalvadas, neste caso, na forma da lei, as decorrentes de obras da União (inciso I); as áreas, nas ilhas oceânicas e costeiras, que estiverem em seu domínio, excluídas aquelas sob domínio da União, municípios ou terceiros (inciso II); as ilhas fluviais e lacustres não pertencentes à União (inciso III); as terras devolutas não compreendidas entre as da União (inciso IV).

O Supremo Tribunal Federal, abordando a questão dos bens dos estados-membros, assentou:

> Direito tributário. Taxa. Serviços sujeitos a taxação. Incluindo a Constituição entre os bens do patrimônio dos estados os rios e lagos em terrenos do seu domínio, legítimo será considerar a descarga de resíduos industriais, realizada neles ou através deles, como serviço tributável da rede de esgotos estadual. Como todos os bens públicos de uso comum do povo, enumerados no art. 66, I, do Código Civil [de 1916], os rios e lagos, a plataforma submarina e o mar sob a jurisdição territorial da União (Constituição, arts. 4º, II, e 5º) são áreas susceptíveis de utilização particular, a qual o Poder Público competente pode regulamentar e taxar, na forma da lei (STF, AgI 41.073, *RTJ, 46*:805; *JUIS*, n. 7).

CRIAÇÃO DE ESTADOS-MEMBROS

O processo de criação, desmembramento ou mesmo subdivisão dos estados-membros vem previsto no § 3º do art. 18 da Constituição Federal, que estabelece que eles

Os Estados Federados 329

podem incorporar-se entre si, subdividir-se ou desmembrar-se para se anexarem a outros, ou formarem novos Estados ou Territórios Federais, mediante aprovação da população diretamente interessada, através de plebiscito, e do Congresso Nacional, por lei complementar.

Dois requisitos cumulativos são necessários: lei complementar do Congresso Nacional e consulta, via plebiscito, à população diretamente interessada, que é considerada aquela onde se localiza a área que irá deixar o antigo estado (e irá compor o novo) e aquela que receberá a nova área.[2]

O PODER EXECUTIVO

O Poder Executivo Estadual é exercido pelo Governador do estado, que será substituído, no caso de impedimento, e sucedido, no caso de vaga, pelo Vice-Governador que com ele for eleito. A idade mínima para o exercício da governança é de trinta anos, nos termos do art. 14, § 3º, VI, *b*, da Carta Federal. O Governador será secundado na sua missão administrativa pelos Secretários de Estado. Ademais, o Governador, por simetria, deve ser passível de apuração de responsabilidade nos mesmos moldes que o Presidente da República. Em outras palavras, deve igualmente ser passível de *impeachment*, embora este processo não precise repetir literalmente os trâmites do similar federal. No Estado de São Paulo, por exemplo, o crime de responsabilidade do Governador deve ser julgado por um tribunal especial composto por cinco Deputados e cinco Desembargadores, sorteados pelo Presidente do Tribunal de Justiça, que também o presidirá. Como garantia do Poder Executivo, o Governador do estado será julgado pelo Superior Tribunal de Justiça (CF, art. 105, I, *a*). A Emenda Constitucional n. 16 permitiu que o Governador do estado concorresse para a reeleição de um mandato subsequente.

O subsídio do Governador, do Vice-Governador e dos Secretários dos estados deve ser fixado por lei de iniciativa da Assembleia Legislativa. Tal disposição resulta do § 2º do art. 28 da Constituição Federal, cuja redação foi determinada pela Emenda Constitucional n. 19. No ponto, vale sublinhar que a

---

[2] Quem disciplina a matéria é o art. 7º da Lei n. 9.709/98: "Nas consultas plebiscitárias previstas nos arts. 4º e 5º entende-se por população diretamente interessada tanto a do território que se pretende desmembrar, quanto a do que sofrerá desmembramento; em caso de fusão ou anexação, tanto a população da área que se quer anexar quanto a da que receberá o acréscimo; e a vontade popular se aferirá pelo percentual que se manifestar em relação ao total da população consultada".

iniciativa do projeto de lei foi atribuída ao Poder Legislativo de maneira genérica, donde se infere que, em casos da espécie, qualquer um dos integrantes do Parlamento tem o poder de deflagração do processo legislativo.

O PODER LEGISLATIVO

O Poder Legislativo Estadual é unicameral, sendo exercido pelas Assembleias Legislativas, que, de sua vez, são integradas por Deputados Estaduais.

Nesse sentido, o art. 27 da Carta Federal dispõe sobre os Deputados Estaduais, indicando seu regime jurídico e a forma de composição das Assembleias Legislativas, *verbis*:

> Art. 27. O número de Deputados à Assembleia Legislativa corresponderá ao triplo da representação do Estado na Câmara dos Deputados e, atingido o número de trinta e seis, será acrescido de tantos quantos forem os Deputados Federais acima de doze.
>
> § 1º Será de quatro anos o mandato dos Deputados Estaduais, aplicando-se-lhes as regras desta Constituição sobre sistema eleitoral, inviolabilidade, imunidades, remuneração, perda de mandato, licença, impedimentos e incorporação às Forças Armadas.

Os parlamentares estaduais, portanto, têm o mesmo regime que os federais, inclusive quanto às imunidades (materiais e formais), vedações e incompatibilidades, sendo que seus subsídios devem ser fixados por lei de iniciativa da Assembleia Legislativa, não podendo ultrapassar 75% do estabelecido, em espécie, para os Deputados Federais.

Dentro do poder de auto-organização do Poder Legislativo, o estado-membro tem competência para incluir, dentre as suas espécies normativas, a medida provisória.

Além disso, o Poder Legislativo poderá instituir comissões parlamentares de inquérito com poderes assemelhados à CPI que tramita no Poder Legislativo Federal, incluindo, aí, a possibilidade de quebra do sigilo bancário sem autorização judicial.[3]

---

[3] O Supremo Tribunal Federal decidiu na ACO 730-RJ, publicada no *Boletim Informativo STF*, n. 358, que as Assembleias Legislativas podem criar CPIs e estas podem, sem autorização judicial, quebrar o sigilo bancário dos investigados.

O PODER JUDICIÁRIO

O Poder Judiciário Estadual tem no Tribunal de Justiça o seu órgão de cúpula, que exerce a jurisdição em segundo grau, enquanto aos juízes de direito defere-se o exercício da jurisdição estadual em primeiro grau. Cumpre observar, nesse sentido, que lei estadual, de iniciativa do Presidente do Tribunal de Justiça, poderá criar a Justiça Militar Estadual, constituída, em primeiro grau, pelos Conselhos de Justiça, e, em segundo, pelo próprio Tribunal de Justiça ou por um Tribunal Militar. Portanto, a Justiça Estadual organiza-se em dois sentidos. De um lado, como integrante da chamada Justiça Comum. De outro, fazendo parte da Justiça Militar, caso em que fica outorgado ao Judiciário Militar Estadual o julgamento dos policiais militares e dos bombeiros militares nos crimes militares, definidos em lei, cabendo ao tribunal competente decidir sobre a perda do posto e da patente dos oficiais e da graduação dos praças.

REGIÕES METROPOLITANAS

O art. 25, § 3º, da Constituição Federal dispõe:

Os Estados poderão, mediante lei complementar, instituir regiões metropolitanas, aglomerações urbanas e microrregiões, constituídas por agrupamentos de Municípios limítrofes, para integrar a organização, o planejamento e a execução de funções públicas de interesse comum.

Na verdade, o fenômeno da conurbação impõe soluções administrativas que reclamam a integração de municípios limítrofes em questões essenciais, tais como transporte coletivo, obras públicas de interesse comum e preservação ambiental.

Convém, nesse ponto, transcrever a seguinte lição de Hely Lopes Meirelles (1957, p. 73):

Resume-se na delimitação da zona de influência da metrópole e na atribuição de serviços de âmbito metropolitano a uma Administração única, que planeje integralmente a área, coordene e promova as obras e atividades de interesse comum da região, estabelecendo as convenientes prioridades e normas para o pleno atendimento das necessidades das populações interessadas.

É importante destacar, porém, que a região metropolitana não foi alçada à condição de ente federativo, constituindo-se, ao contrário, em uma mera regionalização de serviços intermunicipais.

Nesse sentido, diante da natureza administrativa das regiões metropolitanas, afigura-se-nos, seguindo a orientação de Hely Lopes Meirelles, que sua administração possa ser realizada por autarquia, empresa pública, sociedade de economia mista ou ainda por um órgão da administração direta.

CAPÍTULO 5

Os Municípios

NATUREZA JURÍDICA

Como já vimos, a doutrina discute sobre a integração ou não do município no Estado Federal. Alguns autores entendem que não é parte essencial da Federação. Afirmam, para tanto, que, quando do nascimento da Federação, o município não integrava as duas ordens jurídicas necessárias à formação do Estado Federal. Asseveram ainda que o município não tem todos os característicos do estado-membro, pois não possui representação na elaboração da vontade geral (Senado Federal), nem tampouco sofre intervenção da União Federal.

Realmente, o município não tem tais característicos, mas inegavelmente integra a Federação brasileira.

O art. 1º traz o município como integrante da forma federativa de estado, preconizando que a República Federativa do Brasil é "formada pela união indissolúvel dos Estados e *Municípios* e do Distrito Federal" [grifo nosso].

Dessa forma, o município integra a ordem administrativa e política, tendo reconhecida a sua autonomia, como se verifica do art. 18 da Constituição Federal.

Ademais, a autonomia municipal é tema prestigiado pelo constituinte federal, que a colocou entre os princípios sensíveis, de necessária obediência pelo constituinte decorrente (art. 34, VII, *c*), e cuja inobservância implica a decretação da intervenção federal no respectivo estado-membro.

Assim sendo, afigura-se-nos indisputável a natureza federativa dos municípios dentro dos parâmetros da Carta de 1988.

A CRIAÇÃO DOS MUNICÍPIOS

A Emenda Constitucional n. 15 alterou a regra prevista no art. 18, § 4º, que ganhou a seguinte redação:

> § 4º A criação, a incorporação, a fusão e o desmembramento de Municípios far-se-ão por lei estadual, dentro do período determinado por lei complementar federal, e dependerão de consulta prévia, mediante plebiscito, às populações dos Municípios envolvidos, após divulgação dos Estudos de Viabilidade Municipal, apresentados e publicados na forma da lei.

O Texto Constitucional veio então a estipular que a criação, o desmembramento, a fusão e a incorporação de municípios processam-se por meio de lei estadual. Essa lei, no entanto, depende da prévia aprovação da população do(s) município(s) envolvido(s), mediante plebiscito, em que deve votar toda a população.

Trata-se de mais uma hipótese de participação popular, princípio democrático garantido como fundamental pelo parágrafo único do art. 1º da Constituição Federal.

Essa lei estadual, no entanto, deverá obedecer aos requisitos indicados em lei complementar federal, que definirá o período em que aquela deva ser apresentada, bem como o conteúdo do estudo de viabilidade da criação, incorporação, fusão ou desmembramento do município, que deverá atentar basicamente aos requisitos relativos à densidade demográfica, ao cotejo entre rendas e despesas, aos melhoramentos públicos existentes etc.[1,2,3,4]

---

[1] O Supremo Tribunal Federal entendeu que a exigência constante em Constituição Estadual de consulta à população, por plebiscito, para a criação de região metropolitana e aglomerações urbanas é inconstitucional, pois a Constituição Federal exigiu consulta popular apenas para a criação de municípios e estados, não para essas figuras de caráter de planejamento urbano, sem autonomia (cf. STF, ADI 796-3, Rel. Min. Néri da Silveira, *Boletim Informativo STF*, n. 175).

[2] O Supremo Tribunal Federal entendeu que a lei que alterar os limites geográficos de um município deve submeter-se a plebiscito, sob pena de inconstitucionalidade (ADI 1.262, Rel. Min. Sydney Sanches).

[3] O Supremo Tribunal Federal entendeu que a lei não pode revogar lei anterior que criou município sem fazer a necessária consulta plebiscitária (ADI 1.881-1 – medida liminar, Rel. Min. Marco Aurélio, *Boletim Informativo STF*, n. 177).

[4] A lei complementar federal, prevista no art. 18, § 4º, da Constituição Federal ainda não foi elaborada. No entanto, com base apenas na legislação estadual, foram criados municípios em diversos estados. A Emenda Constitucional n. 57 tratou de convalidar a criação de municípios que já existiam antes da lei federal mencionada.

A AUTO-ORGANIZAÇÃO

O constituinte federal permitiu que o município se auto-organizasse, pondo fim a uma discussão existente durante a Constituição de 1967. O Estado de São Paulo, por exemplo, tinha uma lei orgânica municipal. Todos os municípios paulistas deviam seguir seu conteúdo. O Rio Grande do Sul, por outro lado, não tinha lei orgânica, permitindo aos municípios do estado a auto-organização.

A Constituição de 1988 colocou fim à discussão, determinando que os municípios se auto-organizassem por meio de leis orgânicas. Estas, no entanto, ficaram jungidas à observância dos princípios e preceitos da Constituição Federal e da Constituição do respectivo estado-membro. Bem por isso os municípios não possuem Poder Constituinte Decorrente, sendo que as leis orgânicas constituem produto da mera elaboração legislativa da Câmara dos Vereadores (ver, neste livro, a Parte I, Capítulo 2, seção "O Poder Constituinte Decorrente").

A Constituição Federal, além de jungir as leis orgânicas à observância genérica dos seus princípios e da respectiva Constituição Estadual, trouxe alguns indicativos explícitos, que necessariamente devem integrar as leis orgânicas de todos os municípios do País. Em primeiro lugar, indicou que as leis orgânicas devem ser votadas em dois turnos, com interstício mínimo de dez dias, com aprovação de dois terços dos membros da Câmara dos Vereadores, com promulgação pela própria Câmara (dispensa sanção ou veto). Esses indicativos, com efeito, aplicam-se não só à elaboração da lei orgânica como também são de observância compulsória no processo de reforma desta, devendo, assim, compor as regras do processo legislativo das emendas à lei orgânica.

Ademais, na escolha, mandato e posse dos governantes, foi determinada a observância das seguintes regras: a) eleição do Prefeito, do Vice-Prefeito e dos Vereadores, para mandato de quatro anos, mediante pleito direto e simultâneo realizado em todo o País; b) eleição do Prefeito e do Vice-Prefeito no primeiro domingo de outubro do ano anterior ao término do mandato dos que devam suceder, aplicadas as regras do art. 77 da Constituição Federal no caso de municípios com mais de 200 mil eleitores (segundo turno dentre os mais votados, em caso de não atingimento de maioria absoluta, não computados os votos em branco e os nulos – §§ 2º e 3º do art. 77); c) posse do Prefeito e do Vice-Prefeito no dia 1º de janeiro do ano subsequente ao da eleição.[5]

---

[5] A Emenda Constitucional 107, de julho de 2020, estabeleceu datas excepcionais para a realização das eleições municipais em virtude da epidemia do coronavírus.

336 Curso de Direito Constitucional

A Constituição Federal havia disciplinado que haveria faixas, em seu art. 29, IV, que delimitariam a composição da Câmara dos Vereadores. Duas interpretações havia. A primeira entendia que, encaixada a população municipal em uma das faixas, poderia a Câmara Municipal, por Lei Orgânica, definir o número de Vereadores, desde que estivesse respeitado o mínimo e o máximo determinado pela Constituição Federal. O Supremo Tribunal Federal, no entanto, entendeu que não seria possível o exercício de tal faculdade, determinando que o número seria fixado pela aplicação de regra de três. Tal interpretação[6] fez com que muitos municípios tivessem o número de Vereadores reduzido, diante da fixação acima do permitido, segundo a interpretação do Supremo Tribunal Federal.

Foi aprovada, então, a Emenda Constitucional n. 58, que retomava o assunto e aumentava o número de Vereadores, criando, portanto, mais vagas. Pretendia, ainda, a Emenda Constitucional n. 58 a aplicação retroativa da regra, de maneira que os Vereadores Suplentes pudessem assumir o mandato por força da emenda. O art. 3º da emenda mandava aplicar a regra ao processo eleitoral de 2008, comando que foi suspenso por decisão liminar do Supremo Tribunal Federal, entendendo que não se podia dar efeito retroativo à emenda em questão.[7] A emenda também alterou os percentuais do art. 29-A, que limitava os gastos com o Poder Legislativo Municipal. Pela nova emenda, os percentuais máximos de gastos são os seguintes:

Art. 29-A [...]

I – 7% (sete por cento) para Municípios com população de até 100.000 (cem mil) habitantes;

II – 6% (seis por cento) para Municípios com população entre 100.000 (cem mil) e 300.000 (trezentos mil) habitantes;

III – 5% (cinco por cento) para Municípios com população entre 300.001 (trezentos mil e um) e 500.000 (quinhentos mil) habitantes;

IV – 4,5% (quatro inteiros e cinco décimos por cento) para Municípios com população entre 500.001 (quinhentos mil e um) e 3.000.000 (três milhões) de habitantes;

---

[6] O Supremo Tribunal Federal entendeu que a fixação do número de Vereadores não seria produto de livre determinação da Câmara Municipal, respeitados os limites máximos e mínimos, interpretação que prestigiaria a autonomia municipal. Entendeu o Supremo Tribunal Federal que o número de Vereadores seria fixado através da aplicação de critério aritmético, sem qualquer autonomia da Câmara Municipal, conforme julgado no RE 197.917, Rel. Min. Maurício Correa, julgado pelo Supremo Tribunal Federal em 24 de março de 2004.

[7] ADI n 4.307, requerida pelo Procurador-Geral da República, Rel. Min. Carmen Lúcia, ADI n. 4.310, requerida pelo Conselho Federal da OAB, Rel. Min. Carmen Lúcia.

V – 4% (quatro por cento) para Municípios com população entre 3.000.001 (três milhões e um) e 8.000.000 (oito milhões) de habitantes;

VI – 3,5% (três inteiros e cinco décimos por cento) para Municípios com população acima de 8.000.001 (oito milhões e um) habitantes.

No cômputo do percentual, são incluídos os subsídios dos Vereadores e excluídos os gastos com inativos.

O subsídio do Prefeito, do Vice-Prefeito e dos Vereadores deve ser fixado por lei de iniciativa da Câmara Municipal, observado o disposto nos arts. 37, XI, 39, § 4º, 150, II, 153, III e § 2º, I, da Constituição Federal.[8] O subsídio dos Vereadores deve respeitar o máximo de 75% do fixado, em espécie, para os Deputados Estaduais, ressalvado o que dispõe o art. 37, XI, sendo que a despesa com a remuneração daqueles não poderá ultrapassar o montante de 5% da receita do município.

A Emenda Constitucional n. 25/2000, com vigência a partir de 1º de janeiro de 2001, no entanto, tratou de fixar mais limites ao poder de auto-organização dos municípios, impondo outros além dos trazidos pelo Poder Constituinte Originário. No tocante aos Vereadores e às despesas com o Poder Legislativo Municipal, o município sofreu novas limitações. Os Vereadores, por exemplo, tiveram seu teto de subsídios genéricos alterado. A partir da Emenda n. 25 devem respeitar faixas de remuneração, proporcionais à população do município. Assim:

a) em municípios de até 10.000 habitantes, o subsídio máximo dos Vereadores corresponderá a 20% do subsídio dos Deputados Estaduais;

b) em municípios de 10.001 a 50.000, a 30%;

c) em municípios de 50.001 a 100.000, a 40%;

d) em municípios de 100.001 a 300.000, a 50%;

e) em municípios de 300.001 a 500.000, a 60%;

f) em municípios com mais de 500.000, a 75%.

Portanto, apenas os municípios com mais de 500 mil habitantes é que podem chegar ao teto, devendo os demais respeitar as faixas proporcionais fixadas no inciso VI do art. 29 (com vigência a partir de 01.01.2001).

---

[8] O Supremo Tribunal Federal entende que "a remuneração do Prefeito, Vice-Prefeito e dos Vereadores será fixada pela Câmara Municipal em cada legislatura para a subsequente. CF, art. 29, V" (*RTJ*, 165:373).

A Emenda Constitucional n. 25 também trouxe mais limites, ou seja, há obstáculo genérico à despesa com o Poder Legislativo Municipal, constante do art. 29-A, adicionado e com vigência a partir de janeiro de 2001.

Dessa forma, o total da despesa do Poder Legislativo Municipal, incluídos os subsídios dos Vereadores e excluídos os gastos com inativos, não poderá ultrapassar os seguintes percentuais, relativos ao somatório da receita tributária e das transferências previstas no § 5º do art. 153 e nos arts. 158 e 159, efetivamente realizado no exercício anterior, respeitando as seguintes proporções:

I – 7% (sete por cento) para Municípios com população de até 100.000 (cem mil) habitantes;

II – 6% (seis por cento) para Municípios com população entre 100.000 (cem mil) e 300.000 (trezentos mil) habitantes;

III – 5% (cinco por cento) para Municípios com população entre 300.001 (trezentos mil e um) e 500.000 (quinhentos mil) habitantes;

IV – 4,5% (quatro inteiros e cinco décimos por cento) para Municípios com população entre 500.001 (quinhentos mil e um) e 3.000.000 (três milhões) de habitantes;

V – 4% (quatro por cento) para Municípios com população entre 3.000.001 (três milhões e um) e 8.000.000 (oito milhões) de habitantes;

VI – 3,5% (três inteiros e cinco décimos por cento) para Municípios com população acima de 8.000.001. (oito milhões e um) habitantes.

Além disso, a Câmara Municipal não gastará mais de 70% de sua receita com folha de pagamento, incluído o gasto com o subsídio de seus Vereadores. O desrespeito a tal limite sujeita o Presidente da Câmara a crime de responsabilidade (art. 29-A, § 3º). Caso o Prefeito Municipal deixe de efetuar o repasse dos valores para o Poder Legislativo dentro das regras acima fixadas, ou seja, repassando a maior, a menor ou com atraso, quer dizer, depois do dia 20 de cada mês, estará cometendo crime de responsabilidade.[9]

Quanto às garantias e vedações, aos Vereadores aplicam-se as mesmas incompatibilidades e impedimentos dos parlamentares federais e estaduais.

Não têm imunidade formal, mas possuem imunidade material no território do município. Assim, podem ser processados independentemente de licença da

---

[9] Dessa forma, os crimes de responsabilidade dos Prefeitos Municipais estão disciplinados no art. 4º do Decreto-Lei n. 201/67 e nos incisos do § 2º do art. 29-A da Constituição Federal.

Câmara, mas são imunes por suas opiniões, palavras e votos, no exercício do mandato e na circunscrição do município.

A Constituição Federal preconiza o julgamento do Prefeito pelo Tribunal de Justiça em caso de crime comum. Os crimes previstos no art. 1º do Decreto--Lei n. 201/67 são comuns, apesar de chamados por esse diploma de crimes de responsabilidade. O decreto-lei fala, para designar tais delitos, em "infração político-administrativa", expressão que deve ser recebida como "crime de responsabilidade" pelo intérprete do tema.

Entretanto, convém destacar que o eventual processo de *impeachment* por crime de responsabilidade do Prefeito Municipal é julgado pela Câmara Municipal.[10]

Vale ressaltar que se determina ainda a perda do mandato do Prefeito nos termos do art. 28, § 1º, da Constituição Federal: "Perderá o mandato o Governador que assumir outro cargo ou função na administração pública direta ou indireta, ressalvada a posse em virtude de concurso público e observado o disposto no art. 38, I, IV e V".

A Constituição Federal preestabeleceu, por fim, duas formas de participação popular que obrigatoriamente devem estar inseridas nas leis orgânicas:

a) cooperação das associações representativas no planejamento municipal;
b) iniciativa popular de projetos de lei de interesse específico do município, da cidade ou de bairros, através de manifestação de, pelo menos, 5% do eleitorado. Nesse caso, entendemos que o percentual deve ser o teto, ou seja, o legislador orgânico municipal não poderia fixar percentual maior do que 5%. O princípio democrático deve prevalecer na interpretação, ou seja, quando a Constituição Federal fala em um mínimo de participação popular necessária. Do contrário, poderíamos imaginar o legislador municipal fixando em 20% e dificultando, sobremaneira, o exercício dessa forma de democracia direta. Portanto, quando fala em 5% como mínimo, entendemos que os percentuais devem estar abaixo desse número, para facilitar o exercício da democracia.

---

[10] O Supremo Tribunal Federal entendeu que o Tribunal de Justiça é competente para o processo-crime contra Prefeito Municipal, mesmo que este esteja afastado do exercício do cargo por determinação de outro processo anterior, pois não teria havido perda do cargo, mas apenas afastamento (HC 80.026-RS, Rel. Min. Moreira Alves, j. 25.04.2000, *Boletim Informativo STF*, n. 186).

COMPETÊNCIAS

As competências legislativas municipais foram definidas basicamente através de duas vertentes: o interesse local (CF, art. 30, I) e a necessidade de suplementação da legislação federal e estadual no que couber (inciso II).

Vem a ponto observar, nessa linha, que o aspecto fundamental para a definição das competências municipais repousa no critério do interesse local, que serve de parâmetro, inclusive, para determinar as hipóteses cabíveis de suplementação da legislação federal e estadual.

A doutrina tem entendido que "interesse local" é sinônimo da expressão utilizada na Constituição anterior, "peculiar interesse". Todo interesse municipal é, reflexamente, estadual e, ao mesmo tempo, federal. Portanto, o interesse do município deve ser o preponderantemente local.

Quanto às competências materiais, há as comuns, fixadas no art. 23 da Lei Maior, como já visto. Além destas, o município apresenta outras, todas inscritas no art. 30:

a) instituir e arrecadar os tributos de sua competência, bem como aplicar suas rendas, sem prejuízo da obrigatoriedade de prestar contas e publicar balancetes nos prazos fixados em lei;

b) criar, organizar e suprimir distritos, observada a legislação estadual;

c) organizar e prestar, diretamente ou sob regime de concessão ou permissão, os serviços públicos de interesse local, incluído o de transporte coletivo, que tem caráter essencial;

d) manter, com a cooperação técnica e financeira da União e do estado, programas de educação infantil e de ensino fundamental;

e) prestar, com a cooperação técnica e financeira da União e do estado, serviços de atendimento à saúde da população;

f) promover, no que couber, adequado ordenamento territorial, mediante planejamento e controle do uso, do parcelamento e da ocupação do solo urbano;

g) promover a proteção do patrimônio histórico-cultural local, observadas a legislação e a ação fiscalizadora federal e estadual.

A FISCALIZAÇÃO FINANCEIRA DO MUNICÍPIO

A fiscalização financeira do município é exercida de três formas:

Os Municípios **341**

a) por um controle interno formado por sistemas criados por lei. É o próprio Poder Executivo Municipal quem controla;

b) por um controle externo feito pelo Poder Legislativo Municipal, com o auxílio do Tribunal de Contas do Estado (ou do Município ou dos Conselhos ou Tribunais de Contas dos Municípios, onde houver). É vedada a criação de Tribunais, Conselhos ou órgãos de Contas Municipais. A cidade de São Paulo, por exemplo, tem Tribunal de Contas do Município, constituindo um exemplo raro de manutenção de Tribunal de Contas Municipal. O parecer prévio, emitido pelo órgão competente sobre as contas que o Prefeito deve anualmente prestar, só deixará de prevalecer por decisão de dois terços dos membros da Câmara Municipal (CF, art. 31, § 2º). Trata-se de julgamento político das contas, que poderá ser revisto pelo Poder Judiciário, através dos instrumentos de defesa da cidadania (ação popular, p. ex.);

c) por um controle popular, pois as contas do município devem ficar, durante 60 dias, anualmente, à disposição de qualquer contribuinte, para exame e apreciação, o qual poderá questionar-lhes a legitimidade, nos termos da lei.

CAPÍTULO 6

O Distrito Federal e os Territórios

DISTRITO FEDERAL

O Distrito Federal é figura singular da forma federal do Estado brasileiro, pois seu perfil jurídico não se enquadra nem no do estado-membro, nem no do município, embora tenha sido expressamente reconhecido como ente integrante da Federação. Nesse sentido, não pode ser identificado a partir do regime jurídico de nenhuma dessas entidades. Ao contrário, possui perfil jurídico próprio, demarcado a partir de peculiaridades constitucionais do seu regramento.

Em primeiro lugar, sua auto-organização processa-se mediante lei orgânica, votada em dois turnos, com interstício mínimo de 10 dias, e aprovada por dois terços da Câmara Legislativa.

A Câmara Legislativa, órgão exercente das funções legislativas distritais, é quem promulga, sendo certo, no entanto, que os limites à lei orgânica do Distrito Federal são os definidos pela Constituição Federal.

Além dos limites comuns às Constituições Estaduais, a Carta Federal listou outros, peculiares à lei orgânica do Distrito Federal. Dentre eles, vale lembrar, a atribuição das competências estaduais e municipais, a proibição de divisão em municípios, a eleição de Governador, Vice-Governador e Deputados Distritais na mesma oportunidade em que se realizam as respectivas eleições nos estados--membros[1] e, ainda, regras de imunidade, impedimentos e incompatibilidades

---

[1] A Emenda Constitucional n. 16 cuidou de garantir ao Governador do Distrito Federal o direito de concorrer à reeleição a um único período subsequente ao do mandato.

coincidentes com as dos Deputados Estaduais e Federais. O Distrito Federal elege três Senadores.

O Distrito Federal não possui polícias civil, militar e corpo de bombeiros, que, no caso, são organizados diretamente pela União, sendo que lei federal deve dispor sobre sua utilização pelo governo distrital. Ainda nessa linha, o Poder Judiciário e o Ministério Público do Distrito Federal (com competências e atribuições próprias da Justiça Estadual) são organizados e mantidos pela União.

Ao Distrito Federal estão designados os impostos dos estados e municípios, sendo que a repartição de receitas tributárias obedece aos mesmos parâmetros estabelecidos para os estados-membros.

O Distrito Federal, portanto, nasce com a mesma auto-organização do município (lei orgânica), aproxima-se do estado-membro, recebe competências legislativas municipais e estaduais, possui os mesmos impostos do estado e do município, mas sofre restrições em relação à sua competência, pois tem ainda tutela da União (CF, art. 21, XIII e XIV).

Uma questão que deve ser abordada, a pretexto de remate, diz respeito a eventuais diferenças conceituais entre Distrito Federal e Brasília. Geograficamente, significam a mesma coisa. No entanto, do ponto de vista jurídico e político, há diferenças.

O Distrito Federal é uma das unidades da Federação brasileira, assim como a União, os estados e os municípios. É uma pessoa jurídica de direito público interno, com as características já apontadas. Brasília é a capital da República, pois assim o proclama o art. 18, § 1º, da Constituição Federal. Como existe uma coincidência geográfica, a utilização dos termos em sinonímia não nos parece inteiramente equivocada.

Porém, em uma abordagem mais estrita, Brasília é a sede dos três Poderes e a capital da República, enquanto o Distrito Federal constitui-se em um dos entes de nossa Federação.

TERRITÓRIOS

A Constituição previu a existência de Territórios Federais, embora não haja nenhum atualmente. Ela não os incluiu no rol de entes federativos, embora lhes tenha reservado regime jurídico peculiar.

Michel Temer, versando o tema, definiu Território como "pessoa de direito público, de capacidade administrativa e de nível constitucional, ligada à União, tendo nesta a fonte de seu regime jurídico infraconstitucional".

Assim sendo, os Territórios não são dotados de autonomia, pois integram a União, sendo que, nos termos do art. 18, § 2º, da Constituição Federal, "sua criação, transformação em Estado ou reintegração ao Estado de origem serão reguladas em lei complementar".

Os Territórios serão dirigidos por Governadores nomeados pelo Presidente da República, com aprovação do Senado Federal, conforme dispõe o art. 84, XIV, da Constituição Federal. As contas serão submetidas ao Congresso Nacional, com análise prévia do Tribunal de Contas da União.

CAPÍTULO 7

Intervenção

INTERVENÇÃO FEDERAL

No que tange ao tratamento constitucional da intervenção federal nos estados-membros, algumas questões preliminares devem ser esclarecidas.

Em primeiro lugar, cumpre lembrar que, ao intervir nos estados, a União não age em nome próprio, mas na representação dos interesses de toda a Federação. Logo, pode-se afirmar que esta, através da União, é que intervém nos estados-membros.

De outro lado, pela própria dicção do *caput* do art. 34 da Constituição da República, percebe-se o nítido caráter excepcional que foi dado à intervenção federal. Em outras palavras, a não intervenção é a regra, que pode ser quebrada quando presente uma das condições excepcionais expressamente arroladas.

Para melhor compreensão, vejamos quais os fatos ensejadores da intervenção:

Art. 34. A União não intervirá nos Estados nem no Distrito Federal, exceto para:

I – manter a integridade nacional;

II – repelir invasão estrangeira ou de uma unidade da Federação em outra;

III – pôr termo a grave comprometimento da ordem pública;

IV –garantir o livre exercício de qualquer dos Poderes nas unidades da Federação;

V – reorganizar as finanças da unidade da Federação que:

a) suspender o pagamento da dívida fundada por mais de dois anos consecutivos, salvo motivo de força maior;

b) deixar de entregar aos Municípios receitas tributárias fixadas nesta Constituição, dentro dos prazos estabelecidos em lei;

VI – prover a execução de lei federal, ordem ou decisão judicial;

VII – assegurar a observância dos seguintes princípios constitucionais:

a) forma republicana, sistema representativo e regime democrático;

b) direitos da pessoa humana;

c) autonomia municipal;

d) prestação de contas da administração pública, direta e indireta;

e) aplicação do mínimo exigido da receita resultante de impostos estaduais, compreendida a proveniente de transferências, na manutenção e desenvolvimento do ensino e nas ações e serviços públicos de saúde.

Como bem observa Hugo Nigro Mazzilli (1995, p. 221), "há dois tipos de intervenção, a espontânea, em que o presidente da República age de ofício, e a provocada, quando o presidente agirá, conforme o caso, de forma discricionária ou vinculada".

A intervenção espontânea, determinada por ato de ofício do Presidente da República, terá lugar na ocorrência de uma das hipóteses grafadas pelos incisos I, II, III e V do art. 34 da Constituição Federal.

Cabe aqui uma advertência: a expressão *dívida fundada* constante da alínea *a* do inciso V do art. 34, anteriormente citado, refere-se à dívida fundada em títulos da dívida pública, com prazo de exigibilidade superior a 12 meses, conforme preceituado no art. 98 da Lei n. 4.320/67.

A intervenção provocada pode configurar, da perspectiva do posicionamento jurídico do Presidente da República, duas hipóteses: a intervenção federal provocada discricionária e a intervenção federal provocada vinculada.

É que o art. 36, I, da Constituição Federal traçou disciplina específica para a hipótese de intervenção federal fundada no inciso IV do art. 34 de nossa *Lex Major*, estabelecendo que, tratando-se de coação ao Poder Legislativo e ao Poder Executivo, a intervenção depende de *solicitação*, ao passo que, tratando-se de coação ao Poder Judiciário, dependerá de *requisição* do Supremo Tribunal Federal.

Quando se tratar de mera solicitação, o Presidente da República, por evidente, não estará vinculado à decretação da intervenção federal, mas possuirá discricionariedade para aquilatar sua conveniência e oportunidade. Diferentemente, quando se cuidar de requisição, o Presidente da República estará vinculado à edição do decreto de intervenção.

A essa hipótese de intervenção federal provocada vinculada, os incisos II e III do indigitado art. 36 acrescentam mais duas:

a) no caso de desobediência de ordem ou decisão judiciária (art. 34, VI), de requisição do Supremo Tribunal Federal, do Superior Tribunal de Justiça ou do Tribunal Superior Eleitoral;[1]

b) na hipótese de ofensa aos chamados princípios "sensíveis" (art. 34, VII), bem como no caso de recusa à execução de lei federal, de provimento, pelo Supremo Tribunal Federal, de representação do Procurador-Geral da República.

Veja-se que a necessidade de representação interventiva do Procurador-Geral da República ficou adstrita às duas últimas circunstâncias, não existindo mais motivos para se cogitar de sua necessidade nos casos de descumprimento de ordem ou decisão judiciária.

A intervenção federal sempre se materializará através de um decreto do Presidente da República, que deverá especificar a amplitude, o prazo e as condições de execução, nomeando, se couber, o interventor.

A intervenção federal, salvo quando decretada com fundamento nos incisos VI e VII do precitado art. 34, ficará submetida a um controle político do Congresso Nacional, que deverá apreciar o ato 24 horas após sua edição, sendo que, se não estiver funcionando, far-se-á convocação extraordinária também em 24 horas.

Veja-se que nas hipóteses em que a representação interventiva for necessária, o ato, por um lado, não se submeterá a um controle político, mas, por outro, o decreto interventivo "limitar-se-á a suspender a execução do ato impugnado, se essa medida bastar ao restabelecimento da normalidade" (CF, art. 36, § 3º).

A regra é a do controle pelo Congresso Nacional. O prazo de 24 horas para que o Presidente da República submeta o decreto à apreciação é significativo, relevando a importância dessa vigilância. O ato ficará sem controle, portanto, salvo inércia do Congresso, apenas por um prazo curtíssimo de 24 horas.

Como já visto, a hipótese de dispensa da apreciação é excepcional e veio descrita (art. 34, VI e VII, quando a suspensão do ato bastar ao retorno da normalidade).

---

[1] STF, Intervenção Federal 135-RJ, ementa: Intervenção Federal por descumprimento de decisão judicial da justiça dos Estados: ilegitimidade do particular interessado para requerer sua requisição ao Supremo Tribunal. Precedentes (*RTJ*, *164*(3):829).

Portanto, mesmo que o Presidente da República receba a requisição do Supremo Tribunal Federal (e, portanto, deve decretar a intervenção), seu decreto deve submeter-se ao controle do Poder Legislativo. No caso, serão apreciados outros elementos do decreto, como o nome do interventor, o prazo e as condições da intervenção. A causa (que já foi objeto de requisição do STF) não será objeto de apreciação.

Cessados os motivos da intervenção, as autoridades afastadas retornam a seus cargos, salvo impedimento legal.

INTERVENÇÃO ESTADUAL

O estado não pode intervir nos municípios, nem a União nos municípios localizados em Território Federal, salvo nas hipóteses arroladas pelo art. 35 da Constituição Federal.

Veja-se, nesse sentido, que a disciplina constitucional da intervenção estadual nos municípios (ou da União nos municípios dos Territórios) consubstancia regra paramétrica à disciplina da intervenção federal nos estados-membros, guardadas algumas peculiaridades.

Nesse sentido, os motivos da intervenção estadual (ou da União, se for município localizado em Território Federal) são os elencados nos incisos do art. 35 da Constituição:

I – deixar de ser paga, sem motivo de força maior, por dois anos consecutivos, a dívida fundada;

II – não forem prestadas contas devidas, na forma da lei;

III – não tiver sido aplicado o mínimo exigido da receita municipal na manutenção e desenvolvimento do ensino e nas ações e serviços públicos de saúde;

IV – o Tribunal de Justiça der provimento a representação para assegurar a observância de princípios indicados na Constituição Estadual, ou para prover a execução de lei, de ordem ou de decisão judicial.

Sendo a regra paramétrica, caso a intervenção seja com fundamento no inciso IV do art. 35, a apreciação pela Assembleia Legislativa fica dispensada, se a suspensão do ato impugnado bastar ao restabelecimento da normalidade.

Em arremate, registre-se que as duas primeiras hipóteses são de intervenção estadual espontânea, enquanto as duas últimas, provocadas e vinculadas. Quanto à hipótese do inciso III, chegamos a essa conclusão com base no parâmetro federal (art. 34, VII, *e*, c/c art. 36, III). O raciocínio também pode ser suportado pelo fato de que sendo a intervenção exceção ao princípio da autonomia federativa, a forma provocada e vinculada exige participação além do Poder Executivo, permitindo a interferência do Ministério Público e do Poder Judiciário. Com esse raciocínio (entendimento de que se trata de hipótese provocada e vinculada), a autonomia municipal sai prestigiada e o princípio da simetria respeitado, apesar de não constar dos arts. 35 ou 36 qualquer hipótese expressa de necessidade de apreciação pelo Tribunal de Justiça de representação formulada pelo Procurador-Geral de Justiça.

Nesse específico, cabe um adendo. A Constituição silenciou quanto aos legitimados para o ajuizamento da representação interventiva, fato que torna possível seja ela levada a juízo, na hipótese de descumprimento de ordem ou decisão judiciária, concorrentemente pelo Ministério Público e pelo interessado (MAZZILLI, 1995, p. 220).

PARTE VI

Divisão Orgânica do Poder

CAPÍTULO 1

Teoria Geral

AS FUNÇÕES DO ESTADO

O *poder* é uno e indivisível. Essa antiga assertiva encontra explicação direta e taxativa na própria definição de poder. Segundo Mario Stoppino,

> se o entendermos em sentido especificamente social, ou seja, na sua relação com a vida do homem em sociedade, o Poder torna-se mais preciso, e seu espaço conceptual pode ir desde a capacidade geral de agir, até a capacidade do homem em determinar o comportamento de seus pares. O homem é não só o sujeito mas também o objeto do Poder social (BOBBIO *et al.*, 2008, p. 933).

É nessa perspectiva que devem ser entendidas a unidade e a indivisibilidade do poder. Em outras palavras, a capacidade de determinar o comportamento de outras pessoas – *poder* – não pode ser fracionada. Assim, a edição de uma lei, de um ato administrativo ou de uma sentença, embora produto de distintas funções, emana de um único polo irradiador do poder: o Estado.

Essa medida é fundamental para que assentemos a ideia de que, sendo uno e indivisível, o poder, no âmbito do Estado, exterioriza-se por meio de funções. Assim, a vontade estatal é única, manifestando-se, porém, por suas funções, a executiva, a legislativa e a judiciária.

A função legislativa pode ser definida como a de criação e inovação do ordenamento jurídico. Com efeito, tem por finalidade a formulação de regras genéricas e abstratas, que devem ser compulsoriamente observadas não só pelos indivíduos como também pelos órgãos estatais. A lei é o ato tipicamente produzido pela função legislativa.

A função executiva tem por objeto a administração da coisa pública. Nesse sentido, ela se realiza por meio de atos e decisões produzidos com a finalidade de dar cumprimento ao estabelecido nas leis. A função executiva materializa-se pelos chamados atos administrativos.

A função jurisdicional é a voltada para a aplicação da lei ao caso controvertido. Em outras palavras, é

> aquela que se destina à conservação e à tutela do ordenamento jurídico mediante o proferimento de decisões individuais e concretas, dedutíveis das normas gerais, declarando a conformidade ou a não conformidade dos fatos com estas e determinando as eventuais consequências jurídicas (PIÇARRA, 1989, p. 248).

A INDEPENDÊNCIA E A HARMONIA ENTRE OS PODERES

Essas funções do Estado, depois de identificadas enquanto tais por Aristóteles, foram ao encontro do pensamento de Montesquieu, em seu célebre trabalho *O espírito das leis*.

A grande inovação da obra de Montesquieu consistiu exatamente em demarcar que tais funções deveriam ser exercidas por órgãos distintos, estabelecendo uma divisão orgânica do Estado. Por esse raciocínio, o exercício da função executiva deveria ser entregue ao Poder Executivo, o exercício da função legislativa, ao Poder Legislativo e o exercício da função jurisdicional, ao Poder Judiciário.

A ideia subjacente a essa divisão era criar um sistema de compensações, evitando que uma só pessoa, ou um único órgão, viesse a concentrar em suas mãos todo o poder do Estado.

Nesse sentido, vale transcrever a advertência de Nuno Piçarra (1989, p. 247):

> A distinção entre função legislativa, função executiva e função judicial não surgiu originariamente marcada pela pretensão de compreender e descrever exaustivamente as funções do Estado, mas com um intuito claramente prescritivo e garantístico: a separação orgânico-pessoal daquelas funções era imposta em nome da liberdade e da segurança individuais.

Com isso, estaria criado um sistema de "freios e contrapesos", pois tais poderes – *os órgãos do Estado* – deveriam inter-relacionar-se de forma harmônica, mas cada qual mantendo o respectivo âmbito de independência e autonomia em relação aos demais. Como consequência dessa premissa, o ocupante de cargo em um desses órgãos do Estado não poderia simultaneamente exercer ofício em outro. Essa regra não é absoluta, mas as exceções a ela só podem ser ditadas expressamente por norma constitucional. É o que ocorre com a permissão constante do art. 56 da Constituição da República, que permite aos Senadores e Deputados o exercício de cargo de Ministro de Estado, Governador de Território ou Secretário de Estado, de Território, de Prefeitura de Capital ou do Distrito Federal.

Em suma, a ideia que se deve ter por consolidada é a de que, atribuindo-se as funções do poder a mãos diferentes, uma controlaria a outra, evitando o arbítrio e, por conseguinte, fornecendo condições objetivas para o respeito aos direitos individuais.

Como, porém, garantir a independência entre os Poderes – órgãos – do Estado?

Em primeiro lugar, a garantia de independência entre os Poderes brota da Constituição. Só é possível cogitar de Poderes independentes quando as atribuições de cada qual são ditadas diretamente pela Constituição. Disso resulta que, para o exercício das funções que lhe são próprias, congênitas, um Poder não precisa consultar o outro, vale dizer, exerce as respectivas funções sob regime de completa independência.

Dentro dessa linha de raciocínio, Michel Temer aponta (1993, p. 123):

O Executivo, por sua vez, tem sua independência revelada pelas competências privativas que lhe são atribuídas e, ainda, porque a Constituição lhe confere, independentemente de qualquer autorização do Legislativo ou do Judiciário, a direção superior da administração pública.

Ademais, a independência entre os Poderes traz subjacente a regra da indelegabilidade de funções. Não seria possível manter a independência entre os Poderes se, na vicissitude da atividade pública, um deles pudesse ordinariamente delegar suas funções para que outro as exercesse. Estaria frustrada a independência, que, a qualquer momento, no jogo das pressões políticas, poderia ser usurpada pelo exercício rotineiro das funções de um Poder do Estado por outro.

A regra, portanto, é clara. Em princípio, as funções de um Poder não podem ser delegadas a outro. Exceções a essa regra só podem vir consolidadas por expressa disposição constitucional, como acontece, por exemplo, no caso das leis delegadas, que encontram permissão específica no art. 68 de nossa Carta.[1]

Como se vê, a divisão orgânica do poder, tal qual concebida por Montesquieu, tem amparo nessas três cláusulas-parâmetros: a "independência e harmonia entre os Poderes", a "indelegabilidade de funções" e a "inacumulabilidade" de cargos e funções provenientes de Poderes distintos.

É conveniente ressaltar, mais uma vez, que a Carta brasileira fixou exceções a essas cláusulas-parâmetros, fato que, a toda evidência, em nada desfigura a divisão orgânica do poder adotada pela nossa *Lex Major*.

Afinada a esse entendimento, Anna Candida Cunha Ferraz assim escreve:

> A flexibilização da regra-parâmetro, fato indisputável no direito constitucional contemporâneo, encontra, pois, limites na ideia-fim do princípio: limitação do poder. De outro lado, a interferência de um poder sobre o outro somente será admissível, em tese, quando vise realizar a ideia-fim, seja para impedir abusos de poder, seja para propiciar real harmonia no relacionamento entre os poderes, seja ainda para garantir as liberdades e assegurar o pleno exercício das funções próprias.

A ressalva que deve ser feita é que, adotada a divisão orgânica de poderes como padrão estruturante do Estado, exceções a qualquer das suas cláusulas-parâmetros só podem advir de norma constitucional.

FUNÇÕES TÍPICAS E ATÍPICAS

A manutenção da independência entre os Poderes gera, porém, uma peculiaridade constitucional, qual seja, a existência de funções típicas e atípicas dentro de um mesmo Poder do Estado.

Não é viável a manutenção de Poderes harmônicos, independentes e autônomos dentro de uma estruturação rígida de funções.

Com efeito, caso não fosse possível certa flexibilização nessa divisão de funções, o Poder Legislativo, para, por exemplo, contratar servidores, deveria reportar-se ao Poder Executivo, dado que sua função seria exclusivamente a edição de atos normativos de caráter geral e abstrato.

Rosah Russomano (1976, p. 33), abordando a questão, aponta:

---

[1] A indelegabilidade como regra (permitida a exceção apenas quando prevista expressamente pela CF) estende-se da divisão espacial – federalismo – à divisão orgânica do poder.

As exigências de ordem prática, à medida que se desdobram as décadas, demandaram um apagamento das fronteiras entre os Poderes e, pois, entre suas funções. Contemplando o que se passa no Estado moderno, podemos observar que cada Poder, se exerce – conforme o sabemos – a função que lhe é própria com dominância, cada vez o faz com menor ênfase.

As funções estão longe de ser exclusivas do Poder respectivo.

Secundariamente embora, estes, em sua dinâmica, escapam aos setores que lhes são inerentes.

Logo, o que se constata é que o Texto Constitucional prioritariamente designou ao Poder Executivo, ao Poder Legislativo e ao Poder Judiciário, respectivamente, as funções administrativa, legislativa e judicante. Não só essas, porém. É que, embora de forma subsidiária, cada Poder exerce função que originariamente pertenceria aos demais.

É dessa relação que nasce a conceituação de funções típicas e atípicas.

Funções típicas são as que guardam uma relação de identidade com o Poder por que são desempenhadas.

Atípicas, contrariamente, são aquelas que não guardam nota de identidade e, por isso mesmo, são originariamente desincumbidas pelos outros órgãos de poder.

Nessa relação, o Executivo tem a função típica de administrar e aplicar a lei de ofício, e as funções atípicas de legislar e julgar. Por exemplo, quando nomeia ou demite um funcionário, ou contrata uma obra pública, exerce função administrativa, portanto, sua função típica. Quando, porém, toma a iniciativa de um projeto de lei realiza função típica do Poder Legislativo.

A Constituição, na discriminação dessas funções típicas e atípicas, houve-se, ao que parece, com o critério peculiar. Em primeiro lugar, fixou uma regra: a cada Poder atribuiu a respectiva função típica e as atípicas necessárias à manutenção de sua autonomia e independência. Fora disso, traçou exceções por disposições expressas. Assim, o Poder Executivo, em virtude da opção constitucional pela separação dos Poderes, tem prerrogativas não só para exercer atos de administração ordinária como também para, entendendo-os ilegais, rever espontaneamente seus atos, ou promover o processo administrativo apto a apurar uma falta funcional. São funções, a princípio, atípicas, porém necessárias à preservação de sua autonomia e independência em face do Judiciário. A edição de medidas provisórias, porém, depende de anotação expressa no Texto Constitucional, pois a ausência desse instituto não abalaria a independência do Poder Executivo.

O mesmo raciocínio vale para o Poder Judiciário. Tipicamente deve julgar. Possui, todavia, funções atípicas, sendo que parte delas não depende de previsão expressa. Os atos de administração de seus serviços internos, por exemplo, a aquisição de suprimentos, conquanto função atípica, é fundamental para a preservação da autonomia e independência desse Poder em face do Poder Executivo. Assim, independe de cláusula constitucional expressa. Agora, a capacidade de elaboração das suas propostas orçamentárias é função atípica que só existe em virtude de anotação expressa no Texto Constitucional, pois, embora garantia de suma importância, a ausência dessa prerrogativa não desqualificaria a independência do Poder Judiciário.

Com relação ao Poder Legislativo, veja-se a questão do julgamento dos crimes de responsabilidade do Presidente da República. Cuida-se de função atípica, cuja existência não é inerente ao princípio da independência e harmonia entre os Poderes. Logo, sua existência tem lugar em virtude da indicação textual dos arts. 52, I, 85 e 86 da Carta Federal.

O que se conclui, em resumo, é que a mera opção pela separação dos Poderes, consagrada pelo art. 2º de nossa *Lex Major*, prenuncia a adoção de um regime em que a cada Poder ficam atribuídas as funções que lhe são típicas e as atípicas necessárias à manutenção de sua independência. Fora disso, é necessária a existência de normas constitucionais expressas.

CAPÍTULO 2

Regimes de Governo

FORMAS DE GOVERNO

Em primeiro lugar, é oportuno lembrar que os regimes de governo não devem ser confundidos com as formas de governo.

As formas de governo[1] dizem respeito à estruturação do Estado, vale dizer, aos pressupostos sociológicos e políticos que se voltam para a direção e a condução do Estado. Na atualidade, a moderna doutrina cogita exclusivamente de duas formas de governo: a Monarquia e a República. A primeira toma como base a vocação hereditária, atribuindo-se ao monarca, ao menos, a chefia do Estado. A segunda tem como parâmetro a eletividade, a alternância de pessoas no poder, a responsabilidade dos governantes e a igualdade formal. Proíbem-se, por exemplo, privilégios em razão de nobreza.

Não é esse, porém, o objeto de nosso estudo.

Cogitamos aqui de regimes de governo, ou seja, o processo de gestão deste, quer dentro de uma estrutura estatal de Monarquia, quer de República.[2] Os regimes de governo são, basicamente, bipartidos em parlamentarismo e presidencialismo.

---

[1] José Afonso da Silva (1989) adverte, com razão, que seria mais correto denominar forma institucional de Estado.

[2] Embora não seja possível a compatibilização da forma de Estado monárquico com o regime presidencialista.

PARLAMENTARISMO

O regime parlamentarista, anota Celso Bastos (1994, p. 131), floresceu a partir da experiência histórica inglesa. Na Inglaterra, embora o monarca detivesse poderes absolutos, existia um órgão denominado Conselho Privado, cujos integrantes, geralmente membros da nobreza e pessoas de destaque social, eram nomeados pelo próprio monarca.

Esse órgão teve, ao longo do tempo, modificação do seu perfil. Passou a aprovar o lançamento de tributos e, posteriormente, a fornecer autorização para manter o exército.

Com esse sobressalto de importância do Conselho – agora Parlamento – o monarca, "como medida hábil, recorreu, então, ao expediente de constituir seu Gabinete com os homens mais eminentes e prestigiosos do partido que possuísse a maioria do Parlamento" (RUSSOMANO, 1976, p. 182), configurando-se, por esse modo, a chamada *identidade de cor política entre o ministério e a maioria parlamentar*.

Depois disso, ainda na experiência histórica inglesa, houve o aparecimento do Primeiro-Ministro. É que, com a morte do Rei Guilherme III e da Rainha Ana, não havia mais sucessores diretos do trono, fato que determinou a ascensão de Jorge I, um alemão que não conhecia o idioma inglês. Diante da dificuldade de comunicação e do consequente prolongamento das reuniões, estas passaram a realizar-se sem a presença do rei, o qual, subsequentemente, era comunicado das deliberações por intermédio do membro mais ilustre do Parlamento, sedimentando-se, assim, a figura do Primeiro-Ministro (RUSSOMANO, 1976).

Podemos, à luz desses aspectos históricos e da moderna doutrina constitucional, apontar as seguintes características do parlamentarismo:

a) divisão orgânica de Poderes;
b) repartição de funções de chefia de Estado e de governo;
c) interdependência entre os Poderes Executivo e Legislativo, em especial porque o gabinete espelha a maioria parlamentar;
d) gabinete dirigido por um Primeiro-Ministro, a quem, de regra, são atribuídas as funções inerentes à chefia de governo;
e) queda do gabinete por moção de desconfiança do Parlamento;
f) dissolução do Parlamento, com a convocação de eleições gerais, por injunção da chefia de Estado.

PRESIDENCIALISMO

O presidencialismo teve origem na história norte-americana. Nele a relação de interdependência entre os Poderes Executivo e Legislativo fica esmaecida à regra geral da harmonia entre os Poderes.

O Presidente é eleito, não apresentando qualquer relação de dependência ou responsabilidade em face da maioria parlamentar, vindo, ademais, a enfeixar, a um só tempo, as funções próprias da chefia de Estado e de governo, além de possuir liberdade para a nomeação do ministério. No caso brasileiro, o art. 84 da Constituição traz como tarefas típicas de governo os incisos II, III, IV, V e VI, dentre outras. Como Chefe de Estado, os incisos VII, VIII, XX e XXI.

Em síntese, podemos apontar as seguintes características básicas do presidencialismo:

a) a chefia de governo e a chefia de Estado ficam concentradas nas mãos de uma única pessoa: o Presidente da República;

b) o Presidente da República é eleito para mandato determinado, não respondendo, ordinariamente, perante o Poder Legislativo;

c) o Presidente da República possui ampla liberdade para a formação de seu ministério;

d) o Parlamento, de igual forma, não pode ser dissolvido por convocação de eleições gerais pelo Poder Executivo;

e) só é compatível com a República, sendo inviável em uma Monarquia.

CAPÍTULO 3

O Poder Executivo

CHEFIA DE ESTADO E CHEFIA DE GOVERNO

A Constituição da República adota o regime presidencialista, atribuindo cumulativamente a chefia de Estado e a chefia de governo ao Presidente da República.

A chefia de Estado tem por objetivo basicamente a função de representação do País junto à comunidade internacional e da unidade do Estado, em nível interno. Por isso, onde a chefia de Estado é dissociada da chefia de governo, diz-se que o Chefe de Estado é irresponsável por seus atos políticos, ou seja, deles não presta conta ao Poder Legislativo, mas tão só ao povo.

Diversamente, a chefia de governo diz com a encarregatura da Administração Pública,[1] de comando da máquina estatal e com a fixação das metas e princípios políticos que irão ser imprimidos ao Poder Público.

FUNÇÕES DO PODER EXECUTIVO

O Poder Executivo tem por principal desígnio constitucional a realização da função administrativa. Nesse sentido, sua tarefa consiste em aprimorar, em nível imediatamente infralegal, os comandos normativos. É um aplicador da lei, na gerência dos negócios públicos.

---

[1] Conjunto de órgãos do Poder Executivo, autarquias e entes da Administração indireta.

O Poder Executivo, porém, não exerce o monopólio da função administrativa. Bem por isso, Cirne Lima (1987, p. 23) aponta que,

> embora impropriamente, com efeito, pode-se dizer que o Poder Legislativo e o Judiciário administram também, quer por forma peculiar, quer pela forma corrente; quer no desempenho da função própria, quer encarregadas aos respectivos órgãos funções em princípio cabíveis ao Poder Executivo.

Da mesma forma, embora sua principal função, a atividade administrativa não seja a única desempenhada pelo Poder Executivo, que exerce outras atividades de singular importância, como a edição de medidas provisórias e o desempenho de funções próprias dentro do processo legislativo (iniciativa, sanção, veto, promulgação e publicação).

As atribuições do Presidente da República estão enumeradas no art. 84 da Constituição da República.[2] Dentre as competências, ressalte-se a de expedir decretos e regulamentos para a fiel execução da lei.

O poder regulamentar é de grande importância. Primeiramente, trata-se de ato normativo secundário, pois depende de lei. Sem ela, não teria existência.

O decreto tem a função de regulamentar a lei, dar-lhe operacionalidade. A partir dele, a lei poderá ser executada. A função regulamentadora está prevista no art. 84, IV, da Constituição Federal. O decreto não cria obrigações ou direitos, matéria reservada à lei.[3]

---

[2] A Emenda n. 23/99 tratou de modificar o inciso XIII do art. 84, para incluir a nomeação dos Comandantes da Marinha, do Exército e da Aeronáutica, mantendo-se os demais termos.

[3] Veja-se a seguinte ementa do Supremo Tribunal Federal: "Ação direta de inconstitucionalidade – Lei estadual que outorga ao Poder Executivo a prerrogativa de dispor, normativamente, sobre matéria tributária – Delegação legislativa externa – Matéria de direito estrito – Postulado da separação de Poderes – Princípio da reserva absoluta de lei em sentido formal – Plausibilidade jurídica – Conveniência da suspensão de eficácia das normas legais impugnadas – Medida cautelar deferida. A essência do direito tributário – respeitados os postulados fixados pela própria Constituição – reside na integral submissão do poder estatal à *rule of law*. A lei, enquanto manifestação estatal estritamente ajustada aos postulados subordinantes do texto consubstanciado na Carta da República, qualifica-se como decisivo instrumento de garantia constitucional dos contribuintes contra eventuais excessos do Poder Executivo em matéria tributária. Considerações em torno das dimensões em que se projeta o princípio da reserva constitucional de lei. A nova Constituição da República revelou-se extremamente fiel ao postulado da separação de Poderes, disciplinando, mediante regime de direito estrito, a possibilidade, sempre excepcional, de o Parlamento proceder à delegação legislativa externa em favor do Poder Executivo. A delegação legislativa externa, nos casos em que se apresente possível, só pode ser veiculada mediante resolução, que constitui o meio formalmente idôneo para consubstanciar, em nosso sistema constitucional, o ato de outorga parlamentar de funções normativas ao Poder Executivo. A resolução não pode ser validamente substituída, em tema de delegação legislativa, por lei comum, cujo processo de formação não se ajusta à disciplina ritual fixada pelo art. 68 da Constituição. A vontade do legislador,

A lei, por seu lado, não pode impedir a sua regulamentação, pois estaria invadindo a competência do Poder Executivo.

Há leis, no entanto, que não são regulamentáveis. Dessa forma, a imposição de regulamento a uma lei irregulamentável torna a obrigação do Poder Executivo inexequível.

Quando o Poder Executivo extrapola os limites do poder regulamentar, o Congresso Nacional pode sustar os atos que excederam a função constitucional (poderá sustar também quando o Presidente exceder a resolução que autorizou a expedição de lei delegada – CF, art. 49, V).

O Supremo Tribunal Federal não tem conhecido de ação direta de inconstitucionalidade quando o objeto da impugnação é decreto regulamentar. Contudo, decretos autônomos, editados com o propósito de inovação da ordem jurídica, são passíveis de controle abstrato.

Nesse sentido, manifestou-se o Supremo Tribunal Federal, entendendo que:

> o decreto regulamentar não está sujeito ao controle de constitucionalidade, dado que, se o decreto vai além do conteúdo da lei, pratica ilegalidade e não inconstitucionalidade. Somente na hipótese de não existir lei que preceda o ato regulamentar é que poderia este ser acoimado de inconstitucional, assim sujeito ao controle de constitucionalidade (STF, ADI 1.253, Rel. Min. Carlos Velloso, *DJ*, 25 ago. 1995; *JUIS*, n. 7).

---

que substitui arbitrariamente a lei delegada pela figura da lei ordinária, objetivando, com esse procedimento, transferir ao Poder Executivo o exercício de competência normativa primária, revela-se írrita e desvestida de qualquer eficácia jurídica no plano constitucional. O Executivo não pode, fundando-se em mera permissão legislativa constante de lei comum, valer-se do regulamento delegado ou autorizado como sucedâneo da lei delegada para o efeito de disciplinar, normativamente, temas sujeitos a reserva constitucional de lei. Não basta, para que se legitime a atividade estatal, que o Poder Público tenha promulgado um ato legislativo. Impõe-se, antes de mais nada, que o legislador, abstendo-se de agir *ultra vires*, não haja excedido os limites que condicionam, no plano constitucional, o exercício de sua indisponível prerrogativa de fazer instaurar, em caráter inaugural, a ordem jurídico-normativa. Isso significa dizer que o legislador não pode abdicar de sua competência institucional para permitir que outros órgãos do Estado – como o Poder Executivo – produzam a norma que, por efeito de expressa reserva constitucional, só pode derivar de fonte parlamentar. O legislador, em consequência, não pode deslocar para a esfera institucional de atuação do Poder Executivo – que constitui instância juridicamente inadequada – o exercício do poder de regulação estatal incidente sobre determinadas categorias temáticas – (a) a outorga de isenção fiscal, (b) a redução da base de cálculo tributária, (c) a concessão de crédito presumido e (d) a prorrogação dos prazos de recolhimento dos tributos –, as quais se acham necessariamente submetidas, em razão de sua própria natureza, ao postulado constitucional da reserva absoluta de lei em sentido formal. Traduz situação configuradora de ilícito constitucional a outorga parlamentar ao Poder Executivo de prerrogativa jurídica cuja *sedes materiae* – tendo em vista o sistema constitucional de poderes limitados vigente no Brasil – só pode residir em atos estatais primários editados pelo Poder Legislativo" (Medida Cautelar em ADI 1.296, Rel. Min. Celso de Mello, *DJ*, 10 ago. 1995; *JUIS*, n. 7).

O PRESIDENTE DA REPÚBLICA

Ao Presidente da República, em nível federal, ao Governador dos estados, em nível estadual, e ao Prefeito, em nível municipal, é cometida a direção do Poder Executivo.

A eleição do Presidente da República, realizada simultânea e vinculadamente à do Vice-Presidente, para um mandato de 4 anos, deve processar-se pelo *regime de maioria absoluta*, de tal modo que, não atingida esta em primeira votação, realiza-se um segundo turno entre os dois candidatos mais votados. A eleição ocorrerá em primeiro turno no primeiro domingo de outubro do último ano do mandato.

Havendo necessidade de segundo turno, este ocorrerá no último domingo de outubro. O Presidente da República poderá concorrer à reeleição, uma única vez, para o período subsequente ao do mandato.

O Presidente da República, que deve ter, no mínimo, 35 anos e ser brasileiro nato, é substituído, no caso de impedimento ou vacância, sucessivamente, pelo Vice-Presidente, pelo Presidente da Câmara dos Deputados, pelo Presidente do Senado Federal e pelo Presidente do Supremo Tribunal Federal.

Sendo o Chefe do Poder Executivo Federal, deterá iniciativa reservada (CF, art. 61, § 1º) sobre assuntos diretamente ligados à Administração Pública. Os projetos de sua iniciativa não poderão ter emendas que aumentem as despesas (haverá, portanto, uma limitação ao processo legislativo regular).

Tais regras (arts. 61, § 1º, e 63) devem constar como prerrogativas do Governador do estado nas Constituições Estaduais.

A retirada das competências reservadas ao Chefe do Poder Executivo Estadual ou a permissão de emendas que aumentem a despesa configuram inconstitucionalidade.

Versando o tema, o Supremo Tribunal Federal fez a seguinte afirmação:

> a norma inscrita no art. 63, I, da Constituição aplica-se ao processo legislativo instaurado no âmbito dos Estados-membros, razão pela qual não se reveste de legitimidade constitucional o preceito que, oriundo de emenda oferecida por parlamentar, importe em aumento da despesa prevista nos projetos de iniciativa exclusiva do Governador do Estado, ressalvadas as emendas parlamentares aos projetos orçamentários (CF, art. 166, §§ 3º e 4º) (STF, ADI 1.254, Rel. Min. José Celso de Mello Filho, *DJ*, 18 ago. 1995; *JUIS*, n. 7).

O VICE-PRESIDENTE

O Vice-Presidente é eleito juntamente com o Presidente da República, substituindo-o, no caso de impedimento, ou sucedendo-o, na hipótese de vacância. Além das dessas tarefas, o Vice-Presidente:

a) receberá tarefas que lhe forem fixadas em lei complementar;
b) auxiliará o Presidente sempre que por ele for convocado para missões especiais;
c) comporá os Conselhos da República e de Defesa Nacional.

Em caso de impedimento conjunto do Presidente e do Vice-Presidente da República ou vacância dos respectivos cargos, serão chamados, sucessivamente, ao exercício da Presidência o Presidente da Câmara dos Deputados, o do Senado Federal e o do Supremo Tribunal Federal.

No caso de vacância, porém, a permanência desses substitutos não é definitiva, pois deverão ser convocadas novas eleições para Presidente e Vice-Presidente da República. Se a vacância ocorrer nos dois primeiros anos de mandato, a eleição, popular, deverá realizar-se no prazo de 90 dias, contados da última vaga.

Caso a vacância venha a ocorrer nos dois últimos anos, a eleição será indireta – realizada pelo Congresso Nacional – e deverá ocorrer dentro de 30 dias a partir da última vaga.

Nesse caso, os institutos, a forma e os mecanismos eleitorais deverão ser disciplinados por lei.

OS MINISTROS DE ESTADO

O Presidente da República é auxiliado pelos Ministros de Estado, os quais, contando com pelo menos 21 anos, ocupam cargos de provimento em comissão, ou seja, são investidos e demitidos pela vontade exclusiva do Presidente da República, sem qualquer estabilidade.

Tarefa importante é a de referendar os atos e decretos presidenciais (CF, art. 87, parágrafo único, I). José Afonso da Silva entende que os atos sem a assinatura dos ministros são válidos. Pinto Ferreira (1993) e Michel Temer (1993) discordam de tal posição, entendendo que aquela é necessária para a validade do ato, opinião da qual partilhamos.

O Poder Executivo 367

Os Ministros de Estado, no mister constitucional que concretizam, podem receber delegação do Presidente da República para a realização de atos próprios da chefia do Poder Executivo. Tal competência vem prevista no parágrafo único do art. 84 da Lei Maior.[4] A delegação também poderá ocorrer para o Procurador-Geral da República ou para o Advogado-Geral da União.

Ademais, é prática corrente no cotidiano da Administração Pública Federal, e permitida constitucionalmente, a emissão de instruções ministeriais, cuja principal finalidade reside em conferir aplicabilidade a leis, decretos e regulamentos.

CONSELHO DA REPÚBLICA

O Conselho da República, regulado pelos arts. 89 e 90 da Constituição da República, é um órgão consultivo, do qual fazem parte o Vice-Presidente da República, o Presidente da Câmara dos Deputados, o Presidente do Senado Federal, os líderes da maioria e da minoria da Câmara e do Senado, o Ministro da Justiça e seis cidadãos brasileiros natos, com mais de 35 anos de idade, sendo que, desses seis, dois devem ser indicados pelo Presidente da República, dois eleitos pela Câmara dos Deputados e dois pelo Senado Federal, todos com mandato de três anos, sendo vedada a recondução.

O Conselho da República é um órgão meramente consultivo. Assim sendo, suas manifestações nunca vinculam as deliberações a serem tomadas pelo Presidente da República.

O Conselho da República deve obrigatoriamente ser ouvido em casos de intervenção federal, estado de defesa e estado de sítio, competindo-lhe também pronunciamento em questões relevantes para a estabilidade das instituições democráticas.

CONSELHO DE DEFESA NACIONAL

O Conselho de Defesa Nacional, regulado pelo art. 91 da Constituição da República, é composto pelo Vice-Presidente da República, pelo Presidente da Câmara dos Deputados, pelo Presidente do Senado Federal, pelo Ministro da Justiça, pelo Ministro de Estado da Defesa, pelo Ministro das Relações Exteriores e

---

[4] Art. 84, parágrafo único: "O Presidente da República poderá delegar as atribuições mencionadas nos incisos VI, XII e XXV, primeira parte, aos Ministros de Estado, ao Procurador-Geral da República ou ao Advogado-Geral da União, que observarão os limites traçados nas respectivas delegações".

pelo Ministro do Planejamento, assim como pelos Comandantes da Marinha, do Exército e da Aeronáutica (redação atualizada pela Emenda Constitucional n. 23/99), competindo-lhe:

- opinar nas hipóteses de declaração de guerra e de celebração da paz, nos termos desta Constituição (I);
- opinar sobre a decretação do estado de defesa, do estado de sítio e da intervenção federal (II);
- propor os critérios e condições de utilização de áreas indispensáveis à segurança do território nacional e opinar sobre seu efetivo uso, especialmente na faixa de fronteira e nas relacionadas com a preservação e a exploração dos recursos naturais de qualquer tipo (III);
- estudar, propor e acompanhar o desenvolvimento de iniciativas necessárias a garantir a independência nacional e a defesa do Estado democrático (IV).

CAPÍTULO 4

A Responsabilidade do Presidente da República e de outras Autoridades Federais (A Infração Político-Administrativa)

INTRODUÇÃO

A Constituição Federal erigiu o instituto dos crimes de responsabilidade como o meio adequado de apuração da responsabilidade do Presidente da República.

Os crimes de responsabilidade não são crimes, em sentido próprio, mas, na verdade, constituem infrações político-administrativas, cuja incidência enseja o chamado processo de *impeachment*.

A expressão, proveniente do verbo inglês *to impeach*, serve para designar tanto o processo parlamentar bifásico contra o Presidente da República e outras autoridades como a pena finalmente atribuível, qual seja, a destituição do cargo ocupado.

CONCEITO

A ideia nuclear do *impeachment* é a de que a autoridade processada deve ser destituída do cargo que ocupa em função de conduta que revele incompatibilidade com os interesses que necessitem ser tutelados pelo cargo que ocupa.

Assim sendo, por *impeachment* deve-se entender não só o processo parlamentar, de caráter político e bifásico, como também a pena finalmente aplicável à autoridade processada.

Com efeito, decretado o *impeachment*, a teor do que dispõe o art. 52, parágrafo único, da Constituição da República, o Presidente da República deve ser afastado do cargo, bem como impossibilitado de ocupar o mesmo ou qualquer outro cargo público pelo período de oito anos.

CRIMES DE RESPONSABILIDADE

Somente os atos que caracterizam crimes de responsabilidade – que, como se disse, não são crimes propriamente ditos, mas infrações político-administrativas – podem provocar o *impeachment*.

Para perfeita compreensão do tema, é importante reconhecer que o crime de responsabilidade não é um delito propriamente dito, mas uma infração de caráter político-administrativo. Logo, sua configuração não viceja a existência de tipicidade e antijuridicidade, mas sim um juízo congressional de oportunidade e conveniência.

Bem por isso, o crime de responsabilidade desafia o processo de *impeachment*, enquanto o crime, em sentido estrito, só pode ensejar um processo criminal dedutível perante as instâncias do Poder Judiciário.[1,2]

AS AUTORIDADES PASSÍVEIS DE *IMPEACHMENT*

A Constituição brasileira nomeia as autoridades que podem ser destituídas de seus cargos através de *impeachment*.

Em nosso ordenamento jurídico, só são passíveis de *impeachment* o Presidente da República, os Governadores, os Prefeitos, os Ministros do Supremo Tribunal Federal, o Procurador-Geral da República, o Advogado-Geral da União e, em alguns casos, os Ministros de Estado e os Comandantes da Marinha, do Exército e da Aeronáutica. É que a tais autoridades o ordenamento jurídico atribuiu responsabilidade política. É dizer, além da estrita observância da lei, tais autoridades, pela importância das funções que desempenham, são qualificadas

---

[1] O Supremo Tribunal Federal reconheceu que, nos crimes de responsabilidade, o Senado Federal exerce uma função judicialiforme, com regras próprias determinadas pela Constituição Federal e pela Lei n. 1.079/50. Não se podem aplicar, por exemplo, por extensão, as regras de suspeição do processo penal no de *impeachment*, devendo ser aplicado o art. 36 da Lei n. 1.079/50, que, combinado com o art. 63, traz um conjunto aplicável à espécie. Portanto, as regras para o julgamento do Presidente da República por crime de responsabilidade são predeterminadas pela Constituição e pela lei especial, não se aplicando, extensivamente, as regras do processo penal quando houver disciplina específica em lei própria (MS 21.263-DF, Rel. Min. Carlos Velloso, *RTJ*, *167*:414-507).

[2] O Supremo Tribunal Federal decidiu que ao Senado Federal pode, após autorização da Câmara dos Deputados, decidir se instaura ou não o processo de julgamento, possibilitando, de certo modo, que a decisão da Câmara seja revista. Cf. http://www.stf.jus.br/portal/cms/verNoticiaDetalhe.asp?idConteudo=306614.

por uma especial fiscalização, qual seja, a empreendida espontânea e continuamente pelo Poder Legislativo, no exercício de funções próprias, especialmente predicadas pela possibilidade de, através do exercício de competência discricionária, afastá-las do cargo ocupado.

OS CRIMES COMUNS DO PRESIDENTE DA REPÚBLICA

O processo criminal contra o Presidente da República submete-se a regramento próprio, predefinido pelo art. 86 da Constituição da República. Vejamos, em breve inserção, as principais fases desse processo.

Denúncia. Constatando-se que o Presidente da República tenha cometido um crime, em sentido próprio, a autoridade que tem competência para deflagrar o processo penal, através da denúncia, é o Procurador-Geral da República. Evidente que, entendendo necessária a adição de novas provas para formação de sua convicção, ele poderá, antes de oferecer a denúncia, determinar novas diligências. De igual modo, entendendo não existir crime na conduta examinada, poderá promover o arquivamento do inquérito policial.

Autorização. A denúncia deve ser oferecida ao Supremo Tribunal Federal, o qual, antes de processá-la, deverá submetê-la à Câmara dos Deputados, a quem caberá, pelo voto da maioria de dois terços do total dos membros, autorizar ou não o processo. Na Câmara, o processo será encaminhado à Comissão de Constituição, Justiça e Redação, que nomeará um relator com a incumbência de abrir prazo para o Presidente da República manifestar-se e oferecer um relato ao plenário da Comissão, propondo que seja apreciada a licença ou seja ela negada. A proposta é votada pelo plenário da Comissão por maioria simples e vai ao plenário da Câmara, necessitando, neste caso, do voto de dois terços dos parlamentares para outorgar-se ou negar-se a licença.

O voto, num ou noutro caso, como decidiu a Câmara dos Deputados ao introduzir modificações em seu regimento interno, deverá ser ostensivo e aberto. Caso autorizado, o processo seguirá normalmente. Caso não, deverá aguardar o fim do mandato presidencial, quando, só então, seguirá seu curso natural. Não é demasiado lembrar que, tendo sido concedida autorização para o início do processo de *impeachment* por crime de responsabilidade, é desnecessária nova autorização da Câmara (BICUDO, SERRANO NUNES & RIOS, 1992).

372 Curso de Direito Constitucional

Julgamento. Depois de recebida a denúncia, ofertada a defesa e promovida a instrução do processo (com oitiva de testemunhas, perícias etc.), o Presidente da República, afinal, será submetido a julgamento perante o Supremo Tribunal Federal. O decreto absolutório faz cessar imediatamente o seu afastamento do cargo. A condenação enseja a aplicação de sanção penal (reclusão, detenção, multa etc.), bem como, segundo as regras ordinárias do Código Penal, a possível perda do cargo, como efeito secundário da sentença.

A imunidade penal temporária

O art. 86, § 4º, da Constituição Federal prescreve: "O Presidente da República, na vigência de seu mandato, não pode ser responsabilizado por atos estranhos ao exercício de suas funções".

O dispositivo, com efeito, veicula cláusula que impede a responsabilização criminal do Presidente da República por atos estranhos ao exercício de suas funções, traduzindo, portanto, imunidade temporária e extraordinária por infrações penais cometidas durante o curso do mandato e com este não tenham pertinência.

A propósito, excerto de aresto do Supremo Tribunal Federal, relatado pelo Ministro Celso de Mello:

> *A cláusula de imunidade penal temporária,* instituída, *em caráter extraordinário,* pelo art. 86, § 4º, da Constituição Federal, *impede* que o Presidente da República, *durante* a vigência de seu mandato, *sofra persecução penal,* por atos que se revelarem *estranhos* ao exercício das funções inerentes ao ofício presidencial. Doutrina. Precedentes.
> Tratando-se, no entanto, de atos praticados *"in officio"* ou *"propter officium",* e desde que possuam qualificação penal, tornar-se-á constitucionalmente *lícito* instaurar, *contra* o Presidente da República, *mesmo* na vigência de seu mandato, a pertinente persecução penal, *uma vez* exercido, *positivamente,* pela Câmara dos Deputados, o controle *prévio* de admissibilidade da acusação penal (*CF,* art. 86, *caput,* c/c o art. 51, I).[3]

Ressalte-se que a imunidade em causa tem caráter processual, impedindo o processo durante o curso do mandato. Ao final deste, o processo voltará a ter curso normalmente, assim como o respectivo prazo prescricional.

---

[3] Inq. 1.418-RS, *Informativo STF,* n. 248.

CAPÍTULO 5

Administração Pública

INTRODUÇÃO

O art. 37, *caput*, da Constituição Federal indica que a Administração Pública direta, indireta ou fundacional, de qualquer dos Poderes da União, dos estados, do Distrito Federal e dos municípios, obedecerá aos princípios da legalidade, moralidade, impessoalidade, publicidade e eficiência.

Em primeiro lugar, cumpre distinguir que Administração Pública, no conceito esgrimido por Hely Lopes Meirelles (1996, p. 60),

> em sentido formal é o conjunto de órgãos instituídos para consecução dos objetivos do Governo; em sentido material, é o conjunto das funções necessárias aos serviços públicos em geral; em acepção operacional, é o desempenho perene e sistemático, legal e técnico, dos serviços próprios do Estado ou por ele assumidos em benefício da coletividade. Numa visão global, a Administração é, pois, todo o aparelhamento do Estado preordenado à realização de seus serviços, visando à satisfação das necessidades coletivas.

Vejamos, agora, o significado de cada um dos precitados princípios constitucionais da Administração Pública.

PRINCÍPIOS CONSTITUCIONAIS DA ADMINISTRAÇÃO PÚBLICA

Princípio da legalidade

O princípio da legalidade encontra apoio constitucional no art. 5º, II, que prescreve que "ninguém será obrigado a fazer ou deixar de fazer alguma coisa senão em virtude de lei", bem como na segunda parte do inciso IV do art. 84, também de nossa *Lex Major*, que atribui ao Chefe do Poder Executivo a tarefa de expedir decretos e regulamentos para a fiel execução da lei.

A afirmação de que a Administração Pública deve atender à legalidade em suas atividades implica a noção de que a atividade administrativa é a desenvolvida em nível imediatamente infralegal, dando cumprimento às disposições da lei.

Em outras palavras, a função dos atos da administração é a realização das disposições legais, não lhe sendo possível, portanto, a inovação do ordenamento jurídico, mas tão só a concretização de presságios genéricos e abstratos anteriormente firmados pelo exercente da função legislativa.

Sobre o tema, vale trazer a ponto a seguinte preleção de Celso Antônio Bandeira de Mello (1995, p. 57):

> Para avaliar corretamente o princípio da legalidade e captar-lhe o sentido profundo cumpre atentar para o fato de que ele é a tradução jurídica de um propósito político: o de submeter os exercentes do poder em concreto – administrativo – a um quadro normativo que embargue favoritismos, perseguições ou desmandos. Pretende-se através da norma geral, abstrata e impessoal, a lei, editada pelo Poder Legislativo – que é o colégio representativo de todas as tendências (inclusive minoritárias) do corpo social – garantir que a atuação do Executivo nada mais seja senão a concretização da vontade geral.

O exame do tema suscita, porém, questão de crucial importância, qual seja, o cumprimento de lei tachada de inconstitucional. De outro modo, teria o administrador a obrigação de aplicar lei que entenda desconforme com a Constituição.

Evidentemente, a ilação definitiva de inconstitucionalidade de uma lei é tarefa do Poder Judiciário, por meio dos mecanismos jurídicos adequados.

Entretanto, o art. 23, I, da Constituição Federal é claro ao indicar como competência comum da União, dos estados, do Distrito Federal e dos municípios a tarefa de "zelar pela guarda da Constituição". Assim sendo, é evidente que

Administração Pública 375

o administrador público, colocado defronte a uma lei inconstitucional, não estaria obrigado a incrementar-lhe a aplicação. Atua, no entanto, por sua conta e risco. De todo modo, assim que possível deve buscar a declaração de inconstitucionalidade junto ao Poder Judiciário, quer pela via difusa, quer provocando a manifestação de um dos entes legitimados à propositura da ação direta de inconstitucionalidade.[1]

Princípio da moralidade

Além de princípio vetor da Administração Pública, a Carta de 1988 erigiu a moralidade administrativa à condição de justificativa autônoma de invalidação de atos administrativos, como se verifica no inciso LXXIII do art. 5º.

Nesse sentido, questão que se antepõe diz respeito à noção de moralidade administrativa, porque, não obstante pareça evidente que o conceito esteja parametrizado pela ideia de princípios éticos que devam presidir a atividade administrativa, o esforço de interpretação deve caminhar no sentido de uma definição jurídica mais palpável, é dizer, que permita ao exegeta a busca, dentro do direito positivo, de qual seja o parâmetro de moralidade administrativa em cada situação concretamente estudada.

A pedra angular do raciocínio radica-se, desse modo, nos valores concretamente empalmados pelo próprio direito positivo. Em outras palavras, o conjunto de regras e princípios constantes da Constituição e dos diplomas infraconstitucionais consente ao exegeta o contraste da conduta administrativa examinada com padrões de boa administração, de zelo na atividade administrativa, e, em última análise, conduz a um paradigma de administrador ético.

Afinado com esse mesmo entendimento, sumaria Rodolfo de Camargo Mancuso (1993, p. 73):

> Atribui-se a Hauriou – "esse fecundo e operoso agitador de ideias", como lhe qualifica Antonio José Brandão – quem primeiro lançou as bases conceituais da "moralidade administrativa", ao comentar um acórdão do *Conseil d'État* (*arrêt Gommel,* Sirey, 1917); propunha ele que, além do controle da mera legalidade dos atos administrativos, pelos

---

[1] Sobre a questão da legalidade específica, o Supremo Tribunal Federal entendeu que se a lei criadora de uma empresa pública autorizou, desde logo, a abertura de subsidiárias, não há necessidade de lei especial para cada caso, conforme se poderia depreender do art. 37, XX. Basta a autorização inicial para suprir a exigência do inciso XX do art. 37, portanto (STF, ADI 1.649-1-União Federal, Sessão Plenária, j. 29.10.1997, Rel. Min. Maurício Corrêa, *DJU*, 9 set. 2000).

376 Curso de Direito Constitucional

meios ordinários, impunha-se algo mais, consistente no exame do eventual desvio de poder na ação administrativa. Fundou o conceito de "moralidade administrativa" no "conjunto de regras de conduta tiradas da disciplina interior da Administração". O núcleo desse conceito foi ao depois desenvolvido por Welter (*Le contrôle juridictionnel de la moralité administrative*, 1930): "A moralidade administrativa, que nos propomos a estudar, não se confunde com a moralidade comum; ela é composta por regras da boa administração, ou seja: pelo conjunto das regras finais e disciplinares suscitadas, não só pela distinção entre o bem e o mal, mas também pela ideia geral de administração e pela ideia de função administrativa".

Logo, moralidade administrativa é um conceito jurídico, cujo apanágio pode ser identificado no conjunto de valores informativos das regras e princípios administrativos.

Veja-se, a propósito, a manifestação do Supremo Tribunal Federal:

Mandado de segurança. Nomeação de juiz togado de Tribunal Regional do Trabalho. Vaga reservada a advogado. Lista tríplice composta a partir de lista sêxtupla apresentada pela OAB-RJ. Alegação de nulidade do ato de nomeação pelo Presidente da República, porque ilegítima a inclusão do nomeado na lista tríplice, visto ter participado, da deliberação do órgão especial do TRT, juiz dessa Corte, pai do candidato incluído em terceiro lugar, na lista, com apenas um voto a mais do que os sufrágios obtidos por outro dos candidatos, vindo, entretanto, a ser nomeado. 2. Ato complexo. Legitimidade passiva *ad causam* do Presidente da República, juntamente com o órgão especial do TRT, que elaborou a lista tríplice, nela incluindo o litisconsorte passivo, que, segundo se alega, não podia integrá-la. A nomeação pelo Chefe do Poder Executivo de quem não podia figurar na lista tríplice, por vício na formação desta, torna o autor do ato impugnado parte passiva legítima na ação de segurança. 3. Competência do STF, para processar e julgar o mandado de segurança (Constituição, art. 102, I, *d*). 4. Legitimidade ativa do impetrante, que foi o segundo colocado na lista tríplice. O componente de lista tríplice está legitimado a impugnar a presença de qualquer dos dois outros, pelo fundamento da ilegal inclusão na lista. 5. É materialmente administrativo e não jurisdicional o ato de tribunal relativo a composição de lista tríplice, a ser encaminhada ao Poder Executivo, com vistas ao provimento de cargo do colegiado. Dá-se, nessa hipótese, exercício de competência que se insere entre as atribuições referentes a autonomia administrativa e autogoverno dos tribunais, na forma da Constituição. 6. A autonomia administrativa não autoriza, entretanto, em nenhuma hipótese, atos do Judiciário contrários à Constituição ou à lei,

Administração Pública 377

os quais devem, ao contrário, trazer, sempre, a marca indelével dos atos de magistrado. Disso resulta que, se no exercício da atividade jurisdicional o juiz possui, em certos casos, por vezes, inibições provenientes das leis processuais (Código de Processo Civil [2015], arts. 134 e 135), em feitos contenciosos ou de jurisdição voluntária, para exercer suas funções, não é admissível entender que esses limites não subsistem, em se cuidando de atividades materialmente administrativas, inerentes ao autogoverno dos tribunais. 7. Impedimentos e suspeição. Presunção *juris et de jure* de parcialidade. Sendo a própria imparcialidade que se presume atingida, não é possível ao juiz, enquanto tal, praticar ato de seu ofício, jurisdicional ou administrativo, sem essa nota que marca, essencialmente, o caráter do magistrado. Se se desprezarem esses impedimentos, o ato administrativo infringirá os princípios da impessoalidade e moralidade previstos no art. 37 da Constituição. 8. Não é, desse modo, cabível reconhecer legitimidade a um juiz, integrante de tribunal, para praticar ato de seu ofício, participando de eleição destinada a compor lista tríplice, em que seu filho seja um dos candidatos. 9. Hipótese em que os integrantes da lista tríplice foram escolhidos em escrutínios sucessivos para cada vaga. 10. Mandado de segurança concedido para anular o ato de nomeação do litisconsorte passivo, filho de juiz do tribunal que participou de sua eleição, quando foi incluído na lista tríplice, em terceiro lugar, sendo de registrar, ainda, que obteve apenas um voto a mais em confronto com o outro concorrente. Ilegítima a inclusão na lista tríplice do litisconsorte passivo, que foi nomeado, o vício contamina o ato de nomeação. 11. Anulado como fica o ato presidencial de nomeação, deve o tribunal, em nova eleição, proceder à complementação da lista, escolhendo o terceiro nome a integrá-la, sendo elegíveis os remanescentes da lista sêxtupla organizada pela OAB-RJ, para a vaga, inclusive o litisconsorte passivo. Não poderá participar do ato de escolha o juiz impedido, pai de um dos candidatos (STF, MS 21.814, Rel. Min. Néri da Silveira, j. 14.04.1994, *DJ*, 10 jun. 1994, p. 14785).

Princípio da impessoalidade

O princípio da impessoalidade é aquele que embarga tratamento desigual entre os administrados. Por outro modo, significa que os critérios pessoais não podem ser tomados em conta para efeito de concessão de privilégios ou para discriminações. Cuida-se, em suma, de desdobramento do próprio princípio da igualdade, assegurando que o ato administrativo persiga interesse público e não pessoal.

Desse teor o escólio de Celso Antônio Bandeira de Mello (1995, p. 68):

378 Curso de Direito Constitucional

Nele se traduz a ideia de que a Administração tem que tratar a todos os administrados sem discriminações, benéficas ou detrimentosas. Nem favoritismo nem perseguições são toleráveis. Simpatias ou animosidades pessoais, políticas ou ideológicas não podem interferir na atuação administrativa e muito menos interesses sectários, de facções ou grupos de qualquer espécie. O princípio em causa não é senão o próprio princípio da igualdade ou isonomia.

Aplicando o princípio da impessoalidade, em acórdão da lavra do Ministro José Celso de Mello Filho, decidiu o Supremo Tribunal Federal:

> Execução contra a Fazenda Pública – Quantia certa – Regime constitucional dos precatórios – Desrespeito a ordem cronológica – Sequestro determinado – Pretensão ao pagamento parcelado (ADCT/88, art. 33) – Impossibilidade – RE não conhecido. O regime constitucional de execução por quantia certa contra Poder Público – qualquer que seja a natureza do crédito exequendo (RTJ 150/337) – impõe a necessária extração de precatório, cujo pagamento deve observar, em obséquio aos princípios ético-jurídicos da moralidade, da *impessoalidade* e da igualdade, a regra fundamental que outorga preferência apenas a quem dispuser de precedência cronológica (*prior in tempore, potior in jure*). A exigência constitucional pertinente a expedição de precatório – com a consequente obrigação imposta ao Estado de estrita observância da ordem cronológica de apresentação desse instrumento de requisição judicial de pagamento – tem por finalidade (a) assegurar a igualdade entre os credores e proclamar a inafastabilidade do dever estatal de solver os débitos judicialmente reconhecidos (RTJ 108/463), (b) impedir favorecimentos pessoais indevidos e (c) frustrar tratamentos discriminatórios, evitando injustas perseguições ditadas por razões de caráter político-administrativo. Poder Público – Precatório – Inobservância da ordem cronológica de sua apresentação. A Constituição da República não quer apenas que a entidade estatal pague os seus débitos judiciais. Mais do que isso, a Lei Fundamental exige que o Poder Público, ao solver a sua obrigação, respeite a ordem de precedência cronológica em que se situam os credores do Estado. A preterição da ordem de precedência cronológica – considerada a extrema gravidade desse gesto de insubmissão estatal às prescrições da Constituição – configura comportamento institucional que produz, no que concerne aos Prefeitos Municipais, (a) consequências de caráter processual (sequestro da quantia necessária à satisfação do débito – CF, art. 100, § 2º), (b) efeitos de natureza penal (crime de responsabilidade, punível com pena privativa de liberdade – DL n. 201/67, art. 1º, XII) e (c) reflexos de índole político-administrativa (possibilidade de intervenção do Estado no Município, sempre que essa

medida extraordinária revelar-se essencial à execução de ordem ou decisão emanada do Poder Judiciário – CF, art. 35, IV, *in fine*). Precatório – Preterição da ordem cronológica – Sequestro decretado – Pretensão estatal ao pagamento parcelado (ADCT/88, art. 33) – Inadmissibilidade. A norma inscrita no art. 33 do ADCT/88, embora preordenada a disciplinar, de modo favorável ao Poder Público, o pagamento dos débitos estatais oriundos de condenação judicial, não alcança as obrigações cujo pagamento – afetado por injusta preterição da ordem de precedência cronológica do respectivo precatório – veio a ser postergado ilicitamente pela pessoa jurídica de direito público, em detrimento de credor mais antigo. A efetivação extraordinária do ato de sequestro judicial da quantia necessária à satisfação do débito (CF, art. 100, § 2º), motivada pela quebra da ordem de precedência, impede que o precatório concernente ao credor mais antigo, injustamente preterido, seja qualificado como pendente de pagamento para efeito de aplicação da norma inscrita no art. 33 do ADCT/88. Pagamento antecipado de credor mais recente – Alegação de vantagem para o Erário Público – Quebra da ordem de precedência cronológica – Inadmissibilidade. O pagamento antecipado de credor mais recente, em detrimento daquele que dispõe de precedência cronológica, não se legitima em face da Constituição, pois representa comportamento estatal infringente da ordem de prioridade temporal assegurada a todos os credores do Estado, de maneira objetiva e impessoal, pela Carta Política. O legislador constituinte, ao editar a norma inscrita no art. 10 da Carta Federal, teve por objetivo evitar a escolha de credores pelo Poder Público. Eventual vantagem concedida ao Erário Público por credor mais recente não justifica, para efeito de pagamento antecipado de seu crédito, a quebra da ordem constitucional de precedência cronológica. O pagamento antecipado que daí resulte – exatamente por caracterizar escolha ilegítima de credor – transgride o postulado constitucional que tutela a prioridade cronológica na satisfação dos débitos estatais e autoriza, em consequência – sem prejuízo de outros efeitos de natureza jurídica e de caráter político-administrativo 0150, a efetivação do ato de sequestro (RE 132.031, *JUIS*, n. 7).

Ao lado do sentido acima especificado, o princípio da impessoalidade possui outro significado, qual seja, o de que a Administração Pública não deve conter a marca pessoal do administrador.

Em outras palavras, ela não pode ficar vincada pela atuação do agente público. Quando uma atividade administrativa é efetivada, a Administração que a desempenha o faz a título impessoal.

Perfilhando esse entendimento, sustenta José Afonso da Silva (1989, p. 615):

380 Curso de Direito Constitucional

O princípio ou regra da impessoalidade da Administração Pública significa que os atos e provimentos administrativos são imputáveis não ao funcionário que os pratica mas ao órgão ou entidade administrativa em nome do qual age o funcionário. Este é um mero agente da Administração Pública, de sorte que não é ele o autor institucional do ato. Ele é apenas o órgão que formalmente manifesta a vontade estatal.

Reforçando o sentido acima especificado, o § 1º do mesmo art. 37 da Constituição prescreve que:

> a publicidade dos atos, programas, obras, serviços e campanhas dos órgãos públicos deverá ter caráter educativo, informativo ou de orientação social, dela não podendo constar nomes, símbolos ou imagens que caracterizem promoção pessoal de autoridades ou servidores públicos.

Princípio da publicidade

O princípio da publicidade é aquele cujo objetivo reside em assegurar transparência nas atividades administrativas. Fincado no pressuposto de que o administrador público é o responsável pela gestão dos bens da coletividade, esse princípio fixa a orientação constitucional de que ele deve portar-se com absoluta transparência, possibilitando aos administrados o conhecimento pleno de suas condutas administrativas.

O conteúdo exegético do princípio em causa foi reforçado pelo disposto no art. 5º, XXXIII, de nossa Lei Maior, visto que este assegura o direito de "receber dos órgãos públicos informações de seu interesse particular, ou de interesse coletivo ou geral, que serão prestadas no prazo da lei, sob pena de responsabilidade, ressalvadas aquelas cujo sigilo seja imprescindível à segurança da sociedade e do Estado".

Princípio da eficiência

O princípio da eficiência, outrora implícito em nosso sistema constitucional, tornou-se expresso no *caput* do art. 37, em virtude de alteração introduzida pela Emenda Constitucional n. 19.

É evidente que um sistema balizado pelos princípios da moralidade, de um lado, e da finalidade, de outro, não poderia admitir a ineficiência administrativa.

Bem por isso, a Emenda n. 19, no ponto, não trouxe alterações no regime constitucional da Administração Pública, mas, como dito, só explicitou um comando até então implícito.

O princípio da eficiência tem partes com as normas de "boa administração", indicando que a Administração Pública, em todos os seus setores, deve concretizar atividade administrativa predisposta à extração do maior número possível de efeitos positivos ao administrado.

Deve sopesar relação de custo-benefício, buscar a otimização de recursos; em suma, tem por obrigação dotar da maior eficácia possível todas as ações do Estado.

Discorrendo sobre o tema, sumaria Hely Lopes Meirelles (1996, p. 90):

> Dever de eficiência é o que se impõe a todo agente público de realizar suas atribuições com presteza, perfeição e rendimento funcional. É o mais moderno princípio da função administrativa, que já não se contenta em ser desempenhada apenas com legalidade, exigindo resultados positivos para o serviço público e satisfatório atendimento das necessidades da comunidade e de seus membros.

Seguindo essa linha de orientação, temos que, como desdobramento do princípio em estudo, a Constituição procurou igualmente reforçar o sentido valorativo do princípio da economicidade, que, incorporado literalmente pelo art. 70, *caput*, da Carta Federal, nada mais traduz do que o dever de eficiência do administrado na gestão do dinheiro público.

Princípios constitucionais implícitos

Além dos quatro citados princípios explicitamente abrigados pelo Texto Constitucional, existem outros implicitamente agregados ao regramento constitucional da Administração Pública. Vejamos.

Princípio da supremacia do interesse público sobre o privado. Coloca os interesses da Administração Pública em sobreposição aos interesses particulares que com os dela venham eventualmente a colidir. Com fundamento nesse princípio é que se estabelece, por exemplo, a autotutela administrativa, vale dizer, o poder da Administração de anular os atos praticados em desrespeito à lei, bem como a prerrogativa administrativa de revogação de atos administrativos com base em juízo discricionário de conveniência e oportunidade.

Princípio da finalidade. Aquele que imprime à autoridade administrativa o dever de praticar o ato administrativo com vistas à realização da finalidade perseguida pela lei.

Princípio da razoabilidade. Indica que o administrador, na incrementação de atos administrativos discricionários, deve empreender uma necessária ponderação dos valores existentes, segundo os parâmetros fornecidos por um senso médio de racionalidade. Para Celso Antônio Bandeira de Mello (1995, p. 63),

> enuncia-se com este princípio que a administração, ao atuar no exercício de discrição, terá de obedecer a critérios aceitáveis do ponto de vista racional, em sintonia com o senso normal de pessoas equilibradas e respeitosas das finalidades que presidam a outorga da competência exercida.

Princípio da proporcionalidade. Aquele que preconiza a justa medida das competências administrativas. Segundo Raquel Denize Stumm (1995, p. 79), esse princípio reclama a verificação dos seguintes pressupostos: a) conformidade ou adequação dos meios, ou seja, o ato administrativo deve ser adequado aos fins que pretende realizar; b) necessidade, vale dizer, possuindo o agente público mais de um meio para atingir a mesma finalidade, deve optar pelo menos gravoso à esfera individual; c) proporcionalidade estrita entre o resultado obtido e a carga coativa empregada para a consecução desse resultado.

Princípio da responsabilidade do Estado. O princípio em estudo encontra amparo no art. 37, § 6º, da Constituição Federal, de cuja compostura verifica-se que as

> pessoas jurídicas de direito público e as de direito privado prestadoras de serviços públicos responderão pelos danos que seus agentes, nessa qualidade, causarem a terceiros, assegurado o direito de regresso contra o responsável nos casos de dolo ou culpa.

Tal dispositivo consagra a regra da responsabilidade objetiva do Estado. Em outras palavras, o Poder Público é responsável pelos prejuízos que cause a terceiros, independentemente da existência de culpa. Entretanto, como pontifica Celso Antônio Bandeira de Mello (1995, p. 71), a responsabilidade objetiva "só está consagrada constitucionalmente para atos comissivos do Estado, ou seja, para comportamentos positivos dele. Isto porque o texto menciona 'danos que seus agentes causarem'". Assim sendo, condutas omissivas só podem gerar responsabilidade ao Poder Público quando demonstrada a culpa do serviço.

AGENTES E CARGOS PÚBLICOS

Igual acessibilidade aos cargos públicos

O art. 37, I, da Constituição Federal assegura que os cargos, empregos e funções públicas são acessíveis aos brasileiros que preencham os requisitos estabelecidos em lei, assim como aos estrangeiros, na forma da lei. A norma, a bem do rigor, traduz aplicação específica dos princípios da isonomia e da impessoalidade, pois defere tratamento igual e impessoal a todos que desejem ingressar no serviço público.

Importante verificar que o dispositivo tratado preocupou-se em ser o mais abrangente possível, indicando que o comando de igual acessibilidade teria como objeto não só os cargos, mas também os empregos e as funções públicas.

Como diferenciá-los, no entanto?

Maria Sylvia Zanella Di Pietro (1999, p. 420) aponta a distinção de significado havida entre tais expressões:

> Quando se passou a aceitar a possibilidade de contratação de servidores sob regime da legislação trabalhista, a expressão "emprego público" passou a ser utilizada, paralelamente a cargo público, também para designar uma *unidade de atribuições*, distinguindo-se uma da outra pelo tipo de vínculo que liga o servidor ao Estado; o ocupante do emprego público tem um vínculo contratual, sob a regência da CLT, enquanto o ocupante do cargo público tem um vínculo estatutário, regido pelo Estatuto dos Funcionários Públicos [...]

Ainda segundo a referida autora, a expressão "função pública", atualmente, designa dois tipos distintos de situação: a função dos servidores contratados provisoriamente, nos termos do art. 37, IX, da Constituição Federal, e as funções de natureza permanente, vale dizer, as de chefia, assessoramento, direção e outras para as quais o legislador não crie cargo específico.

Essa abordagem constitucional das funções públicas explica, seguindo a lição de Maria Sylvia Zanella Di Pietro (1999, p. 422), o fato de o art. 37, II, da Constituição Federal ter exigido concurso público só para a investidura em cargo ou emprego; nos casos de função, a exigência não existe porque os que exercem ou são contratados temporariamente para atender às necessidades emergentes da Administração, ou são ocupantes de funções de confiança, para as quais não se exige concurso público.

Nesse sentido, essa norma já teria densidade normativa suficiente para agregar ao regime jurídico da Administração Pública a necessidade de concursos públicos. Porém, o inciso II do precitado artigo constitucional é específico ao declarar que

> a investidura em cargo ou emprego público depende de aprovação prévia em concurso público de provas ou de provas e títulos, de acordo com a natureza e a complexidade do cargo ou emprego, na forma prevista em lei, ressalvadas as nomeações para cargo em comissão declarado em lei de livre nomeação e exoneração.

A tal disposição acrescente-se que o inciso IX do mesmo dispositivo prescreve que "a lei estabelecerá os casos de contratação por tempo determinado para atender a necessidade temporária de excepcional interesse público".

Logo, conclui-se que a regra constitucional geral determina a realização de concurso público, sendo que o princípio sofre duas exceções: a) nomeação para cargos de confiança; b) contratação por tempo determinado para atender a necessidade temporária de excepcional interesse público.

No ponto, vale observar que ambas as exceções vicejam a existência de lei definidora, respectivamente, dos cargos de confiança e das hipóteses de necessidade temporária de excepcional interesse público.

Todavia, não pode o legislador, em manifesta fraude ao pensamento constitucional, procurar fugir ao princípio constitucional do concurso público, declarando como de confiança cargos que não possuam congenitamente esse predicado.

Segundo Ruy Cirne Lima (1987, p. 162), o funcionário público profissional apresenta quatro características básicas, a saber: a) natureza técnica ou prática do serviço prestado; b) retribuição de cunho profissional; c) vinculação jurídica à Administração direta; d) caráter permanente dessa vinculação.

Assim sendo, de forma sintomaticamente distinta dos cargos que reclamam provimento em comissão, as funções profissionais devem ser exercidas em caráter permanente pelo quadro estável de servidores públicos, que, com base nos dispositivos arrolados anteriormente, só podem ser investidos em cargo, função ou emprego público mediante concurso.

O cargo em comissão tem por finalidade propiciar ao governante o controle das diretrizes políticas traçadas. Exige, portanto, vínculo de confiança entre a autoridade superior e o agente nomeado. O cargo em comissão, em suma, deve ser aquele cujo titular ali esteja com a finalidade de incrementar as metas e as prioridades fixadas pelo agente político superior.

Logo, para que a lei criadora de um cargo em comissão não venha fraudar o pensamento moralizador do constituinte, enunciado pelo art. 37, I e II, da Constituição da República, deverá observar criteriosamente a natureza das funções a serem desempenhadas, pois, no dizer de Celso Antônio Bandeira de Mello (2017, p. 49), "impende que exista uma adequação racional entre o tratamento diferençado construído e a razão diferencial que lhe serviu de supedâneo".

Hely Lopes Meirelles (1996, p. 378) professa o mesmo entendimento, advertindo sobre o pronunciamento do Supremo Tribunal Federal no sentido de que: "a criação de cargo em comissão, em moldes artificiais e não condizentes com as praxes de nosso ordenamento jurídico e administrativo, só pode ser encarada como inaceitável esvaziamento da exigência constitucional de concurso".

O que se afirma, em apertada síntese, é que a ressalva consignada na segunda parte do art. 37, II, da Carta Magna tem aplicação restrita a situações em que se observe, de forma irrefragável, a necessidade de vínculo de confiança entre o titular de cargo político e aquele nomeado para desempenhar cargo de provimento em comissão subalterno àquele.

O mesmo entendimento encontra lúcida conceituação na lição de Márcio Cammarosano (1984, p. 95):

> Com efeito, verifica-se desde logo que a Constituição, ao admitir que o legislador ordinário crie cargos em comissão, de livre nomeação e exoneração, o faz com a finalidade de propiciar ao chefe do governo o seu real controle mediante o concurso, para certas funções, de pessoas de absoluta confiança, afinadas com as diretrizes políticas que devem pautar a atividade governamental.

Raciocínio similar pode ser traçado com relação à segunda hipótese arrolada, é dizer, aquela que prevê a contratação por tempo determinado em caso de necessidade temporária de excepcional interesse público.

Nesse caso, a lei regulamentadora deverá respeitar o comando constitucional, de tal modo a só possibilitar a contratação em apreço nos casos em que a necessidade do serviço seja, de fato, temporária. Ademais, não poderá conter

Curso de Direito Constitucional

previsão de sucessivas e indefinidas renovações dos respectivos contratos de trabalho, pena de desrespeito ao sentido restrito da exceção constitucional.

Cumpre ressaltar, em arremate, que o concurso público tem o prazo de validade de dois anos, prorrogável por igual período.

Contratos de gestão

O art. 37, § 8º, da Constituição Federal, com a redação que lhe foi dada pela Emenda Constitucional n. 19, dispõe que:

> § 8º A autonomia gerencial, orçamentária e financeira dos órgãos e entidades da administração direta e indireta poderá ser ampliada mediante contrato, a ser firmado entre seus administradores e o poder público, que tenha por objeto a fixação de metas de desempenho para o órgão ou entidade, cabendo à lei dispor sobre:
> I – o prazo de duração do contrato;
> II – os controles e critérios de avaliação de desempenho, direitos, obrigações e responsabilidade dos dirigentes;
> III – remuneração do pessoal.

O dispositivo em análise é o que institui o chamado contrato de gestão, que pode ser conceituado como o ajustamento administrativo por meio do qual o Poder Público trespassa a entes da Administração direta e indireta a execução de políticas públicas, mediante a ampliação dos níveis autonômicos desses entes.

O propósito último do instituto em comento foi o de focar nos órgãos centrais do Poder Executivo a tarefa de formulação de políticas públicas e de supervisão das instituições responsáveis por sua implementação, resguardando a entes descentralizados a função de execução dessas políticas públicas.

A operação seria realizada por contratos de gestão, em que o Poder Público, definindo políticas públicas, fixaria metas de desempenho para entes descentralizados, que teriam a responsabilidade de execução dessas políticas e incrementação das metas.

Os contratos de gestão são firmados entre o Poder Público e as chamadas Agências Executivas, que, na verdade, nada mais são do que uma qualificação jurídica a ser concedida a autarquias e fundações públicas responsáveis por atividades e serviços exclusivos do Estado.[2]

---

[2] Ver Lei n. 9.649/98.

Associação sindical

Aos servidores públicos civis foi estendido o direito à livre associação sindical, nos termos do inciso VI do art. 37 da Constituição Federal.

Direito de greve

A Constituição outorgou aos servidores públicos o direito de greve. Este, no entanto, não foi reconhecido com a mesma extensão com que foi conferido aos trabalhadores sob regime jurídico de direito privado. É que o Texto Constitucional foi claro ao distinguir que lei específica deverá indicar os termos e os limites para o exercício do direito de greve por servidores públicos.

Pessoas com deficiência[3]

O inciso VIII do art. 37 da Constituição Federal prescreve que percentual dos cargos e empregos públicos será reservado para as pessoas com deficiência, nos termos da lei, que definirá os critérios de admissão. Não significa que haverá acesso indiscriminado às pessoas com deficiência. Trata-se da seguinte regra: havendo aprovação em concurso público, deverá haver prioridade na classificação. Dessa forma, o concurso será o mesmo, obedecidas as particularidades em relação à deficiência apresentada. O concurso preparará duas listas: uma geral, na qual estarão todos os candidatos em ordem de classificação (pessoas com deficiência ou não) e uma especial, na qual constarão apenas os nomes daqueles que se inscreveram para as vagas reservadas. Os aprovados serão aqueles que estarão na primeira lista, pessoas com deficiência ou não. Caso o nome não esteja classificado na lista geral, passa-se para a lista especial, em que serão aprovados os candidatos em número correspondente às vagas reservadas, desde que tenham obtido nota mínima de aprovação. Ou seja, os concursos públicos devem ter nota mínima de aprovação para permitir a aplicação da regra do art. 37, VIII. Serão aprovados, portanto, para as vagas reservadas todos aqueles que não estiveram na classificação geral e que se inscreveram para a vaga reservada e que

---

[3] Utilizamos a terminologia "pessoa com deficiência", apesar de o Texto Constitucional usar a expressão "pessoa portadora de deficiência". O termo "pessoa com deficiência" é o mais moderno e adequado, conforme Convenção da ONU ratificada pelo Brasil, que trata a pessoa não como "portadora", mas com deficiência. Ela não carrega a deficiência, mas apenas tem deficiência. Portanto, reconhecendo a terminologia constitucional, empregamos a expressão recentemente consagrada pela Convenção da ONU.

obtiveram nota mínima. Em qualquer hipótese, a deficiência deve permitir o exercício do cargo. Em caso de dúvida fundada, a Administração Pública deve aprová-lo, permitindo que o estágio probatório demonstre sua capacidade ou não. A Administração Pública não pode excluí-lo, em caso de dúvida, pois estaria ferindo o princípio da inclusão do art. 3º, IV, da Constituição Federal. O princípio da inclusão social deve prevalecer no caso. O Conselho Nacional de Justiça, como será visto em capítulo próprio do Poder Judiciário, entendeu que as vagas reservadas devem também ser abertas para o concurso de magistratura, nada justificando a resistência de alguns Tribunais para tanto.

Improbidade

O § 4º do art. 37 da Constituição Federal preconiza que "os atos de improbidade administrativa importarão a suspensão dos direitos políticos, a perda da função pública, a indisponibilidade dos bens e o ressarcimento ao erário, na forma e gradação previstas em lei, sem prejuízo da ação penal cabível".

Improbidade, em apertada síntese, pode ser conceituada como a ilegalidade qualificada pela finalidade de atribuir situação de vantagem (econômica ou não) a si ou a outrem. É o ato viciado na origem pelo propósito desonesto.

Nesse sentido, a redação constitucional é clara ao determinar que lei regulamentar (no caso, já editada: a Lei n. 8.429/92), além de especificar hipóteses de improbidade, deve matizar as consequências jurídicas de cada ato, sendo certo, no entanto, que a caracterização de qualquer ato de improbidade deve implicar automaticamente quatro sanções cumulativas: a) a suspensão de direitos políticos; b) a perda da função pública; c) a indisponibilidade dos bens; e d) o ressarcimento ao erário.

SERVIDORES PÚBLICOS

Dentro de cada esfera federativa, deve haver um conselho de política de administração e remuneração de pessoal, integrado por servidores de cada um dos respectivos Poderes.

De todo modo, os servidores públicos civis possuem os direitos sociais previstos no art. 7º, IV, VII, VIII, IX, XII, XIII, XV, XVIII, XIX, XX, XXII e XXX, da Constituição Federal.

Ademais, os servidores públicos desfrutam da garantia de irredutibilidade de vencimentos, embora o art. 37, XI, de nosso Texto Maior estabeleça como teto remuneratório o equivalente a 90,25% do subsídio mensal dos Ministros do Supremo Tribunal Federal, o qual deve ser fixado por lei, cuja iniciativa pertence conjuntamente aos presidentes da República, da Câmara dos Deputados, do Senado Federal e do Supremo Tribunal Federal.

Nesse sentido, o Texto Constitucional, com as modificações determinadas pela Emenda Constitucional n. 41, estabelece mecanismo híbrido de remuneração dos servidores públicos.

De um lado, o membro de Poder, o detentor de mandato eletivo, os Ministros de Estado, os Secretários Estaduais e Municipais, membros do Ministério Público, Procuradores do Estado e do Distrito Federal, membros da Advocacia--Geral da União, membros da Procuradoria-Geral da Fazenda Nacional e da Defensoria Pública passam a ser remunerados exclusivamente por "subsídio fixado em parcela única, vedado o acréscimo de qualquer gratificação, adicional, abono, prêmio, verba de representação ou outra espécie remuneratória, obedecido, em qualquer caso, o disposto no art. 37, X e XI" (CF, art. 39, § 4º, com redação determinada pela EC n. 19).

Por outro lado, o § 8º do art. 39 da Constituição Federal estabelece que "a remuneração dos servidores públicos organizados em carreira poderá ser fixada nos termos do § 4º".

Assim sendo, os servidores que não foram incluídos expressamente no rol dos remunerados por subsídio poderão, ou não, caso organizados em carreira, ser remunerados por meio deste. Logo, devem conviver no seio de nosso sistema jurídico duas formas de vencimentos: o subsídio para os casos expressamente indicados pela Constituição e, no caso de servidores organizados em carreira, pela lei. Nas demais hipóteses, permanecerá a remuneração pelo sistema de vencimentos.

Cumpre acrescentar que o servidor público só granjeará estabilidade no cargo público depois de três anos de seu efetivo exercício, em virtude de nomeação derivada de aprovação em concurso público para cargo de provimento efetivo, sendo requisito a avaliação de desempenho empreendida por comissão instituída para essa finalidade.

Uma vez adquirida a estabilidade, o servidor só poderá perder o cargo nas seguintes circunstâncias:

a) em virtude de sentença judicial passada em julgado;
b) mediante processo administrativo em que lhe seja assegurada a ampla defesa;

390 Curso de Direito Constitucional

c) por insuficiência de desempenho, apurada por procedimento de avaliação periódica, na forma de lei complementar, assegurada ampla defesa;

d) na hipótese, excepcional, traçada pelo art. 169, § 4º, da Constituição Federal.

A Emenda Constitucional n. 88/2015, dando nova redação ao inciso II, do § 1º, do art. 40 da Constituição Federal, definiu que a aposentadoria compulsória se dará, com proventos proporcionais ao tempo de contribuição, aos 70 anos de idade, ou aos 75 anos de idade, na forma de lei complementar.

Esse diploma já foi editado, trata-se da Lei Complementar n. 152/2015, que tem uma redação bastante abrangente, incluindo praticamente todos os servidores dentro do limite mais extenso, de 75 anos de idade.

Parece-nos, pois, que referida lei constitui um desdobramento necessário da Emenda Constitucional n. 88, que, ademais, criou o art. 100 do Ato das Disposições Constitucionais Transitórias, que preestabelecia o limite de 75 anos para a aposentadoria compulsória para os Ministros do Supremo Tribunal Federal, dos Tribunais Superiores e do Tribunal de Contas da União.

Além disso, obedecendo a matriz constitucional específica, que trata da aposentadoria compulsória, não nos parece que o tema se intrometa no chamado regime jurídico dos servidores públicos ou no estatuto da magistratura. Assim, não há que se falar em vício de iniciativa da cogitada lei complementar, que pertenceu a um Senador da República.

Finalmente, o art. 37, XVI, da Constituição da República proíbe a acumulação de cargos públicos, exceto a de dois cargos de professor; a de um cargo de professor com outro, técnico ou científico; a de dois cargos ou empregos privativos de profissionais de saúde, com profissões regulamentadas; exceções estas aplicáveis ao policiais militares dos estados, do Distrito Federal e dos Territórios, por força do § 3º do art. 42 da Constituição Federal, conforme redação que se lhe foi atribuída pela Emenda Constitucional n. 101/2019.

MILITARES

O Texto Constitucional definiu como militares os integrantes das Forças Armadas, das polícias militares e dos corpos de bombeiros. As duas últimas instituições são organizadas em nível estadual; aquelas – o Exército, a Marinha e a Aeronáutica –, em nível federal.

Os oficiais militares recebem patentes, sendo-lhes deferidos, mesmo na reserva ou reformados, os títulos, postos e uniformes militares. Os praças recebem graduação.

O oficial das Forças Armadas só perderá o posto se julgado indigno do oficialato, por decisão de Tribunal Militar de caráter permanente, ou, em tempo de guerra, por tribunal especial. Entretanto, o Supremo Tribunal Federal entendeu que

> não ofende a garantia das patentes a reforma punitiva de oficial da Polícia Militar com proventos proporcionais, nos termos da lei ordinária, a que foi remetida, pela Constituição Federal (art. 42, § 9º) [*sic*, art. 40, § 9º], a disciplina das condições de transferência, do servidor militar para a inatividade (AgRg em AgI 156.764, Rel. Min. Octávio Gallotti, j. 15.08.1995).

O art. 142, § 3º, IV, da Constituição Federal prescreve que "ao militar são proibidas a sindicalização e a greve". Tal dispositivo, que excepciona o regime jurídico do militar do quadro geral do funcionalismo, deve receber interpretação restritiva. Assim, nada obsta que o militar se pronuncie em passeatas, exercendo o direito de reunião, desde que o faça sem armas e de forma pacífica.

O § 2º do art. 142 da Constituição estabelece o não cabimento de *habeas corpus* em relação a punições disciplinares militares, demonstrando, desse modo, que as corporações militares hão de estar alicerçadas em dois princípios básicos, a saber: a hierarquia e a disciplina.

A Emenda Constitucional n. 77, incluindo o inciso VIII ao § 3º do art. 142, acrescentou alguns pontos novos ao estatuto jurídico dos servidores militares, em especial, a possibilidade de cumulação remunerada de atividade pública, na área da saúde, condicionada à compatibilidade de horários e à prevalência da atividade militar, além de regulamentação por lei específica.

CAPÍTULO 6

O Poder Legislativo

ESTRUTURA

A estrutura do Poder Legislativo pode apresentar-se sob duas formas: unicameral e bicameral.

A bicameralidade, no caso brasileiro, é peculiaridade do regime federativo. É que, possuindo duas Casas Legislativas, a Câmara dos Deputados e o Senado, a primeira volta-se à representação do povo e a segunda, o Senado Federal, tem a finalidade de, cumprindo o mister federativo, dar lugar à representação das unidades federadas na formação da vontade central. Por isso, podemos afirmar que o bicameralismo brasileiro é do tipo federativo.

Veja-se que a afirmação tem plena razão de ser, uma vez que, no regime aristocrático, também é perfeitamente viável a formação de um Legislativo bicameral, em que a Câmara Baixa representa os comuns e a Câmara Alta, a nobreza. Trata-se, no caso, de bicameralismo do tipo aristocrático.

Câmara dos Deputados

A Câmara dos Deputados é integrada pelos representantes do povo, eleitos pelo sistema proporcional para um mandato de quatro anos. Esse sistema, todavia, é temperado por limites. Nenhum estado (ou o Distrito Federal) pode ter menos do que oito representantes nem mais do que setenta.

Caso venha a ser criado algum Território, este deverá contar com a representação de quatro Deputados Federais. Nesse caso (existência de Território

Federal), inexiste qualquer correlação entre população e representantes, pois o número é fixo.

Para eleger-se Deputado Federal, é necessário ser brasileiro, gozar de direitos políticos, estar alistado eleitoralmente e filiado a um partido político e possuir mais do que 21 anos.

Senado Federal

O Senado Federal compõe-se de representantes dos estados e do Distrito Federal, eleitos pelo sistema majoritário de maioria relativa. Cada estado e o Distrito Federal devem contar com três senadores, cada um dos quais eleito com dois suplentes. O mandato dos senadores é de oito anos, com renovação a cada quatro, alternadamente, por um e dois terços. O Território Federal não escolhe Senadores.

Para eleger-se senador, é necessário ser brasileiro, gozar de direitos políticos, estar alistado eleitoralmente e filiado a um partido político e ter mais de 35 anos.

Como anotou José Celso de Mello Filho (1986, p. 147), comentando a Constituição revogada, "a forma bicameral de estruturação do Poder Legislativo nacional não é absoluta. Antes, sofre exceções radicadas nas competências privativas da Câmara dos Deputados e do Senado Federal, arroladas, na Carta de 1988, nos arts. 51 e 52".

Mesas Diretoras

Tanto a Câmara dos Deputados como o Senado Federal são dirigidos por suas Mesas Diretoras, eleitas respectivamente pelos membros de cada uma dessas Casas para um mandato de dois anos, vedada a recondução para o período subsequente para o mesmo cargo. A natureza das funções desempenhadas pelas Mesas Diretoras é eminentemente administrativa, ou seja, incumbe-lhes a direção, a polícia e a administração do Poder Legislativo. Anote-se que, por força do disposto no art. 58, § 1º, da Constituição da República, na formação das Mesas deve-se observar, tanto quanto possível, a representação proporcional dos partidos ou dos blocos parlamentares que participam da respectiva Casa.

O Congresso Nacional é dirigido pela reunião das duas Mesas, intercalando-se na composição, iniciando-se pela do Senado Federal (que deterá a Presidência da Mesa do Congresso Nacional), mantendo-se cada posto originário

(CF, art. 57, § 5º). Como já visto, as Mesas, tanto do Senado Federal como da Câmara, estão legitimadas para o ajuizamento de ações diretas de inconstitucionalidade ou ações declaratórias de constitucionalidade perante o Supremo Tribunal Federal.

Comissões parlamentares

No dizer de José Afonso da Silva (1989, p. 147), "são organismos constituídos em cada Câmara, compostos de número geralmente restrito de membros, encarregados de estudar e examinar as proposições legislativas e apresentar pareceres".

Cada Casa Legislativa tem suas próprias comissões, que são fixadas, algumas por determinação constitucional expressa e outras de acordo com a sua conveniência. Assim, é possível a constituição de comissão para estudar um assunto específico, por exemplo. É possível, no entanto, a constituição de comissões mistas, formadas por deputados e senadores.

As comissões podem ser permanentes ou temporárias. Vejamos as que têm previsão constitucional expressa (pois as outras serão definidas pelo Regimento Interno, diante das necessidades do momento do Poder Legislativo).

São duas as comissões permanentes que têm previsão constitucional explícita. As temáticas, organizadas em função da matéria, por exemplo, a Comissão de Justiça e Redação, e a Comissão de Ciência e Tecnologia. Essas comissões possuem estruturação jurídica singular, cabendo-lhes, na forma do art. 58 da Constituição da República, as seguintes atribuições:

a) discutir e votar projeto que dispensar, na forma do regimento, a competência do Plenário, ressalvado o direito de recurso de um décimo dos membros da Casa; portanto, um projeto de lei pode ser discutido apenas na Comissão, dispensado o Plenário (deve haver previsão regimental e inexistência do recurso acima mencionado);

b) realizar audiências públicas com entidades da sociedade civil;

c) convocar Ministros de Estado para prestar informações sobre assuntos inerentes a suas atribuições;

d) receber petições, representações ou queixas contra atos ou omissões das autoridades ou entidades públicas;

e) solicitar depoimento de qualquer autoridade ou cidadão;

f) apreciar programas de obras, planos nacionais, regionais e setoriais de desenvolvimento e sobre eles emitir parecer.

Nas comissões *permanentes*, deve-se ressaltar uma de caráter especial: a Comissão Mista do Orçamento, que, constituída por Deputados e Senadores, tem por finalidade básica, nos termos do art. 166, § 1º, da Constituição da República, a avaliação das leis do sistema orçamentário, das emendas a estas oferecidas, das contas apresentadas anualmente pelo Presidente da República e a fiscalização orçamentária, que deve ser realizada sem prejuízo da atividade das demais comissões permanentes.

As comissões *temporárias* são as constituídas basicamente para uma finalidade específica, por exemplo, emitir parecer sobre determinado assunto ou representar o Congresso Nacional em certa situação. Esvaído o seu objetivo, são extintas.

Com a redação da Emenda Constitucional n. 32, foi criada a comissão mista (de deputados e senadores) prevista no § 9º do art. 62, com a finalidade de apreciar e emitir parecer sobre a medida provisória antes de ser apreciada em sessão separada, pelo plenário de cada uma das Casas. Terminado o trabalho em relação à medida provisória editada, ela será extinta. Portanto, tem caráter temporário.[1]

Outra comissão temporária com previsão constitucional expressa é a comissão mista representativa do Congresso Nacional, que tem a função de representar o Congresso Nacional nos períodos de recesso. Tem sua previsão no § 4º do art. 58 da Constituição Federal.

Outra comissão temporária é a de acompanhamento do estado de sítio e do estado de defesa. Como sabemos, são situações que determinam um cuidado especial por parte do Congresso Nacional. Assim, nos termos do art. 140, haverá a designação de uma comissão, composta de cinco membros, para acompanhamento dessas situações de crise no regime democrático.

O art. 58, § 3º, da Constituição da República incorporou previsão das chamadas CPIs (Comissões Parlamentares de Inquérito), que podem ser constituídas, isolada ou conjuntamente, por ambas as Casas Legislativas. Essas CPIs devem atender aos seguintes requisitos:

---

[1] Entendemos que a Comissão noticiada pelo § 9º do art. 62 (com a alteração da EC n. 32/2001) deveria ser permanente, de forma que o processo tivesse mais agilidade, com uma comissão fixada para dar parecer em todas as Medidas Provisórias editadas. Não foi assim, no entanto, que entendeu a Resolução n. 01/2002 do Congresso Nacional, em seu art. 2º: "Nas 48 (quarenta e oito) horas que se seguirem à publicação, no Diário Oficial da União, de Medida Provisória adotada pelo Presidente da República, a Presidência da Mesa do Congresso Nacional fará publicar e distribuir avulsos da matéria e designará Comissão Mista para emitir parecer sobre ela".

a) requerimento de um terço dos membros de cada Casa, ou de ambas, no caso de comissão conjunta;
b) apuração de fato determinado e por prazo certo; a CPI não pode ultrapassar a legislatura, extinguindo-se com o término desta;[2]
c) envio das suas conclusões ao Ministério Público, caso apurada alguma responsabilidade civil ou criminal.

Importante destacar que o citado dispositivo constitucional atribuiu às CPIs poderes de investigação próprios da autoridade judiciária. Logo, para a realização de seus objetivos, uma CPI pode determinar diligências, como a quebra dos sigilos bancário e fiscal, a requisição de documentos e outras, similarmente a um juiz.

Embora não haja consenso doutrinário ou jurisprudencial sobre o tema, estamos que, na espécie, deve ser aplicado o princípio da reserva constitucional. Decorre de tal entendimento que os poderes de investigação de uma CPI não atingem aqueles que foram objeto de cláusula expressa de reserva de poderes ao juiz, por exemplo, a prisão (art. 5º, LXI) e a interceptação das comunicações telefônicas (art. 5º, XII).

O art. 58, § 4º, da Constituição Federal previu ainda a existência de uma comissão representativa. Sua natureza é peculiar, pois só tem lugar durante o recesso parlamentar, e sua composição deve reproduzir, o quanto possível, a proporcionalidade da representação partidária.

As atribuições dessa comissão representativa do Congresso Nacional são definidas pelo regimento comum.[3]

Por fim, deve-se destacar que, no âmbito estadual e municipal, o Poder Legislativo é estruturado de forma unicameral, sendo representado pelas Assembleias Legislativas, nos estados, pela Câmara Legislativa, no Distrito Federal, e pela Câmara dos Vereadores, nos municípios.

FUNCIONAMENTO

A atividade legislativa desenvolve-se isoladamente em cada uma das Casas, a Câmara dos Deputados e o Senado Federal, ou conjuntamente, ou, ainda, em

---

[2] O Supremo Tribunal Federal decidiu que uma CPI não pode ultrapassar o limite temporal de um mandato (período de 4 anos para o qual um Deputado Federal é eleito).

[3] O Supremo Tribunal Federal entendeu que o poder de quebrar sigilo bancário de investigado em CPI pode ser exercido pelas CPIs estaduais (ACO 730-RJ, *Boletim Informativo STF*, n. 358).

sessão unicameral, hipótese em que a reunião do Congresso Nacional processa-se com o voto de cada parlamentar, Deputado ou Senador, tendo o mesmo valor (caso de sessão unicameral ocorreu quando da revisão constitucional – art. 3º do ADCT). A sessão conjunta reúne-se para:

a) inaugurar a sessão legislativa;
b) elaborar o regimento comum e regular a criação de serviços comuns às duas Casas;
c) receber o compromisso do Presidente e do Vice-Presidente da República;
d) conhecer do veto e sobre ele deliberar.

O texto do § 3º do art. 57 fala ainda em outros casos previstos na Constituição. Podemos identificar, modificando nosso ponto de vista anterior, outras hipóteses de reunião conjunta, tais como a que aprova a entrega de resolução para elaboração de lei delegada e a promulgação de emenda constitucional.[4]

As deliberações, salvo expressa indicação constitucional em contrário, devem ser tomadas por maioria simples, respeitado o *quorum* da maioria absoluta dos membros da respectiva Casa, conforme dispõe o art. 47 da Constituição Federal.

Vejamos o sentido específico de cada uma das seguintes expressões:

Quorum – número mínimo de membros da Casa Legislativa, cuja presença se exige para que possa ser tomada validamente uma deliberação.

Maioria simples – número inteiro imediatamente superior à metade dos membros presentes à reunião, comparecendo, no mínimo, o *quorum* exigido para deliberação (desde que haja *quorum* para a instalação, que é de maioria absoluta, ou seja, só pode ser instalada a sessão se estiver presente a maioria dos seus membros; por exemplo, em uma casa de 50 parlamentares, a sessão só poderá ser instalada se estiverem presentes na abertura 26 deles. A aprovação por maioria simples exigirá, no exemplo, em que compareceram apenas 26 parlamentares, um mínimo de 14 votos).

Maioria absoluta – número inteiro imediatamente superior à metade do total dos membros de uma Casa Legislativa, independentemente do número presente

---

[4] Nesse particular, fundamental a observação que nos foi feita por Roberto Mendes Mandelli Junior.

àquela reunião. No exemplo anterior (50 parlamentares na Casa), a sessão instalar-se-ia, da mesma forma, com 26 parlamentares no mínimo. Para a obtenção da maioria absoluta, haveria necessidade de obtenção de, no mínimo, os 26 votos presentes.

Maioria qualificada – determinada pela proporção de três quintos ou de dois terços. Aquela para aprovação de emenda constitucional.

Esta para a decretação do *impeachment*. Ambas se fazem representar pelo atingimento das aludidas proporções, tomadas à conta do total de membros da Casa Legislativa, independentemente de quantos estiverem presentes a determinada reunião.

A regra da maioria simples, respeitado o *quorum* de presença mínima da maioria absoluta dos integrantes, aplica-se a qualquer espécie de deliberação legislativa que não seja expressamente excepcionada na Constituição.

Dentre as exceções, podemos apontar a decretação do *impeachment*, a aprovação de emenda constitucional ou lei complementar. A primeira exige maioria qualificada de dois terços, a segunda de três quintos e a terceira, maioria absoluta.

Demais disso, as atividades congressuais realizam-se em intervalos de tempo, discriminados da seguinte forma:

Legislatura – período de quatro anos, correspondente aos mandatos dos Deputados Federais. Um Senador é eleito para duas legislaturas.

Sessão – a atividade legislativa realiza-se, em termos concretos, nas sessões ordinárias, nome atribuído às reuniões parlamentares diárias, no horário normal de expediente legislativo, como definido pelos respectivos regimentos. Fora do horário de expediente, as Casas Legislativas podem ser convocadas para a realização de sessões extraordinárias. Nesse sentido, o termo "sessão" tem o mesmo significado que "reunião", e a própria Constituição, em diversas passagens, utilizou os dois termos de forma confusa, com o significado aqui desfiado.

Sessão legislativa ordinária – corresponde ao intervalo de 1 ano em que o Congresso deve reunir-se, sendo dividido em 2 períodos legislativos: o primeiro vai de 2 de fevereiro a 17 de julho, e o segundo, de 1º de agosto a 22 de dezembro.

Os espaços intercalares (de 23 de dezembro a 1º de fevereiro e de 17 a 31 de julho) são denominados *recesso parlamentar*.[5]

Os parlamentares, no entanto, não poderão ter interrupção da sessão legislativa enquanto não votarem a lei de diretrizes orçamentárias (CF, art. 57, § 2º).

No primeiro ano da legislatura, os parlamentares deverão reunir-se em sessões preparatórias a partir de 1º de fevereiro para a posse e eleição da Mesa Diretora (CF, art. 57, § 4º).

Sessão legislativa extraordinária – é a convocada durante os períodos de recesso parlamentar. Essas convocações podem ser obrigatórias ou facultativas. É obrigatória a convocação, pelo Presidente do Senado Federal, em caso de decretação do estado de defesa, do estado de sítio ou da intervenção federal (para autorizar, no caso do sítio, ou para apreciar o decreto, no caso da defesa ou da intervenção) e para o compromisso e posse do Presidente e Vice-Presidente da República. É facultativa a convocação, pelo Presidente da República, pelo Presidente da Câmara dos Deputados, pelo Presidente do Senado Federal, ou a requerimento da maioria dos membros de ambas as Casas, em caso de urgência ou interesse público relevante. É conteúdo dos incisos do § 6º do art. 57 da Constituição. A matéria objeto de deliberação em sessão extraordinária só pode ser a da convocação. No entanto, havendo medidas provisórias em vigor na data de convocação extraordinária, serão elas automaticamente incluídas na pauta da convocação. O requerimento de sessão legislativa extraordinária deve ser aprovado pela maioria absoluta de cada uma das Casas do Congresso Nacional. Anteriormente à Emenda Constitucional n. 50/2006, bastava a convocação isolada das figuras elencadas no dispositivo. A EC n. 50 exigiu aprovação das Casas para que o pedido de urgência ou interesse público fosse retificado.

GARANTIAS PARLAMENTARES

A Constituição Federal consolidou algumas garantias aos parlamentares, que, na verdade, revelam a finalidade do constituinte de preservar a atividade parlamentar de injunções externas, assegurando aos parlamentares independência nas suas manifestações.

---

[5] Alteração feita pela Emenda Constitucional n. 50/2006.

Essas garantias consolidam duas espécies de imunidade: a material e a formal.

A imunidade material, definida pelo art. 53, *caput*, da Constituição da República, atribui aos parlamentares a prerrogativa da inviolabilidade por suas opiniões, palavras e votos. No dizer de Celso Bastos, "esta espécie de imunidade exime o parlamentar do enquadramento no tipo penal. Portanto, o que seria crime se cometido por um cidadão, não o é sendo cometido por um parlamentar" (1994, p. 82). A incidência do comando imunitário afasta a incidência penal. Em outras palavras, o comando imunitário exclui a responsabilidade penal dos parlamentares por eventuais condutas típicas que virtualmente teriam sido levadas a efeito por opiniões, palavras ou votos. A imunidade segue mesmo fora do recinto parlamentar, desde que a ação impugnada seja decorrência do exercício do mandato parlamentar, sendo que o Supremo Tribunal Federal já assentou que "as manifestações dos parlamentares, ainda que feitas fora do exercício estrito do mandato, mas em consequência deste, estão abrangidas pela imunidade material" (Inq. 874, Ag. Reg. Rel. Min. Carlos Velloso, j. 22.03.1995, *DJ*, 26 maio 1995; *JUIS*, n. 7). A Emenda Constitucional n. 35 trouxe também a imunidade civil, excluindo, da atividade do parlamentar, a produção de danos materiais e morais.

Ao lado da imunidade material, subsiste a formal ou, de outro modo, a processual, por força da qual o parlamentar não pode ser preso, salvo em flagrante de crime inafiançável. O processo contra o parlamentar poderá ser suspenso por determinação da maioria dos membros da Casa. Quando a denúncia contra Deputado Federal ou Senador for recebida pelo Supremo Tribunal Federal (foro competente para o julgamento de parlamentar), esta poderá ter seu andamento sustado, até decisão final, por iniciativa de Partido Político representado na Casa. Dessa forma, com a redação dada pela Emenda Constitucional n. 35, alterou-se a regra que, anteriormente, exigia autorização para o processo. Na sua nova forma, o processo não depende de autorização, podendo, no entanto, ser sustado no decorrer de seu curso, por iniciativa de Partido Político e mediante *quorum* de maioria de seus membros. O pedido do Partido Político deverá ser apreciado pela Casa em 45 dias do recebimento pela Mesa Diretora. No entanto, a possibilidade de sustação, pelo Partido Político, só pode ocorrer em crime cometido após a diplomação. Em relação aos crimes cometidos anteriormente, portanto, não poderá haver a mencionada sustação.

No caso de flagrante delito, os autos devem ser submetidos à Casa respectiva no prazo de 24 horas, para que se delibere sobre a prisão.

O Poder Legislativo 401

Veja-se que o § 2º do art. 53 tem redação clara: só se autoriza, independentemente de licença, a prisão em flagrante delito, excluindo a prisão civil, por exemplo.

Assim, não havendo sustação, o processo tramita regularmente, porém qualquer determinação de prisão (preventiva, p. ex.) contra o parlamentar depende de prévio consentimento da respectiva Casa Legislativa.

É evidente que o parlamentar, no mais, não escapa das regras gerais do Direito Penal. Assim, uma vez condenado, sob os parâmetros do art. 92, I, do Código Penal, quando aplicada pena igual ou superior a 1 ano, nos crimes praticados com abuso de poder ou violação de dever para com a Administração Pública, ou superior a 4 anos, nos demais casos, perderá, como efeito da condenação, o mandato político e, portanto, a imunidade, podendo, por ato seguinte, ser regularmente preso.

As imunidades não são extensíveis aos suplentes, já que, como dito, garantia da atividade parlamentar, embora a Carta de 1934 tenha incluído o primeiro suplente nas garantias parlamentares.

De igual maneira, cuidando-se, repita-se, de garantia da atividade legislativa, os parlamentares afastados para o exercício de cargo de Ministro, e Secretário de Estado ou de município da Capital não se mantêm sob o manto protetor das imunidades.

Iluminando a compreensão do tema, aponta Michel Temer (1993, p. 130):

> Tem-se discutido se continua inviolável o parlamentar que se licencia para exercer cargo executivo (Secretário de Estado, Ministro de Estado). Se continua, ou não, exercendo mandato. O Supremo Tribunal Federal decidiu que o licenciado não está no exercício do mandato e, por isso, dispensa-se a licença aqui referida.
>
> Parece-nos que o art. 56 da CF responde a essa indagação ao prescrever que: *não perderá o mandato* o deputado ou senador investido na função de Ministro de Estado, Governador do Distrito Federal, Governador de Território, Secretário de Estado, etc. "Não perderá o mandato." Significa: quando cessarem suas funções executivas, o parlamentar, que não perdeu o mandato, pode voltar a exercê-lo. O que demonstra que, enquanto afastado, não se encontra no exercício do mandato, senão que interrupção de exercício. Harmoniza-se com a prescrição da impossibilidade de exercício simultâneo em Poderes diversos.

Ainda com relação às imunidades, deve-se sublinhar que elas subsistem mesmo durante o estado de defesa e o estado de sítio, podendo neste serem suspensas mediante o voto de dois terços dos membros da Casa respectiva, no caso de atos praticados fora do recinto do Congresso que sejam incompatíveis com a execução da medida.

Os Senadores e Deputados Federais possuem ainda prerrogativa de foro em virtude da função, é dizer, somente serão submetidos a julgamento, por ilícitos penais, perante o Supremo Tribunal Federal. Perdem, no entanto, essa prerrogativa com a cessação do mandato. O Supremo Tribunal Federal, ao revogar a Súmula n. 394, decidiu que o julgamento será reservado apenas para os ocupantes dos cargos anunciados.

Com mais razão permanece a Súmula n. 451, que assim dispõe: "A competência especial por prerrogativa de função não se estende ao crime cometido após a cessação definitiva do exercício funcional".

A interpretação concatenada do art. 53, § 1º, da Constituição da República com a súmula acima e com o posicionamento após a revogação da Súmula n. 394 conduz à conclusão de que a competência do Supremo Tribunal Federal para o julgamento dos parlamentares obedece aos seguintes parâmetros, desde que ainda no exercício do mandato: a) crime cometido durante o exercício do mandato parlamentar; b) crime cometido anteriormente ao mandato, mas processado, ao menos parcialmente, durante o transcurso deste.

Encerrado o mandato, o parlamentar perde o direito ao foro por prerrogativa de função, o que determina a remessa dos autos para o juízo ordinário com o reaproveitamento de todos os atos praticados.

O mesmo critério orienta a fixação da competência jurisdicional nas demais hipóteses de foro por prerrogativa de função.

Os parlamentares estaduais e distritais têm os mesmos direitos, vedações, impedimentos e garantias dos federais, conforme se verifica no § 1º do art. 27 da Constituição Federal.

Aos parlamentares municipais não é dada a prerrogativa de ter seus processos sustados pela Câmara Municipal (tal como ocorre com os parlamentares federais e estaduais), tendo em vista que não há imunidade formal. E deve ser acrescentado que a imunidade material se limita à circunscrição do município.

Uma vez eleitos, os parlamentares têm, por evidente, o direito ao exercício regular do mandato, de tal modo que as hipóteses de perda deste só podem ser determinadas pela Constituição, que, em seu art. 55, prescreve a perda do mandato ao Deputado ou Senador:

a) que infringir qualquer das proibições estabelecidas no art. 54 da Constituição Federal (I);
b) cujo procedimento for declarado incompatível com o decoro parlamentar. Podemos entender "decoro" como a postura socialmente exigida dos exercentes de uma função pública, que devem, de evidência, revelar comportamento funcional compatível com as exigências éticas e morais do cargo. Assim, não obstante a indeterminação da expressão, tem-se como certo que o termo carrega uma clara reprovação a condutas antiéticas, de um modo geral, indicando-se, complementarmente no § 1º, do cogitado art. 55, que "é incompatível com o decoro parlamentar, além dos casos definidos no regimento interno, o abuso das prerrogativas asseguradas a membro do Congresso Nacional ou a percepção de vantagens indevidas" (II);
c) que deixar de comparecer, em cada sessão legislativa, à terça parte das sessões ordinárias da Casa a que pertencer, salvo licença ou missão por esta autorizada (III);
d) que perder ou tiver suspensos os direitos políticos (IV);
e) quando o decretar a Justiça Eleitoral, nos casos previstos nesta Constituição (V);
f) que sofrer condenação criminal em sentença transitada em julgado (VI).

Nos casos dos incisos I, II e VI, a perda do mandato será decidida pela Câmara dos Deputados ou pelo Senado Federal, por maioria absoluta, mediante provocação da respectiva Mesa ou de partido político representado no Congresso Nacional, assegurada ampla defesa. Esta a dicção literal do § 2º, do precitado art 55, com a nova redação emprestada pela Emenda Constitucional n. 76/2013, o que traz duas indicações claras: 1ª) o Poder Constituinte Reformador reiterou a vontade do constituinte originário, indicando que o parlamentar que sofrer condenação criminal deverá ter a sua eventual perda de mandato apreciada pela respectiva Casa Legislativa e não por ato da Mesa; 2ª) a votação deverá ocorrer em escrutínio público, abolido o voto secreto nessas circunstâncias.

Importante notar, finalmente, que o § 4º, do art. 55, prescreve que "a renúncia de parlamentar submetido a processo que vise ou possa levar à perda do mandato, nos termos deste artigo, terá seus efeitos suspensos até as deliberações finais de que tratam os §§ 2º e 3º".

PROCESSO LEGISLATIVO ORDINÁRIO

O processo de elaboração das diversas espécies normativas não possui parâmetros inflexíveis, mas, contrariamente, varia de acordo com cada uma delas. Nesse sentido, Pinto Ferreira (1993, p. 386) escreve:

> O conteúdo do processo legislativo é bem amplo na Constituição brasileira de 1988. Enriqueceu-se em comparação com os textos dos Códigos magnos anteriores. Atualmente o processo legislativo compreende a elaboração de emendas à Constituição, leis complementares da Constituição, leis ordinárias, leis delegadas, medidas provisórias, decretos legislativos e resoluções.

Assim, em rigor, o processo legislativo sofre variações segundo a espécie normativa que se pretenda introduzir no sistema. Todavia, como muitas das fases são comuns a todos ou a parcela deles, analisaremos o processo legislativo da lei ordinária, apontando, no estudo de cada espécie, as variações existentes.

Iniciativa

No dizer de Manoel Gonçalves Ferreira Filho (1995, p. 210), "a iniciativa não é propriamente uma fase do processo legislativo, mas o ato que o desencadeia. Em verdade, juridicamente, é o ato por que se propõe à adoção de direito novo".

O poder de iniciativa revela a capacidade atribuída pela Constituição para a deflagração do processo legislativo. Nesse sentido, possuem iniciativa do processo legislativo as seguintes pessoas:

a) o Presidente da República;
b) qualquer Deputado ou Senador;
c) Comissão da Câmara dos Deputados, do Senado Federal ou do Congresso Nacional;
d) o Supremo Tribunal Federal, os tribunais superiores e o Tribunal de Contas da União;
e) o Procurador-Geral da República;[6]

---

[6] Os Tribunais e o Procurador-Geral da República têm poder iniciativo limitado às matérias relacionadas às respectivas instituições.

O Poder Legislativo   405

f) a população (atendidos os requisitos do art. 61, § 2º, da CF – assinatura de, no mínimo, 1% do eleitorado nacional, espalhado por pelo menos 5 estados, sendo que deve haver um mínimo de 0,3% dos eleitores de cada um deles).[7]

A iniciativa, dependendo da matéria que veicule, pode ser classificada da seguinte forma:

a) *concorrente* (comum ou geral) – pertence simultaneamente aos órgãos e integrantes do Poder Legislativo, ao Presidente da República e à população, na forma preconizada pelo art. 61, § 2º, da Constituição Federal;

b) *reservada* (exclusiva ou privativa) – quando a Constituição indica expressamente uma pessoa com capacidade para a deflagração do processo legislativo, conferindo-lhes juízo discricionário para a avaliação de conveniência e oportunidade da iniciativa;

c) *vinculada* – pertence a uma ou mais pessoas indicadas pela Constituição, porém o titular não pode aquilatar a oportunidade de oferecer o projeto, mas tem o dever de fazê-lo em determinado prazo ou oportunidade, por exemplo, o projeto orçamentário, que, a teor do que dispõe o art. 35, § 2º, III, do Ato das Disposições Constitucionais Transitórias, deve ser enviado ao Congresso Nacional até quatro meses antes do final do exercício financeiro. Outro exemplo de iniciativa vinculada é a do projeto de lei previsto no § 3º do art. 8º do ADCT, que determina o prazo de um ano;

d) *atribuída* – indicada nas hipóteses em que o Texto Constitucional atribui a iniciativa exclusivamente aos integrantes do Poder Legislativo, os quais, porém, podem exercê-la concorrentemente, pois não dependem da aquiescência recíproca para o encaminhamento da propositura. É a hipótese do projeto de lei previsto nos arts. 52, XIII, e 51, IV.

A iniciativa, em regra, é concorrente, vale dizer, pertence simultaneamente aos órgãos e integrantes do Poder Legislativo, ao Presidente da República e à população (iniciativa popular – art. 61, § 2º). Em casos excepcionais, porém, a Constituição reserva a iniciativa de projetos de lei sobre determinadas

---

[7] A Constituição Federal, ao tratar da iniciativa popular no processo legislativo estadual, determinou, no § 4º do art. 27, que lei disporia sobre o tema; quanto à iniciativa popular no processo legislativo municipal, especificou que ela será exercida, quando houver interesse específico do município, da cidade ou de bairros, mediante a manifestação de pelo menos cinco por cento do eleitorado (art. 29, XIII).

matérias a uma ou algumas dessas pessoas, competindo a elas determinar o momento e a oportunidade de submeter a questão ao crivo do Poder Legislativo. De se ressaltar ainda que, dentre as matérias inscritas no rol das de iniciativa reservada, existem as de iniciativa vinculada, ou seja, aquelas em que o titular não pode aquilatar a oportunidade de oferecer o projeto, mas tem o dever de fazê-lo em determinado prazo ou oportunidade. Vejamos a iniciativa reservada.

O Presidente da República tem iniciativa reservada sobre: I – leis que fixem ou modifiquem os efetivos das Forças Armadas; II – leis que disponham sobre:

a) criação de cargos, funções ou empregos públicos na administração direta e autárquica ou aumento de sua remuneração;
b) organização administrativa e judiciária, matéria tributária e orçamentária, serviços públicos e pessoal da administração dos Territórios;
c) servidores públicos da União e Territórios, seu regime jurídico, provimento de cargos, estabilidade e aposentadoria;
d) organização do Ministério Público e da Defensoria Pública da União, bem como normas gerais para a organização do Ministério Público e da Defensoria Pública dos estados, do Distrito Federal e dos Territórios;
e) criação e extinção de Ministérios e órgãos da administração pública, observado o disposto no art. 84, VI;
f) militares das Forças Armadas, seu regime jurídico, provimento de cargos, promoções, estabilidade, remuneração, reforma e transferência para a reserva.

Em relação à organização do Ministério Público da União, a iniciativa reservada do Presidente da República foi relativizada, uma vez que o art. 128, § 5º, da Constituição Federal, facultou essa iniciativa também ao Procurador-Geral da República.

A Câmara dos Deputados tem iniciativa reservada sobre assuntos exclusivos de seu interesse (CF, art. 51, IV), assim como o Senado Federal (art. 52, XIII).

O Poder Judiciário – Supremo Tribunal Federal, tribunais superiores e Tribunais de Justiça (CF, art. 96, II) – também detém iniciativa para as matérias de seu interesse exclusivo, elencadas nas alíneas do inciso II. O Tribunal de Contas da União também exerce iniciativa reservada nessas matérias.[8]

---

[8] O Tribunal de Contas da União detém iniciativa para deflagrar o processo legislativo pertinente à estrutura do Ministério Público junto ao Tribunal de Contas da União (CF, art. 130), órgão que é distinto

O Supremo Tribunal Federal detém iniciativa para propor lei complementar que disponha sobre o Estatuto da Magistratura (CF, art. 93).

Quando o projeto de lei é rejeitado, para que seja reapresentado na mesma sessão legislativa, é necessária a assinatura da maioria absoluta de qualquer das Casas Legislativas. Configura-se, nesse caso, uma iniciativa reservada à maioria absoluta de qualquer das Casas, conforme determina o art. 67 da Constituição.[9]

Discussão

Ato seguinte à deflagração do processo legislativo, passa-se à sua discussão, que, a rigor, ocorre em duas sedes: nas comissões permanentes e no plenário. Nas palavras de Celso Bastos (1992, p. 313), "as comissões permanentes examinam o projeto no seu aspecto material e formal". Do ponto de vista material, analisa-se o projeto quanto ao seu conteúdo e interesse público. Formalmente falando, é analisado na perspectiva da sua compatibilidade vertical com a Constituição.

Por outro lado, a fase de discussão é a adequada para o oferecimento de emendas pelos parlamentares. Nos projetos de iniciativa reservada, o poder de emenda do Parlamento é limitado: o art. 63, I e II, da Constituição Federal, restringe o oferecimento de emendas que importem aumento de despesa. Tal regra, por ser reveladora da separação de poderes, deve estar presente nas Constituições estaduais e nas leis orgânicas municipais como norma de seguimento obrigatório.

Admite-se, no entanto, aumento de despesa, por emenda parlamentar, em projeto de lei de iniciativa reservada, quando tal aumento apenas venha a

---

daquele fixado pelo art. 128, cuja iniciativa é facultada ao Procurador-Geral da República, por lei complementar. No caso, a lei será ordinária, pois não foi solicitada outra explicitamente.

O Supremo Tribunal Federal tem entendido que a regra do art. 61, § 1º – iniciativa reservada do Chefe do Poder Executivo Federal –, deve estar presente nas Constituições Estaduais, deferindo-se ao Chefe do Poder Executivo Estadual (Governador do Estado). Da mesma forma o art. 63, que veda emenda que aumente a despesa em projetos de iniciativa exclusiva do Poder Executivo. A decisão respeita a separação de Poderes, princípio que deve vincular o Poder Constituinte Decorrente.

[9] Caso o projeto seja da iniciativa do Chefe do Poder Executivo, tendo sido arquivado, pode ser reapresentado na mesma sessão legislativa, pela maioria absoluta de qualquer das Casas, fazendo incidir a regra do art. 67, mesmo tratando-se de iniciativa reservada. Caso o projeto tenha sido rejeitado em janeiro (em convocação extraordinária), pode ser reapresentado e votado regularmente (sem regra do art. 67) a partir de fevereiro, pois a sessão de janeiro é considerada sessão extraordinária da anterior (do ano anterior).

408 Curso de Direito Constitucional

explicitar regra já constante da Constituição Federal. Os beneficiários da emenda parlamentar já estariam contemplados, por força de norma constitucional, e não de emenda parlamentar a lei ordinária. Portanto, a emenda parlamentar apenas explicitou o que a Constituição já garantia, não se podendo falar, dessa forma, em aumento de despesa, pois esta já estava implícita na vontade do poder proponente do projeto.[10]

Deliberação

A fase de deliberação é aquela em que o projeto é submetido a votação, que, em regra, deve realizar-se no plenário, embora, nos termos do art. 58, § 2º, I, da Constituição da República, alguns possam ser sujeitos a votação nas comissões (desde que tenham previsão regimental e inexista recurso de um décimo dos membros da Casa para votação em plenário).

Como consequência do sistema bicameral, a iniciativa deve ser apresentada na Casa iniciadora (em regra, a Câmara dos Deputados, salvo quando o projeto for iniciado por um senador ou por comissão do Senado), que, após a discussão, leva a efeito a deliberação, a qual, respeitada a maioria exigível para aquela espécie normativa, pode aprovar ou rejeitar o projeto. Caso aprovado, deve ser encaminhado à Casa revisora (em regra, o Senado Federal), onde, após nova discussão, é submetido a votação, ensejo em que pode ser definitivamente aprovado, rejeitado (caso em que é imediatamente arquivado) ou emendado, situação que implica seja o projeto novamente submetido à avaliação da Casa iniciadora.

O Presidente pode pedir *urgência* na apreciação de um projeto de lei de sua iniciativa, hipótese em que ele deve ser votado em 45 dias em cada Casa, reservando-se 10 para apreciação das emendas, se existirem. Caso não ultimada a votação no prazo, será ele incluído na ordem do dia, sobrestando-se a votação de outras matérias, salvo aquelas que tiverem prazo constitucional assinalado, como as medidas provisórias, por exemplo.

---

[10]Conferir TP, ADI 1.835-9-SC, Rel. Min. Sepúlveda Pertence, *DJ*, 4 fev. 2000, assim ementado: "A reserva de iniciativa a outro Poder não implica vedação de emenda de origem parlamentar desde que pertinente à matéria da proposição, não acarrete aumento de despesa, salvo se este, independentemente do dispêndio, de qualquer modo adviria da aplicação direta de norma da Constituição, como, no caso, a que impõe a extensão aos inativos do aumento de vencimentos concedido, segundo o projeto inicial, aos correspondentes servidores da ativa. Implausível a alegação de inconstitucionalidade, indefere-se a liminar".

De se ressaltar que o regimento do Congresso admite o chamado *voto de liderança*. Sobre ele comenta José Celso de Mello Filho (1986, p. 153-4):

> Trata-se de processo simbólico de votação, que permite aos líderes partidários emitir declaração *substitutiva* da vontade dos membros do Congresso Nacional, com evidente afronta ao princípio da colegialidade, que rege a vida parlamentar. O voto de liderança, não autorizado pela Constituição, foi introduzido, em nosso sistema jurídico, *pela via regimental* [...] As normas regimentais mencionadas ferem dois princípios básicos que inerem ao próprio sistema de atuação parlamentar: a) o princípio da colegialidade; e b) o princípio da proporcionalidade do voto.

O *projeto rejeitado* só pode ser objeto de nova deliberação quando constar pedido da maioria absoluta de qualquer das Casas do Congresso Nacional. Trata-se de uma hipótese de iniciativa reservada à maioria absoluta de qualquer das Casas Legislativas, como visto anteriormente.

Sanção ou veto

Superada a fase de deliberação, o projeto, caso aprovado, é remetido ao Poder Executivo, que se incumbirá de sancioná-lo ou vetá-lo.

É a regra do art. 66 da Constituição Federal: "Art. 66. A Casa na qual tenha sido concluída a votação enviará o projeto de lei ao Presidente da República, que, aquiescendo, o sancionará".

A sanção é o ato pelo qual o Poder Executivo manifesta sua aquiescência ao projeto de lei. Essa sanção pode ser expressa ou tácita. É expressa quando lançada no projeto. Tácita quando manifestada pelo silêncio do Presidente da República no prazo de 15 dias úteis que possui para avaliação do projeto.

O veto, distintamente, é a manifestação de discordância do projeto, que só pode advir de expressa manifestação de vontade do Chefe do Poder Executivo.

O veto pode ter dois fundamentos: contrariedade ao interesse público ou inconstitucionalidade.

Na forma que lhe emprestou a Constituição de 1988, o veto é *suspensivo* ou *superável*, vale dizer, seu efeito é "alongar o processo legislativo, impondo a reapreciação do projeto pelo Congresso, à luz das razões da discordância presidencial" (FERREIRA FILHO, 1995, p. 227), podendo ser derrubado pelo voto da maioria absoluta dos membros do Congresso, em sessão conjunta, com escrutínio público (EC n. 76/2013).

Podemos, portanto, afirmar que o veto é a participação do Presidente da República no processo legislativo, consistindo em um gravame para sua aprovação, podendo, no entanto, ser superado, o que demonstra que sua natureza não é de ato terminativo do processo de elaboração da lei.

O veto pode ser total ou parcial, valendo lembrar que o parcial só pode abranger texto integral de artigo, parágrafo, inciso ou alínea. É a regra do § 2º do art. 66 da Carta Magna.

O veto apresenta duas fases, conforme se depreende do § 1º do art. 66: a publicação e o envio dos motivos do veto ao Presidente do Senado Federal em 48 horas da publicação. A inexistência de qualquer dessas fases invalida o veto, tornando-o sanção tácita.

O veto deve ser apreciado dentro de 30 dias do recebimento, em sessão conjunta do Congresso Nacional. Não apreciado nesse prazo, será incluído na ordem do dia, impedindo as demais deliberações.

Promulgação

Promulgação é o ato pelo qual o Chefe do Poder Executivo atesta que a ordem jurídica foi inovada validamente, ou, na manifestação de Pontes de Miranda (1968, p. 177), "constitui mera atestação de existência da lei e promulgação de sua executoriedade". Da promulgação, segundo José Afonso da Silva (1989, p. 213), decorrem dois efeitos: tornar conhecidos os fatos e atos geradores da lei e indicar que esta é válida, executável e obrigatória.

Calha ainda observar que tanto a promulgação como a publicação são atos de integração de eficácia do ato normativo.

Nesse sentido, a promulgação é ato de competência do Presidente da República, que possui o prazo de 48 horas para fazê-lo, a partir da sanção, expressa ou tácita, ou da superação do veto. Caso não o faça no prazo apontado, a competência passa sucessivamente para o Presidente e para o Vice-Presidente do Senado Federal.

Como será visto adiante, nos processos de emenda constitucional, resolução e decreto legislativo, a promulgação não é ato do Poder Executivo.

Publicação

A publicação é o ato por meio do qual se dá conhecimento público da existência do ato normativo. Deve ser feita por meio de veículo oficial, e a data da publicação é o termo inicial do período de vacância, que, à míngua de expressa disposição em contrário, é de 45 dias.

QUADRO RESUMO

Iniciativa	Discussão	Deliberação*	Sanção ou Veto	Promulgação	Publicação
		(aprovação ou rejeição)	(superável por maioria absoluta do CN)		

* Caso aprovado, o projeto deve ser discutido e votado no Senado, de onde, se novamente aprovado, deve então ser remetido ao Presidente da República para sanção ou veto.

AS ESPÉCIES NORMATIVAS

Emenda constitucional

Trata-se de espécie normativa encarregada de inovar a ordem constitucional. Como já vimos, apresenta rito especialíssimo se comparado com o processo legislativo ordinário.

Iniciativa – um terço, no mínimo, dos membros da Câmara dos Deputados ou do Senado Federal, do Presidente da República e de mais da metade das Assembleias Legislativas das unidades da Federação, manifestando-se, cada uma delas, por maioria relativa[11] de seus membros;

Deliberação – votada em cada Casa em dois turnos. A ideia do constituinte foi confirmar a votação, tornando mais firme a vontade de alteração do texto;

Quorum – três quintos dos votos das Casas;

Vedações materiais – art. 60, § 4º, da Constituição: separação de Poderes, forma federativa, direitos e garantias individuais e voto secreto periódico, direto e universal. É importante ressaltar que esse dispositivo estende a proteção não apenas aos bens lá constantes, mas a qualquer emenda tendente a abolir as cláusulas pétreas. Portanto, a proteção é mais extensa que os próprios bens, vedando a deliberação de qualquer matéria tendente a abolir as cláusulas petrificadas;

---

[11] Consideramos "maioria relativa" sinônimo de "maioria simples", já que o Texto Constitucional usa a expressão "maioria absoluta". Tecnicamente, a expressão deveria ser "maioria relativa", como adotou o constituinte. Anote-se que o art. 47 não usa a expressão "maioria simples".

412 Curso de Direito Constitucional

Vedações circunstanciais – não pode tramitar emenda constitucional na vigência de estado de sítio, estado de defesa e intervenção federal. Trata-se de regra que visa a permitir que a emenda constitucional apenas tramite em momentos de paz social. Entende-se, portanto, que o processo de inovação da Lei Maior deve ser feito em momentos em que não haja qualquer perturbação. Trata-se de traço revelador do prestígio da Constituição Federal, que deve ser fruto de discussão serena e madura, sem ser influenciada por qualquer fator transitório;

Vedação procedimental[12] – rejeitada ou havida por prejudicada, a emenda não pode ser objeto de deliberação na mesma sessão legislativa. O conceito de sessão legislativa deve ser retirado do art. 57 da Lei Maior: é o período de reunião anual do Congresso Nacional, ou seja, de 2 de fevereiro a 17 de julho e de 1º de agosto a 22 de dezembro. Trata-se de traço revelador da rigidez constitucional, já que, caso fosse uma lei ordinária ou complementar, poderia ser ela reapresentada, na mesma sessão legislativa, mediante a assinatura da maioria absoluta de qualquer das Casas Legislativas.[13] É a regra do art. 67 da Carta Maior.

A emenda constitucional deve ser promulgada pelas Mesas da Câmara dos Deputados e do Senado Federal com o respectivo número de ordem. Logo, sua introdução no sistema jurídico não conta necessariamente com a participação do Poder Executivo, pois não pode ser sancionada ou vetada, embora o Presidente da República possua competência, concorrente com outros legitimados, para a iniciativa do respectivo projeto.

Impõe-se, neste passo, observar a existência da chamada emenda constitucional de revisão. Trata-se de espécie normativa decorrente do Poder de Revisão, que foi atribuído ao Congresso Nacional, por força do art. 3º do Ato das Disposições Constitucionais Transitórias.

Por esse processo (que exigia pelo menos 5 anos de existência do Texto Constitucional), as deliberações eram tomadas por maioria absoluta (em vez dos três quintos), em votação única e unicameral, ou seja, o Senado Federal era entendido como um corpo único, juntamente com a Câmara dos Deputados. Nesse caso, como a votação ocorria no Congresso Nacional, em sessão unicameral, as

---

[12] A doutrina discute o enquadramento dessa vedação, muitos entendendo que se trata de circunstancial.
[13] Iniciativa reservada, portanto, à maioria absoluta dos membros de qualquer das Casas (art. 67 da CF).

emendas constitucionais de revisão eram promulgadas pela Mesa do Congresso Nacional e não pelas Mesas da Câmara dos Deputados e do Senado Federal. Trata-se, pela sua transitoriedade, de espécie normativa que já não mais existe no sistema, pelo fato de a revisão já ter ocorrido e produzido todos os seus efeitos. Foram, ao todo, aprovadas seis emendas de revisão.

Lei complementar

Apresenta o mesmo processo legislativo das leis ordinárias, com exceção do *quorum*. O art. 69 da Constituição exige maioria absoluta.

A matéria reservada à lei complementar não pode ser veiculada por medida provisória,[14] tampouco por lei delegada, como será visto adiante.

A doutrina discute sobre a hierarquia da lei complementar em relação à lei ordinária. Alguns autores, como Manoel Gonçalves Ferreira Filho (1994, p. 183-4), entendem que a lei complementar situa-se entre a emenda constitucional e a lei ordinária, ocupando espaço intermediário entre as duas espécies normativas.

Michel Temer (1993, p. 136-7), por seu lado, entende que não há hierarquia entre a lei complementar e a lei ordinária, ensinando que ambas encontram seu fundamento de validade no Texto Constitucional. Ora, se ambas têm a mesma nascente de validade, não seria correto afirmar que uma é superior à outra.

Entendemos que a posição da inexistência de hierarquia é a mais adequada. Como tratam de campos materiais determinados (a lei complementar só existe quando expressamente requisitada a sua edição), não apresentam hierarquia, mas campos próprios de incidência, estando todas no mesmo patamar hierárquico.

Lei ordinária

Processo legislativo regular. Ocorre quando não há previsão específica. Necessita de sanção. As matérias do art. 48 da Constituição Federal devem ser veiculadas tanto por lei ordinária quanto complementar (esta apenas quando explicitamente requerida pelo Texto Constitucional).

---

[14] Há proibição expressa de tratamento de matéria de lei complementar por medida provisória, como se depreende do inciso III do § 1º do art. 62 (com a redação que lhe deu a EC n. 32).

Medida provisória

Constitui espécie normativa. Compõe o processo legislativo previsto no art. 59 da Lei Maior. Tem força de lei. É ato normativo primário.

O Presidente da República, diante de urgência e relevância, pode expedir medidas provisórias, que possuem força de lei pelo período de 60 dias. A questão da urgência, em regra, fica a cargo da decisão do Poder Executivo, deixando o Supremo Tribunal Federal de apreciar a matéria. No entanto, em caso de evidente inexistência da alegada urgência, o Pretório Excelso adentra em sua análise e reconhece a inconstitucionalidade da utilização da medida provisória, em face da carência de urgência. Assim, a regra é a não apreciação pelo Supremo da urgência, mas, em casos flagrantemente não urgentes, há prestação jurisdicional para reconhecer a inconstitucionalidade da espécie em comento.[15] O Presidente da República expede a medida provisória e submete-a, de imediato, ao controle do Congresso Nacional. Os prazos da medida provisória não correm nos períodos de recesso parlamentar. No entanto, havendo convocação extraordinária e medida provisória pendente de apreciação, será ela incluída na pauta extraordinária, por determinação do § 8º do art. 57 da Constituição Federal.

A medida provisória será enviada ao Congresso Nacional que, desde logo, encaminhará para a Comissão Mista de Deputados e Senadores, para emissão de parecer, nos termos do § 9º do art. 62. Em seguida, a medida provisória será enviada à Câmara dos Deputados para apreciação e, depois, ao Senado Federal.

Se não apreciada em 60 dias, poderá haver uma única prorrogação. Entendemos que, no caso, deve haver manifestação expressa do Presidente da República, que deve ser externada pela sua reedição (uma única vez, no entanto). A tendência do Congresso Nacional, no entanto, é optar pela reedição automática, sem necessidade da participação do Presidente da República.

Caso a medida provisória não seja apreciada em 45 dias, entrará em regime de urgência, com o sobrestamento das demais deliberações da Casa. Assim, se ultrapassar o prazo na Câmara, o Senado já receberá o projeto sob regime de urgência. Entendemos que o Senado deverá receber o projeto sem a contagem do curso na Câmara. Só assim não sofrerá prejuízo, com o bloqueio da sua pauta,

---

[15] O Supremo Tribunal Federal apreciou o tema na medida cautelar em ADI 1.753-DF, j. 16.04.1998, entendendo que a alteração do prazo, para a Fazenda Pública, para o ajuizamento da ação rescisória em matéria ambiental não era matéria urgente, e deveria ter sido utilizado o caminho do processo legislativo regular, com o oferecimento de projeto de lei ordinária. No mesmo acórdão, o Pretório Excelso também reconheceu que houve ferimento do princípio da igualdade, pois o deferimento do prazo atendeu apenas a Fazenda Pública, sem que houvesse razão lógica para o discrímen.

pela morosidade da Câmara. O prazo de urgência deve ser contado Casa a Casa, pois, de outra forma, o Senado Federal teria sua pauta bloqueada pelo eventual atraso da Câmara, o que fere o devido processo legal legislativo. O Congresso Nacional, no entanto, ao disciplinar a matéria, optou pela manutenção de contagem de um prazo único, permitindo ao Senado Federal que comece a discussão do tema mesmo antes de receber o projeto aprovado pela Câmara. Essa situação poderá amenizar a questão da urgência fixada pela Emenda n. 32. Assim, enquanto a Câmara aprecia o projeto, o Senado Federal, a partir de determinado momento, começa a sua apreciação, mesmo sem a conclusão da Câmara, o que tornará o processo mais ágil e protegerá o Senado Federal do bloqueio pelo eventual atraso na Câmara.

Nem todas as matérias podem ser objeto de medida provisória. O § 1º do art. 62 trouxe expressamente algumas vedações. Assim, as matérias relativas a nacionalidade, cidadania, direitos políticos, partidos políticos e direito eleitoral; direito penal, processual penal e processual civil; organização do Poder Judiciário e do Ministério Público, a carreira e a garantia de seus membros; planos plurianuais, diretrizes orçamentárias, orçamento e créditos adicionais e suplementares, ressalvado o previsto no art. 167, § 3º; a matéria que vise a detenção ou sequestro de bens, de poupança popular ou qualquer outro ativo financeiro; a reservada a lei complementar e, por fim, a já disciplinada em projeto de lei aprovado pelo Congresso Nacional, pendente de sanção ou veto do Presidente da República.[16]

Não é permitida a reedição, na mesma sessão legislativa, de medida provisória que tenha sido rejeitada ou que tenha perdido a sua eficácia.

Caso o projeto da medida provisória tenha sido aprovado com alterações (passando, portanto, a ser um projeto de lei de conversão), fica mantido o texto original até a sanção ou veto do Presidente da República.

Quanto à incidência, como se viu, a medida provisória tem eficácia imediata, pois tem força de lei. No entanto, caso tenha havido instituição ou majoração de impostos submetidos ao princípio da anterioridade, nesse caso, a anterioridade tem o seu marco inicial na aprovação da lei e não da edição da medida

---

[16] Manifestamos nossa posição no sentido de que os direitos individuais não podem ser objeto de medida provisória, apesar de não estar expressa a vedação no § 1º do art. 62. Trata-se de interpretação sistemática e conforme a Constituição, que leva à proteção da indelegabilidade de funções, cláusula pétrea, assegurada no § 4º do art. 60 e no art. 2º da Constituição Federal. O núcleo proibido anunciado no art. 62, § 1º, é um mínimo, que deve ser entendido com o § 1º do art. 68, que continua a refletir sua influência sobre a medida provisória. O tema foi tratado anteriormente, quando cuidamos do princípio da reserva legal (ver, neste livro, a Parte IV, Capítulo 1, seção "Princípio da legalidade").

416 Curso de Direito Constitucional

provisória. É o dizer do § 2º do art. 62. Ora, de forma contrária, contribuições sociais têm a sua validade a partir da edição, assim como todos os impostos que não estão submetidos ao princípio da anterioridade. Seguindo a orientação jurisprudencial do Supremo Tribunal Federal – com a qual não concordamos –, a Emenda Constitucional n. 32 parte da ideia de que é possível criar tributos, assim como majorá-los por medida provisória e, mais, valendo a edição da medida para todos os casos, salvo os impostos submetidos ao princípio da anterioridade, mencionados no § 2º do referido artigo.

A medida provisória não convertida em lei em 60 dias (ou mesmo depois de prorrogada uma vez), ou rejeitada, perde os seus efeitos desde a sua edição (efeitos *ex tunc*). O Congresso Nacional, nesse caso, tem o prazo de 60 dias para, por decreto legislativo, disciplinar as relações decorrentes da incidência da medida provisória que perdeu a sua eficácia (quer por não apreciação, quer por rejeição). Caso o Congresso Nacional não se manifeste no prazo de 60 dias, ficarão valendo, para as relações naquele intervalo de tempo, os dizeres da medida provisória. Trata-se de triste restauração do instituto do decurso de prazo, banido com a Constituição de 1988.

O art. 246 da Constituição Federal proibia a utilização de medidas provisórias para disciplinar emendas à Constituição promulgadas a partir de 1995. Com a Emenda n. 32, essa proibição ficou limitada até a data da promulgação da emenda, ou seja, 11 de setembro de 2001. Assim, a partir dessa data volta a ser possível a regulamentação por medida provisória de matéria constante de emenda constitucional.

A EC n. 32, em seu art. 2º, trouxe ainda outra novidade: as medidas provisórias editadas em data anterior a 12 de setembro de 2001 passam a ter vigência por prazo indeterminado, podendo ser revogadas por outra medida provisória ou por ato do Congresso Nacional. Trata-se de flagrante inconstitucionalidade, que rompe o princípio da segurança jurídica dos atos legislativos.[17]

A medida provisória não revoga a ordem jurídica anterior, mas suspende apenas a eficácia da norma modificada. Confirmada a medida provisória, pela aprovação, há revogação da legislação anterior modificada. Não apreciada ou rejeitada, a norma modificada se restabelece.[18]

---

[17] Maiores considerações sobre as vedações de matérias da medida provisória já foram formuladas quando tratamos do princípio da reserva legal (Parte IV, Capítulo 1, seção "Princípio da legalidade").
[18] O Supremo Tribunal Federal tem admitido a adoção pelas Constituições Estaduais de medidas provisórias (cf. medida cautelar em ADI 425-DF, Rel. Min. Paulo Brossard, *DJ*, 21 jun. 1991). Entendemos equivocado tal procedimento, já que o art. 62 fala especificamente em Presidente da República e não Chefe do Poder Executivo.

O Poder Legislativo 417

Lei delegada

É ato normativo primário. Trata-se de possibilidade de o Poder Executivo pedir ao Legislativo delegação para legislar sobre determinados assuntos. O instrumento pelo qual ocorre a delegação é uma *resolução, que fixará os seus limites*. Clemerson M. Clève (1993, p.196) chama a resolução que autoriza a delegação de lei autorizadora. A Constituição Federal de 1988 não contemplou, como a anterior, a delegação *interna corporis* (há, somente, a possibilidade de discussão nas comissões temáticas – art. 58, § 2º, I –, que é diferente da delegação). Assim, a delegação só ocorre ao Presidente da República a pedido deste (*externa corporis*).

Não é qualquer matéria que pode ser objeto de delegação. O § 1º do art. 68 da Constituição exclui da delegação:

a)   atos de competência exclusiva do Congresso Nacional;
b)   atos de competência privativa da Câmara dos Deputados e do Senado Federal;
c)   matéria reservada à lei complementar;
d)   legislação sobre: organização do Poder Judiciário e do Ministério Público, a carreira e a garantia de seus membros; nacionalidade, cidadania, direitos individuais, políticos e eleitorais; planos plurianuais, e diretrizes orçamentárias e orçamentos.[19]

Se o Congresso Nacional quiser, quando da resolução que autorize a lei delegada, poderá pedir para apreciar o projeto, o que ocorrerá em votação única, vedadas emendas.

---

[19] José Afonso da Silva (1989) afirmava que as matérias que não podem ser objeto de lei delegada não podem tampouco ser veiculadas por medida provisória, tema que poderia, em princípio, ter sido já superado pela EC n. 32. No entanto, como dito acima, uma interpretação sistemática e conforme a Constituição, entendendo que há regra de indelegabilidade presente no texto e que se trata de cláusula pétrea, entendemos que a observação continua subsistindo. É que não poderia o Poder Constituinte Derivado alterar a cláusula, permitindo, por exemplo, que direitos individuais (porque não estão expressados nas matérias constantes dos incisos do § 1º do art. 62) fossem veiculados por medida provisória. A regra é a da separação de poderes. E, sendo assim, toda interpretação deve prestigiar o princípio. No caso, apesar de não proibida expressamente a matéria (direitos individuais), entendemos que não poderá ser veiculada por medida provisória, diante da força principiológica do tema de separação de poderes. Não poderia o Congresso Nacional permitir, por emenda constitucional, que o tema fosse retirado da alçada exclusiva do Poder Legislativo, para que fosse submetido ao Poder Executivo, com edição de medida provisória. Infelizmente, no entanto, entendemos que tal posição não deva ser consagrada pelo Supremo Tribunal Federal.

418 Curso de Direito Constitucional

Caso o Presidente da República venha a ultrapassar os limites da resolução, o Congresso Nacional poderá sustar os atos que excederem tal limite (CF, art. 49, V). O mesmo poderá ocorrer quando o Presidente exceder o poder regulamentar.

Como a lei delegada é elaborada pelo Presidente da República (e não pode ser emendada, em caso de determinação de apreciação pelo Poder Legislativo), dispensa a sanção ou o veto, porque o Presidente não iria discordar de um projeto elaborado por ele mesmo.

Caso a resolução fixe prazo, o Presidente da República poderá, durante ele, legislar sobre o tema. Poderá veicular sua vontade em uma ou mais espécies normativas. Apesar de entendimento contrário de parte da doutrina, ficamos com Manoel Gonçalves Ferreira Filho, que admite o exercício da delegação por diversas leis delegadas.

Nos dizeres de Clemerson M. Clève (1993, p. 203), trata-se de

"utilização parcelar" da resolução. Na verdade, a delegação é ato de conteúdo, que deve ser respeitado. A forma de seu exercício cabe ao Poder Executivo, que decidirá, dentro do prazo fixado, quantas leis serão exercidas. O critério material e não o formal deve prevalecer no caso. A edição de uma norma, pois, não extingue a resolução.

O Congresso Nacional poderá, durante o período de vigência da resolução, legislar normalmente, inclusive sobre o próprio tema, pois a lei delegada é uma habilitação, não excluindo as tarefas regulares do Congresso Nacional.

Como deve ter a participação do Poder Legislativo (que expede a resolução e pode vir a pedir a apreciação do projeto pelo Congresso Nacional) e do Poder Executivo, fala-se em ato complexo. É ato normativo primário, como as leis ordinárias, as leis complementares e as medidas provisórias.

Decreto legislativo

É espécie normativa veiculadora das competências exclusivas do Congresso Nacional.[20] Não apresenta necessidade de sanção ou veto. É promulgado pelo

---

[20] Manoel Gonçalves Ferreira Filho (1994) apresenta a dificuldade de identificação entre matérias que devem ser objeto de resolução e de decreto legislativo. Afirma que a tradição de nosso direito constitucional é deferir ao decreto legislativo o trato de competências exclusivas do Congresso Nacional e à resolução o trato de competências privativas de cada Casa Legislativa. Realmente, não há critério específico para a

Presidente do Senado Federal. É a espécie exigida para a disciplina das relações jurídicas decorrentes, por exemplo, de medida provisória não apreciada ou rejeitada. Pode veicular matéria concreta[21] e atos normativos. Quando exercente de competência concreta (incisos II, III, IV, V, VI, IX, XII, XIII, XIV, XV, XVI e XVII, todos do art. 49 da CF), o decreto legislativo não poderá ser atacado pelo controle direto de inconstitucionalidade. A competência do art. 49, III (autorizar o Presidente e o Vice-Presidente da República a se ausentarem do País, quando a ausência exceder a 15 dias), por exemplo, não pode ensejar controle direto de inconstitucionalidade, por se tratar de ato concreto, destituído de generalidade e abstração. O controle de constitucionalidade, no entanto, ocorrerá quando da edição do decreto legislativo sobre as competências fixadas nos incisos VII e VIII (fixação de remuneração dos Deputados Federais, Senadores, Presidente, Vice-Presidente da República e Ministros de Estado), já que no caso haverá edição de norma com característicos de generalidade e abstração.

A Constituição Federal, apesar de a doutrina apresentar tal distinção, fixa, para a transferência de delegação, como já visto, resolução. A delegação de competência, que ocorre do Poder Legislativo para o Poder Executivo na lei delegada, opera-se por resolução. Na realidade, a determinação de quando uma ou outra espécie deve ser utilizada (decreto legislativo ou mera resolução) será dos regimentos internos de cada Casa Legislativa.

A Emenda Constitucional n. 45/2004 trouxe a hipótese de um decreto legislativo especial, qual seja, aquele que ratifica o Tratado ou Convenção Internacional de Direitos Humanos, que deve ser aprovado em processo assemelhado ao da emenda constitucional (ou seja, por meio de dois turnos de votação e *quorum* de três quintos dos membros de cada Casa). Referido decreto legislativo tem equivalência de emenda constitucional.[22] Portanto, são dois tipos de decreto legislativo. Ao lado do tradicional (aprovado por maioria, sem procedimento especial), temos o decreto legislativo com equivalência de emenda, que sofrerá disciplina mais severa, tendo como resultado a aprovação do Tratado

---

escolha de um ou outro modelo, razão pela qual concordamos com o ilustre professor quando afirma que a tradição deve ser seguida. Há, no entanto, exceções que já foram mencionadas, como a lei autorizadora da delegação, que se faz por resolução, apesar de ser competência exclusiva do Congresso Nacional.

[21] Nesse caso, quando veicula matéria concreta, não seria adequado chamá-lo de espécie normativa, mas apenas ato do Poder Legislativo. Por faltar-lhe normatividade – generalidade e abstração, não lhe caberia bem o nome de espécie normativa.

[22] O tema foi abordado ao analisarmos os tratados internacionais (ver Parte IV, Capítulo 1, seção "Direitos fundamentais, tratados internacionais e forma de incorporação").

Internacional de Direitos Humanos. Como já houve manifestação forte no sentido da aprovação (e como a emenda constitucional não sofre promulgação pelo Poder Executivo), o decreto legislativo já produz todos os seus efeitos, não havendo necessidade de manifestação presidencial.

Resolução

É espécie normativa veiculadora das competências privativas de cada uma das Casas Legislativas (CF, arts. 51 e 52). Não está sujeita a sanção ou veto. A promulgação é feita pela Mesa da Casa Legislativa que a editou. Quando for ato do Congresso Nacional (e há previsão, como no art. 68, § 2º), será promulgada pela Mesa do Senado Federal. A mesma observação feita anteriormente, quanto aos atos concretos, aplica-se às resoluções. O ato que autoriza o processo contra o Presidente ou o Vice-Presidente da República, constante do inciso I do art. 51, ou o ato que os autoriza a se ausentar do País por mais de 15 dias, constante do inciso III do art. 49, não podem ser considerados atos normativos e, portanto, não serão objeto de ação direta de inconstitucionalidade.

A FUNÇÃO FISCALIZATÓRIA

A fiscalização do Poder Executivo deve ser feita por sistemas internos e por controle externo (CF, art. 70). Devem ser verificadas: a legalidade, a legitimidade, a economicidade, a aplicação das subvenções e a renúncia de receitas.

O controle externo será exercido pelo Congresso Nacional, que será auxiliado nesse mister pelo Tribunal de Contas da União.

O Tribunal de Contas da União é composto por nove ministros, escolhidos dentre brasileiros que preencham os seguintes requisitos: mais de 35 e menos de 65 anos de idade; idoneidade moral e reputação ilibada; notórios conhecimentos jurídicos, contábeis, econômicos e financeiros ou de administração pública; mais de 10 anos de exercício de função ou de efetiva atividade profissional que exija os conhecimentos mencionados no inciso anterior.

Dos Ministros do Tribunal de Contas da União, um terço é escolhido pelo Presidente da República, com aprovação do Senado Federal, sendo dois alternadamente dentre auditores e membros do Ministério Público junto ao tribunal, indicados em lista tríplice por este, segundo os critérios de antiguidade e merecimento, e dois terços pelo Congresso Nacional.

Deve-se registrar, no entanto, que pronunciamento do Supremo Tribunal Federal, relatado pelo Ministro Sidney Sanches, indicou os contornos da composição dos Tribunais de Contas dos Estados, *in verbis*:

> Tratando de tribunal de contas estadual composto por sete conselheiros – composição esta que impede aritmeticamente a adoção do modelo federal da terça parte (CF, art. 73, § 2º, e art. 75) –, é firme a jurisprudência do STF no sentido de que quatro conselheiros devem ser escolhidos pela assembleia legislativa e três pelo chefe do Poder Executivo estadual, cabendo a este escolher um dentre auditores e outro dentre membros do Ministério Público, e um terceiro à sua livre escolha (AD-MC 2.502-DF, 03.10.2001, *Informativo STF*).

Os Ministros do Tribunal de Contas da União têm as mesmas garantias, prerrogativas, vencimentos, impedimentos e vantagens dos Ministros do Superior Tribunal de Justiça. Só podem aposentar-se com as vantagens do cargo quando o tiverem exercido efetivamente por mais de 5 anos.

Nesse sentido, vale lembrar que o Tribunal de Contas da União está formalmente entroncado ao Poder Legislativo, sendo certo que a atividade por ele produzida não tem qualquer conotação jurisdicional.

Entretanto, tamanho o nível autonômico de que desfruta no atual Texto Constitucional, parece equivocado afirmar tratar-se de mero órgão auxiliar do Poder Legislativo.

Nessa linha, parece que a razão está com Eduardo Lobo Botelho Gualazzi (1992, p. 187), ao afirmar:

> pode-se definir Tribunal de Contas, no Brasil, como o órgão administrativo parajudicial, funcionalmente autônomo, cuja função consiste em exercer, de ofício, o controle externo, fático e jurídico, sobre a execução financeiro-orçamentária, em face dos três Poderes do Estado, sem a definitividade jurisdicional.

No rol das atribuições constitucionais do Tribunal de Contas algumas avultam com singular importância, em especial aquelas estabelecidas pelos incisos VIII, IX e X do art. 71, que conferem poderes para aplicar multas aos responsáveis por ilegalidade de despesa ou irregularidade de contas; assinar prazo para que órgãos ou entidades cumpram as providências legais e sustar, se não atendido, a execução do ato impugnado, sendo certo que, no caso de contrato, o ato de sustação será adotado diretamente pelo Congresso Nacional, que solicitará, de imediato, ao Poder Executivo as medidas cabíveis. Neste caso, se o Congresso Nacional ou o Poder Executivo, no prazo de 90 dias, não efetivar as medidas previstas no § 1º do art. 71, o tribunal decidirá a respeito.

Demais disso, o § 3º do art. 71 atribuiu às decisões do Tribunal de Contas de que resulte imputação de débito ou multa a natureza e a eficácia de título executivo extrajudicial.[23]

Registre-se ainda que ao Tribunal de Contas da União cabem, no que for possível, as mesmas competências deferidas pelo art. 96 da Constituição ao Poder Judiciário, como se vê no art. 73. Portanto, tem iniciativa para propor projetos de lei sobre matéria de seu interesse (art. 96, II).

Já vimos que há um Ministério Público junto ao Tribunal de Contas da União, que não é o mesmo do art. 128 da Constituição, mas tem os mesmos direitos, vedações e forma de investidura do previsto nesse dispositivo. Sua lei orgânica não é de iniciativa do Procurador-Geral da República, mas do Tribunal de Contas da União, e não será instituída por lei complementar, mas por lei ordinária.[24] Pela mesma razão, na composição do Tribunal de Contas dos Estados, não pode agir, junto ao órgão, o Procurador-Geral de Justiça dos Estados.[25]

---

[23] STF – Súmula Vinculante n. 3. "Nos processos perante o Tribunal de Contas da União asseguram-se o contraditório e a ampla defesa quando da decisão puder resultar anulação ou revogação de ato administrativo que beneficie o interessado, excetuada a apreciação da legalidade do ato de concessão inicial de aposentadoria, reforma e pensão".

[24] No plano municipal, salvo raras exceções onde há Tribunal de Contas Municipal – a cidade de São Paulo é uma delas –, o controle externo das contas do Prefeito é feito pela Câmara Municipal com o auxílio do Tribunal de Contas do Estado. O parecer prévio do Tribunal de Contas só não prevalecerá se a Câmara Municipal rejeitá-lo por voto de dois terços de seus membros (art. 31, § 2º, da CF).

[25] Conferir medida cautelar em ADI 2.068-MG, Rel. Min. Marco Aurélio, j. em 15-12-1999, *Boletim Informativo STF*, n. 175.

CAPÍTULO 7

O Poder Judiciário

JURISDIÇÃO

O Poder Judiciário pode ser definido como o conjunto de órgãos públicos ao qual foi deferida, com exclusividade, a função jurisdicional. É que, sob a ótica da Constituição Federal, a jurisdição é monopólio do Poder Judiciário.

Nesse sentido, a jurisdição é exercida diante de casos concretos, com o objetivo de aplicar a lei a um caso controvertido, mediante um processo regular, cuja decisão final produz a coisa julgada, operando-se, desse modo, a substituição da vontade das partes por aquela constante da sentença.

Calha transcrever, neste passo, citação literal da lição de Antonio Carlos Marcato (1991, p. 4), para quem:

> Ao exercer em concreto a atividade jurisdicional, o órgão estatal imparcialmente sobrepõe-se aos sujeitos envolvidos no litígio submetido à apreciação e, substituindo-se àqueles, torna efetiva a regra legal reguladora do conflito; então, já de sua natureza substitutiva (já que por meio da jurisdição o Estado faz valer a sua vontade, sobrepondo-se à das partes envolvidas no conflito), a jurisdição é ainda *instrumental*, ou seja, valendo-se dela o Estado torna efetiva e concreta a tutela abstrata e genericamente prevista no ordenamento positivo.
>
> A função jurisdicional é exercida através do processo e, uma vez instaurada a relação processual, as partes submetem-se à autoridade do órgão jurisdicional, até o desfecho daquele, quando então surge o comando estatal inserido na decisão final, ficando as partes obrigadas a acatá-lo.

Dessa definição pode-se extrair que a realização da atividade jurisdicional consiste na aplicação da lei aos casos concretos. Essa função só pode ser desempenhada pelo Poder Judiciário, pois o nosso ordenamento jurídico não confere aos contenciosos administrativos poder de produzir decisões que venham a revestir a força da coisa julgada. Aliás, os contenciosos administrativos sequer constituem instância obrigatória para o ajuizamento de uma ação judicial. Desse modo, fica a critério de cada um definir a utilização, ou não, desses contenciosos. A única exceção vem inscrita no art. 217, §§ 1º e 2º, da Constituição Federal, que prescreve a obrigatoriedade do esvaimento da instância desportiva – que possui um prazo máximo de 60 dias para decidir – em matérias relativas à competição e à disciplina.

No Brasil, há uma Justiça Federal e uma Justiça Estadual. As competências da Justiça Federal (comum ou especializada) em regra estão determinadas, ficando as competências da Justiça Estadual como remanescentes (ou residuais).

ESTATUTO DA MAGISTRATURA

A organização e o funcionamento do Poder Judiciário e o regime jurídico da magistratura de todo o País devem ser disciplinados por um Estatuto da Magistratura,[1] veiculado por lei complementar, cuja iniciativa pertence ao Supremo Tribunal Federal.

O Estatuto da Magistratura deve observar os princípios enumerados no art. 93 de nossa Lei Maior, sendo que, no respeitante à aplicabilidade desses princípios – incisos I a XI –, o Supremo Tribunal Federal já decidiu que:

A norma inscrita no artigo 93 da Constituição Federal estabelece que a lei complementar, de iniciativa do Supremo Tribunal Federal, disporá sobre o Estatuto da Magistratura, observados os princípios e regras que enumera. Esses princípios, em sua maioria, estabelecem critérios objetivos referentes ao ingresso na magistratura e ao desenrolar da carreira jurídica até a aposentadoria.

A natureza estritamente objetiva dessas regras traduz-se na eficácia plena e em sua aplicabilidade imediata, e parece tornar dispensável qualquer integração normativa que pudesse vir a consubstanciar-se, instrumentalmente, no Estatuto da Magistratura.

---

[1] Lei Complementar n. 35/79, com as alterações das Leis Complementares ns. 37/79, 54/86 e 60/89.

As normas inscritas no artigo 93 da Constituição da República muito mais traduzem diretrizes, de observância compulsória pelo legislador, do que regras dependentes, para sua aplicação, de ulterior providência legislativa. A eficácia e a aplicabilidade das normas consubstanciadas no artigo 93 da Carta Federal não dependem, em princípio, para que possam operar e atuar concretamente, da promulgação e edição do Estatuto da Magistratura (medida cautelar em ADI 189, Rel. Min. Celso de Mello, in *A Constituição na visão dos tribunais*, cit., v. 2, p. 662-3).

Assim sendo, pode-se concluir que o regime jurídico da magistratura nacional, atualmente, encontra-se definido pelo art. 93 da Constituição Federal e, no que for com ele compatível, pelos dispositivos da Lei Complementar n. 35/79, instituidora da chamada Lei Orgânica da Magistratura Nacional.

O Conselho Nacional de Justiça determinou que o Poder Judiciário, quando do concurso para os cargos de magistrado, reserve vagas para as pessoas com deficiência, de modo a cumprir o art. 37, VIII. O tema colocou fim à resistência de alguns tribunais que insistiam que o Poder Judiciário não estava submetido à norma inclusiva do art. 37.[2]

GARANTIAS

Ao Poder Judiciário foi cometida, como dito, a função jurisdicional, por intermédio da qual o Estado sobrepõe-se aos sujeitos envolvidos no litígio submetido à sua apreciação. Por isso, vale dizer, para garantir que o Judiciário, ao julgar, tenha em conta exclusivamente as disposições legais, é que foi criado um sistema de garantias, que asseguram ao juiz, individualmente, e ao Poder Judiciário, enquanto instituição, condições de exercer sua função com imparcialidade e independência.

As garantias asseguradas aos magistrados, individualmente, são as seguintes:

a) *Vitaliciedade* – é a garantia que assegura ao membro do Poder Judiciário a prerrogativa de só se ver demitido do respectivo cargo por decisão judicial passada em julgado. Normalmente, o servidor público desfruta de efetividade, ou seja, da vinculação ao cargo, do qual só pode ser desinvestido mediante regular procedimento administrativo, no qual se comprove o cometimento

---

[2] Cf. decisão do Plenário de 07.10.2008, processo 200810000018125.

de falta grave. Com relação aos magistrados, essa garantia é mais forte, pois o juiz só pode ser demitido depois de uma decisão judicial transitada em julgado, ou seja, depois de um processo judicial, com todas as garantias a ele inerentes. Em termos práticos, isso significa que a demissão de um membro do Poder Judiciário processa-se em duas fases: a primeira, onde, administrativamente, empreende-se a apuração da falta punível com demissão; a segunda, concentrada em um processo judicial, no qual a pena de demissão há de vir consolidada em uma sentença judicial, que só poderá ser aplicada após seu trânsito em julgado. Essa sentença pode ser de natureza civil, ou seja, produzida no bojo de ação especificamente deduzida para a demissão do magistrado, ou, diferentemente, constar dos efeitos secundários de uma sentença judicial penal. A vitaliciedade é adquirida, no primeiro grau, após dois anos de estágio probatório. No segundo grau – nomeação pelo quinto constitucional – com a posse;

b) *Inamovibilidade* – genericamente, traduz a regra de impossibilidade de remoção de um membro do Poder Judiciário de um cargo para outro. Duas questões, porém, colocam-se como relevantes. Em primeiro lugar, essa impossibilidade de remoção não é absoluta, pois sofre exceções. É que, nos termos do art. 93, VIII, da Constituição da República, o magistrado pode, com base no interesse público, ser removido do seu cargo pelo voto da maioria absoluta dos membros do respectivo tribunal ou do Conselho Nacional de Justiça, assegurada a ampla defesa. Em segundo lugar, essa inamovibilidade gera efeitos não só em relação ao cargo, mas também às funções, ou seja, o comando constitucional implica, de um lado, que o juiz não seja tirado do seu cargo, como também importa que um processo atribuído a um magistrado por ele deve ser julgado, estando proibido qualquer procedimento avocatório, seja por injunção da garantia da inamovibilidade, seja por força do princípio do juiz natural;

c) *Irredutibilidade de subsídio* – o membro do Poder Judiciário não pode ter seus vencimentos reduzidos. Essa garantia, na Carta de 1988, é comum a todos os servidores públicos (art. 37, XV) e traduz uma irredutibilidade nominal de vencimentos, quer dizer, o juiz não pode ter diminuído nominalmente seus vencimentos, mas a garantia não implica a proteção do poder aquisitivo dos eventualmente corroídos pela inflação.

Ao lado dessas garantias constitucionais,

O Poder Judiciário 427

existe ainda a denominada independência jurídica dos juízes, a qual retira o magistrado de qualquer subordinação hierárquica no desempenho de suas atividades funcionais; o juiz subordina-se somente à lei, sendo inteiramente livre na formação de seu convencimento e na observância dos ditames de sua consciência. A hierarquia dos graus de jurisdição nada mais traduz do que uma competência de derrogação e nunca uma competência de mando da instância superior sobre a inferior. A independência jurídica, porém, não exclui a atividade censória dos órgãos disciplinares da Magistratura sobre certos aspectos da conduta do juiz (CINTRA, GRINOVER & DINAMARCO, 1996, p. 162).

É verdade que a ação declaratória de constitucionalidade[3] vincula o Poder Judiciário (e as autoridades administrativas) ao conteúdo da decisão, eliminando, nesse ponto, o livre convencimento. O Supremo Tribunal Federal entendeu que tal redução, ocorrida por via de emenda constitucional, é perfeitamente compatível com o Texto Constitucional. Essa independência jurídica, no entanto, que, no processo, encontra-se materializada pelo livre convencimento motivado, deve ser complementada pelo sistema de vedações, que, por via transversa, garante a neutralidade judiciária. Assim é que ao magistrado é constitucionalmente vedado o exercício de qualquer outra função pública, salvo uma de magistério, assim como receber custas, participar em processo ou dedicar-se à atividade político-partidária.

Essas garantias de independência e imparcialidade dizem respeito ao magistrado para o exercício de funções institucionais. Porém, paralelamente, a Constituição outorgou ao Poder Judiciário, como um todo, garantias institucionais para assegurar a autonomia deste órgão em relação aos demais Poderes. São predicamentos que, em termos concretos, asseguram a observância do princípio da tripartição de funções, ou seja, da independência e harmonia entre os Poderes.

Tais garantias podem ser resumidas da seguinte forma:

a) *Capacidade de autogoverno* – o Judiciário tem prerrogativa de eleição de seus órgãos diretivos, de organização de suas secretarias, de provimento dos cargos da carreira e dos serviços auxiliares e de realização dos atos internos, como concessão de férias, afastamentos etc.;

---

[3] No início, por força da Emenda Constitucional n. 3/93, era apenas a ação declaratória de constitucionalidade; depois, os efeitos vinculantes foram estendidos pela Lei n. 9.868/99 para a ação direta de inconstitucionalidade e, pela Lei n. 9.882/99, para a arguição de descumprimento de preceito fundamental, tudo referendado pela Emenda Constitucional n. 45/2004.

428 Curso de Direito Constitucional

b) *Capacidade normativa interna* – o funcionamento dos tribunais é disciplinado por um regimento interno. A competência para a edição deste pertence, respectivamente, a cada um daqueles, na forma preconizada pelo art. 96, I, da Constituição da República;

c) *Autonomia administrativa* – os atos internos de administração ordinária independem de manifestação dos outros Poderes;

d) *Autonomia financeira* – representada pela prerrogativa de elaboração de suas propostas orçamentárias dentro dos limites estabelecidos com os demais Poderes na lei de diretrizes orçamentárias. Veja-se que a iniciativa do projeto orçamentário é do Chefe do Executivo e que o orçamento é único, no bojo do qual, portanto, entroncam-se as propostas orçamentárias de todos os Poderes. Assim, elas devem ser elaboradas pelo Judiciário e remetidas ao Chefe do Executivo, a quem competirá deflagrar o processo legislativo da lei orçamentária. Os limites das propostas orçamentárias do Poder Judiciário serão os preestabelecidos na lei de diretrizes orçamentárias.

O Supremo Tribunal Federal, tratando do tema, ofereceu a seguinte abordagem:

> O autogoverno da Magistratura tem, na autonomia do Poder Judiciário, o seu fundamento essencial, que se revela verdadeira pedra angular, suporte imprescindível à asseguração da independência político-institucional dos Juízos e dos Tribunais.
>
> O legislador constituinte, dando consequência a sua clara opção política – verdadeira decisão fundamental concernente à independência da Magistratura – instituiu, no art. 168 de nossa Carta Política, uma típica garantia instrumental, assecuratória da autonomia financeira do Poder Judiciário.
>
> A norma inscrita no art. 168 da Constituição reveste-se de caráter tutelar, concebida que foi para impedir o Executivo de causar, em desfavor do Judiciário, do Legislativo e do Ministério Público, um estado de subordinação financeira que comprometesse, pela gestão arbitrária do orçamento – ou, até mesmo, pela injusta recusa de liberar os recursos nele consignados –, a própria independência político-jurídica daquelas Instituições (Proc. MSAQO 21.291, Rel. Min. Celso de Mello, *DJ*, 27 out. 1995, *Ementário do STF*, n. 1805-02, p. 201; *JUIS*, n. 7).

Importante salientar que a Emenda Constitucional n. 45 acabou por restringir a autonomia financeira do Poder Judiciário, na medida em que conferiu, ao Chefe do Poder Executivo, poderes para adaptar as propostas orçamentárias dos tribunais, sempre que estas estiverem em desacordo com o determinado na lei de diretrizes orçamentárias.

Embora o dispositivo, em princípio, não elimine a autonomia orçamentária, é certo que ele outorga, ao Chefe do Executivo, a interpretação dessa adequação à lei de diretrizes orçamentárias, permitindo que o Chefe do Executivo promova as alterações que entenda adequadas.

Vedações

Ao lado das citadas garantias, a Constituição, pensando igualmente na independência e isenção dos juízes, criou as seguintes vedações:

- exercer, ainda que em disponibilidade, outro cargo ou função, salvo uma de magistério;
- receber, a qualquer título ou pretexto, custas ou participação em processo;
- dedicar-se à atividade política partidária;
- receber, a qualquer título ou pretexto, auxílios ou contribuições de pessoas físicas, entidades públicas ou privadas, ressalvadas exceções previstas em lei;
- exercer a advocacia no juízo ou tribunal do qual se afastou, antes de decorridos três anos do afastamento do cargo por aposentadoria ou exoneração.

ÓRGÃOS DO PODER JUDICIÁRIO

A Constituição da República, ao dispor sobre o Poder Judiciário, enumerou basicamente quais os seus organismos, fixando ainda as linhas mestras da divisão de competências judiciárias.

Nesse sentido, estabeleceu uma primeira linha divisória, que separa a Justiça Especializada (matérias específicas) da Justiça Comum (matérias residuais). Dentro desta, operou nova divisão, que, tomando em conta a posição da União nos processos judiciais, separa a Justiça Federal da Justiça local. Coroando essa especificação de competências, erigiu ao ápice do sistema judiciário dois tribunais nacionais, de *superposição* (CINTRA, GRINOVER & DINAMARCO, 1996, p. 178), nomeadamente o Supremo Tribunal Federal e o Superior Tribunal de Justiça.

A começar pelo Supremo Tribunal Federal, órgão de cúpula do Judiciário nacional, vejamos qual a posição e quais as competências constitucionalmente traçadas para cada um dos órgãos do Poder Judiciário.

430 Curso de Direito Constitucional

Antes de adentrarmos na competência e na composição dos tribunais, importante entender a regra do art. 94 da Constituição Federal, que assegura que um quinto dos lugares dos Tribunais Regionais Federais, dos Tribunais Estaduais, do Distrito Federal e dos Territórios será composto de membros do Ministério Público com mais de 10 anos de carreira e de advogados de notório saber jurídico e reputação ilibada, com mais de 10 anos de efetiva atividade profissional, indicados por lista sêxtupla pelos órgãos de representação das respectivas classes. Na hipótese de conta quebrada para a obtenção do quinto, esta deve ser arredondada para cima, para assegurar o cumprimento do ditame constitucional (no mínimo 1/5). Se arredondássemos para baixo, teríamos menos do que um quinto, o que não é permitido pelo art. 94.

Conselho Nacional de Justiça

A Emenda Constitucional n. 45, a chamada Reforma do Poder Judiciário, criou um órgão de controle externo do Poder Judiciário, denominado Conselho Nacional de Justiça.

O referido órgão deve controlar a atuação administrativa e financeira do Poder Judiciário e o cumprimento dos deveres funcionais dos juízes, cabendo-lhe, nos termos do § 4º do art. 103-B da Constituição, além de outras atribuições que forem conferidas pelo Estatuto da Magistratura:

- zelar pela autonomia do Poder Judiciário e pelo cumprimento do Estatuto da Magistratura, podendo expedir atos regulamentares, no âmbito de sua competência;
- zelar pela observância do art. 37 e apreciar, de ofício ou mediante provocação, a legalidade dos atos administrativos praticados por membros ou órgãos do Poder Judiciário, podendo desconstituí-los, revê-los ou fixar prazo para que se adotem as providências necessárias ao exato cumprimento da lei, sem prejuízo da competência do Tribunal de Contas da União;
- receber e conhecer das reclamações contra membros ou órgãos do Poder Judiciário, inclusive contra seus serviços auxiliares, serventias e órgãos prestadores de serviços notariais e de registro que atuem por delegação do poder público ou oficializados, sem prejuízo da competência disciplinar e correicional dos tribunais, podendo avocar processos disciplinares em curso e

O Poder Judiciário 431

determinar a remoção ou a disponibilidade e aplicar outras sanções administrativas, assegurada ampla defesa;

- representar ao Ministério Público, no caso de crime contra a administração pública ou de abuso de autoridade;
- rever, de ofício ou mediante provocação, os processos disciplinares de juízes e membros de tribunais julgados há menos de 1 ano;
- elaborar semestralmente relatório estatístico sobre processos e sentenças prolatadas, por unidade da Federação, nos diferentes órgãos do Poder Judiciário;
- elaborar relatório anual, propondo as providências que julgar necessárias, sobre a situação do Poder Judiciário no País e as atividades do Conselho, o qual deve integrar mensagem do Presidente do Supremo Tribunal Federal a ser remetida ao Congresso Nacional, por ocasião da abertura da sessão legislativa.

De acordo com a nova redação do art. 103-B da Constituição, definida pela Emenda n. 61/2009, o Conselho Nacional de Justiça permanece com 15 membros, com investidura de 2 anos, admitida uma recondução, porém, agora, sem as limitações, mínima e máxima, de idade outrora existentes:

- o Presidente do Supremo Tribunal Federal (I);
- um Ministro do Superior Tribunal de Justiça, indicado pelo respectivo tribunal (II);
- um Ministro do Tribunal Superior do Trabalho, indicado pelo respectivo tribunal (III);
- um desembargador de Tribunal de Justiça, indicado pelo Supremo Tribunal Federal (IV);
- um juiz estadual, indicado pelo Supremo Tribunal Federal (V);
- um juiz do Tribunal Regional Federal, indicado pelo Superior Tribunal de Justiça (VI);
- um juiz federal, indicado pelo Superior Tribunal de Justiça (VII);
- um juiz de Tribunal Regional do Trabalho, indicado pelo Tribunal Superior do Trabalho (VIII);
- um juiz do trabalho, indicado pelo Tribunal Superior do Trabalho (IX);
- um membro do Ministério Público da União, indicado pelo Procurador--Geral da República (X);

432 Curso de Direito Constitucional

- um membro do Ministério Público Estadual, escolhido pelo Procurador-
  -Geral da República dentre os nomes indicados pelo órgão competente de
  cada instituição estadual (XI);
- dois advogados, indicados pelo Conselho Federal da Ordem dos Advogados do Brasil (XII);
- dois cidadãos, de notável saber jurídico e reputação ilibada, indicados um
  pela Câmara dos Deputados e outro pelo Senado Federal (XIII).

Supremo Tribunal Federal

O Supremo Tribunal Federal é composto por 11 Ministros nomeados pelo Presidente após aprovação do Senado, dentre cidadãos com mais de 35 anos e menos de 65, com notável saber jurídico e reputação ilibada.

Como se vê, o sistema de nomeação de Ministros do Supremo Tribunal Federal é peculiar e independe de concurso. O presidente faz a indicação do nome, que é complementada pela aprovação do Senado Federal. A partir da nomeação, esses ministros, como os demais magistrados, passam a desfrutar de investidura vitalícia.

A competência do Supremo Tribunal Federal é ditada pelo art. 102 da Constituição da República. O principal objetivo do constituinte foi caracterizar o Supremo Tribunal Federal como órgão guardião da Constituição da República. Assim foi que lhe outorgou as competências necessárias para que ficasse investido da prerrogativa de dizer a última palavra em matéria constitucional. Dessa maneira, o Supremo Tribunal Federal é o destinatário da ação direta de inconstitucionalidade – meio de controle concentrado de constitucionalidade dos atos normativos –, bem como do recurso extraordinário, meio pelo qual foi transformado na última instância de jurisdição quando a questão constitucional é suscitada pela via difusa.

A Constituição Federal, contudo, outorgou-lhe outras competências. Façamos, assim, um quadro geral delas, a partir de uma divisão básica entre as competências originárias e recursais.

Competências originárias. Compete ao Supremo Tribunal Federal julgar originariamente – *como única instância* – as seguintes questões:

a) a ação direta de inconstitucionalidade de ato normativo federal ou estadual contestado em face da Constituição da República, bem como pedido de medida cautelar desta. O ato municipal que fere a Constituição Federal ficou sem controle direto, devendo ser utilizada apenas a via de exceção;

b) a ação declaratória de constitucionalidade de ato normativo federal;

c) o Presidente da República, o Vice-Presidente, os Deputados Federais, os Senadores, os Ministros e o Procurador-Geral da República, nas infrações penais comuns;

d) os Ministros de Estado, os Comandantes da Marinha, do Exército e da Aeronáutica (salvo crimes de responsabilidade conexos com um da mesma natureza praticado pelo Presidente da República), os membros do Superior Tribunal de Justiça, do Tribunal Superior Eleitoral (salvo os pertencentes ao próprio STF), do Superior Tribunal Militar, do Tribunal Superior do Trabalho, do Tribunal de Contas da União e os chefes de missão diplomática de caráter permanente, nos crimes comuns e de responsabilidade;

e) o *habeas corpus*, quando for paciente qualquer uma das pessoas referidas nos itens anteriores, bem como quando o coator ou o paciente for tribunal, autoridade ou funcionário cujos atos estejam sujeitos diretamente à jurisdição do Supremo Tribunal Federal, ou se trate de crime sujeito à mesma jurisdição em uma única instância;

f) o mandado de segurança e o *habeas data* contra atos do Presidente da República, das Mesas da Câmara dos Deputados e do Senado Federal, do Tribunal de Contas da União, do Procurador-Geral da República e do Supremo Tribunal Federal;

g) o litígio entre Estado estrangeiro ou organismo internacional e a União, os estados, o Distrito Federal ou o Território;

h) as causas e os conflitos entre a União e os estados, a União e o Distrito Federal, ou entre uns e outros, inclusive as respectivas entidades da administração indireta;

i) a extradição solicitada por Estado estrangeiro;

j) a revisão criminal e a ação rescisória de seus julgados;

k) a reclamação para a preservação de sua competência e a garantia de suas decisões;

l) a execução de sentença nas causas de sua competência originária, facultada a delegação de atribuições para a prática de atos processuais;

m) a ação em que todos os membros da magistratura sejam direta ou indiretamente interessados, e aquela em que mais da metade dos membros do tribunal de origem estejam impedidos ou sejam direta ou indiretamente interessados;

434 Curso de Direito Constitucional

n) os conflitos de competência entre o Superior Tribunal de Justiça e quaisquer tribunais, entre tribunais superiores, ou entre estes e qualquer outro tribunal;

o) o mandado de injunção, quando a elaboração da norma regulamentadora for atribuição do Presidente da República, do Congresso Nacional, da Câmara dos Deputados, do Senado Federal, das Mesas de uma das Casas Legislativas, do Tribunal de Contas da União, de um dos Tribunais Superiores, ou do próprio Supremo Tribunal Federal;

p) as ações contra o Conselho Nacional de Justiça e contra o Conselho Nacional do Ministério Público.

Competências recursais. Ao lado do rol de competências originárias, o Supremo Tribunal Federal possui outras, em que os casos são submetidos ao seu conhecimento pela via recursal. Esses recursos são de duas espécies: os *ordinários* e os *extraordinários.*

Duas são as ordens de razões aptas a desafiar a interposição do recurso ordinário. Vejamos:

a) o *habeas corpus*, o mandado de segurança, o *habeas data* e o mandado de injunção decididos em única instância pelos tribunais superiores, se denegatória a decisão;

b) o crime político.

O recurso extraordinário é o meio apto ao exercício do controle difuso de constitucionalidade das leis pelo Supremo Tribunal Federal, sendo cabível quando a decisão recorrida:

a) contrariar dispositivo da Constituição da República;

b) declarar a inconstitucionalidade de tratado ou lei federal;

c) julgar válida lei ou ato de governo local contestado em face da Constituição da República.

Súmulas vinculantes

A Emenda Constitucional n. 45, inserindo o art. 103-A na Constituição, criou a discutível figura da súmula vinculante, indicando que o Supremo Tribunal Federal poderá, de ofício ou por provocação, mediante decisão de dois terços de seus membros, após reiteradas decisões sobre a matéria, aprovar súmula que produzirá efeito vinculante em relação aos demais órgãos do Poder Judiciário e à administração pública direta e indireta, nas esferas federal, estadual e municipal.

Segundo os termos do novel dispositivo, a figura da súmula vinculante apresentar-se-á com as seguintes características:

- adoção de ofício ou por provocação, sendo legitimados para tanto aqueles que forem indicados por lei e os legitimados para a propositura da ação direta de inconstitucionalidade;
- aprovação por dois terços dos membros do Supremo Tribunal Federal;
- necessidade de que a adoção da súmula seja precedida de reiteradas decisões sobre a matéria pelo Supremo Tribunal Federal;
- efeito vinculante em relação aos demais órgãos do Poder Judiciário e à administração direta e indireta de todas as esferas da federação;
- objetivo de definir a validade, a interpretação e a eficácia de normas determinadas, acerca das quais haja controvérsia atual entre órgãos judiciários ou entre estes e a administração pública que acarrete grave insegurança jurídica e relevante multiplicação de processos sobre questão idêntica (art. 130-A, § 1º);
- possibilidade de revisão de ofício ou por provocação dos órgãos legitimados;
- cabimento de reclamação ao Supremo Tribunal Federal toda vez que decisão judicial ou ato administrativo vier a contrariá-la ou a aplicá-la indevidamente.

Apesar de entendermos inconstitucional a figura da súmula vinculante, uma vez que nos parece patente a violação aos princípios do juiz natural e do devido processo legal, a questão, de certo modo, já foi superada pelo Supremo Tribunal Federal, quando este entendeu constitucional a vinculação promovida pelas decisões tiradas em ações declaratórias de constitucionalidade e em ações diretas de inconstitucionalidade.

A matéria veio esmiuçada na Lei n. 11.417/2006, que disciplinou o tema das súmulas vinculantes. Poucas, no entanto, foram as novidades, especialmente diante do detalhamento constitucional. Os legisladores da Emenda Constitucional n. 45 procuraram deixar pouca margem ao legislador ordinário, o que fez com que este repetisse boa parte dos vetores constantes na Constituição.

Superior Tribunal de Justiça

A composição do Superior Tribunal de Justiça, definida pela Constituição, é de, no mínimo, 33 juízes, dentre brasileiros com mais de 35 anos, de notável saber jurídico e reputação ilibada, nomeados pelo Presidente, depois de aprovados pela maioria absoluta do Senado Federal, sendo:

a) um terço dentre juízes dos Tribunais Regionais Federais e um terço dentre Desembargadores, indicados em lista tríplice elaborada pelo próprio Tribunal;

b) em partes iguais, dentre advogados e membros do Ministério Público Federal, Estadual, do Distrito Federal e Territórios.

A competência do STJ também guarda uma peculiaridade. Com efeito, embora não seja essa sua única finalidade, ficou clara a intenção do constituinte de 1988 de atribuir-lhe o papel de guardião do direito federal, transformando-o em última instância de jurisdição quando a questão em debate relacionar-se com o direito federal. A competência do STJ também pode ser decomposta em originária e recursal.

Competências originárias. As competências originárias do Superior Tribunal de Justiça são, basicamente, as de julgar:

a) nos crimes comuns, os Governadores dos estados e do Distrito Federal;

b) nos crimes comuns e nos de responsabilidade, os Desembargadores dos Tribunais de Justiça e os membros dos Tribunais de Contas dos Estados e do Distrito Federal, os dos Tribunais Regionais Federais, dos Tribunais Regionais Eleitorais e do Trabalho, os membros dos Conselhos ou Tribunais de Contas dos municípios e os do Ministério Público da União que oficiem perante tribunais;

c) os mandados de segurança e os *habeas data* contra ato dos Ministros de Estado, dos Comandantes da Marinha, do Exército e da Aeronáutica ou do próprio tribunal;

d) os *habeas corpus,* quando o coator ou paciente for qualquer das pessoas mencionadas nas duas primeiras letras ou quando o coator for de tribunal sujeito à sua jurisdição, ou de Ministro de Estado ou do Comandante da Marinha, do Exército ou da Aeronáutica, ressalvada a competência da Justiça Eleitoral;

e) os conflitos de competência entre quaisquer tribunais, ressalvado os entre o STJ e quaisquer tribunais, entre tribunais superiores, ou entre estes e qualquer outro tribunal – que são de competência do STF;
f) os conflitos de competência entre tribunal e juízes a ele não vinculados e entre juízes vinculados a tribunais diversos;
g) as revisões criminais e as ações rescisórias de seus julgados;
h) a reclamação para a preservação de sua competência e garantia da autoridade de suas decisões;
i) os conflitos de atribuições entre autoridades administrativas e judiciárias da União, ou entre autoridades judiciárias de um estado e administrativas de outro ou do Distrito Federal, ou entre as deste e as da União;
j) o mandado de injunção, quando a elaboração da norma regulamentadora for atribuição de órgão, entidade ou autoridade federal, da administração direta ou indireta, excetuados os casos de competência do Supremo Tribunal Federal e dos órgãos da Justiça Militar, da Justiça Eleitoral, da Justiça do Trabalho e da Justiça Federal;
k) a homologação de sentenças estrangeiras e a concessão de *exequatur* às cartas rogatórias.

Competências recursais. Ao lado do rol de competências originárias, o Superior Tribunal de Justiça possui competências recursais, das quais toma conhecimento quando provocado por duas espécies de recursos: os *ordinários* e os *especiais.*

Mediante recurso ordinário, cabe ao Superior Tribunal de Justiça julgar:

a) os *habeas corpus* decididos em única ou última instância pelos Tribunais Regionais Federais ou pelos tribunais dos estados, do Distrito Federal e Territórios, quando a decisão for denegatória;
b) os mandados de segurança decididos em única instância pelos Tribunais Regionais Federais ou pelos tribunais dos estados, do Distrito Federal e Territórios, quando a decisão for denegatória;
c) as causas em que forem partes Estado estrangeiro ou organismo internacional, de um lado, e, de outro, município ou pessoa residente ou domiciliada no País.

Através do recurso especial serão submetidas ao julgamento do Superior Tribunal de Justiça as decisões que:

438 Curso de Direito Constitucional

a) contrariarem tratado ou lei federal ou negar-lhes vigência;
b) julgarem válida lei ou ato de governo local contestado em face de lei federal;
c) derem a lei federal interpretação divergente da que lhe haja atribuído outro tribunal.

Por fim, a Constituição inscreveu no rol de atribuições do Superior Tribunal de Justiça o Conselho da Justiça Federal, que, *na forma da lei*, deve exercer a supervisão administrativa e orçamentária da Justiça Federal em primeiro e segundo grau (ver Regimento Interno do Conselho da Justiça Federal: *DJ*, 16 dez. 1992).

Tribunais regionais federais e juízes federais

A Justiça Federal foi organizada em dois graus de jurisdição: os juízes federais e os Tribunais Regionais Federais. A divisão judiciária federal do País foi feita em seções judiciárias, correspondendo cada qual a um estado (com sede na capital) e uma ao Distrito Federal. Essas seções, de sua vez, são agrupadas em regiões (sedes dos Tribunais Regionais Federais), no total de cinco – Distrito Federal, São Paulo, Rio de Janeiro, Recife e Porto Alegre –, conforme o disposto no art. 27, § 6º, do Ato das Disposições Constitucionais Transitórias.

Além disso, a Emenda Constitucional n. 73/2013 criou o Tribunal Regional Federal da 6ª Região, com sede em Curitiba, Estado do Paraná, e jurisdição nos Estados do Paraná, Santa Catarina e Mato Grosso do Sul; o da 7ª Região, com sede em Belo Horizonte, Estado de Minas Gerais, e jurisdição no Estado de Minas Gerais; o da 8ª Região, com sede em Salvador, Estado da Bahia, e jurisdição nos Estados da Bahia e Sergipe; e o da 9ª Região, com sede em Manaus, Estado do Amazonas, e jurisdição nos Estados do Amazonas, Acre, Rondônia e Roraima.

A Justiça Federal, nos termos do art. 109 da Constituição Federal, possui competência específica para julgar:

a) as causas em que a União, entidade autárquica ou empresa pública federal forem interessadas na condição de autoras, rés, assistentes ou oponentes,[4]

---

[4] Serão processadas e julgadas na Justiça Estadual as causas em que forem parte instituição de previdência social e segurado, sempre que a comarca não seja sede de vara da Justiça Federal. Nesse caso, o recurso será para o Tribunal Regional Federal.

exceto as de falência, as de acidentes de trabalho e as sujeitas à Justiça Eleitoral e à Justiça do Trabalho (I);

b) as causas entre Estado estrangeiro ou organismo internacional e município ou pessoa domiciliada ou residente no País (II);

c) as causas fundadas em tratado ou contrato da União com Estado estrangeiro ou organismo internacional (III);

d) os crimes políticos e as infrações penais praticadas em detrimento de bens, serviços ou interesse da União ou de suas entidades autárquicas ou empresas públicas, excluídas as contravenções e ressalvada a competência da Justiça Militar e da Justiça Eleitoral (IV);

e) os crimes previstos em tratado ou convenção internacional, quando, iniciada a execução no País, o resultado tenha ou devesse ter ocorrido no estrangeiro, ou reciprocamente (V);

f) as causas relativas a direitos humanos, quando houver deslocamento de competência (V-A);

g) os crimes contra a organização do trabalho e, nos casos determinados por lei, contra o sistema financeiro e a ordem econômico-financeira (VI);

h) os *habeas corpus*, em matéria criminal de sua competência ou quando o constrangimento provier de autoridade cujos atos não estejam diretamente sujeitos a outra jurisdição (VII);

i) os mandados de segurança e os *habeas data* contra ato de autoridade federal, excetuados os casos de competência dos tribunais federais (VIII);

j) os crimes cometidos a bordo de navios ou aeronaves, ressalvada a competência da Justiça Militar (IX);

k) os crimes de ingresso ou permanência irregular de estrangeiro, a execução de carta rogatória, após o *exequatur*, e de sentença estrangeira, após a homologação, as causas referentes à nacionalidade, inclusive a respectiva opção, e à naturalização (X);

l) a disputa sobre direitos indígenas (XI).

A par das regras de competência traçadas, a Constituição adiantou-se na regulamentação do foro, estabelecendo que as causas intentadas pela União serão ajuizadas no foro onde a outra parte tiver domicílio.

As ajuizadas contra a União poderão ser aforadas na seção judiciária em que for domiciliado o autor, naquela onde houver ocorrido o ato ou fato que deu origem à demanda ou onde esteja situada a coisa, ou, ainda, no Distrito Federal.

440 Curso de Direito Constitucional

Os Tribunais Regionais Federais devem possuir, por expressa determinação constitucional, no mínimo sete juízes, aplicando-se a regra do quinto constitucional. Quando se fala em quinto constitucional, previsto no art. 94 da Constituição Federal, fica claro que é necessária a formação de um quinto, pelo menos, ou seja, em caso de divisão com fração menor, deve-se arredondar para cima, de forma a cumprir o ditame da Lei Maior. O arredondamento para baixo não permitirá alcançar o quinto constitucional.[5]

Tribunais e juízes dos estados

A Justiça, em nível estadual, tem competência residual, ou seja, colocam-se sob sua jurisdição as questões que não são apanhadas pela competência das Justiças Especializadas e da Justiça Federal. Nesse sentido, a primeira instância da Justiça dos estados é representada pelos juízos de direito. A segunda, pelo Tribunal de Justiça, sendo que a Emenda Constitucional n. 45 determinou a extinção dos Tribunais de Alçada.

A citada emenda constitucional preconizou também a possibilidade de funcionamento descentralizado do Tribunal de Justiça, mediante a criação de câmaras regionais.

Ademais, determina ainda a Constituição a instalação da justiça itinerante, inclusive com a realização de audiências e de outros atos processuais, nos limites territoriais da respectiva jurisdição, servindo-se de equipamentos públicos e comunitários.

Varas agrárias

O art. 126 da Constituição Federal determina que os Tribunais de Justiça de todos os estados do País criem varas judiciais com competência exclusiva para a questão agrária.

Tal definição constitucional foi orientada pela ideia de que os conflitos agrários, pelos seus diversos aspectos sociais e econômicos, demandam não só grande conhecimento do tema, como também sensibilidade por parte dos julgadores, que, nesse ponto, não podem passar ao largo de um trajeto de histórico

---

[5] À vista do que dispõe o art. 94 da Constituição, um quinto, no mínimo, da composição dos Tribunais Regionais Federais e dos Tribunais dos Estados será de membros do Ministério Público e de advogados, impondo-se, na hipótese de a divisão por cinco do número de vagas existentes resultar um número fracionado – não importando que a fração seja inferior a meio –, o arredondamento para cima. Precedente citado: 493-PA, Rel. Min. Octávio Gallotti, j. 06.06.2000, *Boletim Informativo STF*, n. 192.

O Poder Judiciário 441

acirramento de tensões entre os diversos agentes envolvidos na questão. Entendeu-se, assim, que o caminho mais adequado para a Justiça seria o da especialização.

Tal especialização trará ganhos sensíveis, permitindo que juízes com conhecimento da causa, não só no aspecto jurídico, mas também no econômico e no social, julguem tais demandas. Além disso, a especialização permitiria dedicação integral do juiz ao tema, que, de fato, reclama uma abordagem diferenciada.

Tribunais e juízes do trabalho

A Justiça do Trabalho encontra-se constituída em três instâncias judiciárias: as Varas do Trabalho, os Tribunais Regionais do Trabalho e o Tribunal Superior do Trabalho.[6]

O Tribunal Superior do Trabalho deve ser integrado, nos termos do art. 111-A da Constituição Federal, por 27 Ministros, escolhidos dentre brasileiros com mais de 35 e menos de 65 anos, de notável saber jurídico e reputação ilibada, nomeados pelo Presidente da República após a aprovação pela maioria absoluta do Senado Federal, sendo:[7]

- um quinto dentre advogados com mais de dez anos de efetiva atividade profissional e membros do Ministério Público do Trabalho com mais de dez anos de efetivo exercício, observado o disposto no art. 94 (I);
- os demais dentre juízes do trabalho dos Tribunais Regionais do Trabalho, oriundos da magistratura da carreira, indicados em lista tríplice elaborada pelo próprio Tribunal Superior (II).

A Constituição prevê ainda que junto ao Tribunal Superior do Trabalho devem funcionar a Escola Nacional de Formação e Aperfeiçoamento de Magistrados do Trabalho, cabendo-lhe, dentre outras funções, regulamentar os cursos oficiais para o ingresso e a promoção na carreira, bem como o Conselho Superior da Justiça do Trabalho, cabendo-lhe exercer, na forma da lei, a supervisão administrativa, orçamentária, financeira e patrimonial da Justiça do Trabalho de primeiro e segundo graus, como órgão central do sistema, cujas decisões terão efeito vinculante (art. 111-A, § 2º).

---

[6] A Emenda Constitucional n. 24/99 suprimiu a composição classista em todas as instâncias, permitindo, no entanto, o término dos mandatos aos ocupantes em andamento quando de sua promulgação.
[7] Cf. Emenda Constitucional n. 92/2016.

Os Tribunais Regionais do Trabalho, conforme enunciado do art. 115 da Constituição, devem ser integrados por, no mínimo, sete juízes do trabalho, nomeados pelo Presidente da República dentre brasileiros com mais de 30 e menos de 65 anos, sendo:

- um quinto dentre advogados com mais de dez anos de efetiva atividade profissional e membros do Ministério Público do Trabalho com mais de dez anos de efetivo exercício, observado o disposto no art. 94 (I);
- os demais, mediante promoção de juízes do trabalho com mais de cinco anos de exercício, por antiguidade e merecimento, alternadamente (II).

Os Tribunais Regionais do Trabalho têm o dever constitucional de instalar a justiça itinerante, com a realização de audiências e demais funções de atividade jurisdicional, nos limites territoriais da respectiva jurisdição, servindo-se de equipamentos públicos e comunitários.

A ideia que permeia o Texto Constitucional, no ponto, é a de propiciar a democratização do acesso à Justiça, especialmente para trabalhadores rurais e de regiões mais afastadas, que, no mais das vezes, são aqueles que mais demandam proteção trabalhista.

O art. 114 da Constituição enuncia que à Justiça do Trabalho compete processar e julgar:

- as ações oriundas da relação de trabalho, abrangidos os entes de direito público externo e da administração pública direta e indireta da União, dos estados, do Distrito Federal e dos municípios (I);
- as ações que envolvam exercício de direito de greve (II);
- as ações sobre representação sindical, entre sindicatos, entre sindicatos e trabalhadores, e entre sindicatos e empregadores (III);
- os mandados de segurança, *habeas corpus* e *habeas data*, quando o ato questionado envolver matéria sujeita à sua jurisdição (IV);
- os conflitos de competência entre órgãos com jurisdição trabalhista, ressalvado o disposto no art. 102, I, *o* (V);
- as ações de indenização por dano moral ou patrimonial, decorrentes da relação de trabalho (VI);
- as ações relativas às penalidades administrativas impostas aos empregadores pelos órgãos de fiscalização das relações de trabalho (VII);

- a execução, de ofício, das contribuições sociais previstas no art. 195, I, *a*, e II, e seus acréscimos legais, decorrentes das sentenças que proferir (VIII);
- na forma da lei, outras controvérsias decorrentes de dissídios individuais e coletivos nas relações de trabalho (IX).

Prescreve ainda o § 1º do citado dispositivo constitucional que, frustrada a negociação coletiva, as partes poderão eleger árbitros, consagrando, portanto, a viabilidade de utilização de arbitragem em matéria trabalhista.

Por fim, as Varas do Trabalho serão exercidas por um juiz singular.

A competência da Justiça do Trabalho está adstrita ao julgamento dos dissídios individuais e coletivos.[8]

Tribunais e juízes eleitorais

A Justiça Eleitoral compõe-se do Tribunal Superior Eleitoral, dos Tribunais Regionais Eleitorais, das juntas eleitorais e dos juízes eleitorais. O Tribunal Superior Eleitoral é integrado por sete ministros, indicados da seguinte forma:

a) três provenientes do Supremo Tribunal Federal;
b) dois oriundos do Superior Tribunal de Justiça;
c) dois advogados, escolhidos pelo Presidente da República a partir de lista sêxtupla elaborada pelo Supremo Tribunal Federal.

Os Tribunais Regionais Eleitorais devem contar sete membros, nomeados com base no seguinte critério:

a) dois juízes dentre os Desembargadores do Tribunal de Justiça;
b) dois juízes, dentre os juízes de direito, escolhidos pelo Tribunal de Justiça;
c) um juiz do Tribunal Regional Federal;

---

[8] O Supremo Tribunal Federal entendeu que a competência para o processo e julgamento das ações de cumprimento de sentenças normativas havidas em dissídios coletivos ou em convenções ou acordos coletivos de trabalho é da Justiça do Trabalho (2ª T., RE 221.985-BA, Rel. Min. Carlos Velloso, *RTJ*, *170*:711 e s.).

444 Curso de Direito Constitucional

d) dois advogados, nomeados pelo Presidente da República a partir de lista sêxtupla formada pelo Tribunal de Justiça.[9]

As juntas eleitorais são integradas por um juiz eleitoral e por cidadãos – dois a quatro – nomeados pelo Presidente do Tribunal Regional Eleitoral, com funções específicas para a eleição para a qual foram constituídas.

Tribunais e juízes militares

A Justiça Militar Estadual, que deve ser criada por lei estadual, de iniciativa exclusiva do Tribunal de Justiça, deve ser integrada, em primeiro grau, pelos juízes de direito e pelos Conselhos de Justiça e, em segundo, pelo próprio Tribunal de Justiça, ou por Tribunal de Justiça Militar nos estados em que o efetivo militar seja superior a 20 mil integrantes, conforme dicção do § 3º do art. 125 da Constituição Federal, com a redação outorgada pela Emenda Constitucional n. 45.

À Justiça Militar estadual compete processar e julgar os policiais militares, nos crimes militares próprios e impróprios, conforme definição legal (Código Penal Militar) e as ações judiciais contra atos disciplinares militares, ressalvada a competência do júri quando a vítima for civil, cabendo ao tribunal competente decidir sobre a perda do posto e da patente dos oficiais e da graduação dos praças.

Importa salientar, nesse sentido, que o reformador da Constituição (Emenda n. 45) criou uma nova dinâmica na Justiça Militar, retirando o julgamento dos crimes militares cometidos por policiais militares contra civis do princípio da colegialidade, dispondo, no novo § 5º do citado dispositivo constitucional, competir

> aos juízes de direito do juízo militar processar e julgar, singularmente, os crimes militares cometidos contra civis e as ações judiciais contra atos disciplinares militares, cabendo ao Conselho de Justiça, sob a presidência de juiz de direito, processar e julgar os demais crimes militares.

---

[9]O Supremo Tribunal Federal entendeu que continua em vigência o § 2º do art. 25 do Código Eleitoral, que impede que, na vaga reservada aos advogados para composição do Tribunal Regional Eleitoral, conste magistrado aposentado (RMS 23.123-PB, Rel. Min. Nelson Jobim, j. 15.12.1999, *Boletim Informativo STF*, n. 175).

O Poder Judiciário 445

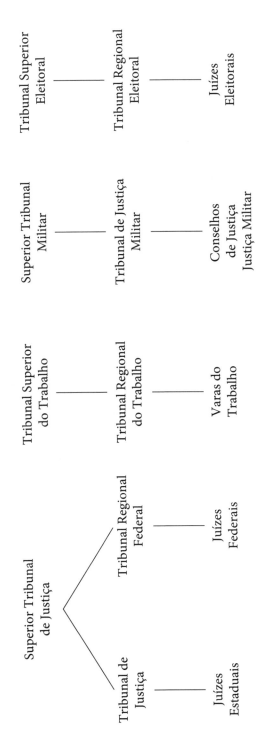

PRECATÓRIOS JUDICIAIS

No capítulo do Poder Judiciário, a Constituição da República disciplinou o instituto dos precatórios judiciais, cuja compostura original foi alterada por mais de uma emenda constitucional (20/98, 30/2000, 37/2002, 62/2009 e 94/2016),[10] encontrando-se formulado da seguinte maneira:

Art. 100. Os pagamentos devidos pelas Fazendas Públicas Federal, Estaduais, Distrital e Municipais, em virtude de sentença judiciária, far-se-ão exclusivamente na ordem cronológica de apresentação dos precatórios e à conta dos créditos respectivos, proibida a designação de casos ou de pessoas nas dotações orçamentárias e nos créditos adicionais abertos para este fim.

§ 1º Os débitos de natureza alimentícia compreendem aqueles decorrentes de salários, vencimentos, proventos, pensões e suas complementações, benefícios previdenciários e indenizações por morte ou por invalidez, fundadas em responsabilidade civil, em virtude de sentença judicial transitada em julgado, e serão pagos com preferência sobre todos os demais débitos, exceto sobre aqueles referidos no § 2º deste artigo.

§ 2º Os débitos de natureza alimentícia cujos titulares, originários ou por sucessão hereditária, tenham 60 (sessenta) anos de idade, ou sejam portadores de doença grave, ou pessoas com deficiência, assim definidos na forma da lei, serão pagos com preferência sobre todos os demais débitos, até o valor equivalente ao triplo fixado em lei para os fins do disposto no § 3º deste artigo, admitido o fracionamento para essa finalidade, sendo que o restante será pago na ordem cronológica de apresentação do precatório.

§ 3º O disposto no *caput* deste artigo relativamente à expedição de precatórios não se aplica aos pagamentos de obrigações definidas em leis como de pequeno valor que as Fazendas referidas devam fazer em virtude de sentença judicial transitada em julgado.

§ 4º Para os fins do disposto no § 3º, poderão ser fixados, por leis próprias, valores distintos às entidades de direito público, segundo as diferentes capacidades econômicas, sendo o mínimo igual ao valor do maior benefício do regime geral de previdência social.

---

[10] A Emenda Constitucional n. 99/2017, instituiu novo regime especial de pagamentos dos precatórios, por meio de alteração do art. 101 do ADCT.

§ 5º É obrigatória a inclusão, no orçamento das entidades de direito público, de verba necessária ao pagamento de seus débitos, oriundos de sentenças transitadas em julgado, constantes de precatórios judiciários apresentados até 1º de julho, fazendo-se o pagamento até o final do exercício seguinte, quando terão seus valores atualizados monetariamente.

§ 6º As dotações orçamentárias e os créditos abertos serão consignados diretamente ao Poder Judiciário, cabendo ao Presidente do Tribunal que proferir a decisão exequenda determinar o pagamento integral e autorizar, a requerimento do credor e exclusivamente para os casos de preterimento de seu direito de precedência ou de não alocação orçamentária do valor necessário à satisfação do seu débito, o sequestro da quantia respectiva.

§ 7º O Presidente do Tribunal competente que, por ato comissivo ou omissivo, retardar ou tentar frustrar a liquidação regular de precatórios incorrerá em crime de responsabilidade e responderá, também, perante o Conselho Nacional de Justiça.

§ 8º É vedada a expedição de precatórios complementares ou suplementares de valor pago, bem como o fracionamento, repartição ou quebra do valor da execução para fins de enquadramento de parcela do total ao que dispõe o § 3º deste artigo.

§ 9º No momento da expedição dos precatórios, independentemente de regulamentação, deles deverá ser abatido, a título de compensação, valor correspondente aos débitos líquidos e certos, inscritos ou não em dívida ativa e constituídos contra o credor original pela Fazenda Pública devedora, incluídas parcelas vincendas de parcelamentos, ressalvados aqueles cuja execução esteja suspensa em virtude de contestação administrativa ou judicial.

§ 10. Antes da expedição dos precatórios, o Tribunal solicitará à Fazenda Pública devedora, para resposta em até 30 (trinta) dias, sob pena de perda do direito de abatimento, informação sobre os débitos que preencham as condições estabelecidas no § 9º, para os fins nele previstos.

§ 11. É facultada ao credor, conforme estabelecido em lei da entidade federativa devedora, a entrega de créditos em precatórios para compra de imóveis públicos do respectivo ente federado.

§ 12. A partir da promulgação desta Emenda Constitucional, a atualização de valores de requisitórios, após sua expedição, até o efetivo pagamento, independentemente de sua natureza, será feita pelo índice oficial de remuneração básica da caderneta de poupança, e, para fins de compensação da mora, incidirão juros simples no mesmo percentual de juros incidentes sobre a caderneta de poupança, ficando excluída a incidência de juros compensatórios.

448 Curso de Direito Constitucional

§ 13. O credor poderá ceder, total ou parcialmente, seus créditos em precatórios a terceiros, independentemente da concordância do devedor, não se aplicando ao cessionário o disposto nos §§ 2º e 3º.

§ 14. A cessão de precatórios somente produzirá efeitos após comunicação, por meio de petição protocolizada, ao tribunal de origem e à entidade devedora.

§ 15. Sem prejuízo do disposto neste artigo, lei complementar a esta Constituição Federal poderá estabelecer regime especial para pagamento de crédito de precatórios de Estados, Distrito Federal e Municípios, dispondo sobre vinculações à receita corrente líquida e forma e prazo de liquidação.

§ 16. A seu critério exclusivo e na forma de lei, a União poderá assumir débitos, oriundos de precatórios, de Estados, Distrito Federal e Municípios, refinanciando-os diretamente.

§17. A União, os Estados, o Distrito Federal e os Municípios aferirão mensalmente, em base anual, o comprometimento de suas respectivas receitas correntes líquidas com o pagamento de precatórios e obrigações de pequeno valor.

§ 18. Entende-se como receita corrente líquida, para os fins de que trata o § 17, o somatório das receitas tributárias, patrimoniais, industriais, agropecuárias, de contribuições e de serviços, de transferências correntes e outras receitas correntes, incluindo as oriundas do § 1º do art. 20 da Constituição Federal, verificado no período compreendido pelo segundo mês imediatamente anterior ao de referência e os 11 (onze) meses precedentes, excluídas as duplicidades, e deduzidas:

I – na União, as parcelas entregues aos Estados, ao Distrito Federal e aos Municípios por determinação constitucional;

II – nos Estados, as parcelas entregues aos Municípios por determinação constitucional;

III – na União, nos Estados, no Distrito Federal e nos Municípios, a contribuição dos servidores para custeio de seu sistema de previdência e assistência social e as receitas provenientes da compensação financeira referida no § 9º do art. 201 da Constituição Federal.

§ 19. Caso o montante total de débitos decorrentes de condenações judiciais em precatórios e obrigações de pequeno valor, em período de 12 (doze) meses, ultrapasse a média do comprometimento percentual da receita corrente líquida nos 5 (cinco) anos imediatamente anteriores, a parcela que exceder esse percentual poderá ser financiada, excetuada dos limites de endividamento de que tratam os incisos VI e VII do art. 52 da Constituição Federal e de quaisquer outros limites de endividamento previstos, não se aplicando a esse financiamento a vedação de vinculação de receita prevista no inciso IV do art. 167 da Constituição Federal.

§ 20. Caso haja precatório com valor superior a 15% (quinze por cento) do montante dos precatórios apresentados nos termos do § 5º deste artigo, 15% (quinze por cento) do valor deste precatório serão pagos até o final do exercício seguinte e o restante em parcelas iguais nos cinco exercícios subsequentes, acrescidas de juros de mora e correção monetária, ou mediante acordos diretos, perante Juízos Auxiliares de Conciliação de Precatórios, com redução máxima de 40% (quarenta por cento) do valor do crédito atualizado, desde que em relação ao crédito não penda recurso ou defesa judicial e que sejam observados os requisitos definidos na regulamentação editada pelo ente federado.

Quando o Poder Público é condenado judicialmente, não se sujeita ao processo ordinário de execução, mas tem expedido em seu desfavor um precatório judicial, que, em última análise, é a ordem emitida pelo juízo das execuções ao Presidente do Tribunal, para que este requisite da entidade devedora (Poder Público) o pagamento das quantias devidas, mediante a inclusão, no orçamento do exercício seguinte, da verba necessária ao adimplemento de todos os precatórios apresentados até 1º de julho.

A Constituição, no supramencionado § 5º do art. 100, é clara ao apontar que:

§ 5º É obrigatória a inclusão, no orçamento das entidades de direito público, de verba necessária ao pagamento de seus débitos, oriundos de sentenças transitadas em julgado, constantes de precatórios judiciários apresentados até 1º de julho, fazendo-se o pagamento até o final do exercício seguinte, quando terão seus valores atualizados monetariamente.

Se os precatórios devem ser atualizados ao se efetuar o pagamento, o destinatário do precatório é o Tribunal e não a Administração Pública.

Ademais, o comando constitucional pressupõe o pagamento do débito. Portanto, sua satisfação integral.

A afirmação tem lugar porque existe entendimento de que o resíduo inflacionário apurado entre a data de atualização – 1º de julho – e o dia do efetivo pagamento, que não raro é superior ao principal, deveria ser objeto de novo precatório.

Não é o que decorre do comando constitucional.

Como dito, a Constituição criou um sistema conducente da satisfação dos débitos judiciais do Poder Público. Com efeito, a administração já se sujeita a regime especial, em que não se submete aos caminhos ordinários da execução (penhora, praceamento etc.). Tal prerrogativa, contudo, não induz tenha ela o direito de constituir uma relação inextinguível com seus credores, que seriam saldados em pequenas parcelas anuais e vitalícias, salvo se se concebesse o fim de qualquer índice inflacionário.

Pacificou tal controvérsia um pronunciamento do Supremo Tribunal Federal:

> Cabe ao Presidente da Corte determinar o pagamento. Incompleto este último, considerado o depósito, cumpre, até mesmo, impor o sequestro da quantia necessária à satisfação do débito, o que dirá quanto à complementação do que ofertado e colocado à disposição do credor. Onde a inconstitucionalidade vislumbrada pelo Estado? Não é crível pretenda este, diante de procedimento próprio irregular, revelado pela insuficiência do valor depositado, observados os parâmetros do precatório, voltar-se, seja qual for a diferença, à estaca zero, recomeçando-se essa *via crucis* a que a Constituição Federal submete os credores da Fazenda (STF, ADI 1.098-1-SP, Rel. Min. Marco Aurélio).

Segue-se que a matéria, atualmente, tornou-se incontroversa: não se expedem repetidos precatórios, mas só um, no bojo do qual devem ser realizados, no exercício seguinte ao da apresentação até 1º de julho, todos os pagamentos aptos à solução do débito.

Do Texto Constitucional pode-se ainda entrever que o constituinte cuidou de criar duas espécies de precatórios: os alimentícios e os não alimentícios, outorgando àqueles tratamento preferencial, entendimento este que brota diretamente da dicção constitucional: "Os débitos de natureza alimentícia [...] serão pagos com preferência sobre todos os demais débitos [...]".

O que se constata, com efeito, é que os créditos de natureza alimentícia possuem caráter preferencial. Resta indicar, agora, quais são eles e em que consiste seu caráter preferencial.

O § 1º do art. 100 da Constituição Federal (redação dada pela EC n. 62/2009) define créditos alimentares da seguinte forma:

> § 1º Os débitos de natureza alimentícia compreendem aqueles decorrentes de salários, vencimentos, proventos, pensões e suas complementações, benefícios previdenciários e indenizações por morte ou por invalidez, fundadas em responsabilidade civil, em virtude de sentença judicial transitada em julgado, e serão pagos com preferência sobre todos os demais débitos, exceto sobre aqueles referidos no § 2º deste artigo.

O Texto Constitucional, fazendo ressonância ao anterior e consolidado entendimento jurisprudencial, procura delimitar os créditos alimentares como aqueles que, na origem, têm por escopo propiciar a manutenção do titular e de seus familiares.

Subsiste ainda a questão da delimitação desse regime preferencial dos créditos alimentícios.

Nesse sentido, o Supremo Tribunal Federal, declarando constitucional – na parte atinente aos créditos alimentares – o art. 333, parágrafo único, do Regimento Interno do Tribunal de Justiça do Estado de São Paulo (ADI n. 1.098-1), pacificou que "a primeira parte do art. 100 não implica o afastamento do regime de precatório, na satisfação de créditos de natureza alimentícia, mas, tão somente, a imposição de ordem própria".

Conclui-se que a distinção de tratamento consiste exclusivamente na existência de ordens autônomas: uma, preferencial, de precatórios alimentares e outra de precatórios não alimentares.

Nesse sentido, convém destacar que os pagamentos dos precatórios obedecem a uma ordem cronológica de apresentação, ou seja, tão logo apresentados ao tribunal ao qual o juízo da execução está adstrito, recebem o respectivo número de ordem, que confere a seu titular o direito ao não preterimento, ou seja, a entidade devedora deve, de acordo com a ordem cronológica de apresentação ao tribunal, efetuar, primeiro, o pagamento do precatório com menor número de ordem e sucessivamente os seguintes.

Deve-se anotar que o descumprimento dessa ordem cronológica gera ao titular do crédito que foi preterido o direito de sequestro de rendas públicas, donde se vê a necessidade de sua estrita observância no pagamento dos precatórios.

Exceção à regra são os pagamentos de obrigações fazendárias definidas em lei como de pequeno valor, observando-se que os §§ 17 a 20, do ora examinado art. 100, disciplinam a necessidade de acompanhamento dos entes federados do comprometimento de suas respectivas receitas líquidas com esses pagamentos, permitindo, conforme o § 19, que caso o montante total de débitos decorrentes de condenações judiciais em precatórios e obrigações de pequeno valor, em período de 12 (doze) meses, ultrapasse a média do comprometimento percentual da receita corrente líquida nos 5 (cinco) anos imediatamente anteriores, a parcela que exceder esse percentual poderá ser financiada, excetuada dos limites de endividamento de que tratam os incisos VI e VII do art. 52 da Constituição Federal e de quaisquer outros limites de endividamento previstos, não se aplicando a esse financiamento a vedação de vinculação de receita prevista no inciso IV do art. 167 da Constituição Federal.

452 Curso de Direito Constitucional

Finalmente, os precatórios, como se disse, veiculam ordem judicial, cujo cumprimento, por evidente, é obrigatório. Logo, o desatendimento de um precatório implica descumprimento de ordem judicial, situação que satisfaz as hipóteses delineadas pelos arts. 34, VI, e 35, IV, ambos da Constituição Federal, definindo assim a intervenção federal nos estados e a estadual nos municípios que inobservarem a determinação de pagamento.

CAPÍTULO 8

O Perfil Constitucional do Ministério Público

TERMO

Com relação ao termo *Ministério Público*, duas são as associações comumente realizadas.

Em primeiro lugar, relaciona-se o termo *Ministério Público* à sua origem etimológica. Assim, afirma-se que da expressão latina *manus* derivaram algumas palavras do nosso vernáculo, dentre elas, *ministrar, ministro, administrar* e *ministério*.

Logo, como nas suas origens o Ministério Público exercia o papel de *mão do rei*, estabeleceu-se essa relação entre a sua designação e a origem latina do termo *manus*, que também significa mão.

Ao lado dessa explicação, identifica-se a origem do termo pelo seu uso empírico, ou seja, enquanto alguns bacharéis dedicavam-se à advocacia, entregando-se a um *ministério privado*, outros, trabalhando no estado, como procuradores da Coroa, entregavam-se a um *ministério público*, resultando dessa utilização prática a origem da expressão.

ORIGENS HISTÓRICAS

Não existe consenso quanto à origem histórica da instituição do Ministério Público. Na Antiguidade Clássica, qualquer cidadão romano podia assumir o papel do *acusator*, para, em nome da coletividade, apresentar a acusação. No exercício da função destacaram-se grandes oradores, como Cícero, Hortêncio,

Catão e Crassus. Na Grécia, os crimes eram divididos em públicos e privados. Estes invariavelmente entregues à acusação privada do ofendido. Aqueles, quando constituíam sobretudo ofensa contra a pátria, ao lado da acusação dos cidadãos, a lei conferia a ação aos *tesmótetas*, aos quais cumpria oferecer denúncia perante o Senado ou a Assembleia do Povo.

Todavia, foi a *ordonnance* de 1302, de Felipe, o Belo, Rei da França, o primeiro texto normativo que se referiu ao Ministério Público, tratando dos "procuradores do Rei", impondo que "prestassem os mesmos juramentos dos juízes, vedando-lhes patrocinarem outros que não o Rei" (MAZZILLI, 1995, p. 4).

No Brasil, fazendo menção ao Procurador dos Feitos da Coroa e ao Promotor de Justiça, o Alvará de 7 de março de 1609, que criou o Tribunal de Relação da Bahia, foi a primeira legislação a abordar a função de Ministério Público.

O MINISTÉRIO PÚBLICO NA CONSTITUIÇÃO DE 1988

A Constituição de 1988 alojou o Ministério Público no capítulo "Das Funções Essenciais à Justiça", dispondo sobre seus princípios institucionais, as garantias de seus membros, a forma de nomeação dos Procuradores-Gerais, funções institucionais e outras normas fundamentais para a delimitação das características da instituição.

Nesse sentido, a Constituição Federal organizou o Ministério Público em dois planos. De um lado, instituiu o Ministério Público da União, dentro do qual estão abrigados o Ministério Público Federal (que também exerce as funções de Ministério Público Eleitoral), o Ministério Público Militar, o Ministério Público do Trabalho e o Ministério Público do Distrito Federal e dos Territórios. No outro plano, cuidou dos Ministérios Públicos dos estados.

De qualquer modo, a Carta Federal, de forma genérica, cuidou de definir os contornos jurídicos do Ministério Público, a partir do que denominou seus princípios institucionais. Estes têm o propósito de indicar quais as linhas mestras do sistema normativo que regulamenta a instituição do Ministério Público.

O Ministério Público de Contas

O art. 130 da Constituição Federal estabelece que: "Aos membros do Ministério Público junto aos Tribunais de Contas aplicam-se as disposições desta seção pertinentes a direitos, vedações e forma de investidura".

Do teor do dispositivo transcrito surgiu questionamento sobre a existência de um Ministério Público de Contas, organizado junto ao Tribunal de Contas da União e independente do Ministério Público da União.

A nosso sentir, o princípio da unidade estava a indicar que o referido Ministério Público estaria integrado ao Ministério Público da União. Não foi essa, todavia, a conclusão do Supremo Tribunal Federal, que, em inteligência ao citado dispositivo, concluiu que o Ministério Público de Contas não integra o Ministério Público da União e, ademais, encontra-se consolidado na "intimidade estrutural" da própria Corte de Contas.

A propósito, segue ementa da ADI 789, relatada pelo Ministro Celso de Mello:

ADI – LEI N. 8.443/92 – *MINISTÉRIO PÚBLICO* JUNTO AO TCU – INSTITUIÇÃO QUE NÃO INTEGRA O *MINISTÉRIO PÚBLICO* DA UNIÃO – TAXATIVIDADE DO ROL INSCRITO NO ART. 128, I, DA CONSTITUIÇÃO – VINCULAÇÃO ADMINISTRATIVA A CORTE DE *CONTAS* – COMPETÊNCIA DO TCU PARA FAZER INSTAURAR O PROCESSO LEGISLATIVO CONCERNENTE À ESTRUTURAÇÃO ORGÂNICA DO *MINISTÉRIO PÚBLICO* QUE PERANTE ELE ATUA (CF, ART. 73, *CAPUT, IN FINE*) – MATÉRIA SUJEITA AO DOMÍNIO NORMATIVO DA LEGISLAÇÃO ORDINÁRIA – ENUMERAÇÃO EXAUSTIVA DAS HIPÓTESES CONSTITUCIONAIS DE REGRAMENTO MEDIANTE LEI COMPLEMENTAR – INTELIGÊNCIA DA NORMA INSCRITA NO ART. 130 DA CONSTITUIÇÃO – AÇÃO DIRETA IMPROCEDENTE.

O *Ministério Público* que atua perante o TCU qualifica-se como órgão de extração constitucional, eis que a sua existência jurídica resulta de expressa previsão normativa constante da Carta Política (art. 73, par. 2º, I, e art. 130), sendo indiferente, para efeito de sua configuração jurídico-institucional, a circunstância de não constar do rol taxativo inscrito no art. 128, I, da Constituição, que define a estrutura orgânica do *Ministério Público* da União.

O *Ministério Público* junto ao TCU não dispõe de fisionomia institucional própria e, não obstante as expressivas garantias de ordem subjetiva concedidas aos seus Procuradores pela própria Constituição (art. 130), encontra-se consolidado na "intimidade estrutural" dessa Corte de *Contas*, que se acha investida – até mesmo em função do poder de autogoverno que lhe confere a Carta Política (art. 73, *caput, in fine*) – da prerrogativa de fazer instaurar o processo legislativo concernente a sua organização, a sua estruturação interna, a definição do seu quadro de pessoal e a criação dos cargos respectivos.

Só cabe lei complementar, no sistema de direito positivo brasileiro, quando formalmente reclamada a sua edição por norma constitucional explícita.

456 Curso de Direito Constitucional

A especificidade do *Ministério Público* que atua perante o TCU, e cuja existência se projeta num domínio institucional absolutamente diverso daquele em que se insere o *Ministério Público* da União, faz com que a regulação de sua organização, a discriminação de suas atribuições e a definição de seu estatuto sejam passíveis de veiculação mediante simples lei ordinária, eis que a edição de lei complementar e reclamada, no que concerne ao *Parquet*, tão somente para a disciplinarão normativa do *Ministério Público* comum (CF, art. 128, par. 5º).

A cláusula de garantia inscrita no art. 130 da Constituição não se reveste de conteúdo orgânico-institucional.

Acha-se vocacionada, no âmbito de sua destinação tutelar, a proteger os membros do *Ministério Público* especial no relevante desempenho de suas funções perante os Tribunais de *Contas*. Esse preceito da Lei Fundamental da República submete os integrantes do MP junto aos Tribunais de *Contas* ao mesmo estatuto jurídico que rege, no que concerne a direitos, vedações e forma de investidura no cargo, os membros do *Ministério Público* comum (*JUIS*, n. 19).

Princípios institucionais

São princípios institucionais do Ministério Público a unidade, a indivisibilidade e a independência funcional.

O princípio institucional da unidade traduz a ideia de que o Ministério Público é único, abrigando, sob a égide de um só chefe, todos os órgãos e membros que o integram. Logo, a divisão funcional da instituição não indica a existência de diversos Ministérios Públicos, mas de um só, que se faz presente, por seus membros, nas diversas atividades e funções que lhe foram atribuídas pela Constituição e pelas leis. A unidade, todavia, não quer significar que os membros do Ministério Público possam desordenadamente cumprir as diversas funções da entidade, sem a observância das determinações legais que norteiam a divisão interna de atribuições, mesmo porque as leis definidoras das atividades de cada membro ou de cada órgão do Ministério Público cumprem a finalidade de conferir ao ato expedido um de seus requisitos básicos de validade, qual seja, a existência de autoridade competente para produzi-lo.

Dentro dessa linha, vem a ponto transcrever excerto da obra de Paulo Cezar Pinheiro Carneiro (1999, p. 44):

> Portanto, a unidade do Ministério Público não significa que qualquer de seus membros poderá praticar qualquer ato em nome da instituição, mas sim, sendo um só

O Perfil Constitucional do Ministério Público **457**

organismo, os seus membros "presentam" (não representam) a instituição sempre que atuarem, mas a legalidade de seus atos encontra limites no âmbito da divisão de atribuições e demais princípios e garantias impostas pela lei.

Registre-se, porém, que, como adverte Hugo Nigro Mazzilli (1995, p. 80), "só há unidade dentro de cada Ministério Público". Unidade alguma existe entre o Ministério Público da União e o dos estados.

O princípio da indivisibilidade é uma implicação lógica do princípio da unidade. Por especificação, pode-se dizer que o princípio da indivisibilidade sustenta a afirmação de que o ofício do Ministério Público não pode ser dividido. Em outras palavras, existindo um membro do Ministério Público no desempenho de função institucional, este se faz presente. Assim sendo, dentro dos mecanismos legais e internos de substituição automática, é possível que um membro do Ministério Público substitua outro, sem prejuízo para a função desempenhada, pois foi o mesmo Ministério Público (sem vinculação física a um de seus membros) que estava desempenhando aquele *mister*.

O princípio da independência funcional assegura aos membros do Ministério Público a autonomia de convicção, pois, no exercício das respectivas atribuições, não se submetem a nenhum poder hierárquico, ficando a hierarquia interna adstrita a questões de caráter administrativo.

Assim, ao oficiar em um processo, o membro do Ministério Público não se reporta a ninguém, senão à própria consciência, podendo esgrimir argumentos e posicionamentos jurídicos que entender mais adequados à espécie tratada. Essa prerrogativa é que substancia o princípio da independência funcional.

Vezes a fio, todavia, o membro do Ministério Público haverá de arrostar-se com a hierarquia administrativa existente no interior da instituição. Alguns exemplos elucidarão a hipótese. O Promotor de Justiça substituto fica afeto a uma circunscrição (conjunto de comarcas), cabendo ao Procurador-Geral de Justiça, a cada mês, fazer a designação do seu local de trabalho. Havendo conflito de atribuições entre dois membros do Ministério Público, a resolução é tarefa do Procurador-Geral de Justiça, que, decidindo, exercita nada mais do que seu poder hierárquico em questões de caráter administrativo.

Autonomia

A Constituição Federal, nos §§ 2º e 3º do art. 127, assegurou ao Ministério Público autonomia funcional, administrativa e financeira. Esses âmbitos autonômicos traduzem garantias constitucionais ao exercício autônomo e independente das funções atribuídas ao Ministério Público.

A autonomia funcional indica que a instituição não está subordinada a nenhum outro órgão, poder ou autoridade pública. O Ministério Público é uma instituição autônoma e exercita suas funções com independência, sem se reportar ao Poder Executivo, ao Poder Legislativo ou ao Poder Judiciário. Essa autonomia funcional estende-se também aos membros do Ministério Público, como apontado linhas atrás.

A autonomia administrativa revela-se pela capacidade jurídica de organização dos serviços internos, pelo provimento inicial ou derivado dos cargos internos e mesmo pela possibilidade de iniciar o projeto de lei relativo ao Estatuto do Ministério Público.

A autonomia financeira foi consolidada, na Carta Federal, ao atribuir-se ao Ministério Público a autonomia para elaboração de suas propostas orçamentárias, respeitados os limites definidos na lei de diretrizes orçamentárias e complementada pela possibilidade de administração dos recursos que lhe forem destinados.

Garantias e vedações

A Constituição Federal criou um sistema que faz interagir garantias, de um lado, e vedações, de outro, com o propósito de assegurar a isenção dos membros do Ministério Público no exercício das funções que lhes foram atribuídas pela Constituição e pelas leis. De um lado, asseguram-se ao membro do Ministério Público a vitaliciedade, a inamovibilidade e a irredutibilidade de subsídios, mas, por outro, proíbe-se o exercício da política partidária, da advocacia e do comércio. Tanto as garantias como as vedações guardam o mesmo objetivo: assegurar a isenção e a autonomia do membro do Ministério Público para o exercício de suas funções.

A inamovibilidade assegura que o membro do Ministério Público não pode ser removido do seu cargo ou de suas funções, salvo com autorização da maioria absoluta do Conselho Superior do Ministério Público. De se observar que a inamovibilidade, em nosso sistema, é relativa, posto que pode ser superada pela manifestação da maioria absoluta do Conselho Superior do Ministério Público.

A vitaliciedade indica que os membros do Ministério Público, superados os dois anos do estágio probatório, só podem perder o cargo mediante sentença judicial transitada em julgado.

A irredutibilidade de subsídios garante que a remuneração dos membros do Ministério Público não pode ser reduzida, sendo certo, no entanto, que essa garantia tem caráter meramente nominal, ou seja, não está assegurada em face da corrosão inflacionária dos subsídios. É oportuno lembrar que, atualmente, essa garantia é comum não só aos magistrados, como também a todos os funcionários civis e militares.

Por outro lado, a Constituição vedou ao membro do Ministério Público o recebimento de honorários, percentagens ou custas processuais, o exercício da advocacia, a participação em sociedade comercial, nos termos da lei, o exercício de qualquer outra função pública, salvo uma de magistério, e o exercício de atividade político-partidária.

Para finalizar, vale lembrar que essas garantias e vedações são indicadas pela Constituição como parte obrigatória do Estatuto do Ministério Público. Nesse sentido, esse estatuto, que disciplina a organização, o funcionamento e o regime jurídico do Ministério Público e de seus membros, recebe o nome de lei orgânica. No atual sistema constitucional, existem três leis orgânicas: a Lei Orgânica do Ministério Público da União, que se reporta ao Ministério Público da União, a Lei Orgânica Nacional do Ministério Público, que se refere, genericamente, à organização dos Ministérios Públicos dos estados-membros, e, por fim, cada estado-membro possui uma Lei Orgânica do Ministério Público respectivo.

O princípio do promotor natural

O princípio do Promotor de Justiça natural é similar ao do juiz natural, ou seja, em tese, o membro do Ministério Público que deve oficiar em um processo ou inquérito é aquele a quem este ou aquele compete pelas regras ordinárias de divisão de atribuições e serviço. Esse princípio não está expresso no Texto Constitucional, mas é uma decorrência da conjuminação do princípio da independência funcional com a garantia da inamovibilidade, pois, se o membro do Ministério Público é independente funcionalmente e inamovível, é inadmissível que suas atribuições sejam usurpadas e entregues a outro membro predeterminado.

No ponto, vale transcrever a seguinte preleção de Hugo Nigro Mazzilli (1995, p. 148):

> O princípio do promotor natural é o mesmo princípio do juiz natural, mas agora sob um enfoque diverso. Nos crimes de ação pública, o primeiro direito do acusado, antes de ser julgado por um órgão independente do Estado, consiste em ser

460 Curso de Direito Constitucional

acusado por um órgão estatal dotado de igual independência, escolhido previamente e apenas mediante critérios e atribuições legais. Para esse fim, devem, pois, ser abolidos não só o procedimento de ofício e a acusação privada, como enfim e principalmente impõe-se a eliminação do próprio acusador público de encomenda, escolhido pelos governantes ou pelo próprio procurador-geral de justiça, o que não raro dá azo a perseguições ou a acobertamentos por razões políticas ou de qualquer outra natureza.

Esse entendimento atualmente encontra escora na própria jurisprudência do Supremo Tribunal Federal, que, pela pena do Ministro José Celso de Mello Filho, assentou que

> o postulado do Promotor Natural, que se revela imanente ao sistema constitucional brasileiro, repele, a partir da vedação de designações casuísticas efetuadas pela Chefia da Instituição, a figura do acusador de exceção. Esse princípio consagra uma garantia de ordem jurídica destinada tanto a proteger o membro do Ministério Público, na medida em que lhe assegura o exercício pleno e independente de seu ofício, quanto a tutelar a própria coletividade, a quem se reconhece o direito de ver atuando, em quaisquer causas, apenas o Promotor cuja intervenção se justifique a partir de critérios abstratos e predeterminados, estabelecidos em lei.

Pode-se afirmar, desse modo, que o princípio do promotor natural carrega em seu âmago as seguintes implicações:

- o ofício do Ministério Público é privativo dos membros da instituição (art. 129, § 2º);
- necessidade de regras prévias e aleatórias de distribuição do serviço;
- estrita observância dessas regras.

O chefe do Ministério Público

O Ministério Público da União é comandado pelo Procurador-Geral da República, o qual é nomeado pelo Presidente da República dentre integrantes da carreira, maiores de 35 anos, após a aprovação de seu nome pela maioria absoluta dos membros do Senado Federal, para uma investidura de dois anos, não existindo qualquer limite para reconduções. Os Ministérios Públicos dos estados são chefiados pelos Procuradores-Gerais de Justiça, os quais são nomeados

O Perfil Constitucional do Ministério Público 461

pelos Governadores, dentre os integrantes de lista tríplice de membros da carreira, na forma da lei orgânica do respectivo Ministério Público, para uma investidura de dois anos, permitida uma recondução.

O Procurador-Geral da República poderá ser destituído pelo Presidente da República, mediante prévia autorização da maioria absoluta do Senado Federal, enquanto os Procuradores-Gerais de Justiça poderão ser destituídos por deliberação da maioria absoluta do Poder Legislativo, na forma da lei orgânica do respectivo Ministério Público.

Nesse sentido, o Supremo Tribunal Federal já decidiu que, diante da vacância do cargo, a eleição e a nomeação do cargo de novo Procurador-Geral devem-se dar por novo mandato (investidura a termo) de dois anos e não pelo período restante de seu antecessor, sob pena de violação do disposto no art. 128, § 3º, da Constituição Federal (ADI 1.783-BA, Rel. Min. Sepúlveda Pertence, 11.10.2001, *Informativo STF*).

Funções institucionais do Ministério Público

O Ministério Público possui diversas atribuições constitucionais, que, no entanto, não esgotam sua atividade, pois a lei pode conferir outras à instituição, desde que compatíveis com sua finalidade.

Vejamos, topicamente, quais as funções constitucionais do Ministério Público:

a) a ação penal pública – ao Ministério Público foi outorgado o monopólio da ação penal pública. A única exceção à regra é aquela traçada pelo art. 5º, LIX, segundo o qual "será admitida ação privada nos crimes de ação pública, se esta não for intentada no prazo legal";[1]

b) investigação criminal direta – o inquérito policial é de conhecimento trivial, não sendo fundamental para o ajuizamento da ação penal. Por outro lado, a Constituição assegurou as prerrogativas de requisitar documentos e informações, bem como diligências investigatórias. Assim sendo, pode-se concluir que a investigação criminal pode ser promovida diretamente pelo Ministério Público;

---

[1] O STF, no julgamento do RE 296.185-RS (Rel. Min. Néri da Silveira, 20.11.2001), concluiu que "compete exclusivamente ao Ministério Público, titular da ação penal pública, a iniciativa para propor a transação penal prevista no art. 76 da Lei 9.099/95".

462 Curso de Direito Constitucional

c) controle externo da atividade policial – este controle refere-se à atividade policial afeta ao âmbito de funções do Ministério Público. Bem por isso, não poderá recair sobre a atividade de policiamento administrativo, mas deve referir-se à atividade de polícia judiciária, que é a atividade principal da polícia civil (investigação) e secundária da polícia militar (investigação de crimes militares);

d) proteção do patrimônio público e social – os atos lesivos ao patrimônio público e social, incluídos os afrontantes à moralidade administrativa, devem ser objeto da atividade do Ministério Público, que, no ponto, será instrumentalizada pelo inquérito civil público[2,3] e pela ação civil pública. Como bem observa o ilustre constitucionalista Luiz Sales do Nascimento, o objeto desta ação civil pública é "a defesa do patrimônio público (do estado, da União, do Distrito Federal e do município) e social (sinônimo de entidades com participação estatal)" (NASCIMENTO, 2001, p. 353);

e) ação direta de inconstitucionalidade e representação interventiva (art. 36, III e IV);

f) a defesa do meio ambiente;

g) a defesa das populações indígenas;

h) a tutela de outros interesses difusos e coletivos, de que são exemplos os provenientes de danos coletivos e difusos ao consumidor, às posturas urbanas (loteamento clandestino), aos direitos constitucionais dos cidadãos, à infância e à juventude e aos deficientes físicos. Essa tutela, assim como a do meio ambiente, também se instrumentaliza basicamente por meio do inquérito civil público e da ação civil pública.

Importante sublinhar que, além das funções indicadas, o art. 129 da Constituição Federal muniu o Ministério Público de poderes de investigação, como a requisição de documentos, de informações e de diligências investigatórias.

A propósito do tema, a seguinte ementa do Supremo Tribunal Federal, extraída de julgamento relatado pelo Ministro Néry da Silveira:

---

[2] Segundo Antonio Augusto Mello de Camargo Ferraz (1995, p. 63), "presidido por órgão de execução do Ministério Público, o inquérito civil é um procedimento administrativo de natureza inquisitiva tendente a recolher elementos de prova que ensejam o ajuizamento da ação civil pública" (Inquérito civil: dez anos de um instrumento de cidadania).

[3] Cf. José Marcelo Menezes Vigliar (1998, p. 83), para quem o inquérito civil não é instrumento imprescindível à propositura da ação civil pública.

Mandado de Segurança. Sigilo bancário. Instituição financeira executora de política creditícia e financeira do Governo Federal. Legitimidade do Ministério Público para requisitar informações e documentos destinados a instruir procedimentos administrativos de sua competência. 2. Solicitação de informações, pelo Ministério Público Federal ao Banco do Brasil S/A, sobre concessão de empréstimos, subsidiados pelo Tesouro Nacional, com base em plano de governo, a empresas do setor sucroalcooleiro. 3. Alegação do Banco impetrante de não poder informar os beneficiários dos aludidos empréstimos, por estarem protegidos pelo sigilo bancário, previsto no art. 38 da Lei n. 4.595/1964, e, ainda, ao entendimento de que dirigente do Banco do Brasil S/A não é autoridade, para efeito do art. 8º, da LC n. 75/1993. 4. O poder de investigação do Estado é dirigido a coibir atividades afrontosas à ordem jurídica, e a garantia do sigilo bancário não se estende às atividades ilícitas. A ordem jurídica confere explicitamente poderes amplos de investigação ao Ministério Público – art. 129, incisos VI e VIII, da Constituição Federal, e art. 8º, incisos II e IV, e § 2º, da Lei Complementar n. 75/1993. 5. Não cabe ao Banco do Brasil negar, ao Ministério Público, informações sobre nomes de beneficiários de empréstimos concedidos pela instituição, com recursos subsidiados pelo erário federal, sob invocação do sigilo bancário, em se tratando de requisição de informações e documentos para instruir procedimento administrativo instaurado em defesa do patrimônio público. Princípio da publicidade, *ut* art. 37 da Constituição. 6. No caso concreto, os empréstimos concedidos eram verdadeiros financiamentos públicos, porquanto o Banco do Brasil os realizou na condição de executor da política creditícia e financeira do Governo Federal, que deliberou sobre sua concessão e ainda se comprometeu a proceder à equalização da taxa de juros, sob a forma de subvenção econômica ao setor produtivo, de acordo com a Lei n. 8.427/1992. 7. Mandado de segurança indeferido.

Conselho Nacional do Ministério Público

A Emenda Constitucional n. 45, a chamada Reforma do Poder Judiciário, promoveu modificações também na parte atinente ao Ministério Público, criando, dentre outros aspectos, o Conselho Nacional do Ministério Público.

A ideia do reformador da Constituição foi a de constituir uma espécie de controle externo sobre a instituição. Muito embora sejamos favoráveis a mecanismos de controle, também é certo que sempre carregam um risco de interferência na autonomia da instituição, sobretudo quando esta contraria interesses do poder político ou econômico.

464 Curso de Direito Constitucional

O citado Conselho deve ser composto por 14 membros, nomeados pelo Presidente da República, depois da aprovação pela maioria absoluta do Senado Federal, para um mandato de dois anos, admitida uma recondução.

Nos termos do art. 130-A da Constituição, o Conselho Nacional do Ministério Público deve ser constituído da seguinte forma:

- o Procurador-Geral da República, que o preside (I);
- quatro membros do Ministério Público da União, assegurada a representação de cada uma de suas carreiras (II);
- três membros do Ministério Público dos estados (III);
- dois juízes, indicados um pelo Supremo Tribunal Federal e outro pelo Superior Tribunal de Justiça (IV);
- dois advogados, indicados pelo Conselho Federal da Ordem dos Advogados do Brasil (V);
- dois cidadãos de notável saber jurídico e reputação ilibada, indicados um pela Câmara dos Deputados e outro pelo Senado Federal (VI).

Ao citado Conselho compete o controle da atuação administrativa e financeira do Ministério Público, bem como dos deveres funcionais de seus membros, cabendo-lhe, nos termos do § 2º do citado dispositivo:

- zelar pela autonomia funcional e administrativa do Ministério Público, podendo expedir atos regulamentares, no âmbito de sua competência, ou recomendar providências (I);
- zelar pela observância do art. 37 e apreciar, de ofício ou mediante provocação, a legalidade dos atos administrativos praticados por membros ou órgãos do Ministério Público da União e dos estados, podendo desconstituí--los, revê-los ou fixar prazo para que se adotem as providências necessárias ao exato cumprimento da lei, sem prejuízo da competência dos Tribunais de Contas (II);
- receber e conhecer das reclamações contra membros ou órgãos do Ministério Público da União ou dos Estados, inclusive contra seus serviços auxiliares, sem prejuízo da competência disciplinar e correicional da instituição, podendo avocar processos disciplinares em curso, determinar a remoção ou a disponibilidade e aplicar outras sanções administrativas, assegurada ampla defesa (III);

- rever, de ofício ou mediante provocação, os processos disciplinares de membros do Ministério Público da União ou dos estados julgados há menos de um ano (IV);
- elaborar relatório anual, propondo as providências que julgar necessárias sobre a situação do Ministério Público no País e as atividades do Conselho, o qual deve integrar a mensagem prevista no art. 84, XI (V).

CAPÍTULO 9

A Advocacia

DISPOSIÇÕES GERAIS

A função do advogado recebeu tratamento especial do constituinte de 1988. Em seu art. 133, a Lei Maior anuncia: "O advogado é indispensável à administração da justiça, sendo inviolável por seus atos e manifestações no exercício da profissão, nos limites da lei".

A disciplina jurídica veiculada pelo Texto Constitucional cuida de dois distintos institutos: a indispensabilidade e a inviolabilidade do advogado.

A indispensabilidade do advogado indica que, a princípio, o advogado deve participar dos processos judiciais. Aspecto inerente ao devido processo legal, a presença do advogado no processo funciona como autêntica garantia de que os direitos das partes estariam sob a adequada salvaguarda técnica.[1]

O princípio, como é de rigor, não é absoluto. Nenhum texto normativo, sobretudo os de maior hierarquia, consente em interpretação isolada. Assim, a regra arrolada deve ser conjugada a outros comandos, como o que assegura a inafastabilidade da jurisdição, ou ainda o que tutela o direito de locomoção. Ademais, a letra do dispositivo de proteção é clara ao outorgar à lei a disciplina dessa indispensabilidade.

---

[1] O Supremo Tribunal Federal, através de sua 2ª Turma, reconheceu o mandato tácito da advogada que comparece à audiência, em reclamação trabalhista, acompanhando a preposta da empresa, que nunca outorgou mandato expresso. O recurso de revista subscrito pela advogada foi considerado interposto, acolhendo a tradição do mandato *apud acta*, tradicionalmente reconhecido na Justiça do Trabalho (RE 215.624-MG, Rel. Min. Marco Aurélio, j. 16.12.1999, *Boletim Informativo STF*, n. 175).

A Advocacia 467

Nessa linha de orientação parece irretorquível a conclusão de que a norma infraordenada possa estabelecer hipóteses em que a presença do advogado revele-se prescindível, a exemplo do que sucede nos Juizados Especiais e na Justiça do Trabalho,[2] ou ainda em ações específicas como o *habeas corpus* e a revisão criminal. Esse entendimento foi lapidarmente exteriorizado no seguinte pronunciamento do Supremo Tribunal Federal:

> Ementa: Revisão criminal – Legitimidade da formulação do pedido revisional pelo próprio interessado – Princípio da imprescindibilidade do advogado – Interpretação do art. 133 da Constituição Federal de 1988 – Crime de extorsão – Configuração do seu momento consumativo – Obtenção da ilícita vantagem econômica como mero exaurimento desse delito patrimonial – Pretendida caracterização de simples tentativa de extorsão – Rejeição da pretensão revisional – Indeferimento. A presença do advogado no processo constitui fator inequívoco de observância e respeito às liberdades públicas e aos direitos constitucionalmente assegurados às pessoas. É ele instrumento poderoso de concretização das garantias instituídas pela ordem jurídica. O processo representa, em sua expressão formal, a garantia instrumental das garantias. Daí, a importância irrecusável do advogado no dar concreção ao direito de ação e ao direito de defesa, que derivam, como postulados inafastáveis que são, do princípio assecuratório do acesso ao Poder Judiciário. A indispensabilidade da intervenção do advogado traduz princípio de índole constitucional, cujo valor político-jurídico, no entanto, não é absoluto em si mesmo. Esse postulado – inscrito no art. 133 da nova Constituição do Brasil – acha-se condicionado, em seu alcance e conteúdo, pelos limites impostos pela lei, consoante estabelecido pelo próprio ordenamento constitucional. Com o advento da Lei Fundamental, operou-se, nesse tema, a constitucionalização de um princípio já anteriormente consagrado na legislação ordinária, sem a correspondente alteração do significado ou do sentido de seu conteúdo intrínseco. Registrou-se, apenas, uma diferença qualitativa entre o princípio da essencialidade da advocacia, anteriormente consagrado em lei, e o princípio da imprescindibilidade do advogado, agora proclamado em sede constitucional, onde intensificou-se a defesa contra a hipótese de sua revogação mediante simples deliberação legislativa.

---

[2] Cf. STF, Pleno, ADI 1.127-8, Rel. Min. Paulo Brossard, *DJU*, 7 out. 1994, p. 26822, in Nery Jr. e Nery (1999, p. 1510).

468 Curso de Direito Constitucional

A constitucionalização desse princípio não modificou a sua noção, não ampliou o seu alcance e nem tornou compulsória a intervenção do advogado em todos os processos. Legítima, pois, a outorga, por lei em hipóteses excepcionais, do *jus postulandi* a qualquer pessoa, como a que ocorre na ação penal de *habeas corpus*, ou ao próprio condenado sem referir outros – como se verifica na ação de revisão criminal.

A tese jurídica sustentada pelo peticionário, de que o crime de extorsão só se consuma com o efetivo dano patrimonial causado à vítima, tem sido sistematicamente rejeitada pelos tribunais.

A extorsão constitui infração penal cujo momento consumativo deriva da ação, omissão ou tolerância coativamente impostas ao sujeito passivo desse crime. "Desse modo, consuma-se o delito com o comportamento positivo ou negativo da vítima, no instante em que ela faz, deixa de fazer ou tolera que se faça alguma coisa" (JESUS, v. 2/323, 1988). A efetiva obtenção da ilícita vantagem econômica, que motivou a ação delituosa do agente, constitui mero exaurimento do crime de extorsão.

A natureza do delito de extorsão dispensa, para efeito de configuração do seu momento consumativo, a ilícita obtenção, pelo agente ou por terceira pessoa, da vantagem patrimonial indevida. Precedentes jurisprudenciais. Magistério da doutrina. Rel. Min. Celso de Mello, *DJ*, 23 abr. 1993, p. 6919, Ement., v. 1698-04, p. 701; *RTJ*, *146*(01):49.

Passemos à análise do segundo instituto disciplinado pelo art. 133 da Lei Maior.

Ao indicar que o advogado é inviolável pelos atos e manifestações de caráter profissional, nos termos da lei, a norma constitucional cercou o exercício da advocacia de peculiar proteção, objetivando que, no debate processual, tal atividade ficasse liberta de constrangimentos e arbitrariedades. A defesa dos interesses patrocinados, sob o manto do direito, não deve ser tolhida pelo receio da outra parte ou mesmo das autoridades que participem do processo.

A inviolabilidade, contudo, tem limites.

José Jesus Cazetta Júnior, em alentada incursão no tema, sintetizou, com precisão, tal ponto de vista:

> Esvaziado ou remido de sua razão finalística, o preceito em apreço passa a constituir um odioso privilégio, incompreensível em um Estado que se pretende democrático e cuja Constituição inclui em seu ideário a isonomia, subordinando a esta todos os outros direitos individuais.

Logo, a inviolabilidade do advogado deve estar ajustada à sua característica de prerrogativa necessária ao exercício da profissão. Ausente essa necessidade, a norma perde seu significado. Ofensas irrogadas sem conexão finalística com o debate processual penetram, desse modo, no território da ilegalidade, situação em que o dispositivo em estudo não pode ser evocado para escudar o eventual ofensor das consequências jurídicas de sua conduta.

CAPÍTULO 10

Defensoria Pública

A Constituição de 1988, preocupada fundamentalmente com o acesso à jurisdição por parte dos assim chamados "necessitados", preconizou a organização, em carreira, com presença em todas as unidades jurisdicionais, da Defensoria Pública, reputada como instituição permanente, essencial à função jurisdicional do estado.

Nesse sentido, preconiza o Texto Constitucional que a Defensoria Pública se dedicará à promoção dos direitos humanos e à defesa, judicial e extrajudicial, dos direitos individuais e coletivos, aos necessitados, aspectos estes reforçados pela redação dada ao art. 134 da Constituição pela Emenda Constitucional n. 80/2014.

Note-se que a redação do dispositivo constitucional é clara ao predicar a Defensoria Pública com a possibilidade do manejo de ações coletivas, como a ação civil pública e o mandado de segurança coletivo, deixando claro, no entanto, a cláusula restritiva, de cujo seio se extrai a necessidade de dois requisitos nesses casos: 1º – a presença de um direito ou interesse metaindividual (difuso, coletivo ou individual homogêneo); 2º – a necessidade de pertinência do objeto da ação com a defesa dos necessitados.

Diante da redação atribuída ao art. 134 pela Emenda Constitucional n. 80 não há, *data venia*, mais espaços para controvérsia, já que o dispositivo demarcou com clareza cristalina a possibilidade de ações metaindividuais pela Defensoria Pública, desde que agregadas à sua finalidade ingênita de proteção dos necessitados.

Apesar da inegável importância de um órgão como a Defensoria Pública sobretudo em um País marcado, e de maneira tão profunda, pela desigualdade social, em diversas unidades federativas a instituição não está organizada de maneira plena, com presença em todas as unidades jurisdicionais.

A Emenda Constitucional n. 80, auspiciando a superação dessa lamentável realidade, agregou, ao Ato das Disposições Constitucionais Transitórias, o art. 98, cujo § 1º, prescreve que "no prazo de 8 (oito) anos, a União, os Estados e o Distrito Federal deverão contar com defensores públicos em todas as unidades jurisdicionais".

Digno de registro que a disposição em causa não deixa de ter caráter programático, já que fixa uma tarefa ao Poder Público. No entanto, com prazo estabelecido. Logo, vencido o interregno preconizado pela Emenda n. 80, o Estado poderá ser acionado, pela própria Defensoria Pública (já que se trata de um direito dos necessitados), para o cumprimento do mandamento constitucional em apreço.

PARTE VII

A Defesa do Estado e das Instituições Democráticas

CAPÍTULO 1

O Estado de Defesa e o Estado de Sítio

INTRODUÇÃO

Sob a rubrica "Da Defesa do Estado e das Instituições Democráticas", a Constituição Federal, em seu Título V, trouxe a disciplina jurídica fundamental do estado de defesa, do estado de sítio, das Forças Armadas e da segurança pública.

Os dois primeiros são instrumentos normativos colocados à disposição do Estado para a superação das chamadas situações de crise, enquanto as Forças Armadas e a segurança pública constituem produto da conjugação de diversas instituições voltadas ou à defesa do País ou à proteção da sociedade.

O estado de defesa e o estado de sítio compõem o sistema constitucional de crises, ou seja, o conjunto de prerrogativas públicas, constitucionalmente esculpidas, que atribuem ao Poder Executivo Federal poderes excepcionais para a superação de situações de crise institucional.

As medidas adotáveis, como frisado, têm natureza excepcional. Assim sendo, devem ser temporárias, só utilizadas quando realmente necessárias, e, por fim, proporcionais à situação de crise que pretendem superar.

O desrespeito a qualquer um desses princípios ensejaria o rompimento das amarras constitucionais que sustentam o regime democrático. Em outras palavras, se medidas de exceção forem aplicadas em tempos de normalidade democrática, a Constituição estará sendo violada, configurando-se autêntico golpe de Estado.

José Celso de Mello Filho (1986, p. 494), versando o tema, sustenta que:

476 Curso de Direito Constitucional

A Carta Federal institui, neste capítulo, mecanismos cuja função instrumental é viabilizar a defesa da ordem político-jurídica estabelecida pela comunidade estatal. A preservação da intangibilidade do ordenamento e da autoridade do Estado, ameaçados por situações de crise "político-institucional" ou social, constitui o objetivo específico desses instrumentos jurídicos postos à disposição do Poder Executivo federal. As regras constitucionais em análise instituem direitos públicos subjetivos deferidos ao Estado, que geram, no âmbito da sociedade civil, o *status subjectionis*, complexo de relações jurídicas que impõem às pessoas deveres, prestações e encargos, a serem por elas cumpridos e observados em benefício da organização estatal.

No fio desse raciocínio, temos que a instituição de uma dessas medidas constitucionais engendra um regime jurídico de legalidade extraordinária, vale dizer, em que medidas de exceção, limitação e, não raro, supressão de direitos fundamentais têm assento no próprio Texto Constitucional.

Bem por isso, com base na lição de Aricê Moacyr Amaral Santos (1981, p. 33), podemos afirmar que os poderes de crise devem estar parametrizados pelos seguintes princípios:

a) *princípio da necessidade* – condiciona a declaração dos estados de emergência e de sítio ao preenchimento de pressupostos fáticos que justifiquem a decretação – comprometimento da ordem pública e da paz social por instabilidade institucional ou atingidas por calamidade pública;

b) *princípio da temporariedade* – limita temporalmente a adoção das medidas;

c) *princípio da proporcionalidade* – advoga que as medidas adotadas, dentre as possíveis, devem ser proporcionais aos fatos que justificaram a adoção do estado de sítio ou emergência, no sentido da manutenção e do restabelecimento da ordem.

A adoção dos poderes de crise, sob a presidência desses princípios, faz nascer o regime de legalidade extraordinária, que, com base em permissivos constitucionais, afasta temporariamente o conjunto de normas jurídicas regentes das relações sociais, que, no ponto, cedem passo a regras excepcionais, justificadas pela necessidade de eficiente proteção do País, do Estado e da sociedade, com base na adoção de medidas mais rigorosas do que as comumente permitidas pelos instrumentos ordinários de coerção.

O ESTADO DE DEFESA

O próprio Texto Constitucional cercou-se de cautelas na disciplina dos institutos de crise. É que a Carta de 1988 houve por bem assentar o sistema constitucional de crises em dois distintos institutos: o estado de defesa e o estado de sítio.

A peculiaridade está em que, embora ambos sejam pontuados pelo característico da legalidade extraordinária, as medidas colocadas à disposição do Poder Executivo da União no estado de defesa são menos gravosas aos direitos fundamentais do que aquelas adotáveis no estado de sítio.

A razão está em que o próprio constituinte deliberou ajustar o Poder Executivo Federal ao princípio da proporcionalidade das medidas adotáveis, é dizer, situações menos prementes recomendam medidas menos gravosas.

Por isso, pode-se afirmar que o estado de defesa defere ao Executivo Federal poderes mais restritos do que aqueles que lhe são conferidos no estado de sítio, tornando incontroversa a afirmação de Manoel Gonçalves Ferreira Filho (2000, p. 58) no sentido de que o estado de defesa "consiste numa forma mais branda de estado de sítio".

O estado de defesa pode ser decretado para preservar, ou prontamente restabelecer, em locais restritos e determinados, a ordem pública ou a paz social ameaçadas por grave e iminente instabilidade institucional ou atingidas por calamidades de grandes proporções na natureza.

Logo, o estado de defesa tem dois pressupostos materiais:

a) grave perturbação da ordem pública ou da paz social, mercê de instabilidade institucional ou de calamidade de grandes proporções na natureza;

b) que a ordem pública ou a paz social não possam ser restabelecidas pelos instrumentos coercitivos normais.

Possui também três pressupostos formais:

a) prévia oitiva do Conselho da República e do Conselho de Defesa Nacional;

b) decreto do Presidente da República, determinando o tempo de duração do estado de defesa, as áreas abrangidas e quais as medidas adotadas, dentre as seguintes: restrições aos direitos de reunião, ainda que exercida no seio de associações, sigilo de correspondência e sigilo de comunicação telegráfica e telefônica; ocupação e uso temporário de bens e serviços públicos, na hipótese de calamidade pública, respondendo a União pelos danos e custos decorrentes;

c) submissão do ato, com sua justificativa, ao Congresso Nacional em 24 horas, que, se não estiver reunido, será convocado no prazo de cinco dias, devendo apreciar o decreto em dez dias, sendo que eventual rejeição ensejará cessação imediata do estado de defesa.

Pelo conteúdo dos pressupostos formais acima arrolados, verifica-se que a competência para decretação do estado de defesa é do Presidente da República, pois os pareceres emitidos pelo Conselho da República (CF, art. 90, I) e pelo Conselho de Defesa Nacional (art. 91, § 1º, I) não são vinculantes.

Só posteriormente à decretação é que o ato é submetido ao Congresso Nacional, que, deliberando por maioria absoluta, poderá *revogar* o estado de defesa *decretado* pelo presidente.

O estado de defesa deve ficar circunscrito a localidades determinadas, sendo defesa sua extensão a todo o País. Neste caso, a medida eventualmente cabível seria o estado de sítio.

O tempo de duração do estado de defesa é de, no máximo, trinta dias, podendo ser renovado por uma única vez.

Se ao cabo de sessenta dias as medidas adotadas no estado de defesa revelarem-se insuficientes, estará satisfeito o motivo ensejador da decretação do estado de sítio.

No estado de defesa, as garantias regulares de proteção da liberdade do indivíduo ficam substituídas pelas seguintes:

a) prisão por crime contra o Estado pode ser determinada pelo executor da medida (não mais pela autoridade judicial competente). O juiz será comunicado, podendo relaxá-la. A prisão, por ordem do executor, não poderá ultrapassar dez dias;

b) a comunicação da prisão será acompanhada de declaração do estado físico e mental do preso, podendo este solicitar a qualquer momento a realização do exame de corpo de delito;

c) é vedada a incomunicabilidade do preso.

De feito, o indivíduo permanece cercado de garantias quanto ao direito de locomoção, porém de forma menos abrangente do que em situação de normalidade, pois as garantias ordinárias cedem lugar às arroladas acima.

O ESTADO DE SÍTIO

Dentro do sistema constitucional de crises, o estado de sítio é a medida mais enérgica, já que exige situações aflitivas mais graves para que seja decretado. Nesse sentido, pode ser classificado em repressivo e defensivo.

Estado de sítio repressivo é aquele que tem como pressupostos materiais a ocorrência de comoção grave de repercussão nacional ou a existência de fatos que comprovem a ineficácia do estado de defesa.

Comoção grave é aquela que não pode ser debelada com os instrumentos de segurança ordinários do Estado. A repercussão nacional constitui pressuposto elementar, pois, à sua falta, a hipótese seria de estado de defesa.

De outro lado, se houver fatos que denunciem a ineficácia do estado de defesa, por exemplo, o transcurso de sessenta dias sem que a situação de crise tenha sido superada, pode-se igualmente decretar o estado de sítio, que possui rol mais amplo de medidas para a solução da pendência.

No estado de sítio repressivo só podem ser adotadas as seguintes medidas coercitivas:

a) obrigação de permanência em localidade determinada;
b) detenção em edifícios não destinados a essa finalidade;
c) restrições – não pode haver supressão – à inviolabilidade da correspondência, ao sigilo das comunicações e à liberdade de imprensa (excetuam-se pronunciamentos parlamentares, sob o controle da Mesa);
d) suspensão da liberdade de reunião;
e) busca e apreensão em domicílio sem as formalidades constitucionais;
f) intervenção em empresas de serviços públicos;
g) requisição de bens.

O estado de sítio repressivo não pode ser decretado por prazo superior a trinta dias, nem renovado, a cada vez, por período superior, embora sejam possíveis sucessivas renovações.

Estado de sítio defensivo é aquele que tem por pressuposto material a declaração de estado de guerra ou a resposta a agressão armada estrangeira.

No estado de sítio defensivo qualquer garantia constitucional pode ser suspensa, não havendo nenhuma limitação apriorística. Ademais, poderá ser decretado por todo o tempo que perdurar a guerra ou a agressão armada estrangeira.

Em ambos os casos, o estado de sítio será decretado pelo Presidente da República, depois de prévia autorização do Congresso Nacional, sendo, de todo modo, necessária a anterior oitiva – não vinculante – do Conselho da República e do Conselho de Defesa Nacional.

O decreto, que determinará sua duração, as normas necessárias à sua execução e as garantias que ficarão suspensas, designará o executor das medidas específicas e as áreas abrangidas.

O Congresso Nacional, que decide por maioria absoluta, deverá emitir autorização específica a cada prorrogação do estado de sítio. Caso esteja em recesso, deverá reunir-se extraordinariamente dentro de cinco dias a fim de apreciar o ato.

Segue-se que o estado de sítio apresenta três pressupostos formais, comuns às duas hipóteses: prévia audiência do Conselho da República e do Conselho de Segurança Nacional; autorização do Congresso Nacional; edição de um decreto presidencial com especificação das normas necessárias à sua execução, das garantias que ficarão suspensas, do executor das medidas específicas e das áreas abrangidas.

DISPOSIÇÕES COMUNS

A Mesa do Congresso, ouvidos os líderes partidários, designará comissão de cinco parlamentares para acompanhar e fiscalizar a execução dos estados de defesa e de sítio.

Cessado o estado de defesa ou de sítio, terminam os seus efeitos, sem prejuízo de responsabilidade, devendo o presidente mandar relatório circunstanciado ao Congresso. Logo, tanto o estado de defesa como o de sítio podem gerar processo por crime de responsabilidade, em razão de em parte eventualmente desafiarem manifestação judicial, sob o vértice civil ou criminal, em função de possíveis prejuízos pessoais e patrimoniais infligidos aos indivíduos prejudicados pelas medidas, sendo certo que a avaliação deve ser com base nos princípios e critérios informadores da situação de legalidade extraordinária.

CAPÍTULO 2

Das Forças Armadas

DISPOSIÇÕES GERAIS

Dentro da sistemática da Constituição de 1988, as Forças Armadas foram erigidas à condição de instrumento institucional de defesa do Estado e da democracia.

Reunindo o Exército, a Marinha e a Aeronáutica, às Forças Armadas foi conferida a missão constitucional de defesa do País, de garantia dos Poderes constituídos e, por iniciativa de qualquer destes, da lei e da ordem.

Nesse sentido, na sua organização interna, dois princípios sobressaem com pujante importância, quais sejam, o da hierarquia e o da disciplina. A conjugação de ambos faz derivar a existência de uma carreira estratificada, na qual o superior exerce poderes disciplinares sobre seus imediatos, podendo, inclusive, aplicar sanções de índole administrativa.

O hierarca maior das Forças Armadas é o Presidente da República, e, a teor do que dispõe o art. 84, XIII, da Constituição Federal, cabe-lhe "exercer o comando supremo das Forças Armadas". Logo, o cumprimento de todas as suas funções constitucionais deve realizar-se sob o comando hierárquico e disciplinar do Presidente da República, de tal modo que mesmo nas missões de garantia dos Poderes constitucionais e de defesa, por iniciativa de qualquer destes, da lei e da ordem viceja a condução superior do Chefe do Executivo Federal.

Demonstração desse poder hierárquico, o art. 42, § 2º, da Constituição Federal indica que as patentes dos oficiais das Forças Armadas são conferidas pelo Presidente da República.

As punições disciplinares militares não ensejam a impetração de *habeas corpus*, sendo que ao militar são expressamente proibidas a sindicalização e a greve.

O serviço militar é obrigatório, salvo para as mulheres e para os eclesiásticos.

De todo o modo, a Constituição, em dois de seus dispositivos – no art. 5º, VIII, de forma genérica, e no art. 143, § 1º, de forma específica –, clausulou o chamado direito de escusa de consciência, possibilitando aos que alegarem motivos de consciência, por força de convicção política ou religiosa, eximirem-se da obrigação, mediante o cumprimento de serviço civil alternativo ao militar obrigatório.

CAPÍTULO 3

Da Segurança Pública

INTRODUÇÃO

O serviço de segurança pública, entendido como aquele voltado para a preservação da ordem pública e da incolumidade das pessoas e do patrimônio, foi atribuído à polícia federal, à polícia rodoviária federal, à polícia ferroviária federal, às polícias civis, às polícias militares e aos corpos de bombeiros militares.

No dizer de Julio Fabbrini Mirabete (1991, p. 73), a

> ordem pública encerra, porém, um contexto maior, no qual se encontra a noção de segurança pública, como estado antidelitual, resultante da observância das normas penais, com ações policiais repressivas ou preventivas típicas, na limitação das liberdades individuais.

Vale ressaltar, nessa linha de divagação, que a ação limitativa das liberdades individuais, por princípio de hermenêutica constitucional, deve sempre ser interpretada de maneira restritiva, é dizer, nesses casos, a polícia só pode agir em estrita observância dos comandos constitucionais e legais pertinentes ao tema.

A atividade policial pode ser repartida em duas categorias: a) a polícia administrativa, também denominada polícia ostensiva, cuja finalidade consiste na prevenção do crime, é dizer, evitar que ele venha a ocorrer; b) a polícia judiciária, também conhecida como polícia de investigação, cuja missão consiste na repressão do crime, isto é, uma vez ocorrido, deflagra procedimento administrativo

484 Curso de Direito Constitucional

(inquérito policial) voltado para a busca da certeza material de existência do crime, bem assim de quem seja seu autor.

POLÍCIAS DA UNIÃO

No âmbito federal foram organizadas três entidades policiais: a polícia federal, a polícia rodoviária federal e a polícia ferroviária federal. Analisemos cada uma delas:

a) *Polícia federal* – tem por finalidade precípua a função de polícia judiciária da União, ou seja, "apurar infrações penais contra a ordem política e social ou em detrimento de bens, serviços e interesses da União ou de suas entidades autárquicas e empresas públicas, assim como outras infrações cuja prática tenha repercussão interestadual ou internacional e exija repressão uniforme, segundo se dispuser em lei" (CF, art. 144, § 1º, I).

Ao lado do mister acima designado, a polícia federal assume também funções típicas de polícia administrativa. É que a Constituição outorgou-lhe competências para o policiamento preventivo do tráfico de entorpecentes e drogas afins, bem como funções de polícia marítima, aérea e de fronteira.

Essas funções, com efeito, refogem ao âmbito das investigações judiciárias, realizadas com o escopo de instrumentalizar o Ministério Público na persecução penal, encartando-se dentro do rol de atividades voltadas à prevenção do crime, fato que nos faz concluir que a polícia federal apresenta natureza híbrida, é dizer, de polícia judiciária e administrativa, tamanho o rol de tarefas que lhe foi constitucionalmente outorgado.

Merece destacada observação, porém, a dicção do inciso IV do § 1º do art. 144 da Lei Maior, no qual se atribui à polícia federal "exercer, com exclusividade, as funções de polícia judiciária da União". É que, por força do dispositivo em apreço, a polícia federal ficou impedida de celebrar convênios com outras entidades policiais para o cumprimento de suas funções de polícia judiciária.

Assim, quando o Ministério Público, por si, não lograr instrumentalizar-se para a persecução penal, só poderá fazê-lo através da polícia federal, posto que nenhum outro órgão policial poderá desempenhar funções de polícia judiciária da União.

b) *Polícia rodoviária federal* – destina-se ao patrulhamento ostensivo – preventivo ou administrativo – das rodovias federais.

c) *Polícia ferroviária federal* — destina-se ao patrulhamento ostensivo das ferrovias federais.

POLÍCIAS ESTADUAIS

Em nível estadual, as funções policiais foram repartidas quase linearmente. Atribuíram-se as funções de polícia judiciária basicamente à polícia civil, e as funções de polícia administrativa à polícia militar.

Nesse sentido, a polícia civil, dirigida por delegados de polícia de carreira, ficou incumbida do mister de investigar crimes, com exceção dos militares. Estes, apurados por meio dos chamados inquéritos policiais militares, devem ter sua investigação realizada pela própria polícia militar.

Nos termos do § 5º do art. 144, às "polícias militares cabem a polícia ostensiva e a preservação da ordem pública; aos corpos de bombeiros militares, além das atribuições definidas em lei, incumbe a execução de atividades de defesa civil".

Importante notar, no entanto, que, salvo com relação às atividades de polícia judiciária da União, que a Constituição delegou, "com exclusividade", à polícia federal, nada impede que uma entidade policial exerça subsidiariamente a função de outra, desde que com apoio em lei ou, ao menos, em acordo de cooperação entre as entidades envolvidas, salientando que a finalidade perseguida por todas elas é trazer segurança ao cidadão.

GUARDAS MUNICIPAIS

Os municípios poderão constituir guardas municipais, voltadas à proteção de seus bens, serviços e instalações.

Nesse sentido, é conveniente destacar que alguns municípios promovem verdadeira subversão do comando constitucional ao criarem guardas municipais com finalidade única de policiamento ostensivo.

Como dito, nada impede que lei estadual ou convênio com a polícia militar invista tais entidades de competência administrativa para a realização de tal desígnio policial. Porém, fora dessas hipóteses, parece existir usurpação da competência constitucional das polícias militares na criação de guardas municipais voltadas quase exclusivamente para o policiamento ostensivo, relegando a tarefa que lhes foi deferida pela Constituição: a guarda e o zelo dos próprios municípios.

SEGURANÇA VIÁRIA

A Emenda Constitucional n. 82 acrescentou o § 10 ao art. 144, inscrevendo na Constituição disposição específica relacionada à segurança viária, *in verbis*:

> § 10. A segurança viária, exercida para a preservação da ordem pública e da incolumidade das pessoas e do seu patrimônio nas vias públicas:
> I – compreende a educação, engenharia e fiscalização de trânsito, além de outras atividades previstas em lei, que assegurem ao cidadão o direito à mobilidade urbana eficiente; e
> II – compete, no âmbito dos Estados, do Distrito Federal e dos Municípios, aos respectivos órgãos ou entidades executivos e seus agentes de trânsito, estruturados em Carreira, na forma da lei.

Trata-se de norma constitucional de eficácia limitada, que só poderá gerar a plenitude de seus efeitos com a edição das leis a que se refere.

POLÍCIAS PENAIS

A Emenda Constitucional n. 104, dando nova redação ao art. 144 da Constituição Federal, criou as polícias penais federal, estaduais e distrital, às quais, "vinculadas ao órgão administrador do sistema penal da unidade federativa a que pertencem, cabe a segurança dos estabelecimentos penais".

PARTE VIII

Tributação e Orçamento

CAPÍTULO 1

Sistema Constitucional Tributário

OS TRIBUTOS E SUAS ESPÉCIES

Para Regina Helena Costa (2017, p. 132), tributo

corresponde a uma relação jurídica existente entre Estado e contribuinte, uma vez implementada determinada situação fática prevista em lei como autorizadora dessa exigência, cujo objeto consiste numa prestação pecuniária, não revestida de caráter sancionatório, e disciplinada por regime próprio.

Na disciplina jurídica do tema, a Constituição optou por enumerar os três principais espécimes tributários, ou seja, os impostos, as taxas e as contribuições de melhoria, afirmando que podem ser instituídos por qualquer um dos entes federativos.

Imposto é o tributo que tem por fato gerador uma situação independente de qualquer prestação estatal específica relativa ao contribuinte. Bem por isso, é denominado tributo não vinculado, pois o fato ensejador da sua incidência sempre deve apresentar-se divorciado de atividade estatal específica.

Taxa é o tributo que tem por fato gerador o exercício regular do poder de polícia ou a utilização, efetiva ou potencial, de serviço público específico e divisível prestado ao contribuinte ou colocado à sua disposição. É um tributo vinculado, pois sua incidência viceja a atividade estatal determinada, quer produto do exercício do poder de polícia, quer por força de serviço público específico e divisível prestado ou colocado à disposição do contribuinte.

Nesse sentido, o art. 78 do Código Tributário Nacional entende por poder de polícia a

> atividade da administração pública que, limitando ou disciplinando direito, interesse ou liberdade, regula a prática de ato ou abstenção de fato, em razão de interesse público concernente à segurança, à higiene, à ordem, aos costumes, à disciplina da produção e do mercado, ao exercício de atividades econômicas dependentes de concessão ou autorização do Poder Público, à tranquilidade pública ou ao respeito à propriedade e aos direitos individuais e coletivos.

No mesmo caminho, as taxas em virtude de serviços públicos podem ser cobradas quando estes forem simultaneamente: a) específicos, ou seja, destacáveis em unidades autônomas de intervenção, de utilidade ou de necessidade públicas; e b) divisíveis, quer dizer, suscetíveis de utilização, separadamente, por parte de cada um dos usuários.[1]

É importante ressaltar, no entanto, que as chamadas taxas de serviço não podem ser confundidas com a cobrança de preços públicos.

No ponto, vale transcrever a conclusão ofertada pelo X Simpósio Nacional de Direito Tributário:

> As taxas remuneram os serviços públicos. Demais serviços que não têm tal natureza serão cobrados por preço, chamados públicos, por serem cobrados pelo Poder Público, direta ou indiretamente.
>
> São serviços públicos aqueles inerentes ao Estado, denominados essenciais, além daqueles cuja atividade econômica não compete originariamente à iniciativa privada, dependendo de disciplina legal.
>
> Atividade monopolizada não possibilita a cobrança de taxa, assim como a atividade econômica prevista no artigo 170 da Constituição Federal.

Contribuição de melhoria é o espécime tributário cobrado em face do "custo de obras públicas de que decorra valorização imobiliária, tendo como limite total a despesa realizada e como limite individual o acréscimo de valor que da obra resultar para cada imóvel beneficiado" (CTN, art. 81).

---

[1] Cf. art. 79, II e III, do Código Tributário Nacional.

CAPACIDADE CONTRIBUTIVA[2]

O § 1º do art. 145 da Constituição Federal instituiu o princípio da capacidade contributiva, estabelecendo que, sempre que possível, os impostos devem ter caráter pessoal e receber gradação segundo a capacidade econômica do contribuinte.

O princípio da capacidade contributiva, a bem do rigor, constitui mero desdobramento do princípio da isonomia, indicando como fator de discriminação a capacidade econômica de quem deve pagar o imposto.

Para melhor aplainar as dificuldades existentes, é conveniente transcrever o seguinte excerto da preleção de José Eduardo Soares de Melo (1989, p. 144-5):

> Sob um prisma mais pragmático, os impostos representam oneração dos patrimônios e negócios vinculados aos contribuintes, e, nesse sentido, consistindo em subtração de valores a eles vinculados.
>
> Portanto, como a tributação quantifica-se por uma base de cálculo (à qual se aplica uma alíquota, salvo os casos de alíquota fixa), e como esta nada mais é do que o próprio valor (econômico) da materialidade, sempre será possível medir a intensidade (econômica) de participação do contribuinte no montante do imposto.
>
> A cláusula "sempre que possível" não pode jamais permitir vislumbrar-se a eventual impossibilidade de tal mensuração (como a princípio se poderia pensar), ou seja, casos em que nem sempre é possível avaliar o cunho pessoal e o envolvimento econômico do devedor do imposto.

Logo, a análise da citação em comento leva à conclusão de que os impostos, de modo geral, devem buscar quantificação proporcional à capacidade econômica do contribuinte, infligindo alíquotas maiores a quem possuir maior capacidade de pagamento.

Ainda sob a ótica da Carta revogada, mas abordando o tema capacidade contributiva, assinalou o Supremo Tribunal Federal:

> Tributário. ISS na locação de bens móveis. O que se destaca, *utilitatis causa*, na locação de bens móveis, não é apenas o uso e gozo da coisa, mas sua utilização na prestação de um serviço. Leva-se em conta a realidade econômica, que é a atividade que se presta com o bem móvel, e não a mera obrigação de dar, que caracteriza o contrato

---

[2] Sobre o tema, ver Costa (1996).

de locação, segundo o artigo 1.188 do Código Civil. Na locação de guindastes, o que tem relevo é a atividade com eles desenvolvida, que adquire consistência econômica, de modo a tornar-se um índice de capacidade contributiva do imposto sobre serviços. Recurso não conhecido (STF, 2ª T., 2ª Seção, RE 112.947, Rel. Min. Carlos Madeira, j. 19.06.1987, *DJ*, 7 ago. 1987, p. 15439, *Ementário do STF*, v. 1468-04, p. 784; *JUIS*, n. 7).

LEI COMPLEMENTAR

O art. 146 da Constituição Federal reservou à lei complementar competência para disciplinar: a) conflitos de competência; b) a regulamentação das limitações constitucionais ao poder de tributar; c) a definição de tributos e suas espécies; d) obrigação, lançamento, crédito, prescrição e decadência tributários; e) adequado tratamento tributário ao ato cooperativo praticado pelas sociedades cooperativas; e f) definição de tratamento diferenciado e favorecido para as microempresas e empresas de pequeno porte. Neste último caso, a lei complementar poderá, ainda, instituir um regime único de arrecadação dos impostos e contribuições da União, dos estados, do Distrito Federal e dos municípios, observadas as condições previstas no art. 146, parágrafo único, da Constituição Federal.

Nesse sentido, o Código Tributário Nacional, recepcionado que foi com o *status* jurídico de lei complementar, é o diploma legislativo que abriga as tarefas complementares à Constituição anteriormente arroladas.

Todavia, a missão da lei complementar não ficou isenta de dúvidas. É que a distribuição de competências tributárias foi empreendida diretamente pela Constituição, que, nesse mister, descreveu de forma pormenorizada os tributos, indicando os seus fatos geradores, bases de cálculo e contribuintes.

A lei complementar possui atributos jurídicos para inovar nessa matéria. Em outras palavras, um tributo estadual ou municipal pode existir sem a previsão de sua base de cálculo e de seu fato gerador em uma lei complementar federal?

Com efeito, a regra matriz de incidência dos tributos foi constitucionalmente definida. Caso queira, o legislador complementar pode prestar-se ao papel de declarar os presságios constitucionais sobre o tema, não podendo, porém, inová-los.

Tal entendimento, aliás, afina-se com a lição de Roque Antonio Carrazza (1991, p. 397):

Estamos certos de andar bem avisados, sustentando que a Constituição delimitou as competências tributárias das pessoas políticas. A lei complementar apenas pode facilitar a compreensão das normas constitucionais pertinentes. Mal comparando, podemos dizer que, aqui, a lei complementar funciona, em relação à Carta Magna, como o regulamento em relação à lei, estabelecendo os pormenores normativos que vão ensejar a correta aplicação da regra superior.

Deveras, o art. 146 da CF, se interpretado sistematicamente, não dá margens a dúvidas: a competência para editar normas gerais em matéria de legislação tributária desautoriza a União a descer ao detalhe, isto é, a ocupar-se com peculiaridades da tributação de cada pessoa política. Entender o assunto de outra forma poderia desconjuntar os princípios federativo, da autonomia municipal e da autonomia distrital.

Assim sendo, os entes federativos, obedientes aos padrões constitucionais, têm competência plena para a instituição dos tributos que lhes foram constitucionalmente reservados. A lei complementar federal não pode dispor sobre o tema. Caso o faça, estará exorbitando a delegação constitucional. De fato, restará aos legisladores dos entes federativos, relegando os comandos complementares federais, dispor diretamente sobre o tema.

A propósito, confira-se o seguinte aresto do Superior Tribunal de Justiça:

> Tributário. ICM. Fornecimento de alimentação e bebidas em bares, restaurantes e estabelecimentos similares. Ilegitimidade da cobrança do tributo, por falta de definição da base de cálculo pela lei estadual. Na expressão saída da mercadoria do estabelecimento comercial não se compreende o fornecimento de alimentos e bebidas, no próprio estabelecimento, razão pela qual a base de cálculo prevista para a primeira hipótese não se aplica à segunda. Precedentes do Supremo Tribunal Federal. Provimento do Recurso (STJ, 2ª T., REsp 564-BA, Rel. Min. Ilmar Galvão, j. 20.09.1989, *DJ*, 10 out. 1989, p. 15644; *JUIS*, n. 7).

EMPRÉSTIMOS COMPULSÓRIOS

A Constituição Federal não deixou margem a dúvidas quanto à natureza tributária dos empréstimos compulsórios, pois a regulação do tema ficou encartada na parte pertinente ao sistema constitucional tributário. Logo, a regra geral é a de que os empréstimos compulsórios devem submeter-se ao regime constitucional tributário.

Dessa maneira, os empréstimos compulsórios devem ser instituídos por lei complementar nas seguintes hipóteses:

a) para fazer frente a despesas extraordinárias decorrentes de calamidade pública, guerra externa ou sua iminência;
b) em caso de investimento público de caráter urgente e relevante interesse nacional.

É conveniente destacar que na segunda hipótese arrolada a arrecadação dos valores respectivos depende da aplicação do princípio da anterioridade. Ademais, os recursos apurados com o empréstimo compulsório devem ser aplicados, de forma vinculada, na despesa que fundamentou sua instituição.

CONTRIBUIÇÕES SOCIAIS

Existem três espécies de contribuições sociais: a) as de intervenção no domínio econômico; b) as de interesse das categorias profissionais ou econômicas; e c) as de seguridade social.

As duas primeiras têm alicerce constitucional no art. 149, enquanto a última espécie indicada está abrigada pelo art. 195 da Constituição Federal.

As contribuições sociais têm natureza tributária e, com exceção das contribuições sociais de seguridade social, devem observar o disposto no § 6º do art. 195, as demais estão adstritas, dentre outros, ao princípio da anterioridade tributária.

A instituição das contribuições sociais é de competência da União, salvo a exceção capitulada no parágrafo único do indigitado art. 149, que permite aos estados, ao Distrito Federal e aos municípios a instituição de contribuições sociais de previdência social, a serem cobradas de seus servidores para o custeio, em benefício destes, de sistema de previdência e assistência social.

CAPÍTULO 2

Das Limitações ao Poder de Tributar

INTRODUÇÃO

A Seção II do Capítulo I do Título VI da Constituição da República abriga as chamadas limitações ao poder de tributar, é dizer, cláusulas constitucionais caracterizadas pela finalidade de impor limites à atividade impositiva tributária do Poder Público. São regras que limitam o poder de tributar, garantindo, indiretamente, o direito de propriedade. Por tais mandamentos, há garantia de que o Estado, por meio da tributação, não poderá atuar em determinadas situações. Portanto, trata-se de garantia individual, que deve ser entendida como cláusula pétrea, pois decorrência do direito de propriedade. Tais cláusulas estão substanciadas basicamente nos princípios a seguir elencados.

PRINCÍPIO DA LEGALIDADE

Esse princípio vem esculpido pelo inciso I do art. 150 da Constituição Federal, que proíbe os entes federativos de "exigir ou aumentar tributo sem lei que o estabeleça".

Nesse sentido, vertido sob a ótica tributária, o aludido princípio enseja a regra da *tipicidade*, ou seja, preordena a lei instituidora do tributo à descrição pormenorizada dos aspectos de cada tributo, em especial da regra matriz de incidência.

Vale lembrar, no entanto, que o princípio acima arrolado, sem menoscabo de sua importância, sofre exceções. Os impostos sobre importação de produtos

496 Curso de Direito Constitucional

estrangeiros, exportação de produtos nacionais ou nacionalizados, produtos industrializados e operações de crédito, câmbio e seguro, ou relativas a títulos ou valores mobiliários podem ter suas alíquotas alteradas por ato do Poder Executivo. Tal se deve ao caráter eminentemente extrafiscal desses impostos.

Ainda merece ser notado o fato de que o Supremo Tribunal Federal entendeu ser possível a criação de tributo por medida provisória, respeitando-se os demais princípios constitucionais.[1]

Como se trata de ato com força de lei, poderá criar tributos. O entendimento não encontra eco na doutrina.

PRINCÍPIO DA IGUALDADE TRIBUTÁRIA

O princípio embarga tratamento desuniforme entre contribuintes que se encontrem em situação de equivalência. Isso quer dizer que a regra constitucional não impede a chamada progressividade tributária, antes, a recomenda.

Com efeito, como indicado linhas atrás, o princípio da capacidade contributiva constitui, a bem do rigor, mero desdobramento da regra isonômica, já que cobrar exação maior de quem possui maior capacidade econômica, longe de ofender, incrementa o dever de tratamento igualitário entre contribuintes. Ferindo o tema, assevera Hugo Brito Machado (1993, p. 11):

> Realmente aquele que tem maior capacidade contributiva deve pagar imposto maior, pois só assim estará sendo igualmente tributado. A igualdade consiste, no caso, na proporcionalidade da incidência à capacidade contributiva, em função da utilidade marginal da riqueza.
>
> O princípio da igualdade, numa visão formalista e dirigido apenas ao aplicador da lei, pode significar o caráter hipotético da norma, a dizer que, realizada a hipótese normativa, a consequência deve ser igual, sem qualquer distinção decorrente de quem quer que seja a pessoa envolvida.

Ademais, a verificação de conformidade à igualdade tributária deve ser empreendida com base nos mesmos critérios normativizadores do princípio da igualdade consubstanciado no art. 5º, *caput*, da Constituição Federal (ver a seção "Princípio da isonomia", Capítulo 1, Parte IV).

---

[1] V. STF, Pleno, RE 146.733-SP, Rel. Min. Moreira Alves, *RTJ, 143*:684-703.

PRINCÍPIO DA IRRETROATIVIDADE DA LEI TRIBUTÁRIA

O princípio reafirma a regra de que a lei, *a priori*, deve ter vigor imediato e geral. Bem por isso, a norma constitucional especifica proibição de cobrança de tributos em relação a fatos geradores ocorridos antes do início da vigência da lei que os houver instituído ou aumentado.

PRINCÍPIO DA ANTERIORIDADE

A textura jurídica da alínea *b* do inciso III do art. 150 da Constituição Federal preconiza proibição de que um tributo seja cobrado no mesmo exercício financeiro em que haja sido publicada a lei que o aumentou ou instituiu. A Emenda Constitucional n. 42/2003, acrescentando a alínea *c* ao inciso III do art. 150, alargou o conteúdo do princípio em causa, exigindo, em acréscimo, que o tributo só seja cobrado depois de noventa dias da data de publicação da lei que os instituiu ou aumentou. As exigências citadas são cumulativas, de modo que a emenda veio a ampliar a proteção do contribuinte em detrimento das possibilidades fiscais do Poder Público. Com relação à medida provisória, parece claro, à luz da nova redação do art. 62 (EC n. 32/2001), que esta pode dispor sobre matéria tributária, só sendo aplicada, porém, uma vez observadas as duas exigências veiculadas pelo art. 150, III, *b* e *c*.

Convém destacar, nessa linha de reflexão, que o sentido finalístico da norma constitucional em testilha indica que o tributo só poderá ser cobrado com relação a fatos geradores ocorridos no primeiro dia do exercício seguinte ao da sua instituição ou aumento.

Desse teor, aliás, o ensinamento de Roque Antonio Carrazza (1991, p. 123):

> Com verdade, a palavra cobrar, inserta no artigo em foco, está, como tantas outras do texto constitucional, empregada num sentido laico, devendo o intérprete entendê-la sinônima de exigir. Neste sentido, pelo menos, tem-se pronunciado a melhor doutrina.

Veja-se, seguindo essa linha de raciocínio, que, como afirmado pelo referido professor, o princípio da anterioridade diz com a eficácia das leis tributárias e não com sua vigência ou validade, pois sua finalidade é indicar o momento em que a lei tributária, hígida e vigente, passa a irradiar seus efeitos, evidentemente sobre fatos que a partir de então vierem a ocorrer.

498 Curso de Direito Constitucional

Por outro giro, porém, certo é que o princípio da anterioridade, embora de significativa pujança no bojo de nosso sistema constitucional tributário, sofre exceções.

A Constituição subtraiu expressamente do seu raio de aplicação os impostos enumerados nos arts. 153, I, II, IV e V (respectivamente, os impostos sobre importação, exportação, produtos industrializados e operações de crédito, câmbio, seguro e relativas a títulos ou valores mobiliários), e 154, II (imposto extraordinário instituído na iminência ou no caso de guerra externa).

Refoge também ao âmbito eficacial do princípio da anterioridade o empréstimo compulsório instituído para atender despesas extraordinárias decorrentes de calamidade pública, guerra externa ou sua iminência, bem como as contribuições sociais de seguridade social, cuja regra de aplicação vem estipulada pelo art. 195, § 6º, da Constituição Federal, que tem a seguinte redação: "§ 6º As contribuições sociais de que trata este artigo só poderão ser exigidas após decorridos noventa dias da data da publicação da lei que as houver instituído ou modificado, não se lhes aplicando o disposto no art. 150, III, *b*".

Embora o princípio seja objeto das exceções acima indicadas, parece que esse rol não pode ser ampliado, mesmo por eventual emenda constitucional. É que o princípio da anterioridade, por seu caráter histórico de princípio limitador do poder estatal, tem natureza de direito fundamental, de índole individual. Sendo assim, por força do disposto no art. 60, § 4º, IV, de nossa Lei Maior, deve ser considerado imutável, ou seja, nem mesmo à emenda constitucional é outorgada a prerrogativa de ampliar o rol de exceções fixadas pelo constituinte originário.

A propósito, confira-se o pronunciamento do Supremo Tribunal Federal a respeito:

Artigos 5º, par. 2º, 60, par. 4º, incisos I e IV, 150, incisos III, *b*, e VI, *a*, *b*, *c* e *d*, da Constituição Federal. 1. Uma Emenda Constitucional, emanada, portanto, de Constituinte derivada, incidindo em violação à Constituição originária, pode ser declarada inconstitucional, pelo Supremo Tribunal Federal, cuja função precípua é de guarda da Constituição (art. 102, I, *a*, da CF). 2. A Emenda Constitucional n. 3, de 17.3.1993, que, no art. 2º, autorizou a União a instituir o IPMF, incidiu em vício de inconstitucionalidade, ao dispor, no parágrafo 2º desse dispositivo, que, quanto a tal tributo, não se aplica o art. 150, III, *b* e VI, da Constituição, porque, desse modo, violou os seguintes princípios e normas imutáveis (somente eles, não outros):

1º o princípio da anterioridade, que é garantia individual do contribuinte (art. 5º, par. 2º, art. 60, par. 4º, inciso IV, e art. 150, III, *b*, da Constituição) (STF, TP, ADI 939, Rel. Min. Sydney Sanches, j. 15.12.1993, *DJ*, 18 mar. 1994, p. 5165, *Ementário do STF*, v. 1737-02, p. 160; *JUIS*, n. 7).

PRINCÍPIO DA PROIBIÇÃO DE TRIBUTOS COM EFEITO CONFISCATÓRIO

Os tributos não podem possuir tal significação econômica que inviabilizem a propriedade. Evidente que a avaliação desse efeito varia segundo cada tipo de tributo. Os impostos sobre o consumo, cuja exação se incorpora ao preço, podem possuir alíquota das mais significativas, sem que venham a galgar foros confiscatórios. O mesmo não se diga de outros gravames, por exemplo, o IPTU, que, a depender da alíquota, pode inviabilizar a propriedade.

PRINCÍPIO DA PROIBIÇÃO DE LIMITES AO TRÁFEGO DE PESSOAS OU BENS

A regra constitucional afirma, em suma, a vedação da instituição de tributos interestaduais ou intermunicipais que tenham por propósito, explícito ou implícito, a limitação do tráfego de pessoas ou bens. Permite-se, no entanto, a cobrança de pedágio pela utilização de vias conservadas pelo Poder Público.

PRINCÍPIO DA UNIFORMIDADE

Cuida-se de afirmação isonômica entre os entes federativos, vedando que a União institua

> tributo que não seja uniforme em todo o território nacional ou que implique distinção ou preferência em relação a Estado, ao Distrito Federal ou a Município, em detrimento de outro, admitida a concessão de incentivos fiscais destinados a promover o equilíbrio do desenvolvimento socioeconômico entre as diferentes regiões do País (CF, art. 151, I).

PRINCÍPIO DA NÃO DISCRIMINAÇÃO TRIBUTÁRIA, EM RAZÃO DA PROCEDÊNCIA OU DESTINO DOS BENS

No dizer de Paulo de Barros Carvalho (1991, p. 103), "significa que as pessoas tributantes estão impedidas de graduar seus tributos, levando em conta a região de origem dos bens ou o local para onde se destinem".

AS IMUNIDADES TRIBUTÁRIAS[2]

O inciso VI do art. 150 da Constituição Federal cuidou das chamadas imunidades tributárias. Elas constituem cláusulas limitadoras das competências tributárias, pois excluem do âmbito de todas as pessoas tributantes as hipóteses por elas agasalhadas.

Segundo o ensinamento de Paulo de Barros Carvalho (1991, p. 116),

> as manifestações normativas que exprimem as imunidades tributárias se incluem no subdomínio das sobrenormas, metaproposições prescritivas que colaboram, positiva ou negativamente, para traçar a área de competência das pessoas titulares de poder político, mencionando-lhes os limites materiais e formais da atividade legiferante.

As imunidades são classificadas da seguinte forma:

a) imunidade recíproca, que impede as pessoas políticas de instituírem impostos sobre patrimônio, renda ou serviços uns dos outros;

b) imunidade dos templos de qualquer culto, que traduz, a bem do rigor, garantia do direito fundamental à liberdade de credo e religião;

c) imunidade dos partidos políticos, das entidades sindicais dos trabalhadores e das instituições de educação e assistência social, sem fins lucrativos, que afirma que o patrimônio, a renda e os serviços destes não podem ser objeto de imposto;

d) imunidade dos livros, jornais, periódicos e do papel destinado à sua impressão;

e) imunidade dos fonogramas e videofonogramas musicais produzidos no Brasil contendo obras musicais ou literomusicais de autores brasileiros e/ou obras em geral interpretadas por artistas brasileiros bem como os suportes materiais ou arquivos digitais que os contenham, salvo na etapa de replicação industrial de mídias ópticas de leitura a laser (incluída pela Emenda Constitucional n. 75/2013).

---

[2] A propósito, ver Serrano (2011).

CAPÍTULO 3

Dos Impostos

IMPOSTOS DA UNIÃO

A Constituição Federal, ao permitir a todos os entes políticos a instituição de taxas e contribuições de melhoria, indicou expressamente a competência destes em matéria de impostos.

O art. 153 da Carta Federal indica como de competência da União a instituição dos seguintes impostos:

- importação de produtos estrangeiros (I);
- exportação, para o exterior, de produtos nacionais ou nacionalizados (II);
- renda e proventos de qualquer natureza (III);
- produtos industrializados (IV);
- operações de crédito, câmbio e seguro, ou relativas a títulos ou valores mobiliários (V);
- propriedade territorial rural (VI);
- grandes fortunas, nos termos de lei complementar (VII).

Ademais, à União foi conferida competência residual, já que o art. 154, I, de nosso Texto Maior concedeu-lhe instituir, através de lei complementar, impostos não previstos, desde que sejam não cumulativos e não tenham fato gerador ou base de cálculo próprios dos discriminados na Constituição.

502 Curso de Direito Constitucional

IMPOSTOS DOS ESTADOS E DO DISTRITO FEDERAL

Os estados e o Distrito Federal, nos termos do art. 155 da Constituição Federal, têm competência para a instituição dos seguintes impostos:

- transmissão *causa mortis* e doação, de quaisquer bens ou direitos (I);
- operações relativas à circulação de mercadorias e sobre prestações de serviços de transporte interestadual e intermunicipal e de comunicação, ainda que as operações e as prestações se iniciem no exterior (II);
- propriedade de veículos automotores (III).

IMPOSTOS DOS MUNICÍPIOS

Segundo o disposto no art. 156 da Carta Magna, inscrevem-se na competência dos municípios a instituição dos impostos sobre:

- propriedade predial e territorial urbana (I);
- transmissão *inter vivos*, a qualquer título, por ato oneroso, de bens imóveis, por natureza ou acessão física, e de direitos reais sobre imóveis, exceto os de garantia, bem como cessão de direitos e sua aquisição (II);
- serviços de qualquer natureza, não compreendidos no art. 155, II, definidos em lei complementar (III).

Importante verificar que a Emenda Constitucional n. 29/2000 sepultou antiga controvérsia acerca da progressividade do IPTU.

Com a nova redação atribuída ao art. 156, § 1º, da Constituição Federal, ficou sedimentada a possibilidade de duas distintas formas de progressividade do IPTU: a progressividade-sanção (art. 182, § 4º, II, da CF) e a progressividade em razão do valor do imóvel.

Houve autorização expressa também para a implementação de alíquotas seletivas em decorrência da localização e do uso do imóvel.

Importante destacar ainda que a Emenda n. 39/2002, acrescentou o art. 149-A à Constituição Federal, permitindo aos municípios e ao Distrito Federal a instituição de contribuição, na forma das respectivas leis, para o custeio do serviço de iluminação pública, facultada a cobrança de tal contribuição na fatura de consumo de energia elétrica.

CAPÍTULO 4

Repartição das Receitas Tributárias

DISPOSIÇÕES GERAIS

A Constituição Federal regulamentou a repartição de receitas tributárias entre os entes tributantes.

Trata-se, na verdade, de consequência da opção constituinte pela adoção de um modelo de federalismo cooperativo, que preconiza o inter-relacionamento produtivo entre os entes da Federação, inclusive em nível financeiro, como veremos agora.

Em primeiro lugar, foram atribuídos aos estados e ao Distrito Federal os valores respectivamente arrecadados, inclusive com relação a suas autarquias e fundações, com o imposto de renda e proventos de qualquer natureza retido na fonte.

Ademais, qualquer imposto extraordinário criado pela União, no exercício da competência deferida pelo art. 154, I, da Carta Magna, deve ter 20% de sua arrecadação destinada aos estados e ao Distrito Federal.

Por outro lado, tal qual aos estados e ao Distrito Federal, foram atribuídos aos municípios os valores respectivamente angariados, inclusive junto a suas autarquias e fundações, com o imposto de renda e proventos de qualquer natureza incidente na fonte.

No mesmo caminho, pertencem aos municípios 50% dos valores arrecadados pela União com o imposto territorial rural, relativamente aos imóveis neles situados, bem como 50% do produto da arrecadação do imposto do estado sobre a propriedade de veículos automotores licenciados em seus territórios.

504 Curso de Direito Constitucional

Por fim, devem ser atribuídos aos municípios 25% do produto da arrecadação do ICMS, sendo que esses valores deverão ser creditados em obediência aos seguintes critérios:

a) três quartos, no mínimo, na proporção do valor adicionado nas operações relativas a circulação de mercadorias e nas prestações de serviços realizadas em seus territórios. Vale ressalvar que a definição de valor adicionado é de alçada de lei complementar;

b) até um quarto, segundo lei estadual, ou, no caso dos Territórios, lei federal.

De outro lado, vale destacar que o art. 159 da Constituição Federal criou os denominados fundos de participação, emprestando-lhes a seguinte compostura, quando reservou 49% do produto da arrecadação dos impostos sobre renda e proventos de qualquer natureza e sobre produtos industrializados:[1]

a) 21,5% ao Fundo de Participação dos estados e do Distrito Federal;
b) 22,5% ao Fundo de Participação dos municípios;
c) 3% para aplicação em programas de financiamento ao setor produtivo das Regiões Norte, Nordeste e Centro-Oeste, através de suas instituições financeiras de caráter regional, de acordo com os planos regionais de desenvolvimento, ficando assegurada ao semiárido do Nordeste a metade dos recursos destinados à região, na forma que a lei estabelecer;
d) 1% ao Fundo de Participação dos municípios, que será entregue no primeiro decêndio do mês de dezembro de cada ano;[2]
e) 1% ao Fundo de Participação dos municípios, que será entregue no primeiro decêndio do mês de julho de cada ano (cf. Emenda Constitucional n. 84).

Nesse sentido, nos termos do art. 161, II, de nossa Magna Carta, cabe à lei complementar estabelecer normas sobre os critérios de rateio desses fundos, objetivando promover o equilíbrio socioeconômico entre estados e municípios.

Demais disso, 3% do produto da arrecadação com os impostos acima citados devem ser aplicados em programas de financiamento ao setor produtivo das Regiões Norte, Nordeste e Centro-Oeste.

---

[1] Esse percentual foi aumentado em 1%, por força da Emenda Constitucional n. 55/2007.
[2] A alínea *d* foi introduzida pela Emenda Constitucional n. 55/2007.

Em arremate, a dicção textual do inciso II do art. 159 da Constituição da República indica que 10% do produto da arrecadação do imposto sobre produtos industrializados serão entregues aos estados e ao Distrito Federal, na forma de lei complementar, respeitado o princípio de que a nenhuma entidade federada poderá ser destinada parcela superior a 20% do montante arrecadado.

Importante notar, no entanto, que a Emenda Constitucional n. 31/2000, incluiu cinco artigos (79 a 83) no Ato das Disposições Constitucionais Transitórias, criando o Fundo de Combate e Erradicação da Pobreza.

CAPÍTULO 5

Finanças e Orçamento

NORMAS GERAIS

Por finanças públicas deve-se entender a atividade econômica do Estado, na obtenção de receitas, na realização de despesas, na administração da dívida interna e externa, bem como no controle da economia pelo fluxo da moeda.

Dentro dessa linha, o art. 163 da Constituição Federal indicou que lei complementar deve dispor sobre finanças públicas (inciso I), dívida externa e interna (inciso II), concessão de garantias pelas entidades públicas (inciso III), emissão e resgate de títulos da dívida pública (inciso IV), fiscalização financeira da administração pública direta e indireta (inciso V), operações de câmbio realizadas por órgãos e entidades da União, dos Estados, do Distrito Federal e dos Municípios (inciso VI) e a compatibilização das funções das instituições oficiais de crédito da União, resguardadas as características e condições operacionais plenas das voltadas ao desenvolvimento regional (inciso VII).[1]

A competência para emissão de moeda foi atribuída, com exclusividade, ao Banco Central, que ficou proibido de conceder, direta ou indiretamente, empréstimos ao Tesouro Nacional e a qualquer órgão ou entidade que não seja instituição financeira.

Porém, o Banco Central poderá comprar e vender títulos de emissão do Tesouro Nacional, com o objetivo de regular a oferta de moeda ou a taxa de juros.

---

[1] Ver a Lei Complementar n. 101/2000 – Lei de Responsabilidade Fiscal.

No ponto, Tesouro Nacional "é a denominação atribuída ao Departamento do Ministério da Fazenda, onde se centraliza a administração dos negócios financeiros do Estado, notadamente no que se refere à receita e despesas públicas" (SILVA, 1997).

ORÇAMENTO

A Constituição Federal, ao regulamentar a estrutura jurídica das receitas e despesas do Poder Público, criou, a bem do rigor, um sistema orçamentário, conformado a partir do inter-relacionamento de três leis orçamentárias, a saber: o orçamento anual, a lei de diretrizes orçamentárias e o plano plurianual.

Essas três entidades normativas, como dito, constituem um sistema, pois, segundo a disciplina que lhes emprestou a Carta de 1988, apresentam implicações recíprocas, interdependência e, simultaneamente, finalidades próprias e específicas.

Por critérios didáticos, analisaremos, separadamente, cada uma delas, a começar pelo orçamento, o mais importante dos institutos criados.

Orçamento anual

Conceitualmente, orçamento é o instituto de que dispõe o Poder Público para estimar receitas e programar despesas, obtendo, simultaneamente, a autorização legislativa necessária à realização dos programas e despesas públicas pelo período de um ano.

Nesse sentido, o orçamento anual guarda duas finalidades básicas, é dizer, a primeira, de programação da vida econômica do Estado, harmonizando a estimativa de entradas financeiras com a realização correspectiva de despesas; a segunda, de cumprimento do princípio da legalidade, que, vertido sob a ótica do direito público, indica a necessidade de que as despesas sejam previamente autorizadas por lei. Harmônico a esse enfoque constitucional, o art. 2º da Lei n. 4.320/64 prescreve que a lei orçamentária "conterá a discriminação da receita e despesa, de forma a evidenciar a política econômica financeira e o programa de trabalho do governo [...]", servindo, assim, de fundamento para a chamada transparência orçamentária.

Nas palavras de J. Teixeira Machado Jr. e Heraldo da Costa Reis (2001),

com estas características o orçamento torna-se verdadeiro modelo econômico, através do qual identificam-se ações, metas fisicamente quantificadas e recursos que são utilizados pelos gestores, como consequências de decisões formadas. São os centros de responsabilidades, mencionados anteriormente.

O art. 11 do aludido diploma legal classifica as receitas em receitas correntes e receitas de capital, discriminando-as da seguinte forma:

Receitas Correntes:

as receitas tributárias, de contribuições, patrimonial, agropecuária, industrial, de serviços e outras e, ainda, as provenientes de recursos financeiros recebidos de outras pessoas de direito público ou privado, quando destinadas a atender despesas classificáveis em Despesas Correntes.

Receitas de Capital:

as provenientes da realização de recursos financeiros oriundos de constituição de dívidas; de conversão em espécie, de bens e direitos; os recursos recebidos de outras pessoas de direito público ou privado destinados a atender despesas classificáveis em Despesas de Capital e, ainda, o superávit do Orçamento Corrente.

O art. 12 da referida lei especifica ainda o que sejam despesas correntes e despesas de capital, agrupando-as do seguinte modo:

Consideram-se despesas correntes:

a) *Despesas de custeio*: as dotações para manutenção de serviços anteriormente criados, inclusive as destinadas a atender a obras de conservação e adaptação de bens imóveis;
b) *Transferências correntes*: as dotações para despesas as quais não corresponda contraprestação direta de bens ou serviços, inclusive para contribuições e subvenções destinadas a atender à manutenção de outras entidades de direito público ou privado.

Consideram-se despesas de capital:

a) *Investimentos*: basicamente as dotações para o planejamento e a execução de obras;
b) *Inversões financeiras*: a aquisição de imóveis, ou bens de capital já em utilização (I); a aquisição de títulos representativos do capital de empresas

ou entidades de qualquer espécie, já constituídas, quando a operação não importe aumento de capital (II); e a constituição ou aumento do capital de entidades ou empresas que visem a objetivos comerciais ou financeiros, inclusive operações básicas ou de seguros (III);

c) *Transferências de capital*: as dotações para investimentos ou inversões financeiras que outras pessoas de direito público ou privado devam realizar, independentemente de contraprestação direta em bens ou serviços, constituindo essas transferências auxílios ou contribuições, segundo derivem diretamente da lei orçamentária ou de lei especial anterior, bem como as dotações para amortização da dívida pública.

Convém ainda fornecermos, com base na lição de J. Teixeira Machado Jr. e Heraldo da Costa Reis (2001, p. 21), dois importantes conceitos em matéria orçamentária:

a) *dotação*: deve ser a medida, ou quantificação monetária do recurso aportado a um programa, atividade, projeto, categoria econômica ou objeto de despesa;

b) *crédito orçamentário*: seria, então, a autorização através da lei de orçamento ou de créditos, adicionais, para a execução de programa, projeto ou atividade ou para o desembolso de quantia aportada a objeto de despesa, vinculado a uma categoria econômica, e, pois, a um programa. Assim, o crédito orçamentário seria portador de uma dotação e esta o limite autorizado, quantificado monetariamente.

As categorias de programação

O orçamento anual decompõe-se em três unidades de programação:

a) o orçamento fiscal dos Poderes do Estado, Ministério Público, dos órgãos, fundos e entidades da administração direta e indireta, inclusive as fundações, instituídas e mantidas pelo Poder Público;

b) o orçamento de investimento das empresas em que o Poder Público, direta ou indiretamente, detenha a maioria do capital social;

c) o orçamento da seguridade social.

O orçamento de todas essas entidades deve estar coligido a um único documento, constituindo, porém, categorias autônomas de programação.

Princípios orçamentários

A Carta de 1988, ao dispor sobre a lei orçamentária, congregou em seus dispositivos uma série de princípios, ditos orçamentários, cujo propósito é sublinhar as singularidades dessa entidade normativa. Vejamos, pois, os mais importantes princípios orçamentários.

Legalidade – o orçamento deve ser veiculado por lei. Cuida-se, com efeito, de previsão constitucional que constitui desdobramento do princípio republicano, na medida em que colige a obrigatoriedade de que todo gasto público se submeta à autorização legislativa. Trata-se, aliás, de exemplo típico de lei de efeito concreto. Há de se ressalvar, entretanto, que, mesmo em face da exigibilidade legal, o orçamento não é vinculante, vale dizer, autoriza a realização de despesa, mas não obriga a tanto.

Embora mantenhamos esse ponto de vista, o tema ganhou alguma controvérsia com a Emenda Constitucional n. 100, que, dando nova redação ao art. 165, § 10, da Constituição da República, prescreveu genericamente à administração pública "o dever de executar as programações orçamentárias".

Como o Poder Público sempre esteve adstrito a um dever de planejamento, não nos parece que a cogitada emenda tenha sido inovadora neste ponto, uma vez que as características da lei orçamentária – que permite remanejamentos, créditos adicionais etc. e, ao mesmo tempo, depende do ingresso de receitas – não foi essencialmente inovada, o que, a nosso aviso, foi corroborado pela Emenda Constitucional n. 102, que deu nova redação ao § 11, do art. 165, de nossa Lei Maior.

Deve-se sublinhar, no entanto, que a citada emenda referendou a ideia de impositividade – já criada pela Emenda n. 86 –, que fica adstrita, no entanto, às emendas parlamentares, individuais ou de bancadas dos estados ou do Distrito Federal, ambas com limites. No caso das emendas parlamentares individuais, o limite deve corresponder "a 1,2% (um inteiro e dois décimos por cento) da receita corrente líquida realizada no exercício anterior". No caso das emendas oriundas de bancadas de estados ou do Distrito Federal, o limite deve corresponder ao "montante de até 1% (um por cento) da receita corrente líquida realizada no exercício anterior".

Especialização – segundo Celso Ribeiro Bastos (2002), o princípio em causa

> consiste na obrigatoriedade de especificação de todas as receitas e despesas públicas. Isso implica no fato de que as leis orçamentárias deverão identificar a origem e a

destinação das receitas e das despesas públicas. Assim sendo, a lei orçamentária não pode limitar-se ao estabelecimento de disposições genéricas, tendo que especificar pormenorizadamente a origem e a destinação de cada receita e despesa pública.

Universalidade – todas as despesas e receitas devem estar previstas no orçamento, sem qualquer discriminação quanto à sua natureza, origem ou finalidade. No ponto, vale transcrever o seguinte excerto da lição de José Afonso da Silva (1989, p. 676):

> O princípio da universalidade foi sempre considerado essencial a uma boa administração orçamentária. Ele se completa com a regra do orçamento bruto, de acordo com a qual as parcelas da receita e das despesas devem figurar *em bruto* no orçamento, isto é, sem qualquer dedução. Realiza-se, pois, o princípio da universalidade na exigência de que todas as rendas e despesas dos Poderes, fundos, órgãos e entidades da administração direta e indireta sejam incluídas no orçamento anual geral.

Anualidade – o orçamento deve ser atualizado anualmente, oportunidade em que o Legislativo exerce fiscalização das contas do Poder Público, emitindo autorização para a realização de gastos programados.

Importante sublinhar que o princípio da anualidade tem aplicação exclusiva ao âmbito orçamentário, não podendo ser confundido com o princípio da anterioridade tributária. Enfrentando o tema, assevera Roque Antonio Carrazza (1991, p. 122):

> Convém lembrarmos que a prévia autorização anual, contida na lei orçamentária, era ato-condição (Duguit) para que os tributos pudessem ser regularmente cobrados. Em outros termos, não bastava que o tributo fosse criado por lei, para ser exigido. Era, para tanto, imprescindível que a lei orçamentária (federal, estadual ou municipal) autorizasse sua cobrança, ano a ano. Este princípio – o da anualidade –, que existiu no Brasil durante a vigência da Constituição de 1946, cedeu passo ao princípio da anterioridade, ora em exame.

Exclusividade – a lei orçamentária não pode conter dispositivo estranho à estimativa e previsão de receita. Proíbem-se as chamadas "caudas orçamentárias", ou seja, dispositivos que introduzem no orçamento matéria incompatível com sua natureza e finalidade. Digna de nota, nesse aspecto, a advertência de Ricardo Lobo Torres (1995, p. 206):

Excetua-se do princípio da exclusividade a autorização para abertura de créditos suplementares e a contratação de operações de crédito, ainda que por antecipação de receita (art. 165, § 8°, *in fine*).

A autorização para a abertura de créditos suplementares tem a mesma natureza dos da despesa respectiva, pelo que não constitui elemento estranho ao orçamento.

Unidade – todas as receitas e despesas do governo devem integrar um único documento, ou seja, não existe orçamento individualizado de cada uma das entidades públicas, fato que sugere a integração finalística da vida econômica de todas as entidades e órgãos do Poder Público.

Não afetação ou não vinculação – não pode haver a vinculação de verba proveniente de imposto. Nas palavras de Pinto Ferreira (1994, p. 115), o princípio veda

> a vinculação de receita de impostos a órgão, fundo ou despesa, excetuada a repartição do produto da arrecadação dos impostos a que aludem os artigos 158 e 159, a destinação de recursos para desenvolvimento e manutenção do ensino, como preceitua o artigo 212, e a prestação de garantia às operações de crédito por antecipação de receita, tal como determina o artigo 165, § 8°.

Em outras palavras, o propósito do princípio é evitar a edição de leis que, vinculando receita proveniente de impostos, prejudiquem o custeio de despesas genéricas pelo orçamento.[2]

Entretanto, a regulação constitucional do orçamento não se esgota nos princípios arrolados anteriormente. Antes, existem duas outras regras de peculiar importância.

A primeira delas afirma que os recursos orçamentários destinados aos órgãos do Ministério Público, do Poder Legislativo e do Poder Judiciário devem ser-lhes encaminhados em duodécimos até o dia 20 de cada mês. Trata-se, com efeito, de norma garantidora da autonomia desses órgãos, pois, sem ela, ficariam em situação de extrema dependência do Poder Executivo, na negociação do repasse de seus recursos orçamentários. Demais disso, a Constituição indicou que qualquer aumento, vantagem, criação de cargos ou alteração da estrutura de carreiras

---

[2] A Emenda Constitucional n. 27/2000, no entanto, deixou claro que não haveria vinculação para qualquer órgão, fundo ou despesa, no período de 2000 a 2003, de 20% da arrecadação de impostos e contribuições sociais da União, já instituídos ou que vierem a ser criados no referido período, seus adicionais e respectivos acréscimos. Isso dá para a União Federal maior mobilidade no cumprimento de suas metas.

depende da existência de prévia dotação orçamentária, bem assim de autorização legislativa específica.

A Emenda Constitucional n. 93/2016 promoveu a desvinculação, em relação a todos os entes federativos, até 31 de dezembro de 2023, de 30% da arrecadação em relação às contribuições sociais (União), às contribuições de intervenção no domínio econômico (União), aos impostos (estados, Distrito Federal e municípios), taxas (União, estados, Distrito Federal e municípios) e multas (estados, Distrito Federal e municípios). Em relação aos estados, Distrito Federal e municípios foram excepcionadas da desvinculação, dentre outros, os recursos relacionados com a saúde e a educação. Foram excluídos da desvinculação a receita adicional repassada ao Fundo de Participação dos Municípios, ao Fundo de Combate e Erradicação da Pobreza e os destinados à educação.

Lei de diretrizes orçamentárias

A lei de diretrizes orçamentárias possui três finalidades básicas: a definição de metas e prioridades da Administração Pública Federal, a orientação da formação da lei orçamentária anual e a instituição da aplicação das agências financeiras oficiais de fomento.

Nesse sentido, leciona Ricardo Lobo Torres (1995, p. 55) que

a lei de diretrizes orçamentárias tem, como o próprio orçamento, natureza formal. É simples orientação ou sinalização, de caráter anual, para a feitura do orçamento, devendo ser elaborada no primeiro semestre (art. 35, II, do Ato das Disposições Transitórias). Não cria direitos subjetivos para terceiros nem tem eficácia fora da relação entre Poderes do Estado.

Plano plurianual

O plano plurianual tem por escopo estabelecer, de forma regionalizada, diretrizes, objetivos e metas para a Administração Pública Federal, sendo que nenhum investimento cuja execução ultrapasse um exercício financeiro pode ser incluído no projeto orçamentário sem que conste do plano plurianual.

Seus objetivos, portanto, são regionalizar a programação econômica do Estado, além de estipular as previsões das despesas de realização continuada.

Confira-se, dentro dessa linha, a seguinte manifestação do Tribunal de Contas da União:

Aos contratos das empresas e fundações públicas, sociedade de economia mista e demais entidades da Administração Indireta (exceto as Autarquias), celebrados após a edição do Decreto-lei n. 2.300/86, não se aplica o limite quinquenal do art. 47, inciso I, daquele diploma legal, desde que as entidades citadas tenham regulamentos próprios de licitação na forma do art. 86 do mesmo Decreto-lei. No entanto, incide sobre estes contratos a obrigatoriedade de prévia inclusão dos correspondentes projetos e metas no plano plurianual, por força do art. 167, § 1º, da Constituição Federal, regra essa ratificada pelo art. 57, inciso I, da Lei n. 8.666/93 (*Informa*, n. 8).

Convém destacar que o plano plurianual, diferentemente dos dois primeiros institutos citados, não tem vigência anual, mas quadrienal. Esse prazo de vigência resulta da intelecção do art. 35, § 2º, I, do Ato das Disposições Constitucionais Transitórias, que preconiza que o plano plurianual deve ser aprovado até o final da sessão legislativa correspondente ao exercício do primeiro ano de mandato presidencial, devendo viger até o final do primeiro exercício do mandato presidencial subsequente. Logo, perdura do final do primeiro ano de um mandato presidencial até o final do primeiro ano do subsequente, possuindo, desta feita, o mesmo prazo de duração do mandato presidencial, qual seja, quatro anos.

Processo legislativo das leis orçamentárias

A Constituição, ao lado das regras e princípios precitados, indicou pormenores do processo legislativo das leis orçamentárias.

O primeiro deles atina com a chamada iniciativa vinculada. Por esta regra de iniciativa, o projeto orçamentário só pode ser apresentado pelo Presidente da República, que, diversamente do que ocorre com a denominada iniciativa reservada, não possui discricionariedade para escolher o momento de apresentação do projeto. É que a Constituição indica expressamente a oportunidade em que o processo legislativo deve ser deflagrado.

Tais prazos estão relacionados no § 2º do art. 35 do Ato das Disposições Constitucionais Transitórias, que possui a seguinte redação:

§ 2º Até a entrada em vigor da lei complementar a que se refere o art. 165, § 9º, I e II, serão obedecidas as seguintes normas:

I – o projeto do plano plurianual, para vigência até o final do primeiro exercício financeiro do mandato presidencial subsequente, será encaminhado até quatro meses

Finanças e Orçamento 515

antes do encerramento do primeiro exercício financeiro e devolvido para sanção até o encerramento da sessão legislativa;

II – o projeto de lei de diretrizes orçamentárias será encaminhado até oito meses e meio antes do encerramento do exercício financeiro e devolvido para sanção até o encerramento do primeiro período da sessão legislativa;

III – o projeto de lei orçamentária da União será encaminhado até quatro meses antes do encerramento do exercício financeiro e devolvido para sanção até o encerramento da sessão legislativa.

Como se vê, as três leis orçamentárias, não obstante só possam ter o processo legislativo deflagrado pelo Presidente da República, possuem termo prefixo para início de tramitação legislativa.

Ressalva-se ao Presidente da República, no entanto, a prerrogativa de, uma vez encaminhados os projetos, propor a modificação destes, desde que não iniciada a votação, na comissão mista, da parte cuja alteração é proposta.

Ainda no que diz respeito às regras de iniciativa, convém observar que as emendas parlamentares oferecidas aos projetos orçamentários não podem desfigurá-los. É que, caso admitida a possibilidade de que as emendas ao projeto adquirissem tal compostura que implicasse a revisão total do texto original, parece que estaria sendo violado, por via transversa, o poder de iniciativa reservada do Presidente da República.

Os parlamentares, assim, podem apresentar emendas, desde que, respeitando seu caráter acessório, elas não impliquem desfiguração do projeto original.

Deflagrado o processo legislativo, os projetos devem ser apreciados por ambas as Casas Legislativas, na forma do regimento comum, sendo regulada, em nível constitucional, a existência de uma comissão mista de senadores e deputados, com as atribuições definidas pelo § 1º do art. 166 da Constituição Federal.

As emendas parlamentares devem sempre ser apresentadas na comissão mista, sendo certo que a Carta de 1988, inovando em relação às passadas, permitiu que parlamentares ofereçam emendas que modifiquem despesas, porque, sugerindo nova despesa, a proposta parlamentar deve indicar expressamente qual deve ser anulada, caso a emenda seja acolhida, vedadas as que incidam sobre dotações para pessoal e seus encargos, serviços da dívida e transferências tributárias constitucionais para estados, municípios e Distrito Federal.

A Emenda Constitucional n. 86/2015 redesenhou, de certo modo, as emendas parlamentares ao projeto orçamentário. Isso porque, inserindo o § 9º no art. 166, determinou que as emendas individuais não podem ultrapassar o montante de 1,2% da receita corrente líquida prevista no projeto orçamentário, devendo metade deste percentual ser destinada a ações e serviços públicos de saúde.

Além disso, estabeleceu-se que a execução orçamentária relativa a tais emendas, uma vez aprovadas nos limites antes mencionados, é obrigatória.

A determinação causa alguma estranheza, uma vez que a lei orçamentária, por natureza, é autorizativa, permitindo que o Executivo realize a despesa, sem, no entanto, obrigá-lo. Com o advento da Emenda Constitucional n. 86, as disposições orçamentárias que frutifiquem dessas emendas parlamentares passam a ser de execução obrigatória, exceto quando houver eventual impedimento de ordem técnica (art. 166, § 13 – redação atribuída pela EC n. 100).

Além disso, a Emenda n. 105/2019 acrescentou ainda que as emendas individuais impositivas apresentadas ao projeto de lei orçamentária anual poderão alocar recursos aos estados, ao Distrito Federal e aos municípios, quer por meio de transferência especial, quer por meio de transferência com finalidade definida. Neste caso, a emenda seria impositiva para o Executivo federal e ainda viria predestinada a finalidade determinada no âmbito dos estados e dos municípios.

A Emenda Constitucional n. 95/2016 – o teto dos gastos públicos

A Emenda Constitucional n. 95/2016 acrescentou ao Ato das Disposições Constitucionais Transitórias os arts. 106 a 114, destinados a estabelecer o assim chamado teto dos gastos públicos.

A ideia central dessas disposições foi o de limitar os gastos públicos por 20 anos, tendo como ponto de partida o ano de 2017. Nesse sentido, a emenda engloba todos os órgãos da administração pública federal (Poder Executivo, Tribunais, Congresso Nacional, Ministério Público, Defensoria Pública etc.), prescrevendo como limite de gastos desses órgãos, para o exercício de 2017, os gastos com a despesa primária paga no exercício de 2016, incluídos os restos a pagar pagos e demais operações que afetam o resultado primário, corrigida em 7,2%, e, para os exercícios posteriores, ao valor do limite referente ao exercício imediatamente anterior, corrigido pela variação do Índice Nacional de Preços ao Consumidor Amplo (IPCA), publicado pelo Instituto Brasileiro de Geografia e Estatística, ou de outro índice que vier a substituí-lo, para o período de 12 meses encerrado em junho do exercício anterior a que se refere a lei orçamentária.

A grande discussão que frutifica dessa emenda constitucional diz respeito aos impactos desses limites de gastos governamentais na órbita dos direitos sociais.

Sem ainda um juízo definitivo acerca do tema, mesmo porque a estabilização da economia e a retomada do crescimento são temas de suma importância, parece-nos incontroverso que qualquer emenda à Constituição não possa violar normas pétreas da Constituição.

Diríamos, então, que um jurista estrangeiro passasse a se debruçar sobre o Texto Constitucional brasileiro. Após uma atenta leitura de suas normas, logo retiraria a conclusão de que houve um propósito inobscuro do constituinte de 1988 de formatar um Estado Democrático Social de Direito. Isso mesmo, não só *Democrático*, mas também *Social*.

Sabemos nós que o poder de *reforma* da Constituição, como o próprio nome enuncia, não pode ser entendido como um papel de reconstrução do texto originário, sob pena de uma *contradictio in terminis*.

Nessa linha de raciocínio, todas as disposições estruturais que sustentam o Estado Democrático Social de Direito são imodificáveis, pois, se assim não fosse, criar-se-ia, ainda que por via indireta, a possibilidade de manejo do poder de reforma de tal modo que, ao cabo de contas, a arquitetura originária do Estado brasileiro fosse totalmente destruída, comprometendo a vontade consagrada na Assembleia Constituinte de 1988.

O Estado Social brasileiro possui, a nosso juízo, um *núcleo duro* expresso pelas normas protetivas do direito à saúde e à educação, o que se pode aferir, inclusive, por um critério objetivo, já que estes foram os direitos sociais que mereceram o maior de número de dispositivos constitucionais para sua proteção.

É verdade que a própria Emenda n. 95/2016, sensível a tal realidade, trouxe uma proposta diferenciada, ainda que de forma muito modesta, em relação a eles, traduzida na redação do art. 110 do Ato das Disposições Constitucionais Transitórias:

> Art. 110. Na vigência do Novo Regime Fiscal, as aplicações mínimas em ações e serviços públicos de saúde e em manutenção e desenvolvimento do ensino equivalerão:
>
> I – no exercício de 2017, às aplicações mínimas calculadas nos termos do inciso I do § 2º do art. 198 e do caput do art. 212, da Constituição Federal; e
>
> II – nos exercícios posteriores, aos valores calculados para as aplicações mínimas do exercício imediatamente anterior, corrigidos na forma estabelecida pelo inciso II do § 1º do art. 107 deste Ato das Disposições Constitucionais Transitórias.

A única diferença é a de que o parâmetro ficou diferido em 1 ano, mas, indiscutivelmente, os limites continuarão a existir.

518 Curso de Direito Constitucional

Vejamos, a propósito de exemplo, a questão das verbas para a educação, resguardadas pelo supramencionado art. 212 da Constituição, que diz:

> Art. 212. A União aplicará, anualmente, nunca menos de dezoito, e os Estados, o Distrito Federal e os Municípios vinte e cinco por cento, no mínimo, da receita resultante de impostos, compreendida a proveniente de transferências, na manutenção e desenvolvimento do ensino.

Esse dispositivo, que não está sendo revogado e compõe a parte permanente da Constituição, prescreve que a União aplicará *nunca menos* de 18%. Os demais entes federativos, 25%, *no mínimo*.

A distorção é manifesta. Aceitas como válidas as disposições da cogitada proposta de modificação da Constituição, as expressões *nunca menos de* e *no mínimo*, durante longevos 20 anos, deverão ser interpretadas com sentido diametralmente oposto: *nunca mais de* e *no máximo*.

Como integrar a uma mesma Constituição essas duas disposições irrefragavelmente contraditórias?

Esse caminho, respeitadas opiniões discordantes, não existe. Logo, sobrarão ao intérprete duas conclusões: ou a Emenda n. 95/2016, uma vez aprovada, revogou tais disposições ou, ao menos no que toca às verbas relacionadas com a educação e a saúde, padece de inconstitucionalidade.

Ficamos com a segunda conclusão e o faço por duas razões: primeiro, a Emenda n. 95/2016, expressamente, não propõe alteração da parte permanente da Constituição, já que pretende unicamente adicionar dispositivos ao Ato das Disposições Constitucionais Transitórias. Transição, como o próprio nome diz, indica a passagem de um estado de coisas para outro, o que, de evidência, não aconteceria aqui. Segundo, as disposições permanentes referidas no novidadeiro art. 104 do ADCT, no novidadeiro art. 110 do ADCT, são cláusulas pétreas implícitas, que, assim, não aceitam modificações mesmo que por emendas à Constituição.

O tema é inóspito e ainda não foi desbravado pela nossa jurisprudência, mesmo porque a Emenda n. 95/2016, neste ponto, tem aplicação prospectiva, mas certamente gerará uma intensa discussão sobre sua constitucionalidade nesse aspecto.

PARTE IX

Ordem Constitucional Econômica

CAPÍTULO 1

A Ordem Econômica

A CONSTITUCIONALIZAÇÃO DA ECONOMIA

O capitalismo, na sua formação primitiva, enxergava o mercado como um mecanismo autorregulador, do qual frutificavam "naturalmente" todas as regras do relacionamento econômico.

Desse modo, os aspectos básicos da economia, como o mercado, as empresas e as relações de trabalho passavam ao largo do âmbito normativo do sistema jurídico.

O capitalismo produzia uma ordem natural e autossuficiente, rejeitando, portanto, as injunções regrativas.

Convém transcrever, neste ponto, a seguinte lição de Vital Moreira (1973, p. 75):

> A Revolução Burguesa, ao extinguir os direitos feudais, ao estourar a arquitetura corporativa medieval e a estrutura protecionista do mercantilismo, pretende substituir a ordem jurídica, artificial, da economia por uma ordem natural, automática, ajurídica.

Não havia lugar, portanto, para institutos jurídicos especialmente voltados à consolidação de regras econômicas, pois que a arquitetura formal dos negócios poderia, dentro dessa lógica, ficar a cargo dos institutos jurídicos gerais, como o direito de propriedade e a autonomia da vontade.

Nesse sentido, a ordenação jurídica da economia constitui uma preocupação recente, que só ocupou as elucubrações dos juristas a partir do início deste século (ver COMA, 1988; VAZ, 1990; SERRANO NUNES, 2001).

Com efeito, a evolução das relações econômicas demonstrou uma irrecusável tendência concentradora do capitalismo, em que o mercado, em vez de palco da concorrência entre diversos agentes econômicos, passou a ser objeto de práticas monopolistas, pontilhadas pelo chamado abuso do poder econômico.

Detectou-se, assim, a necessidade de uma ordem jurídica mais abrangente, que, ademais, contivesse regras específicas para a regulação das relações econômicas, o que propiciou, desse modo, a chamada constitucionalização da economia.

FUNDAMENTOS DA ORDEM ECONÔMICA

O art. 170, *caput*, da Constituição Federal indica que a ordem econômica brasileira tem por fundamento a livre-iniciativa e a valorização social do trabalho.

Livre-iniciativa

Erigida à condição de fundamento da ordem econômica e simultaneamente princípio constitucional fundamental (CF, art. 1º, IV, *in fine*), a livre-iniciativa talvez constitua uma das mais importantes normas de nosso ordenamento constitucional. Seu forte conteúdo ideológico demonstra, juntamente com outras regras constitucionais, que o constituinte fez uma opção clara pelo modelo econômico capitalista (ver PRATA, 2016).

Importante destacar, dentro dessa linha, que a livre-iniciativa tem um sentido extremamente amplo, abrigando, no seu interior, não só a iniciativa privada, mas também a iniciativa cooperativa ou associativa, a iniciativa autogestionária e a iniciativa pública.

Compartilhando desse entendimento, a preleção de Eros Roberto Grau (1997, p. 221):

> Insisto em que a liberdade de iniciativa econômica não se identifica apenas com a *liberdade de empresa*. Pois é certo que ela abrange todas as formas de produção, individuais ou coletivas, e – como averba Antonio Sousa Franco – "as empresas e as formas de organização com característica substancial e formal (jurídica) de índole

capitalista". Assim, entre as formas de iniciativa econômica encontramos, além de *iniciativa privada*, a *iniciativa cooperativa* (art. 5º, XVIII, e, também, art. 174, §§ 3º e 4º), a *iniciativa autogestionária* e a *iniciativa pública* (arts. 173, 177 e 192-II – resseguros).

Não obstante, é fundamental reconhecer que a livre-iniciativa tem o seu ponto sensível na chamada liberdade de empresa, que, na abalizada lição de Manoel Afonso Vaz, deve ser entendida nas suas três vertentes:

- liberdade de investimento ou de acesso (direito à empresa);
- liberdade de organização (liberdade de empresa);
- liberdade de contratação (liberdade de empresa) (VAZ, 1990, p. 157).

É oportuno observar, porém, que o regime jurídico da livre-iniciativa não viceja exclusivamente da previsão de seus dois dispositivos específicos de proteção (arts. 1º, IV, e 170, *caput*), mas da conjugação de diversos dispositivos constitucionais, que, de algum modo, com eles se relacionam, por exemplo, os que protegem a propriedade privada, a função social da propriedade, a defesa do consumidor, o livre exercício da profissão e a proteção do trabalho.

Não se trata, dessa maneira, de um direito absoluto, sem fronteiras e sem finalidade. Como fundamento da ordem econômica, a livre-iniciativa está jungida a seu fim declarado (art. 170, *caput*, parte final): propiciar dignidade a todos, segundo os ditames da justiça social.

Destarte, não pode ser considerada uma liberdade pública como as demais, visto que sua preocupação básica não é o indivíduo, mas a coletividade. Trata-se, assim, de uma liberdade atribuída ao indivíduo para o exercício de uma relevante função social.

Seguindo essa orientação, estamos em conceituá-la como "liberdade-função"[1] de destinar capital para a exploração de uma atividade econômica específica, segundo critérios subjetivamente definidos de organização da produção e livre disposição negocial, sob regime jurídico híbrido (público e privado), cuja efetividade deva ter por escopo assegurar existência digna a todos e justiça social (SERRANO NUNES, 2001).

---

[1] Função, nas palavras de Comparato (1970), "é um poder de agir sobre a esfera jurídica alheia, no interesse de outrem, jamais em proveito do próprio titular".

524 Curso de Direito Constitucional

À parte os aspectos traçados, a liberdade de iniciativa constitui princípio constitucional denso em normatividade, de cujo regime jurídico podem-se extrair ao menos dois enunciados:

- faculdade de criar e explorar uma atividade econômica a título privado. Veja-se, no ponto, que mesmo o Estado, quando exerce a livre-iniciativa, sujeita-se ao regime "próprio das empresas privadas" (CF, art. 173, § 1º, II), de tal modo que a iniciativa pública constitui espécie e não exceção ao gênero, conquanto esteja sujeita a diversas restrições que estudaremos adiante;
- não sujeição a qualquer restrição estatal, senão em virtude de lei. Digno de nota que a ilação encontra reprodução textual no parágrafo único do art. 170, que afirma que é "assegurado a todos o livre exercício de qualquer atividade econômica, independentemente de autorização de órgãos públicos, salvo nos casos previstos em lei".[2]

Valor social do trabalho humano

O preceito, que também consta do art. 1º, IV, de nossa Constituição, indica que a ordem econômica deve contemplar regras que valorizem o trabalho. Celso Bastos e Ives Gandra Martins (1989, p. 16), a respeito do tema, escrevem: "Cremos que o Texto Constitucional refere-se à valorização do trabalho humano no sentido também material que a expressão possui. É dizer: o trabalho deve fazer jus a uma contrapartida monetária que o torne materialmente digno [...]".

PRINCÍPIOS DA ORDEM ECONÔMICA

Conforme disposição expressa do art. 170, a ordem econômica brasileira deve observar os seguintes princípios:

- soberania nacional (I);
- propriedade privada (II);
- função social da propriedade (III);
- livre concorrência (IV);
- defesa do consumidor (V);

---

[2] O Supremo Tribunal Federal entendeu que é inconstitucional a lei municipal que proíbe o estabelecimento de mais de uma farmácia em um raio de 500 m (RE 203.909-SC, Rel. Min. Ilmar Galvão, j. 14.10.1997).

- defesa do meio ambiente, inclusive mediante tratamento diferenciado conforme o impacto ambiental dos produtos e serviços e de seus processos de elaboração e prestação (VI);
- redução das desigualdades regionais e sociais (VII);
- busca do pleno emprego (VIII);
- tratamento favorecido às empresas de pequeno porte constituídas sob as leis brasileiras e que tenham sua sede e administração no País (IX).

Soberania nacional

A soberania é um conceito jurídico-político,[3] que, segundo Dalmo Dallari, se atrela, como sinônimo, ao de independência nacional.

Logo, adotando-a como princípio da ordem econômica, pretende a Constituição Federal que as decisões econômicas fundamentais sejam emitidas com base no interesse nacional, de maneira independente em relação a outros países e a organismos internacionais. No mesmo caminho, os contratos e ajustes internacionais, de modo geral, devem pautar-se pela observância das normas de ordem pública e aquelas inerentes à autonomia decisória do País. Assim, padeceria de inconstitucionalidade um tratado que, por exemplo, submetesse o País compulsoriamente a decisões econômicas de uma instituição ou organismo internacional.

Propriedade privada e função social da propriedade

Importante delimitar, em primeiro lugar, que a propriedade privada, vertida sob a ótica de princípio da ordem econômica, é aquela que se insere no processo produtivo, envolvendo basicamente a propriedade – dita dinâmica – dos bens de consumo e dos bens de produção.

Como bem observa Eros Roberto Grau (1997, p. 253-4):

> Apenas em relação aos bens de produção se pode colocar o problema do conflito entre propriedade e trabalho e do binômio propriedade-empresa. Esse novo direito – nova legislação – implica prospecção de uma nova fase (um aspecto, um perfil) do direito de propriedade, diversa e distinta da tradicional: a fase dinâmica.

---

[3] Bobbio, Matteucci e Pasquino (2008, p. 1179) apontam que o primeiro conceito foi de Jean Bodin, definindo-a como uma espécie de poder incontrastável do Estado, produto de uma racionalização jurídica do poder.

Quer parecer, ao menos em uma perspectiva genérica, que a noção de cumprimento da função social da propriedade privada, na seara econômica, implica a observância dos fins da ordem econômica (propiciar dignidade a todos, segundo os ditames da justiça social) em relação aos interesses que se articulam em torno de cada atividade econômica específica.

Livre concorrência

A livre concorrência constitui um desdobramento necessário e inexorável da livre-iniciativa. À primeira vista, seu objetivo é a criação de um mercado ideal, caracterizado pelo assim chamado "estado de concorrência".

Nas palavras de Paulo Sandroni (1999, p. 61, verbete *Concorrência*), a livre concorrência expressa "situação do regime de iniciativa privada em que as empresas competem entre si, sem que nenhuma delas goze da supremacia em virtude de privilégios jurídicos, força econômica ou posse exclusiva de certos recursos".

Eros Roberto Grau, versando o tema, após apontar a imanência dos princípios da livre-iniciativa e da livre concorrência, averba que esta teria duas faces, uma de liberdade de comércio e indústria e outra de liberdade de concorrência, sendo a última decomposta da seguinte maneira:

- faculdade de conquistar clientela, desde que não por meio de concorrência desleal;
- proibição de formas de atuação que deteriam a concorrência;
- neutralidade do Estado diante do fenômeno concorrencial, em igualdade de condições dos concorrentes.

A par das faculdades jurídicas apontadas pelo referido autor, é inegável que, no domínio das relações econômicas propriamente ditas, os jogos do mercado impedem uma concorrência perfeita, revelando, a todo instante, a presença de práticas concertadas, de abusos de posições dominantes e de concentrações empresariais.

Nossa ordem normativa, nesse sentido, não enfoca a concorrência como um fim em si mesma, com caráter absoluto. Diversamente, orienta-se pelo chamado sistema da concorrência-meio, também denominada concorrência-instrumento, em que esta é identificada como instrumento da consecução de objetivos maiores do sistema.

Cabe transcrever, neste ponto, a seguinte preleção de José Marcelo Martins Proença (2001, p. 39):

> O segundo sistema tende a privilegiar os comportamentos efetivos dos agentes econômicos. A concorrência é dada como um bem entre outros e não um bem em si mesmo, podendo ser sacrificada em favor de outros bens, também protegidos pela legislação. Trata-se da teoria da concorrência-meio, e, como tal, pode, em certas circunstâncias, ser afastada em nome da proteção de outros interesses ou da realização de outros fins socialmente relevantes.

Seguindo essa diretriz, o art. 88, § 6º, da Lei n. 12.529/2011 dispõe que o CADE pode autorizar atos que possam limitar ou prejudicar a livre concorrência, ou resultar na dominação de mercados relevantes de bens e serviços, desde que, por exemplo, tenham por objetivo, cumulada ou alternativamente, aumentar a produtividade, melhorar a qualidade de bens ou serviços, ou propiciar a eficiência e o desenvolvimento tecnológico ou econômico.

Defesa do consumidor

A defesa do consumidor foi objeto de dupla previsão no Texto Constitucional. No inciso V do art. 170, como princípio da ordem econômica e no inciso XXXII do art. 5º, como direito fundamental.

É importante destacar que, fazendo uso da expressão *defesa*, a Constituição Federal reconheceu no consumidor a parte mais vulnerável da relação de consumo. Logo, o Estado deve interferir nas relações de consumo para compensar esse desequilíbrio. É o chamado princípio da vulnerabilidade.

Por isso a afirmação de que o direito do consumidor intervém na realidade das relações de consumo para a tutela de uma das partes: o consumidor.

Defesa do meio ambiente

É fundamental, antes de mais, observar que o escopo básico da Constituição Federal é a proteção do meio ambiente enquanto espaço da vida humana. Em outras palavras, o objeto da tutela é o homem na sua relação com o meio.

Nesse sentido, indicando a defesa do meio ambiente como princípio da ordem econômica reforça esse aspecto. Logo, imperativa a conclusão de que a proteção do meio ambiente deve estar aliada ao progresso econômico, e vice-versa, constituindo, por esse caminho, a noção do chamado desenvolvimento sustentável.

Com o acréscimo da Emenda Constitucional n. 42, a tutela do meio ambiente, como princípio da ordem econômica, cuidou de explicitar o princípio da proporcionalidade, que já estava presente implicitamente.

Redução das desigualdades sociais e regionais

Esse princípio também constitui, por expressa previsão do art. 3º, III, um dos objetivos fundamentais da República Federativa brasileira.

Foi uma opção clara do constituinte atribuir ao modelo econômico uma finalidade dirigente da realidade econômica, em busca do chamado Estado de Bem-estar Social.

Assim, a intervenção estatal na economia deve ser marcada por esse pronunciado critério de equidade, quer na atuação por serviços diretamente prestados à população, quer incentivos ou fomentos de caráter econômico.

Do mesmo teor dirigente o princípio, encartado no inciso VIII, do art. 170, que indica a busca do pleno emprego como uma das finalidades do sistema econômico.

Tratamento favorecido para as empresas de pequeno porte

O princípio em causa traduz um valor constitucional a orientar a atuação estatal, inclusive do ponto de vista legislativo.

Nesse sentido, esse tratamento favorecido já saiu de um território programático, estando atualmente concretamente regulado por leis, dentre outras, a Lei Complementar n. 123/2006.

INTERVENÇÃO ESTATAL NA ECONOMIA

A economia, organizada e tutelada pelo Estado, é uma realidade do capitalismo moderno, determinada quer por razões de caráter estritamente econômico, quer por aspectos relacionados com a proteção de determinados grupamentos sociais: trabalhadores, usuários, consumidores etc. (BASSOLS, 1988, p. 140).

Desse modo, é marcante a conclusão de que o mercado não constitui produto exclusivamente da conjugação de forças econômicas, mas também de padrões normativamente ditados pelo Poder Público.

Diz-se, nesse sentido, que institutos como a livre-iniciativa e a livre concorrência não constituem mera tradução, para o mundo jurídico, de uma realidade econômica preestabelecida. Ao contrário, empalmados pelo sistema, têm os seus perfis ditados pelo conjunto de normas jurídicas, que direta ou indiretamente atinam com a questão econômica.

A Constituição de 1988 modulou essa intervenção na economia, preconizando ao Estado duas maneiras distintas de atuação: como agente econômico e como agente normativo regulador.

O Estado como agente econômico

O art. 173 da Constituição Federal dispõe que, ressalvados os casos expressamente previstos na Constituição, a exploração direta da economia pelo Estado só será permitida em razão de imperativos de segurança nacional ou de relevante interesse coletivo, conforme definidos em lei.

Prescreve, ademais, que a lei deve disciplinar o estatuto jurídico da empresa estatal que exerça atividade econômica privada, dispondo especialmente sobre:

- sua função social e formas de fiscalização pelo Estado e pela sociedade (I);
- a sujeição ao regime jurídico próprio das empresas privadas, inclusive quanto aos direitos e obrigações civis, comerciais, trabalhistas e tributários (II);
- licitação e contratação de obras, serviços, compras e alienações, observados os princípios da administração pública (III);
- a constituição e o funcionamento dos conselhos de administração e fiscal, com participação dos acionistas minoritários (IV);
- os mandatos, a avaliação de desempenho e a responsabilidade dos administradores (V).

Como se vê, o Texto Constitucional delimitou que a exploração direta da economia pelo Estado pode dar-se de duas formas: sob o regime de monopólio ou sob o regime de competição.[4]

Com efeito, o *caput* do art. 173 proclama que "ressalvados os casos previstos nesta Constituição", a exploração direta da economia pelo Estado só pode

---

[4] Grau (1997, seções 64 e 130) classifica a exploração direta da atividade econômica pelo Estado em "intervenção por absorção" e "intervenção por participação", indicando, no primeiro caso, o regime de monopólio, no segundo, o regime de competição.

ocorrer a pretexto de razões de segurança nacional ou de relevante interesse coletivo.

Assim sendo, a possibilidade do monopólio estatal entra na ressalva prevista, emergindo incontornável a conclusão de que a permissão de monopólios estatais só pode decorrer diretamente de normas constitucionais, por exemplo, as hipóteses dos arts. 21, XXIII, e 177.

Como destacado, no entanto, o Texto Constitucional prescreve às empresas estatais o mesmo regime jurídico atribuído às empresas privadas.

A finalidade desse dispositivo (art. 173, § 1º, II) é, por evidente, assegurar o regime de competição entre empresas, públicas e privadas, que disputem o mesmo segmento de mercado.

Logo, essa regra não se aplica às empresas estatais que explorem atividade econômica sob regime de monopólio.[5]

No que tange, entretanto, às empresas estatais (públicas ou de economia mista) que explorem atividade econômica sob regime de competição – submetidas, portanto, ao mesmo regime jurídico das empresas privadas –, duas observações revelam-se oportunas:

- embora submetidas a regime jurídico de direito privado, a origem pública dos recursos para sua constituição e funcionamento faz com que não sejam passíveis de falência, mas só de penhorabilidade de seus bens;[6]
- a admissão de empregados deve realizar-se por meio de concurso público, visto que o Texto Constitucional é expresso (art. 37, *caput*) ao indicar que os entes da administração indireta também se subordinam aos princípios da ampla acessibilidade e do concurso para cargos, funções e, especificamente, empregos públicos (art. 37, I e II).[7]

Finalmente, cumpre sublinhar que o art. 173, *caput*, dispôs que a exploração direta da economia pelo Estado só poderia ter fundamento em imperativos de segurança nacional e de relevante interesse coletivo, conforme definidos em lei.

A lei que deve definir imperativos de segurança nacional é de competência da União (ver GRAU, 1997, p. 291), visto que toda a competência, material

---

[5] Cf. STF, ADI-MC 1.552, Rel. Min. Carlos Velloso, *DJ*, 17 abr. 1998.

[6] Ementa: EMBARGOS – Execução de sentença – METRÔ – Empresa estatal – Penhorabilidade dos bens – Não sujeição à falência, mas sim, à penhorabilidade dos bens – Recurso não provido. (AC 1005-5-SP, 4ª Câmara de Férias Janeiro/96 de Direito Público, Rel. Viana Santos, v. u., j. 09.02.1996).

[7] Cf. MS 21.322, Rel. Min. Paulo Brossard, *DJ*, 23 abr. 1993.

e legislativa, em matéria de segurança nacional foi atribuída à União (arts. 21, II, III, IV, V, VI e XXII, e 22, III, XXI e XXVIII).

Em caso de relevante interesse coletivo, estamos que a competência é concorrente da União, dos estados, do Distrito Federal e dos municípios. É que, de um lado, os incisos I e V do art. 24 preconizam ser da competência concorrente da União, dos estados e do Distrito Federal legislar sobre direito econômico, produção e consumo. De par com esses dispositivos, os incisos I e V do art. 30 indicam como competência do município a legislação sobre assuntos de interesse local, bem assim a finalidade de organizar e prestar, diretamente ou sob regime de concessão ou permissão, os serviços públicos de interesse local, sendo que o inciso II do mesmo dispositivo atribui ao município competência para suplementar a legislação federal e a estadual, no que couber.

Assim sendo, versando sobre "relevante interesse coletivo", a lei questionada pode provir de quaisquer das entidades federativas citadas.

O Estado como agente normativo e regulador da economia

A segunda forma de intervenção do Estado na economia é aquela em que ele assume a qualidade de agente normativo e regulador. Essa intervenção tem dois propósitos básicos: preservar o mercado dos vícios do modelo econômico (concentração econômica, condutas concertadas etc.) e assegurar a realização dos fins últimos da ordem econômica, quais sejam, propiciar vida digna a todos e realizar a justiça social. Nesse sentido, dispõe o art. 174 da Constituição Federal que, como agente normativo e regulador, o Estado exercerá, na forma da lei, as funções de fiscalização, incentivo e planejamento.

A função de fiscalização

A função de fiscalização tem por finalidade a supervisão do mercado, especialmente para os fins identificados no art. 173, § 4º, da Constituição Federal, que predispõe essa fiscalização do Estado à repressão do abuso do poder econômico que vise a um dos seguintes objetivos:

- a dominação dos mercados;
- a eliminação da concorrência;
- o aumento arbitrário dos lucros.

Para a concretização dos fins sublinhados, o Estado pode valer-se de diversos expedientes criados por lei, que caminham do controle direto por intermédio do CADE e da Secretaria de Direito Econômico,[8] passam pela chamada extrafiscalidade tributária e chegam a mecanismos mais heterodoxos, por exemplo, o tabelamento de preços.[9]

A função de incentivo

Como bem observa Maria Sylvia Zanella Di Pietro, "o fomento abrange a atividade administrativa de incentivo à iniciativa privada de utilidade pública".

Essa atividade, com efeito, pode assumir diversas formas, envolvendo desde financiamentos sob condições especiais até estímulos fiscais para a incrementação de atividades específicas.

De se verificar, neste ponto, que o art. 165, § 2º, prescreve que a lei de diretrizes orçamentárias estabelecerá, dentre outras coisas, "a política de aplicação das agências oficiais de fomento".

Ao lado da regulamentação legal, a própria Constituição indicou algumas atividades que devem ser objeto de incentivo por parte do Estado, por exemplo, o cooperativismo e o associativismo (art. 174, § 2º), as microempresas e as empresas de pequeno porte (art. 179) e o turismo (art. 180).

A função de planejamento

O planejamento objetivado pela norma constitucional é aquele de caráter estrutural, atrelado a uma visão macroeconômica, o que, entretanto, não é incompatível – ao contrário – com o planejamento regional.

Essa a leitura mais adequada do art. 174, § 1º, redigido da seguinte forma: "A lei estabelecerá as diretrizes e bases do planejamento do desenvolvimento nacional equilibrado, o qual incorporará e compatibilizará os planos nacionais e regionais de desenvolvimento".

O plano econômico, no dizer de Manoel Afonso Vaz, deve apresentar as seguintes características:

---

[8] Cf. Lei n. 12.529/2011.

[9] TRF, 1ª Região, AC 01136562, Rel. Juiz Mário César Ribeiro, *DJ*, 27 ago. 1999, p. 736: "O congelamento de preços baixados pela Lei 7.730/89 não ofende os princípios constitucionais da legalidade nem da livre concorrência. Constitui o congelamento forma do Estado intervir na economia para garantir o abastecimento interno em níveis e preços compatíveis com a necessidade do povo".

- formulação de previsões a partir de um diagnóstico da situação presente fixação de objetivos a atingir;
- escolha e ordenação dos meios para o atingimento desses fins (VAZ, 1990, p. 325).

O art. 21, IX, por sua vez, coloca no rol de competências materiais da União a elaboração e a execução de planos nacionais e regionais de ordenação do território e do desenvolvimento econômico e social.

CAPÍTULO 2

Da Política Urbana

A política urbana encontra-se disciplinada, em nível constitucional, pelos arts. 182 e 183 de nossa Lei Maior, no título dedicado à Ordem Econômica e Financeira.

Nesse ponto, merece transcrição a preleção de Márcio Cammarosano:

> À primeira vista pode até parecer estranho que disposições concernentes à política urbana estejam inseridas, na Constituição, logo em seguida às relativas aos princípios gerais da atividade econômica. Não obstante, está arrolado dentre mencionados princípios o da função social da propriedade, que, em sendo urbana, só é cumprida quando atende às exigências fundamentais de ordenação da cidade expressas no plano diretor (CF, 182).

O art. 182, *caput*, prescreve que a política de desenvolvimento urbano deve ser executada pelo Poder Público municipal, conforme diretrizes gerais fixadas em lei.

Importante salientar, nesse sentido, que as questões relativas à política urbana se inscrevem no rol das competências concorrentes da União, dos estados, do Distrito Federal (art. 24, I) e dos municípios (art. 30, II). Logo, as diretrizes gerais devem ser ditadas por lei federal, que, nesse caso, já foi aprovada, qual seja, a Lei n. 10.257/2001, autodenominada Estatuto da Cidade.

Conforme a orientação do cogitado dispositivo, o objetivo da política de desenvolvimento urbano é o de ordenar o pleno desenvolvimento das funções sociais da cidade e garantir o bem-estar de seus habitantes.

Os objetivos indicados pelo *caput* do art. 182 evidenciam que uma das finalidades prementes da política urbana é, no dizer de Regina Helena Costa, a garantia do direito a cidades sustentáveis, entendido como "o direito à terra urbana, à moradia, ao saneamento ambiental, à infraestrutura urbana, ao transporte e aos serviços públicos, ao trabalho e ao lazer, para as presentes e futuras gerações" (art. 2º, I, da Lei n. 10.257/2001).

Para tanto, o município deve-se valer de um instrumento fundamental, qual seja, o plano diretor, que, "aprovado pela Câmara Municipal, obrigatório para cidades com mais de vinte mil habitantes, é o instrumento básico da política de desenvolvimento e de expansão urbana" (art. 182, § 1º).

Hely Lopes Meirelles conceitua plano diretor como "o complexo de normas legais e diretrizes técnicas para o desenvolvimento global e constantes do município, sob os aspectos físico, social, econômico e administrativo, desejado pela comunidade local" (MEIRELLES, 1957, p. 396).

Deve-se destacar que o plano diretor, enquanto instrumento de planejamento, é dinâmico, sendo, pois, passível de modificações conforme novas circunstâncias se evidenciem. Apesar de único, deve ser objeto de adaptações posteriores segundo as novas realidades emergentes.

O art. 182, § 2º, transformou o plano diretor em uma espécie de vetor para o cumprimento da função social da propriedade urbana, prescrevendo que "a propriedade urbana cumpre sua função social quando atende às exigências fundamentais de ordenação da cidade expressas no plano diretor".

Nesse sentido, cabe sublinhar que o descumprimento da função social da propriedade urbana implica sancionamento regulado pelo § 4º do art. 182 (ver, neste livro, a seção "Direito de Propriedade", Parte IV, Capítulo 1).

CAPÍTULO 3

Da Política Agrícola e Fundiária e da Reforma Agrária

FUNDAMENTOS DA POLÍTICA AGRÍCOLA E FUNDIÁRIA

A política agrícola e fundiária está fundamentada em três pressupostos, a saber:

- a função social da propriedade rural;
- o planejamento agrícola;
- a reforma agrária.

A FUNÇÃO SOCIAL DA PROPRIEDADE RURAL

A função social da propriedade rural foi disciplinada basicamente pelo art. 186.

Tal dispositivo indica, com efeito, quatro requisitos simultâneos, que, segundo critérios e graus de exigência estabelecidos em lei, devem ser atendidos para que uma propriedade rural cumpra a sua função social.

Os requisitos são os seguintes:

I – aproveitamento racional e adequado;

II – utilização adequada dos recursos naturais disponíveis e preservação do meio ambiente;

III – observância das disposições que regulam as relações de trabalho;

IV – exploração que favoreça o bem-estar dos proprietários e dos trabalhadores.

Qual a sanção pelo descumprimento da função social da propriedade rural?

No plano constitucional, a sanção vem disciplinada pelo art. 184 nestes termos:

> Compete à União desapropriar por interesse social, para fins de reforma agrária, o imóvel rural que não esteja cumprindo sua função social, mediante prévia e justa indenização em títulos da dívida agrária, com cláusula de preservação do valor real, resgatáveis no prazo de até vinte anos, a partir do segundo ano de sua emissão, e cuja utilização será definida em lei.

Calha observar, contudo, que o art. 185, II, determina que não são suscetíveis de desapropriação para fins de reforma agrária as propriedades produtivas, indicando o parágrafo único que "a lei garantirá tratamento especial à propriedade produtiva e fixará normas para o cumprimento dos requisitos relativos a sua função social".

O art. 186 indica que os quatro requisitos citados anteriormente são simultâneos, ou seja, a ausência de um deles já ensejaria a conclusão de que a propriedade rural não cumpre sua função social, ficando, de conseguinte, exposta às sanções cabíveis. O art. 185, porém, declina que a propriedade produtiva, ou seja, aquela explorada racional e adequadamente (art. 186, I), não pode ser objeto de desapropriação para fins de reforma agrária, devendo a lei dispor sobre o cumprimento de sua função social.

Conclui-se, num esforço de harmonização, que existem dois regimes jurídicos: a) da propriedade rural, que não é explorada racional e adequadamente e, em consequência, submete-se, à guisa de sanção, à desapropriação prevista no art. 184; b) o da propriedade rural produtiva, embora desatenda a um dos demais requisitos do art. 186. Nesse caso, a disciplina das sanções cabíveis foi outorgada ao trato legislativo ordinário.

Importante notar, contudo, que o art. 243 da Constituição Federal (redação conferida pela Emenda Constitucional n. 81/2014), dispõe que

> as propriedades rurais e urbanas de qualquer região do País onde forem localizadas culturas ilegais de plantas psicotrópicas ou a exploração de trabalho escravo na forma da lei serão expropriadas e destinadas à reforma agrária e a programas de habitação popular, sem qualquer indenização ao proprietário e sem prejuízo de outras sanções previstas em lei, observado, no que couber, o disposto no art. 5º.

Logo, após a citada emenda constitucional, a inobservância da legislação trabalhista, que implique redução análoga à condição de escravo, não só permite a desapropriação, como também isenta o Estado de qualquer indenização ao proprietário. Embora tardia, uma importante conquista civilizatória.

O PLANEJAMENTO AGRÍCOLA

O planejamento agrícola, do ponto de vista da sua abrangência, engloba as atividades agroindustriais, agropecuárias, pesqueiras e florestais, devendo ainda buscar a harmonização da política agrícola e da reforma agrária (art. 187, §§ 1º e 2º). Sua elaboração e execução, regulada por lei federal, deve ser compartilhada entre o Poder Público e os setores de produção (produtores e trabalhadores), comercialização, de armazenamento e de transportes, levando em conta, especialmente:

- os instrumentos creditícios e fiscais (I);
- os preços compatíveis com os custos de produção e a garantia de comercialização (II);
- o incentivo à pesquisa e à tecnologia (III);
- a assistência técnica e a extensão rural (IV);
- o seguro agrícola (V);
- o cooperativismo (VI);
- a eletrificação rural e a irrigação (VII);
- a habitação para o trabalhador rural (VIII).

Cabe, finalmente, destacar que a lei deve regular e limitar a aquisição ou o arrendamento de propriedade rural por pessoa física ou jurídica estrangeira, bem como estabelecer os casos que dependerão de autorização do Congresso Nacional (art. 190).

O Congresso Nacional também deverá aprovar previamente a alienação ou a concessão, a qualquer título, de terras públicas com área superior a 2.500 ha a pessoa física ou jurídica (art. 188, § 1º), exceto aquelas destinadas à reforma agrária.

A REFORMA AGRÁRIA

Extrai-se do art. 188 da Constituição Federal que a União deve organizar um plano nacional de reforma agrária, de forma compatível com as ações de política agrícola.

O plano, com efeito, deve organizar as ações necessárias à concretização da reforma agrária, levando em conta, inclusive, a determinação do art. 184, § 4º, no sentido de que "o orçamento fixará anualmente o volume total [...] de recursos para atender ao programa de reforma agrária no exercício".

Vê-se que a Constituição deseja não só a existência de um plano nacional de reforma agrária, mas também que este tenha concretude em previsões orçamentárias anuais, que viabilizem sua paulatina implantação.

Para a realização da reforma agrária, o Poder Público tanto pode valer-se da desapropriação ordinária (mediante prévia e justa indenização) como também daquela contemplada pelo art. 184, que tem como pressuposto o descumprimento da função social da propriedade rural.

Importante verificar que, nos termos do art. 189, "os beneficiários da distribuição de imóveis rurais pela reforma agrária receberão títulos de domínio ou de concessão de uso, inegociáveis pelo prazo de dez anos", visto que tais títulos serão concedidos ao homem ou a mulher, ou a ambos, independentemente do estado civil, conforme dispõe o parágrafo único do citado dispositivo.

PARTE X

Ordem Constitucional Social

CAPÍTULO 1

A Ordem Social

PRINCÍPIOS GERAIS

A Constituição brasileira de 1988, seguindo a tradição de nossas constituições, tratou de disciplinar regras relativas à ordem social. Sua disciplina minuciosa é retrato do grau de desconfiança dos constituintes nas instituições, mostrando uma minúcia poucas vezes vista em um texto constitucional. Aliás, tal característico permeia todo o texto, estando, portanto, acentuado no disciplinar relações as mais específicas e cuidando com pormenor de questões que, à primeira vista, poderiam estar fora do Texto Constitucional. Seriam tratadas necessariamente pela legislação infraconstitucional. No entanto, preferiu o constituinte tratar dos temas no plano constitucional.

Essa opção do constituinte deu origem ao que denominamos Constituição Social, ou seja, o conjunto de normas constantes da Constituição predispostas à regração da ordem social, entendida de maneira a abranger os setores nos quais o Estado deva intervir por meio de prestações sociais, seja indicando direitos aos indivíduos (seguridade social), seja intervindo na realidade para propiciar um sistema de relações sociais mais equilibrado e justo.

Seguindo essa orientação, o Título VIII, que trata da ordem social, foi dividido em oito capítulos, a saber: Disposição Geral; Da Seguridade Social; Da Educação, da Cultura e do Desporto; Da Ciência, Tecnologia e Inovação; Da Comunicação Social; Do Meio Ambiente; Da Família, da Criança, do Adolescente, do Jovem e do Idoso; e Dos Índios.

544   Curso de Direito Constitucional

O Capítulo I, "Disposição Geral", afirma que a ordem social tem como base o primado do trabalho e como objetivo o bem-estar e a justiça sociais. Tal asserção afina-se com os princípios fundamentais de nossa Constituição, em especial com aquele que preconiza a dignidade humana como fundamento da República. Trata-se de princípio que deve encabeçar toda a legislação infraconstitucional e nortear os atos dos administradores públicos.

SEGURIDADE SOCIAL

A seguridade social compreende um conjunto integrado de ações de iniciativa dos Poderes Públicos e da sociedade destinadas a assegurar os direitos relativos à saúde, à previdência e à assistência social. Logo, todos os entes federativos (União, estados, Distrito Federal e municípios), em coordenação com a sociedade (empresas, associações, organizações governamentais), devem envolver-se com a seguridade social, realizando os objetivos por ela pretendidos. Esses objetivos foram enumerados no Capítulo II, que tem uma seção destinada às disposições gerais, uma voltada à saúde, uma à previdência social e uma à assistência social.

No que tange aos princípios da seguridade social, podemos anotar os constantes do art. 194, descritos em seu parágrafo único:

Parágrafo único. Compete ao Poder Público, nos termos da lei, organizar a seguridade social, com base nos seguintes objetivos:

I – universalidade da cobertura e do atendimento;

II – uniformidade e equivalência dos benefícios e serviços às populações urbanas e rurais;

III – seletividade e distributividade na prestação dos benefícios e serviços;

IV – irredutibilidade do valor dos benefícios;

V – equidade na forma de participação no custeio;

VI – diversidade da base de financiamento, identificando-se, em rubricas contábeis específicas para cada área, as receitas e as despesas vinculadas a ações de saúde, previdência e assistência social, preservado o caráter contributivo da previdência social;

VII – caráter democrático e descentralizado da administração, mediante gestão quadripartite, com participação dos trabalhadores, dos empregadores, dos aposentados e do Governo nos órgãos colegiados.

O custeio dessas ações destinadas a garantir a seguridade social tem como origem recursos orçamentários de todos os entes federativos e contribuições sociais dos empregadores, incidentes sobre a folha de salários dos trabalhadores, o faturamento e o lucro, do trabalhador e demais segurados da previdência social, da receita de concursos de prognósticos e do importador de bens ou serviços do exterior.

Fundamental sublinhar que o Texto Constitucional indicou que as receitas dos estados, do Distrito Federal e dos municípios destinadas à seguridade social constarão dos respectivos orçamentos, não integrando o orçamento da União; a proposta de orçamento da seguridade social, em cada esfera federativa, será elaborada de forma integrada pelos órgãos responsáveis pela saúde, previdência social e assistência social, assegurada a cada área a gestão de seus recursos.

Ajustada a esse enfoque constitucional, a Lei n. 8.080/90, ao dispor sobre a gestão financeira das receitas orçamentárias do Sistema Único de Saúde (SUS), criou o Fundo Nacional de Saúde, sob a direção do Ministério da Saúde, para o qual devem ser carreadas todas as verbas orçamentárias previstas para o Sistema Único de Saúde.

Desse modo, logrou-se atribuir ao Ministério da Saúde a gestão das receitas do SUS e, ao mesmo tempo, vinculá-las a despesas com o próprio SUS, impedindo que receitas orçamentárias da área de saúde migrem para outras finalidades públicas.

Os cuidados do constituinte não pararam aí. A Constituição estabeleceu que pessoa jurídica em débito com o sistema da seguridade social, como estabelecido em lei, não pode contratar com o Poder Público nem dele receber benefícios ou incentivos fiscais ou creditícios. Trata-se de regra que visa a estimular o pagamento das referidas contribuições e punir aqueles que não estejam em dia com suas obrigações.

Por fim, foi estabelecida uma anterioridade de 90 dias para a cobrança das contribuições. Assim, só poderão ser exigidas decorridos 90 dias da publicação da lei que as houver instituído. As contribuições sociais têm nítido caráter tributário, sujeitando-se, portanto, ao regime jurídico comum aos tributos. Entretanto, com relação à anterioridade, o constituinte deliberou a adoção de regra específica, em que o interregno entre a instituição e a cobrança fosse simplesmente de 90 dias, atribuindo maior flexibilidade para a instituição desses gravames.

As entidades beneficentes de assistência social que venham a atender as exigências estabelecidas em lei estão isentas da contribuição social.

A Saúde

O art. 6º da Constituição Federal indicou a saúde como um direito social, incluindo-o, portanto, no rol dos chamados direitos fundamentais.

Na verdade, o direito à saúde constitui um desdobramento do próprio direito à vida. Logo, por evidente, não poderia deixar de ser considerado um direito fundamental do indivíduo.

Nesse sentido, o art. 196 prescreve que a saúde é um direito de todos e um dever do Estado, criando, por assim dizer, um direito subjetivo público de atenção à saúde, cuja tutela tanto pode dar-se pela via coletiva[1] como pela individual.[2]

O princípio do acesso universal e igualitário

A parte final do art. 196 veicula, em rigor, dois princípios constitucionais relacionados com a saúde: o princípio do acesso universal e o princípio do acesso igualitário.

O princípio do acesso universal traduz que os recursos e ações na área de saúde pública devem ser destinados ao ser humano enquanto gênero, não podendo, portanto, ficar restritos a um grupo, categoria ou classe de pessoas.

Sob a ótica da atual Constituição Federal, são incogitáveis mecanismos de restrição do acesso à rede e aos serviços públicos de saúde, tal como a restrição, outrora existente, que deferia o acesso exclusivamente àqueles que contribuíssem para a previdência social.

O princípio em pauta é complementado logicamente pelo princípio do acesso igualitário, cujo significado pode ser traduzido pela máxima de que pessoas na mesma situação clínica devem receber igual atendimento, inclusive no que se refere aos recursos utilizados, prazos para internação, para realização de exames, consultas etc.

Logo, é incompatível com o atual sistema constitucional, por diversas razões, o atendimento privilegiado em hospitais públicos daqueles que remunerem diretamente o serviço.

---

[1] O Superior Tribunal de Justiça reconheceu legitimidade ao Ministério Público para a propositura de ações civis públicas em defesa da saúde pública (cf. STJ, REsp 124.236-MA, *DJ*, 4 maio 1998, p. 84).

[2] Cf. TJSP, 5ª Câmara de Direito Público, AC 63.612-5-Guararema/Mogi das Cruzes, Rel. Des. Willian Marinho, v. u., j. 06.05.1999.

O Sistema Único de Saúde[3]

Os serviços públicos e as ações relativas à saúde são expressamente considerados de relevância. Devem integrar uma rede regionalizada e hierarquizada e constituem um sistema único. As regras vêm enunciadas nos incisos do art. 198 da Constituição.

A Constituição preconizou um regime de cooperação entre União, estados e municípios, que devem, em comunhão de esforços, incrementar o atendimento à saúde da população.

Cada uma dessas esferas, embora devam agir em concurso e de forma solidária, uma suplementando a outra, tem a sua competência administrativa definida pela Lei n. 8.080/90.

O Sistema Único de Saúde rege-se por três princípios cardeais: a descentralização, com direção única em cada esfera de governo, o atendimento integral e a participação da comunidade.

A descentralização indica que o SUS deve caminhar no sentido de que o atendimento básico à população seja realizado plenamente pelos municípios, cabendo aos estados, o trato de questões de alta complexidade, e à União, a gestão do sistema.

A direção única em cada esfera de governo revela que o SUS tem como gestor federal o Ministro da Saúde, como gestores estaduais os Secretários Estaduais de Saúde e como gestores municipais os Secretários Municipais de Saúde.

A rede pública de saúde deve propiciar atendimento integral, envolvendo desde a prevenção, passando pelo atendimento médico e hospitalar e envolvendo a assistência farmacêutica (remédios).

A participação da comunidade foi solidificada com a implantação dos Conselhos de Saúde (em todos os níveis federativos), órgãos que, só pela afirmação constitucional, possuem caráter deliberativo (Lei n. 8.142/90).

Importante destacar, no entanto, que a assistência à saúde foi declarada "livre à iniciativa privada", a qual, contudo, só pode participar do SUS de maneira complementar, ainda assim sujeita às diretrizes deste, mediante contrato de direito público ou convênio, com preferência para entidades filantrópicas e sem fins lucrativos.

Ao Sistema Único de Saúde instituído pelo Texto Constitucional, nos termos do art. 200 da Constituição, compete:

---

[3] A propósito, ver Serrano (2009).

548 Curso de Direito Constitucional

I – controlar e fiscalizar procedimentos, produtos e substâncias de interesse para a saúde e participar da produção de medicamentos, equipamentos, imunobiológicos, hemoderivados e outros insumos;

II – executar as ações de vigilância sanitária e epidemiológica, bem como as de saúde do trabalhador;

III – ordenar a formação de recursos humanos na área de saúde;

IV – participar da formulação da política e da execução das ações de saneamento básico;

V – incrementar em sua área de atuação o desenvolvimento científico e tecnológico e a inovação;

VI – fiscalizar e inspecionar alimentos, compreendido o controle de seu teor nutricional, bem como bebidas e águas para consumo humano;

VII – participar do controle e fiscalização da produção, transporte, guarda e utilização de substâncias e produtos psicoativos, tóxicos e radioativos;

VIII – colaborar na proteção do meio ambiente, nele compreendido o do trabalho.

O fornecimento de remédios

Como ressaltado anteriormente, dentre os princípios informativos do SUS está inscrito o dever de assistência integral, o que pressupõe o dever do Estado, de maneira universal e igualitária, de dispensar atendimento integral à saúde a quantos dele necessitarem.

A regra, constante do inciso II do art. 198 da Constituição Federal, tem eficácia plena e aplicabilidade imediata, não dependendo de regulamentação infraconstitucional. De qualquer modo, a questão também já foi objeto da legislação ordinária, em específico pelo art. 6º, I, *d*, da Lei n. 8.080/90, que declara textualmente estarem incluídas no campo de atuação do SUS a "assistência terapêutica integral, inclusive farmacêutica".

O Supremo Tribunal Federal, em decisão da lavra do Ministro José Celso de Mello Filho, sedimentou que

> entre proteger a inviolabilidade do direito à vida, que se qualifica como direito subjetivo inalienável assegurado pela própria Constituição da República (art. 5º, *caput*), ou fazer prevalecer, contra essa prerrogativa fundamental, um interesse financeiro e secundário do Estado, entendo – uma vez configurado esse dilema – que razões de ordem ético-jurídica impõem ao julgador uma só e possível opção: o respeito indeclinável à vida.[4]

---

[4] *DJ*, Seção 1, de 13.02.1997, n. 29, p. 1830.

Precedentes nesse sentido, aliás, já existem em diversos tribunais do País, quer apontando o dever do Estado de fornecer medicamentos aos usuários do SUS, quer, em perspectiva mais ampla, assegurando a concreta assistência médica por ordem judicial, em face de eventual omissão no atendimento pelo Poder Público.[5]

A Previdência Social

A Previdência Social foi organizada sob a forma de regime geral, de caráter contributivo e de filiação obrigatória. O art. 201 da Constituição Federal determinou que, nos termos da lei,[6] fossem atendidos os seguintes pontos:

- cobertura dos eventos de incapacidade temporária ou permanente para o trabalho e idade avançada (I);
- proteção à maternidade, especialmente à gestante (II);
- proteção ao trabalhador em situação de desemprego involuntário (III);
- salário-família e auxílio reclusão para os dependentes dos segurados de baixa renda (IV);
- pensão por morte do segurado, homem ou mulher, ao cônjuge ou companheiro e dependentes (V).

Fundamental salientar que a Constituição adotou, por ocasião da Emenda Constitucional n. 20, uma grande reforma, dificultando os critérios de aposentadoria, modificando o tempo de serviço necessário e criando outras tantas regras para a implementação do benefício.

Nova reforma ocorreu. No caso, o escopo fundamental foi o de aproximar os sistemas público e privado. A nova reforma teve como ideia central acabar com as peculiaridades do regime da previdência social pública, criando quase um regime uniforme.

Dessa maneira, funcionários públicos da União, dos estados e dos municípios têm regime aproximado ao dos empregados do setor privado. A ideia central da reforma foi a de limitar os valores das aposentadorias públicas, criar a contribuição de inativos a partir de determinado patamar de ganho (matéria que foi submetida ao STF e considerada constitucional, apesar de nosso

---

[5] TJ/SP, 5ª Câmara de Direito Público, AC 63.612-5-Guararema/Mogi das Cruzes, Rel. Des. Willian Marinho, v. u., j. 06.05.1999.
[6] Ver Lei n. 8.213/91.

entendimento em sentido contrário, pois deveria haver respeito às situações já consolidadas), criando, no entanto, algumas regras de transição para que os funcionários públicos tivessem, ainda que com maiores reduções, preservadas algumas situações vigentes.

Posteriormente, foi aprovada a Emenda Constitucional n. 103/2019, que, embora do ponto de vista principiológico, não tenha inovado, endureceu os critérios para a concessão de benefícios previdenciários.

A Assistência Social

Ao lado da Previdência Social situa-se a Assistência Social, que, ao contrário daquela, é destinada a quem dela necessitar, independentemente de contribuição. Seus objetivos são os contidos no art. 203 da Lei Maior:[7]

I – a proteção à família, à maternidade, à infância, à adolescência e à velhice;

II – o amparo às crianças e adolescentes carentes;

III – a promoção da integração ao mercado de trabalho;

IV – a habilitação e reabilitação das pessoas portadoras de deficiência e a promoção de sua integração à vida comunitária;

V – a garantia de um salário mínimo de benefício mensal à pessoa portadora de deficiência e ao idoso que comprovem não possuir meios de prover à própria manutenção ou de tê-la provida por sua família, conforme dispuser a lei.

Como se vê, os direitos arrolados têm nítido caráter prestacional. No ponto, a Constituição exige a presença do Estado no sentido de atenuar as contradições sociais.

A EDUCAÇÃO NA CONSTITUIÇÃO FEDERAL

A educação é tratada de forma minuciosa pela Constituição, em uma seção específica, em seus arts. 205 a 214, além de várias outras disposições que podemos encontrar ao longo do texto.

A seção específica inicia-se com a declaração de que a educação é um direito de todos, o que a caracteriza simultaneamente como um direito individual e difuso, além de designar a quem compete oferecê-la: ao Estado e à família,

---

[7] Ver Leis ns. 8.742/93 e 8.909/94.

A Ordem Social 551

com a colaboração da sociedade, e os objetivos a que deve visar, a saber, o pleno desenvolvimento da pessoa, seu preparo para a cidadania e sua qualificação para o trabalho. Essa norma do art. 205 permite-nos vislumbrar a importância dada à educação.

Note-se, ademais, que o claro objetivo do dispositivo constitucional foi o de atribuir justiciabilidade ao direito à educação. Em outras palavras, caso o Poder Público peque no seu dever de prestar educação, tal direito pode, e deve ser reivindicado judicialmente.

A relevância deste direito social, em sua dupla dimensão, individual e coletiva, se afirma no dizer de Cláudia Mansani Queda Toledo (2015, p. 162), para quem: "A educação é a guardiã da democracia social voltada à emancipação da população, em prol da erradicação das desigualdades e da miséria, não só economicamente considerada, mas também, política e socialmente observadas".

Não obstante ter iniciado a matéria com a declaração de um direito tão amplo como a educação, na verdade os próximos artigos restringem-se mais ao direito ao ensino e à educação escolarizada formal, pois é esta parte da educação que reclama maior atuação estatal.

Nesse sentido, o art. 206 da Constituição contempla a principiologia do ensino, *princípios ricos, pródigos em cientificidade e largos em seus objetivos*, que servirão de vetores para toda a atividade legislativa, administrativa e judiciária, não podendo nunca qualquer um dos titulares dessas atividades agir em desacordo com tais princípios.

A educação e sua organização jurídica

O art. 208 da Constituição Federal aponta os critérios organizacionais da educação no País. Nesse sentido, a educação formal foi dividida em dois patamares: a básica e a superior. Esta, envolvendo os cursos de bacharelado e pós-graduação. Aquela, envolvendo a educação infantil (creches e pré-escolas), a educação fundamental (atualmente com nove anos de duração) e a educação média (antigo colegial).

A clareza do dispositivo constitucional e de suas disposições não deixa dúvidas quanto ao fato de que o direito público subjetivo à educação envolve toda a educação básica, nela incluídas a educação atinente aos que sejam portadores de deficiências e a educação de jovens e adultos.

Nesse sentido, a recente Emenda Constitucional n. 59/2009 veio a consolidar tal entendimento, outorgando nova redação ao inciso I do art. 208 e dispondo

552 Curso de Direito Constitucional

expressamente que o dever do Estado, nessa matéria, envolve a "educação básica obrigatória e gratuita dos 4 (quatro) aos 17 (dezessete) anos de idade, assegurada inclusive sua oferta gratuita para todos os que a ela não tiveram acesso na idade própria".

É de ver que a emenda não revogou o inciso IV do mesmo dispositivo, o que implica concluir que o dever do Estado para com a educação infantil, desde o nascimento, remanesce incólume, sendo oportuno sublinhar que a nova redação constitucional, na verdade, só trouxe à literalidade entendimento já consolidado pelo Supremo Tribunal Federal.

A propósito de exemplo, a seguinte manifestação da nossa Suprema Corte, pela pena do eminente Ministro Celso de Mello:

> A educação infantil representa prerrogativa constitucional indisponível, que, deferida às crianças, a estas assegura, para efeito de seu desenvolvimento integral, e como primeira etapa do processo de educação básica, o atendimento em creche e o acesso à pré-escola (CF, art. 208, IV). Essa prerrogativa jurídica, em consequência, impõe, ao Estado, por efeito da alta significação social de que se reveste a educação infantil, a obrigação constitucional de criar condições objetivas que possibilitem, de maneira concreta, em favor das "crianças de zero a seis anos de idade" (CF, art. 208, IV), o efetivo acesso e atendimento em creches e unidades de pré-escola, sob pena de configurar-se inaceitável omissão governamental, apta a frustrar, injustamente, por inércia, o integral adimplemento, pelo Poder Público, de prestação estatal que lhe impôs o próprio texto da Constituição Federal. A educação infantil, por qualificar-se como direito fundamental de toda criança, não se expõe, em seu processo de concretização, a avaliações meramente discricionárias da Administração Pública, nem se subordina a razões de puro pragmatismo governamental. Os Municípios – que atuarão, prioritariamente, no ensino fundamental e na educação infantil (CF, art. 211, § 2º) – não poderão demitir-se do mandato constitucional, juridicamente vinculante, que lhes foi outorgado pelo art. 208, IV, da Lei Fundamental da República, e que representa fator de limitação da discricionariedade político-administrativa dos entes municipais, cujas opções, tratando-se do atendimento das crianças em creche (CF, art. 208, IV), não podem ser exercidas de modo a comprometer, com apoio em juízo de simples conveniência ou de mera oportunidade, a eficácia desse direito básico de índole social. Embora resida, primariamente, nos Poderes Legislativo e Executivo, a prerrogativa de formular e executar políticas públicas, revela-se possível, no entanto, ao Poder Judiciário, determinar, ainda que em bases excepcionais, especialmente nas hipóteses de políticas públicas definidas pela própria Constituição, sejam estas implementadas pelos órgãos estatais inadimplentes, cuja

omissão – por importar em descumprimento dos encargos político-jurídicos que sobre eles incidem em caráter mandatório – mostra-se apta a comprometer a eficácia e a integridade de direitos sociais e culturais impregnados de estatura constitucional. A questão pertinente à "reserva do possível". Doutrina (AgReg no RE 410.715-SP, 2ª Turma, Rel. Min. Celso de Mello, *DJ*, 3 fev. 2006).

No mesmo sentido, o julgamento relatado pelo eminente Ministro Carlos Velloso, ementado da seguinte forma:

EMENTA: CONSTITUCIONAL. ATENDIMENTO EM CRECHE E PRÉ-ESCOLA. I – Sendo a educação um direito fundamental assegurado em várias normas constitucionais e ordinárias, a sua não observância pela administração pública enseja sua proteção pelo Poder Judiciário. II – Agravo não provido (RE 463.210 – AgR).

Ainda a respeito do tema, as seguintes decisões do Supremo Tribunal Federal: AI 455.802-SP, Rel. Min. Marco Aurélio – AI 475.571/SP, Rel. Min. Marco Aurélio; RE 401.673-SP, Rel. Min. Marco Aurélio; RE 411.518-SP, Rel. Min. Marco Aurélio.

Nesse caminho, veja-se que a vontade constitucional de assegurar igualdade material no acesso à educação foi clara, dispondo inclusive quanto à necessidade de programas de material didático e de transporte. E tais dispositivos afiguram-se autoaplicáveis, uma vez que sem transporte, por exemplo, o aluno que estuda a uma grande distância de sua residência e não possui condições de pagar as tarifas diárias se vê privado do acesso à escolarização.

Dessarte, em matéria de educação básica, o Poder Público, mais do que o dever de prestar, possui o dever de viabilizar o acesso à educação.

Tal dever, com efeito, foi projetado no plano federativo, mediante a previsão de sistemas de ensino público federal, estadual, distrital e municipal, estabelecidos no art. 211, no qual se propõe sua organização em regime de colaboração. No mesmo artigo, em seus parágrafos, a exigência de atuação prioritária dos municípios no ensino fundamental e na educação infantil e dos estados e do Distrito Federal no ensino fundamental e médio.

Educação e princípios informativos

A Constituição empalmou, como princípio angular, a liberdade de aprender, ensinar, pesquisar e divulgar o pensamento, a arte e o saber. Com isso, garante-se a todos o direito de pretender adquirir a mesma cultura e a mesma instrução, o direito de transmitir aos outros sua crença e sua ciência e de escolher o tipo de ensino a ser recebido de acordo com seus valores.

Como decorrência das liberdades previstas no inciso II do art. 206, temos o pluralismo de ideias e concepções pedagógicas, pois somente por meio de várias opções pedagógicas pode, tanto quem oferece como quem recebe o ensino, escolher o que melhor lhe atende, e a coexistência de escolas públicas e privadas, o que descarta tanto o monopólio estatal (que cercearia as liberdades já consagradas) como a atuação exclusiva da iniciativa privada (o Poder Público não pode fechar os olhos para o ensino, mormente o fundamental, já que este é ao mesmo tempo um direito do indivíduo e um dever do Estado).

Outro princípio de fundamental importância, disposto no inciso IV, estatui a gratuidade do ensino em estabelecimentos oficiais. É inconteste que as dificuldades sociais e financeiras enfrentadas pela grande maioria da população brasileira impedem-na de custear os estudos, daí a importância de tal gratuidade, que se dá em todos os níveis. Abre uma exceção a esse princípio o art. 242 das Disposições Constitucionais Gerais, que diz não se aplicar às instituições educacionais oficiais criadas por lei estadual ou municipal e existentes na data da promulgação da Constituição, que não sejam total ou preponderantemente mantidas com recursos públicos.

A valorização do profissional do ensino também está prevista como um princípio, além da reafirmação de outras disposições constitucionais que concorrerão para sua realização, como ingresso por concurso público de provas e títulos, regime jurídico único para as instituições mantidas pela União e plano de carreira profissional. Procurando sanar o grande problema dessa valorização, os baixos salários, a Emenda Constitucional n. 14 criou o Fundo de Manutenção e Desenvolvimento do Ensino Fundamental e de Valorização do Magistério, que visa, entre outras medidas, à remuneração condigna do magistério.

O inciso VI do art. 206 da Lei Maior determina a gestão democrática do ensino público, deixando para a lei sua regulamentação. Essa gestão democrática implica a descentralização da gestão, dando oportunidade a toda a comunidade escolar de participar da discussão que traçará os rumos do ensino. Refere-se, portanto, à administração dos sistemas de ensino, bem como das unidades escolares.

Encerrando os princípios constantes do art. 206, temos o inciso VII, que garante o padrão de qualidade para o ensino. De fato, sabemos que atualmente, em algumas regiões do País, a desigualdade já não se dá tanto em nível de acesso às escolas, mas na qualidade do ensino recebido nelas. Visando a estabelecer os parâmetros definidores dessa qualidade, o Poder Público vem determinando a realização de exames nas universidades brasileiras, como também nas escolas de 1º e 2º graus.

Outro princípio importante no sistema educacional brasileiro, agora previsto no art. 207, é o que constitucionaliza a autonomia universitária. Embora já existisse em lei ordinária, a Constituição Federal de 1988 elevou tal princípio à categoria de norma constitucional, determinando que as universidades gozem de autonomia didático-científica, administrativa e de gestão financeira e patrimonial, em obediência ao princípio da indissociabilidade entre ensino, pesquisa e extensão. Segundo Nina Ranieri (1994, p. 137), "diversamente dos demais órgãos da administração descentralizada, a universidade pública detém a capacidade legislativa em matéria didática, administrativa e de gestão financeira e patrimonial, na esfera de seu peculiar interesse".

Tal autonomia, contudo, não quer dizer total independência, pois "a qualidade e a relevância do ensino e da pesquisa produzidas na universidade configuram a essência do limite institucional da autonomia. Os parâmetros constitucionais, por sua vez, estabelecem os seus limites jurídicos (RANIERI, 1994, p. 139)".

A Emenda Constitucional n. 11 acrescentou ao art. 207 dois parágrafos, facultando às universidades admitir professores, técnicos e cientistas estrangeiros, na forma da lei, o que veio dirimir a controvérsia existente até então sobre a contratação de estrangeiros, que ficou definitivamente extirpada com a redação conferida ao art. 37, I, pela Emenda Constitucional n. 19, que previu expressamente a possibilidade de acesso de estrangeiros a cargos públicos, na forma da lei. Essa restrição aos estrangeiros era incabível sobretudo no âmbito do ensino, pois neste é de fundamental importância o intercâmbio entre diferentes povos. O outro parágrafo acrescido estende às instituições de pesquisa científica e tecnológica o disposto no artigo.

Outra inovação trazida pela Constituição é a declaração de que o acesso ao ensino fundamental é direito público subjetivo, e o seu não oferecimento, ou o seu oferecimento não satisfatório, importa responsabilidade da autoridade competente. É o que dispõe o art. 208, além do elenco das garantias a serem dadas pelo Estado para efetivar seu dever para com a educação, que, além das já citadas quando tratamos da igualdade de condições para o acesso e a permanência na escola, são: progressiva universalização do ensino médio gratuito (inciso II); educação infantil, em creche e pré-escola, às crianças até 5 (cinco) anos de idade (inciso IV); e acesso aos níveis mais elevados de ensino, da pesquisa e da criação artística, segundo a capacidade de cada um (inciso V).

Impende lembrar da fixação dos conteúdos mínimos para o ensino fundamental, a ser feito por lei, que objetiva a formação básica comum e o respeito aos valores culturais e artísticos, nacionais e regionais. Também estão previstas no art. 210 a facultatividade da matrícula no ensino religioso e a exigência de se ministrarem as aulas em língua portuguesa no ensino fundamental, assegurando às comunidades indígenas também a utilização de suas línguas maternas e processos próprios de aprendizagem.

Finalizando a seção, o art. 214 trata da elaboração do Plano Nacional de Educação. Esse plano, de duração plurianual, visa à articulação e ao desenvolvimento do ensino em seus diversos níveis e à integração das ações do Poder Público, buscando alcançar os seguintes objetivos: a erradicação do analfabetismo, a universalização do atendimento escolar, a melhoria da qualidade de ensino, a formação para o trabalho e a promoção humanística, científica e tecnológica do País. Entendemos que esses objetivos se coadunam com as finalidades propostas no art. 205, conferindo, assim, uma coerência lógica à seção.

Por força da Convenção da ONU sobre os Direitos das Pessoas com Deficiência, introduzida no sistema constitucional brasileiro com base no art. 5º, § 3º, foi elaborado o Estatuto da Pessoa com Deficiência (Lei n. 13.146/2015), que determina que as escolas recebam crianças com deficiência, sem lhes recusar as matrículas. E também ficou estabelecido que as escolas não poderiam cobrar valores pelo fato de os alunos terem deficiência. Esses foram apenas dois pontos trazidos pelo estatuto. Há normas de acessibilidade, de cuidados com esse grupo vulnerável. Ocorre que a Confenem (Confederação Nacional dos Estabelecimentos de Ensino) ajuizou uma ação direta de inconstitucionalidade, pedindo a declaração dos dispositivos que obrigavam os estabelecimentos de ensino a receber crianças com deficiência e contra a proibição de valores extraordinários por tal condição. A decisão rejeitou o pedido (ADI 5357, relatoria Min. Fachin), aplicando a Convenção da ONU sobre os Direitos das Pessoas com Deficiência, que tem *status* de norma constitucional.

A referida convenção reforçou o caráter inclusivo do ensino, determinando que os estados-parte cuidem da inclusão. A educação, portanto, deve ser um processo inclusivo, não só pelos ditames da Constituição Federal, como também pelo conteúdo trazido pela convenção. Não é demais apontar que a Lei n. 13.146/2015 trouxe o detalhamento das regras convencionais.

A iniciativa privada

Como já tivemos oportunidade de dizer, a Constituição permite a atuação da iniciativa privada na educação, e o art. 209 estabelece as condições para isso: o cumprimento das normas gerais da educação nacional (inciso I) e a autorização e avaliação de qualidade pelo Poder Público (inciso II). Note-se que a atuação da iniciativa privada na educação se dará em caráter de autorização.

Assim sendo, nenhum estabelecimento educacional pode funcionar regularmente sem a prévia autorização do Poder Público, sob pena de burla ao dispositivo constitucional citado, bem como a disposições do Código de Defesa do Consumidor, uma vez que educação prestada sem autorização pública não existe sob o ponto de vista legal.

Receitas vinculadas

Como uma das exceções à vedação de vinculação de receita de impostos (art. 76 do ADCT), temos a regra do art. 212 da Constituição, que obriga a aplicação de pelo menos 18% pela União e 25% pelos estados e municípios da receita resultante de impostos, inclusive a proveniente de transferências, na manutenção e desenvolvimento do ensino.

A não observância da aplicação do mínimo exigido de recursos no desenvolvimento e na manutenção do ensino dá ensejo à intervenção por parte dos estados nos municípios (CF, art. 35, III) e da União nos estados e no Distrito Federal (CF, art. 34, VII, *e*).

Em regra, esses recursos públicos serão destinados às escolas públicas, de acordo com o art. 213 da Lei Maior, podendo também ser dirigidos às escolas comunitárias, confessionais ou filantrópicas, definidas em lei, que não tenham finalidade lucrativa e apliquem seus excedentes financeiros em educação e, em caso de encerramento de suas atividades, assegurem a destinação de seu patrimônio a outra escola comunitária, filantrópica ou confessional. Também poderão ser aplicados os recursos públicos em bolsas de estudo para o ensino fundamental e médio, para os que demonstrarem insuficiência de recursos, havendo falta de vagas e cursos na rede pública na localidade da residência do educando. Complementando o artigo, há a previsão de que as atividades universitárias de pesquisa e extensão poderão receber apoio financeiro do Poder Público.

É de se ressaltar que a Emenda Constitucional n. 53 redimensionou o tema, promovendo, dentre outras coisas, a substituição do antigo FUNDEF (Fundo de Desenvolvimento do Ensino Fundamental) pelo FUNDEB (Fundo de Desenvolvimento do Ensino Básico).

Além disso, a Emenda Constitucional n. 78 agregou novos elementos ao tema, dentre outros, a proibição de utilização das verbas vinculadas para dispêndios com aposentadorias e pensões. E ainda a EC n. 108 dispôs sobre a necessidade de o Fundeb abarcar a valorização dos profissionais da educação.

DESPORTO

A Constituição, no Capítulo "Da Ordem Social", em que estão concentrados os direitos que têm por propósito o resgate da dignidade humana para todos os cidadãos, prevê o direito ao desporto. Os direitos sociais objetivam a formação do ser humano integral: agente da sociedade, das relações de trabalho, construtor do mundo moderno e, ao mesmo tempo, um ser relacional, humano, que, desse modo, deve integrar sua vida com o lazer, o convívio familiar e a prática desportiva.

Assim, o desporto, quer como forma de lazer, quer como parte da atividade educativa, quer ainda em caráter profissional, foi incorporado ao nosso sistema jurídico no patamar de norma constitucional.

Sua regulamentação, no entanto, tem diversas facetas.

Em primeiro lugar, o incentivo ao lazer e às práticas desportivas, formais e não formais, foi indicado simultaneamente como direito de cada um e dever do Estado, como forma de promoção social.

Há que se compreender, contudo, que o desporto, enquanto atividade predominantemente física e intelectual, tem diversas finalidades, o que faz com que, em cada uma de suas formas, receba tratamento diferenciado.

O desporto de caráter educacional, aquele ministrado por meio do sistema de ensino e formas assistemáticas de educação, em que devem ser evitadas a seletividade e a hipercompetitividade de seus praticantes, objetiva alcançar o desenvolvimento integral do indivíduo e a educação para a cidadania e o lazer. Por isso, tem prioridade na destinação de recursos públicos.

O desporto praticado como forma de lazer, costumeiramente denominado desporto de participação, compreende as modalidades desportivas que visam contribuir para a integração dos praticantes na plenitude da vida social, na promoção da saúde e na preservação ambiental. Aqui, o principal dever do Estado é o de fomento e preservação das áreas verdes e institucionais (parques, praças etc.), para favorecimento da prática desportiva.

O desporto de rendimento, submetido a regras nacionais e internacionais, tem por finalidade a obtenção de resultados e a integração de pessoas e comunidades do País e destas com outras nações. A superação dos limites, a convivência comunitária internacional e o intercâmbio cultural constituem sinais distintivos dessa forma desportiva.

As competições desportivas sempre despertam grande atenção na população. Quem define regras, indica os locais das disputas, sagra vencedores ou estabelece os níveis de participação das equipes?

Na verdade, a Constituição atribuiu autonomia para as entidades desportivas dirigentes e associações quanto a sua organização e funcionamento. Isso quer dizer que as entidades desportivas (associações, federações etc.) têm liberdade estatutária, inclusive no que tange à fixação de critérios para destinação de recursos e autonomia para indicação de seus dirigentes e poder de autodeterminação de seus destinos.

Tais prerrogativas não traduzem, porém, poderes ilimitados. A Constituição e as leis do País não podem ser contrapostas. Assim, a modificação de regras no meio da competição e o favorecimento de equipes, por exemplo, não fazem parte dessa autonomia.

De todo modo, a Constituição disciplinou a existência de uma Justiça Desportiva. Toda vez que houver dissensão entre os concorrentes, a ela cabe a resolução das demandas. Seus pronunciamentos, contudo, não são definitivos. É que, se um dos concorrentes entender que a decisão foi injusta, ou se depois de 60 dias da reclamação não houver resolução da demanda, é possível o recurso à Justiça Comum, que então dará um pronunciamento definitivo sobre a questão.

Veja-se que tamanho foi o prestígio que o desporto granjeou em nossa Constituição que serviu de motivação para a instituição excepcionalíssima de um contencioso administrativo. É a única hipótese constitucional em que o interessado tem o dever de, primeiro, recorrer à instância administrativa para, num segundo momento, habilitar-se à ação judicial.

DIREITO À CULTURA

O conceito de cultura responde a duas realidades humanas distintas: uma interna e outra externa. Internamente, a cultura tem partes com o desenvolvimento interior do indivíduo, que tem alicerce na arte, na ciência, e na expressão intelectual e corporal. Externamente, a cultura reflete o próprio conceito de civilização, entendido a partir das manifestações humanas dentro da vida em sociedade, gerando hábitos, costumes, tradições e instituições sociais.

O art. 215 da Constituição Federal estabelece que "o Estado garantirá a todos o pleno exercício dos direitos culturais e acesso às fontes da cultura nacional, e apoiará e incentivará a valorização e a difusão das manifestações culturais".

Como se vê, a preocupação da Constituição se desenvolveu em dois níveis. Em primeiro lugar, no de criar uma liberdade pública, cuja finalidade é a de impingir limites à atuação do Estado, obrigando-o a respeitar a autodeterminação cultural do cidadão, em suas diversas formas de manifestação. Em segundo lugar, no de atribuir ao Estado o dever de democratização da cultura, ou seja, de envolver o conjunto de cidadãos no contexto das manifestações culturais, bem como preservar a diversidade dessas manifestações, sobretudo a respeito das minorias culturais.

Fiel a essa diretriz, o Texto Constitucional fixou proteção expressa às manifestações culturais indígenas e afro-brasileiras, além de estipular o tombamento automático de todos os documentos e sítios detentores de reminiscências históricas dos antigos quilombos.

Nesse sentido, questão de grande importância diz respeito à preservação do patrimônio cultural, entendido como os bens de natureza material e imaterial que sejam portadores de referência à identidade, à ação, à memória dos diferentes grupos formadores da sociedade brasileira.

O patrimônio cultural envolve de obras de arte a sítios arqueológicos, mas também aspectos importantes da cultura nacional, por exemplo, o futebol.

A mensagem constitucional é clara, portanto, no sentido de que o Estado deve assegurar a heterogeneidade na cultura, bem assim a preservação de seus valores extrínsecos e intrínsecos.

Patrimônio cultural e meio ambiente cultural

Na brilhante explanação de José Afonso da Silva (2001), "criar cultura, no fundo, consiste em transformar realidades naturais ou sociais, mediante a impregnação de valores".

Nesse sentido, o termo patrimônio cultural, conforme diretriz traçada pelo art. 216 da Constituição Federal, é dos mais abrangentes, envolvendo a interação do homem com a natureza, as formas institucionais das relações sociais, as peculiaridades dos diversos segmentos nacionais, enfim, os bens, em sua acepção mais lata, depositários das projeções valorativas dos seres humanos.

Sob essa ótica, entendemos que o patrimônio cultural envolve o meio ambiente cultural. É que o meio ambiente natural, embora, por evidente, tenha existência autônoma, ganha significado no contexto social, na medida das projeções de valores que recebe.

Uma formação rochosa, por exemplo, uma vez objeto dessa projeção de valores, ganha significado no arcabouço das relações sociais: recebe uma classificação quanto à origem, tem sua formação localizada em determinada fase histórica e serve de referência à identidade do País. A rocha – repita-se – tinha existência em si; esses significados, no entanto, foram agregados pela projeção de valores, vale dizer, pela cultura. Desse modo, a natureza, ressignificada no contexto das relações humanas, constituiria o assim chamado meio ambiente cultural.

A Emenda Constitucional n. 48 incluiu o § 3º ao art. 215, tratando de determinar a elaboração do Plano Nacional de Cultura, de duração plurianual, para a integração das ações do poder público na área. Dentre as diretrizes do referido plano, encontramos: "I – defesa e valorização do patrimônio cultural brasileiro; II – produção, promoção e difusão de bens culturais; III – formação de pessoal qualificado para a gestão da cultura em suas múltiplas dimensões; IV – democratização do acesso aos bens de cultura; e V – valorização da diversidade étnica e regional".

A Emenda Constitucional n. 71, acrescentando o art. 216-A ao Texto Constitucional, procurou dar corpo ao sentido da cultura como um direito das pessoas e um dever do Estado, instituindo, para tanto, o Sistema Nacional de Cultura,

> organizado em regime de colaboração, de forma descentralizada e participativa, institui um processo de gestão e promoção conjunta de políticas públicas de cultura, democráticas e permanentes, pactuadas entre os entes da Federação e a sociedade, tendo por objetivo promover o desenvolvimento humano, social e econômico com pleno exercício dos direitos culturais.

Nesse sentido, prescreve o citado art. 216-A que:

> § 1º O Sistema Nacional de Cultura fundamenta-se na política nacional de cultura e nas suas diretrizes, estabelecidas no Plano Nacional de Cultura, e rege-se pelos seguintes princípios:

562 Curso de Direito Constitucional

I – diversidade das expressões culturais;

II – universalização do acesso aos bens e serviços culturais;

III – fomento à produção, difusão e circulação de conhecimento e bens culturais;

IV – cooperação entre os entes federados, os agentes públicos e privados atuantes na área cultural;

V – integração e interação na execução das políticas, programas, projetos e ações desenvolvidas;

VI – complementaridade nos papéis dos agentes culturais;

VII – transversalidade das políticas culturais;

VIII – autonomia dos entes federados e das instituições da sociedade civil;

IX – transparência e compartilhamento das informações;

X – democratização dos processos decisórios com participação e controle social;

XI – descentralização articulada e pactuada da gestão, dos recursos e das ações;

XII – ampliação progressiva dos recursos contidos nos orçamentos públicos para a cultura.

§ 2º Constitui a estrutura do Sistema Nacional de Cultura, nas respectivas esferas da Federação:

I – órgãos gestores da cultura;

II – conselhos de política cultural;

III – conferências de cultura;

IV – comissões intergestores;

V – planos de cultura;

VI – sistemas de financiamento à cultura;

VII – sistemas de informações e indicadores culturais;

VIII – programas de formação na área da cultura; e

IX – sistemas setoriais de cultura.

§ 3º Lei federal disporá sobre a regulamentação do Sistema Nacional de Cultura, bem como de sua articulação com os demais sistemas nacionais ou políticas setoriais de governo.

§ 4º Os Estados, o Distrito Federal e os Municípios organizarão seus respectivos sistemas de cultura em leis próprias.

O sistema acima referido define uma espécie de envolvimento obrigatório de todos os entes da federação com as ações e a proteção da cultura no país, que, doravante, passa a desfrutar da condição de matéria de responsabilidade comum e solidárias de todos os entes federativos brasileiros.

Sem dúvida, um passo importante, que, embora ainda dependa da edição de lei regulamentar, já anuncia uma nova forma de relação entre Estado e sociedade em matéria cultural.

A PROTEÇÃO DAS PESSOAS COM DEFICIÊNCIA

A Constituição Federal tratou de proteger de forma bastante explícita esse grupo de pessoas, que corresponde a 10% da população brasileira.

Assim, desde logo, pode-se extrair dos princípios fundamentais, elencados no Título I da Constituição Federal, base para sua integração social.

Dessa forma, "cidadania" e "dignidade da pessoa humana" estão entre os fundamentos do Estado de Direito anunciados pelo art. 1º da Constituição.

"Construir uma sociedade livre, justa e solidária", "erradicar a pobreza e a marginalização e reduzir as desigualdades sociais e regionais" e, por fim, "promover o bem de todos, sem preconceitos de origem, raça, sexo, cor, idade e quaisquer outras formas de discriminação" são objetivos da República Federativa do Brasil, como determinado pelo art. 3º da Lei Maior.

Portanto, a proteção das pessoas com deficiência já pode ser extraída dos comandos principiológicos anunciados.

Além destes, o constituinte, preocupado com a marginalização social desse grupo de pessoas, tratou de garantir especificamente o seu direito à integração social, como constatado no inciso IV do art. 203:

> Art. 203. A assistência social será prestada a quem dela necessitar, independentemente de contribuição à seguridade social, e tem por objetivos:
> [...]
> IV – a habilitação e reabilitação das pessoas portadoras de deficiência e a promoção de sua integração à vida comunitária;

A regra genérica é reforçada por comandos específicos. A igualdade está presente, quer de forma ampla, constando do *caput* do art. 5º, quer especificamente, em se tratando de relações de trabalho.

O art. 7º, em seu inciso XXXI, assim assegura:

> Art. 7º São direitos dos trabalhadores urbanos e rurais, além de outros que visem à melhoria de sua condição social:
> [...]

XXXI – proibição de qualquer discriminação no tocante a salário e critérios de admissão do trabalhador portador de deficiência.

No campo do trabalho, a Constituição Federal de 1988 tratou de determinar vagas reservadas, anunciando, no inciso VIII do art. 37: "VIII – a lei reservará percentual dos cargos e empregos públicos para as pessoas portadoras de deficiência e definirá os critérios de sua admissão".

Estamos diante de uma hipótese de igualdade material ou igualdade na lei. A Constituição Federal cuidou de proteger os grupos de pessoas que apresentavam alguma dificuldade e que, por políticas sociais anteriores, mereciam um tratamento especial, uma ação positiva.

O constituinte tratou de tentar reparar alguns séculos de política de abandono para esse grupo de pessoas ao garantir vagas reservadas. É evidente que o candidato não poderá habilitar-se para qualquer vaga, mas apenas para aquelas que esteja apto. A deficiência do candidato não poderá ser a ponto de impedir o seu exercício funcional. Por outro lado, quando do exame médico, os critérios devem ser informados pelos fundamentos principiológicos, buscando sempre a integração da pessoa portadora de deficiência. Trata-se de interpretação extensiva dos índices de capacitação. Feita a classificação, verifica-se quem são as primeiras pessoas com deficiência (aquelas que se inscreveram em grupo separado) habilitadas. Para estes serão determinadas as vagas reservadas. Assim, caso uma pessoa com deficiência tenha sido classificada em 58º lugar em um concurso e havia apenas 20 vagas, sendo uma reservada, ele a ocupará, desde que seja o primeiro de seu grupo. O 20º classificado fica em 21º na classificação geral. É a regra do comando do inciso VIII do art. 37. Evidente que a pessoa portadora de deficiência não poderá alegar sua doença para aposentar-se.

Situação interessante é a da pessoa com deficiência que se inscreveu para a vaga reservada e termina o concurso em primeiro lugar na classificação geral. Esse primeiro colocado ocupará uma das vagas reservadas ou liberará a sua vaga para o primeiro colocado do grupo de pessoas portadoras de deficiência que esteja abaixo da média classificatória regular? A interpretação, no caso, deve ser a teleológica, ou seja, para qual portador de deficiência foi reservada a vaga? Certamente, não foi para o primeiro colocado, que, melhor do que todos os outros candidatos – pessoas com ou sem deficiência – terminou o concurso em primeiro lugar. Se ficasse com a vaga reservada acabaria por deixar de fora aquela pessoa com deficiência que não teve as mesmas chances que o primeiro colocado. Assim, o critério mais adequado e democrático será não "gastar" a vaga reservada com o primeiro colocado, chamando aquele que, regularmente, não estaria classificado (mas que se inscreveu na vaga reservada e foi aprovado – mas não classificado). O primeiro colocado, certamente, continua em primeiro lugar, mas não ocupa a vaga reservada, que será ocupada por aquele candidato com deficiência, de maior nota em seu grupo, que se inscreveu para a vaga reservada e terminou o concurso aprovado, mas não classificado. Podíamos afirmar que o candidato que terminou em primeiro lugar inscreveu-se para a vaga reservada e, portanto, deve ocupar um dos lugares reservados. Não há qualquer ilegalidade na interpretação inclusiva. O primeiro colocado, de qualquer forma, seria aprovado (com ou sem vaga reservada). Portanto, o mérito do concurso está preservado. O primeiro colocado, no entanto, não sabia, no momento da inscrição, se iria necessitar do benefício da vaga reservada ou não. E, ao assumir que poderia precisar, não poderia excluir o outro que, com dificuldades, necessitaria da vaga reservada. Só depois do concurso se tem condições de afirmar se haveria necessidade de utilizar a vaga reservada ou não. Aquele que passou e se classificou não se utiliza da vaga reservada, mesmo que se tenha inscrito para o grupo reservado. Só assim poderemos dar efetividade à norma constitucional, garantindo à pessoa com deficiência que precisa – nem todos precisam –, a vaga reservada.

Quando se fala em igualdade, não se pode perder de vista que a pessoa portadora de deficiência deve submeter-se a um concurso público, tanto quanto possível, igual às outras pessoas. No entanto, alguns cuidados devem ser tomados para a preservação da própria igualdade. Vejamos: um texto escrito pelo método braile (para pessoas portadoras de deficiência visual) leva o mesmo tempo de leitura que um texto regular feito por uma pessoa não portadora de deficiência? Quem dará a resposta e fixará o tempo de prova da pessoa portadora de deficiência deverá ser o órgão técnico (o especialista em leitura em braile), que determinará o tempo médio de acréscimo da prova, caso seja mais lenta.

Não podemos esquecer que as pessoas com deficiências auditivas e da fala tiveram um processo educacional muitas vezes diferente. As regras de fonética e gramática não foram as mesmas ensinadas para as pessoas sem deficiências. Nesse caso, a prova de português, especialmente a de gramática, deverá obedecer determinados critérios técnicos que reflitam o aprendizado desse grupo de pessoas e não a prova regular apresentada a todos os outros candidatos.

Não se está privilegiando tal ou qual grupo, mas apenas determinando a regra da igualdade. Os critérios especiais estão sendo aplicados em casos especiais, o que justifica de forma clara o princípio da igualdade.

A proteção também vem assegurada quando da educação. Garante o Texto Constitucional, como já visto, uma educação especializada, preferencialmente na rede regular de ensino. No comando do art. 208, III, verifica-se a clara intenção de se integrar socialmente o indivíduo com deficiência, que deverá ter atendimento especializado e, se possível, na própria rede regular de ensino, facilitando sua integração social.

Muitos professores (e muitos pais) insurgem-se quanto a essa determinação. Afirmam que as pessoas com deficiência têm dificuldades de adaptação que impedem o franco desenvolvimento de seus filhos etc. Os argumentos devem ser rejeitados. As escolas que tratam, de forma integrada, a educação, além de desenvolver uma capacidade criativa de seus professores, revelam excelentes graus de integração entre seus alunos, aumentando a produtividade.

Outra proteção de grande importância foi a eliminação das barreiras arquitetônicas. Como se sabe, especialmente as pessoas portadoras de deficiência visual e de locomoção sofrem terrivelmente com os obstáculos urbanos. Os meios-fios, as escadas, as lixeiras, para citar alguns, representam dificuldades para o direito de locomoção das pessoas portadoras de deficiência visual. Por outro lado, as pessoas com deficiência de locomoção encontram impedimentos dos mais variados: calçadas sem rebaixamento, ônibus sem rampa para acesso de cadeiras de rodas, escadas sem rampa ao lado, banheiros sem largura suficiente para a cadeira de rodas etc.

Por tal razão, a Constituição Federal garantiu, no § 2º do art. 227: "§ 2º A lei disporá sobre normas de construção dos logradouros e dos edifícios de uso público e de fabricação de veículos de transporte coletivo, a fim de garantir acesso adequado às pessoas portadoras de deficiência".

E, para que não se alegasse direito adquirido quanto à construção já realizada, a Lei Maior disciplinou, no art. 244: "Art. 244. A lei disporá sobre a adaptação dos logradouros, dos edifícios de uso público e dos veículos de transporte coletivo atualmente existentes a fim de garantir acesso adequado às pessoas portadoras de deficiência, conforme o disposto no art. 227, § 2º".

É importante notar que a Lei n. 7.853/89 cuidou de elencar o direito das pessoas portadoras de deficiência dentre aqueles protegidos pelas medidas judiciais, colocando não só o Ministério Público e a Defensoria Pública como legitimados para a defesa de seus interesses, como também as associações, a

União, os estados e municípios, as autarquias, as empresas públicas, as fundações ou as sociedades de economia mista que incluam, entre suas finalidades institucionais, a proteção dos interesses e a promoção de direitos das pessoas portadoras de deficiência (art. 3º da Lei n. 7.853/89, com redação dada pela Lei n. 13.146/2015).

O Decreto n. 3.298/99, tratou, em seus arts. 3º e 4º, de disciplinar quem se enquadra na proteção constitucional das pessoas portadoras de deficiência.

As definições do decreto, apesar de restritas, nos artigos referidos, traçam um critério mínimo para a definição de quem seria abrangido pelo enquadramento constitucional (ver ARAUJO, 2001).

A discussão, no entanto, se caracteriza pelo aspecto histórico. Isso porque o Brasil assinou a Convenção da ONU sobre os Direitos das Pessoas com Deficiência, que foi recebida com *status* de norma constitucional, nos termos do parágrafo terceiro, do artigo quinto, da Constituição Federal.

Assim, para que possamos estudar o tema constitucional, será necessário entendermos os temas convencionais.

A Convenção é rica e traz dispositivos da mais variada ordem. Normas que se aplicam de imediato, comandos destinados ao legislador, ao aplicador do Direito, dentre outros dispositivos. Há normas ordinárias a fazer. A Convenção, no entanto, tem como uma de suas funções, interpretar a Constituição da República Federativa do Brasil, ou seja, ela esmiúça todos os pontos que se vinculam à pessoa com deficiência.

Dentro do propósito da Convenção, foi editada a Lei n. 13.146/2015 (Lei Brasileira da Inclusão da Pessoa com Deficiência ou Estatuto da Pessoa com Deficiência). Por tal disposição, há regramento sobre acessibilidade, concursos públicos, empregos e vagas reservadas, dentre outros.

A lei teve o cuidado de ratificar pontos que poderiam causar alguma dúvida, por uma interpretação mais restritiva do tema.

Além disso, a lei tratou de vários outros aspectos complementares, tais como a criminalização de condutas, a definição de aspectos processuais e a proteção da inclusão pela educação.

O REGRAMENTO DA COMUNICAÇÃO SOCIAL

O capítulo que cuida da comunicação social retrata, na realidade, o momento constitucional de outubro de 1988. O País estava saindo de um período em que as liberdades democráticas estavam restringidas e a liberdade de imprensa sofria sérias restrições. Todo o capítulo reflete, portanto, a realidade vivida e contestada do período de falta de liberdade de imprensa e cuida, de forma bastante efetiva, da proteção das liberdades democráticas, especialmente do direito à livre informação, livre manifestação de pensamento e livre criação.

Boa parte do conteúdo do capítulo poderia constar de uma declaração de direitos. Aliás, os direitos lá anunciados devem ser interpretados sistematicamente com os elencados no art. 5º, especialmente nos incisos IV, V, IX e XIV.

Assim, o capítulo inicia com a garantia de que a manifestação de pensamento, a criação, a expressão e a informação sob qualquer forma, processo ou veículo não sofrerão nenhuma restrição, observado o disposto na Constituição.

Verifica-se que não se está garantindo uma liberdade irresponsável e sem qualquer critério do poder de informar ou mesmo do direito de criar ou de manifestar o pensamento.

Há valores constitucionais que devem ser respeitados dentro da calibragem necessária a uma boa interpretação. Verificamos que entre outros bens estão os direitos das crianças e dos adolescentes, que devem ser colocados a salvo de toda forma de discriminação, como preceitua o art. 227. Da mesma forma, o meio ambiente deve ser protegido, por exemplo.

São muitas e diversas as restrições constitucionais, devendo o intérprete, em cada caso, servir-se de todo o sistema para encontrar os limites à liberdade de manifestação, que encontra reservas dentro dos próprios bens protegidos constitucionalmente.

Na mesma linha de proteção ao direito de comunicação, a Constituição Federal, em seu art. 220, § 1º, anuncia que nenhuma lei conterá dispositivo que possa constituir embaraço à plena liberdade de informação jornalística em qualquer veículo de comunicação social, observado o disposto no art. 5º, IV, V, X, XIII e XIV. Neste caso, a regra constitucional já elenca os limites ao direito de informação jornalística. Não pode, portanto, invadir a área reservada à imagem, à intimidade, à vida privada e à honra (inciso X), devendo ser garantido o direito de resposta, proporcional ao agravo, com condenação por dano moral, patrimonial e à imagem (inciso V), dentre outros bens.

Fica proibida a censura ideológica, política e artística. É evidente que a proibição, imposta pelo Poder Judiciário, com fundamento em outros valores constitucionais, não configura exercício de censura, já que o próprio Texto Constitucional garantiu o direito, "observado o disposto nesta Constituição".

O que está proibido, portanto, é a censura administrativa, levada a efeito por órgãos do Poder Executivo. A limitação com fundamento constitucional não poderia constituir censura em nenhuma de suas formas, pois o conflito concretamente surgido pelo exercício de dois direitos constitucionais deve ser resolvido pelo Poder Judiciário, que, desta feita, pode impor limites à manifestação do pensamento.

Isso não significa que, em homenagem a outros bens constitucionais, seja proibida a manifestação de pensamento. Deve ser ela disciplinada dentro de um contexto constitucional.

Dentre os limites, a Lei Maior determinou que uma lei federal tratasse de regular as diversões e os espetáculos públicos, cabendo ao Poder Público informar sobre a natureza deles, as faixas etárias a que não se recomendem, locais e horários em que sua apresentação se mostre inadequada (art. 220, § 3º, I).

Também determinou que a referida lei federal tratasse de estabelecer os meios legais que garantam à pessoa e à família a possibilidade de se defenderem de programas ou programações de rádio e televisão que contrariem o disposto no art. 221, bem como da propaganda de produtos, práticas e serviços que possam ser nocivos à saúde e ao meio ambiente (CF, art. 220, § 3º, II). A propaganda comercial de tabaco, bebidas alcoólicas, agrotóxicos, medicamentos e terapias ficou sujeita a restrições legais, nos termos do inciso II do § 3º do art. 220, e deverá conter, sempre que necessário, advertência sobre os malefícios decorrentes de seu uso.

Há a proibição de que os meios de comunicação social sejam objeto, direta ou indiretamente, de monopólio ou oligopólio. Trata-se de regra de importante traço democrático, que garante a diversidade da informação, veiculada pela forma mais variada de seu traço ideológico. Sem que haja monopólio ou oligopólio, é possível, ao menos em tese, haver uma multiplicidade de agentes de informação, veiculando matérias oriundas das mais variadas fontes e ideologias, permitindo, portanto, o acesso mais igualitário à informação.

Por se tratar de meio que causa dano mais reduzido (atualmente), o veículo impresso de comunicação independe de licença, como determinado pelo § 6º do art. 220 da Constituição.

Exatamente pelo motivo inverso, ou seja, porque os meios de comunicação televisivos e de radiodifusão atingem índices impressionantes de audiência, o constituinte determinou que sua programação atenda aos seguintes princípios:

a) preferência a finalidades educativas, artísticas, culturais e informativas;
b) promoção da cultura nacional e regional e estímulo à produção independente que objetive sua divulgação;

570 Curso de Direito Constitucional

c) regionalização da produção cultural, artística e jornalística, conforme percentuais estabelecidos em lei;
d) respeito aos valores éticos e sociais da pessoa e da família.

Portanto, os incisos do art. 221 da Lei Maior determinam vetor claro e certo para a veiculação de rádio e televisão. Ocorre que, sob o manto de que as atividades são de promoção da cultura nacional ou finalidades educativas ou informativas, as televisões e as rádios abusam em suas programações, desviando a sua finalidade e perdendo a noção de que apenas são concessionárias de serviços públicos. A União, como é sabido, não interfere, permitindo uma verdadeira ruptura com os vetores determinados pelos incisos do art. 221.

A Emenda Constitucional n. 36/2002, alterou a exigência de brasileiros no controle acionário das empresas jornalísticas.

Com a nova redação, o art. 222 passou a ter a seguinte redação:

Art. 222. A propriedade de empresa jornalística e de radiodifusão sonora e de sons e imagens é privativa de brasileiros natos ou naturalizados há mais de 10 (dez) anos, ou de pessoas jurídicas constituídas sobre as leis brasileiras e que tenham sede no País.

§ 1º Em qualquer caso, pelo menos 70% (setenta por cento) do capital total e do capital votante das empresas jornalísticas e de radiodifusão sonora e de sons e imagens deverá pertencer, direta ou indiretamente, a brasileiros natos ou naturalizados há mais de 10 (dez) anos, que exercerão obrigatoriamente a gestão das atividades e estabelecerão o conteúdo da programação.

§ 2º A responsabilidade editorial e as atividades de seleção e direção da programação veiculada são privativas de brasileiros natos ou naturalizados há mais de 10 (dez) anos, em qualquer meio de comunicação social.

§ 3º Os meios de comunicação social eletrônica, independentemente da tecnologia utilizada para a prestação do serviço, deverão observar os princípios enunciados no art. 221, na forma de lei específica, que também garantirá a prioridade de profissionais brasileiros na execução de produções nacionais.

§ 4º Lei disciplinará a participação de capital estrangeiro nas empresas de que trata o § 1º.

§ 5º As alterações de controle societário das empresas de que trata o § 1º serão comunicadas ao Congresso Nacional.

A EC n. 36 flexibilizou a participação da propriedade estrangeira nos meios de comunicação, desde que respeitados os montantes acima especificados. De outro lado, qualquer alteração societária que se enquadre no § 1º deverá ser comunicada ao Congresso Nacional. Mesmo nessa hipótese, a pessoa jurídica só poderá participar com até 30% do capital social, sem direito a voto.

À União, pelo Poder Executivo, compete outorgar e renovar concessão, permissão e autorização para o serviço de radiodifusão sonora e de sons e imagens. O ato do Poder Executivo só terá validade após a ratificação do Congresso Nacional. O mesmo ocorre para a renovação.

O prazo para apreciação do Congresso Nacional é de 45 dias em cada Casa Legislativa, não correndo em seus períodos de recesso.

A não renovação da concessão ou permissão depende de, no mínimo, dois quintos do Congresso Nacional, em votação nominal. Estranha a votação nominal no caso. Quando da apreciação do veto, o voto é secreto, exatamente para poupar o parlamentar de pressões do Poder Executivo. No caso, a mesma regra deveria ser mantida, já que o poder da mídia é ainda maior do que o do Executivo. No entanto, a votação é nominal.

Para emissoras de rádio, o prazo é de 10 anos, e para televisões, é de 15.

O cancelamento da concessão ou permissão, antes de vencido o prazo, depende de decisão judicial. Trata-se de garantia de que não haverá pressões políticas contra a liberdade de imprensa. O direito de manter a rádio ou a televisão fica assegurado até que o Poder Judiciário decida.

A Constituição Federal prevê a criação do Conselho de Comunicação Social, o que já ocorreu pela Lei n. 8.389/91.

A PROTEÇÃO CONSTITUCIONAL DO MEIO AMBIENTE

Antes de qualquer discussão sobre a extensão da proteção constitucional deferida ao meio ambiente, não podemos deixar de apontá-la como um dos grandes temas da atualidade. É imprescindível anotar que a sociedade moderna traz em si um grau de degradação ambiental elevadíssimo, quer no que tange à destruição das reservas ambientais existentes, quer no que diz respeito à degradação do meio ambiente urbano. De qualquer forma, o constituinte brasileiro, sensível a essa realidade, tratou de disciplinar o meio ambiente em capítulo à parte.

José Afonso da Silva (1995, p. 2) define meio ambiente como "a interação do conjunto de elementos naturais, artificiais e culturais que propiciem o desenvolvimento equilibrado da vida em todas as suas formas".

O caráter unitário do meio ambiente vem, dessa forma, ressaltado pelo ilustre publicista quando afirma que o meio ambiente é a interação.

Não destoam desse entendimento Celso Antonio Pacheco Fiorillo e Marcelo Abelha Rodrigues (1997, p. 53 e s.), que classificam o meio ambiente em quatro espécies, todas elas demonstrando integração e unicidade:

a) meio ambiente natural ou físico: é constituído pelo solo, água, ar atmosférico, flora e fauna;
b) meio ambiente cultural: são os valores culturais encontrados em determinado estado, representado também pelo patrimônio histórico, artístico, arqueológico, paisagístico e turístico;
c) meio ambiente artificial: entende-se aquele constituído pelo espaço urbano construído, consubstanciado no conjunto de edificações (espaço urbano fechado) e dos equipamentos públicos (espaço urbano aberto);
d) meio ambiente do trabalho: é o espaço-meio de desenvolvimento da atividade laboral, como o local hígido, sem periculosidade, com harmonia para o desenvolvimento da produção e respeito à dignidade da pessoa humana.

Para cada tipo de meio ambiente a Constituição Federal atribuiu uma proteção distinta.[8] Assim, o meio ambiente natural encontra proteção não só nas garantias constitucionais, prevendo a ação popular ambiental (art. 5º, LXXIII) ou mesmo os mecanismos de proteção, tais como as tarefas específicas constantes do § 1º do art. 225:

> § 1º Para assegurar a efetividade desse direito, incumbe ao Poder Público:
> I – preservar e restaurar os processos ecológicos essenciais e prover o manejo ecológico das espécies e ecossistemas;
> II – preservar a diversidade e a integridade do patrimônio genético do País e fiscalizar as entidades dedicadas à pesquisa e manipulação de material genético;
> III – definir, em todas as unidades da Federação, espaços territoriais e seus componentes a serem especialmente protegidos, sendo a alteração e a supressão permitidas somente através de lei, vedada qualquer utilização que comprometa a integridade dos atributos que justifiquem sua proteção;
> IV – exigir, na forma da lei, para instalação de obra ou atividade potencialmente causadora de significativa degradação do meio ambiente, estudo prévio de impacto ambiental, a que se dará publicidade;

---

[8] Como salienta Motauri Ciocchetti de Souza, essa proteção implica deveres voltados ao Poder Público e à comunidade, sendo que os primeiros deles já se encontram gizados pela própria Constituição.

V – controlar a produção, a comercialização e o emprego de técnicas, métodos e substâncias que comportem risco para a vida, a qualidade de vida e o meio ambiente;

VI – promover a educação ambiental em todos os níveis de ensino e a conscientização pública para a preservação do meio ambiente;

VII – proteger a fauna e a flora, vedadas, na forma da lei, as práticas que coloquem em risco sua função ecológica, provoquem a extinção de espécies ou submetam os animais a crueldade.

Verifica-se, portanto, que a Constituição Federal tratou do meio ambiente natural, incumbindo ao Poder Público as tarefas acima elencadas. Trata-se de regra importante, que deve ser combinada com os deveres comuns fixados no art. 23, III, VI e VII. Assim, União, estados-membros, Distrito Federal e municípios devem realizar as tarefas descritas.

Neste tópico, devemos nos ater ao papel dos meios de comunicação na proteção ambiental.

Muitas vezes, é comum que aconteça, mas não desejável, de os animais silvestres serem utilizados em comerciais de televisão ou *outdoors* sem o contexto de seu *habitat*. Tal utilização fere o regramento constitucional, com previsão específica infraconstitucional,[9] que veda a utilização de animal silvestre. Não se trata de proibir a livre comunicação, tampouco a liberdade de criação do comercial de televisão (ou mesmo do programa de televisão), mas de proteção aos valores do meio ambiente, já que, ao verificar a banalização do animal silvestre, inserindo-o em supermercados, lojas ou quaisquer outros ambientes diferentes de seu *habitat*, a criança terá em seu processo de formação educacional tal valor. O papagaio, que certamente é um animal silvestre da fauna brasileira, por exemplo, que aparece em um supermercado deixa de ser um animal veiculado como pertencente à fauna silvestre e passa a ser algo de seu quotidiano, portanto, passível de apropriação. Tal comportamento, que deve ser severamente punido pelos agentes de proteção, não colabora em nada para a formação ambiental da criança, que receberá dos meios de comunicação a mensagem de que o animal já está incorporado ao seu quotidiano e, certamente, poderá ser objeto de aquisição. O comportamento, dessa forma, em nada contribui para a tutela

---

[9] Lei n. 5.197/67, art. 1º: "Os animais de quaisquer espécies, em qualquer fase do seu desenvolvimento e que vivem naturalmente fora do cativeiro, constituindo a fauna silvestre, bem como seus ninhos, abrigos e criadouros naturais são propriedades do Estado, sendo proibida a sua utilização, perseguição, destruição, caça ou apanha". O art. 27 do mesmo diploma legal considera crime a infração a esse dispositivo legal.

574 Curso de Direito Constitucional

do meio ambiente. A liberdade de criação, nesse passo, encontra um obstáculo, qual seja, a tutela do meio ambiente. Não se está falando, por evidente, em censura dos meios de comunicação, mas apenas de limitação diante de outro direito protegido constitucionalmente.

Quanto ao meio ambiente cultural, o constituinte cuidou da cultura, do pleno exercício dos direitos culturais e do acesso às fontes da cultura nacional, como se verifica no art. 215. O art. 216 demonstra o patrimônio cultural brasileiro nos seguintes termos:

> Art. 216. Constituem patrimônio cultural brasileiro os bens de natureza material e imaterial, tomados individualmente ou em conjunto, portadores de referência à identidade, à ação, à memória dos diferentes grupos formadores da sociedade brasileira, nos quais se incluem:
>
> I – as formas de expressão;
>
> II – os modos de criar, fazer e viver;
>
> III – as criações científicas, artísticas e tecnológicas;
>
> IV – as obras, objetos, documentos, edificações e demais espaços destinados às manifestações artístico-culturais;
>
> V – os conjuntos urbanos e sítios de valor histórico, paisagístico, artístico, arqueológico, paleontológico, ecológico e científico.

O meio ambiente cultural, dessa forma, vem definido pela própria Constituição Federal (SILVA, 2001). Quanto ao meio ambiente artificial, encontra tutela tanto na disciplina da propriedade urbana como rural. O meio ambiente urbano vem definido no cuidado do constituinte ao determinar a função social da propriedade urbana. Ao preceituar que esta será atendida quando obedecer às exigências fundamentais de ordenação da cidade fixadas pelo plano diretor, a Lei Maior tratou de disciplinar uma ligação íntima entre o meio ambiente urbano e a política municipal (já que, como demonstra o § 1º do art. 182, o plano diretor é de competência da Câmara Municipal).[10]

Quanto ao meio ambiente artificial, a parte enfocada pela propriedade rural encontra disciplina no art. 186 da Lei Maior, que dispõe sobre quando ocorre

---

[10] "Art. 182. A política de desenvolvimento urbano, executada pelo Poder Público municipal, conforme diretrizes gerais fixadas em lei, tem por objetivo ordenar o pleno desenvolvimento das funções sociais da cidade e garantir o bem-estar de seus habitantes. § 1º O plano diretor, aprovado pela Câmara Municipal, obrigatório para cidades com mais de vinte mil habitantes, é o instrumento básico da política de desenvolvimento e de expansão urbana."

o cumprimento da função social da propriedade rural.[11] O meio ambiente do trabalho, por seu turno, garantido especialmente pelo art. 200, VIII, da Constituição, encontra sua base de proteção no art. 7º, XXII e XXIII.[12]

Conforme se verifica na cabeça do art. 225, o meio ambiente passa a ser considerado um bem de todos, portanto, com proteção difusa, o que coloca o Ministério Público como seu defensor, na leitura do art. 129, III. Vejamos sua dicção:

> Art. 225. Todos têm direito ao meio ambiente ecologicamente equilibrado, bem de uso comum do povo e essencial à sadia qualidade de vida, impondo-se ao Poder Público e à coletividade o dever de defendê-lo e preservá-lo para as presentes e futuras gerações.

Portanto, além de deferir o direito ao meio ambiente a toda a coletividade, o constituinte impôs tarefas a esta e ao Poder Público, projetando sua proteção para o futuro, garantindo um meio ambiente para as gerações vindouras.

A responsabilidade, portanto, não é apenas para com o meio ambiente presente, mas para com o de nossos filhos, netos e gerações futuras.

Todos devem respeitar o meio ambiente, projetando-o para o futuro.

Novidade no plano constitucional, a exigência de estudo de impacto ambiental trouxe avanço significativo na proteção do meio ambiente.

Trata-se da regra prevista no inciso IV do § 1º do art. 225, constando, portanto, das políticas a serem desenvolvidas pelo Poder Público na proteção do meio ambiente.

Conforme preleciona Paulo Affonso Leme Machado (1989, p. 116-7), quatro pontos devem ser anotados quando se fala da exigência de estudo:

a) o estudo de impacto ambiental deve ser anterior à obra e/ou autorização de atividade, ressaltando que não pode sequer ser concomitante;
b) o Poder Público deve exigir o estudo;

---

[11] "Art. 186. A função social é cumprida quando a propriedade rural atende, simultaneamente, segundo critérios e graus de exigência estabelecidos em lei, aos seguintes requisitos: I – aproveitamento racional e adequado; II – utilização adequada dos recursos naturais disponíveis e preservação do meio ambiente; III – observância das disposições que regulam as relações de trabalho; IV – exploração que favoreça o bem-estar dos proprietários e dos trabalhadores."

[12] "Art. 7º São direitos dos trabalhadores urbanos e rurais, além de outros que visem à melhoria de sua condição social: [...] XXII – redução dos riscos inerentes ao trabalho, por meio de normas de saúde, higiene e segurança; XXIII – adicional de remuneração para as atividades penosas, insalubres ou perigosas, na forma da lei."

576 Curso de Direito Constitucional

c) trata-se de mínimo exigido, quer para instalação, quer para autorização de atividade. O autor, no entanto, ressalta que a lei ordinária poderia ir além do mínimo exigido pelo Texto Constitucional;

d) o estudo deve ser público, entendido este como a publicação, mesmo que resumida, sob pena de termos publicidade apenas formal. Entendemos ainda mais: o estudo deve ser publicado e divulgado pelos órgãos públicos, já que todos temos interesse. A divulgação deve ser feita da forma mais ampla possível, para que todos os interessados manifestem-se, em nome do princípio republicano.

A PROTEÇÃO DA FAMÍLIA, DA CRIANÇA, DO ADOLESCENTE, DO JOVEM E DO IDOSO

Inegavelmente, quando da promulgação da Constituição, o País vivia (e ainda vive) um momento social difícil, em que havia marginalização da criança, que era colocada de lado no processo de integração social. Tal preocupação fez com que o constituinte de 1988 destinasse longo capítulo à família, à criança, ao adolescente, ao jovem e ao idoso.

Mantendo uma tradição de nossas Constituições (com exceção da de 1891), assegurou os efeitos civis ao casamento religioso.

Determinou que a união estável fosse reconhecida como entidade familiar, emitindo comando ao legislador infraconstitucional para que facilitasse a sua conversão em casamento. Revelou-se, ainda, mesmo diante do progresso constitucional, uma preocupação com a formalização da situação. A lei, portanto, deve sempre facilitar a conversão da união estável em casamento. Verifica-se, dessa forma, que o casamento continua a ser prestigiado pelo Texto Constitucional.

A entidade familiar pode ser formada apenas por um dos pais e seus descendentes. Portanto, ainda que inexista, por qualquer motivo, uma formalização da entidade familiar (marido e mulher), o Texto Constitucional preserva a situação do grupo, deferindo *status* de entidade familiar ao grupo familiar, independentemente da existência do casal. Basta, portanto, um dos membros e seus descendentes para que se admita a existência de uma entidade familiar e seja-lhe concedida proteção especial do Estado, assegurada no art. 226 da Lei Maior.

Reforçando o princípio da igualdade, já assegurado no *caput* do art. 5º e em seu inciso I, o constituinte determinou a igualdade dos sexos na representação da sociedade conjugal. Homens e mulheres têm direitos e deveres iguais na sociedade conjugal.

Na mesma linha de preservação do princípio da igualdade, o constituinte determinou que os filhos, havidos ou não da relação do casamento ou por adoção, têm os mesmos direitos e qualificações, proibidas quaisquer designações discriminatórias relativas à filiação, como se depreende do § 6º do art. 227.[13]

O casamento civil pode ser dissolvido pelo divórcio. A exigência de um ano de separação foi abolida pela Emenda Constitucional n. 66,[14] facilitando, portanto, a dissolução do casamento.

O planejamento familiar deve ter como fundamento a dignidade da pessoa humana e o princípio da paternidade responsável. Portanto, devem ser interpretados os dois fundamentos para que sejam identificados os regramentos da livre decisão do casal.

O casal pode decidir livremente sobre o planejamento familiar. Deve, para tal decisão, obedecer aos princípios da dignidade da pessoa humana e da paternidade responsável. Inexistindo tais pressupostos na decisão do casal (que é livre), como encarar a questão? Poderia o Estado, sem que houvesse paternidade responsável, ingerir-se no planejamento familiar? Inegável que a expressão "paternidade responsável" é ampla, mas, em casos-limites, não se poderia falar em ingerência do Estado? De qualquer forma, o Estado deve, ordinariamente, tratar de fornecer recursos educacionais e científicos para o exercício do direito ao planejamento familiar. Fica proibida qualquer forma coercitiva por parte de instituições oficiais ou privadas.

A Constituição Federal ainda revelou-se preocupada com a situação dentro da família, especialmente protegendo a criança e o adolescente da violência familiar. Muitas vezes, verifica-se que o processo de desintegração da criança tem início dentro da própria casa, quer por violência sexual, quer por agressão física, quer, ainda, por violência moral. De qualquer forma, é dever do Estado desempenhar papel para que isso seja evitado. A assistência social deve atuar nas áreas críticas para que inexista violência contra a criança e o adolescente. O dispositivo deve ser lido juntamente com o § 4º do art. 227, que afirma: "§ 4º A lei punirá severamente o abuso, a violência e a exploração sexual da criança e do adolescente".[15]

---

[13] O Supremo Tribunal Federal entendeu que não se defere licença-maternidade para as mães adotivas, decisão que provoca espanto, pois tal entendimento fere o direito à proteção da família, criando distinção triste entre a maternidade natural e a adotiva (cf. RE 167.807-RS, Rel. Min. Octávio Gallotti, j. 30.05.2000).

[14] A EC n. 66/2010 deu nova redação ao § 6º do art. 226 da Constituição Federal, que dispõe sobre a dissolubilidade do casamento civil pelo divórcio, suprimindo o requisito da prévia separação judicial por mais de 1 (um) ano ou de comprovada separação de fato por mais de 2 (dois) anos.

[15] A Lei n. 8.069/90 veiculou o Estatuto da Criança e do Adolescente (ECA).

O art. 227 da Constituição determina à família, à sociedade e ao Estado que assegurem à criança uma vida saudável e fora de qualquer forma de violência.

Para tanto, o Estado deve promover programas de assistência integral à saúde da criança e do adolescente, que obedecerão aos seguintes preceitos: aplicação de percentual dos recursos públicos destinados à saúde na assistência materno-infantil, criação de programas de prevenção e atendimento especializado à criança portadora de deficiência, assim como eliminação de preconceitos e barreiras arquitetônicas, além de treinamento para o trabalho e facilitação para o acesso aos bens e serviços coletivos.

Portanto, toda vez que a Administração Pública agir, deve comportar-se no sentido de cumprir o programa fixado no inciso II do § 1º do art. 227. Caso queira ela instalar equipamentos urbanos, estes devem atender ao programa constitucional, ou seja, não devem possuir barreiras arquitetônicas.

Reside nesse tópico uma verdadeira mina para aqueles que procuram tema para a defesa das pessoas portadoras de deficiência, já que os Poderes Públicos poucas vezes agem na defesa desse grupo de pessoas. E, quando agem, não o fazem de acordo com o programa constitucional, o que, certamente, incide em inconstitucionalidade.

Por fim, o § 3º do art. 227 da Lei Maior esclarece que, para viabilizar os ditames do *caput* do artigo, devem ser traçados programas que atendam aos seguintes aspectos: proibição do trabalho infantil (menor de 16 anos – art. 7º, XXXIII); garantia de acesso ao trabalhador adolescente e jovem à escola; garantia de pleno e formal conhecimento da atribuição do ato infracional, igualdade na relação processual e defesa técnica por profissional habilitado, segundo dispuser a legislação tutelar específica; obediência aos princípios da brevidade, excepcionalidade e respeito à condição peculiar de pessoa em desenvolvimento, quando da aplicação de qualquer medida privativa da liberdade; estímulo do Poder Público, incentivos fiscais e subsídios, nos termos da lei, ao acolhimento, sob a forma de guarda, de criança ou adolescente órfão ou abandonado; e programas de prevenção e atendimento especializado à criança e ao adolescente dependente de entorpecentes e drogas afins.

A responsabilidade penal ficou determinada apenas para os maiores de 18 anos. O dever de prestar assistência e criar os filhos menores ficou assinalado aos pais, assim como o dever dos filhos maiores de amparar os pais na velhice, carência ou enfermidade, nos termos do art. 229.

Há vetor constitucional para a família, a sociedade e o Estado no sentido de amparar as pessoas idosas, assegurando sua participação na comunidade, defendendo sua dignidade e bem-estar e garantindo-lhes o direito à vida (art. 230).

O § 2º do art. 230 garante a gratuidade dos transportes coletivos urbanos aos maiores de 65 anos.

A PROTEÇÃO CONSTITUCIONAL DOS ÍNDIOS

Os índios receberam tratamento diferenciado pelo constituinte de 1988. Houve o reconhecimento implícito do descuido com esse grupo de brasileiros. A extensão da proteção revela que o constituinte brasileiro resolveu, em nome da igualdade, protegê-los de forma ampla.

Assim, colocando as terras tradicionalmente ocupadas pelos índios entre os bens da União Federal, como mencionado no art. 20, XI, definiu, com clareza, o que entende por tal ocupação, segundo ficou preceituado no art. 231 da Lei Maior:

Art. 231. São reconhecidos aos índios sua organização social, costumes, línguas, crenças e tradições, e os direitos originários sobre as terras que tradicionalmente ocupam, competindo à União demarcá-las, proteger e fazer respeitar todos os seus bens.

§ 1º São terras tradicionalmente ocupadas pelos índios as por eles habitadas em caráter permanente, as utilizadas para suas atividades produtivas, as imprescindíveis à preservação dos recursos ambientais necessários a seu bem-estar e as necessárias a sua reprodução física e cultural, segundo seus usos, costumes e tradições.

§ 2º As terras tradicionalmente ocupadas pelos índios destinam-se a sua posse permanente, cabendo-lhes o usufruto exclusivo das riquezas do solo, dos rios e dos lagos nelas existentes.

§ 3º O aproveitamento dos recursos hídricos, incluídos os potenciais energéticos, a pesquisa e a lavra das riquezas minerais em terras indígenas só podem ser efetivados com autorização do Congresso Nacional, ouvidas as comunidades afetadas, ficando-lhes assegurada participação nos resultados da lavra, na forma da lei.

§ 4º As terras de que trata este artigo são inalienáveis e indisponíveis, e os direitos sobre elas, imprescritíveis.

§ 5º É vedada a remoção dos grupos indígenas de suas terras, salvo, *ad referendum* do Congresso Nacional, em caso de catástrofe ou epidemia que ponha em risco sua população, ou no interesse da soberania do País, após deliberação do Congresso Nacional, garantido, em qualquer hipótese, o retorno imediato logo que cesse o risco.

580 Curso de Direito Constitucional

§ 6º São nulos e extintos, não produzindo efeitos jurídicos, os atos que tenham por objeto a ocupação, o domínio e a posse das terras a que se refere este artigo, ou a exploração de riquezas naturais do solo, dos rios e dos lagos nelas existentes, ressalvado relevante interesse público da União, segundo o que dispuser lei complementar, não gerando a nulidade e a extinção direito a indenização ou ações contra a União, salvo, na forma da lei, quanto às benfeitorias derivadas da ocupação de boa-fé.

§ 7º Não se aplica às terras indígenas o disposto no art. 174, §§ 3º e 4º.

Portanto, do enunciado do artigo anterior e de seus parágrafos podemos concluir que há determinação clara do bem definido no art. 20, XI. A verificação de que as terras tradicionalmente ocupadas pelos índios constituem uma proteção absoluta, verificada pelo § 6º, fulmina de nulidade qualquer ato de posse ou propriedade. Logo, não é possível a oposição de título de propriedade, independentemente de boa-fé ou origem histórica, contra terra ocupada tradicionalmente por índios, conforme o art. 231, § 1º, da CF.[16]

Fica ressalvada, no entanto, a benfeitoria de boa-fé. Não há que se alegar direito adquirido diante de tal providência, já que inexiste este diante da nova Constituição. Assim, o constituinte brasileiro instituiu uma forma de perda da propriedade e da posse, ou seja, ao reconhecer o bem da União Federal, indiretamente anulou todos os títulos de propriedade e atos de posse contrários ao bem em proteção. Além disso, no § 2º do art. 231 ficou determinada a posse permanente aos índios, assim como o usufruto exclusivo das riquezas do solo, dos rios e dos lagos nelas existentes.

Não significa, no entanto, que, por possuir o usufruto exclusivo, os índios podem desobedecer às regras ambientais previstas e noticiadas anteriormente. Os direitos devem ser sempre entendidos de forma a se organizar, calibrando-se com os outros direitos assegurados no Texto Constitucional.

Dessa forma, a exploração das riquezas naturais das terras da União, com posse permanente dos índios, deve obedecer às regras gerais de proteção ambiental, sob pena de protegermos o meio ambiente de um lado, podendo existir, potencialmente, lesão ambiental de outro.

---

[16] O Supremo Tribunal Federal tem reconhecido a nulidade dos títulos, em atenção ao art. 231, § 6º, da Lei Maior: "Ementa: Ação cível originária. Títulos de propriedade incidentes sobre área indígena. Nulidade. Ação declaratória de nulidade de títulos de propriedade de imóveis rurais, concedidos pelo governo do Estado de Minas Gerais e incidentes sobre área indígena imemorialmente ocupada pelos índios Krenak e outros grupos. Procedência do pedido" (STF, Pleno, ACOr 323-MG, Rel. Min. Francisco Rezek, j. 14.10.1993, *DJ*, 8 abr. 1994, p. 7239).

A Constituição Federal permitiu, no entanto, por determinação do Congresso Nacional, que fossem autorizados o aproveitamento dos recursos hídricos (incluindo-se os potenciais energéticos), a pesquisa e a lavra das riquezas minerais nas terras dos índios, desde que ouvidas as comunidades afetadas, assegurada a participação nos resultados da lavra.

A matéria ficou para a lei. Não há, portanto, participação da comunidade quando do aproveitamento dos recursos hídricos, apenas em relação à pesquisa e lavra das riquezas minerais.

A remoção dos índios de suas terras só poderá ser autorizada pelo Congresso Nacional em casos de catástrofe ou epidemia que ponha em risco sua população.

Outra hipótese é a soberania nacional, caso em que o Congresso Nacional deverá deliberar, assegurado o retorno tão logo cesse o risco.

O incentivo à atividade de garimpagem sob a forma de cooperativa não se aplica às terras tradicionalmente ocupadas pelos índios. Trata-se de exceção da regra do art. 174, §§ 3º e 4º.

Por fim, a Constituição Federal atendeu a pleito antigo das comunidades indígenas, no sentido de que elas pudessem defender de forma autônoma seus interesses.

Como consequência desse atendimento, surgiu o art. 232 da Constituição Federal, que garante o acesso direto ao Poder Judiciário, sem qualquer interferência de órgãos governamentais ou mesmo do Ministério Público.

Quanto a este, deve obrigatoriamente intervir no processo, não significando, no entanto, qualquer entrave na legitimação ativa das comunidades indígenas. Assim: "Art. 232. Os índios, suas comunidades e organizações são partes legítimas para ingressar em juízo em defesa de seus direitos e interesses, intervindo o Ministério Público em todos os atos do processo".

A representação da comunidade indígena fica a cargo do cacique (ou do líder da comunidade). Como, no entanto, verificar a legitimidade da representação?[17] Trata-se de presunção de representação, que pode ser desfeita, em caso de não conformidade com a realidade.

---

[17] Evidente que, em relação à comunidade indígena, os critérios formais de outras sociedades não podem ser aplicados. Há presunção de que o cacique seja o líder da comunidade. Caso haja divergência, esta será solucionada por perícia antropológica determinada pelo juízo.

Bibliografia

ABBAGNANO, Nicola. A Constituição na visão dos tribunais. TRF da 1ª Região, Gabinete da Revista, São Paulo: Saraiva, 1997.

_____. Dicionário de filosofia. 2ª ed. São Paulo: Mestre Jou, 1962.

ALMEIDA, Fernanda Dias de Menezes. Competências na Constituição de 1998. São Paulo: Atlas, 1991.

ANDRADE, Christiano José de. Hermenêutica jurídica no Brasil. São Paulo: Revista dos Tribunais, 1991.

ANDRADE, José Carlos Vieira de. Os direitos fundamentais na Constituição portuguesa de 1976. Coimbra: Almedina, 1987.

ARAUJO, Luiz Alberto David. A proteção constitucional da própria imagem. São Paulo: Verbatim, 1996.

_____. A proteção constitucional das pessoas com deficiência. 2ª ed. Brasília: Corde, 1997.

_____. A proteção constitucional das pessoas com deficiência, 3ª ed. Brasília: Corde, 2001. Disponível para download no site da Corde.

_____. A proteção constitucional do transexual. São Paulo: Saraiva, 2000.

ARISTÓTELES. A política. Rio de Janeiro: Ediouro, 1994.

ATALIBA, Geraldo. República e constituição. 2ª ed. Atualização de Rosolea Miranda Folgosi. São Paulo: Malheiros, 1998.

BACHA, Sérgio Reginaldo. Mandado de injunção. Belo Horizonte: Del Rey, 1998.

BALERA, Wagner. Processo administrativo previdenciário – benefícios. São Paulo: LTr, 1999.

BANDEIRA DE MELLO, Oswaldo Aranha. A teoria das constituições rígidas. São Paulo: José Bushatsky, 1980.

BARACHO JÚNIOR, José Alfredo de Oliveira. Responsabilidade civil por dano ao meio ambiente. Belo Horizonte: Del Rey, 2000.

584 Curso de Direito Constitucional

BARBALHO, João Uchoa Cavalcanti. Constituição Federal brasileira – Comentários. 2ª ed. Rio de Janeiro: Briguiet, 1924.

BARBI, Celso Agrícola. Do mandado de segurança. Rio de Janeiro: Forense, 1977.

BARBOSA, Rui. A constituição e os actos inconstitucionaes do congresso e do executivo. Rio de Janeiro: Atlantida, 1893.

BARROS, Alice Monteiro de. Proteção à intimidade do empregado. São Paulo: LTr, 1997.

BARROSO, Luís Roberto. Interpretação e aplicação da Constituição. São Paulo: Saraiva, 1996.

_____. O controle de constitucionalidade no direito brasileiro. 7ª ed. São Paulo: Saraiva, 2015.

_____. O direito constitucional e a efetividade de suas normas. 5ª ed. ampl. e atual. Rio de Janeiro: Renovar, 2001.

BASTOS, Celso Ribeiro. Comentários à Constituição do Brasil. São Paulo: Saraiva, 1989.

_____. Curso de direito constitucional. 16ª ed. São Paulo: Saraiva, 1992.

_____. Curso de direito financeiro e tributário. 9ª ed. São Paulo: Celso Bastos, 2002.

_____. Dicionário de direito constitucional. São Paulo: Saraiva, 1994.

_____. Hermenêutica e interpretação constitucional. São Paulo: Celso Bastos Editor, 1997.

BASTOS, Celso Ribeiro; BRITTO, Carlos Ayres. Interpretação e aplicabilidade das normas constitucionais. São Paulo: Saraiva, 1982.

BASTOS, Celso Ribeiro; MARTINS, Ives Gandra. Comentários à Constituição do Brasil. São Paulo: Saraiva, 1989.

BEVILÁQUA, Clóvis. Aviso Imperial de 12-7-1833. In: Teoria geral do direito civil. 3ª ed. Rio de Janeiro: Francisco Alves, 1946.

BICUDO, Hélio Pereira; SERRANO NUNES JR., Vidal; RIOS, Josué de Oliveira. "Impeachment": como deve ser. Publicação do Congresso Nacional, 1992.

BOBBIO, Norberto; MATTEUCCI, Nicola; PASQUINO, Gianfranco. Dicionário de política. Tradução de João Ferreira, Carmen C. Varriale e outros. 3ª ed. Brasília: Editora da Universidade de Brasília, 2008.

BONAVIDES, Paulo. Curso de direito constitucional. 5ª ed. São Paulo: Malheiros, 1994.

_____. O método tópico de interpretação constitucional. Revista de Direito Público. São Paulo: Revista dos Tribunais, 1991.

BULOS, Uadi Lammêgo. Constituição Federal anotada. São Paulo: Saraiva, 2000.

BURDEAU, Georges. Manuel de droit constitutionnel. 21ª ed. par Francis Harmon et Michel Troper. Paris: LGDJ, 1988.

CAETANO, Marcelo. Manual de ciência política e direito constitucional. 4ª ed. Lisboa: Coimbra, 1963.

CALDAS AULETE. Dicionário contemporâneo da língua portuguesa. 4ª ed. Rio de Janeiro: Delta, 1958.

CALDERÓN, Juan A. Gonzalez. Curso de derecho constitucional. Buenos Aires: Guillermo Kraft, 1943.

CAMMAROSANO, Márcio. Provimento de cargos públicos no direito brasileiro. São Paulo: Revista dos Tribunais, 1984.

CANOTILHO, J. J. Gomes. Direito constitucional. 5ª ed. Coimbra: Almedina, 1992.

CANOTILHO, José Joaquim Gomes; MOREIRA, Vital. Constituição da República portuguesa anotada. 3ª ed. Lisboa: Coimbra, 1984.

_____. Fundamentos da Constituição. Lisboa: Coimbra, 1991.

CARNEIRO, Paulo Cezar Pinheiro. O Ministério Público no processo civil e penal. 5ª ed. Rio de Janeiro: Forense, 1999

CARRAZZA, Roque Antonio. Curso de direito constitucional tributário. 3ª ed. São Paulo: Revista dos Tribunais, 1991.

CARRILO, Marc. La cláusula de consciencia y el secreto profesional de los periodistas. Madri: Civitas, 1993.

CARVALHO, Paulo de Barros. Curso de direito tributário. 5ª ed. São Paulo: Saraiva, 1991.

CASTRO, Carlos Roberto Siqueira. O devido processo legal e a razoabilidade das leis na nova Constituição do Brasil. Rio de Janeiro: Forense, 1989.

CAVERO, José Martinez de Pisón. El derecho a la intimidad en la jurisprudencia constitucional. Madri: Civitas, 1993.

CERQUEIRA, João da Gama. Tratado da propriedade industrial. 2ª ed. revista e atualizada por Luiz Gonzaga do Rio Verde e João Casimiro Costa Neto. São Paulo: Revista dos Tribunais, 1982.

CINTRA, Antonio Carlos de Araújo; GRINOVER, Ada Pellegrini; DINAMARCO, Cândido Rangel. Teoria geral do processo. 12ª ed. São Paulo: Malheiros, 1996.

CLÈVE, Clemerson Merlin. A fiscalização abstrata da constitucionalidade no direito brasileiro. 2ª ed. São Paulo: Revista dos Tribunais, 2000.

_____. A fiscalização abstrata da constitucionalidade no direito brasileiro. São Paulo: Revista dos Tribunais, 1995.

_____. Atividade legislativa do Poder Executivo no Estado contemporâneo e na Constituição de 1988. São Paulo: Revista dos Tribunais, 1993.

_____. Constituição da República Federativa do Brasil. 15ª ed. São Paulo: Saraiva, 1996.

_____. Medidas provisórias. 2ª ed. São Paulo: Max Limonad, 1999.

_____. Temas de direito constitucional (e de teoria do direito). São Paulo: Acadêmica, 1993.

COELHO, Inocêncio Mártires. As ideias de Peter Häberle e a abertura da interpretação constitucional no direito brasileiro. Cadernos de Direito Constitucional e Ciência Política. São Paulo: Revista dos Tribunais, 1988.

COMA, Martins Bassols. Constitución y sistema económico Madri: Tecnos, 1988.

COMPARATO, Fábio Konder. Aspectos jurídicos da macroempresa. São Paulo: Revista dos Tribunais, 1970.

COSTA, Regina Helena. Curso de direito tributário. 7ª ed. São Paulo: Saraiva, 2017.

_____. Princípio da capacidade contributiva. 2ª ed. São Paulo: Malheiros, 1996.

COSTÓDIO FILHO, Ubirajara. As competências do município na Constituição Federal de 1988. São Paulo: Celso Bastos Editor, 2000.

CUNHA, Sólon de Almeida. Da participação dos trabalhadores nos lucros ou resultados da empresa. São Paulo: Saraiva, 1997.

586 Curso de Direito Constitucional

CUPIS, Adriano de. Os direitos da personalidade. Tradução de Adriano Vera Jardim e Antonio Miguel Caeiro. Lisboa: Livraria Morais Editora, 1961.

DALLARI, Dalmo de Abreu. Elementos de teoria geral do Estado. 11ª ed. São Paulo: Saraiva, 1985.

DALLARI, Pedro B. de Abreu. Constituição e tratados internacionais. São Paulo: Saraiva, 2000.

DALLARI, Pedro. Normas internacionais de direitos humanos e a jurisdição nacional. In: Incorporação dos tratados internacionais de proteção aos direitos humanos no direito brasileiro. Revista do TRF da 3ª Região. São Paulo: Imprensa Oficial do Estado, 1997.

DEMERCIAN, Pedro Henrique; MALULY, Jorge Assaf. "Habeas corpus". Rio de Janeiro: Aide, 1995.

DICEY, Albert Venn. Introduction to the study of the law of the Constitution. 10ª ed. New York: St. Martin, 1962.

DINIZ, Maria Helena. Norma constitucional e seus efeitos. São Paulo: Saraiva, 1989.

DÓRIA, Antônio de Sampaio. Direito constitucional. 4ª ed. São Paulo: Max Limonad, 1958.

DUGUIT, Léon. Traité de droit constitucionnel. 3ª ed. Paris: Fontemoing, 1930.

DUVERGER, Maurice. Droit constitucionnel et institutions politiques. Paris: Presses Universitaires de France, 1955.

EKMEKDJIAN, Miguel Ángel; CALOGERO PIZZOLO. Habeas data. Buenos Aires: Depalma, 1996.

ENGISCH, Karl. Introdução ao pensamento jurídico. 7ª ed. Lisboa: Fundação Calouste Gulbenkian, 1996.

ESPÍNOLA, Eduardo. A nova Constituição do Brasil, direito político e constitucional brasileiro. Rio de Janeiro: Freitas Bastos, 1946.

ESTADO DE SÃO PAULO. O Pacto Internacional dos Direitos Econômicos, Sociais e Culturais – direitos humanos: construção da liberdade e da igualdade. São Paulo: Centro de Estudos da Procuradoria-Geral do Estado de São Paulo, 1998.

FACHIN, Antonio Zulmar. A proteção jurídica da imagem. São Paulo: Celso Bastos, 1999.

FARIAS, Edilsom Pereira de. Colisão de direitos. Porto Alegre: Sérgio Antonio Fabris, 1996.

FERRARI, Regina Maria Macedo Nery. Efeito da declaração de inconstitucionalidade. 4ª ed. São Paulo: Revista dos Tribunais, 1999.

FERRAZ, Anna Candida da Cunha. Conflito entre poderes. São Paulo: Revista dos Tribunais, 1994.

_____. Poder constituinte do Estado-membro. São Paulo: Revista dos Tribunais, 1979.

FERRAZ, Antonio Augusto Mello de Camargo. Inquérito civil: dez anos de um instrumento de cidadania. In: Ação civil pública – Lei 7.347/85: reminiscências e reflexões após dez anos de aplicação. São Paulo: Revista dos Tribunais, 1995 (coletânea).

FERRAZ JR., Tercio Sampaio. Introdução ao estudo do direito. São Paulo: Atlas, 1989.

FERREIRA FILHO, Manoel Gonçalves. Comentários à Constituição brasileira de 1988. São Paulo: Saraiva, 2000.

_____. Curso de direito constitucional. 2lª ed. São Paulo: Saraiva, 1994.

_____. Processo legislativo. 3ª ed. São Paulo: Saraiva, 1995.

FERREIRA, Luís Pinto. Comentários à lei orgânica dos partidos políticos. São Paulo: Saraiva, 1992.

_____. Comentários à Constituição brasileira. São Paulo: Saraiva, 1994.

_____. Curso de direito constitucional. 6ª ed. São Paulo: Saraiva, 1993.

FIGUEIREDO, Lúcia Valle. Curso de direito administrativo. São Paulo: Malheiros, 1994.

FIGUEIREDO, Marcelo. Mandado de segurança. São Paulo: Malheiros, 1996.

FIGUEIREDO, Marcelo. O controle da moralidade na Constituição. São Paulo: Malheiros, 1999.

FIORILLO, Celso Antonio Pacheco. Curso de direito ambiental brasileiro. São Paulo: Saraiva, 2000.

FIORILLO, Celso Antonio Pacheco; DIAFÉRIA, Adriana. Biodiversidade e patrimônio genético no direito ambiental brasileiro. São Paulo: Max Limonad, 1999.

FIORILLO, Celso Antonio Pacheco; RODRIGUES, Marcelo Abelha. Direito ambiental e patrimônio genético. Belo Horizonte: Del Rey, 1996.

FIORILLO, Celso Antonio Pacheco; RODRIGUES, Marcelo Abelha. Manual de direito ambiental e legislação aplicada. São Paulo: Max Limonad, 1997.

FIORILLO, Celso Antonio Pacheco; RODRIGUES, Marcelo Abelha; NERY, Rosa Maria Andrade. Direito processual ambiental brasileiro. Belo Horizonte: Del Rey, 1996.

FRANÇA, Rubens Limongi. Hermenêutica jurídica. 7ª ed. São Paulo: Saraiva, 1999.

FREITAS, Herculano de. Direito constitucional. São Paulo: s.c.p., 1965.

FREITAS, Juarez. A interpretação sistemática do direito. 2ª ed. São Paulo: Malheiros, 1998.

GARCIA, Pedro de Vega. La reforma constitucional y la problemática del poder constituyente. Madri: Tecnos, 1995.

GASPARINI, Diogenes. Direito administrativo. São Paulo: Saraiva, 1989.

GOMES, Orlando. Direitos reais. 9ª ed. Rio de Janeiro: Forense, 1985.

GORDILLO, Agustín. Princípios gerais de direito público. Tradução de Marco Aurélio Grecco. São Paulo: Revista dos Tribunais, 1977.

GOULART, Marcelo Pedroso. Ministério Público e democracia. São Paulo: Saraiva, 1988.

GRAU, Eros Roberto. A ordem econômica na Constituição de 1988. 3ª ed. São Paulo: Malheiros, 1997.

GRINOVER, Ada Pellegrini. Os princípios constitucionais e o Código de Processo Civil. São Paulo: Bushatsky, 1975.

GROTTI, Dinorá Adelaide Musetti. Inviolabilidade do domicílio na Constituição. São Paulo: Malheiros, 1993.

GUALAZZI, Eduardo Lobo Botelho. Regime jurídico dos tribunais de contas. São Paulo: Revista dos Tribunais, 1992.

GUERRA FILHO, Willis Santiago. Processo constitucional e direitos fundamentais. 2ª ed. rev. e ampl. São Paulo: Celso Bastos Editor, 2001.

GUERRA, Luis Lopes et al. Derecho constitucional. Valencia: Ed. Tirant lo Blanch Libros, 1994.

GUIMARÃES, Francisco Xavier da Silva. Nacionalidade – aquisição, perda e reaquisição. Rio de Janeiro: Forense, 1995.

HAMILTON, Alexander; MADISON, James; JAY, John. O federalista. Brasília: Editora da Universidade de Brasília, 1984.

588 Curso de Direito Constitucional

HAURIOU, André. Droit constitutionnel et institutions politiques. Paris: Montchrétien, 1966.

HESSE, Konrad. Elementos de direito constitucional da República Federal da Alemanha. Tradução de Luiz Afonso Heck. Porto Alegre: Sérgio A. Fabris, 1998.

HUBERMAN, Leo. A história da riqueza dos EUA (nós o povo). 19ª ed. Rio de Janeiro: Zahar, 1982.

JACQUES, Paulino. Curso de direito constitucional. Rio de Janeiro: Forense, 1956.

JESUS, Damasio Evangelista de. Direito penal. 12ª ed. São Paulo: Saraiva, 1988.

LIEBMAN, Enrico Tullio. Manual de direito processual civil. Tradução e notas de Cândido Rangel Dinamarco. 2ª ed. Rio de Janeiro: Forense, 2005.

LIMA, Ruy Cirne. Princípios de direito administrativo. 6ª ed. São Paulo: Revista dos Tribunais, 1987.

LITRENTO, Oliveiros. Manual de direito internacional. 11ª ed. São Paulo: Saraiva, 1986.

LORA ALARCÓN, Pietro de Jesus. Patrimônio genético humano e sua proteção na Constituição Federal de 1988. São Paulo: Método, 2004.

LUÑO, Antonio E. Perez. Los derechos fundamentales. 3ª ed. Madri: Tecnos, 1988.

MACHADO JÚNIOR, J. Teixeira; REIS, Heraldo da Costa. A Lei n. 4.320 comentada. 30ª ed. Rio de Janeiro: IBAM, 2001.

MACHADO, Hugo Brito. Curso de direito tributário. 6ª ed. Rio de Janeiro: Forense, 1993.

MACHADO, Marta de Toledo. Habeas corpus. Trabalho apresentado no curso de mestrado da PUCSP. 2002.

MACHADO, Paulo Affonso Leme. Direito ambiental brasileiro. 2ª ed. São Paulo: Revista dos Tribunais, 1989.

MALHEIROS, Antonio Carlos. Prisão civil e tratados internacionais. In: Incorporação dos tratados internacionais de proteção aos direitos humanos no direito brasileiro. São Paulo: Revista do TRF da 3ª Região, 2009.

MANCUSO, Rodolfo de Camargo. Ação popular. São Paulo: Revista dos Tribunais, 1993.

MANGABEIRA, João. Em torno da Constituição. In: Biblioteca de cultura jurídica e social. São Paulo: Nacional, 1934.

MANUS, Pedro Paulo. Direito do trabalho. São Paulo: Atlas, 1987.

MARCATO, Antonio Carlos. Procedimentos especiais. 4ª ed. São Paulo: Revista dos Tribunais, 1991.

MASON, Alpheus Thomas; BEANEY, William M. American constitutional law introductory essays and selected cases. 3ª ed. New Jersey: Englewood Cliffs, 1964.

MAXIMILIANO, Carlos. Comentários à Constituição brasileira. Rio de Janeiro: Livraria Jacinto, 1918.

_____. Hermenêutica e aplicação do direito. 16ª ed. São Paulo: Forense, 1997.

MAZZILLI, Hugo Nigro. Regime jurídico do Ministério Público. 2ª ed. São Paulo: Saraiva, 1995.

MEIRELLES, Hely Lopes. Direito administrativo brasileiro. 21ª ed. atual. por Eurico de Andrade Azevedo, Délcio Balestero Aleixo e José Emmanuel Burle Filho. São Paulo: Malheiros, 1996.

_____. Direito municipal brasileiro. São Paulo: Revista dos Tribunais, 1957.

_____. Mandado de segurança, 17ª ed. São Paulo: Malheiros, 1996.

MELLO FILHO, José Celso de. Constituição Federal anotada. 2ª ed. São Paulo: Saraiva, 1986.

MELLO, Celso Antônio Bandeira de. Conteúdo jurídico do princípio da igualdade. 3ª ed. São Paulo: Malheiros, 2017.

_____. Curso de direito administrativo. 7ª ed. São Paulo: Malheiros, 1995.

MELO, José Eduardo Soares de. Capacidade contributiva. Caderno de Pesquisas Tributárias – XIII Simpósio de Direito Tributário. São Paulo: CEEU/Resenha Tributária, 1989.

MELO, Monica de. Plebiscito, referendo e iniciativa popular – Mecanismos constitucionais de participação popular. Porto Alegre: Sérgio A. Fabris, 2001.

MENDES, Gilmar Ferreira. Jurisdição constitucional. São Paulo: Saraiva, 1996.

_____. O controle incidental de normas no direito brasileiro. São Paulo: Revista dos Tribunais, 2004.

MENDES, Gilmar Ferreira; COELHO, Inocêncio Mártires; BRANCO, Paulo Gustavo Gonet. Curso de direito constitucional. 2ª ed. São Paulo: Saraiva, 2008.

MIRABETE, Julio Fabbrini. Processo penal. São Paulo: Atlas, 1991.

MIRANDA, Gilson Delgado. Procedimento sumário. São Paulo: Revista dos Tribunais, 1999.

MIRANDA, Jorge. Contributo para uma teoria da inconstitucionalidade. Lisboa: Coimbra, 1996.

_____. Manual de direito constitucional. Lisboa: Coimbra, 1983.

MIRANDA, Pontes de. Comentários à Constituição de 1946. 3ª ed. Rio de Janeiro: Borsoi, 1960.

_____. Comentários à Constituição de 1967. São Paulo: Revista dos Tribunais, 1968.

MORAES, Alexandre de. Direito constitucional. São Paulo: Atlas, 1997.

MOREIRA, Eduardo Ribeiro. Neoconstitucionalismo – A invasão da Constituição. São Paulo: Método, 2008.

MOREIRA, Vital. A ordem jurídica do capitalismo. Coimbra: Centelha, 1973.

_____. Economia e Constituição. 2ª ed. Lisboa: Coimbra, 1974.

_____. O direito de resposta na comunicação social. Lisboa: Coimbra, 1994.

MOURA, Laércio Dias de. A dignidade das pessoas e os direitos humanos. Bauru: EDUSC, 2002.

MUKAI, Toshio. Direito ambiental sistematizado. Rio de Janeiro: Forense Universitária, 1992.

MURILLO, Pablo Lucas. El derecho a la autodeterminación informativa. Madrid: Tecnos, 1990.

NASCIMENTO, Amauri Mascaro. Curso de direito do trabalho. 3ª ed. São Paulo: Saraiva, 1984.

NASCIMENTO, Luiz Sales do. A legitimidade do Ministério Público para a proteção do patrimônio público e social. In: Funções institucionais do Ministério Público. São Paulo: Saraiva, 2001.

NERY JÚNIOR, Nelson. Princípios do processo civil na Constituição Federal. 2ª ed. São Paulo: Revista dos Tribunais, 1995.

NERY JÚNIOR, Nelson; NERY, Rosa Maria Andrade. Código de Processo Civil e legislação processual civil extravagante em vigor. 4ª ed. rev. e ampl. São Paulo: Revista dos Tribunais, 1999.

590 Curso de Direito Constitucional

NIESS, Pedro Henrique Távora. Direitos políticos – condições de elegibilidade e inelegibilidade e ações eleitorais. São Paulo: Saraiva, 1994.

NUCCI, Guilherme de Souza. Júri: princípios constitucionais. São Paulo: Juarez de Oliveira, 1999.

NUNES, Luiz Antonio Rizzatto. Manual de introdução ao estudo do direito. São Paulo: Saraiva, 1996.

O'CALLAGHAN, Xavier. Libertad de expresión e sus límites: honor, intimidad e imagen. Bilbao: Caja De Ahorros Vizcaina, 1991.

PALU, Oswaldo Luiz. Controle de constitucionalidade. 2ª ed. São Paulo: Revista dos Tribunais, 2001.

PAZZAGLINI FILHO, Marino; ROSA, Márcio Fernando Elias; FAZZIO JR., Waldo. Improbidade administrativa – aspectos jurídicos da defesa do patrimônio público. 2ª ed. São Paulo: Atlas, 1997.

PENTEADO, Jacques de Camargo; DIP, Ricardo Henry Marques (orgs.). A vida dos direitos humanos – bioética médica e jurídica. Porto Alegre: Sérgio A. Fabris, 1999.

PIÇARRA, Nuno. A separação dos Poderes como doutrina e princípio constitucional. Lisboa: Coimbra, 1989.

PIETRO, Maria Sylvia Zanella Di. Direito administrativo. 10ª ed. São Paulo: Atlas, 1999.

PINHO, Rodrigo César Rebello. Direito constitucional – Teoria geral da Constituição e direitos fundamentais. São Paulo: Saraiva, 2000.

PINTO FILHO, Arthur. Atuação do Ministério Público nas questões agrárias. In: Antonio Augusto Mello de Camargo Ferraz (org.). Ministério Público – instituição e processo. São Paulo: Atlas, 1997.

PIOVESAN, Flávia. Temas de direitos humanos. São Paulo: Max Limonad, 1998.

PIZZOL, Patricia Miranda. Liquidação nas ações coletivas. São Paulo: Lejus, 1998.

PONTE, Antonio Carlos da. Falso testemunho no processo. Dissertação de mestrado apresentada na PUCSP em 24 de junho de 1998.

PRATA, Ana. A tutela constitucional da autonomia privada. Coimbra: Almedina, 2016.

PROENÇA, José Marcelo Martins. Concentração empresarial e o direito de concorrência. São Paulo: Saraiva, 2001.

QUEIROZ, Cristina. Direito constitucional. Lisboa: Coimbra, 2009.

RADAMÉS DE SÁ, Djanira Maria. Duplo grau de jurisdição. Conteúdo e alcance constitucional. São Paulo: Saraiva, 1999.

RAMOS TAVARES, André. Tratado da arguição de preceito fundamental. São Paulo: Saraiva, 2001.

RAMOS TAVARES, André; ROTHENBURG, Walter Claudius (orgs.). Arguição de descumprimento de preceito fundamental: análises à luz da Lei n. 9.882/99. São Paulo: Atlas, 2001.

RANIERI, Nina. Autonomia universitária: as universidades públicas e a Constituição Federal de 1988. São Paulo: Edusp, 1994.

RÁO, Vicente. O direito e a vida dos direitos. São Paulo: Max Limonad, 1952.

REZEK, José Francisco. Direito internacional público. São Paulo: Saraiva, 2002.

RIBAS, Lídia Maria Lopes Rodrigues. Processo administrativo tributário. São Paulo: Malheiros, 2003.

RIOS, Josué. A defesa do consumidor e o direito como instrumento de mobilização social. Rio de Janeiro: Mauad, 1998.

RIZZATTO NUNES, Luiz Antonio; CALDEIRA, Mirella D'Angelo. O dano moral e sua interpretação jurisprudencial. São Paulo: Saraiva, 1999.

ROCHA, Cármen Lúcia Antunes. Princípios constitucionais da administração pública. Belo Horizonte: Del Rey, 1994.

ROTHENBURG, Walter Claudius. Princípios constitucionais. Porto Alegre: Sérgio A. Fabris, 1999.

ROTHENBURG, Walter Claudius; TAVARES, André Ramos (orgs.). Arguição de descumprimento de preceito fundamental: análises à luz da Lei n. 9.882/99. São Paulo: Atlas, 2001.

RUFFIA, Paolo Biscaretti de. Direito constitucional – instituições de direito público. Tradução de Maria Helena Diniz. São Paulo: Revista dos Tribunais, 1984.

RUSSOMANO, Rosah de Mendonça Lima. Dos Poderes Legislativo e Executivo. Rio de Janeiro: Freitas Bastos, 1976.

SAMPAIO DÓRIA, Antonio. Direito constitucional. 3ª ed. São Paulo: Companhia Editora Nacional, 1953.

SAMPAIO, Rogério Marrone de Castro. Direito civil: contratos. São Paulo: Atlas, 1998.

SANDRONI, Paulo (org.). Novíssimo Dicionário de economia. 6ª ed. São Paulo: Best-Seller, 1999.

SANTOS, Aricê Moacyr Amaral. O estado de emergência. São Paulo: Sugestões Literárias, 1981.

_____. O poder constituinte. São Paulo: Sugestões Literárias, 1980.

SCHMITT, Carl. Teoría de la Constitución. Versão espanhola de Francisco Ayala. Madri: Alianza, 1992.

SCHWARTZ, Bernard. Direito constitucional americano. Tradução de Carlos Nayfeld. Rio de Janeiro: Forense, 1966.

_____. O federalismo norte americano atual. Rio de Janeiro: Forense Universitária, 1984.

SERRANO NUNES JR., Vidal. A cidadania social na Constituição de 1988. São Paulo: Verbatim, 2009.

_____. Direito e Jornalismo. São Paulo: Verbatim, 2011.

_____. Manual de direitos difusos. São Paulo: Verbatim, 2009.

_____. O que é defesa do consumidor. Coleção Primeiros Passos. São Paulo: Brasiliense, 1994.

_____. Publicidade comercial – Proteção e limites na Constituição de 1988. São Paulo: Editora Juarez de Oliveira, 2001.

SERRANO NUNES JR., Vidal; ARAUJO, Luiz Alberto David. Curso de direito constitucional. 3ª ed. São Paulo: Saraiva, 1998.

SERRANO NUNES JR., Vidal; LAZZARINI, Marilena; RIOS, Josué. Código de Defesa do Consumidor anotado e exemplificado. São Paulo: ASV, 1991.

SERRANO NUNES JR., Vidal; SCIORILLI, Marcelo. Mandado de segurança, ação civil pública, ação popular, habeas data e mandado de injunção. São Paulo: Verbatim, 2009.

SERRANO NUNES JR.; SERRANO, Yolanda Alves Pinto. Código de defesa do consumidor interpretado. São Paulo: Verbatim, 2014.

SERRANO, Mônica de Almeida Magalhães (org.). Tratado das imunidades e isenções tributárias. São Paulo: Verbatim, 2011.

SERRANO, Monica de Almeida Magalhães. O Sistema Único de Saúde e suas diretrizes constitucionais. São Paulo: Verbatim, 2009.

SERRANO, Pedro Estevam A. P. O desvio de poder na função legislativa. São Paulo: FTD, 1997.

SIEYÈS, Emmanuel Joseph. ¿Qué és el tercer Estado?. Madri: Aguilar, 1973.

SILVA NETO, Manuel Jorge e. Considerações sobre a interpretação constitucional. Cadernos de Direito Constitucional e Ciência Política. São Paulo: Revista dos Tribunais, 1998.

SILVA, De Plácido e. Vocabulário jurídico. Rio de Janeiro: Forense, v. 4. 1997.

SILVA, José Afonso da. Aplicabilidade das normas constitucionais. 3ª ed. São Paulo: Malheiros, 1998.

_____. Curso de direito constitucional positivo. 5ª ed. São Paulo: Revista dos Tribunais, 1989.

_____. Direito ambiental constitucional. 2ª ed. São Paulo: Malheiros, 1995.

_____. Ordenação constitucional da cultura. São Paulo: Malheiros, 2001.

SILVA, Virgílio Afonso da. A constitucionalização do direito. São Paulo: Malheiros, 2011.

SIMÓN, Sandra Lia. A proteção constitucional da intimidade e da vida privada do empregado. São Paulo: LTr, 2000.

SIQUEIRA CASTRO, Carlos Roberto. O devido processo legal e os princípios da razoabilidade e da proporcionalidade. Rio de Janeiro: Forense, 2005.

SIRVINSKAS, Luís Paulo. Tutela penal do meio ambiente: breves considerações atinentes à Lei n. 9,605, de 12-2-1998. São Paulo: Saraiva, 1998.

SOLER, Sebastián. La interpretación de la ley. Barcelona: Ariel, 1962.

SOUZA NETO, João Baptista de Mello e. Direito civil – parte geral. São Paulo: Atlas, 2002.

SOUZA PINTO, Felipe Chiarello de. Os símbolos nacionais e a liberdade de expressão. São Paulo: Max Limonad, 2001.

SOUZA, Motauri Ciocchetti. Interesses difusos em espécie. São Paulo: Saraiva, 2000.

STROPPA, Tatiana. As dimensões constitucionais do direito de informação e o exercício da liberdade de informação jornalística. Belo Horizonte: Editora Fórum, 2010.

STUMM, Raquel Denize. Princípio da proporcionalidade no direito constitucional brasileiro. Porto Alegre: Livraria do Advogado, 1995.

SUNDFELD, Carlos Ari. Fundamentos de direito público. São Paulo: Malheiros, 1992.

TAVARES, André Ramos; LENZA, Pedro; LORA ALARCÓN, Pietro de Jesus (orgs.). Reforma do Judiciário: analisada e comentada. São Paulo: Método, 2005.

TEMER, Michel. Elementos de direito constitucional. 10ª ed. São Paulo: Malheiros, 1993.

_____. Elementos de direito constitucional. 5ª ed. São Paulo: Revista dos Tribunais, 1989.

_____. Território federal nas constituições brasileiras. São Paulo: Revista dos Tribunais, 1975.

TOLEDO, Cláudia Mansani Queda de. Educação: uma nova perspectiva para o Estado Democrático de Direito, São Paulo: Verbatim, 2015.

_____. O ensino jurídico no Brasil e o estado democrático de direito. São Paulo: Verbatim, 2015.

TORRES, Ricardo Lobo. O orçamento na Constituição. Rio de Janeiro: Renovar, 1995.

TREMPS, Pablo Pérez; GUERRA, Luis Lopez; ESPIN, Eduardo; MORILLO, Joaquin Garcia; SATRUSTEGUI, Miguel. Derecho constitucional. Valencia: Tirant lo Blanch Libros, 1994.

VAZ, Isabel. Direito econômico das propriedades. 2ª ed. Rio de Janeiro: Forense, 1993.

VAZ, Manoel Afonso. Direito econômico – A ordem jurídica do capitalismo. 2ª ed. Coimbra: Coimbra, 1990.

VIGLIAR, José Marcelo Menezes. Ação civil pública. 2ª ed. São Paulo: Atlas, 1998

_____. Tutela jurisdicional coletiva. São Paulo: Atlas, 1998.

VITTA, Heraldo Garcia. O meio ambiente e a ação popular. São Paulo: Saraiva, 2000.

WAMBIER, Luiz Rodrigues. Tutela jurisdicional das liberdades públicas. Curitiba: Editora Juruá, 1991.

ZANCANER, Carolina. A função social da propriedade e a desapropriação para fins urbanísticos. São Paulo: Malheiros, 2003.

Índice Remissivo

A

Ação civil pública
Legitimidade do Ministério Público, 463
Ação declaratória de constitucionalidade (ADC), 69-71
Ação direta de inconstitucionalidade (ADI), 54-69
Ação penal pública, 461
Ação popular, 241-244
Administração pública
cargos públicos, 383
conceito, 373
concurso público, 383, 384, 388
improbidade, 388
militares, 390-391
responsabilidade objetiva, 382
Advocacia, 466-469
Advocacia pública
Advocacia Geral da União (AGU), 389
defensores públicos, 470-471
Aeronáutica, *ver* Forças Armadas
Arguição de descumprimento de preceito fundamental (ADPF), 72-78
Asilo político, 131
Assistência social, 550
Associação, 195-197
autonomia, 197
constituição, 197
desconstituição, 197
desfiliação, 197
filiação, 197
representação judicial e extrajudicial de associados, 197
Ato administrativo, 166
Ato jurídico perfeito, 208, 209

B

Banco Central, 506
Bens
da União, 315-319
dos estados-membro, 328
Brasileiros
natos, 261
naturalizados, 269

C

Certidão
direito de, 205
Chefe do Executivo, *ver* Presidente da República
Cidadania, 127
Cláusulas pétreas, 15, 21, 34
Coisa julgada, 86, 87, 208-210, 424
Colisão de normas constitucionais, 108, 216, 256
Commom Law, 41

Comunicação social, 567-571
Concurso público, 383, 384, 388
Congresso Nacional, 392-422
Conselho
    da Justiça Federal, 438
    da República, 367
    de Defesa Nacional, 367
    Nacional de Justiça (CNJ), 430-432
    Nacional do Ministério Público, 463-465
Constituição
    breve histórico das constituições brasileiras, 111
    classificações, 13-17
    conceito, 3
    de 1824 (império), 111
    de 1891, 112
    de 1934, 113
    de 1937, 114
    de 1946, 115
    de 1967, 116
    de 1988, 121
    desconstitucionalização, 28
    elementos, 17-18
    emendas, 21, 157, 254, 413
    estrutura, 121
    Poder Constituinte, 18
    recepção, 26
    repristinação, 28
    revisão, 263-265, 397
Constituição estadual, 25, 88, 323
Consumidores
Código de defesa dos consumidores, 204, 222, 557
Contraditório, 214
Controle de constitucionalidade, 34
    concentrado, 47
    difuso, 41, 42, 434
    âmbito estadual, 88
    por omissão, 78
    preventivo, 37
    repressivo, 40
Criança e adolescente, 576
Crime de responsabilidade, 370

Crimes comuns do Presidente da República, 371, 402
Cultura, 559-563

D

Declaração Universal dos Direitos do Homem, 113, 127, 147
Defensoria pública, 470-471
Defesa do Estado e das instituições democráticas, 475-480
    estado de defesa, 477-478
    estado de sítio, 479-480
    Forças Armadas, 390-391, 481-482
    guardas municipais, 485
    polícia civil, 485
    polícia federal, 484-485
    polícia estadual, 485
    polícia militar, 485
    polícia rodoviária, 484
Deficientes físicos, 246, 387, 563-567
Democracia, 19, 128, 176, 339
Deputados, 111, 273, 281-329, 392
    distritais, 342, 402
    estaduais, 330
    federais, 404, 408
Desapropriação, 200, 320, 537, 539
Desporto, 558-559
Devido processo legal, 73, 93, 212-215, 217, 435
Dignidade da pessoa humana, 127, 142, 563, 572, 577
Direito adquirido, 208-211
Direito natural, 19
Direitos de nacionalidade, 142
    critério sanguíneo, 261, 263
    critério territorial, 261
    distinção de regime jurídico entre o nato e o naturalizado, 269
    nacionalidade adquirida, 267-268
    nacionalidade originária, 261-266
    perda da nacionalidade, 142, 260, 270
    português equiparado, 269
Direitos fundamentais, 74, 125, 135-138, 155

596 Curso de Direito Constitucional

características extrínsecas, 152
características intrínsecas, 145
conceito e classificações, 138
defesa do consumidor, 204, 523, 524, 527
destinatários, 153
devido processo legal, 212-215
direito à honra, 183
direito à imagem, 184
direito à inviolabilidade das comunicações, 188
direito à inviolabilidade de domicílio, 186
direito à vida, 169
direito de ação coletiva: associação e reunião, 193, 195
direito de antena, 175
direito de associação, 195
direito de certidão, 205
direito de escusa de consciência, 172
direito de expressão, 173
direito de informação, 174
direito à intimidade, 180
direito de locomoção, 192
direito de opinião, 171
direito de petição, 204
direito de privacidade, 180
direito de propriedade, 197; ver também Propriedade
direito de resposta, 178
direito de reunião, 193
direitos individuais e coletivos, 158
discriminação positiva: ações afirmativas, 163
escusa de consciência, 172
garantias constitucionais, 218
gerações dos direitos fundamentais (1ª, 2ª e 3ª gerações), 143-145
liberdade de crença religiosa, 172
liberdade de profissão, 191
limites à retroatividade da lei, 208
na Constituição, 153
princípio da estrita legalidade, 166
princípio da igualdade, 153, 160-164
princípio da inafastabilidade da jurisdição, 207

princípio da legalidade, 165
princípio da não extradição, 219
princípio da presunção de inocência, 216
princípio da reserva legal, 166
princípio do juiz natural, 211
proibição da prisão civil, 221-223
proibição de provas ilícitas, 216
proibição de torturas e de tratamento desumano ou degradante, 170
sigilo bancário e fiscal, 182-183
tratados internacionais e forma de incorporação, 244-247
Direitos indígenas, 579-581
Direitos políticos, 271
conceito, 271
sufrágio, 271
eleição, 113, 257, 275-278, 313
escrutínio, 274, 403, 409
inelegibilidade, 275-280
partidos políticos, 61, 142, 175, 271-287
perda dos direitos políticos, 283
princípio da anualidade, 284-286
sistemas eleitorais, 280-283
sufrágio ativo, 283-284
sufrágio passivo, 283-284
suspensão dos direitos políticos, 283-284
voto, 274
Direitos sociais, 248-257
conceito, 248
direito de associação profissional ou sindical, 195-197, 253; ver também Sindicato
direito de greve, 255-256
direito de representação, 257
direito dos trabalhadores, 248, 442; ver também Poder Judiciário, justiça do trabalho
Distrito Federal, 342-343
Divisão espacial do poder, 289
Divisão orgânica do poder, 354, 356, 360

E
Educação, 550-558
organização jurídica, 551-553

iniciativa privada, 557
princípios informativos, 553-556
receitas vinculadas, 557-558
Eficácia das normas constitucionais, 28
Emenda constitucional, 411-413
Emissoras de rádio e televisão, 175-176, 571
Empréstimo compulsório, 493-494
Estado de defesa, 475-478
Estado de sítio, 479-480
Estado democrático e social de direito, 93, 125-127, 517
Estado laico, 172-173
Estados-membros, 328-329
  auto-organização/autogoverno/ autoadministração, 323-326
  bens, 328
  criação, 328-329
  Poder Executivo, 329-330
  Poder Judiciário, 331
  Poder Legislativo, 330
  regiões metropolitanas, 331-332
Exegese, *ver* Interpretação, hermenêutica
Exército, *ver* Forças Armadas

F
Família, 576-579
Federação, 293-294, 303
  características gerais, 303
  características da federação brasileira, 305
  competências comuns, 305-311
  competências concorrentes próprias e impróprias, 305-311
  competências legislativas, 305-311
  competências materiais, 305-311
  divisões horizontal e vertical, 305-311
  repartição de competências, 305-311
Finanças públicas, 506
Forças Armadas, 481-482; *ver também* Defesa do Estado e das instituições democráticas
  Aeronáutica, 481
  Exército, 481
  Marinha, 481
Formas de Estado, 292

Formas de governo, 359
Fronteiras, 316, 317, 320

H
Habeas corpus, 234
Habeas data, 238
Hermenêutica constitucional, 94-111
Histórico das constituições brasileiras, 111

I
Idoso, 576
Improbidade administrativa, 388
Impessoalidade da administração pública, 377
Índios, 579
Interpretação das normas constitucionais, 94-111; *ver também* Métodos de interpretação constitucional
Intervenção, 18, 345
  conceito, 345
  estadual nos municípios, 348
  federal nos estados-membros, 345

J-L
Justiça desportiva, 558
Lei complementar, 413
Lei de diretrizes orçamentárias, 513
Lei delegada, 417
Lei ordinária, 413
Leis orçamentárias, 507, 513
Licitação, 529

M
Magistratura, 388, 390, 407, 424-430, 433, 441; *ver também* Poder Judiciário
Mandado
  de injunção, 235-237
  de segurança, 223-230
  de segurança coletivo, 230-234
Mandato político, 128, 275-287
Mar territorial, 317
Marinha, *ver* Forças Armadas
Medida provisória, 414-416
Meio ambiente, 571-576
  cultural, 560-563

598 Curso de Direito Constitucional

Métodos de interpretação
constitucional, 101
hermenêutico-concretizador, 104
jurídico, 102
tópico, 103
princípios de interpretação
constitucional, 105-106
Ministério público, 453-465
Municípios, 333-341
competências, 340
criação, 334
fiscalização financeira, 340

N
Nacionalidade, 259-270
adquirida, 266
originária, 261
perda, 270
português equiparado, 269
Neoconstitucionalismo, 5

O
Orçamento, 487-518
fiscal, 509
investimentos, 506, 509
seguridade social, 509
Ordem constitucional econômica, 519-533
constitucionalização da economia, 521
fundamentos da ordem econômica,
522, 524
intervenção estatal, 528
princípios da ordem econômica, 524-528

P
Parlamentarismo, 360
Partidos políticos, 286-287
Pessoa com deficiência, 563
Plano plurianual, 513
Plataforma continental, 317
Plebiscito, 272
Poder constituinte, 18-26
características, 20
conceito, 23
decorrente, constituição estadual, 23
derivado, reforma, 20

derivado, revisão, 20
originário, 20
princípio da simetria, 25
titularidade, 20
Poder executivo, 362-368
atribuições do Presidente da
República, 365
chefia do Estado e do governo, 367
Conselho da República, 367
Conselho de Defesa Nacional, 367
função administrativa, 362
impeachment, 369-372
Ministros de Estado, 366
responsabilidade do Presidente da
República, 369-372
Vice-presidente da República, 366
Poder Judiciário, 331, 423-452
autonomia administrativa e
financeira, 428
Estatuto da Magistratura, 424
função jurisdicional, 423
garantias dos magistrados, 425
Justiça Federal, 438
Justiça do Trabalho, 441
Justiça Eleitoral, 443
Justiça Estadual, 440
Justiça Militar, 444
órgãos, 429
precatórios judiciais, 446
quinto constitucional, 440, 441
recurso especial, 437
recurso extraordinário, 434
STJ, competências e composição, 436
STF, competências e composição, 432
Poder Legislativo, 330, 392-422
Câmara dos Deputados, 392
comissões parlamentares, 394-395
Comissões Parlamentares de Inquérito
(CPIs), 396
decreto legislativo, 418-420
emenda constitucional, 411-413
funcionamento, 396
imunidade formal, 400
imunidade material, 400
iniciativa atribuída, 405

Índice Remissivo 599

iniciativa concorrente, 405
iniciativa reservada, 405
iniciativa vinculada, 405
lei complementar, 413
lei delegada, 417
lei ordinária, 413
medida provisória, 414-416
prerrogativa de foro, 402
processo legislativo, 404-411
promulgação, 410
publicação, 410
resolução, 419
sanção, 409
Senado Federal, 313, 393
tribunais de contas, 420
veto, 409
Política agrícola e fundiária, 536-539
Política urbana, 534-535
Portadores de deficiência, 563-567
Precatórios judiciais, 446-452
Prefeito municipal, 335-339
Prestação de contas da administração, 380, 388, 394
Presidencialismo, 361
Presidente da República, 362
atribuições, 363
responsabilidade, 369
vice-presidente, 366
Previdência Social, 549-550
Princípios constitucionais, 90-94; ver também Direitos fundamentais
Princípios da interpretação constitucional, 105
Princípios fundamentais do estado democrático de direito, 125-131
Estado democrático e social de direito, 125
fundamentos do Estado brasileiro, 127
objetivos fundamentais da República, 129
princípio da separação de poderes, 129
princípio republicano, 128
relações internacionais, 130
Processo legislativo, 36, 392, 404, 418
Propriedade, 197
bem de família, 200
intelectual, 202

privada, 198
pública, 198
rural, 199
usucapião constitucional, 200
usucapião especial coletiva, 201

R
Receitas tributárias, 503-505
Recepção constitucional, 27
Referendo popular, 272
Região metropolitana, 331
Regimes de governo, 359
Religião, 112, 113, 172, 500
Remédios constitucionais, 223-244
Repristinação, 26
Retroatividade da lei, 208

S
Saúde, 546-549
Seguridade social, 549-550
Senado Federal, 393; ver também Poder legislativo, senador
Serviço militar, ver Forças Armadas
Servidor público, 388-390
concurso público, 389, 425, 432, 530, 554, 564, 565
exoneração, 429
Sindicato, 253-256
Sistema constitucional tributário, 489-494
Sistema eleitoral, 280-283
Sistema partidário, 286
Sistema único de saúde (SUS), 545
Soberania, 127
Súmula vinculante, emenda, 434-435
Superior Tribunal de Justiça, 436; ver também Poder Judiciário
Superior Tribunal Militar, 444; ver também Poder Judiciário
Supremo Tribunal Federal, 432; ver também Poder Judiciário

T
Terras devolutas, 316
Terrenos de Marinha, 318

Territórios, 343
Tribunal de Contas da União, 420-422
Tribunal do júri, 218
Tribunal Superior do Trabalho, 441;
 ver também Poder Judiciário
Tribunal Superior Eleitoral, 347, 443;
 ver também Poder Judiciário
Tribunais regionais do trabalho, 441;
 ver também Poder Judiciário
Tribunais regionais eleitorais, 443;
 ver também Poder Judiciário
Tribunais regionais federais, 438;
 ver também Poder Judiciário

Tributos, 487-494
 empréstimo compulsório, 493
 impostos, 501-502
 taxas, 489

U
União Federal, 315-322
 bens da União, 315-316
 competências, 319-322

V-Z
 Vereadores, 281, 335
 Zona econômica exclusiva, 318